[자격증 한 번에 따기]

유통관리사

2급

단기완성 30일 벼락치기

[자격증 한 번에 따기]

유통관리사 2급
단기완성 30일 벼락치기

개정1판 발행　　　2022년 09월 28일
개정2판 발행　　　2024년 02월 23일

편 저 자 | 이동근, 자격시험연구소

발 행 처 | ㈜서원각

등록번호 | 1999-1A-107호

주　　소 | 경기도 고양시 일산서구 덕산로 88-45(가좌동)

교재주문 | 031-923-2051

팩　　스 | 031-923-3815

교재문의 | 카카오톡 플러스 친구[서원각]

홈페이지 | goseowon.com

Preface

유통관리사 2급 시험의 지문이 늘어나고 문제가 상당히 어려워지고 있는 추세입니다. 하지만 시험이 아무리 어려워져도 기본 개념에 대해 완벽히 이해한다면, 수월하게 문제를 풀 수 있을 것입니다.

이에 본서는 수험생의 이해도 높은 학습, 효율성 높은 학습을 위해 ① 시험의 출제경향에 맞추어 내용을 강화하고 ② 좀 더 학습이 필요한 부분에는 그림이나 그래프, 참고자료 등을 삽입하였으며, ③ 또한 각 과목 및 이론마다 기출문제를 비롯하여 기출동향에 맞춘 다양한 유형과 난도의 문제를 수록하고, ④ 정답을 도출해가는 과정을 상세하게 설명하였습니다.

다음은 본서에서 제시하는 학습 및 시험 팁입니다.

1. 과목별로 본인이 쉽다고 느끼는 과목부터 풀되, 아무리 읽어도 모르는 문제는 일단 넘어갑니다. 다른 과목이나 문제에서 관련 힌트를 얻을 수 있기 때문입니다.

2. 개인차가 있겠지만, 문제는 집중해서 생각하면서 2번 정도는 읽도록 합니다.

3. 답안 보기 중 "절대", "반드시 ~하지 않는다." 등의 말이 있는 보기는 눈여겨 읽으면서 문제를 풀어야 합니다.

4. 시험은 시간과의 싸움이고 문제 하나 차이로 당락이 결정될 수 있기 때문에 기출문제는 반드시 풀어보고 필요한 경우에는 숙지 및 암기를 해야 합니다. 이를 통해 촉박한 시험시간을 좀 더 효율적으로 쓸 수 있습니다.

유통관리사 2급 자격시험을 준비하는 모든 수험생에게 본서가 도움이 되기를 바라며, 원하는 바 이루는 그날까지 서원각이 응원합니다.

Information

▍유통관리사 종목소개

유통업체의 전문화, 대형화와 국내 유통시장 개방으로 판매 유통전문가의 양성이 필수적이 되었다. '유통관리사' 검정은 소비자와 생산자간의 커뮤니케이션, 소비자 동향 등 판매 현장에서 활약할 전문가의 능력을 평가하는 국가 자격 시험이다.

▍응시자격

제한없음

▍시험과목 및 방법

시험과목	출제형태	시험시간	합격결정기준
유통물류일반관리	객관식 90문항 / 5지 선다형	100분	과목당 40점 이상 / 평균 60점 이상
상권분석			
유통마케팅			
유통정보			

※ 계산기 지참 가능(단, 공학용 및 검색가능한 계산기는 불가)

▍가점혜택

유통산업분야에서 3년 이상 근무한 자로서, 산업통상자원부가 지정한 연수기관에서 40시간 이상 수료 후 2년 이내 2급 시험에 응시한 자에 대해 10점 가산

※ 과락은 가점 해당사항 없음
※ 통신강좌는 가점혜택 받을 수 없음

과목별 출제 기준

① 유통물류일반관리

대분류	중분류	세분류	
유통의 이해	유통의 이해	• 유통의 개념과 분류 • 유통(중간상)의 필요성	• 유통기능(function)과 유통흐름(flow)
	유통경로 및 구조	• 유통경로의 개념 • 유통경로의 유형과 조직	• 유통경로의 유용성 • 유통경로의 믹스
	유통경제	• 유통산업의 경제적 역할 • 유통비용과 이윤	• 상품생산 · 소비 및 교환
	유통산업의 이해 및 환경	• 유통의 발전과정 • 유통산업관련 정책	• 유통환경의 변화와 특징 • 글로벌 유통산업의 동향과 추세
유통경영전략	유통경영 환경분석	• 유통경영전략의 필요성과 이해 • 유통경영의 외부적 요소 분석	• 유통경영의 비전과 목표 • 유통경영의 내부적 요소 분석
	유통경영전략의 수립과 실행	• 유통기업의 사업방향 결정 • 경쟁우위와 경쟁전략 • 경영혁신 • 전략적 제휴, 합작투자, 인수합병전략 • 유통기업의 글로벌화 전략	• 기업수준의 경영전략, 사업부수준의 경영전략, 기능별 경영전략 • 다각화 · 통합전략과 아웃소싱전략 • 경영전략의 대안 평가 및 선택 • 기타 유통경영전략
	유통경영전략의 평가 및 통제	• 전략의 평가 • 성과의 환류(feedback)	• 전략의 통제
유통경영관리	조직관리	• 조직이론 • 조직의 목표관리와 동기부여 • 조직문화와 리더십	• 조직구조의 유형 및 설계 • 조직의 의사전달과 갈등관리
	인적자원관리	• 인사관리의 기초와 개념 • 인적자원의 활용과 배치 • 직무분석과 직무평가	• 인적자원의 확보와 개발 • 인적자원의 보상과 유지

대분류	중분류	세분류	
유통경영관리	재무관리	• 재무관리의 개요 • 자본예산과 자본조달 • 자본비용	• 화폐의 시간적 가치와 현재가치 및 균형가격
	구매 및 조달관리	• 구매 및 조달관리의 개념 및 절차 • 공급자 선택 및 관리 • 품질관리	• 글로벌 구매 및 조달관리 • 구매실무 (원가계산, 구매가격, 구매계약, 구매협상, 재고관리)
물류경영관리	도소매물류의 이해	• 도소매물류의 기초	• 도소매물류의 고객서비스
	도소매물류관리	• 물류계획 • 포장관리 • 물류비 • 국제물류	• 운송, 보관, 하역, 창고관리 • 물류관리를 위한 정보기술 • 물류아웃소싱과 3자물류, 4자물류
유통기업의 윤리와 법규	기업윤리의 기본개념	• 기업윤리의 기본개념 • 기업윤리의 기본원칙 • 유통기업윤리 프로그램의 도입과 관리 • 시장구조와 윤리	• 유통기업의 사회적 책임 • 기업환경의 변화와 기업윤리 • 양성평등에 대한 이해
	유통관련 법규	• 유통산업발전법 • 전자문서 및 전자거래기본법	• 소비자기본법

② 상권분석

대분류	중분류	세분류	
유통상권조사	상권의 개요	• 상권의 정의와 유형	• 상권의 계층성
	상권분석에서의 정보기술 활용	• 상권분석과 상권정보	• 상권정보시스템, 지리정보 활용
	상권설정 및 분석	• 상권설정 • 상권 · 입지분석의 제이론 • 상권분석의 개념 및 평가 방법	• 업태 및 업종별 상권의 분석과 설정 • 상권조사의 방법과 분석
입지분석	입지의 개요	• 도매입지와 소매입지의 개요 • 업태 및 업종과 입지	• 물류와 입지
	입지별 유형	• 지역 공간 구조 • 도심입지	• 쇼핑센터 • 기타입지
	입지선정 및 분석	• 입지선정의 의의 • 입지영향인자 • 업태별 입지 개발방법	• 경쟁점(채널) 분석 • 입지의 선정
개점전략	개점계획	• 점포개점 의의 및 원칙 • 투자의 기본계획	• 개점입지에 대한 법률규제검토
	개점과 폐점	• 출점 및 개점 • 점포개점을 위한 준비	• 업종전환과 폐점

③ 유통마케팅

대분류	중분류	세분류	
유통마케팅 전략기획	유통마케팅전략	• 시장세분화 • 목표시장 선정	• 포지셔닝 전략
	유통경쟁전략	• 유통경쟁의 개요 • 유통경쟁의 형태 • 소매업태의 성장과 경쟁	• 글로벌 경쟁전략 • 서비스 마케팅
	상품관리 및 머천다이징전략	• 머천다이징 및 상품관리의 개요 • 머천다이징과 브랜드 • 업태별 머천다이징 및 상품기획 • 상품 카테고리 계획과 관리	• 상품 매입과 구매계획 • 상품수명주기별 상품관리전략 • 단품관리전략
	가격관리전략	• 가격관리의 개요 • 가격설정의 방법	• 가격설정 정책 • 업태별 가격관리
	촉진관리전략	• 촉진관리전략의 개요 • 프로모션믹스 • e-Retailing 촉진	• 소매정보와 촉진 • 업태별 촉진전략(옴니채널, O2O, O4O 등)
디지털 마케팅 전략	소매점의 디지털 마케팅 전략	• 디지털 마케팅에 대한 이해 • 온라인 구매결정과정에 대한 이해 • 소매점의 디지털 마케팅을 위한 목표 결정	• 타겟 고객층 파악 • 경쟁분석과 마케팅 포지셔닝
	웹사이트 및 온라인 쇼핑몰 구축	• 사용자 경험(UX)에 대한 이해 • 온라인 쇼핑몰의 중요성과 이점 • 온라인 쇼핑몰 기능과 결제 시스템	• 검색엔진 마케팅과 검색엔진 최적화 (SEO) • 보안과 개인정보 보호
	소셜미디어 마케팅	• 소셜미디어 플랫폼에 대한 이해 • 소셜미디어 마케팅 전략과 콘텐츠 제작	• 소셜미디어 광고
	데이터분석과 성과측정	• 디지털 마케팅 데이터 분석의 개요 • 효과적인 분석도구와 측정지표	• 사용자 데이터 수집과 분석

대분류	중분류	세분류	
점포관리	점포구성	• 점포구성의 개요 • 점포의 구성과 설계 • 점포 디자인	• 온라인 쇼핑몰 구성과 설계 • 온라인 쇼핑몰 UI,UX 등
	매장 레이아웃 및 디스플레이	• 매장 레이아웃의 개요 • 매장의 구성과 분류 • 매장 배치와 통로 설정 • 상품진열의 조건 및 형식 • 상품진열 및 배열기법	• 비주얼 프리젠테이션 개요 및 기술 • 컬러 머천다이징의 기초지식 • 디스플레이 웨어와 POP 광고 취급 방법
	매장환경관리	• 매장 환경의 개요 • 매장 내외부 환경관리	• 매장 구성요소와 관리 및 통제 • 매장 안전관리
상품판매와 고객관리	상품판매	• 상품판매의 개요 • 상품 로스(Loss) 관리	• 판매서비스
	고객관리	• 고객의 이해 • 고객관리의 개요	• 고객정보의 수집과 활용 • 고객응대기법
	CRM전략 및 구현방안	• CRM의 배경 및 장점 • CRM의 도입방법 및 고려사항 • CRM의 정의 및 필요성	• CRM의 유형 • CRM 구현 단계 • 유통기업의 CRM 구축방안
유통마케팅 조사와 평가	유통마케팅 조사	• 유통마케팅 조사의 개요 • 유통마케팅 자료분석기법	• 유통마케팅 조사의 방법과 절차
	유통마케팅 성과 평가	• 유통마케팅 성과 평가의 개요 • 유통마케팅 목표의 평가 • 유통업의 성과평가 • 경로구성원의 평가	• 영향력 및 갈등 평가 • 온라인유통마케팅의 성과지표(전환율, 노출수, CPC, CPM 등)

④ 유통정보

대분류	중분류	세분류	
유통정보의 이해	정보의 개념과 정보화 사회	• 정보와 자료의 개념 • 정보 · 자료 · 지식 간의 관계 • 정보혁명의 의의와 특성	• 정보화 사회의 개요 • 정보화 사회의 특징과 문제점 • 정보의 유형
	정보와 유통혁명	• 유통정보혁명의 시대 • 유통업에 있어서의 정보혁명	• 정보화 진전에 따른 유통업태의 변화
	정보와 의사결정	• 의사결정의 이해 • 의사결정의 종류와 정보 • 의사결정의 단계와 정보	• 의사결정지원 정보시스템(DSS, GDSS, EIS 등) • 지식경영과 지식관리시스템 활용
	유통정보시스템	• 유통정보시스템의 개념 • 유통정보시스템의 유형 • 유통정보시스템의 운영환경적 특성 • 유통정보시스템의 구성요소	• 유통정보시스템의 기획 • 유통정보시스템의 분석/설계/구축 • 정보 네트워크
주요 유통정보화기술 및 시스템	바코드, POS EDI, QR 시스템 구축 및 효과	• 바코드의 개념 및 활용 • POS의 개념 및 활용	• EDI의 개념 및 활용 • QR의 개념 및 활용
유통정보의 관리와 활용	데이터관리	• 데이터베이스, 데이터웨어하우징, 데이터마트 • 빅데이터, R, 데이터마이닝 등 데이터 수집 · 분석 · 관리기술 및 관련 장비	• 데이터 거버넌스
	개인정보보호와 프라이버시	• 개인정보보호 개념 • 개인정보보호 정책 • 개인정보보호 기술 • 보안시스템	• 프라이버시 개념 • 프라이버시 보호 정책 • 프라이버시 보호 기술
	고객충성도 프로그램	• 고객충성도 프로그램의 개념과 필요성	• 고객충성도 프로그램을 위한 정보기술
전자상거래	전자상거래 운영	• 전자상거래 프로세스 • 물류 및 배송 관리시스템	• 전자결제시스템

대분류	중분류	세분류	
유통혁신을 위한 정보자원관리	ERP 시스템	• ERP 개념 • ERP 요소기술	• ERP 구축 • 유통분야에서의 ERP 활용
	CRM 시스템	• CRM 개념 • CRM 요소기술	• CRM 구축 • 유통분야에서의 CRM 활용
	SCM 시스템	• SCM 개념 • SCM 요소기술	• SCM 구축 • 유통분야에서의 SCM 활용
신융합기술의 유통분야에서의 응용	신융합기술	• 신융합기술 개요 • 디지털 신기술 현황 • 신융합 핵심기술	• 신융합기술에 따른 유통업체 비즈니스 모델 변화
	신융합기술의 개념 및 활용	• 빅데이터와 애널리틱스의 개념 및 활용 • 인공지능의 개념 및 활용 • RFID의 사물인터넷의 개념 및 활용 • 로보틱스와 자동화의 개념 및 활용	• 블록체인과 핀테크의 개념 및 활용 • 클라우드컴퓨팅의 개념 및 활용 • 가상현실과 메타버스의 개념 및 활용 • 스마트물류와 자율주행의 개념 및 활용

유통물류일반관리

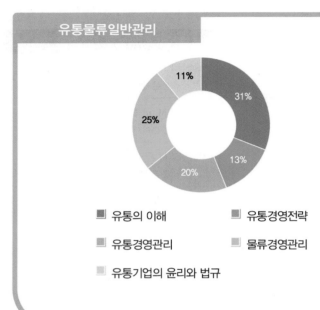

11%
31%
25%
13%
20%

■ 유통의 이해   ■ 유통경영전략

■ 유통경영관리   ■ 물류경영관리

■ 유통기업의 윤리와 법규

• 유통경영, 물류경영, 기업윤리와 법규 등 다양한 이론들이 출제됩니다.

• 각 개념과 이론들을 암기하면 풀 수 있는 수준의 문제들이 출제되기 때문에, 반드시 잡고 가야 할 과목입니다.

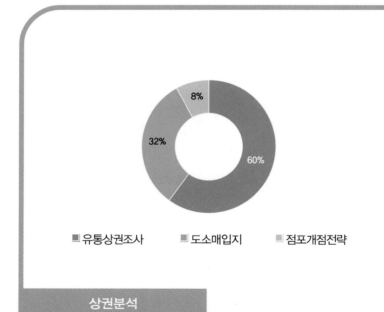

8%
32%
60%

■ 유통상권조사   ■ 도소매입지   ■ 점포개점전략

상권분석

• 이론과 공식 암기는 물론, 실제 문제에 적용을 하기 위한 이해가 필요한 과목입니다.

• 단기간에 시험에 합격하는 것이 목적이라면, 다른 두 영역에 비해 출제 비중이 높지 않은 점포개점전략에 대한 적절한 학습 전략을 세우는 것이 관건이 될 것입니다.

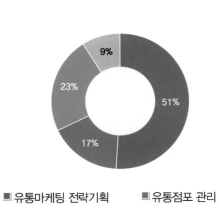

■ 유통마케팅 전략기획   ■ 유통점포 관리

■ 상품판매와 고객관리   ■ 마케팅 조사와 평가

• 마케팅 과목은 시시각각 변화
하는 환경에 따라 새로운 개념
들이 추가되는 경우가 많기 때
문에, 시험에서 헷갈리지 않도
록 각각의 내용들에 대한 집중
력 있는 학습이 필요합니다.

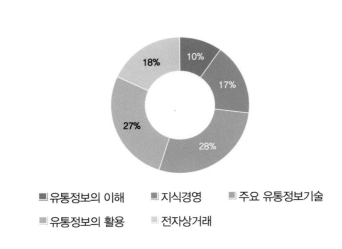

■ 유통정보의 이해   ■ 지식경영   ■ 주요 유통정보기술

■ 유통정보의 활용   ■ 전자상거래

• 각 영역별로 골고루, 그리고
새로운 개념들이 많이 출제되
는 과목입니다.
• 학습해야 하는 양이 많기 때문
에 각 영역별 핵심, 빈출 이론
들을 중심으로 효율적인 학습
을 하는 것이 중요합니다.

Structure

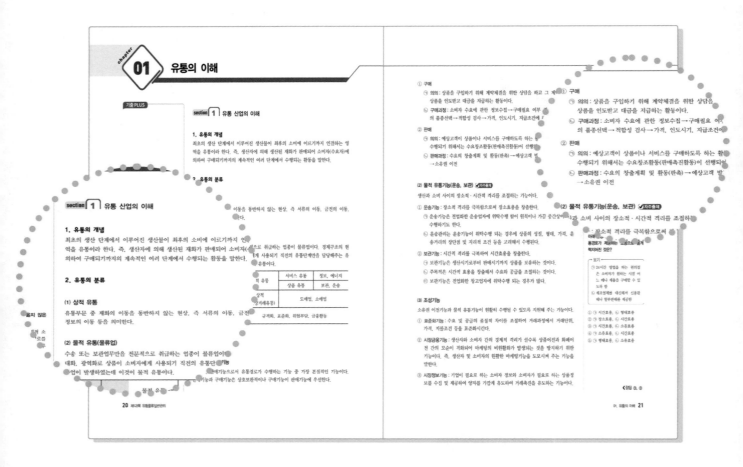

핵심이론정리	출제이론표시	참고
시험에 출제되는 방대한 양의 이론을 요약·정리하여 핵심만 골라 수록하였습니다.	보다 효율적인 학습이 가능하도록 빈출되는 이론의 옆에 별도의 표시를 하였습니다.	한 번 더 짚고 넘어가야 할 부분, 추가학습이 필요한 부분을 한눈에 파악할 수 있도록 정리하였습니다.

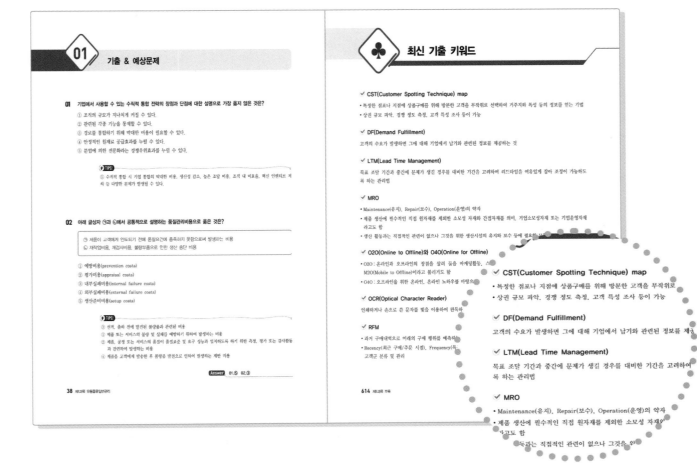

날개문제

해당 이론이 문제에 어떻게 적용되는지 알 수 있도록 실제 기출문제를 관련 이론과 함께 배치하였습니다.

기출 및 예상문제 수록

실제 시험에 완벽하게 대비할 수 있도록 각 단원별 기출문제와 출제가 예상되는 문제를 다수 수록하였습니다.

부록 : 최신 기출 키워드

시험 전 마무리 점검을 할 수 있도록 최신 기출 키워드를 간략한 설명과 함께 정리하였습니다.

Contents

PART

01 유통물류
일반관리

기출PLUS

section 1 유통 산업의 이해

1. 유통의 개념

최초의 생산 단계에서 이루어진 생산물이 최후의 소비에 이르기까지 연결하는 영역을 유통이라 한다. 즉, 생산자에 의해 생산된 재화가 판매되어 소비자(수요자)에 의하여 구매되기까지의 계속적인 여러 단계에서 수행되는 활동을 말한다.

2. 유통의 분류

(1) 상적 유통

유통부문 중 재화의 이동을 동반하지 않는 현상, 즉 서류의 이동, 금전의 이동, 정보의 이동 등을 의미한다.

기출 2021년 제1회

유통에 관련된 내용으로 옳지 않은 것은?

① 제품의 물리적 흐름과 법적 소유권은 반드시 동일한 경로를 통해 이루어지고 동시에 이루어져야 한다.
② 유통경로는 물적 유통경로와 상적 유통경로로 분리된다.
③ 물적 유통경로는 제품의 물리적 이전에 관여하는 독립적인 기관이나 개인들로 구성된 네트워크를 의미한다.
④ 물적 유통경로는 유통목표에 부응하여 장소효용과 시간효용을 창출한다.
⑤ 상적 유통경로는 소유효용을 창출한다.

(2) 물적 유통(물류업)

수송 또는 보관업무만을 전문적으로 취급하는 업종이 물류업이다. 경제구조의 현대화, 광역화로 상품이 소비자에게 사용되기 직전의 유통단계만을 담당해주는 유통업이 발생하였는데 이것이 물적 유통이다.

유통 (광의의 유통)	협의의 유통	물적 유통	서비스 유통	정보, 에너지
			상품 유통	보관, 운송
		상적 유통(상거래유통)	도매업, 소매업	
	보조적 유통	규격화, 표준화, 위험부담, 금융활동		

3. 유통의 기능

(1) 소유권 이전기능

구매 및 판매기능으로서 유통경로가 수행하는 기능 중 가장 본질적인 기능이다. 판매기능과 구매기능은 상호보완적이나 구매기능이 판매기능에 우선한다.

〈정답 ①

① 구매

    ㉠ 의의 : 상품을 구입하기 위해 계약체결을 위한 상담을 하고 그 계약에 따라 상품을 인도받고 대금을 지급하는 활동이다.

    ㉡ 구매과정 : 소비자 수요에 관한 정보수집 → 구매필요 여부 결정 → 구매상품의 품종선택 → 적합성 검사 → 가격, 인도시기, 지급조건에 관한 상담

② 판매

    ㉠ 의의 : 예상고객이 상품이나 서비스를 구매하도록 하는 활동으로 판매기능이 수행되기 위해서는 수요창조활동(판매촉진활동)이 선행되어야 한다.

    ㉡ 판매과정 : 수요의 창출계획 및 활동(판촉) → 예상고객 발견 → 판매조건상담 → 소유권 이전

(2) 물적 유통기능(운송, 보관) ✔자주출제

생산과 소비 사이의 장소적 · 시간적 격리를 조절하는 기능이다.

① 운송기능 : 장소적 격리를 극복함으로써 장소효용을 창출한다.

    ㉠ 운송기능은 전업화한 운송업자에 위탁수행 함이 원칙이나 가끔 중간상이 직접 수행하기도 한다.

    ㉡ 운송관리는 운송기능이 위탁수행 되는 경우에 상품의 성질, 형태, 가격, 운송거리의 장단점 및 지리적 조건 등을 고려해서 수행된다.

② 보관기능 : 시간적 격리를 극복하여 시간효용을 창출한다.

    ㉠ 보관기능은 생산시기로부터 판매시기까지 상품을 보유하는 것이다.

    ㉡ 주목적은 시간적 효용을 창출해서 수요와 공급을 조절하는 것이다.

    ㉢ 보관기능은 전업화한 창고업자에 위탁수행 되는 경우가 많다.

(3) 조성기능

소유권 이전기능과 물적 유통기능이 원활히 수행될 수 있도록 지원해 주는 기능이다.

① 표준화기능 : 수요 및 공급의 품질적 차이를 조절하여 거래과정에서 거래단위, 가격, 지불조건 등을 표준화시킨다.

② 시장금융기능 : 생산자와 소비자 간의 경제적 격리가 클수록 상품이전과 화폐이전 간의 모순이 격화되어 마케팅의 비원활화가 발생되는 것을 방지하기 위한 기능이다. 즉, 생산자 및 소비자의 원활한 마케팅기능을 도모시켜 주는 기능을 말한다.

③ 시장정보기능 : 기업이 필요로 하는 소비자 정보와 소비자가 필요로 하는 상품정보를 수집 및 제공하여 양자를 가깝게 유도하여 거래촉진을 유도하는 기능이다.

④ **위험부담기능** : 유통과정에서의 물리적 위험과 경제적 위험을 유통기관이 부담함 으로써 소유권 이전과 물적 유통기능이 원활히 이루어지도록 해주는 기능으로 일반적으로 보험업이 전담한다.

4. 도 · 소매 유통기관(업태 및 시설)의 유형과 특징

(1) 유통산업의 개념

① **일반적 개념** : 상품의 이동, 보관과 판매에 관련된 상거래 유통과 물적 유통을 담당하는 산업을 말한다. 즉, 유통활동을 수행하는 도매상, 소매상, 물류기관 등 유통기구의 집합체를 통틀어 유통산업이라 한다.

② **유통산업발전법상 개념** : 농산물 · 임산물 · 축산물 · 수산물(가공 및 조리물을 포함) 및 공산품의 도매 · 소매 및 이를 경영하기 위한 보관 · 배송 · 포장과 이와 관련된 정보 · 용역의 제공 등을 목적으로 하는 산업을 말한다.

(2) 유형

① **유통전문산업**

    ㉠ **도매상** : 생산자로부터 상품을 구입하여 다른 상인에게 판매하는 중간 유통 기구이다.

    ㉡ **소매상** : 도매상으로부터 상품을 구입하여 최종 소비자에게 판매하는 중간 유통기구이다.

② **유통관련산업** : 보관업, 금융업, 보험업, 정보업

③ **유통주변산업** : 서비스업

section 2 유통 산업의 환경

1. 유통의 발전 과정

(1) 1970년대(소매상의 근대화)

교통의 발달로 전국적인 고속도로망이 확대되고 이로 인해 도, 군, 면 단위의 중 간상이 몰락하게 되었다.

다음 글상자에서 의미하는 '이들'에 대한 내용으로 옳지 않은 것은?

┌─ 보기 ─
│ 이들은 개인적 혹은 비영리적 목적
│ 으로 구매하려는 최종소비자에게 재
│ 화나 서비스 관련 판매 활동을 수행
│ 하는 개인이나 조직을 말한다.
└─

① 최종소비자들의 다양한 욕구를 충족시키기 위해 다양한 형태 로 출현하였다.
② 소비자를 위해 수행하는 기능 중에는 상품구색 기능이 있다.
③ 이들 중 하나인 drop shipper 는 재고유지를 직접하지 않으 며 석탄, 목재, 중장비 등 분 야에서 활동한다.
④ 자체의 신용정책을 통해 소비 자 금융부담을 덜어주는 금융 기능도 수행한다.
⑤ 애프터서비스, 제품의 배달, 설 치 등의 서비스도 제공한다.

‹ 정답 ③

(2) 1980년대

① 점포의 대형화 및 정보화의 진전으로 소형점포가 몰락하였다.

② 점포의 대형화에 맞는 바코드의 사용으로 재고관리가 간편해졌다.

③ VAN의 발달로 전국적인 점포관리가 용이해졌다.

(3) 1990년대

덤핑의 규제로 덤핑관련 중간도매상이 몰락하였다.

(4) 2000년대

① 인터넷이나 카탈로그를 이용한 무점포 및 무선 판매, 직접 판매방식으로 중간상이 설 자리를 잃게 되었다.

② POS, VAN, DB 등의 정보기기 시스템의 보급으로 점포의 대형화, 정보화가 진전되었다.

③ 여성의 사회진출 및 고령화 사회의 도래로 소비자의 구매형태가 변화되었다.

④ 인터넷상의 새로운 형태의 점포 없는 중간상이 등장하였다.

⑤ 중간거래상을 거치지 않으므로 상품의 가격이 저렴해지고, 이로 인해 소비자의 만족은 증대되었다.

2. 유통환경의 변화와 특징

(1) 소득수준의 향상

① 1998년 외환위기 : 실질소득의 감소로 가처분소득이 낮아져 소비심리가 위축되고 판매점들의 가격파괴 경쟁이 심화되었다.

② 1999년 경기회복 : 소비의 양극화현상, 즉 중산층이 없는 고소득층과 저소득층만의 차별적 구매패턴이 생겨났다. 이로써 백화점과 할인점의 매출이 크게 증가하였다.

③ 2000년 이후 현재까지 : 사상 최대의 실업률을 기록하면서 소비심리가 더욱 위축되어 백화점을 비롯한 모든 판매점들이 불황을 맞고 있다. 반면에 인터넷을 통해 저렴한 가격으로 상품을 구매할 수 있는 전자상거래가 활기를 띠고 있다.

최근에 진행되고 있는 유통환경의 변화에 관한 설명으로 옳지 않은 것은?

① 구매의사결정과정에서 온라인과 오프라인간의 경계가 더욱 견고해졌다.
② 1인 가구의 증가로 인해 기존의 유통트렌드가 변화하고 있다.
③ 남여 성별 고정역할의 구분이 약해짐으로 인해 소비시장도 변하고 있다.
④ 시간의 효율적 사용을 원하는 고객의 요구가 증가하고 있다.
⑤ 고객이 직접 해외에서 구매하는 현상이 증가하고 있다.

유통환경의 변화에 따라 발생하고 있는 현상으로 가장 옳지 않은 것은?

① 소매업체는 온라인과 오프라인 채널을 병행해서 운영하기도 한다.
② 모바일을 이용한 판매비중이 높아지고 있다.
③ 1인 가구의 증가에 따라 대량구매를 통해 경제적 합리성을 추구하는 고객이 증가하고 있다.
④ 단순구매를 넘어서는 쇼핑의 레저화, 개성화 추세가 나타나고 있다.
⑤ 패키지 형태의 구매보다 자신의 취향에 맞게 다양한 상품을 구입하는 경향이 나타나고 있다.

‹ 정답 ①, ③

(2) 여성의 사회진출 확대

남녀평등사상의 확산과 여성의 고학력화 등으로 여성의 사회진출이 증가하면서 여성관련 제품의 소비가 증가하고 구매권도 강화되었다.

(3) 가치관의 변화에 따른 소비패턴의 변화

소득수준의 향상, 여가 증대, 자아실현의 욕구 증대 등으로 인하여 소비구조가 변화되었다.

① 양보다는 질을, 물질보다는 서비스를 중시한다.
② 대중 중심의 대량생산 및 소비가 소수 중심의 차별화된 다품종 소량생산으로 변화되었다.
③ 필수품 중심의 품목보다는 레저, 문화적인 품목의 소비가 증가되었다.
④ 외형보다는 본질, 남성보다는 여성을 중심으로 한 소비경향을 보인다.

(4) 도시화 진전

인구의 도시집중, 교통의 편리화와 정보교환의 용이, 유통시설의 집중으로 상권변화, 소비 집중으로 유통기관의 대형화·종합화·전문화 등이 진행되었다.

(5) 정부의 유통정책 변화

① 현대화된 유통업태의 개발 지원과 물류시설 지원
② 유통 및 물류관련 법규와 제도의 제정 및 개정
③ 교통 혼잡, 보관시설 부족, 항만시설 부족 등을 타개하기 위한 사회 간접시설 확충과 유통시설 및 유통물류 정보시스템의 구축
④ 중소기업청을 중심으로 중소 유통업체의 활성화 정책을 추진

3. 유통산업 관련 정책

(1) 유통산업발전의 기본목표

① 유통산업의 효율적인 진흥 및 균형 있는 발전의 도모
② 건전한 상거래질서의 확립을 통한 소비자 보호 및 국민경제 발전에 기여

(2) 유통산업시책의 기본방향 [유통산업발전법 제3조]

① 유통구조의 선진화 및 유통기능의 효율화 촉진

② 유통산업에서의 소비자 편익의 증진

③ 유통산업의 지역별 균형발전의 도모

④ 유통산업의 종류별 균형발전의 도모

⑤ 중소유통기업(유통산업을 경영하는 자로서 「중소기업기본법」 제2조에 따른 중소기업자에 해당하는 자를 말한다)의 구조개선 및 경쟁력 강화

⑥ 유통산업의 국제경쟁력 제고

⑦ 유통산업에서의 건전한 상거래질서의 확립 및 공정한 경쟁여건의 조성

⑧ 그 밖에 유통산업의 발전을 촉진하기 위하여 필요한 사항

(3) 유통관리사의 직무

① 유통경영 · 관리 기법의 향상

② 유통경영 · 관리와 관련한 계획 · 조사 · 연구

③ 유통경영 · 관리와 관련한 진단 · 평가

④ 유통경영 · 관리와 관련한 상담 · 자문

⑤ 그 밖에 유통경영 · 관리에 필요한 사항

section 3 유통경제

1. 유통산업의 경제적 역할 ✔자주출제

(1) 생산자와 소비자 간 매개역할

생산자와 소비자가 직접 거래할 경우에 발생하는 제반비용을 감소시켜 주고, 양자의 중간에서 각각의 정보를 상대방에게 제공함으로써 소비자 요구에 맞는 제품을 생산할 수 있다.

기출PLUS

기출 2018년 제1회

유통산업발전법 제24조 1항 유통관리사의 직무에 해당하지 않는 것은?

① 유통경영 · 관리 기법의 향상

② 유통경영 · 관리와 관련한 계획 · 조사 · 연구

③ 유통경영 · 관리와 관련한 허가 · 승인

④ 유통경영 · 관리와 관련한 진단 · 평가

⑤ 유통경영 · 관리와 관련한 상담 · 자문

기출 2021년 제2회

유통산업의 개념 및 경제적 역할에 대한 설명으로 가장 옳지 않은 것은?

① 유통산업이란 도매상, 소매상, 물적 유통기관 등과 같이 유통기능을 수행 · 지원하는 유통기구들의 집합을 의미한다.

② 우리나라의 경우 1960년대 이후 주로 유통산업 부문 중심의 성장을 이루었으나, 1980년대 이후에는 제조업의 육성과 활성화가 중요 과제가 되었다.

③ 유통산업은 국민경제 및 서비스산업 발전에 파급효과가 크고 성장잠재력이 높은 고부가가치 산업으로 평가되고 있다.

④ 유통산업은 경제적으로 일자리 창출에 크게 기여하고 있는 산업이며 서비스산업 발전에도 중요한 역할을 하고 있다.

⑤ 유통산업은 모바일 쇼핑과 같은 신업태의 등장, 유통단계의 축소 등의 유통구조의 개선으로 상품거래비용과 소매가격하락을 통해 물가안정에도 기여하고 있다.

< 정답 ③, ②

유통산업의 경제적·사회적 역할로서 옳지 않은 것은?

① 고용창출
② 물가조정
③ 제조업 발전의 저해
④ 소비문화의 창달
⑤ 생산자와 소비자 간 매개 역할

(2) 산업발전의 촉매

유통부문이 신규시장을 활발히 개척하면서 제조업체에 대한 유통업의 거래교섭력이 증가하고 있다. 이는 제조업체 간 경쟁을 촉발시키고 이를 통해 제조업 전체의 경쟁력이 제고될 수 있다.

(3) 고용창출

유통산업은 3차 산업 중 가장 비중이 크고 발전가능성이 높으므로, 지속적인 성장으로 고용창출 효과가 높을 것으로 기대된다.

(4) 물가조정

유통구조가 효율화되면 제품의 최종 소비자가격은 낮아지고, 제조업의 유통 경로에 대한 투자위험을 흡수할 수 있다. 또한 유통업체 간, 제조업과 유통업체 간의 경쟁을 촉진함으로써 물가를 조정하는 역할을 담당한다.

2. 교환경제와 시장경제

(1) 교환경제

인간의 경제생활이 발전하면서 생산물을 생산자 자신이 소비하는 자급자족 또는 공동체적인 경제에서 인간생활에 필요한 생활수단이나 인간사회 유지에 없어서는 안 되는 생산수단이 상호 간에 교환되는 경제관계가 자연발생적으로 생겨났다. 그리고 이 교환양식도 고대사회의 물물교환에서 재화의 교환수단으로서 화폐나 신용이 사용되는 화폐경제·신용경제로 진전하였다.

(2) 시장 경제

개인 또는 공동체가 시장에서 만나 자유경쟁에 의해 형성되는 가격을 지표로 하여 자유롭게 경제 활동을 하는 경제 체제이다. 자본주의 경제 체제하에서는 토지·노동·자본 등의 생산 요소가 대부분 사유화되어 상품으로 매매된다. 그러므로 생산·교환·분배·소비의 모든 경제 활동이 가격기구, 즉 시장 기구에 의해 이루어진다. 이처럼 각 경제주체가 자기 책임 하에 자유로이 이익을 추구하는 시장경제 활동을 통해 기본적인 경제 문제를 해결하려는 경제 체제를 시장경제라고 한다.

< 정답 ③

3. 상품생산, 소비 및 교환

필요에 의해 상품이 생산→소비, 즉 자본주의 사회에서 필요한 상품을 생산하면 시장에서 소비와 교환이 이루어진다.

4. 유통비용과 이윤

시장경제의 규모가 커짐에 따라 생산자에서 소비자까지 상품이 거래되는 경우 양자 간의 제반 비용이 발생하게 되었다. 또한 시장경제에서 이윤을 극대화하기 위해서 유통비용과 구조가 다양해지고 있다.

5. 시장구조와 가격

판매자의 집중도(판매자의 수), 구매자의 집중도, 제품차별화의 정도 등 어떤 시장의 내부에서 상호 간 경쟁으로 가격이 형성되며 이런 전략적인 영향을 주는 시장 조직상의 특성이 시장의 구조이다.

section **4** 유통경로 및 구조

1. 유통경로의 개념

유통경로는 상품이 생산자로부터 생산되어 소비자 또는 최종수요자에 이르기까지 거치게 되는 과정, 통로, 코스를 말한다. 이는 생산자의 제품이 최종소비자나 사용자에게 전달될 때까지의 마케팅활동(생산, 운송, 보관, 시장금융, 위험부담, 소유권 이전, 표준화, 시장정보 등)을 수행하는 중간상들의 상호연결과정이다.

2. 유통경로의 유용성

(1) 교환과정의 촉진

시장경제가 복잡해질수록 교환과정 역시 복잡해지므로 교환과정에서 거래 수를 감소시키고 거래를 촉진시킨다.

(2) 제품구색 불일치의 완화

생산자는 규모의 경제를 실현하기 위해 소품종 대량생산을 하는 반면, 소비자는 다양한 제품라인을 요구함에 따라 발생하는 제품구색의 불일치를 유통경로가 완화한다.

(3) 거래의 표준화

제품, 가격, 구입단위, 지불조건 등을 표준화시켜 시장에서의 거래를 용이하게 한다.

(4) 생산과 소비 연결

생산자와 소비자 사이에 존재하는 지리적, 시간적, 정보적 장애를 극복하여 거래를 용이하게 한다.

기출 2020년 제3회

아래 글상자 내용은 유통경로의 필요성에 관한 것이다. ㉠~㉤에 들어갈 용어를 순서대로 옳게 나열한 것은?

┌ 보기 ┐
- 총거래수 (㉠)원칙 : 유통경로에서는 중간상이 개입함으로써 단순화, 통합화됨
- (㉡)의 원리 : 유통경로 상 수행되는 수급조절, 수배송, 보관, 위험부담 등을 생산자와 유통기관이 (㉡)하여 참여함
- (㉢) 우위의 원리 : 유통분야는 (㉣)가 차지하는 비중이 (㉤)보다 크므로 제조와 유통의 역할을 분담하는 것이 비용 측면에서 유리

	㉠	㉡	㉢	㉣	㉤
①	최대	통합	변동비	고정비	변동비
②	최대	분업	변동비	고정비	변동비
③	최대	통합	고정비	변동비	고정비
④	최소	분업	변동비	변동비	고정비
⑤	최소	분업	고정비	변동비	고정비

① ①
② ②
③ ③
④ ④
⑤ ⑤

(5) 고객서비스 제공

소비자에게 애프터서비스(After-Service), 제품 배달, 설치 및 사용방법 교육 등과 같은 서비스를 제공한다.

(6) 정보제공기능

상품의 판매뿐만 아니라 소비자에게 상품정보, 유행정보 및 생활정보 등과 같은 무형적인 가치도 아울러 제공한다.

(7) 쇼핑의 즐거움 제공

점포의 위치, 설비, 인테리어, 진열, 조명 등의 물적 요인과 판매원의 친절, 봉사 등의 인적 요인이 조화를 이루어 소비자의 쇼핑동기를 충족시킨다.

참 고 유통경로의 필요성(3원칙) ✔자주출제

① **총거래 수 최소화의 원칙** : 생산자와 소비자가 직거래를 하는 것보다 중간상이 개입하면 효율적이어서 총 거래수가 줄어든다.

② **집중준비의 원칙** : 도매상이 유통경로에 개입하여 소매상의 대량보관 기능을 분담함으로써 사회 전체적으로 상품의 보관총량을 감소시킬 수 있으며, 소매상은 최소량만을 보관하게 된다.

③ **분업의 원칙** : 다수의 중간상이 분업의 원리로 유통경로에 참여하게 되면 유통경로 상에서 다양하게 수행되는 기능들, 즉 수급조절기능, 보관기능, 위험부담기능, 정보수집 기능 등이 경제적·능률적으로 수행될 수 있다.

**〈 정답 ④

3. 유통경로의 유형

(1) 소비재의 유통경로

소매상을 통한 소비자를 대상으로 하는 유통경로로, 일반적으로 크게 4가지로 나누어 볼 수 있다.

① 생산자가 소비자에게 직접 판매하는 경우(소비재 유통경로) : 생산자 → 최종소비자

② 소매상을 경로로 하는 경우(단일 유통경로) : 생산자 → 소매업자 → 최종소비자

③ 도매상과 소매상을 경로로 하는 경우 : 생산자 → 도매업자 → 소매업자 → 최종소비자

④ 도매상, 배급업자, 소매상을 사용하는 경우

(2) 산업재의 유통경로

도매상을 통한 산업사용자를 대상으로 하는 유통경로이다. 산업재는 소비자에게 직접 판매하는 것이 일반적이며, 간혹 대리인이나 산업재 공급업자들이 이용되기도 한다.

① 생산자 → 산업사용자

② 생산자 → 도매업자 → 산업사용자

(3) 복수 유통경로

① **개념** : 같은 상품에 대해 2개 이상의 경로를 동시에 활용하는 유통경로로, 주로 가전제품의 유통경로로 이용된다.

② **채택이유** : 단일 시장이라도 각기 다른 유통경로를 사용하여 세분화된 개별시장에 접근하는 것이 효율성이 크다.

③ **장·단점**

　⊙ 장점 : 판매범위가 넓으므로 판매량이 크게 증가한다.

　ⓒ 단점 : 각 유통경로 간 갈등이 심화되고, 시장의 특성에 따라 이중가격이 형성될 수 있다.

(4) 다중 유통경로

① **개념** : 동일시장을 대상으로 똑같은 제품과 서비스를 복수 이상의 경로를 통해 공급하는 것을 말한다.

기출PLUS

기출 2018년 제1회

다음 글 상자 안의 소비자 행동에 대응하기 위한 유통기업의 전략으로 가장 옳은 것은?

┌─ 보기 ─
- 소비자들은 전통적인 은행 영업점포 외에도 이동식 무인점포, 스마트폰, 편의점 등으로 은행업무를 보는 공간을 다변화하고 있다.
- 소비자들은 갑작스런 강추위 때문에 외출을 꺼리하면서 온라인몰에서 상품 주문을 대폭 증가하였다.

① 중간상 생략 전략
② 제3자 로지스틱스 전략
③ 전속적 유통 전략
④ 수직적 마케팅시스템 구축 전략
⑤ 복수경로 유통 전략

‹정답 ⑤

② 장·단점

　㉠ 장점

　　• 다양한 유통욕구를 충족할 수 있다.

　　• 동시에 여러 세분시장을 포괄할 수 있다.

　　• 특정 경로에 대한 의존도를 줄일 수 있다.

　㉡ 단점 : 복수 유통경로보다 유통경로 간 갈등이 더 심화된다.

기출 2023년 제2회

아래 글상자가 공통적으로 설명하는 소매상의 변천과정 가설 및 이론으로 가장 옳은 것은?

┌─ 보기 ─
• 소매업태가 환경변화에 따라 일정한 주기를 두고 순환적으로 변화한다는 가설
• 저가격, 저비용, 저서비스의 점포 운영방식으로 시장에 진입
• 성공적인 시장진입 이후 동일유형의 소매점 간에 경쟁이 격화됨에 따라 경쟁우위 확보를 위해 점점 고비용, 고가격, 고서비스의 소매점으로 전환
• 모든 유형의 소매업태 등장과 발전과정을 설명할 수 없다는 한계를 지님

① 자연도태설
② 소매수명주기 이론
③ 소매아코디언 이론
④ 변증법적 이론
⑤ 소매업 수레바퀴가설

〈 정답 ⑤

참고 소매업 발전이론 ✓자주출제

① 소매 수레바퀴 이론

• 소매 수레바퀴 이론(The Wheel of Retailing Theory)은 1958년 하버드 대학의 맥나이어(M. P. McNair) 교수가 미국과 영국의 소매업 발전과정을 분석하여 증명한 이론이다.

• 혁신적 형태의 소매상은 시장진입 초기에 저가격, 저마진, 최소 서비스의 소구방식으로 소매시장에 진입하여 기존의 고가격, 고마진, 높은 서비스의 다른 소매 업태와 경쟁한다. 이러한 전략이 소비자들에게 수용되면 본격적으로 성장기에 접어들게 된다.

• 성공적인 시장진입 후에는 동일유형의 소매점 사이의 경쟁이 격화됨으로써 경쟁적 우위를 확보하기 위하여 보다 세련된 설비와 서비스를 더해감에 따라 고비용, 고가격, 높은 서비스의 소매점으로 전환되어 초기의 혁신적인 특징들은 사라지게 된다.

• 성장기를 거쳐 쇠퇴기에 접어들게 되면 시장에서 안정적이고 보수적인 대형 소매 업태로 발전하게 되며, 투자수익률 또한 현저하게 낮아지게 된다. 소매 환경의 변화는 새로운 유형의 혁신적인 소매점이 저가격, 저마진, 낮은 서비스로 시장에 진입할 수 있는 여지를 제공하게 되고, 이 새로운 유형의 소매점 역시 위와 동일한 패턴을 따르게 된다는 것이다.

② 소매 아코디언 이론

• 소매 아코디언 이론(Retail Accordion Theory)은 홀랜더(S. C. Hollander) 교수가 주장한 것으로, 상품의 가격이나 마진이 아니라 상품믹스의 변화에 초점을 맞추고 있다.

• 소매상의 변천은 제품구색의 변화에 초점을 맞추어 제품구색이 넓은 소매상(종합점)에서 제품구색이 좁은 소매상(전문점)으로, 다시 종합점으로 되풀이하는 것으로 아코디언처럼 제품구색이 늘었다 줄었다 하는 과정을 되풀이한다는 이론이다.

③ 변증법 이론

• 소매상의 변증법적 발전과정을 주장하는 학자들이 정·반·합의 변증법 이론을 소매변천이론에 적용하고 있다.

• 변증법 이론(Dialectic Theory)은 소매업태가 발전해 가는 모습을 마치 변증법 정(thesis)의 이미 형성된 기존의 유통기관, 반(antithesis)의 새로운 혁신적 유통기관, 합(synthesis)은 정과 반의 서로 다른 또는 공통적인 특징이 구체화되는 과정을 설명한 이론이다.

④ 진공지대이론

- 진공지대(vacuum zone theory)이론은 닐센(O. Nielsen)이 주장한 것으로 수레바퀴이론과 유사하다. 하지만 진공지대이론은 동일한 시장에 소비자집단이 있다는 것을 가정하고 있다.
- 특정 제품 계열의 상품을 판매하는 복수의 소매점이 있고, 이들 소매점이 제공하는 서비스 정도는 각각 상이한 수준에서 행해지고 있다.
- 서비스의 제공은 그 점포의 평균판매가격 수준에 반영되어 서비스가 고도화될수록 그만큼 가격은 높아지고, 반대로 서비스가 낮아질수록 그만큼 가격은 낮아진다.
- 원래의 가격과 서비스 수준을 제공하던 점포의 특색이 없어진다고 해서 진공지대이론이라 한다.

⑤ 소매수명주기 이론

- 소매 수명주기 이론(life cycle theory)은 한 소매기관이 출현하여 사라지기까지 일반적으로 도입단계(초기 성장단계), 성장단계(발전단계), 성숙단계, 그리고 쇠퇴단계를 거친다는 이론이다.

4. 유통경로의 조직 ✅자주출제

(1) 수직적 마케팅시스템(VMS : Vertical Marketing System)

① 개념 : 수직적 마케팅시스템은 상품이 제조업자에게서 소비자에게로 이전되는 과정의 수직적 유통단계를 전문적으로 관리하고 집중적으로 계획한 유통경로로서, 프랜차이즈 시스템이 대표적이다.

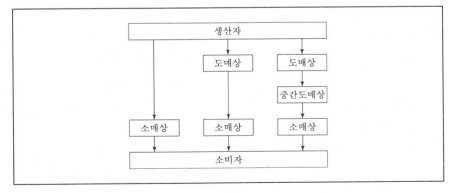

② 도입배경

㉠ 대량생산에 의한 대량판매의 요청

㉡ 가격 안정(또는 유지)의 필요성

㉢ 유통비용의 절감

기출PLUS

[기출] 2019년 제2회

수직적 마케팅 시스템의 계약형 경로에 해당하지 않는 것은?

① 소매상 협동조합
② 제품 유통형 프랜차이즈
③ 사업형 프랜차이즈
④ 도매상 후원 자발적 연쇄점
⑤ SPA브랜드

[기출] 2020년 제1회

수직적유통경로에 관한 설명 중 가장 옳지 않은 것은?

① 전체 유통비용을 절감할 수 있다.
② 높은 진입장벽을 구축할 수 있어 새로운 기업의 진입을 막을 수 있다.
③ 필요한 자원이나 원재료를 보다 안정적으로 확보할 수 있다.
④ 마케팅 비용을 절감하고 경쟁 기업에 효율적으로 대응 할 수 있다.
⑤ 동일한 유통경로 상에 있는 기관들이 독자성은 유지하면서 시너지 효과도 얻을 수 있다.

◀정답 ⑤, ⑤

수평적 유통경로에 비해 수직적 유통경로가 갖는 특징만을 모두 고른 것은?

┌ 보기 ─────────────────
│ ㉠ 자원, 원재료를 안정적으로 확보 가능
│ ㉡ 낮은 진입 장벽으로 새로운 기업의 진입이 쉬움
│ ㉢ 막대한 자금의 소요
│ ㉣ 시장이나 기술변화에 민감한 대응 가능
│ ㉤ 각 유통단계에서 전문화 실현
└──────────────────

① ㉡, ㉣
② ㉠, ㉢
③ ㉢, ㉣
④ ㉠, ㉤
⑤ ㉣, ㉤

유통경로의 유형 중 가맹본부로 불리는 경로 구성원이 계약을 통해 생산-유통과정의 여러 단계를 연결시키는 형태의 수직적 마케팅 시스템(vertical marketing system)으로 가장 옳은 것은?

① 기업형 VMS
② 위탁판매 마케팅 시스템
③ 복수유통 VMS
④ 프랜차이즈 시스템
⑤ 관리형 VMS

❮정답 ②, ④

㉣ 경쟁자에 대한 효과적인 대응

㉤ 기업의 상품이미지 제고

㉥ 목표이익의 확보

㉦ 유통경로 내에서의 지배력 획득

③ **구분**

㉠ 기업형 수직적 마케팅시스템(Corporate VMS) : 유통경로 상의 한 구성원이 다음 단계의 경로 구성원을 소유에 의해 지배하는 형태이다.

㉡ 계약형 수직적 마케팅시스템(Contractual VMS) : 수직적 마케팅시스템 중 가장 일반적인 형태로 유통경로 상의 상이한 단계에 있는 독립적인 유통기관들이 상호 경제적인 이익을 달성하기 위하여 계약을 기초로 통합하는 형태이다.

㉢ 관리형 수직적 마케팅시스템(Administrative VMS) : 경로 리더에 의해 생산 및 유통 단계가 통합되는 형태로, 일반적으로 경로 구성원들이 상이한 목표를 가지고 있으므로 이를 조정·통제하는 일이 어렵다.

④ **장·단점**

㉠ 장점
- 총유통비용의 절감 가능
- 자원 및 원재료 등의 안정적 확보 가능
- 혁신적인 기술보유 가능
- 새로이 진입하려는 기업에게 높은 진입장벽으로 작용

㉡ 단점
- 막대한 자금 소요
- 시장이나 기술의 변화에 대한 기민한 대응 곤란
- 각 유통단계에서의 전문화 상실

(2) 수평적 마케팅시스템(HMS ; Horizontal Marketing System)

① 개념 : 시너지효과를 얻기 위해 기업이 가지고 있는 자본·노하우·마케팅·자원 등을 수평적으로 통합하는 형태를 수평적 마케팅시스템이라 한다.

② 특징

㉠ 동일한 유통경로단계에 있는 2개 이상의 개별적인 기관들이 독자성을 유지한다.

㉡ 새로운 마케팅 기회를 개발하기 위해 무관한 개별 기업들이 재원이나 프로그램을 결합하여 합작 투자하는 것이다.

(3) 복수경로 마케팅시스템

기업이 하나 이상의 고객 세분시장에 도달하기 위해 2개 또는 그 이상의 마케팅 경로를 사용하는 것을 말한다.

5. 유통경로의 믹스

(1) 유통경로의 목표설정 시 고려사항

기업의 전반적인 목표와 전략, 마케팅 목표 등과 일관성이 있어야 한다.

① 기업의 목표
  ㉠ 계량적 목표 : 판매증대, 이익증대 등
  ㉡ 질적 목표 : 소비자 만족, 사회적 책임 이행 등

② 고려사항
  ㉠ 기업의 특성 : 인적 · 물적 · 재무적 자원
  ㉡ 제품의 특성 : 표준화 정도, 기술적 복잡성, 가격, 부피 등
  ㉢ 중간상 특성 : 중간상 유형별 장 · 단점
  ㉣ 경쟁적 특성 : 경쟁자의 유통경로 믹스
  ㉤ 환경적 특성 : 경기변동, 법적 · 제도적 환경요인

(2) 유통경로전략의 단계별 결정 ✔자주출제

① 제1단계 : 유통범위(Coverage)의 결정
  ㉠ 전속적 유통경로전략(Exclusive Channel Strategy) : 일정한 상권 내에 제한된 수의 소매점으로 하여금 자사상품만을 취급하게 한다.
  ㉡ 개방적 유통경로전략(Intensive Channel Strategy) : 희망하는 소매점이면 누구나 자사의 상품을 취급할 수 있도록 한다.
  ㉢ 선택적 유통경로전략(Selective Channel Strategy) : 개방적 유통경로와 전속적 유통 경로의 중간적 형태로 일정지역 내에 일정수준 이상의 이미지, 입지, 경영능력을 갖춘 소매점을 선별하여 이들에게 자사제품을 취급하도록 한다.

② 제2단계 : 유통경로의 길이 결정요인

영향요인	짧은 경로	긴 경로
제품특성	• 비표준화 된 중량품, 부패성 상품 • 기술적 복잡성, 전문품	• 표준화된 경량품, 비부패성 상품 • 기술적 단순성, 편의품
수요특성	• 구매단위가 큼 • 구매빈도가 낮고 비규칙적 • 전문품	• 구매단위가 작음 • 구매빈도가 높고 규칙적 • 편의품
공급특성	• 생산자 수가 적음 • 제한적 진입과 탈퇴 • 지역적 집중 생산	• 생산자 수가 많음 • 자유로운 진입과 탈퇴 • 지역적 분산 생산
유통비용구조	장기적 불안정 → 최적화 추구	장기적으로 안정적

유통경로의 길이(channel length)가 상대적으로 긴 제품으로 가장 옳은 것은?

① 비표준화된 전문품
② 시장 진입과 탈퇴가 자유롭고 장기적 유통비용이 안정적인 제품
③ 구매빈도가 낮고 비규칙적인 제품
④ 생산자수가 적고 생산이 지역적으로 집중되어 있는 제품
⑤ 기술적으로 복잡한 제품

③ 제3단계 : 통제수준의 결정

  ㉠ 유통경로에 대한 통제수준이 높을수록 유통경로에 대한 수직적 통합의 정도가 강화되어 기업이 소유하게 된다.

  ㉡ 유통경로에 대한 통제수준이 최저로 되는 경우에는 독립적인 중간상을 이용하게 된다.

  ㉢ 양자 사이에는 프랜차이즈나 계약 또는 합자의 방식으로 이루어지는 유사통합이 있다.

(3) 유통경로의 설계과정

① 제품 및 서비스의 가치분석 : 경쟁력이 높은 제품을 선택한다.

② 최종고객의 세분화 시장분석 : 서비스 요인의 종류(상표의 다양성, 제품의 충고, 판매원 방문 등으로 인한 지속적 관계유지, 저가격, 신뢰성 및 보수유지 지원, 제품 실연)별로 세분화 시장을 조사한다.

③ 최종고객을 위한 점포설계 : 서비스 요인을 충족시키는 점포유형을 설계하고 콘셉트를 정한다.

④ 경로시스템의 설계 : 세분 시장에 대한 점포유형에서 고객이 원하는 서비스 요인을 충족하는가의 현실적인 제약조건을 조사한다.

⑤ 기존 유통경로의 구조분석 : 기존 유통경로 시스템(경로별 물류 및 관련기능, 외부기관과 기업과의 마케팅 기능, 고객접근경로, 기존 시스템의 효율성, 경로시스템의 경제성, 시장전반 및 경쟁사의 경로시스템)을 분석한다.

⑥ 내·외부의 제약요인과 기회조사

  ㉠ 내적 기업의 분석 : 최고경영층에서 기업의 내부사정, 위험선호도, 조직구조 등 장점과 단점을 분석한다.

  ㉡ 외적 환경요인의 평가 : 기업환경요인(거시경제지표, 국제 정도, 산업집중도, 경쟁사의 행동, 미래의 기술 수준, 진입장벽, 제품의 수명주기, 사용자의 애호도, 사용자의 지리적 분산도 등)을 분석한다.

⑦ 갭 분석을 통한 경로대안 도출·비교·분석 : 기존시스템, 경영의 제약을 반영한 이상적 시스템, 고객지향적인 시스템을 반영한 4, 5, 6단계 경로시스템 비교·갭 분석으로 이상적인 시스템을 구한다.

⑧ 외부전문가의 제약요인과 목표에 대한 분석 : 외부전문가가 경영자의 편견을 평가한다.

⑨ 경로목표에 대한 재고 제약요인을 극복한다.

⑩ 최적의 경로시스템 도출과 수행방법을 준비한다.

<정답 ②

참 고 경로시스템 내 구성원들 간에 이루어지는 거래관계의 유형인 단속형 거래(discrete transaction)와 관계형 교환(relational exchange)의 비교

항목	단속형 거래	관계형 교환
거래처에 대한 관점	단순고객으로서의 거래처	동반자로서의 거래처
지배적 거래 규범	계약	거래 윤리
거래경험의 중요성	낮음	높음
신뢰의 중요성	낮음	높음
잠재거래선의 수	다수의 잠재거래선	소수의 잠재거래선

(4) 유통경로의 갈등관리 ✅자주출제

① **수평적 갈등** : 소매상과 소매상, 도매상과 도매상 등 같은 동일 단계에 있는 경로구성원들 간에 발생하는 갈등을 말한다. 수평적 갈등은 주로 서비스경쟁, 판촉경쟁, 가격경쟁 때문에 발생한다.

② **수직적 갈등**

  ⊙ 개념 : 제조업자와 중간상, 또는 도매상과 소매상 간의 갈등 등과 같이 서로 다른 단계의 경로구성원 사이에서 발생하는 갈등을 말한다.

  ⓒ 발생 원인

    • 목표의 불일치 : 경로구성원 간에 서로 다른 목표는 양립될 수 없다. 즉, 제조업체는 어떤 경로를 통하든 제품이 많이 판매되기를 원하지만, 유통상들은 그 제품의 판매를 통해 자신들의 매출 및 이익증대에 도움이 되기를 원하기 때문이다.

    • 영역에 대한 의견 불일치 : 경로구성원 간에 상권과 역할에 대한 의견 차이에서 발생하는 갈등이다.

    • 현실인식의 차이 : 어떤 동일한 현상에 대해 서로 다르게 지각하게 되는 것이다. 이것은 상호 간의 활동배경이 서로 다르고 의사소통의 전달이 제대로 이루어지지 않기 때문에 발생한다.

③ **갈등해소책**

  ⊙ 경로 리더의 지도력을 강화한다.

  ⓒ 공동 목표 제시로 협력을 증대시킨다.

  ⓒ 커뮤니케이션 강화·중재·조정으로 갈등감소를 유도한다.

기출PLUS

기출 2020년 3회

기업이 직면하게 되는 경쟁환경의 유형에 대한 설명 중 가장 옳지 않은 것은?

① 할인점과 할인점 간의 경쟁은 수평적 경쟁이다.

② 할인점과 편의점 간의 경쟁은 업태간 경쟁이다.

③ 제조업자와 도매상 간의 경쟁은 수직적 경쟁이다.

④ [제조업자—도매상—소매상]과 [제조업자—도매상—소매상]의 경쟁은 수직적마케팅시스템경쟁이다.

⑤ 백화점과 백화점 간의 경쟁은 협력업자 경쟁이다.

기출 2022년 1회

아래 글상자는 유통경로상 갈등을 초래하는 원인을 설명한 것이다. 이러한 갈등의 원인으로 가장 옳은 것은?

▸ 보기 ◂

프랜차이즈 가맹본부가 가맹점 매출의 일정비율을 로열티로 받고 있는 경우에 가맹본부의 목표는 가맹점 매출의 극대화가 되지만, 가맹점의 목표는 매출이 아니 수익이기 때문에 갈등이 발생할 가능성이 커진다.

① 추구하는 목표의 불일치

② 역할에 대한 인식 불일치

③ 현실에 대한 인식 불일치

④ 품질요구의 불일치

⑤ 경로파워 불일치

❮정답 ⑤, ①

주로 가스나 액체로 된 화물을 수송하는 방식으로서 수송과정의 제품 파손과 분실 가능성이 가장 적은 수송형태로 옳은 것은?

① 버디백(birdy back)
② 복합운송
   (multimodal transportation)
③ 더블 스택 트레인
   (double stack train)
④ 파이프라인(pipeline)
⑤ 피쉬백(fishy back)

주요 운송수단의 상대적 특성에 대한 설명으로 가장 옳지 않은 것은?

① 해상운송은 원유, 광물과 같이 부패성이 없는 제품을 운송하는데 유리하다.
② 철도운송은 부피가 크거나 많은 양의 화물을 운송하는데 경제적이다.
③ 항공운송은 신속하지만 단위 거리 당 비용이 가장 높다.
④ 파이프라인운송은 석유나 화학물질을 생산지에서 시장으로 운반해주는 특수운송수단이다.
⑤ 육상운송은 전체 국내운송에서 차지하는 비율이 크지 않다.

◀정답 ④, ⑤

(5) 물적 유통믹스 결정

① 물적 유통의 본질 : 기업에게는 적절한 이윤을 보장하면서 소비자에게는 서비스 욕구를 충족시켜 주기 위하여 원산지부터 최종 소비자까지의 물자와 상품의 상적 흐름을 최적화하는 활동을 말한다.

② 물적 유통의 목표
   ㉠ 물적 유통비용 최소화
   ㉡ 소비자에 대한 서비스 극대화

③ 물적 유통의 구성
   ㉠ 주문처리 결정 : 기업과 고객은 주문처리 과정이 빠르고 정확하게 이루어질 때 상호이익을 얻을 수 있다.
   ㉡ 창고결정 : 기업은 보유할 최적의 창고 수와 창고의 위치 등을 결정하여야 하는데, 보관 장소가 많다는 것은 소비자에게 신속하게 상품을 전달하여 고객 서비스는 증가되나 창고비용이 증가되므로 양자 사이의 균형이 이루어지도록 하여야 한다.
   ㉢ 재고결정 : 최종적인 주문점은 재고부족 위험과 과잉재고의 비용 사이에서 균형을 이루는 점에서 결정되어야 하며, 주문량은 주문처리비용과 재고 유지비용이 균형을 이루는 점, 즉 단위당 주문처리비용과 단위당 재고유지비용의 합계인 단위당 총비용이 최소가 되는 점에서 결정되어야 한다.
   ㉣ 수송결정 ✔자주출제
   • 철도운송 : 단위당 부피가 큰 제품에 적당하다.
   • 해상운송 : 수송속도가 느리고 기상조건에 영향을 받는다.
   • 육상운송(트럭) : 시간계획상의 신축성이 높다.
   • 파이프라인 : 석유나 화학물질을 생산지에서 소비지에 직접 수송한다.
   • 항공수송 : 운임은 가장 비싸지만 수송속도가 가장 빠르다. 고가의 소형제품, 부패성 제품에 적당하다.

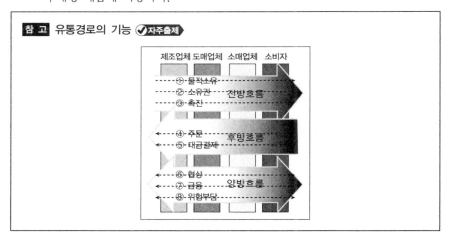

참고 유통경로의 기능 ✔자주출제

6. 유통업태의 분류

(1) 소매업태 ✔자주출제

① **가격대별 분류** : 저가격 할인점, 고가격 백화점, 고급 편의점, 하이퍼마켓, 중가격 슈퍼마켓, 콤비네이션 스토어

② **점포의 유무에 따른 분류**
  ㉠ 점포형 : 백화점, 잡화점, 대형 쇼핑센터, 편의점, 양판점, 전문점, 재래시장, 슈퍼마켓, 상점, 상가 등
  ㉡ 무점포형 : 우편판매, 텔레마케팅, TV 홈쇼핑, 전자상거래(인터넷), 자동판매기 판매, 방문 판매 등

③ **경영규모별 분류** : 편의점, 전문점, 잡화점, 백화점, 쇼핑센터, 창고점, 양판점

④ **점포밀집에 의한 분류** : 주거지역, 인근쇼핑센터, 중심상가지역, 아울렛몰, 지역 쇼핑센터

⑤ **점포의 통제에 따른 분류** : 프랜차이즈, 거상(브로커), 기업 연쇄점, 소매상협동조합, 소비자협동조합

(2) 도매업태 ✔자주출제

① **제품에 대한 소유권 유무에 따른 분류**
  ㉠ 소유권 있는 도매상 : 브로커, 수수료 상인, 판매회사, 체인본부
  ㉡ 소유권 없는 도매상 : 경매회사, 수출 · 판매 · 구매 대리점

② **성격상 분류** : 제조업자 도매상, 상인 도매상, 대리점, 브로커

③ **기능별 분류** : 도매상, 잡화업자, 중계업자, 분산업자, 중앙도매시장, 기능 중간상 등

④ **유통 상 위치에 따른 분류** : 대규모 도매상, 중규모 도매상, 소규모 도매상

⑤ **취급상품의 전문성에 따른 분류** : 일반도매상, 일반계열 도매상, 전문품도매상

⑥ **특정기능에 따른 분류** : 현금 무배달 도매상, 직송 도매상, 통신판매 도매상, 트럭배달 도매상, 선반진열 도매상

⑦ **경영주체에 따른 분류** : 독립도매상, 제조도매상, 공동도매상, 도소매상, 연쇄도매상

⑧ **서비스의 범위에 따른 분류** : 완전기능 도매상, 한정기능 도매상

01 기업에서 사용할 수 있는 수직적 통합 전략의 장점과 단점에 대한 설명으로 가장 옳지 않은 것은?

① 조직의 규모가 지나치게 커질 수 있다.
② 관련된 각종 기능을 통제할 수 있다.
③ 경로를 통합하기 위해 막대한 비용이 필요할 수 있다.
④ 안정적인 원재료 공급효과를 누릴 수 있다.
⑤ 분업에 의한 전문화라는 경쟁우위효과를 누릴 수 있다.

> **TIPS!**
> ⑤ 수직적 통합 시 기업 통합의 막대한 비용, 생산성 감소, 높은 조달 비용, 조직 내 비효율, 혁신 인센티브 저하 등 다양한 문제가 발생될 수 있다.

02 아래 글상자 ⊙과 ⓒ에서 공통적으로 설명하는 품질관리비용으로 옳은 것은?

> ⊙ 제품이 고객에게 인도되기 전에 품질요건에 충족하지 못함으로써 발생하는 비용
> ⓒ 재작업비용, 재검사비용, 불량부품으로 인한 생산 중단 비용

① 예방비용(prevention costs)
② 평가비용(appraisal costs)
③ 내부실패비용(internal failure costs)
④ 외부실패비용(external failure costs)
⑤ 생산준비비용(setup costs)

> **TIPS!**
> ③ 선적, 출하 전에 발견된 불량품과 관련된 비용
> ① 제품 또는 서비스의 불량 및 실패를 예방하기 위하여 발생하는 비용
> ② 제품, 공정 또는 서비스의 품질이 품질표준 및 요구 성능과 일치하도록 하기 위한 측정, 평가 또는 감사활동과 관련하여 발생하는 비용
> ④ 제품을 고객에게 발송한 후 불량품 발견으로 인하여 발생하는 제반 비용

Answer 01.⑤ 02.③

03 다음은 무엇을 설명한 것인가?

> (   )은/는 1960년대부터 급속히 세계적인 규모로 보급된 것으로서 수송 · 보관 · 통신 네트워크 등이 종합적인 시스템으로 작용해야 하며, 이러한 시스템을 어떻게 확립하느냐에 따라 유통경비가 크게 달라진다. 더불어 하역이나 또는 수송 등에 의해 발생하는 화물 손상의 감소로 인해 수송의 안전성이 향상되고, 고객과의 신뢰가 증진된다.

① 소매차륜이론
② ULS(Unit Load System)
③ 적시생산시스템
④ 공급사슬관리
⑤ Cross Docking

> **◉ TIPS!**
> ULS (Unit Load System ; 유닛로드시스템)는 화물의 유통 활동에 있어 하역 · 수송 · 보관 등의 전반적인 비용절감을 위해, 출발지에서부터 도착지까지의 중간 하역작업 등이 없이 일정한 방법으로 수송 · 보관하는 시스템을 의미한다.

04 아래 글상자 ㉠과 ㉡에서 설명하는 유통경로 경쟁으로 옳게 짝지어진 것은?

> ㉠ 동일한 경로수준 상의 서로 다른 유형을 가지는 기업들 간 경쟁
> ㉡ 하나의 마케팅 경로 안에서 서로 다른 수준의 구성원들 간 경쟁

① ㉠ 수직적 경쟁, ㉡ 수평적 경쟁
② ㉠ 업태 간 경쟁, ㉡ 수직적 경쟁
③ ㉠ 경로 간 경쟁, ㉡ 수평적 경쟁
④ ㉠ 업태 간 경쟁, ㉡ 경로 간 경쟁
⑤ ㉠ 수직적 경쟁, ㉡ 경로 간 경쟁

> **◉ TIPS!**
> ㉠ 유사한 상품을 판매하는 서로 상이한 형태의 소매업체간 경쟁이다.
> ㉡ 서로 다른 경로수준에 위치한 경로구성원 간의 경쟁이다.

Answer 03.② 04.②

05 아래 글상자에서 공통적으로 설명하는 유통경로의 특성으로 옳은 것은?

> ㉠ 우리나라는 도매상이 매우 취약하고 제조업자의 유통 지배력이 매우 강하다.
> ㉡ 미국의 경우 광활한 국토를 가지고 있어 제조업자가 자신의 모든 소매업체를 관리하는 것이 어려워 일찍부터 도매상들이 발달했다.
> ㉢ 각국의 특성에 따라 고유한 형태의 유통경로가 존재한다.

① 유통경로의 지역성
② 유통경로의 비탄력성
③ 유통경로의 표준성
④ 유통경로의 집중성
⑤ 유통경로의 탈중계현상

 TIPS!

　　① 유통경로는 각 나라의 고유한 역사적 배경과 시장환경에 의하여 영향을 받게 되므로 각국의 유통경로는 매우 다른 양상을 보인다.

06 아래 글상자 ㉠과 ㉡에 해당하는 유통경로가 제공하는 효용으로 옳게 짝지어진 것은?

> ㉠ 24시간 영업을 하는 편의점은 소비자가 원하는 시점 어느 때나 제품을 구매할 수 있도록 함
> ㉡ 제조업체를 대신해서 신용판매나 할부판매를 제공함

① ㉠ 시간효용, ㉡ 형태효용
② ㉠ 장소효용, ㉡ 시간효용
③ ㉠ 시간효용, ㉡ 소유효용
④ ㉠ 소유효용, ㉡ 시간효용
⑤ ㉠ 형태효용, ㉡ 소유효용

TIPS!

　　㉠ 소비자가 원하는 시기에 언제든지 제품을 구매할 수 있는 편의를 제공해 주는 것을 말한다.
　　㉡ 생산자나 중간상으로부터 제품이나 서비스의 소유권이 이전되는 편의를 제공해 주는 것을 말한다.

Answer 05.① 06.③

07 아래 글상자 ⊙, ⓒ, ⓒ에 해당하는 중간상이 수행하는 분류기준으로 옳게 짝지어진 것은?

> ⊙ 구매자가 원하는 소규모 판매단위로 나누는 활동
> ⓒ 다양한 생산자들로부터 제공되는 제품들을 대규모 공급이 가능하도록 다량으로 구매하여 집적하는 활동
> ⓒ 이질적인 제품들을 색, 크기, 용량, 품질 등에 있어 상대적으로 동질적인 집단으로 구분하는 활동

① ⊙ 분류(sorting out), ⓒ 수합(accumulation), ⓒ 분배(allocation)
② ⊙ 분류(sorting out), ⓒ 구색갖춤(assorting), ⓒ 수합(accumulation)
③ ⊙ 분배(allocation), ⓒ 구색갖춤(assorting), ⓒ 분류(sorting out)
④ ⊙ 분배(allocation), ⓒ 수합(accumulation), ⓒ 분류(sorting out)
⑤ ⊙ 구색갖춤(assorting), ⓒ 분류(sorting out), ⓒ 분배(allocation)

> **⊙ TIPS!**
> 중간상인은 제조업체와 소비자에게 필요한 정보를 제공하고 특정 장소에서 수많은 상품을 취급함으로써 소비자의 정보탐색 비용과 시간을 줄이는 탐색 과정의 촉진 역할을 한다. 다음으로 중간상인이 분류기능을 수행함으로써 제조업체와 소비자 간의 구색 차이를 줄인다.
> ⊙ 분배(allocation) : 수합된 동질적 제품들을 구매자가 원하는 소규모 단위로 나누는 것
> ⓒ 수합(accumulation) : 다양한 공급원으로부터 소규모로 제공되는 동질적인 제품들을 한데 모아 대규모 공급이 가능하게 만드는 것
> ⓒ 분류(sorting out) : 다양한 공급원으로부터 제공된 이질적인 제품들을 상대적으로 동질적인 집단으로 구분하는 것
> ⓔ 구색화(assorting) : 상호연관성이 있는 제품들로 일정한 구색을 갖추어 함께 취급하는 것

08 유통경로에서 발생하는 유통의 흐름과 관련된 각종 설명 중 가장 옳지 않은 것은?

① 소비자에 대한 정보인 시장 정보는 후방흐름기능에 해당된다.
② 대금지급은 소유권의 이전에 대한 반대급부로 볼 수 있다.
③ 소유권이 없는 경우에도 상품에 대한 물리적 보유가 가능한 경우가 있다.
④ 제조업체, 도·소매상은 상품 소유권의 이전을 통해 수익을 창출한다.
⑤ 제조업체가 도매상을 대상으로, 소매상이 소비자를 대상으로 하는 촉진전략은 풀(Pull)전략이다.

> **⊙ TIPS!**
> ⑤ 풀 전략이란 제조업자가 최종소비자를 대상으로 적극적인 촉진을 사용하여 소비자가 자사의 제품을 적극적으로 찾게 함으로써 중간상들이 자발적으로 자사 제품을 취급하게 만드는 전략이다.

Answer 07.④ 08.⑤

09 유통산업의 환경에 따른 유통경로의 변화를 다음의 다섯 단계로 나누어 볼 때 순서대로 나열한 것으로 옳은 것은?

> ㉠ 크로스채널 : 온, 오프라인의 경계가 무너지면서 상호 보완됨
> ㉡ 멀티채널 : 온, 오프라인의 다양한 채널에서 구매 가능 하나 각 채널은 경쟁관계임
> ㉢ 듀얼채널 : 두 개 이상의 오프라인 점포에서 구매 가능
> ㉣ 싱글채널 : 하나의 오프라인 점포에서 구매
> ㉤ 옴니채널 : 다양한 채널이 고객의 경험관리를 중심으로 하나로 통합됨

① ㉠-㉡-㉢-㉣-㉤
② ㉡-㉤-㉣-㉠-㉢
③ ㉢-㉠-㉡-㉤-㉣
④ ㉣-㉢-㉡-㉠-㉤
⑤ ㉤-㉣-㉡-㉢-㉠

 **TIPS!**

유통경로의 변화 : 싱글채널 – 듀얼채널 – 멀티채널 – 크로스채널 – 옴니채널

10 유통에 관련된 내용으로 옳지 않은 것은?

① 제품의 물리적 흐름과 법적 소유권은 반드시 동일한 경로를 통해 이루어지고 동시에 이루어져야 한다.
② 유통경로는 물적 유통경로와 상적 유통경로로 분리된다.
③ 물적 유통경로는 제품의 물리적 이전에 관여하는 독립적인 기관이나 개인들로 구성된 네트워크를 의미한다.
④ 물적 유통경로는 유통목표에 부응하여 장소효용과 시간효용을 창출한다.
⑤ 상적 유통경로는 소유효용을 창출한다.

TIPS!

① 제품의 물리적 흐름과 법적 소유권의 흐름은 마케팅경로를 통해 이루어지는데, 실제에 있어서 이러한 두 가지의 흐름이 반드시 동일한 경로를 통해 이루어지거나 동시에 이루어져야 할 필요는 없다.

Answer 09.④ 10.①

11 운송수단을 결정하기 전에 검토해야 할 사항에 대한 설명으로 가장 거리가 먼 것은?

① 운송할 화물이 일반화물인지 냉동화물인지 등의 화물의 종류
② 운송할 화물의 중량과 용적
③ 화물의 출발지, 도착지와 운송거리
④ 운송할 화물의 가격
⑤ 운송할 화물이 보관된 물류센터의 면적

TIPS!

운송수단 적합성 검토요소

검토요소	비고
화물의 종류와 특징	특징에 적합한 운송수단
화물의 규격(중량, 용적)	화물의 단위당 규격을 수용할 수 있는 운송수단
이동경로	이동경로의 통행에 지장 없는 운송수단
운송거리	운송거리에 따른 경제적인 운송수단
발송가능시기와 도착해야 할 시기	Lead time 충족가능한 운송수단
운송비 부담능력	지불가능한 운송비 상한선을 충족시킬 수 있는 운송수단
발송화물의 Lot size	1회 발송량에 적합한 운송수단
수하인의 요구사항	수하인이 요청한 운송수단 또는 수하인의 수하조건에 부합하는 운송수단

12 운송에 관련된 내용으로 옳지 않은 것은?

① 해상운송은 최종목적지까지의 운송에는 한계가 있기 때문에 피시백(fishy back) 복합운송 서비스를 제공한다.
② 트럭운송은 혼적화물운송(LTL : Less than Truckload) 상태의 화물도 긴급 수송이 가능하고 단거리 운송에도 경제적이다.
③ 다른 수송형태에 비해 철도운송은 상대적으로 도착시간을 보증할 수 있는 정도가 높다.
④ 항공운송은 고객이 원하는 지점까지의 운송을 위해 버디백(birdy back) 복합운송 서비스를 활용할 수 있다.
⑤ COFC는 철도의 유개화차 위에 컨테이너를 싣고 수송하는 방식이다.

TIPS!

⑤ COFC는 Flat Car(대형 Container의 적재용 대차) 위에 Container를 적재하고 운송하는 방식을 말한다.

Answer 11.⑤ 12.⑤

13 '재고를 어느 구성원이 가지는가에 따라 유통경로가 만들어진다'라고 하는 유통경로 결정 이론과 관련한 내용으로 옳지 않은 것은?

① 중간상이 재고의 보유를 연기하여 제조업자가 재고를 가진다.
② 유통경로의 가장 최후시점까지 제품을 완성품으로 만들거나 소유하는 것을 미룬다.
③ 자전거 제조업자가 완성품 조립을 미루다가 주문이 들어오면 조립하여 중간상에게 유통시킨다.
④ 특수산업용 기계 제조업자는 주문을 받지 않는 한 생산을 미룬다.
⑤ 다른 유통경로 구성원이 비용우위를 갖는 기능은 위양하고 자신이 더 비용우위를 갖는 일은 직접 수행한다.

> 🔅 **TIPS!**
> ⑤ 유통경로에서 다른 경로구성원이 더 저렴하게 수행할 수 있는 기능은 위양하고 자신이 더 저렴하게 수행할 수 있는 과업은 직접 수행한다.

14 상인 도매상은 수행기능의 범위에 따라 크게 완전기능도매상과 한정기능도매상으로 구분한다. 완전기능도매상에 해당되는 것으로 옳은 것은?

① 현금으로 거래하며 수송서비스를 제공하지 않는 현금 무배달도매상
② 제품에 대한 소유권을 가지고 제조업자로부터 제품을 취득하여 소매상에게 직송하는 직송도매상
③ 우편을 통해 주문을 접수하여 제품을 배달해주는 우편 주문도매상
④ 서로 관련이 있는 몇 가지 제품을 동시에 취급하는 한정상품도매상
⑤ 트럭에 제품을 싣고 이동판매하는 트럭도매상

> 🔅 **TIPS!**
> 완전서비스도매상
> ㉠ 일반상품도매상 : 서로 간에 관련성이 없는 다양한 제품을 취급
>   [예] 잡화, 전기제품, 전자제품, 가구제품 등
> ㉡ 한정상품도매상 : 서로 간에 관련성이 있는 제품들을 동시에 취급
>   [예] 음료수, 설탕, 조미료 등
> ㉢ 전문품도매상 : 불과 몇 가지의 전문품 라인만을 취급

Answer 13.⑤ 14.④

15 최근 국내외 유통산업의 발전상황과 트렌드로 옳지 않은 것은?

① 제품설계, 제조, 판매, 유통 등 일련의 과정을 늘려 거대한 조직을 만들어 복잡한 가치사슬을 유지하고 높은 재고비용을 필요로 하는 가치사슬이 중요해졌다.

② 소비자의 구매 패턴 등을 담은 빅데이터를 기반으로 생산과 유통에 대한 의사결정이 이루어지고 있다.

③ 글로벌 유통기업들은 무인점포를 만들고, 시범적으로 드론 배송서비스를 시작하였다.

④ 디지털 기술 및 다양한 기술이 융합됨에 따라 온라인 플랫폼을 통하여 개인화된 제품으로 변화된 소비자 선호에 대응할 수 있게 되었다.

⑤ VR/AR 등을 이용한 가상 스토어에서 물건을 살 수 있다.

① 과거처럼 길고 복잡한 가치사슬을 유지하기 위한 거대 자본과 인프라는 더 이상 필요 없어지게 되었다.

16 중간상이 행하는 각종 분류기능 중 ㉠과 ㉡에 들어갈 용어로 옳은 것은?

> - (㉠)은/는 생산자들에 의해 공급된 이질적인 제품들을 크기, 품질, 색깔 등을 기준으로 동질적인 집단으로 나누는 기능을 의미한다.
> - (㉡)은/는 동질적인 제품을 소규모 단위로 나누는 기능을 의미한다.

① ㉠ 수합(accumulation), ㉡ 등급(sort out)
② ㉠ 등급(sort out), ㉡ 분배(allocation)
③ ㉠ 분배(allocation), ㉡ 구색(assortment)
④ ㉠ 구색(assortment), ㉡ 수합(accumulation)
⑤ ㉠ 수합(accumulation), ㉡ 분배(allocation)

㉠ 등급(sorting out) : 다양한 공급원으로부터 제공된 이질적인 제품들을 상대적으로 동질적인 집단으로 구분하는 것

㉡ 수합(accumulation) : 다양한 공급원으로부터 소규모로 제공되는 동질적인 제품들을 한데 모아 대규모 공급이 가능하게 만드는 것

㉢ 분배(allocation) : 수합된 동질적 제품들을 구매자가 원하는 소규모단위로 나누는 것

㉣ 구색화(assorting) : 상호연관성이 있는 제품들로 일정한 구색을 갖추어 함께 취급하는 것

Answer 15.① 16.②

17 유통산업의 개념 및 경제적 역할에 대한 설명으로 가장 옳지 않은 것은?

① 유통산업이란 도매상, 소매상, 물적 유통기관 등과 같이 유통기능을 수행·지원하는 유통기구들의 집합을 의미한다.

② 우리나라의 경우 1960년대 이후 주로 유통산업 부문 중심의 성장을 이루었으나, 1980년대 이후에는 제조업의 육성과 활성화가 중요 과제가 되었다.

③ 유통산업은 국민경제 및 서비스산업 발전에 파급효과가 크고 성장잠재력이 높은 고부가가치 산업으로 평가되고 있다.

④ 유통산업은 경제적으로 일자리 창출에 크게 기여하고 있는 산업이며 서비스산업 발전에도 중요한 역할을 하고 있다.

⑤ 유통산업은 모바일 쇼핑과 같은 신업태의 등장, 유통 단계의 축소 등의 유통구조의 개선으로 상품거래비용과 소매가격하락을 통해 물가안정에도 기여하고 있다.

> **TIPS!**
> ② 우리나라의 경우 1960년대 이후 조업의 육성과 활성화가 중요 과제가 되었으며, 1980년대 이후에는 유통산업 부문 중심의 성장을 이루었다.

18 최근 유통시장 변화에 대해 기술한 내용으로 옳지 않은 것은?

① 신선식품 배송에 대한 수요가 증가하고 있다.

② 외식업체들은 매장에 설치한 키오스크를 통해 주문을 받음으로써 생산성을 높이고 고객의 이용 경험을 완전히 바꾸는 혁신을 시도하고 있다.

③ 온라인 쇼핑 시장의 성장세가 두드러지면서 유통업체의 배송 경쟁이 치열해지고 있다.

④ 가공·즉석식품의 판매는 편의점 매출에 긍정적인 영향을 주었다.

⑤ 상품이 고객에게 판매되는 단계마다 여러 물류회사들이 역할을 나누어 서비스를 제공하는 풀필먼트 서비스를 통해 유통 단계가 획기적으로 단축되고 있다.

> **TIPS!**
> ⑤ 풀필먼트 서비스란 물류 전문업체가 판매자를 대신해 상품의 입고, 포장, 배송 등 주문한 제품이 물류창고를 거쳐 고객에게 배달하기까지의 전 과정을 일괄적으로 처리하는 것을 말한다.

Answer 17.② 18.⑤

19 다음 중 소매차륜이론에 관한 설명으로 가장 옳지 않은 것은?

① 이 이론은 소매시장에서 변화하는 소비자들의 구매 욕구에 맞추기 위한 소매업자의 노력이 증가됨에 따라 또 다른 소매업자에 의해 원래 형태의 소매업이 출현하게 되는 일종의 순환 과정이론이다.

② 소매업 수레바퀴 이론에 따르면 새로운 형태의 소매점은 주로 혁신자로 시장 진입 초기에는 저가격, 저서비스, 제한적인 제품의 구색으로 해당 시장에 진입하게 된다.

③ 이전 소매점들은 새 유형의 소매점에 맞추기 위해 가격을 낮추고, 제한된 서비스, 낮은 마진의 형태로 운영하게 된다.

④ 새로운 형태의 소매상이 처음에는 낮은 수준의 서비스와 저마진으로 저가격을 실현함으로써 시장에 등장하지만, 높은 수준의 서비스를 제공하는 기존 형태의 소매상과의 경쟁으로 인해 소비자들에게 추가적인 만족을 제공하기 위해 어쩔 수 없이 설비를 개선하고 서비스를 확대해 가는 과정에서 가격경쟁력을 더욱 더 얻게 된다.

⑤ 전문점 → 백화점 → 할인점 순으로 등장하게 된다.

> **☀ TIPS!**
> 새로운 형태의 소매상이 처음에는 낮은 수준의 서비스와 저마진으로 저가격을 실현함으로써 시장에 등장하지만, 높은 수준의 서비스를 제공하는 기존 형태의 소매상과 경쟁하고 소비자들에게 추가적인 만족을 제공하기 위해 어쩔 수 없이 설비를 개선하고 서비스를 확대해야 하므로 그에 따라 가격경쟁력을 잃게 된다.

20 중간상이 있음으로 인해 각 경로구성원에 의해 보관되는 제품의 총량을 감소시킨다는 내용이 의미하는 중간상의 필요성을 나타내는 것으로 가장 옳은 것은?

① 효용창출의 원리
② 총거래수 최소의 원칙
③ 분업의 원리
④ 변동비 우위의 원리
⑤ 집중준비의 원리

> **☀ TIPS!**
> ⑤ 유통경로상에 가능하면 많은 수의 도매상을 개입시킴으로써 그렇지 않은 경우보다 사회전체 보관의 총량을 감소시킬 수 있다는 관점으로 중간상의 필요성을 설명하고 있는 이론이다.

Answer 19.④ 20.⑤

21 아래 글상자의 ㉠, ㉡, ㉢에서 설명하는 유통경로의 효용으로 옳게 짝지어진 것은?

> ㉠ 소비자가 제품이나 서비스를 구매하기에 용이한 곳에서 구매할 수 있게 함
> ㉡ 소비자가 제품을 소비할 수 있는 권한을 갖는 것을 도와줌
> ㉢ 소비자가 원하는 시간에 제품과 서비스를 공급받을 수 있게 함

① ㉠ 시간효용, ㉡ 장소효용, ㉢ 소유효용　　② ㉠ 장소효용, ㉡ 소유효용, ㉢ 시간효용
③ ㉠ 형태효용, ㉡ 소유효용, ㉢ 장소효용　　④ ㉠ 소유효용, ㉡ 장소효용, ㉢ 형태효용
⑤ ㉠ 장소효용, ㉡ 형태효용, ㉢ 시간효용

> **TIPS!**
> ㉠ 사람들이 제품을 원하는 장소에 둠으로써 제품의 가치를 더하는 것
> ㉡ 신용제공을 포함하여 한 쪽에서 다른 쪽으로 소유권을 이전하는데 필요한 모든 것을 하는 것
> ㉢ 제품이 필요할 때 제공하여 제품의 가치를 더하는 것

22 다음 글상자의 유통업태 발전이론과 가장 관련이 깊은 것은?

> 가. 업태의 변화는 가격이나 마진이 아니라 상품의 변화에 따른다.
> 나. 다양한 상품계열을 취급하는 소매업태에서 전문적이고 한정적인 상품계열을 취급하는 소매업태(전문점)로 변모해간다.
> 다. 한정된 계열을 추구하는 전문점들은 시간의 흐름에 따라 다시 다양한 상품계열을 추구하게 된다.
> 라. 이러한 현상이 반복적으로 나타난다.

① 변증법적 이론(Dialectic Theory)　　② 진공지대이론(Vacuum Zone Theory)
③ 소매차륜이론(Wheel of Retailing Theory)　　④ 소매수명주기이론(Retail Life Cycle Theory)
⑤ 소매아코디온 이론(Accordion Theory)

> **TIPS!**
> 소매 아코디언 이론 (Retail Accordion Theory)은 홀랜더(S. C. Hollander) 교수가 주장한 것으로, 상품의 가격이나 마진이 아니라 상품믹스(product mix)의 변화에 초점을 맞추고 있다. 소매상의 변천은 제품구색의 변화에 초점을 맞추어 제품구색이 넓은 소매상(종합점)에서 제품구색이 좁은 소매상(전문점)으로, 다시 종합점으로 되풀이 하는 것으로 아코디언처럼 제품구색이 늘었다 줄었다 하는 과정을 되풀이하는 이론이다.

Answer 21.② 22.⑤

23 도매상과 관련된 내용으로 옳지 않은 것은?

① 과일, 야채 등 부패성 식품을 공급하는 트럭도매상은 한정기능도매상에 속한다.

② 한정상품도매상은 완전기능도매상에 속한다.

③ 현금무배달도매상은 거래대상소매상이 제한적이기는 하지만 재무적인 위험을 질 염려는 없다는 장점이 있다.

④ 직송도매상은 일반관리비와 인건비를 줄일 수 있다는 장점이 있다.

⑤ 몇 가지의 전문품 라인만을 취급하는 전문품도매상은 한정기능도매상에 속한다.

> **TIPS!**
> ⑤ 몇 가지의 전문품 라인만을 취급하는 전문품도매상은 완전서비스도매상에 속한다.

24 유통산업의 변화의 흐름에 대한 전반적인 설명으로 가장 올바르지 않은 것은?

① 초기산업사회는 생산과 소비가 분리되면서 초보적인 유통 기능이 발생하기 시작하였으며, 후기산업사회로 이전하면서 생산과 소비 사이에서 유통의 기능이 더욱 강화되기 시작하였다.

② 초기산업사회는 소비자의 욕구가 다양하지 않았으므로 제조업자의 판매부서나 독립 유통업자들에 의한 단순한 재분배 기능의 수행만으로도 소비자의 욕구를 충족시킬 수 있었다.

③ 지식사회, 정보화 사회로 사회구조가 발전하면서 정보와 지식을 유통하는 기업들의 역할이 더욱 명확해지고 지식·정보의 생산 및 소비, 유통 기능이 더욱 분업화, 전문화되고 있다.

④ 소비자의 욕구가 다양화되면서 이를 충족시키기 위해 제조업체들은 다품종 소량생산 시스템과 유연생산시스템으로 전환하게 되어 유통 기능이 전문적으로 수행되는 경영기능의 분업화가 이루어졌다.

⑤ 최근 제조 부문보다 상대적으로 유통부문의 힘이 강해지는 이유는 제조업자 상표의 수가 증가하면서 경쟁이 심화되고, 유통 부문의 고객정보 수집이 기업의 성과에 중요한 영향을 미치며, 유통 자체를 영위하는 기업의 등장과 성장 등을 들 수 있다.

> **TIPS!**
> 지식사회·정보화사회로 사회구조가 발전하면 지식·정보의 생산 및 소비, 유통 기능은 통합화되어 가는 경향이 나타난다.

Answer 23.⑤ 24.③

25 유통경로에서 중간상의 존립근거로 보기 가장 어려운 것은?

① 교환의 효율화

② 교환의 전문화 및 분업화

③ 탐색

④ 교환의 효율화

⑤ 경쟁의 강화

TIPS!

유통경로에서의 중간상 존립근거
- 경쟁의 완화
- 교환의 효율화
- 탐색
- 교환의 전문화 및 분업화

26 다음 중 수직적 마케팅 시스템의 도입배경으로 적절하지 않은 것은?

① 목표이익의 확보

② 소량생산에 의한 소량판매의 요청

③ 기업의 상품이미지 제고

④ 경쟁자에 대한 효과적인 대응

⑤ 유통비용의 절감

TIPS!

수직적 마케팅 시스템의 도입배경
- 대량생산에 의한 대량판매의 요청
- 가격 안정 (또는 유지)의 필요성
- 유통비용의 절감
- 경쟁자에 대한 효과적인 대응
- 기업의 상품이미지 제고
- 목표이익의 확보
- 유통경로 내에서의 지배력 획득

Answer 25.⑤ 26.②

27 다음 중 유통산업의 경제적 역할로 보기 어려운 것은?

① 생산자 및 소비자 간의 매개역할

② 중간마진의 축소

③ 고용의 창출

④ 물가의 조정

⑤ 산업발전의 촉매

> **TIPS!**
> 유통산업의 경제적 역할로는 생산자 및 소비자 간의 매개역할, 산업발전의 촉매역할, 고용의 창출, 물가의 조정 등이 있다.

28 생산과 소비 사이에 유통경로가 필요한 이유라고 가장 보기 어려운 것은 ?

① 탐색과정의 효율성 제고

② 거래의 일상화

③ 총 거래 수 최소화를 통한 유통효율의 증대

④ 직접 마케팅의 강화

⑤ 구색 및 수량의 불일치 해소

> **TIPS!**
> 직접 마케팅은 중간상을 통하지 않고 생산자가 직접 소비자를 상대로 마케팅 활동을 펼치는 것을 의미한다. 따라서 직접 마케팅을 강화하면 유통경로는 필요 없다.

29 다음 중 복수 유통경로에 대한 내용으로 가장 거리가 먼 것은?

① 세분화된 개별시장에 접근하는 것이 효율성이 큰 방식이다.

② 판매범위가 넓다.

③ 판매량이 크게 증가한다.

④ 동일한 제품에 대해 1개의 경로를 동시에 활용하는 유통경로로써, 주로 가전제품의 유통경로 등에 이용된다.

⑤ 각 유통경로 간의 갈등이 심화되고, 시장의 특성에 따라 이중가격이 형성될 수 있다.

 TIPS!

복수 유통경로는 동일한 제품에 대해 2개 이상의 경로를 동시에 활용하는 유통경로로써, 주로 가전제품의 유통경로 등에 이용된다.

30 다음 중 다중 유통경로에 대한 설명으로 가장 옳지 않은 것을 고르면?

① 동일한 시장을 대상으로 동일한 제품 및 서비스를 복수 이상의 경로를 통해 공급하는 방식이다.

② 복수 유통경로보다 유통경로 간의 갈등이 더 심화되는 문제점이 있다.

③ 특정 경로에 대한 의존도가 높아질 수 있다.

④ 동시에 여러 세분시장을 포괄할 수 있다.

⑤ 다양한 유통욕구를 충족할 수 있다.

TIPS!

다중 유통경로는 특정 경로에 대한 의존도를 줄일 수 있다.

31 다음 중 수직적 마케팅시스템의 특징으로 가장 옳지 않은 것은?

① 총유통비용 절감이 가능하다.

② 자원 및 원재료 등의 안정적 확보가 불가능하다.

③ 각 유통단계에서의 전문화가 상실될 우려가 있다.

④ 혁신적인 기술의 보유가 가능하다.

⑤ 막대한 자금이 소요된다.

TIPS!

수직적 마케팅시스템은 자원 및 원재료 등의 안정적인 확보가 가능하다.

Answer 29.④ 30.③ 31.②

32 다음 괄호 안에 들어갈 말로 적절한 것은?

> (   )은/는 제품이 제조업자에서 소비자에게 이전되는 과정의 유통단계를 집중적으로 관리하고 계획한 유통경로로써, 이에는 프랜차이즈 시스템이 대표적이다.

① 수직적 마케팅시스템   ② 수평적 마케팅시스템
③ 유통경로시스템   ④ 복수경로 마케팅시스템
⑤ 단일경로 마케팅시스템

TIPS!
수직적 마케팅 시스템(VMS : Vertical Marketing System)은 제품이 제조업자에서 소비자에게 이전되는 과정의 유통단계를 집중적으로 관리하고 계획한 유통경로로써, 이에는 프랜차이즈 시스템이 대표적이다.

33 다음 괄호 안에 들어갈 말을 순서대로 바르게 나열한 것은?

> (㉠) 수직적 마케팅시스템은 유통경로상의 한 구성원이 다음 단계의 경로 구성원을 소유에 의해 지배하는 형태이고, (㉡) 수직적 마케팅시스템은 유통경로상의 상이한 단계에 있는 독립적인 유통기관들이 상호 경제적인 이익을 달성하기 위하여 계약을 기초로 통합하는 형태이며, (㉢) 수직적 마케팅시스템은 경로 리더에 의해 생산 및 유통단계가 통합되어지는 형태로, 일반적으로 경로 구성원들이 상이한 목표를 가지고 있기 때문에 이를 조정 및 통제하는 일이 어렵다.

① ㉠ 관리형 ㉡ 기업형 ㉢ 계약형   ② ㉠ 기업형 ㉡ 관리형 ㉢ 계약형
③ ㉠ 기업형 ㉡ 계약형 ㉢ 관리형   ④ ㉠ 관리형 ㉡ 계약형 ㉢ 기업형
⑤ ㉠ 계약형 ㉡ 관리형 ㉢ 기업형

TIPS!
기업형 수직적 마케팅시스템은 유통경로상의 한 구성원이 다음 단계의 경로 구성원을 소유에 의해 지배하는 형태이고, 계약형 수직적 마케팅시스템은 유통경로상의 상이한 단계에 있는 독립적인 유통기관들이 상호 경제적인 이익을 달성하기 위하여 계약을 기초로 통합하는 형태이며, 관리형 수직적 마케팅시스템은 경로 리더에 의해 생산 및 유통단계가 통합되어지는 형태로, 일반적으로 경로 구성원들이 상이한 목표를 가지고 있기 때문에 이를 조정 및 통제하는 일이 어렵다.

Answer 32.① 33.③

34 다음 중 유통경로의 믹스에 대한 고려사항으로 바르게 연결되지 못한 것은?

① 중간상 특성 : 중간상의 유형별 장점 및 단점
② 기업의 특성 : 원료 및 재료의 특성
③ 제품의 특성 : 기술적 복잡성, 가격 등
④ 경쟁적 특성 : 경쟁자의 유통경로 믹스
⑤ 환경적 특성 : 경기의 변동, 제도적 & 법적인 환경요인

 **TIPS!**

기업의 특성으로는 인적, 물적 및 재무적 자원이 있다.

35 다음 중 집약적 유통에 대한 설명으로 가장 옳지 않은 것은?

① 집약적 유통은 가능한 한 많은 소매상들에게 자사의 제품을 취급하게 함으로서 포괄되는 시장의 범위를 넓히려는 전략이다.
② 집약적 유통에는 대체로 전문품이 속한다.
③ 편의성이 증가하는 이점이 있다.
④ 재고 및 주문관리 등에 있어서 어려움이 있다.
⑤ 충동구매를 증가시킬 수 있다.

TIPS!

집약적 유통은 소매상들로 하여금 되도록 자사의 제품을 취급하게 하는 전략이므로 누구나 손쉽게 구입할 수 있으면서 제품구매를 위해 많은 노력을 기울이지 않는 편의품이 이에 속한다.

36 전속적 유통에 대한 내용 중 가장 거리가 먼 것은?

① 중간상 중 일정 자격을 갖춘 하나 이상 또는 소수의 중간상들에게 판매를 허가하는 전략이다.
② 중간상의 판매가격 및 신용정책 등에 대한 강한 통제를 할 수 있다.
③ 자사의 제품 이미지에 적합한 중간상들을 선택함으로써 브랜드 이미지 강화를 꾀할 수 있다는 이점이 있다.
④ 전문품에 적절한 전략이다.
⑤ 제한된 유통으로 인해 판매기회가 상실될 우려가 있다.

Answer 34.② 35.② 36.①

37 다음 중 선택적 유통에 대한 설명으로 틀린 것은?

① 생산자의 경우에는 선택된 중간상들과의 친밀한 거래관계의 구축을 통해 적극적인 판매노력을 기대할 수 있다.
② 일정 자격을 갖춘 하나 이상 또는 소수의 중간상들에게 판매를 허가하는 전략이다.
③ 선매품에 가장 적합한 전략이다.
④ 판매력이 있는 중간상들만 유통경로에 포함시키므로 만족스러운 매출과 이익을 기대할 수 있다는 장점이 있다.
⑤ 소비자는 제품구매를 위해 많은 노력을 기울이지 않는다.

38 유통경로의 갈등관리에 대한 설명 중 바르지 않은 것은?

① 주로 동일한 단계의 경로구성원들에 의해 발생하는 갈등을 수평적 갈등이라고 한다.
② 서로 다른 단계의 경로구성원들에 의해 발생하는 갈등을 수직적 갈등이라고 한다.
③ 수직적 갈등은 주로 판촉경쟁이나 서비스경쟁, 가격경쟁 때문에 발생하게 된다.
④ 경로구성원들 간 상권과 역할에 대한 의견 차이에서 발생하는 갈등을 영역에 대한 의견 불일치라고 한다.
⑤ 어떠한 동일한 현상에 대해 서로 다르게 지각하게 되는 것을 현실인식의 차이라고 한다.

Answer 37.⑤ 38.③

39 다음 중 제조업자를 위해 도매상이 수행하는 기능에 해당하는 것은?

> ㉠ 구색갖춤기능   ㉡ 시장확대기능
> ㉢ 재고유지기능   ㉣ 주문처리기능
> ㉤ 기술지원기능   ㉥ 신용 및 금융기능

① ㉠㉢㉥   ② ㉡㉣㉥
③ ㉡㉢㉣   ④ ㉢㉣㉤
⑤ ㉢㉤㉥

 TIPS!

제조업자를 위해 도매상이 수행하는 기능
㉠ 시장확대기능
㉡ 재고유지기능
㉢ 주문처리기능
㉣ 시장정보제공기능
㉤ 고객서비스대행기능

40 두 개의 상자에 부품을 보관하여 필요 시 하나의 상자에서 계속 부품을 꺼내어 사용하다가 처음 상자가 바닥날 때까지 사용하고 나면, 발주를 시켜 바닥난 상자를 채우는 방식을 무엇이라고 하는가?

① 수평적 마케팅 방식
② 수직적 마케팅 방식
③ 프랜차이즈 시스템
④ Two −Bin 기법
⑤ ABC 재고관리

TIPS!

Two−Bin 기법 … 두 개의 상자에 부품을 보관하여 필요 시 하나의 상자에서 계속 부품을 꺼내어 사용하다가 처음 상자가 바닥날 때까지 사용하고 나면, 발주를 시켜 바닥난 상자를 채우는 방식을 의미하며, 통상적으로 조달기간 동안에는 나머지 상자에 남겨져 있는 부품으로 충당한다.

Answer 39.③ 40.④

41 중간상이 유통 과정에서 창출하는 효용에 대한 설명으로 가장 올바른 것은?

① 생산자와 소비자간 교환과정에 있어 생산자들과 구매자들 사이에서 거래의 수를 대폭 증가시켜 가치를 창출한다.

② 중간상은 생산자들로부터 다수의 제품라인을 소량으로 구매하여 소비자들에게 묶어서 판매하기 때문에 직접 구매에 비해 가격을 저렴하게 판매하기도 한다.

③ 중간상은 교환에 필요한 다양한 거래사항을 표준화를 통해 거래의 단순화로 거래를 촉진하고 주문 관련 비용을 감소시키는 기능을 한다.

④ 중간상은 고객정보를 생산자들로부터 구매함으로써 고객 정보탐색의 비용과 시간을 감소시킬 수 있다.

⑤ 중간상은 분류기능을 통해 생산자와 소비자 사이의 제품 구색의 차이를 증대시킨다.

> **TIPS!**
> ① 중간상이 개입하면 거래 수는 감소하여 거래비용을 감소시킨다.
> ② 중간상은 생산자들로부터 대량 구매하여 판매한다.
> ④ 중간상은 고객정보를 고객으로부터 직접 수집하여 이를 생산자들에게 제공하는 기능을 한다.
> ⑤ 중간상은 생산자와 소비자 사이의 제품 구색의 불일치를 완화하는 기능을 한다.

42 다음 중 푸시전략에 대한 설명으로 가장 옳지 않은 것은?

① 제조업자가 소비자를 향해 제품을 밀어낸다는 의미이다.

② 소비자들의 브랜드 애호도가 높다는 특징이 있다.

③ 브랜드 선택이 점포 안에서 이루어진다.

④ 충동구매가 잦은 제품의 경우에 적합한 전략이다.

⑤ 중간상들로 하여금 자사의 상품을 취급하도록 하고, 소비자들에게 적극 권유하도록 하는 전략이다.

> **TIPS!**
> 푸시전략(Push Strategy) ⋯ 푸시전략은 소비자들의 브랜드 애호도가 낮다는 특징이 있다.

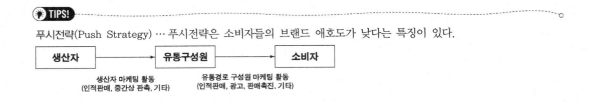

section 1 유통경영 환경분석

1. 유통경영전략의 필요성과 이해

(1) 의의

유통경영전략이란 변동하는 기업환경 속에서 기업의 유지·성장을 위해서 외부 환경의 변화에 대해 기업 전체로서 적응 또는 대응하기 위한 방향의 설정과 그 수단의 선택에 관한 의사결정이다.

(2) 필요성

제품의 수명주기가 단축되고 기술수준이 높아지고 있는 환경 속에서 경쟁우위를 위해서는 경영전략의 수립이 필요하다.

2. 유통경영의 비전과 목표

(1) 유통경영의 비전

① 유통의 국제화

② 기술혁신과 생산성 향상

③ 소비자 욕구변화의 대응

(2) 유통경영의 목표

기업의 발전 여하는 경영전략에 있으며, 기업경영의 생명선은 전략적 결정의 합리성 여하에 따라 좌우된다. 유통경영에 있어서도 제품의 수명주기가 단축되고 기술수준이 높아가고 있는 경제 환경에서 치열한 경쟁을 뚫고 성장하기 위함이다.

3. 유통경영의 외부적 요소 분석

외부적 환경요인이 기업에 미치는 영향은 기업의 기회 또는 위협의 요인이 될 수 있다. 따라서 기업은 지속적으로 외부적 요소를 분석하여 기회 요인과 위협 요인을 발견하여 미래를 바라보는 경영 전략을 수립해야한다.

> **POINT** 마이클 포터의 산업 경쟁구조 분석 모델 ✓자주출제
> ① 기존 경쟁자 간의 경쟁정도
> ② 대체재의 위협성
> ③ 잠재적 경쟁업자의 진입 가능성
> ④ 구매자의 협상력
> ⑤ 판매자의 협상력

4. 유통경영의 내부적 요소 분석

(1) 정의

유통경영의 내부적 요소 분석은 기업이 보유하고 있는 능력을 파악하는 것이다.

(2) 내부적 요소 분석

① 보유자원 분석 : 자금, 기수, 설비, 노하우 등을 분석

② 조직구조 분석 : 기업문화, 기업 내 부서 간의 관계 등을 분석

(3) 내부적 요소 분석의 유형

① 기능적 분석 : 기업의 자원과 기술(재무, 생산, 마케팅, 연구개발 등)

② 요소별 분석 : 기업의 조직구조, 기업의 자원, 기업 조직문화 등

section 2 유통경영전략의 수립과 실행

1. 유통기업의 사업방향 결정

(1) 개요

기업의 사업방향을 결정하기 위해서는 기업의 이윤과 목표를 이루기 위한 다양한 영향요인들을 분석하여 명확히 하는 작업이 필요하다. 특히 유통기업의 사업방향 결정은 경쟁사와 고객, 유통에 대한 정확한 분석이 필요하다.

(2) 유통기업의 사업방향 결정

① 유통기업의 사명 : 현실적이며 구체적인 비전을 제시해야 하고 구성원들에게 동기부여가 필요하다.

② 유통기업의 목표 : 시장 점유율, 매출, 재무적 성과, 사회적 목표, 개인적 목표 등이 제시된다.

기출PLUS

기출 2020년 2회

포터(M. Porter)의 가치사슬분석에 의하면 기업 활동을 본원적 활동과 보조적 활동으로 구분할 수 있는데, 이 중 보조적 활동에 속하지 않는 것은?

① 경영혁신
② 서비스활동
③ 인적자원관리
④ 조달활동
⑤ 기술개발

기출 2022년 1회

유통경영의 외부환경을 분석하기 위해 포터의 산업분석을 활용할 경우에 대한 설명으로 가장 옳지 않은 것은?

① 기존 경쟁자들 간의 경쟁 정도를 확인해야 한다.
② 공급자의 협상능력이 클수록 산업전반의 수익률이 증가하여 시장 매력도가 높아진다.
③ 생산자입장에서 소매상의 힘이 커질수록 가격결정에서 불리하다.
④ 외부환경이 미치는 영향은 기업에 따라 기회 또는 위협으로 작용한다.
⑤ 대체재의 유무에 따라 산업의 수익률이 달라진다.

기출 2022년 2회

마이클 포터(Michael E. Porter)가 제시한 5가지 세력(force)모형을 이용하여 기업을 분석할 때, 이 5가지 세력에 해당되지 않는 것은?

① 신규 진입자의 위협
② 공급자의 교섭력
③ 구매자의 교섭력
④ 대체재의 위협
⑤ 보완재의 위협

◀정답 ②, ②, ⑤

기업 수준의 성장전략에 관한 설명으로 가장 옳지 않은 것은?

① 기존시장에서 경쟁자의 시장점유율을 빼앗아 오려는 것은 다각화전략이다.
② 신제품을 개발하여 기존시장에 진입하는 것은 제품개발전략이다.
③ 기존제품으로 새로운 시장에 진입하여 시장을 확대하는 것은 시장개발전략이다.
④ 기존시장에 제품계열을 확장하여 진입하는 것은 제품개발전략이다.
⑤ 기존제품으로 제품가격을 내려 기존시장에서 매출을 높이는 것은 시장침투전략이다.

<정답 ①

③ 유통기업의 경영전략 : 유통기업이 급변하는 경제 환경에서 생존과 목표를 이루기 위해 사업의 목표와 자원분배 및 기능별 전략이 요구되는 반드시 필요한 전략이다.

2. 기업수준의 경영전략, 사업부수준의 경영전략, 기능별 경영전략

(1) 기업수준의 경영전략 ✔자주출제

① 기업수준의 경영전략은 변동하는 기업환경 속에서 기업이 유지 및 성장 하기위해 경쟁하는 시장과 산업의 범위를 결정하는 가장 상위의 경영전략이다.
② 기업수준의 경영전략은 내적 통합, 다각화, 기업인수 합병, 해외사업진출 등을 결정하고 각 사업 분야에 경영자원 분배, 신규 사업의 진출, 기존사업 탈퇴와 같은 결정을 의미한다.

(2) 사업부수준의 경영전략

① 기업이 시장에서 경쟁하는 과정에서 보다 구체적으로 결정하는 전략으로 기업수준의 하위전략이다.
② 경쟁우위 전략 : 원가우위 전략, 차별화 전략, 집중화 전략

(3) 기능별 경영전략

기능별 경영전략은 사업부수준의 경영전략을 효과적으로 실행하기 위한 역할을 한다. 즉, 회사의 한정된 자원을 어떻게 효과적으로 활용할 것인가의 문제를 다룬다.

3. 경쟁우위와 경쟁전략

(1) 경쟁우위

기업의 제품이 시장에서 우선적으로 선택될 수 있도록 하는 것이다.

① 원가우위 전략 : 경쟁사보다 저렴하게 만들어 경쟁하는 전략
② 차별화 전략 : 경쟁사의 제품과 가격이 비슷하나 품질, 서비스 등에 차별화을 둔 전략

(2) 경쟁전략

기업의 이익을 높이기 위해 또는 기업이 경쟁기업과의 경쟁에서 공격 혹은 방어적인 행동을 취하는 것이다.

4. 경영혁신

(1) 정의
경영혁신은 기존의 업무방법이나 계획을 새롭게 구성하여 실천하는 것을 말한다.

(2) 경영혁신 기법
고객만족 경영, 벤치마킹, 고객관계관리, 구조조정, 아웃소싱, 전략적 제휴, 전사적 자원 관리

5. 다각화 및 통합 전략과 아웃소싱 전략

(1) 다각화 전략 ✔자주출제
기존사업에서 새로운 별도의 사업을 내부에서 새로 만들거나 외부에서 영입하는 전략으로, 현재의 제품과 관련이 있는 수평적 다각화와 현재의 제품과 관련이 없는 새로운 신제품을 추가하는 복합적 다각화가 있다.

(2) 통합 전략
현재 진행하고 있는 사업부분과 관계가 있는 사업부분에 진입하는 전략을 말한다. 시장 지배력이 좋아지는 장점이 있지만 경영의 관점에서 기업업무가 가중되는 단점도 있다.

(3) 아웃소싱 전략 ✔자주출제
사업부분을 외부 전문가나 기업에 위탁하여 기업의 효율을 높이는 전략이다. 비용이 절감되며, 핵심 사업부분에 집중할 수 있고, 노동조합의 문제가 원만해진다는 장점이 있다. 하지만 고객에 대한 충성도 하락과 근로자들의 고용불안 등의 문제가 발생할 수 있다.

6. 전략적 제휴, 합작 투자, 인수합병 전략 ✔자주출제

(1) 전략적 제휴
서로 경쟁관계에 있는 기업들이 일정부분에서 한시적인 협력관계를 맺는 전략이다. 자원의 공유, 기술개발비 절약, 시간의 절약, 기술의 표준화 등을 제공한다.

기출PLUS

[기출] 2020년 2회

유통경로 상에서 기업이 현재 차지하고 있는 위치의 다음 단계를 차지하고 있는 경로구성원을 자본적으로 통합하는 경영전략을 설명하는 용어로 옳은 것은?

① 전방통합
   (forward integration)
② 아웃소싱(outsourcing)
③ 전략적제휴(strategic alliance)
④ 합작투자(joint venture)
⑤ 후방통합(backward integration)

[기출] 2022년 1회

아래 글상자의 사례에 해당하는 유통경영전략으로 가장 옳은 것은?

┌ 보기 ┐
식품회사인 미국의 A사와 유럽의 B사는 140여 개 해외사장에서 상대방의 제품을 각자의 유통망에서 유통시키고 있다. 예를 들어 미국 외의 지역에서는 A사의 대표적인 시리얼 브랜드가 B사의 유통망을 통해 공급되는 유통경영전략을 사용하고 있다.

① 복합경로마케팅전략
② 제품개발전략
③ 인수합병전략
④ 전략적경로제휴전략
⑤ 다각화전략

❮정답 ①, ④

(2) 합작 투자

2개 이상의 기업이 특정 기업의 공동 소유권을 가지고 경영과 운영에 참여하는 방식이다. 위험부담의 축소와 기술교환 등 상호경쟁 완화 효과가 있다.

(3) 인수합병 전략

급변하는 경제상황 속 기업의 대응전략으로, 기업 간의 매수와 합병을 하는 전략이다. 다양한 시너지 효과를 볼 수 있고 시장 점유율을 높일 수 있다.

7. 유통기업의 글로벌화 전략

기업의 글로벌화는 기업의 세계화 성장과 타국의 기업 현지화 설립으로 효율성(인건비, 운송비, 기타 투입비용 절감)을 높이고, 국가별 차별성이 아닌 동질성으로 범세계적인 통합을 하는 전략이다.

section 3 유통경영전략의 평가 및 통제

1. 전략의 평가

(1) 정의

전략의 평가는 현재 경영전략의 계획, 운용을 바탕으로 시행하고 있는 전략을 평가 분석하는 작업이다. 이러한 평가를 통해서 해당 전략이 타당했는지 또한 전략 과정에서의 문제점은 없었는지 판단한다.

(2) 평가를 위한 분석자료

생산 및 판매 실적, 연구개발 실적 등

2. 전략의 통제

(1) 전략적 통제

조직 천체와 장기적 측정에 중심을 둔 통제, 기업의 전략방향 통제이다.

(2) 전술적 통제

시장점유율, 프로그램 이행 등의 중기적 측정에 중점을 둔 통제, 전략 계획의 실행을 주 내용으로 한다.

(3) 운영적 통제

단기적 측정에 중점을 둔 통제로 단기적으로 달성해야 할 과업 중심이다.

3. 성과의 환류(Feedback)

여러 가지 경영전략으로 기업에 성과가 나타난다. 그 성과는 지속적인 개선과 관리가 필요하게 되므로 결국 환류작업을 수행하게 된다. 이러한 환류는 성과 평가의 결과를 활용하여 새로운 전략의 개선 역할을 수행하기도 한다.

01 팬먼(Penman)과 와이즈(Weisz)의 물류아웃소싱 성공전략에 관한 설명으로 옳지 않은 것은?

① 아웃소싱이 성공하려면 반드시 최고경영자의 관심과 지원이 필요하다.

② 아웃소싱의 궁극적인 목표는 현재와 미래의 고객만족에 있음을 잊지 말아야 한다.

③ 지출되는 물류비용을 정확히 파악하여 아웃소싱 시 비용절감효과를 측정해야 한다.

④ 아웃소싱의 가장 큰 장애는 인원감축 등에 대한 저항이므로 적절한 인력관리로 사기저하를 방지해야 한다.

⑤ 아웃소싱의 목적이 기업 전체의 전략과 일치할 필요는 없으므로 기업의 전사적 목적이 차별화에 있다면 아웃소싱의 목적은 비용절감에 두는 효율적 전략을 추진해야 한다.

TIPS!

⑤ 아웃소싱(Outsourcing) : 기업이 수행하는 여러 가지 다양한 활동 중 전략적으로 중요하면서도 가장 잘 할 수 있는 분야나 핵심역량에 모든 자원을 집중시키고, 나머지 활동들의 기획에서부터 운영까지의 업무 일체를 해당 분야에서 세계적으로 가장 뛰어난 전문기업에게 맡기거나 조달하는 것을 뜻한다.

02 다음 중 아웃소싱 전략에 관한 설명으로 가장 거리가 먼 것은?

① 아웃소싱 전략은 경비절약, 기업의 규모축소, 전문화 등이 목적이다.

② 아웃소싱 전략은 정보통신기술(ICT)의 발달 등과 같은 최근의 환경변화는 아웃소싱을 파트너십에 입각한 전략적 차원으로 전환시키고 있다.

③ 핵심사업 부문에 집중, 채용의 용이성, 수수료 부담의 감소, 이직률의 하락, 고객에 대한 높은 충성도 등의 이점이 있다.

④ 통상적으로 정보기술의 개발능력 부족 등으로 잘 정비된 외부업체의 네트워크를 활용하기 위해 아웃소싱을 하게 된다.

⑤ 근로자들의 고용불안과 근로조건의 악화라는 단점이 있다.

TIPS!

아웃소싱 전략은 한정된 자원을 가장 핵심사업 분야에 집중시키고, 나머지 부문은 외부 전문기업에 위탁하여 효율을 극대화하려는 전략을 말하며, 고객에 대한 낮은 충성도, 이직률의 상승이라는 문제점을 지니고 있다.

Answer 01.⑤ 02.③

03 기업이 외부조달을 하거나 외주를 주는 이유로 옳지 않은 것은?

① 비용상의 이점
② 불충분한 생산능력 보유
③ 리드타임, 수송, 창고비 등에 대한 높은 통제가능성
④ 전문성 결여로 인한 생산 불가능
⑤ 구매부품의 품질측면의 우수성

> **TIPS!**
>
> ③ 기업이 자재 · 부품 · 서비스 · 설비를 자체 생산하는 이유에 해당한다.
>
> ※ 기업의 외부조달 이유
>
> ⊙ 비용상 이점 : 비용은 구매 혹은 외주의 중요한 이유로, 규모의 경제 이점을 갖는 자재의 경우 비용이 특히 중요함
>
> ⓛ 불충분한 생산능력 : 부품의 생산능력이 갖춰져 있지 않아 수요가 예상보다 갑자기 증가해 충족 불가능한 경우
>
> ⓒ 전문성의 결여 : 기업이 특정 품목을 생산할 만한 기술과 전문성이 없을 때
>   • 공급자의 공정, 제품에 대한 특허보유로 생산 불가능
>   • 환경 · 안전기준 미충족으로 생산 불가능
>
> ⓓ 품질 : 구매부품이 품질면에서 우수한 경우(공급자의 우량기술과 공정, 숙련작업자, 규모의 경제 이점 등)

04 서로 다른 제품을 각각 다른 생산설비를 사용하는 것보다 공동의 생산 설비를 이용해서 생산한다면 보다 효과적이라는 이론으로 옳은 것은?

① 규모의 경제   ② 분업의 원칙
③ 변동비 우위의 법칙   ④ 범위의 경제
⑤ 집중화 전략

> **TIPS!**
>
> ④ 범위의 경제(Economies of scope) : 하나의 기업이 2가지 이상의 제품을 함께 생산할 경우, 2가지를 각각 따로 생산하는 경우보다 생산비용이 적게 드는 현상을 뜻한다.
>
> ① 기업의 생산 규모가 증가할 때 생산량의 증가가 노동, 자본 등 생산요소의 증가보다 더 크게 증가하는 경우를 말한다.
>
> ② 조직구성원에게 가능한 한 단일의 전문화된 업무를 수행하도록 일을 분담시켜야 한다는 원칙이다.
>
> ③ 제조업자의 경우 공장 하나에서 물건을 10개 찍는 경우에 비해 100개 찍는 경우 이윤이 크게 커지는 반면, 유통업자는 10개를 유통하는 경우에 비해 100개를 유통하는 경우가 더 큰 이윤을 남기긴 하지만, 제조업자만큼 큰 폭으로 커지지 않는다는 의미이다.
>
> ⑤ 특정 시장, 특정 소비자 집단, 특정 제품종류, 특정 지역 등을 집중적으로 공략하는 것을 의미한다.

Answer 03.③ 04.④

05 유통경영 전략계획 수립에 대한 설명으로 가장 옳지 않은 것은?

① 기업수준의 전략계획수립은 조직의 목표 및 역량과 변화하는 마케팅 기회 간의 전략적 적합성을 개발·유지하는 과정을 말한다.

② 기업수준의 전략계획수립은 기업 내에서 이루어지는 다른 모든 계획수립의 근간이 된다.

③ 기업수준의 전략계획수립과정은 기업전반의 목적과 사명을 정의하는 것으로 시작된다.

④ 기업수준의 전략계획이 실현될 수 있도록 마케팅 및 기타 부서들은 구체적 실행계획을 수립한다.

⑤ 기업수준의 전략계획은 기능별 경영전략과 사업수준별 경영전략을 수립한 후 전략적 일관성에 맞게 수립해야 한다.

> **TIPS!**
> ⑤ 기업수준전략은 주로 기업이 어떠한 종류의 사업에 참여할 것인가, 그리고 이들 사업부문 사이에 자원을 어떻게 할당할 것인가에 대한 의사결정을 내리는 것이다.

06 유통경로에서 발생하는 각종 현상에 관한 설명으로 가장 옳지 않은 내용은?

① 유통경로의 같은 단계에 있는 경로구성원 간의 경쟁을 수평적 경쟁이라고 한다.

② 제조업자는 수직적 마케팅 시스템을 통해 도소매상의 판매자료를 공유함으로써 효율적 재고관리, 경로전반의 조정개선 등의 이점을 얻을 수 있다.

③ 가전제품도매상과 대규모로 소매상에 공급하는 가전 제조업자와의 경쟁은 업태간 경쟁이다.

④ 이미지, 목표고객, 서비스 등 기업전략의 유사성 때문에 수평적 경쟁이 생기는 경우도 많다.

⑤ 유통기업은 수직적 경쟁을 회피하기 위해 전방통합, 후방통합을 시도하기도 한다.

> **TIPS!**
> ③ 소매상과 도매상 혹은 소매상과 제조업자 간의 경쟁은 수직적 경쟁이다.

07 유통기업의 전략에 관한 설명으로 가장 바르지 않은 것은?

① 자원(resource)과 역량(capability)은 반드시 비례관계가 성립된다고 볼 수 없다.

② 전략은 책임자의 입장에서 본 전체적인 그림에 대해 장기적으로 적용될 지침이다.

③ 전략을 실행하는 과정에서 전략이 수정되는 이유 중의 하나는 환경의 변화에 있다.

④ 차별화전략은 가격경쟁력을 1차적으로 추구하며 2차적으로 품질경쟁력, 기능경쟁력, 고객서비스 경쟁력을 추구하는 것이다.

⑤ 비용우위의 원천인 규모의 경제를 달성하기 위해서는 대규모의 자본력과 시장이 있어야 가능하다.

> **TIPS!**
>
> 1차적으로 가격경쟁력을 추구하는 것은 원가우위(비용우위) 전략이다. 차별화전략은 1차적으로 고객서비스 경쟁력을 추구한다.

08 기업의 이해관계자별 주요 관심사에 관한 설명으로 옳지 않은 것은?

구분	이해관계자	이해관계자의 관심사
㉠	기업주/경영자	기업평판, 경쟁력
㉡	종업원	임금과 근무조건, 복리후생제도, 채용 관행과 승진제도
㉢	노동조합	허위정보, 과대광고, 폭리, 유해상품
㉣	소비자/고객	제품의 안전성, 적정가격, 서비스 수준과 품질보장
㉤	유통업체/거래처	입찰과 납품 시 합법적 행위, 대금 결제의 합법성

① ㉠

② ㉡

③ ㉢

④ ㉣

⑤ ㉤

> **TIPS!**
>
> ③ 노동조합의 주요 관심사는 경제적인 문제로서, 임금, 근로시간, 노동조건의 향상을 위한 요구가 그들의 최우선 과제이다.

Answer 07.④ 08.③

09 마이클 포터(Michael Porter)의 산업구조분석모형(5-forces model)에 대한 설명으로 옳지 않은 것은?

① 공급자의 교섭력이 높아질수록 시장 매력도는 높아진다.
② 대체재의 유용성은 대체재가 기존 제품의 가치를 얼마나 상쇄할 수 있는지에 따라 결정된다.
③ 교섭력이 큰 구매자의 압력으로 인해 자사의 수익성이 낮아질 수 있다.
④ 진입장벽의 강화는 신규 진입자의 진입을 방해하는 요소가 된다.
⑤ 경쟁기업간의 동질성이 높을수록 암묵적인 담합가능성이 높아진다.

TIPS!
① 공급자의 협상력이 강해질수록 산업의 매력은 감소한다.

10 아래 ㉠과 ㉡에 들어갈 성장전략으로 알맞게 짝지어진 것은?

	기존제품	신제품
기존시장	㉠	
신시장		㉡

① ㉠ 시장침투전략, ㉡ 제품개발전략
② ㉠ 시장침투전략, ㉡ 다각화전략
③ ㉠ 시장개발전략, ㉡ 제품개발전략
④ ㉠ 시장개발전략, ㉡ 다각화전략
⑤ ㉠ 수직적통합전략, ㉡ 신제품전략

TIPS!
㉠ 회사가 더 많은 시장 점유율을 확보하기 위해 기존 시장에서 기존 제품을 판매하는 전략이다.
㉡ 다각적으로 사업을 펼침으로써 성장을 꾀하는 전략이다.

Answer 09.① 10.②

11 유통경영환경에 대한 설명으로 옳지 않은 것은?

① 거시환경은 모든 기업에 공통적으로 영향을 미치는 환경이다.

② 과업환경은 기업의 성장과 생존에 직접적 영향을 미치는 환경으로 기업이 어떤 제품이나 서비스를 생산하는가에 따라 달라진다.

③ 인구분포, 출생률과 사망률, 노년층의 비율 등과 같은 인구통계학적인 특성은 사회적 환경으로 거시환경에 속한다.

④ 제품과 종업원에 관련된 규제 및 환경규제, 각종 인허가 등과 같은 법과 규범은 정치적, 법률적 환경으로 과업 환경에 속한다.

⑤ 경제적 환경은 기업의 거시환경에 해당된다.

 **TIPS!**

④ 정치·법률적인 환경은 사회의 모든 조직에 간접적으로 영향은 미치는 일반환경(거시환경)에 해당한다.

12 아웃소싱과 인소싱을 비교해 볼 때 아웃소싱의 단점을 설명한 것으로 옳지 않은 것은?

① 부적절한 공급업자를 선정할 수 있는 위험에 노출된다.

② 과다 투자나 과다 물량생산의 위험이 높다.

③ 핵심지원활동을 잃을 수도 있다.

④ 프로세스 통제권을 잃을 수도 있다.

⑤ 리드타임이 장기화될 수도 있다.

TIPS!

아웃소싱의 단점
㉠ 비용절감으로 인한 품질관리 문제
㉡ 정보유출의 우려가 존재
㉢ 장기적으로 기업의 경쟁력을 약화
㉣ 기존 수직계열화 회사를 정리하면서 발생하게 되는 복잡성, 인력의 감축
㉤ 아웃소싱하던 납품 업체가 경쟁사로 돌변할 가능성

Answer 11.④ 12.②

13 앤소프(Ansoff, H. I.)의 성장전략 중 아래 글상자에서 설명하는 전략으로 가장 옳은 것은?

> – 기존제품을 전제로 새로운 시장을 개척함으로써 성장을 도모하려는 전략을 말한다.
> – 가격이나 품질면에서 우수한 자사 제품을 새로운 세분시장에 배치함으로써 시장 확대가 이루어지도록 하는 전략이다.

① 시장침투전략   ② 제품개발전략

③ 시장개발전략   ④ 코스트절감전략

⑤ 철수전략

TIPS!
③ 현재 제품에 대한 새로운 시장 세그먼트를 식별하고 개발하는 성장 전략이다.
① 기업들이 기존 제품으로 기존 시장에서 매출액을 높이기 위한 전략이다.
② 기존 고객에게 제공할 새로운 제품을 개발하는 전략이다.

14 아래 글상자에서 공통적으로 설명하고 있는 유통경영전략 활동으로 가장 옳은 것은?

> – 유통경영전략 실행과정에서 많은 예상치 않은 일들이 발생하기 때문에 지속적으로 실시되어야 한다.
> – 유통경영목표가 성취될 수 있도록 성과를 측정하고 성과와 목표 사이의 차이가 발생한 원인을 분석하고 시정조치를 취한다.
> – 성과에 대한 철저한 분석과 시정조치 없이, 다음번에 더 나은 성과를 기대하기 어렵다.

① 유통마케팅 계획수립   ② 유통마케팅 실행

③ 유통마케팅 위협 · 기회 분석   ④ 유통마케팅 통제

⑤ 유통마케팅 포트폴리오 개발

TIPS!
① 기업목표, 계획실행으로의 지원
② 계획을 행동으로 전환
③ 기업이 직면한 상황에 대한 분석

Answer 13.③ 14.④

15 다음이 설명하고 있는 경영혁신 기법은?

> 기업의 비용·품질·서비스·속도와 같은 핵심적 분야에서 극적인 향상을 이루기 위해 기존의 업무수행방식을 원점에서 재검토하여 업무처리절차를 근본적으로 재설계하는 것이다.

① 고객관계관리
② 아웃소싱
③ 구조 조정
④ 벤치마킹
⑤ 리엔지니어링

> **TIPS!**
> 리엔지니어링은 기업 조직의 비용·품질·서비스·속도와 같은 핵심적 분야에서 극적인 향상을 이루기 위해 기존의 업무수행방식을 원점에서 재검토하여 업무처리절차를 근본적으로 재설계하는 것을 의미하며 이에 대한 궁극적인 목적은 고객만족에 있다.

16 다음 중 유통경영의 비전으로 가장 적합하지 않은 것은?

① 유통의 국제화
② 기술 혁신
③ 생산성 향상
④ 소비자 욕구변화의 대응
⑤ 교환경제의 활성화

> **TIPS!**
> 유통경영의 비전
> ㉠ 유통의 국제화
> ㉡ 기술혁신과 생산성 향상
> ㉢ 소비자 욕구변화의 대응

Answer 15.⑤ 16.⑤

17 마이클 포터의 산업 경쟁구조 분석 모델에 해당하지 않는 것은?

① 기존 경쟁자 간의 경쟁정도

② 판매자의 위험성

③ 잠재적 경쟁업자의 진입 가능성

④ 구매자의 협상력

⑤ 판매자의 협상력

> **TIPS!**
>
> 마이클 포터의 산업 경쟁구조 분석 모델
> ㉠ 기존 경쟁자 간의 경쟁정도
> ㉡ 대체재의 위험성
> ㉢ 잠재적 경쟁업자의 진입 가능성
> ㉣ 구매자의 협상력
> ㉤ 판매자의 협상력

18 유통경영의 내부적 요소 분석은 기업이 보유하고 있는 능력을 파악하는 것이다. 다음의 내부적 요소 분석은 어떤 분석에 해당하는가?

> 기업이 전략을 수행하는 데 동원할 수 있는 자금과 필요한 설비, 자연자원, 노하우 등을 살펴보는 과정이다.

① 조직구조 분석　　　　　　　　　② 구매자 분석

③ 보유자원 분석　　　　　　　　　④ 판매자 분석

⑤ 유통 분석

> **TIPS!**
>
> 유통경영의 내부적 요소 분석… 기업이 보유하고 있는 능력을 파악하는 것
> ㉠ 보유자원 분석 : 자금, 기수, 설비, 노하우 등을 분석
> ㉡ 조직구조 분석 : 기업문화, 기업 내 부서간의 관계 등을 분석
> ㉢ 내부적 요소 분석의 유형
> • 기능적 분석 : 기업의 자원과 기술(재무, 생산, 마케팅, 연구개발 등)
> • 요소별 분석 : 기업의 조직구조, 기업의 자원, 기업 조직문화 등

Answer 17.② 18.③

19 다음 내용이 설명하는 경영전략은 어떤 종류의 경영전략인가?

> • 변동하는 기업 환경 속에서 기업이 유지 및 성장하기 위해 경쟁하는 시장과 산업의 범위를 결정하는 가장 상위의 경영전략이다.
> • 내적 통합, 다각화, 기업인수합병, 해외 사업진출 등을 결정하고 각 사업 분야에 경영자원 분배, 신규 사업의 진출, 기존사업 탈퇴와 같은 결정을 의미한다.

① 사업부수준의 경영전략　　　　　　　② 기업수준의 경영전략
③ 기능별 경영전략　　　　　　　　　　④ 자원 경영전략
⑤ 경쟁우위 전략

TIPS! --○

기업수준의 경영전략
㉠ 변동하는 기업 환경 속에서 기업이 유지 및 성장하기 위해 경쟁하는 시장과 산업의 범위를 결정하는 가장 상위의 경영전략이다.
㉡ 내적 통합, 다각화, 기업 인수합병, 해외사업 진출 및 각 사업 분야에 경영자원 분배, 신규 사업의 진출, 기존사업 탈퇴와 같은 결정을 한다.

20 다음 중 경쟁우위를 바르게 설명한 것은?

① 기업의 이익을 높이기 위해 또는 기업이 경쟁기업과의 경쟁에서 공격 혹은 방어적인 행동을 취하는 것이다.
② 사업 분야에 경영자원 분배, 신규 사업의 진출을 결정하는 것이다.
③ 경쟁사보다 저렴하게 만들어 경쟁하는 전략이다.
④ 기업의 제품이 시장에서 우선적으로 선택될 수 있도록 하는 것이다.
⑤ 경쟁사의 제품과 가격이 비슷하나 품질, 서비스 등에 우수한 차별화를 둔 전략이다.

TIPS! --○

경쟁우위와 경쟁전략
㉠ 경쟁우위 : 기업의 제품이 시장에서 우선적으로 선택될 수 있도록 하는 것
 • 원가우위 전략 : 경쟁사보다 저렴하게 만들어 경쟁하는 전략
 • 차별화 전략 : 경쟁사의 제품과 가격이 비슷하나 우수한 품질, 서비스 등으로 차별화를 둔 전략
㉡ 경쟁전략 : 기업의 이익을 높이기 위해 경쟁기업과의 경쟁에서 공격 혹은 방어적인 행동을 취하는 것

Answer 19.② 20.④

21 2개 이상의 기업이 특정 기업의 공동 소유권을 가지고 경영과 운영에 참여하는 방식으로 위험부담의 축소와 기술교환 등 상호경쟁의 완화 효과가 있는 경영전략 방법은 무엇인가?

① 전략적 제휴　　　　　　　　　　　　② 인수합병 전략
③ 아웃소싱 전략　　　　　　　　　　　④ 합작투자
⑤ 다각화 전략

> **TIPS!**
> ㉠ 전략적 제휴 : 서로 경쟁관계에 있는 기업들이 일정부분에서 한시적인 협력관계를 맺는 전략이다. 자원의 공유, 기술개발비 절약, 시간의 절약, 기술의 표준화 등을 제공한다.
> ㉡ 합작 투자 : 2개 이상의 기업이 특정 기업의 공동 소유권을 가지고 경영과 운영에 참여하는 방식이다. 위험부담의 축소와 기술교환 등 상호경쟁 완화 효과가 있다.
> ㉢ 인수합병 전략 : 급변하는 경제상황에 대한 기업의 대응전략으로 기업 간의 매수와 합병을 하는 전략이다. 다양한 시너지 효과를 볼 수 있고 시장 점유율을 높일 수 있다.

22 아래의 내용이 설명하는 것은?

> 사업부분을 외부 전문가나 기업에 위탁하여 기업의 효율을 높이는 전략이다. 비용을 절감할 수 있으며, 핵심 사업부분에 집중할 수 있고 노동조합의 문제가 원만해진다는 장점이 있다. 하지만 고객에 대한 충성도 하락과 근로자들의 고용불안 등의 문제가 발생할 수 있다.

① 아웃소싱 전략　　　　　　　　　　　② 통합 전략
③ 다각화 전략　　　　　　　　　　　　④ 합병 전략
⑤ 합작 전략

> **TIPS!**
> ② 통합 전략 : 현재 진행하고 있는 사업부분과 관계가 있는 사업부분에 진입하는 전략을 말한다. 경영의 관점에서 기업업무가 가중되는 사업부분을 외부 전문가나 기업에 위탁하여 기업의 효율을 높이는 전략으로, 시장 지배력이 강해지고 비용을 절감할 수 있으며, 핵심 사업부분에 집중할 수 있고 노동조합의 문제가 원만해진다는 장점이 있다. 하지만 고객에 대한 충성도 하락과 근로자들의 고용불안 등의 문제가 발생할 수 있다는 단점도 있다.
> ③ 다각화 전략 : 새로운 별도의 사업을 내부에서 새로 만들거나 외부에서 영입하는 전략으로, 현재의 제품과 관련이 있는 수평적 다각화와 현재의 제품과 관련이 없는 새로운 신제품을 추가하는 복합적 다각화가 있다.

Answer 21.④ 22.①

23 여러 가지 경영전략으로 기업에 성과가 나타난다. 그 성과는 지속적인 개선과 관리가 필요하게 되므로 결국 이 작업을 수행하게 된다. 또한 성과 평가의 결과를 활용하여 새로운 전략 개선의 역할을 수행하기도 한다. 이 작업은 무엇인가?

① 판매실적 관리

② 재고관리

③ 경영분석

④ 환류(Feedback)

⑤ 생산관리

 TIPS!

성과의 환류(Feedback) … 여러 가지 경영전략으로 기업에 성과가 나타나고, 그 성과는 지속적인 개선과 관리가 필요하게 되므로 결국 환류작업을 수행하게 된다. 이러한 환류는 성과 평가의 결과를 활용하여 새로운 전략의 개선 역할을 수행하기도 한다.

24 다음 중 마이클 포터의 5 Force의 모델에 해당하지 않는 것은?

① 보완재

② 공급자

③ 구매자

④ 기존 기업 간 경쟁

⑤ 잠재적인 진입자

TIPS!

마이클 포터의 5 Force의 모델은 다음과 같다.

• 보완재
• 공급자
• 구매자
• 기존 기업 간 경쟁
• 잠재적인 진입자

Answer 23.④ 24.①

25 기업이 무엇을 해야 하고, 누가 해야 하며, 어떻게 해야 하는지에 관한 구체적이고 단기적인 의사결정과정을 말하는 것은?

① 전략적 계획
② 전술적 계획
③ 연간계획
④ 장기계획
⑤ 중간계획

💡 **TIPS!**

계획의 종류

㉠ 연간계획(Annual Plan) : 일 년을 기준으로 수집, 집행, 마케팅상황, 기록표, 예산통제, 당해 연도의 마케팅전략 등의 계획
㉡ 장기계획(Long Range Plan) : 장기목표를 달성하기 위한 마케팅전략 및 필요한 자원 등의 계획
㉢ 전략적 계획 : 기업사명, 전반적 안목, 일반적인 전략, 주요 자원분배에 관한 의사결정과 분석과정으로 기업의 강점 및 약점을 분석, 환경에 내재된 기회와 위협요인을 효과적으로 다루고, 장기적 생존과 성장을 도모하는 계획
㉣ 전술적 계획 : 무엇을, 누가, 어떻게 해야 하는지에 대한 구체적이고 단기적인 의사결정과정으로, 각 부서별 연간예산 책정, 기업의 전략을 집행하는 구체적 수단과 현재의 운영개선을 위한 과정을 결정하는 계획

26 다음 중 불황기의 경영전략으로 옳지 않은 것은?

① 경영자의 적극적 자세
② 시장조사를 통한 정보의 입수 및 분석
③ 다양한 서비스와 상품 제공
④ 동구권 위주의 판로개척 실현
⑤ 모든 유통경로와 단계를 재검토

💡 **TIPS!**

④ 새로운 판로개척의 실현은 시장조사 등 많은 시간과 비용이 소요되므로 불황기의 경영전략으로는 적절하지 않다.

※ 불황기의 경영전략

㉠ 수요가 경직되어 있는 소매시장에 상품과 서비스를 다양하게 제공해야 한다.
㉡ 경영자의 적극적인 자세가 필요하다.
㉢ 자금의 여유가 없을 때에는 효율적인 투자가 필요하며, 세분화되어 가는 개개의 시장에 탄력적으로 대처하기 위해서는 시장조사를 통한 정확한 정보의 입수 및 분석이 필요하다.
㉣ 경영개선을 통하여 보다 효율적으로 높은 수익률을 창출할 수 있어야 한다.
㉤ 구입경로부터 판매경로에 이르기까지 모든 유통경로와 단계를 재검토해야 한다.
㉥ 직원의 사기진작을 위해 직원의 요구사항에 즉각 응답할 수 있는 효율적 경영체제를 구축해야 한다.

Answer 25.② 26.④

27 다음 중 가격결정 전략의 종류에서 고이윤, 저매출전략에 해당되는 것은?

① 양판점
② 전문점
③ 편의점
④ 할인점
⑤ 소매점

> **TIPS!** ---
>
> 가격결정전략의 종류 … 소매상의 가격정책은 포지셔닝의 핵심요소이며 목표시장, 제품 및 서비스의 구색, 경쟁자의 전략을 고려해서 결정되어야 한다.
> ㉠ 전문점 : 고이익, 저매출전략
> ㉡ 할인점, 양판점 : 저이익, 고매출전략
> ㉢ 고객의 유인 : 인기상품의 저가정책
> ㉣ 회전이 느린 상품 : 저이익정책

28 다음 중 경영전략의 수립단계를 순서대로 바르게 나열한 것은?

① 사업 포트폴리오의 분석 → 기업사명의 정의 → 기업목표의 설정 → 성장전략의 수립
② 기업사명의 정의 → 사업 포트폴리오의 분석 → 기업목표의 설정 → 성장전략의 수립
③ 기업사명의 정의 → 기업목표의 설정 → 사업 포트폴리오의 분석 → 성장전략의 수립
④ 사업 포트폴리오의 분석 → 기업목표의 설정 → 기업사명의 정의 → 성장전략의 수립
⑤ 기업목표의 설정 → 기업사명의 정의 → 사업 포트폴리오의 분석 → 성장전략의 수립

> **TIPS!** ---
>
> 경영전략의 수립단계는 다음과 같다.
> 기업사명의 정의 → 기업목표의 설정 → 사업 포트폴리오의 분석 → 성장전략의 수립

Answer 27.② 28.③

기출 PLUS

기출 2022년 1회

아래 글상자 내용은 조직의 일반원칙 중 무엇에 관한 설명인가?

─ 보기 ─

조직의 공통목적을 달성하기 위하여 각 부문이나 각 구성원의 충돌을 해소하고 조직의 제 활동의 내적 균형을 꾀하며, 조직의 느슨(slack)함을 조절하려는 원칙을 말한다.

① 기능화의 원칙(principle of functionalization)
② 위양의 원칙(principle of delegation)
③ 명령통일의 원칙(principle of unity of command)
④ 관리한계의 원칙(principle of span of control)
⑤ 조정의 원칙(principle of cordination)

❮ 정답 ⑤

---

section 1 조직관리

1. 조직의 기초이론

(1) 조직의 정의
조직은 어떤 집단의 목표를 이루기 위해 2인 이상 모인 인간의 집단이다(사회적 기능수행을 위한 사회체계).

(2) 조직의 구성요소
조직의 공동목표, 구성원 간의 상호작용, 환경변화에 대한 적응, 인간의 사회집단

(3) 조직의 특성
공동의 목표 추구, 조직 내 역할과 지위 존재, 위기의 대응의 체계적 설정

(4) 조직의 원리
① 조직을 구성하고 조직을 능률적으로 운영하는 데 필요한 원리
② 전문화 원리, 조정의 원리, 계층제의 원리, 통제범위의 원리, 명령동일의 원리

(5) 조직의 분류
직능형 조직, 라인 및 스태프형 조직, 사업부 조직, 그리드형 조직

2. 조직의 설계 및 구조(유형)

(1) 조직 설계
조직설계란 조직의 구조를 만들어 한 조직의 목표를 달성하기 위한 과정이다.

(2) 조직 구조
조직 내의 각 부서들과 업무별 연계그룹을 조정하는 과정이다.

(3) 조직구조 설계 시 고려 요소

① 조직 구조의 기본변수(복잡성, 집권화, 공식화)
- ㉠ **복잡성** : 수평적 분화(동일한 수준의 상이한 부서의 수), 수직적 분화(조직 내의 계층의 수)와 지역적 분산이 있다.
- ㉡ **집권화** : 조직 내의 의사결정권이 한쪽에 집중되어 있는 정도를 의미한다.
- ㉢ **공식화** : 조직의 직무가 표준화되어 있는가를 말한다(조직의 절차, 규칙 등이 정의됨).

(4) 조직의 유형 ✓자주출제

① **기능별 조직** : 가장 기본적인 조직의 유형으로 조직을 인사, 생산, 재무, 회계 등의 경영기능을 중심으로 구성한 조직이다. 기능별 조직 유형은 부서별로 업무가 이루어져 능률이 높으며 개별부서 내의 조정이 용이하나 기업이 크게 성장하면 통제가 어려워질 수 있다는 단점도 있다.

② **사업부제 조직** : 조직을 지역별, 제품별, 시장별로 사업부를 분리하여 각 부서별로 독립 경영을 하는 조직유형이다. 이 조직유형은 경영상의 독립성과 책임성을 갖게 함으로써 경영활동을 효과적으로 수행할 수 있다. 하지만 분리된 사업부 간의 이기주의로 조직 전체로는 불이익이 될 수 있다.

③ **기타 조직 유형** : 위원회 조직, 프로젝트 조직, 매트릭스 조직 등이 있다.

3. 조직의 목표 관리 ✓자주출제

(1) MBO(Management By Objectives) : 목표에 의한 관리

① **등장배경** : 맥그리거의 Y이론적 인간관을 기초로 목표설정 시 구성원을 참여시키는 방식

② **구성요소** : 목표설정 → 구성원 참여 → 피드백

(2) MBO의 장점과 단점

① **장점** : 의사소통 원활, 조직은 구성원과 능동적으로 상호작용, 목표권한이 하급자에게 있음, 목표의 질보다 양을 중시, 목표설정과 관리과정을 동시에 강조

② **단점** : 모든 구성원의 참여가 현실적으로 어려움, 단기적 목표 강조, 도입 시간과 비용이 많이 듦

기출PLUS

기출 2020년 1회

아래 글상자에서 경영조직 관련 사업부제(operating division)의 장점으로 옳지 않은 것은?

┌ 보기 ┐
㉠ 사업부의 객관적인 이익이 사업부의 모든 의사결정의 기준이 되게끔 하기 위해 의사결정의 합리성을 높인다.
㉡ 각 사업부는 자기완성성과 독립성을 가지므로 시장이나 기술 등의 환경변화에 대해 기민한 적응력을 가진다.
㉢ 사업부제는 목표가 뚜렷하고 자기완결성을 가지며 사업부장에 결정권한이 위양되어 신제품 등의 혁신율을 높일 수 있다.
㉣ 각 사업부의 자주성이 너무 지나치면 사업주 상호 간의 조정이나 전사적·통일적 활동이 장려되는 장점도 있다.
㉤ 사업부제는 사내대체가격과 기피선언권의 원칙에 의해 시장가격경제의 구조를 기업내부에 도입할 수 있어 경쟁시점의 가격에 의해 자동적으로 사업부의 능률이 체크된다.

① ㉠
② ㉡
③ ㉢
④ ㉣
⑤ ㉤

＜정답 ④

4. 조직의 의사전달과 갈등관리

(1) 조직의 의사전달

① 조직 구성원들 간의 정보와 의미 등의 소통이다. 경영자에게서 효율적인 의사전달은 필수적인 요소로 경영자의 중요한 기능 중의 하나이다.

② 의사소통의 원칙 : 명료성의 원칙, 일관성의 원칙, 적당성의 원칙(소통의 양이 적당한가), 적시성의 원칙(알맞은 시기), 분포성의 원칙(관련자에게 모두 전달되는가), 적응성의 원칙(수신자가 잘 적응하는가), 수락성의 원칙(전달정보에 적극적으로 반응하는가) 등이 있다.

③ 의사소통 네트워크 : 쇠사슬형(수직구조형), Y자형, 수레바퀴형(십자형), 원형, 리더 없는 연결형(스타형), 리더 있는 완전 연결형 등이 있다.

(2) 조직의 갈등관리 ✔자주출제

① 여러 구성원들이 함께 일하는 조직에서 갈등은 어쩔 수 없이 발생하고, 갈등을 해결하지 못한다면 조직의 경쟁력이 저하되는 결과를 초래하게 된다.

② 갈등이 심하게 될 경우 구성원 간의 정신적, 육체적 소모를 만들고 건전한 조직문화를 망칠 수도 있다. 하지만 적당한 갈등은 조직 내의 긴장감을 조성해 일의 능률을 높이는 장점도 있다.

③ 갈등 관리 기법 : 협상과 타협, 회피, 무마, 공동목표 제시, 상급자의 강제 명령, 구조적 요인 개편 등이 있다.

5. 조직 문화와 리더십

(1) 조직 문화

① 조직문화의 정의 : 조직 구성원 간의 공동으로 가지고 있는 가치, 규범, 신념, 전통, 지식, 이념 등 많은 것을 포괄하는 개념이다.

② 조직문화의 기능
  ㉠ 조직문화는 조직구성원들에게 정체성을 심어주어 책임감을 키워준다.
  ㉡ 조직문화는 집단적 하나됨을 만들어준다.
  ㉢ 조직체계의 안정성을 높인다.

③ 조직문화의 단점
  ㉠ 급변하는 환경변화에 적응이 약해질 수 있다.
  ㉡ 한번 만들어진 조직문화는 조정과 통합이 어려울 수 있다.

기출 2020년 3회

조직 내 갈등의 생성단계와 설명으로 가장 옳지 않은 것은?

① 잠재적 갈등 : 갈등이 존재하지 않는 상태를 의미한다.
② 지각된 갈등 : 상대방에 대해 적대감이나 긴장감을 지각하는 것을 말한다.
③ 감정적 갈등 : 상대방에 대해 적대감이나 긴장을 감정적으로 느끼는 상태를 말한다.
④ 표출된 갈등 : 갈등이 밖으로 드러난 상태를 의미한다.
⑤ 갈등의 결과 : 갈등이 해소되었거나 잠정적으로 억제되고 있는 상태를 말한다.

기출 2023년 제2회

조직의 구성원들에게 학습되고 공유되는 가치, 아이디어, 태도 및 행동규칙을 의미하는 용어로 옳은 것은?

① 조직문화
  (organizational culture)
② 핵심가치(core value)
③ 사명(mission)
④ 비젼(vision)
⑤ 조직목표(organizational goals)

〈정답 ①, ①

(2) 리더십 ✅자주출제

① **리더십의 정의** : 리더십이란 어떤 상황 속에서 어떤 집단의 이익이나 목표를 위해 개인이나 집단의 행위에 영향력을 행사하는 과정이다.

② **리더십의 기능**

 ㉠ 조직 활동을 통합, 통제, 조정하여 효과적인 목표달성을 이루도록 한다.

 ㉡ 목표설정과 구성원의 역할과 책임을 명확히 한다.

 ㉢ 인적, 물적, 정치적 자원을 지원 통제한다.

 ㉣ 조직의 단합과 일체감을 만든다.

 ㉤ 조직의 동기부여와 능률을 높인다.

참고 거래적 리더십과 변혁적 리더십의 비교 ✅자주출제

구분	거래적 리더십	변혁적 리더십
목표	교환관계	변혁 또는 변화
성격	소극적	적극적
관심대상	단기적인 효율성과 타산	장기적인 효과와 가치의 창조
동기부여전략	외재적 동기부여	내재적 동기부여
행동의 기준	부하들이 규칙과 관례에 따르기를 선호	변화에 대한 새로운 도전을 하도록 부하를 격려
리더십 요인	업적에 따른 보상, 예외관리	이상적 영향력(역할모델), 영감적 동기부여(의욕 고무), 지적 자극, 개별화된 배려

---

(3) 리더의 권력기반(Power Source) ✅자주출제

① **합법적 권력(legitimate power)** : 조직이 부여하는 권한을 바탕으로 부하들에게 영향력을 행사하는 힘

② **보상적 권력(reward power)** : 임금, 승진, 칭찬, 표창, 보상 등 권력 행사자의 가치 있는 물질적인 보상을 수여하는 능력

③ **강제적 권력(Coercive power)** : 여러 제재나 처벌 혹은 부정적인 결과 등을 통해 타인에게 영향력을 행사하는 힘

④ **전문적 권력(expert power)** : 업무처리 방식·기술 등 전문적 능력에 기반한 것으로, 리더가 가지고있는 전문적인 기술이나 지식 정보 등을 부하들과 공유하고 이를 바탕으로 영향력을 행사하는 힘

⑤ **준거적 권력(reference power)** : 인간적 매력과 존경처럼 개인의 힘 또는 능력이 다른 사람들에게 영향을 주고 충성심을 형성하게 하는 힘

기출PLUS

기출 2022년 1회

아래 글상자에서 설명하고 있는 리더십 유형으로 가장 옳은 것은?

- 보기 -
- 구성원들의 기본적 가치, 믿음, 태도 등을 변화시켜서 조직이 기대하는 것보다 더 높은 수준의 성과를 스스로 추구하도록 만드는 리더십을 의미한다.
- 리더와 구성원 간의 원활한 상호작용을 통해 구성원을 긍정적으로 변화시켜 성과를 내는 데 집중한다.

① 거래적 리더십
② 변혁적 리더십
③ 상황적 리더십
④ 지시형 리더십
⑤ 위임형 리더십

기출 2020년 1회

권력의 원천과 그 내용에 대한 설명 중 가장 옳지 않은 것은?

① 강압적 권력은 권력행사자가 권력수용자를 처벌할 수 있다고 생각한다.
② 합법적 권력은 일반적으로 비공식적 지위에서 나온다고 볼 수 있다.
③ 상적 권력은 급여인상, 승진처럼 조직이 제공하는 보상에 의해 권력을 가지게 된다.
④ 전문적 권력은 특정 분야나 상황에 대한 높은 지식이 있을 때 발생한다.
⑤ 준거적 권력은 다른 사람이 그를 닮으려고 할 때 생기는 권력이다.

〈정답 ②, ②

section 2 인적자원관리

1. 인사관리의 기초와 개념

(1) 인적자원관리 개념

조직 구성원의 욕구를 충족시킬 수 있는 기회를 제공하고, 구성원 스스로 조직의 활동에 적극적으로 참가시켜 구성원 개인의 발전과 조직 전체의 목표를 달성하고, 성과에 따른 보상을 주는 등 조직의 인적자원에 관한 총괄적인 개념이다.

(2) 인적자원관리의 목표

① 조직의 생산성 향상과 조직 구성원들 간의 발전적 관계 유지

② 조직의 사회 및 경제적 효율성 추구

(3) 인적자원관리의 기능

① 직무 분석 및 설계

② 모집과 선발

③ 평가 및 훈련

④ 복지와 노조 관계

2. 직무분석과 직무평가 ✓자주출제

(1) 직무분석의 개념

어떤 직무의 내용과 성격을 분석하여 해당 직무가 요구하는 구성원의 지식·책임·능력·숙련 등을 명확히 하는 과정이다.

(2) 직무분석의 내용

직무분석의 내용은 직무내용, 직무목적, 작업 방법, 작업 시간, 필요한 기술 등과 직무수행에 필요한 전문지식, 육체적 정신적 노력, 책임 등을 분석한다.

(3) 직무분석의 목적

직무분석은 직무기술서와 직무명세서를 작성하여 직무평가를 하고자 하는 것이다. 직무분석을 통해서 얻은 정보를 인적자원관리에 쓰이는 기초가 된다.

(4) 직무평가

직무평가는 직무분석을 토대로 직무의 중요성, 난이도, 작업환경 등을 평가하여 각 직무가 가지고 있는 상대적 가치를 결정하는 것이다.

기출 2020년 3회

아래 글상자에서 인적자원관리 과정에 따른 구성 내용으로 옳지 않은 것은?

구분	과정	구성 내용
㉠	확보관리	계획, 모집, 선발, 배치
㉡	개발관리	경력관리, 이동관리
㉢	평가관리	교육훈련, 인사고과
㉣	보상관리	교육훈련, 승진관리
㉤	유지관리	인간관계관리, 근로조건관리, 노사관계관리

① ㉠
② ㉡
③ ㉢
④ ㉣
⑤ ㉤

❮정답 ④

(5) 직무평가의 목적

직무체계의 개편, 보상에 활용, 평가에 활용, 육성에 활용, 나아가 인적자원관리 전반의 합리화를 이루고자 한다.

(6) 직무평가의 방법

서열법, 분류법, 점수법, 요소 비교법

3. 인적자원의 확보와 개발

(1) 인적자원 확보

① 인적자원 계획 : 기업의 목표달성을 위해 직무분석을 통하여 업무의 특성을 결정하고 그에 필요한 인적자원을 확보하기 위해 관리하는 과정이다.

② 채용관리 : 모집 → 선발 → 배치의 과정을 통해 기업의 필요한 인력을 필요한 부서에 배치하는 것을 말한다.

   ⊙ 모집 : 기업 내의 기존 종업원을 대상으로 하는 내부모집과 기업 외부로부터 모집하는 외부모집이 있다.

   ⓒ 선발 : 시험과 면접 등이 있다.

(2) 인적자원 개발

구성원이 경력을 최대한 살려 회사의 이익에 이바지하는 경력관리와 기업의 새로운 기술과 업무가 시행될 때 적절히 교육과 훈련이 필요하다. 또한 승진제도로 구성원의 업적에 적절히 보상한다.

4. 인적자원의 활용과 배치

(1) 인적자원의 활용

인적자원의 활용은 기업업무의 효율성을 높이고 기업의 성과와 목표에 맞는 구성원들을 상황에 맞게 활용하는 과정이다. 또한 기업의 잠재되어 있는 인적자원을 확보하기도 한다.

(2) 인적자원의 배치

인적자원 배치란 기업에서 선발을 통해 구성원을 충원하였을 때 각 부서에 선발한 인원을 적정 배치시키는 과정이다. 또한, 인적자원 배치의 목적은 구성원의 능력과 실력에 맞는 부서에 배치하는 것이다(적재적소 배치). 또한 상황변화에 의하여 타 부서 간의 이동 배치도 한다.

기출 2022년 1회

아래 글상자에서 설명하는 조직구성원에 대한 성과평가방법으로 옳은 것은?

┌ 보기 ┐

- 종업원의 성가를 특정범주로 할당해서 평가하는 방법(예 : S등급 10%, A등급 30%, B등급 30%, C등급 30%)
- 구성원의 성과가 다양한 분포를 보일 때 효과적임
- 갈등을 피하려고 모두를 관대하게 평가하고자 하는 유혹을 극복할 수 있음

① 행동관찰척도법(BOS : behavioral observation scales)

② 단순서열법(simple ranking method)

③ 쌍대비교법 (paired-comparison method)

④ 행위기준고과법(BARS : behaviorally anchored rating scales)

⑤ 강제배분법(forced distribution method)

◀ 정답 ⑤

5. 인적자원의 보상과 유지

(1) 인적자원의 보상

인적자원의 보상은 구성원의 노력과 노동력에 대한 회사차원의 보상이다. 이는 임금이 대표적이며 진급과 상여금, 후생복지까지 해당된다.

① 임금 : 임금은 가장 기본적인 보상으로 회사에서 구성원에게 정기적으로 지급한다. 임금의 종류로는 기본금, 수당, 상여금, 퇴직금 등이 있다.

② 후생복지 : 기업이 구성원 또는 구성원 가족의 생활을 신체적, 정신적, 경제적으로 직접 원조하여 구성원의 만족도를 높이는 인적자원의 보상체계이다.

(2) 인적자원의 유지

인적자원의 유지는 기업 내의 소중한 가치인 사람의 관계를 유지 · 개선하는 과정이다.

① 여러 가지 인적자원 유지를 위한 제도 : 인사상담 제도, 고충처리 제도, 제안 제도, 의사소통 제도 등이 있다.

② 노사관계 : 근로자와 운영자 간의 관계로서 회사의 인적자원을 보호, 관계개선 등의 역할을 담당한다. 이는 법적으로도 보호받는다.

section 3 재무관리

1. 재무관리의 개요

(1) 재무관리

기업의 이익과 목표를 효과적으로 달성하기 위해 자금과 그와 관련된 투자 결정에 관한 의사결정 및 관리를 말한다.

(2) 재무관리의 목표

기업의 원활한 자본 조달과 최적의 투자의사결정, 즉 기업의 가치와 이익을 높이는 것이다

(3) 재무관리의 기능

투자 의사결정, 자본조달 의사결정, 배당 의사결정 등

2. 화폐의 시간적 가치와 현재가치 및 균형가격

(1) 화폐의 시간적 가치

시간적, 시기적 시점에 따라 물가, 환율, 이자율 등이 달라져 이로 인해 화폐의 시간적 가치는 달라진다. 특정시점의 화폐가치를 현 시점의 화폐가치로 환산하기 위해 이자율을 적용하여 계산하게 되며, 이때 현 시점의 화폐가치가 현재가치가 된다.

① 현재 가치 $= \dfrac{미래가치}{(1+r)^n}$

② 미래 가치 $=$ 현재가치 $\times (1+r)^n$ (r : 이자율, n : 시간)

(2) 균형가격

시장의 수요와 공급의 원리에 의해 둘 사이가 일치하는 시점에서 결정되는 가격이다. 공급이 수요보다 많으면 가격이 내려가고, 수요가 공급에 비해 많으면 가격이 올라간다.

3. 자본예산과 자본조달

(1) 자본예산

① 투자수익 효과가 장기적으로 실현되는 투자결정에 대한 총괄적인 계획과 평가 과정이다.

② 기업의 가치를 극대화하기 위해 특정 자산에 투자의사를 결정하는 과정

③ 토지, 건물, 생산시설, 신제품개발, 연구개발비에 대한 투자도 포함된다.

(2) 자본예산의 중요성

① 잘못된 투자로 인하여 기업의 존립이 위협받을 수 있다.

② 기업의 투자계획은 1년 이상 장기적 경영전략과 자금조달계획, 미래에 대한 분석을 중심으로 신중하게 이루어져야 한다.

기출 PLUS

기출 2022년 1회

대한이는 작은 가게를 인수할 것을 고려 중이다. 아래 글상자의 내용을 이용해서 3년치 현금유입에 대한 현재가치를 계산한 것으로 옳은 것은?

┌─ 보기 ─
- 시장조사 결과 1년 후에 3,000,000원, 2년 후에 4,000,000원, 3년 후에 5,000,000원의 현금유입이 발생할 것으로 나타났다.
- 시장이자율은 연간 10%로 가정한다.
- 최종답은 10,000원의 자리에서 버림하여 구한다.

① 약 9,700,000원
② 약 10,600,000원
③ 약 12,000,000원
④ 약 13,200,000원
⑤ 약 15,000,000원

◀ 정답 ①

(3) 자본 조달

① 자본조달 의미 : 기업의 생존을 위해 필요한 자금을 마련하는 과정이며, 단기적 자본조달과 장기적 자본 조달로 나뉜다.

② 자본 조달시장의 종류

　㉠ 자금시장(화폐시장) : 만기가 1년 이하인 금융자산이 거래되는 시장으로, 콜 시장, 양도성 예금증서 시장, 기업어음 시장, 환매조건부 매매시장 등이 있다

　㉡ 자본시장 : 만기가 1년 이상인 금융자산이 거래되는 시장으로, 주식시장, 채권시장, 통화 안정증권시장 등이 있다.

4. 자본비용

(1) 자본비용

기업이 투자에 필요한 자금을 조달하고 그 자금에 대하여 투자자가 요구하게 되는 최소한의 수익률

기출 2020년 3회

기업의 가치를 하락시키지 않도록 하기 위해 새로운 투자로부터 벌어들여야 하는 최소한의 수익률을 의미하는 용어로 가장 옳은 것은?

① 투자수익률
② 재무비율
③ 자본비용
④ 증권수익률
⑤ 포트폴리오

(2) 자본비용의 분류

① 자기자본 비용 : 주주에 대한 배당

② 타인자본 비용 : 차입금에 대한 이자, 사채이자, 채권에 대하여 발행하는 수익률

5. 부채사용 투자안의 평가

(1) 개요

부채사용 투자안이란 타인의 자본을 통해 기업의 투자가 이루어지는 경우이다. 타인자본에 대한 사용료가 대가로 지불된다. 타인자본의 투자로 얻어지는 이익과, 타인자본의 자본비율을 비교하여 결정하게 된다.

(2) 부채사용 투자안의 평가

① 할인방식 : 화폐의 시간가치를 고려하여 평가(순현가법, 내부수익률법, 수익성지수법)

② 비할인방식 : 화폐의 시간가치를 고려하지 않고 평가(회수기간법, 평균회계 이익률법)

❮정답 ③

section 4 구매 및 조달관리

1. 구매 및 조달관리의 개념 및 절차

(1) 구매관리

① 구매관리 : 제품생산에 필요한 원재료 및 상품을 되도록 유리한 가격으로, 필요한 시기에, 적당한 공급자로부터 구입하기 위한 체계적인 관리를 말한다.

② 구매관리의 중요성 : 효과적 수행을 위해 단순히 소요자재의 구매업무만을 취급하는 범위를 벗어나, 경영활동 전반과 연결되어 이익의 원천으로서 보다 창조적인 구매활동을 필요로 하게 된다.

③ 구매관리의 절차 : 구매니즈 파악 → 공급자 물색 → 구매조건 협상 → 주문서 작성과 발송 → 자재입고 → 검사

(2) 조달관리

① 조달관리 : 제품생산에 필요한 원재료 및 부품을 구매를 통하여 주문한 자재를 운송하여 창고로 입하하고 공정에 투입하기까지의 과정을 의미한다.

② 조달관리의 최적화 : 재고관리, 운송체제 정비, 최상의 품질, 정확성

2. 품질관리

(1) 품질관리

수요자의 요구에 적합한 제품을 합리적으로 생산할 수 있도록 제품의 설계, 원 재료 구입, 제조, 검사, 판매, 유지, 개선하는 관리적 활동의 체계이다.

(2) 품질관리의 목표

품질관리의 목표는 소비자가 원하는 제품을 가장 경제적이고 합리적으로 만들어 제공하는 것이다.

(3) 품질관리 기법

① 종합적 품질관리 : 최고의 품질을 위해 사내 각 부서의 활동을 전사적으로 통합관리하는 시스템이다.

기출 2022년 1회

6시그마(6 Sigma)를 추진할 경우 각 단계별 설명으로 가장 옳지 않은 것은?

① 정의 – 고객의 요구사항과 CTQ(Critical To Quality)를 결정한다.
② 측정 – 프로세스 측정 방법을 결정한다.
③ 분석 – 결함의 발생 원인을 규명한다.
④ 개선 – 제품이나 서비스의 공정 능력을 규명한다.
⑤ 관리 – 지속적인 관리를 실시한다.

◀ 정답 ④

아래 글상자에서 설명하는 벤더를 일컫는 말로 가장 옳은 것은?

> • 보기 •
>
> 소매업자들이 특정 카테고리 내에서 특별히 선호하는 벤더를 일컫는다. 카테고리 내의 다른 브랜드나 벤더를 대신하여 소매업체를 위한 카테고리 전문가의 역할을 하며 소매업체와 일종의 파트너 관계를 확보, 유지하는 브랜드 또는 벤더이다.

① 1차 벤더(primary vendor)
② 리딩 벤더(leading vendor)
③ 스마트 벤더(smart vendor)
④ 카테고리 캡틴(category captain)
⑤ 카테고리 플래너(category planner)

공급사슬관리(SCM)가 전통적인 자재관리나 생산관리와 다른 이유로 옳지 않은 것은?

① 공급사슬관리는 전략적 의사결정을 요구하기 때문이다.
② 공급사슬관리는 정보시스템에 대한 새로운 접근 방법을 요구하며, 통합이 아닌 인터페이스가 그 초점이 되기 때문이다.
③ 공급사슬관리는 균형을 잡기 위한 메커니즘의 마지막 보루로 이용되는 재고에 대한 새로운 접근 방법을 요구하기 때문이다.
④ 공급사슬관리를 하나의 실체로서 간주하고, 공급사슬 상의 여러 세그먼트에 대한 단편적인 책임을 구매, 생산, 판매, 배송 등과 같은 기능부문에 귀속시키지 않기 때문이다.
⑤ 공급사슬관리에서 공급이란 실질적으로 공급사슬 상의 모든 기능의 공유된 목표이며, 전체 원가와 시장점유율에 미치는 영향 때문에 전략적 중요성을 가지기 때문이다.

‹ 정답 ④, ②

② **통계적 품질관리** : 표본을 추출하여 그들이 속한 모집단의 규격의 적합성을 추측하기 위한 기법이다.

③ **식스시그마** : 제품의 설계, 제조, 서비스의 품질편차를 최소화하기 위해 전략적으로 실행하는 경영 전략이다.

3. 공급자 선택 및 관리

(1) 공급자 선택

① **공급자** : 매점에 제품을 공급하는 사람이다(벤더, Vendor).

② **공급자의 종류** : 제조업자 상표 벤더, 소매업자 상표의 벤더, 리이센스 상표의 벤더, 무상표 제품 벤더

③ **공급자의 평가 기준** : 제품기준, 가격기준, 유통기준, 서비스, 납기 등

(2) 공급자 관리

① 공급자 선정은 제품의 품질, 가격, 물량, 납기, 서비스 등 공급자의 능력을 기준으로 이루어진다.

② 공급자로 선정된 공급자는 계속 유지, 관리하며 회사 경영적 차원에서 적극적 지원이 요구된다.

4. 공급체인관리

(1) 공급체인관리 SCM(Suppiy Chain Management)

공급자 – 생산자 – 판매자 – 고객에 이르는 물류의 전체 흐름을 하나의 체인관점에서 파악하고 필요한 정보가 원활히 흐르도록 지원하는 통합관리 시스템이다.

(2) 공급체인관리의 특징

① 체인 구성원들의 통합적 관리를 통해서 전체 수급 불균형을 조절할 수 있다.

② 소비자의 요구에 대응하기 위해 생산에서 소비까지 모든 과정을 효과적으로 관리할 수 있다.

(3) 공급체인관리의 요건

기업의 정보화, 공동책임 인식, 교환정보의 표준화, 공동참여 업체 간 신뢰성 유지 등

5. 구매실무

(1) 원가계산

① 기업이 생산하는 제품의 원가를 산출하는 과정으로, 구매에서는 구매원가를 상정한다. 제조원가는 재료비, 경비, 노무비를 기본으로 산출한다.

② 원가계산은 판매가격 결정에 큰 영향을 미치고 경영효율의 향상에 목적을 두고 있다.

(2) 구매가격

제품의 생산 + 판매 + 이익의 관점에서 본 비용 중심적 가격결정과 소비자가 인지하고 있는 제품의 가치에 이익을 고려한 소비자 중심적 가격결정, 그리고 경쟁업체 간의 가격을 고려한 경쟁자 중심 가격결정이 있다.

(3) 구매계약과 구매협상

판매자와 소비자 간의 구매를 위해 서로 협상하는 과정으로 적당한 가격으로 협상이 이루어지면 구매계약 단계로 간다.

(4) 재고관리

① 재고관리 : 상품이나 상품 생산에 필요한 원재료를 얼마만큼의 양을 확보하여야 하는지를 결정하고 보관과 관리 등의 업무를 말한다.

② 재고관리의 목적 : 업무의 효율화, 생산과 판매의 안정화, 원자재 비용절감 등

③ 적정재고 유지 조건 : 수요예측, 상품투하자금, 재고비용의 경제성 등

④ 재고회전율

　㉠ 회사의 재고자산이 생산이나 판매를 통하여 일정기간 동안 회전되는 주기

　㉡ 재고회전율이 빠를수록 수익이 증대되고 자금흐름이 원활해진다.

6. 글로벌 구매 및 조달 관리

구매와 조달이 국내에 한정하지 않고 전 세계적으로 확대되어 구매원가 절약과 판매수익 증대라는 장점을 가지고 있는 세계화 전략이다. 하지만 구매 조달에 있어서 거리와 시간 그리고 국가 간 법규를 잘 이해하고 감안하여 신중하게 관리하여야 한다.

기출PLUS

기출 2018년 2회

공급자주도형재고관리(VMI)에 대한 내용으로 옳지 않은 것은?

① 제조업체나 도매업체가 재고관리를 하던 방식이 소매업에 의한 실시간 발주에 따른 조달방식으로 발전된 것이다.

② VMI구축으로 소매업체의 발주 처리비용이 감소하게 된다.

③ VMI의 효과로 상품리드타임 단축, 재고감소, 품절감소를 들 수 있다.

④ VMI를 구축하더라도 판매정보에 대한 적절한 분석이 이뤄지지 않으면 이상적인 재고량 유지가 어렵다.

⑤ 소매업체의 실시간 판매정보를 기반으로 공급자측은 정확한 판매예측과 재고조절, 상품기획이 가능하다. **◀정답 ①**

기출 & 예상문제

01 아래 글상자 ⊙과 ⓒ에서 설명하는 직무평가(job evaluation) 방법으로 옳은 것은?

> ⊙ 직무가치나 난이도에 따라 사전에 여러 등급을 정하여 놓고 그에 맞는 등급으로 평가
> ⓒ 직무등급법이라고도 함

① 서열법(ranking method)
② 분류법(classification method)
③ 점수법(point method)
④ 요소비교법(factor comparison method)
⑤ 직무순환법(job rotation method)

TIPS!

② 직무기술서를 사용하여 직무를 생산직, 사무직, 기술직, 영업직 등 주요 직종으로 분류한 다음에 각 직종 내의 직무들에 대하여 직무평가요소에 따라 등급을 부여하고 등급기술서를 명확히 규정한다.
① 직무를 그 곤란도와 책임도의 면에서 상호 비교하여 수행의 난도순으로 배열하여 등급을 정하는 방법이다.
③ 직무평가 요소를 선정하고 각 평가 요소 내에서 직무에 등급을 부여한 후 평가 요소별 가중치를 감안한 총점을 산출하여 직무의 가치를 평가하는 방법이다.
④ 가장 늦게 고안된 것으로서 점수법처럼 평가할 직위에 공통되는 평가요소를 정하고 조직 내에서 가장 핵심이 되는 기준직무를 선정한 후 평가하고자 하는 직무와 기준직무의 평가요소들을 상호비교하여 사대적 가치를 금전적, 계량적으로 분석하는 방법이다.
⑤ 배치전환에 의한 조직의 유연성을 높이기 위한 방법의 하나로, 종업원의 직무영역을 변경시켜 다방면의 경험, 지식 등을 쌓게 하는 인재양성제도이다.

02 다음 중 기능별 조직의 설명으로 가장 거리가 먼 것은?

① 모든 조직구조 형성의 기본요소가 되며 더불어 모든 조직의 기준이 되고 있다.
② 전체조직을 인사·생산·재무·회계·마케팅 등의 경영기능을 중심으로 부문화하고 있는 형태를 띠고 있다.
③ 부서별로 분업이 이루어짐에 따라 전문화를 촉진시켜 능률을 향상시킨다.
④ 이러한 형태는 주로 많은 종류의 제품이나 서비스를 생산 및 판매하는 대규모 기업에서 선호된다.
⑤ 규모가 확대되어 구조가 복잡해지면 기업전체의 의사결정이 지연되고, 기업전반의 효율적인 통제가 어려워지는 문제점이 있다.

TIPS!

기능별 조직은 주로 단일제품이나 서비스를 생산 및 판매하는 소규모 기업 등에서 선호되는 형태이다.

Answer 01.② 02.④

03 Formal 조직과 Informal 조직의 특징비교 설명으로 옳지 않은 것은?

구분	Formal 조직	Informal 조직
㉠	의식적·이성적·합리적·논리적으로 편성	자연발생적·무의식적·비논리적으로 편성
㉡	공통목적을 가진 명확한 구조	공통목적이 없는 무형 구조
㉢	외형적·제도적 조직	내면적·현실적 조직
㉣	불문적·자생적 조직	성문적·타의적 조직
㉤	위로부터의 조직	밑으로부터의 조직

① ㉠   ② ㉡

③ ㉢   ④ ㉣

⑤ ㉤

 TIPS!

④ 공식조직은 직무, 책임, 권한을 중심으로 구성원 혹인 작업집단들을 나누고 권한의 계통과 기능적 분업에 따라 조직의 목표를 효과적으로 달성하기 위해 제도화하여 조직의 체계를 갖게 된다. 반면, 비공식 조직은 공식 조직의 내부에서 자연 발생적으로 생기는 조직이라는 의미에서 자생 조직이라고도 한다.

04 ROI에 대한 내용으로 옳지 않은 것은?

① 투자에 대한 이익률이다.

② 순자본(소유주의 자본, 주주의 자본 혹은 수권자본)에 대한 순이익의 비율이다.

③ ROI가 높으면 제품재고에 대한 투자가 총이익을 잘 달성했다는 의미이다.

④ ROI가 낮으면 자산의 과잉투자 등으로 인해 사업이 성공적이지 못하다는 의미이다.

⑤ ROI가 높으면 효과적인 레버리지 기회를 활용했다는 의미로도 해석된다.

TIPS!

③ ROI는 Return Of Investment의 약자로 투자 대비 수익률 즉, 투자한 총 금액 대비 효율을 뜻하는 것이다. ROI가 높으면 투자 대비 수익이 좋다는 의미이다.

Answer 03.④ 04.③

05 인적자원관리에 관련된 능력주의와 연공주의를 비교한 설명으로 옳지 않은 것은?

구분	능력주의	연공주의
㉠ 승진기준	직무중심(직무능력기준)	사람중심(신분중심)
㉡ 승진요소	성과, 업적, 직무수행능력 등	연력, 경력, 근속년수, 학력 등
㉢ 승진제도	직계승진제도	연공승진제도
㉣ 경영 내적요인	일반적으로 전문직종의 보편화(절대적은 아님)	일반적으로 일반직종의 보편화(절대적은 아님)
㉤ 특성	승진관리의 안정성/객관적 기준 확보 가능	승진관리의 불안정/능력평가의 객관성 확보가 힘듦

① ㉠

② ㉡

③ ㉢

④ ㉣

⑤ ㉤

 **TIPS!**

⑤ 연공주의는 종업원을 승진시킬 때 근속년수를 중요한 기준으로 삼으며, 능력주의는 기업의 목표달성에 기여하는 종업원의 능력에 따라 승진시킨다. 따라서 능력주의는 승진관리가 불안정하고 능력평가의 객관성 확보가 힘들지만, 연공주의는 승진관리가 안정적이며 객관적 기준이 확보 가능하다.

06 다음 중 프로젝트 조직에 관한 내용으로 가장 옳지 않은 것은?

① 기업 조직 내의 특정 사업 목표를 달성하기 위해 임시적으로 인적 및 물적 자원 등을 결합하는 조직 형태이다.

② 프로젝트 조직은 해산을 전제로 해서 임시로 편성된 일시적인 조직이다.

③ 혁신적이면서 비일상적인 과제를 해결을 위해 형성되는 정태적인 조직이다

④ 개발 요원의 활용에 있어 비효율성이 증가할 수 있다.

⑤ 프로젝트 자체가 시간적인 유한성의 성격을 지니고 있으므로 프로젝트 조직도 임시적이면서 잠정적이다.

TIPS!

프로젝트 조직은 혁신적이면서 비일상적인 과제의 해결을 위해 형성되는 동태적 조직이다.

Answer 05.⑤ 06.③

07 조직 내에서 이루어지는 공식, 비공식적인 의사소통의 유형과 그 설명이 가장 옳지 않은 것은?

① 개선보고서와 같은 상향식 의사소통은 하위계층에서 상위계층으로 이루어진다.

② 태스크포스(task force)와 같은 하향식 의사소통은 전통적 방식의 소통이다.

③ 다른 부서의 동일 직급 동료 간의 정보교환은 수평식 의사소통이다.

④ 인사부서의 부장과 품질보증팀의 대리 간의 의사소통은 대각선 방식의 의사소통이다.

⑤ 비공식 의사소통 채널의 예로 그레이프바인(grape vine)이 있다.

TIPS!

② 태스크포스(task force)는 어떤 과제를 성취하기 위해 필요한 전문가들로 구성되고 기한이 정해진 임시조직으로, 상향식 의사소통 방식이다.

08 아래의 글상자에서 설명하고 있는 동기부여전략으로 옳은 것은?

> − 자신의 업무와 관련된 목표를 상사와 협의하여 설정하고 그 과정과 결과를 정기적으로 피드백한다.
> − 구체적인 목표가 동기를 자극하며 성과를 증진시킨다.
> − 목표가 완성되었을 경우 상사와 함께 평가하며 다음 번 목표 설정에 활용한다.

① 목표관리이론

② 직무충실화이론

③ 직무특성이론

④ 유연근로제

⑤ 기대이론

TIPS!

② 작업자에게 권한, 책임, 자율을 부여하는 것에 초점을 둔다.

③ 직무 자체가 기능다양성, 과업정체성, 과업중요성 등의 특성을 지니도록 설계하는 데 초점을 둔다.

④ 통상의 근무시간·근무일을 변경하거나 근로자와 사용자가 근로시간이나 근로장소 등을 선택·조정하여 일과 생활을 조화롭게 하고, 인력활용의 효율성을 높일 수 있는 제도이다.

⑤ 구성원 개인의 동기 부여 정도가 업무에서의 행동 양식을 결정한다는 이론이다.

09 소매점 개점을 위한 투자계획에 관한 설명으로 가장 옳지 않은 것은?

① 투자계획은 개점계획을 자금계획과 손익계획으로 계수화한 것이다.

② 자금계획은 자금조달계획과 자금운영계획으로 구성된다.

③ 손익계획은 수익계획과 비용계획으로 구성된다.

④ 자금계획은 투자활동 현금흐름표, 손익계획은 연도별 손익계산서로 요약할 수 있다.

⑤ 물가변동이 심하면 경상가격 대신 불변가격을 적용하여 화폐가치 변동을 반영한다.

 **TIPS!**

④ 자금계획은 재무활동 현금흐름표, 손익계획은 연도별 손익계산서로 요약할 수 있다.

10 다음 중 매트릭스 조직에 관한 설명으로 바르지 않은 것은?

① 이러한 조직의 경우 효율성 목표와 유연성 목표를 동시에 달성하고자 하는 의도에서 발생하였다.

② 조직의 경영자가 프로젝트와 같은 구체적인 목적을 효율적으로 달성하기 위한 조직구조를 만들고자할 때 사용되는 부문화 방법이라 할 수 있다.

③ 매트릭스 조직의 경우 프로젝트 조직과는 달리 영구적인 조직이다.

④ 고도로 복잡한 임무를 수행하는 우주산업 · 연구개발 사업 · 건설회사 · 광고대행업 등의 대규모 기업에서 널리 활용되고 있는 형태의 조직구조이다.

⑤ 매트릭스 조직에서 작업자는 3중 명령체계를 갖는다.

TIPS!

매트릭스 조직에서 작업자는 2중 명령체계를 갖게 된다. 하나는 기능부문이나 사업부문에서 유래하는 수직적 명령체계이며, 또 하나는 특수한 분야의 전문가인 프로젝트 책임자로부터 받는 수평적 명령체계를 지니게 된다.

Answer 09.④ 10.⑤

11 **직무분석과 직무평가에 대한 설명으로 옳지 않은 것은?**

① 직무분석이란 과업과 직무를 수행하는데 요구되는 인적 자질에 의해 직무의 내용을 정의하는 공식적 절차를 말한다.
② 직무분석에서 직무요건 중 인적요건을 중심으로 정리한 문서를 직무기술서라고 한다.
③ 직무분석은 효과적인 인적자원관리를 위해 선행되어야 할 기초적인 작업이다.
④ 직무평가는 직무를 일정한 기준에 의거하여 서로 비교함으로써 상대적 가치를 결정하는 체계적인 활동을 말한다.
⑤ 직무평가는 직무의 가치에 따라 공정한 임금지급 기준, 합리적인 인력의 확보 및 배치, 인력의 개발 등을 결정할 때 이용된다.

TIPS!
② 직무기술서란 어떠한 직무에 대한 직무분석을 통해 해당 직무의 성격, 요구 자질, 직무 내용, 직무 방법 및 절차, 작업 조건 등을 알아낸 후 분석한 직무에 대한 주요 사항들을 정리, 기록한 문서이다.

12 **조직문화에 대한 설명으로 옳지 않은 것은?**

① 한 조직의 구성원들이 공유하는 가치관, 신념, 이념, 지식 등을 포함하는 종합적인 개념이다.
② 특정 조직 구성원들의 사고판단과 행동의 기본 전제로 작용하는 비가시적인 지식적, 정서적, 가치적 요소이다.
③ 조직구성원들이 공통적으로 생각하는 방법, 느끼는 방향, 공통의 행동 패턴의 체계이다.
④ 조직 외부 자극에 대한 조직 전체의 반응과 임직원의 가치의식 및 행동을 결정하는 요인을 포함한다.
⑤ 다른 기업의 제도나 시스템을 벤치마킹하는 경우 그 조직문화적가치도 쉽게 이전된다.

TIPS!
⑤ 다른 기업의 제도나 시스템을 벤치마킹하더라도 조직문화적가치까지 벤치마킹하기는 어렵다.

Answer 11.② 12.⑤

13 아래 글상자에서 설명하는 동기부여 이론으로 옳은 것은?

> – 봉급, 근무조건, 작업 안전도와 같은 요인들은 불만을 없앨 수는 있으나 만족을 증대시키지 못한다.
> – 성취욕, 무수한 업적에 대한 인정, 문제해결지원 등은 직원들의 만족감을 증대시킬 뿐만 아니라 우수한 실적을 계속 유지하는 데 큰 영향을 준다.

① 매슬로(Maslow)의 욕구단계이론
② 맥그리거(Mcgregor)의 XY이론
③ 앨더퍼(Alderfer)의 ERG이론
④ 허츠버그(Herzberg)의 두 요인 이론
⑤ 피들러(Fiedler)의 상황적합성이론

🔸 TIPS!

④ 미국의 임상심리학자 프레더릭 허츠버그(Frederick Herzberg)가 1960년대 말에 동기부여에 대해 제시한 이론이다. 이 이론은 동기부여를 결정하는 다양한 요인/변수를 두 요인으로 나누어서 설명한다. 조직행동론 입장에서 볼 때, 불만족을 해소하려면 위생요인을 개선하는 게 먼저이고, 만족을 극대화하려면 불만족 해소에만 치중하지 말고 동기요인을 부여해야 한다.

14 신용등급이 낮은 기업이 자본을 조달하기 위해 발행하는 것으로 높은 이자율을 지급하지만 상대적으로 높은 위험을 동반하는 채무 수단으로 가장 옳은 것은?

① 변동금리채
② 연속상환채권
③ 정크본드
④ 무보증채
⑤ 보증채

🔸 TIPS!

③ 기업의 신용등급이 아주 낮아 회사채 발행이 불가능한 기업이 발행하는 회사채로 고수익채권 또는 열등채라고도 부른다.
① 투자자가 투자채권으로부터 지급받는 이자율이 시장의 지표금리(주로 Libor에 일정한 마진을 더한 수준의 금리)에 연동되어 변화하는 채권을 말한다.
② 보통 자치제에서 발행이 종료될 때까지 규칙적인 간격으로 각기 다른 만기의 사채를 발행하는 것을 말한다.
④ 지급보증없이 신용도만으로 발행하는 채권이다.
⑤ 원리금 상환을 발행회사 이외에 제3자가 보증하는 채권이다.

Answer 13.④ 14.③

15 리더십에 대한 설명으로 가장 옳지 않은 것은?

① 민주적 리더십은 종업원이 더 많은 것을 알고 있는 전문직인 경우에 효과적이다.

② 독재적 리더십은 긴박한 상황에서 절대적인 복종이 필요한 경우에 효과적이다.

③ 독재적 리더십은 숙련되지 않거나 동기부여가 안 된 종업원에게 효과적이다.

④ 독재적 리더십은 자신의 지시를 따르게 하기 위해 경제적 보상책을 사용하기도 한다.

⑤ 자유방임적 리더십은 종업원에게 신뢰와 확신을 보여 동기요인을 제공한다.

> **TIPS!**
> ① 민주적 리더십은 그룹 구성원이 의사결정 과정에서 보다 참여적인 역할을 하는 리더십 스타일 유형으로 민간
> 기업에서 학교, 정부에 이르기까지 모든 조직에 적용될 수 있다.

16 경로성과를 평가하기 위한 척도의 예가 모두 올바르게 연결된 것은?

① 양적 척도 – 단위당 총 유통비용, 선적비용, 경로과업의 반복화 수준

② 양적 척도 – 신기술의 독특성, 주문처리에서의 오류수, 악성부채비율

③ 양적 척도 – 기능적 중복 수준, 가격인하 비율, 선적 오류 비율

④ 질적 척도 – 경로통제능력, 경로 내 혁신, 재고부족 방지비용

⑤ 질적 척도 – 시장상황정보의 획득 가능성, 기능적 중복수준, 경로과업의 반복화 수준

> **TIPS!**
> ㉠ 양적 척도 : 비용, 매출액, 수익성, 순자산수익률, 시장점유율, 투입–산출분석, 부가가치, 전략적 이익 모형 등
> ㉡ 질적 척도 : 시장상황정보의 획득 가능성, 기능적 중복수준, 경로과업의 반복화 수준 등

17 기업의 의사결정기준을 경제적 이익에 근거한 기업가치인 경제적 부가가치를 중심으로 하는 사업관리기법으로 가장 옳은 것은?

① 상생기업경영
② 크레비즈
③ 가치창조경영
④ 펀경영
⑤ 지식경영

TIPS!

③ 기업가치를 경영의 중심사상으로 놓고 기업가치를 증대시키기 위해 경영자원을 집중하는 경영을 의미한다.
② 크리에이티브 비즈니스(Creative Business)의 줄임말로 '창조사업'을 뜻한다. 정보 · 지식, 바이오 등 새로운 경제자원과 기존의 사업지식, 전문기술을 융합해 창의적인 아이디어와 발상의 전환으로 새로운 사업을 창출하는 신종 고부가가치 사업이다.
④ 경영인이 리더십을 발휘해 사내 근무환경을 재미있게 만들고 활력이 넘치도록 만드는 경영방식을 의미한다.
⑤ 지식을 창출, 저장, 전이, 적용하려고 조직에서 개발한 일련의 비즈니스 프로세스를 말한다.

18 공급사슬관리(SCM)의 실행과 관련한 설명으로 가장 옳지 않은 것은?

① 공급업체와 효과적인 커뮤니케이션이 적시에 이루어져야 한다.
② 장기적으로 강력한 파트너십을 구축한다.
③ 각종 정보기술의 효과적인 활용보다 인적 네트워크의 활용을 우선시한다.
④ 경로 전체를 통합하는 정보시스템의 구축이 중요하다.
⑤ 고객의 가치와 니즈를 이해하고 만족시킨다.

TIPS!

③ 공급사슬을 성공적으로 통합하려면 인적, 기술적 자원의 개발과 통합이 필요하다.

Answer 17.③ 18.③

19 다음 중 분권적 의사결정에 대한 설명으로 가장 옳지 않은 것은?

① 의사결정이 소매업자 개개인에게 위임되어 있다.

② 지역시장의 취향에 맞는 상품조정이 가능하다.

③ 지역적 경쟁 및 노동시장에 대한 대응이 유리하다.

④ 상품믹스와 가격의 결정 시 시장반응에 대처하기가 쉽다.

⑤ 각 영역의 전문가에 의해 점포의 경쟁력이 좌우된다.

 **TIPS!**

⑤번은 중앙집권화 의사결정에 대한 설명이다.

20 다음의 조직형태에 관련한 설명 중 가장 옳지 않은 것을 고르면?

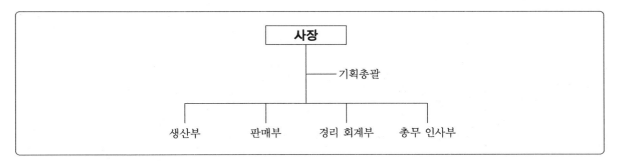

① 자원에 대한 이용이 가능하다.

② 각 부문의 업적평가가 곤란하다.

③ 전문화에 의한 지식경험의 축적 및 규모의 경제성이 확보된다.

④ 인원, 신제품, 신 시장의 추가 및 삭감이 신속하고 신축적이다.

⑤ 다각화될 경우에 제품별 조건적합적 관리가 가능해진다.

 **TIPS!**

위 그림은 기능별 조직을 도식화한 것이다. 기능별 조직이 다각화될 경우에는 제품별 조건적합적 관리가 불가능하다.

Answer 19.⑤ 20.⑤

21 다음 중 중앙집권화 의사결정에 대한 설명으로 틀린 것은?

① 의사결정이 기업 본사 관리자에게 위임되어 있다.

② 비용절감에 있어 효율적이다.

③ 많은 관리자가 필요 없어 경상비가 절감된다.

④ 공급업체로부터 저가로 상품을 공급받을 수 있다.

⑤ 정보시스템에 대한 의존도가 낮다.

 TIPS! --o

중앙 집권화 의사결정에 있어서 정보시스템에 대한 의존도는 높다.

22 다음의 조직형태에 관련한 설명 중 가장 옳지 않은 것을 고르면?

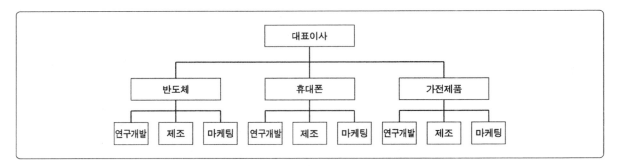

① 위 그림의 경우에는 각 부서별로 독립경영을 하는 조직구조의 형태이다.

② 경영상의 독립성 및 책임감을 지니게 함으로써 경영활동을 보다 더 효율적으로 수행할 수 있다는 장점이 있다.

③ 각 사업부별로 필요한 각종 경영자원의 중복이 없기 때문에 낭비가 발생하지 않는다.

④ 위 그림의 조직인 경우 사업부별로 평가가 진행되므로 책임의 소재가 명확해진다.

⑤ 각각의 분리된 사업부 간의 이기주의로 인해 조직 전체로 불이익을 가져다 줄 수도 있는 조직구조이다.

TIPS! --o

위 그림은 사업부제 조직을 도식화한 것이다. 사업부제 조직은 각 사업부마다 필요로 하는 각종 경영자원(인적, 물적 등)의 중복으로 인해 낭비가 생길 우려가 있는 조직구조이다.

Answer 21.⑤ 22.③

23 다음의 그림이 나타내는 조직구조에 관련한 설명으로 가장 옳지 않은 것은? (단, 회색상자는 프로젝트 활동에 참여하는 직원을 의미)

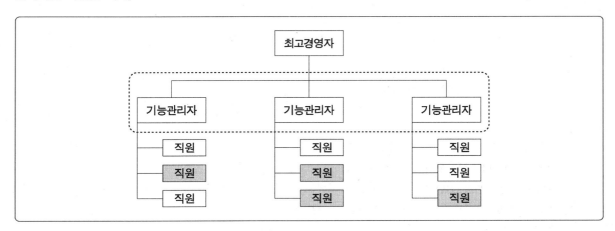

① 위 그림은 특정 사업 목표를 달성하기 위해 임시적으로 조직 내 인적 및 물적 자원 등을 결합하는 조직의 형태를 표현한 것이다.
② 위 조직은 해산을 전제로 하지 않고 영구적으로 편성된 조직이다.
③ 위 조직은 혁신적이면서 비일상적인 과제의 해결을 위해 형성되는 동태적 조직이다.
④ 부서관점에서의 편협된 의사결정이 작용할 수 있다.
⑤ 부서 간 책임분산으로 인해 통합 기능의 부재 및 갈등발생의 소지가 있다.

> **TIPS!**
> 위 그림은 프로젝트 조직을 도식화한 것이다. 프로젝트 조직은 해산을 전제로 하여 임시로 편성된 일시적 조직이고 프로젝트가 완료되면 직원들은 다시 본래의 직무로 돌아가는 조직의 형태를 의미한다.

Answer 23.②

24 다음은 일반적인 MBO 프로세스에 대한 설명이다. 그림을 참고하여 MBO에 관련한 내용으로 가장 거리가 먼 것을 고르면?

① 목표의 질보다 양을 중시하는 경향이 강하다.

② X이론적 인간관을 기반으로 목표의 설정 시에 구성원들을 참여시키고자 하는 방식이 MBO의 등장배경이다.

③ 목표설정 및 관리과정을 동시에 강조하는 형태이다.

④ 전체 구성원들의 참여는 현실적으로 많은 어려움이 있다.

⑤ 이러한 방식에 있어서 도입시간과 비용이 많이 들어가는 문제점이 있다.

TIPS!

MBO(Management By Objectives)는 맥그리거의 Y이론적 인간관을 기초로 목표설정 시에 구성원들을 참여시키는 방식이 등장배경이라 할 수 있다.

25 다음 중 조직문화에 관련한 설명으로 가장 옳지 않은 것은?

① 조직문화는 급변하는 환경변화에 민감하게 반응하므로 적응력이 상당히 높다.

② 조직체계의 안정성을 높여준다.

③ 조직문화는 집단적인 전체의 하나 됨을 이루어준다.

④ 구성원들로 하여금 정체성을 심어주어 책임감을 키워주는 역할을 수행한다.

⑤ 조직문화의 경우 조정 및 통합이 용이하지 않을 수 있다.

TIPS!

조직문화는 한 번 정착되면 쉽게 바뀌기가 어렵다. 즉, 급변하는 환경변화에 대한 적응이 약화될 수 있다.

26 기업 조직의 상하 구성원들이 서로의 참여 과정을 통해 기업 조직 단위와 구성원의 목표를 명확하게 설정하고, 그로 인한 생산 활동을 수행하도록 한 뒤, 업적을 측정 및 평가함으로써 조직 관리에 있어서의 효율화를 기하려는 일종의 포괄적인 조직관리 체제를 의미한다. 또한 이 방식은 종합적인 조직운영 기법으로 활용될 뿐만 아니라, 근무성적평정 수단으로, 더 나아가 예산 운영 및 재정관리의 수단으로 다양하게 활용되고 있는 방식인데, 이를 무엇이라고 하는가?

① X이론
② 목표에 의한 관리
③ Y이론
④ 자기통제
⑤ 문제해결

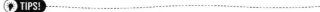

● TIPS!
목표에 의한 관리는 개인과 조직의 목표를 명확히 규정함으로써 구성원의 목표를 상급자 및 조직전체의 목표와 일치하도록 하기 때문에 조직목표 달성에 효과적으로 기여한다는 것이다.

27 다음 조직문화의 기능에 대한 설명 중 옳지 않은 것은?

① 조직문화는 조직 구성원들의 행동을 형성시킨다.
② 조직문화는 조직체계의 안정성을 높인다.
③ 조직문화는 환경변화에 대한 적응능력을 상승시킨다.
④ 조직문화는 조직 구성원들에게 정체성을 부여하며 조직에 대한 책임감을 증대시킨다.
⑤ 조직문화는 집단적 몰입을 가져온다.

● TIPS!
조직문화는 환경변화에 대한 적응능력을 저하시킨다.

28 다음 중 구매 관리의 절차를 순서대로 바르게 나열한 것은?

① 구매니즈 파악 → 공급자의 물색 → 구매조건의 협상 → 주문서 작성과 발송 → 가재입고 → 검사
② 구매니즈 파악 → 구매조건의 협상 → 공급자의 물색 → 주문서 작성과 발송 → 가재입고 → 검사
③ 구매니즈 파악 → 주문서 작성과 발송 → 공급자의 물색 → 구매조건의 협상 → 가재입고 → 검사
④ 구매니즈 파악 → 주문서 작성과 발송 → 구매조건의 협상 → 공급자의 물색 → 가재입고 → 검사
⑤ 구매니즈 파악 → 공급자의 물색 → 주문서 작성과 발송 → 구매조건의 협상 → 가재입고 → 검사

TIPS!

구매 관리의 절차… 구매니즈 파악 → 공급자의 물색 → 구매조건의 협상 → 주문서 작성과 발송 → 가재입고 → 검사

29 조직구조와 관련된 기술로서 가장 적합하지 않은 것은?

① 기능별 조직은 환경이 비교적 안정적일 때 조직관리의 효율성을 높일 수 있다.
② 기능별 조직은 각 기능별로 규모의 경제를 얻을 수 있다.
③ 라인조직은 각 조직구성원이 한 사람의 직속상관의 지휘·명령에 따라 활동하고 동시에 그 상위자에 대해서만 책임을 지는 형태이다.
④ 제품 조직은 제품을 시장특성에 따라 대응함으로써 소비자의 만족을 증대시킬 수 있다.
⑤ 매트릭스 조직은 많은 종류의 제품을 생산하는 대규모 조직에서 효율적이다.

TIPS!

많은 종류의 제품을 생산하는 대규모 조직에서는 사업부제 조직이 효율적이다. 매트릭스(matrix) 조직은 생산·마케팅·인사·재무 등과 같은 기능식 조직에, 특수한 과업을 달성하기 위해 편성하는 프로젝트 조직을 결합한 형태의 조직으로 다국적 기업이나 광고회사 등에서 효율적이다.

Answer 28.① 29.⑤

30 다음 중 SCM에 대한 설명으로 가장 옳지 않은 것은?

① 체인 구성원들의 통합적 관리를 통해 전체 수급 불균형을 조절할 수 없다는 문제점이 있다.

② 공급자-생산자-판매자-고객에 이르는 물류의 전체 흐름을 하나의 체인관점에서 파악한다.

③ 필요한 정보가 원활히 흐르도록 지원하는 통합관리 시스템이라 할 수 있다.

④ 공급체인관리의 요건으로는 기업의 정보화, 공동책임 인식, 교환정보의 표준화, 공동참여 업체 간 신뢰성 유지 등이 있다.

⑤ 소비자의 요구에 대응하기 위해 생산에서 소비까지 모든 과정을 효과적으로 할 수 있다.

TIPS!

SCM은 체인 구성원들의 통합적 관리를 통해 전체 수급 불균형을 조절할 수 있다.

물류경영관리

기출PLUS

section **1** 도소매물류의 이해

1. 물류의 의의

(1) 물류의 정의

① 미국 마케팅협회(AMA) : 제품의 생산단계에서 소비단계에 이르기까지 재화의 흐름을 취급 및 관리하는 것을 말한다.

② 미국 물류협의회(NCPDM) : 제품의 완제품 단계(생산라인의 최종 시점)부터 소비자 만족에 이르기까지 이동하는 단계의 넓은 의미로 정의할 수 있으며, 때로는 원자재의 공급으로부터 생산라인의 시작지점까지라고 할 수 있다.

③ R.H. Ballon : 수요욕구를 충족시킬 대상에 따라 시간과 공간을 극복한 비용과 제품이 최종 생산되기까지의 모든 활동을 통제 및 감시하는 것을 말한다.

④ J.N. Arbury : 수주(受注)를 충족시키기 위해 필요한 정보와 완성품의 흐름에 영향을 주는 모든 상황을 의미하며, 단순히 수주를 충족시키는데 그치지 않고 고객의 욕구(Needs)를 만족시키는 데 필요한 행동을 포함한다.

⑤ 마케팅 핸드북 : 원재료와 중간제품, 완제품의 흐름을 계획하고 이행을 관리하기 위한 2가지 이상의 통합 활동을 말한다.

(2) 물류와 유사한 용어

① 로지스틱스(Logistics) : 조달, 생산, 판매, 유통, 소비, 폐기, 환원, 회수 등 전 분야를 포함하며 기업의 물자활동에 국한되지 않고 소유권 이전 후의 단계인 유통, 소비, 폐기, 환원, 회수의 광범위한 분야를 총괄한다.

② 로크레매틱스(Rhocrematics) : '공장·물류시설의 배치 등을 어떻게 합리적으로 할 것 인가'하는 문제를 하드웨어 측면에서 관리하는 물류공학으로, 브루어 교수는 '조달물류를 포함한 물(物)의 흐름을 정보의 흐름과 관련시킨 시스템을 관리하는 과학이다'라고 정의하고 있다.

✔ 스튜워트(W.M. Stewart)가 주장하는 물류의 중요성이 강조되는 이유

• 재고비용절감을 위해 증가된 주문 횟수를 처리할 새로운 시스템의 도입이 필요

• 소비자의 제품가격 인하요구는 능률적이며 간접적인 제품 분배경로를 필요

• 기업은 물류서비스의 개선 및 물류비의 절감을 통해 고객에 대한 서비스의 수준을 높일 수 있고, 이는 기업에게 새로운 수요 창출의 기회를 제공

• 소비자의 제품에 대한 다양한 요구는 재고 저장단위 수의 증대를 필요로 하며, 이는 다목적 창고 재고유지, 재고 불균형 등의 문제를 발생

2. 물류의 중요성

(1) 일반적 차원

① 물자수송, 보관, 하역, 포장, 재고관리 및 물류정보처리 등 물류관련 경제활동 비중이 GNP나 매출액에서 차지하는 비용이 증대되고 있다.

② 물류의 고객만족을 위한 가치창조, 마케팅의 중요원칙으로서 유연생산체제(FMS)에 걸맞는 차세대 전략요소 또는 제3의 이익원으로 잠재력이 충분한 부문이다.

③ 소매업 입장에서는 수송경로, 창고관리, 화물취급, 상품흐름의 통제와 같은 물류정보상 흐름과 관련된 활동에 직면해 있고, 치열한 경쟁에서 생존을 위한 독특한 물류전략 개발이 긴요하다.

④ 국가경제에서도 물류는 기업의 생산성, 에너지 효율개선에 영향을 미치며 물가안정, 고용 증대 등 거시경제효과와 밀접한 관계에 있다.

(2) 기업적 차원

① 기업의 생산비 절감은 한계점에 이르고 있다.

② 물류비는 꾸준한 증가추세에 있다.

③ 고객서비스의 개선과 향상을 위해서는 기업물류의 혁신이 불가피하다.

④ 기업이윤의 원천은 물류의 근대화에 의존한다.

⑤ 미래의 기업경쟁의 승패는 물류혁신에 달려있다.

⑥ 고객지향적인 시스템의 구축이 요구되고 있다.

3. 물류의 기본원칙

(1) 물류관리

① 물류관리의 제(諸)요인 : 물류관리는 화물의 집화, 포장, 단위화, 검수, 수송 등으로 구성된다.

② 물류관리에 포함되는 기능 : 고객서비스, 주문처리, 통신, 재고통제, 수요예측, 교통 및 수송, 창고 및 저장, 상품의 취급, 조달, 부품 및 서비스 지원, 포장, 폐품의 재생 및 폐기, 반송 품의 취급 등이다.

기출PLUS

기출 2023년 제2회

유통기업들이 물류에 대한 높은 관심을 가지고 이에 대한 합리화를 적극적으로 검토·실행하고 있는 원인으로 옳지 않은 것은?

① 물류비가 증가하는 경향이 있기 때문이다.

② 생산 부문의 합리화 즉 생산비의 절감에는 한계가 있기 때문이다.

③ 기업 간 경쟁에서 승리하기 위해 물류면에서 우위를 확보하여야 하기 때문이다.

④ 고객의 요구는 다양화, 전문화, 고도화되어 고객서비스향상이 특히 중요시되기 때문이다.

⑤ 기술혁신에 의하여 운송, 보관, 하역, 포장기술이 발전되었고 정보면에서는 그 발전 속도가 현저하게 낮아졌기 때문이다.

기출 2023년 제2회

물류관리의 3S 1L원칙에 해당되는 용어로 옳지 않은 것은?

① Speedy

② Surely

③ Low

④ Safely

⑤ Smart

◀정답 ⑤, ⑤

(2) 물류활동

① 효과적인 물류활동의 수행

 ㉠ 물류시스템, 조직, 정보관리체계 및 개별 물류활동 간의 연계가 필요하다.

 ㉡ 상호 교류가 가능한 기술, 정보, 경영조직을 구축 및 이용해야 한다.

② 물류활동의 구성

 ㉠ **재료관리**(내향물류) : 원재료를 공급처에서 제조공정까지 원활히 흐르게 하는 제반활동을 말한다.

 ㉡ **물적 유통**(외향물류) : 생산된 제품을 최종소비자에게 옮기는 활동관리이다.

(3) 물류비용

① 고객서비스 유지비용

 ㉠ 고객서비스를 일정한 수준으로 유지하기 위한 비용은 개념적인 것으로는 구체적인 산정이 어렵다. 그러나 고객서비스 수준과 관련된 비용은 그로인해 상실될 수 있는 매출액의 기회비용(손실)으로 이해될 수 있다.

 ㉡ 고객서비스 수준은 실제로 계산해 내기 어렵기 때문에 나머지 비용들의 합을 최소화시키는 방향으로 관리가 주로 행해지고 있다.

② **운송비용** : 물류활동에 소용되는 제비용들 중에서 많은 부분을 차지하는 비용이다. 일반적으로 운송비용은 물류비의 약 35% 정도를 차지한다.

③ **보관비용** : 처리비용, 즉 특정시장에서 창고 입, 출고를 통해 제품을 판매하는 것과 관련된 비용을 의미하며, 일반적으로 물류비용 중 창고, 보관과 관련된 비용은 약 20% 정도이다.

④ **주문처리 및 정보비용** : 주문의 전달, 수납, 처리와 관련된 활동으로부터 발생되는 비용을 말한다. 일반적으로 전체 물류비 중에서 10% 정도를 차지한다.

⑤ **로트(Lot)량 변화비용** : 특정기업이 보유하고 있던 물류시스템을 변화시킬 경우 발생되는 생산관련 혹은 구입 및 획득비용을 말한다.

⑥ **재고유지비용** : 재고유지량에 따라 발생하는 비용으로 총 물류의 30%정도를 차지하고 있다.

(4) 물류의 시스템화

① 물류시스템을 구성하고 있는 기능
   ㉠ 고객서비스 수준의 결정요인 : 수송형태, 주문처리, 창고입지와 수, 재고관리 등이 있다.
   ㉡ 부수적 요인 : 구매, 판매예측, 자재관리, 포장, 정보처리, 생산계획 등이 있다.

② 총체적 시스템의 도입
   ㉠ 물류시스템을 구성하고 있는 요소들은 부분 최적화보다는 총체적 관점에서 전사적인 시스템의 최적화가 필요하다.
   ㉡ 최적화를 위해서는 고객서비스 수준의 결정, 제반 물류활동들이 시너지 효과 (Synergy – Effect)를 발휘할 수 있도록 물류시스템의 구성요소들이 통합 및 조정되어야 한다.

(5) 역물류(Reverse)

역물류는 상품의 생산에서 소비로 향하는 통상의 흐름과 반대의 흐름으로 통칭하는 물류흐름으로 반품물류, 회수물류와 폐기물류의 세 가지로 크게 나눌 수 있다.

구분	내용
반품물류	고객으로부터 클레임이 청구된 제품 또는 유통기간이 초과된 제품이 되돌아오는 물류
회수물류	빈 용기, 빈병, 포장재 등을 고객으로부터 재사용하기 위하여 회수되어 오는 물류
폐기물류	제품, 포장, 이송용 용기, 자재 등의 폐기처분을 위한 물류

4. 물류의 종류

(1) 기업물류

① 의의 : 효율적인 물류활동을 하기 위해서 필요한 물류시스템의 설계, 물류작업 능률의 향상, 물류관리효율의 향상 등의 활동을 가리킨다.

② 기업물류의 중요성 : 생산부문의 합리화로 인한 생산비절감의 필연성과 물류비 자체의 증가, 고객욕구의 다양화 및 전문화에 따른 서비스 향상, 기업들 간의 치열한 경쟁으로 말미암아 물류작업기술과 정보통신의 발전이 가속화되고 있다.

③ 기업물류의 역할 : 물류판매의 기능 촉진, 제3이윤으로서의 물류 인식, 재고량의 삭감과 적정재고량 유지에 기여한다.

기출PLUS

기출 2020년 2회

아래 글상자의 ㉠, ㉡에서 설명하는 물류영역을 순서대로 나열한 것 중 가장 옳은 것은?

┌─ 보기 ─────────┐
│ ㉠ 물류의 최종단계로서 제품을 │
│   소비자에게 전달하는 일체의 │
│   수·배송 물류활동 │
│ ㉡ 파손 또는 진부화 등으로 제 │
│   품이나 상품, 또는 포장용기 │
│   를 소멸시키는 물류활동 │
└────────────────┘

① ㉠ 판매물류, ㉡ 회수물류
② ㉠ 최종물류, ㉡ 반품물류
③ ㉠ 판매물류, ㉡ 폐기물류
④ ㉠ 생산물류, ㉡ 반품물류
⑤ ㉠ 조달물류, ㉡ 회수물류

❮정답 ③

(2) 국제물류

① **의의** : 생산단계에서 소비단계에 이르기까지 2개국 이상에 걸쳐 이루어지는 경우를 일컫는데, 시간적·공간적 차이를 초월하기 위한 유형(有形)·무형(無形)의 재화에 대한 물리적인 국제 활동이다.

② **국제물류의 중요성** : 생산에서 소비단계에 이르는 일련의 과정이 원활하게 흐름으로써 경제효용의 극대화를 이룰 수 있다.

③ **국제물류의 역할**

　㉠ 마케팅 상에서 상적 유통과 동일한 위치에서 국내물류의 배송시스템이나 운송시스템의 단축, 제품의 조기인도 등과 같은 물리적 고객서비스의 필요성을 제기한다.

　㉡ 소비자에 대한 서비스 활동을 향상시킴으로써 신뢰감과 판매촉진을 도모한다.

　㉢ 총비용이라는 경제적인 측면에서 제3의 이윤과 운송비의 절감을 추구하여 국제경쟁력 강화에 기여한다.

　㉣ 상품의 조기선적과 운송기간 단축을 통한 재고량의 감소로 운영자금을 원활하게 하여 금융비용을 절감시킨다.

④ **국제물류의 특성**

　㉠ 서류가 국내물류에 비해 복잡·방대하여 관련 서류를 잘못 기입했을 경우 분쟁의 소지가 있으므로 전문기술을 지닌 사람이 필요하다.

　㉡ 화물주인과 수송업자 사이에 중개인(운송인)이 물품서류 취급, 운송업자 선정 등의 업무를 대신 수행한다.

　㉢ 시·공간의 차이 때문에 상품의 다량주문이 본사의 생산 공정분야에서 복잡해질 우려가 있다.

　㉣ 국내물류와 국제물류의 기능상의 차이가 현저하다.

5. 도소매물류의 고객서비스

(1) 고객서비스

고객서비스는 제품의 주문에서부터 배송 및 애프터서비스를 포함하여 고객의 요구와 건의사항을 만족시키는 서비스이다.

(2) 고객서비스의 요소

품목의 가용성, 판매 후 서비스와 백업, 주문의 편의성, 오류 및 클레임 처리, 신뢰성, 커뮤니케이션 등

(3) 고객서비스의 유형

① 마케팅 서비스 : 가격서비스, 고객만족 상품 서비스, 애프터서비스, 마케팅 서비스 등

② 물류 서비스 : 납품 서비스, 시간 만족 서비스, 재고 서비스 등

③ 경영 및 기술 서비스 : 기업의 전반적인 기술 서비스 등

(4) 고객 서비스의 요소

① 거래 전 요소 : 고객서비스 정책, 고객의 접근 용이성, 고객서비스의 구조, 경영 관리서비스 등

② 거래 시 요소 : 재고 가용률, 배송의 신뢰성, 주문의 편리성, 정보시스템의 정확성 등

③ 거래 후 요소 : 설치, 수리, 서비스 부품, 고객 불만 처리, 제품수명 보증 등

> **참 고** **기업이 갖춰야 할 핵심역량의 조건**
> • 역량이 경쟁자 대비 높은 고객가치를 창출할 수 있도록 지원해야 한다.
> • 역량 모방이 불가능해야 한다.
> • 역량의 희소성이 있어야 한다.
> • 역량이 대체 불가능한 능력이어야 한다.

---

section 2 도소매 물류 관리

1. 수요 예측

(1) 수요 예측

수요분석을 기초로 각종 예측조사와 시장조사의 결과를 종합해 장래의 수요를 예측하는 일이다. 예측기간에 따라 장기예측, 중기예측, 단기예측 등으로 나누어진다. 수요예측은 산업이나 회사의 활동의 기본이 되며 구입, 생산, 자금, 판매 등의 계획에 없어서는 안 된다.

(2) 수요 예측의 유형

① 기간에 따른 분류 : 단기(6개월 이내), 중기(6개월에서 2년), 장기(2년 이상) 예측 등

② 예측 기법에 따른 분류 : 정량적 기법(시계열 분석, 인과형 예측방법), 정성적 기법(델파이법, 전문가 의견 합의법, 판매원 의견 종합법, 경영자 판단법, 시장조사법, 라이프사이클 유추법, 자료유추법) 등

기출PLUS

기출 2022년 1회

수요예측을 위해 사용하는 각종 기법 중 그 성격이 다른 하나는?

① 판매원 추정법 – 판매원들이 수요추정치를 작성하게 하고 이를 근거로 예측하는 기법
② 시장조사법 – 인터뷰, 설문지, 면접법 등으로 수집한 시장 자료를 이용하여 예측하는 기법
③ 경영자판단법 – 경영자 집단의 의견, 경험을 요약하여 예측하는 기법
④ 시계열 분석 – 종속변수의 과거 패턴을 이용해서 예측하는 기법
⑤ 델파이법 – 익명의 전문가 집단으로부터 합의를 도출하여 예측하는 기법

◀정답 ④

경제적 주문량(EOQ)을 적용하기 위한 전제로 옳지 않은 것은?

① 재고유지비용은 시간의 변화에 관계없이 일정하다.
② 발주 상품의 주문은 다른 상품과 관계가 없다.
③ 발주 비용은 최근의 것일수록 높은 가중치를 가진다.
④ 연간 수요량은 알려져 있다.
⑤ 발주시점과 입고시점 사이의 간격인 리드타임이 알려져 있다.

한 유통업체에서는 A상품을 연간 19,200개 정도 판매할 수 있을 것으로 예상하고 있다. A상품의 1회 주문비가 150원, 연간 재고유지비는 상품 당 16원이라고 할 때 경제적 주문량(EOQ)은?

① 600개
② 650개
③ 700개
④ 750개
⑤ 800개

연간 재고유지비용과 주문비용의 합을 최소화하는 로트 크기인 경제적 주문량을 계산하는 과정에서 사용하는 가정으로 가장 옳지 않은 것은?

① 수량할인은 없다.
② 각 로트의 크기에 제약조건은 없다.
③ 해당 품목의 수요가 일정하고 정확히 알려져 있다.
④ 입고량은 주문량에 안전재고를 포함한 양이며 시기별로 분할 입고 된다.
⑤ 리드타임과 공급에 불확실성이 없다.

< 정답 ③, ①, ④

2. 재고관리

(1) 재고 관리

기업의 능률적이고 계속적인 생산 활동을 위해 필요한 원재료 · 반제품 · 제품 등의 최적보유량을 계획 · 조직 · 통제하는 기능이다.

(2) 재고관리 기법

① EOQ모형 ✔자주출제

　⊙ 경제적 주문량(EOQ : Economic Order Quantity) 모형은 밑의 기본 가정 하에서 재고유지비용과 재고주문비용을 더한 연간 재고비용의 최적화를 위한 1회 주문량을 결정하는 데 사용된다.

　⊙ 기본가정
　　• 단위구입비용이 주문수량에 관계없이 일정하다.
　　• 계획기간 중 해당 품목의 수요량은 항상 균등하며, 알려져 있다.
　　• 연간 단위재고유지비용은 수량에 관계없이 일정하다.
　　• 주문량이 일시에 입고된다.
　　• 조달기간이 없거나 일정하다.
　　• 1회 주문비용이 수량에 관계없이 일정하다.

$$EOQ = \sqrt{\frac{2C_o D}{C_h}}$$

• C_h : 연간 단위재고비용
• C_o : 주문당 소요비용
• D : 연간 수요량
• Q : 1회 주문량

예 재고관리와 관련하여 아래와 같이 자료를 준비하였다. 이것으로 EOQ를 산출해 보시오.

(주어진 자료)
연간 사용량 = 5,000kg(연중사용량은 안정적이고 평준화되어 있음)
구입단가 = 1,000원/kg
주문비용 = 20,000원/회
재고유지비용 = 200원/kg/년

$EOQ = \sqrt{\dfrac{2C_o D}{C_h}}$ 를 적용하면, $\Rightarrow$ $EOQ = \sqrt{\dfrac{2(20,000)(5000)}{200}}$

답 : 1,000

② ABC기법

  ○ 모든 품목에 동일한 재고관리 노력을 기울이는 비합리적인 사고에서 출발한다. 즉 가짓수와 금액상의 비율을 고려하지 않고 같은 방식으로 관리한다.

  ○ ABC 그룹 분류 : A그룹은 금액의 구성 비율이 높은 소수의 품목으로 이루어지는 제품 집단이므로 중점 관리한다. C그룹은 금액의 구성 비율이 낮은 다수의 품목으로 이루어지는 제품 집단이므로 간편한 관리방식을 채택한다.

분류	품목구성 비율	금액구성 비율
A	5~10%	70~80%
B	10~20%	15~20%
C	70~80%	5~20%

A그룹 = 소수 고액품목으로 이루어지는 제품집단

C그룹 = 다수 저액품목으로 이루어지는 제품집단

B그룹 = 그 중간적 성격을 갖는 제품집단

---

③ 안전재고 : 안전재고는 일반적으로 수요와 공급의 변동에 따른 불균형을 방지하기 위해 유지하는 계획된 재고수량을 의미한다.

안전재고량 $= Z \cdot \sqrt{L} \cdot \sigma_d$

[Z = 서비스율에 따른 정규분포지수(서비스율 95% → Z=1.64), $\sqrt{L} = \sigma_L$조달기간 중 수요의 표준편차, σ_d = 1일 수요의 표준편차]

예 일별 수요량의 확률분포는 정규분포를 따르며, 그 표준편차는 40개, 1일 평균수요는 320개, 조달기간은 4일 정도이고, 서비스율은 95%의 신뢰구간을 따른다고 한다. 이때의 safety stock을 구하면?

SS = $Z \cdot \sqrt{L} \cdot \sigma_d$을 대입하면

SS = $(1.64) \cdot \sqrt{4} \cdot 40$

SS = $(1.64) \cdot 80$

∴ SS = 131.2

답 : 131.2

---

④ 정량 주문 시스템과 정기 주문 시스템 ✔자주출제

  ○ 재고수준이 재주문점에 오면 고정량을 발주하는 방식(가격과 중요도가 낮은 품목과 수요변동 폭이 적은 품목에 적합)

  ○ 재고량을 정기적으로 파악하여 기준재고량과 현재고량의 차이를 발주하는 방식(가격과 중요도가 높은 품목과 수요변동의 폭이 큰 품목에 적합)

물류 관리에서 배송 합리화의 방안으로 공동배송을 실시하려고 할 때 유의해야 할 사항과 가장 거리가 먼 것은?

① 제품이나 보관 특성상의 유사성이 있을 때 효과적이다.
② 거리가 인접하여 화물 수집이 용이해야 한다.
③ 대상화물이 공동화에 적합한 특성을 가지고 있어야 한다.
④ 일정 지역 내에 배송하는 화주가 독점적으로 존재해야 한다.
⑤ 참여 기업의 배송조건이 유사해야 한다.

수배송물류의 기능으로 옳지 않은 것은?

① 분업화를 촉진시킨다.
② 재화와 용역의 교환기능을 촉진시킨다.
③ 대량생산과 대량소비를 가능하게 하여 규모의 경제를 실현시킨다.
④ 문명발달의 전제조건이 되기는 하나 지역간 국가간 유대를 강화시키지는 못한다.
⑤ 재화의 생산, 분배 및 소비를 원활하게 하여 재화와 용역의 가격을 안정시켜 주는 기능을 한다.

〈정답 ④, ④

3. 운송, 보관 및 하역(창고관리 포함)

(1) 운송 활동

① **공동수배송** : 각 기업이 개별적으로 배송하는 것보다 저렴한 비용으로 배송서비스를 향상시키는 데 목적을 둔다.

② **공동수배송의 효과**

　㉠ 수배송의 공동화는 운송의 생산성을 높이는 데 큰 효과가 있으며 운송비용의 절약, 노동력 절감, 운송서비스의 향상 등 화주와 고객이 모두 이익을 볼 수 있다.

　㉡ 화주 측면
　• 수배송 업무의 효율화
　• 운송횟수감소로 배송비용의 절감
　• 차량 및 시설투자 증가의 억제
　• 교통량의 감소로 환경보전
　• 영업활동의 효율화

　㉢ 고객 측면
　• 납품빈도 증가로 상품구색의 강화(식료품의 경우 신선도 향상)
　• 검사 등 일선업무의 효율화
　• 재고보유의 감소

③ **공동수배송의 유형**

　㉠ **집적배송** : 제품을 1차 거래선에서 집적시키고 그곳에서 특정지역의 배송을 담당하게 한 후 지역별 점포로 배송하는 방법이며, 배송거리와 시간을 단축하며 배송차량의 수를 줄일 수 있다.

　㉡ **공동배송**
　• 여러 회사의 제품들을 공동배송센터로 집결시킨 다음, 각 점포별로 배송하는 방법이다.
　• 다른 업체의 상품을 한 대의 차량에 혼재하는 방식이 가능하다.
　• 동일업종을 중심으로 배송효율을 제고하고, 공동으로 물류센터와 물류기지 등을 운영한다.

　㉢ **다이어그램 배송**
　• 배송범위가 좁고 배송빈도가 높은 경우에 적용하는 방법이다. 고객에 대한 도착시간을 정시화하여 순회서비스를 제공하는 배송이다.
　• 주행루트 → 배송순서 → 타임스케줄 → 계획배송의 순서에 따라 배송이 이루어진다.

④ 복합운송

　　㉠ **복합운송**: 복합운송은 일괄운송 시스템을 말한다. 즉 한 운송인이 화주에게 일관된 책임을 지고 하나의 운임청구서만으로 선박과 철도, 선박과 항공기와 같이 서로 다른 운송 수단을 이용하여 화주의 문전에서 수하인의 문전까지 운송을 담당하는 것을 말한다.

　　㉡ **복합운송의 특징**
　　　• 복합운송인이 전 구간에 걸쳐 책임을 지고 이에 대한 증거서류로 복합운송증권을 발행하는데, 운송수단을 중간에 바꿔야 하므로 환적이 불가피하며, 환적할 때 편의를 위해 화물 형태가 단위화되는 특징을 가진다.
　　　• 복합운송은 일괄된 운송책임과 통일된 운임의 설정, 복합운송증권의 발행이라는 원칙을 필요로 한다.

⑤ 소화물 일괄운송

　　㉠ **소화물 일괄운송**: 개인 또는 기업의 화주로부터 소형·소량의 화물운송을 의뢰받아 송화주 문전에서 수화주의 문전으로 배달물품의 접수·포장·운송·배달에 이르기까지 신속 정확하게 운송서비스를 제공하는 운송체제이다.

　　㉡ **소화물 일괄운송의 등장배경**
　　　• 다품종 소량생산
　　　• 물류환경의 변화(인터넷 쇼핑, TV홈쇼핑)
　　　• 다빈도 소량주문
　　　• 물류의 합리화
　　　• 전자상거래의 확산

　　㉢ **소화물 일괄운송의 장점**
　　　• 안전성: 운송의 전 과정을 특정업체가 처리함으로써 물품의 분실, 훼손 등 위험을 최소화 할 수 있다. 또한 책임소재가 분명하다
　　　• 경제성: 집화비, 배달비, 교통비, 인건비, 전화요금, 출장비 등 제반비용을 최소화 할 수 있다.
　　　• 신속성: 발송에서 도착까지의 전 과정이 하나의 흐름으로 이루어지므로 화주가 직접 탁송하는 경우보다 신속한 운송이 이루어진다.
　　　• 편리성: 소비자는 전화 한 통화로 집화에서 배달까지 모든 운송과정을 대행함으로써 편리하게 상품을 구매할 수 있다.
　　　• 확실성: 발송된 물품이 배송되는 즉시 송장에 배달시간, 인수인 등이 기재되고 별도 관리되므로 언제라도 확인이 가능하다.

✔ **운송수단을 결정하기 전에 검토해야 할 사항**
　• 운송할 화물이 일반화물인지 냉동화물인지 등의 화물의 종류
　• 운송할 화물의 중량과 용적
　• 화물의 출발지, 도착지와 운송거리
　• 운송할 화물의 가격

보관 효율화를 위한 기본원칙으로 옳지 않은 것은?

① 유사성의 원칙 : 유사품을 인접하여 보관하는 원칙이다.
② 중량특성의 원칙 : 물품의 중량에 따라 장소의 높고 낮음을 결정하는 원칙이다.
③ 명료성의 원칙 : 시각적으로 보관물품을 용이하게 식별할 수 있도록 보관하는 원칙이다.
④ 통로대면보관의 원칙 : 보관할 물품을 입출고 빈도에 따라 장소를 달리하여 보관하는 원칙이다.
⑤ 위치표시의 원칙 : 보관물품의 장소와 랙 번호 등을 표시함으로써 보관업무 효율화를 기하는 원칙이다.

고객이 요구하는 서비스의 수준에 맞추어 물류활동이 '적절하다(Right)'라는 의미와 관련된 물류의 7R의 내용으로 옳지 않은 것은?

① 적절한 상품(Right goods)
② 적절한 품질(Right quality)
③ 적절한 시간(Right time)
④ 적절한 장소(Right place)
⑤ 적절한 판촉활동(Right promotion)

〈정답 ④, ⑤

(2) 보관활동

① 보관활동 : 재화를 물리적으로 보존하고 관리하는 것이다. 물품의 생산과 소비의 시간적 거리를 조정하여 궁극적으로 시간적 효용을 창조하는 활동이다.

② 보관의 원칙

　㉠ 높이 쌓기의 원칙
　㉡ 선입선출의 원칙
　㉢ 통로대면 보관의 원칙
　㉣ 명료성의 원칙
　㉤ 회전대응 보관의 원칙
　㉥ 위치표시의 원칙
　㉦ 중량특성의 원칙
　㉧ 동일성 및 유사성의 원칙
　㉨ 네트워크 보관의 원칙
　㉩ 형상특성의 원칙

③ 물류의 7R **✔자주출제**

　㉠ 적절한 상품(Right goods)
　㉡ 적절한 품질(Right quality)
　㉢ 적절한 시간(Right time)
　㉣ 적절한 장소(Right place)
　㉤ 적절한 양(Right Quantity)
　㉥ 적절한 인상(Right Impression)
　㉦ 적절한 가격(Right Price)

4. 유통가공 및 포장

(1) 유통 가공

유통가공이란 물품 자체의 기능을 변화시키지 않고 간단한 가공이나 조립, 상표부착, 재포장, 주문에 따른 소분작업 등의 부가가치를 부여하는 것을 말한다. 이는 고객의 요구에 합리적인 대응을 하고 유통의 효율을 촉진하는 것이다. 이러한 작업에는 재포장작업이나 소비자 포장 및 라벨부착 등의 작업이 있다.

(2) 포장

포장은 제품전략의 중요한 역할을 차지하고 있다. 포장의 근본적인 목적은 절도, 파손 등의 각종 위험으로부터 제품을 보호하기 위한 것이다. 그러나 최근에는 근본적인 목적 외에도 디자인적 요소 등을 고려하여 소비자의 니즈를 충족시켜 제품 구매에 긍정적인 영향을 줄 수 있도록 하고 있다.

① 포장의 개념 : 포장이란, 물품을 수송 및 보관함에 있어서 이에 대한 가치나 상태 등을 보호하기 위하여 적절한 재료나 용기 등에 탑재하는 것을 말한다. 동시에, 상표에 대해 소비자로 하여금 바로 인지하게 하는 역할을 수행하게 하는 것이다.

② 포장의 목적

   ⊙ 제품의 보호성 : 포장의 근본적인 목적임과 동시에, 제품이 공급자에서 소비자로 넘어가기까지 운송, 보관, 하역 또는 수배송을 함에 있어서 발생할 수 있는 여러 위험요소로부터 제품을 보호하는 것이다.

   ⓒ 제품의 경제성 : 유통상의 총비용을 절감하는 것을 말한다.

   ⓒ 제품의 편리성 : 제품취급을 편리하게 해주는 것을 말한다. 운송, 보관, 하역 등 일련의 과정에서 편리를 제공하기 위해서이다.

   ② 제품의 촉진성 : 타사 제품과 차별화를 시키면서 자사 제품 이미지의 상승효과를 기하여 소비자들로 하여금 구매충동이 들게 하는 것을 말한다.

   ⑩ 제품의 환경 보호성 : 포장이 공익성과 함께 환경 친화적인 포장을 추구해 나가는 것을 의미한다.

③ 포장의 종류

   ⊙ 낱 포장(개별포장) : 제품의 상품가치를 높이거나, 물품 특징을 보호하기 위해서 그에 적합한 용기 등을 물품에 시공한 상태를 말한다.

   ⓒ 속 포장(내부포장) : 포장된 화물의 내부포장을 말하며, 물품에 대한 수분, 습기, 열 또는 충격을 막아주며 그에 적합한 재료나 용기 등을 물품에 시공한 상태를 말한다.

   ⓒ 겉 포장(외부포장) : 포장된 화물의 외부포장을 말하며, 이는 물품에 상자, 포대, 또는 나무통 및 금속 등의 용기에 넣거나 아니면 용기를 이용하지 않고 그대로 묶는 방법 또는 시공한 상태를 말한다.

④ 라벨 : 포장과정의 한 부분으로, 상품에 대한 상품명 및 상품에 대한 여러 가지 사항을 표시한 종이를 말한다. 보통, 사람들이 즐겨 찾는 음료수나 과자 등이 대표적인 예이다. 라벨의 근본적인 목적은 소비자들의 비교 구매를 도와주는 것이다.

기출PLUS

✔ **소매업이 상품 판매를 효과적으로 전개하기 위해 제공하는 물적 · 기능적 서비스**

• 포장지, 선물상자의 제공 등과 같은 상품부대물품의 제공 서비스

• 할부판매, 외상 판매 등과 같은 금융적 서비스

• 전달 카탈로그, 광고 선전 등과 같은 정보 제공 서비스

• 고객의 선택 편의 및 구매 효율을 높이는 셀프서비스와 같은 시스템적 서비스

> **참고 라벨의 기능**
>
> ① 라벨은 제품이나 상표 등을 확인시켜 주는 기능을 한다.
> - **예** 선 키스트 오렌지에 붙어 있는 라벨이 선 키스트임을 확인시켜 준다.
> ② 라벨은 제품에 대한 정보를 제공해준다.
> - **예** 제품을 누가 만들었는지, 원산지는 어디인지, 내용물을 어떤 것이 있는지, 제품을 어떻게 사용하는지 등이 있다.
> ③ 라벨은 소비자에게 어필 가능한 그래픽 디자인을 통하여 고객들의 제품에 대한 선호도를 높이는 기능을 수행한다.

5. 물류관리를 위한 정보기술

(1) 물류정보

물류정보는 종합적인 물류활동의 원활화를 도모하는 데 있어서 필요한 것으로 생산에서 소비에 이르기까지 물류활동을 구성하고 있는 운송, 보관, 하역, 포장 등의 물류기능을 수행하는 데 관련된 다양한 정보를 의미한다.

(2) 물류정보 시스템의 구성

구분	내용
재고관리 시스템	주문량에 따라 적정재고를 유지하면서 불필요한 재고를 억제하는 것은 비용절감에 도움을 준다. 또한 재고가 다품종이거나 재고관리가 다단계 및 다거점일 경우에 재고계획의 공학적인 접근이 필요하다.
주문처리 시스템	주문 처리는 거래의 출발점이며, 주문정보는 물류활동의 기초가 된다. 주문처리 시스템은 수주부에서 본사와 각 지점, 물류거점에 이르기까지 주문의 진행상황을 통합관리하는 시스템이다.
수배송 시스템	주문에 대한 배송체제의 확립, 최적운송계획의 수립, 수배송비용의 절감을 위한 출하계획서 작성, 출하서류의 전달, GPS를 이용한 화물 및 차량추적, 최적배송경로의 설정, 차량적재효율의 분석, 명확한 운임계산 등을 컴퓨터와 통신기기로 처리한다.
창고관리 시스템	최저의 비용으로 창고의 공간, 작업자, 하역설비 등을 유효하게 활용하여 서비스 수준을 제고시키는 데 목적이 있다.
물류정보통제 시스템	주문에서 배송에 이르기까지 전 과정을 계획·실시·평가·통제하는 시스템으로, 각 분야의 관리가 가장 효율적으로 수행되도록 물류시스템 전반을 관리하는 시스템이다.

(3) 물류관리 정보기술

① **자동발주시스템**(EOS : Electronic Ordering System) : 컴퓨터나 통신회선을 이용하여 발주정보를 수집하는 장치를 가리킨다. 식품, 슈퍼 등의 체인점이 점포마다 상품의 보충 발주업무를 치르기 위해서 사용하는 경우가 많다. 매장별로 재고를 조사하고 이 데이터를 점포의 단말기로부터 통신회선을 통해 본부의 주컴퓨터로 송신하면, 본부는 발주전표 겸 납품전표를 출력하여 메이커나 도매상에 넘긴다. 발주업무의 생력화 및 스피드화 등에 효과가 크다. 본부의 주컴퓨터와 메이커의 컴퓨터를 연동시키면 더욱 앞선 자동발주시스템이 된다. 자동발주시스템의 목적은 제품의 품절 예방, 재고의 적정화 등이 있다.

② **전자문서교환**(EDI : Electronic Data Interchange) : 거래업체 간에 상호 합의된 전자문서표준을 이용하여 인간의 작업을 최소화한 컴퓨터와 컴퓨터 간 구조화된 데이터의 전송을 의미한다. 기존의 서류시스템은 소요 시간이 오래 걸리고 오류의 가능성이 많으며 많은 노동력이 필요했으나, EDI는 소요시간이 단축되고 정확하며 노동력을 최소화할 수 있어서 기업의 업무효율을 높일 수 있다.

③ **위성추적 시스템**(GPS : Global Positioning System) : 미국 국방부에서 군사목적으로 개발하여 활용한 위치측정 시스템이다. 이 시스템을 이용하면 회사에서 자사의 차량이 어느 위치에 있는지 여부를 자동으로 확인할 수 있어 효율적인 차량운영이 가능하다. GPS 시스템에서는 인공위성, 배달차량, 배달센터와의 통신망을 구성해서 중앙컴퓨터에서 인식된 배송 차량의 위치, 배송진행과정, 목적지까지의 치적경로, 배달 예정시간, 각종 편의정보 등을 고객들에게 실시간으로 제공한다.

④ **부가가치 통신망**(VAN : Value Added Network) : 회선을 직접 보유하거나 통신사업자의 회선을 이용하여 단순한 전송기능 이상의 부가가치(정보의 축척, 가공, 변환처리)를 부여한 음성 또는 데이터 정보를 제공하는 광범위한 복합 서비스의 집합이라고 할 수 있다. VAN은 EDI를 수행하는 네트워크를 제공해 주는 기능을 하는 수단 또는 도구라고 할 수 있다.

⑤ **광속상거래**(CALS) : 제품의 생산에서부터 폐기에 이르는 전 과정 동안에 발생하는 모든 정보를 실시간으로 디지털 정보기술의 통합을 통해 구현하는 산업 정보화 전략을 말한다. 또한 광속 상거래는 통합 판매·물류·생산 시스템이라고도 하는데, 1982년 미국 국방성의 병참 지원체제로 개발되고 최근에는 민간에까지 급속도로 확산되어 산업정보화의 마지막 무기이자 제조·유통·물류산업의 인터넷이라고 평가받고 있다.

⑥ RFID(Radio Frequency IDentification) : 물품에 붙이는 전자태그에 생산, 수배송, 보관, 판매, 소비의 전 과정에 관한 정보를 담고, 자체 안테나를 통하여 리더로 하여금 정보를 읽고, 인공위성이나 이동통신망과 연계하여 정보를 활용하는 기술이다. 기존의 바코드는 저장용량이 적고, 실시간 정보 파악이 불가할 뿐만 아니라 근접한 상태(수 cm 이내)에서만 정보를 읽을 수 있다는 단점이 있다. 하지만 RFID는 완제품 상태로 공장을 나가 슈퍼마켓 진열장에 전시되는 전 과정을 추적할 수 있다. 소비자가 이 태그를 부착한 물건을 고르면 대금이 자동 결제되는 것은 물론, 재고 및 소비자 취향관리까지 포괄적으로 이뤄진다. 또한 RF판독기는 1초에 수백 개까지 RF태그가 부착된 제품의 데이터를 읽을 수 있다. 대형 할인점에 적용될 경우 계산대를 통과하자마자 물건 가격이 집계되어 시간을 대폭 절약할 수 있다. 그리고 정보를 수정하거나 삭제할 수 있는 점도 바코드와 다르다.

⑦ LAN(Local Area Network) : 근거리 정보통신망으로, 어떤 기업의 내부, 공장단지, 건물 안 등에서 컴퓨터, 팩스, 프린터 등 여러 가지 멀티미디어 기기를 유기적으로 연결하여 다량의 각종 정보를 신속하게 교환하는 통신망이다.

참 고 LAN의 특징

㉠ 고속데이터 채널을 구성함으로써 전송로의 효율성을 높인다.
㉡ LAN은 상대적으로 좁은 지역 내에서 분산된 여러 장치들을 연결하여 정보를 공유하거나 상호 교환한다. 상대적으로 넓은 범위로 연결된 네트워크는 WAN(Wide Area Network)이라 한다.
㉢ 사무자동화, 공장자동화 등 여러 분야에 활용 가능하다.
㉣ 기존의 통신망 및 다른 시스템과의 연결을 통하여 ISDN(종합정보통신망)의 일부분이 된다.

---

⑧ 종합정보통신망(ISDN : Integrated Services Digital Network) : 디지털 종합정보통신망으로서 화상회의, 원격감시, 컴퓨터통신, 인터넷연결, 전화 통신, 팩시밀리 등을 연결하는 안정된 디지털망을 이용하여 영상, 음성, 문자 등을 주고받을 수 있는 종합형 멀티미디어 통신이다.

6. 물류비

(1) 물류비

물류비란 원재료의 조달에서부터 생산과정을 거쳐 완성된 제품이 거래처에 납품되고, 소비자로부터 반품·회수·폐기 등에 이르기까지 포장·운송·보관·하역·정보 및 관리 등의 물류 활동에 소요되는 모든 비용을 의미한다.

기출 2023년 제1회

물류비를 분류하는 다양한 기준 중에서 지급형태별 물류비로만 옳게 나열된 것은?

① 조달물류비, 사내물류비, 역물류비
② 수송비, 보관비, 포장비
③ 자가 물류비, 위탁 물류비
④ 재료비, 노무비, 경비
⑤ 조업도별 물류비, 기타 물류비

〈정답 ③

(2) 물류비 산정 지침

물류비의 정확한 계산과 관리의 합리성 제고를 위한 기준을 제공함으로써 기업물류의 효율화를 통해 원가를 절감하고 경쟁력을 강화하기 위해, 기업물류비의 계산에 관한 표준화된 절차와 방법을 정하는 지침의 필요성이 제기되었다. 물류비 산정기준으로는 한국생산성본부(KPC)의 기업물류비 계산준칙과 대한상공회의소(KCCI)의 기업물류비 산정 및 활용 매뉴얼 등이 있다.

(3) 물류비 산정 지침의 특징

① 정부차원에서의 물류회계기준의 표준화

② 긍정적으로 물류비 절감에 기여할 수 있는 포괄적인 목적 설정

③ 기업실무를 중시한 계산기준의 탄력성 부여

④ 기업회계 정보의 공유성 확대

⑤ 기업회계시스템에 준거한 물류비 인식기준의 제시

⑥ 기존 계산 기준과의 연관성 및 독자성 고려

(4) 물류비 절감방안

① **물류경로의 단축**: 물류경로를 단축함으로써 물류비를 절감할 수 있다. 예를 들어 상·물 분리를 완전하게 실연한다든지, 창고나 배송센터 등의 물류거점을 신설하는 것도 방안일 것이다.

② **재고량의 적정화**: 물류비의 관점에서 보면 재고량은 적으면 적을수록 좋은 것이 사실이다. 그러나 재고라는 것이 고객의 서비스를 전제로 하여 보관하는 것이기 때문에 비용만으로 판단할 문제는 아니다.

③ **수송로트의 확대**: 화물의 로트(Lot)화는 물류경로의 단축과 함께 효과가 큰 방법이지만, 이 방법은 고객서비스 수준에 미치는 영향이 크기 때문에 판매부문과 조정이 필요한 부분이다.

④ **물류작업의 생력화**: 생력화란 인력에 의존하던 작업을 기계로 대체함으로써 가능해진다. 물류의 경우 포장·하역작업 등에서 많은 인력과 시간을 필요로 하기 때문에 기계화하는 것은 현재와 같이 인건비의 상승이 현저한 때에는 물류비의 절감에 있어 효과가 있는 방법이다. 생력화의 대표적인 방법으로 유닛로드 시스템, 자동창고, 자동포장기계 등이 있다.

아웃소싱 추진 시 고려해야 할 사항으로 가장 옳지 않은 것은?

① 경로구성원의 가치창출을 위해서라면 모든 각각의 기능에 대한 아웃소싱 가능성을 고려할 수 있다.

② 경쟁우위에 있는 분야와 열위에 있는 분야를 주관적인 분석을 통해 알아내야 한다.

③ 아웃소싱하는 기능과 기업이 직접 수행하는 기능이 가치창출의 관점에서 효율적, 효과적인 통합이 중요하다.

④ 아웃소싱 파트너와의 긴밀한 협력이 필수적이다.

⑤ 열위에 있는 분야를 어떻게 아웃소싱할지 고민해야 한다.

물류아웃소싱 성공전략에 대한 설명으로 옳지 않은 것은?

① 물류아웃소싱이 성공하려면 반드시 최고경영자의 관심과 지원이 필요하다.

② 지출되는 물류비용을 정확히 파악하여 아웃소싱 시 비용절감효과를 측정해야 한다.

③ 물류아웃소싱의 궁극적인 목표는 현재와 미래의 고객만족에 있음을 잊지 말아야 한다.

④ 물류아웃소싱의 기본 목표는 물류비용절감을 통한 효율성의 향상에만 있으므로 전체 물류시스템을 효율성 위주로 개편할 필요가 있다.

⑤ 물류아웃소싱의 목적은 기업 전체의 전략과 조화로워야 한다.

< 정답 ②, ④

7. 물류 아웃소싱과 제3자 물류

(1) 물류 아웃소싱

한 기업이 자사가 수행하는 다양한 경영활동 중 핵심역량을 지닌 분야에 기업의 인적 및 물적 자원을 집중시키고, 이외의 분야에 대해서는 기획에서부터 운영까지 일체를 해당 분야의 전문 업체에 위탁함으로써 기업의 경쟁력을 높이려는 전략을 의미한다.

(2) 물류 아웃소싱의 성공전략 ✓자주출제

① 고객서비스와 비용절감을 목적으로 기업의 전략과 일치해야 한다.

② 최고경영자(CEO)의 관심과 지원이 필요하다.

③ 현재와 미래의 고객 만족에 목표를 둔다.

④ 지출되는 물류비용을 정확히 파악하여 아웃소싱 시 비용절감효과를 측정해야 한다.

⑤ 적절한 인력관리로 사기저하를 방지해야 한다.

(3) 아웃소싱의 효과 ✓자주출제

① 물류 공동화와 물류 표준화가 가능하다.

② 제조업체가 물류 아웃소싱을 추구할 때, 그 업체는 전문화의 이점을 살려 고객욕구의 변화에 대응하여 주력사업에 집중할 수 있다.

③ 물류시설 및 장비를 이중으로 투자하는 데 따르는 투자위험의 회피가 가능하다.

④ 기업의 경쟁우위 확보 및 사회적 비용의 절감과 국가경쟁력 강화에 이바지할 수 있다.

(4) 제3자 물류(3PL) ✓자주출제

① 제3자 물류(3PL, TPL : Third Party Logistics) : 제3자는 물류경로 내의 다른 주체와 일시적이거나 장기적인 관계를 가지고 있는 물류경로 내의 대행자 또는 매개자를 의미하며, 제3자 물류는 화주와 단일(혹은 복수)의 제3자가 일정기간 동안 일정한 비용으로 일정한 서비스를 상호 합의하에 수행하는 것을 의미한다.

② 제3자 물류와 물류 아웃소싱의 차이

구분	제3자 물류	물류 아웃소싱
화주와의 관계	전략적 제휴, 계약기반	수발주 관계, 거래기반
관계의 특징	협력적 관계	일시적 관계
서비스의 범위	종합 물류 서비스 지향	수송, 보관 등 기능별 서비스 지향
정보 공유	필수적	불필요
도입결정 권한	최고 경영자	중간 관리자
도입방법	경쟁계약	수의 계약
관리형태	통합관리형	분산관리형
운영기간	중·장기	단기, 일시
자산특성	무자산형 가능	자산소유 필수

③ 제3자 물류 도입의 기대효과

　㉠ 물류산업의 합리화에 의한 물류비용의 절감

　㉡ 종합 물류서비스의 활성화

　㉢ 고품질 물류서비스의 제공으로 화주기업의 경쟁력 강화

　㉣ 공급사슬관리의 도입, 확산의 촉진

④ 화주기업과 제3자 물류업체 사이의 관계개선 방안

　㉠ 물류업무에 관한 협력(collaboration)

　㉡ 전략적 제휴에 의한 파트너십 구축

　㉢ 주력부문에 특화된 차별화를 통한 경쟁우위 확보

　㉣ 물류아웃소싱을 탄력적으로 선별할 수 있는 화주기업의 능력배양

(5) 제4자 물류

① 제4자 물류 : 다양한 조직들의 효과적인 연결을 목적으로 하는 통합체로 공급사슬의 모든 활동과 계획 및 관리를 전담한다는 의미를 지니고 있다. 즉, 제4자 물류서비스 공급자는 광범위한 공급사슬의 조직을 관리하고 기술, 능력, 정보기술, 자료 등을 관리하는 공급사슬 통합자이다. 제3자 물류가 일반적으로 받아들여지고 있지만 제4자 물류가 점차 확산되고 있다.

② 제4자 물류의 특징

　㉠ 제4자 물류는 제3자 물류보다 범위가 넓은 공급사슬 역할을 담당한다.

　㉡ 제4자 물류는 전체적인 공급사슬에 영향을 주는 능력을 통하여 가치를 증식시킨다.

기출PLUS

기출 2022년 2회

기업이 물류부문의 아웃소싱을 통해 얻을 수 있는 편익에 대한 설명으로 가장 옳지 않은 것은?

① 비용 절감
② 물류서비스 수준 향상
③ 외주 물류기능에 대한 통제력 강화
④ 핵심부분에 대한 집중력 강화
⑤ 물류 전문 인력 활용

< 정답 ③

공급사슬관리(SCM)의 효과를 제대로 발휘하고 충족시키기 위한 기본 요건으로 옳지 않은 것은?

① 공급체인 구성원은 경쟁관계에서 동반관계로 전환해야 한다.
② 수요기업과 공급기업 간의 진실한 협력(true-collaborative) 체제가 이루어져야 한다.
③ 소매업체와 제조업체 간 협력과 원활한 커뮤니케이션이 이루어져야 한다.
④ 물류활동의 통합을 위해, 체인 내의 파트너들이 수요, 판매, 재고, 수송 등의 자료를 공유해야 한다.
⑤ 전사적자원관리(ERP), 고객관계관리(CRM) 등의 통합정보시스템 지원은 필수적인 것은 아니다.

채찍효과(bullwhip effect)를 줄일 수 있는 대안으로 가장 옳지 않은 것은?

① 지나치게 잦은 할인행사를 지양한다.
② S&OP(Sales and Operations Planning)를 활용한다.
③ 공급체인에 소속된 각 주체들이 수요 정보를 공유한다.
④ 항시저가정책을 활용해서 수요 변동의 폭을 줄인다.
⑤ 공급체인의 각 단계에서 독립적인 수요예측을 통해 정확성과 효율성을 높인다.

〈 정답 ⑤, ⑤

참고 택배운송

㉠ 택배는 운송물을 고객의 주택, 사무실 또는 기타의 장소에서 수탁하여 수하인의 주택, 사무실 또는 기타의 장소까지 운송하여 인도하는 것
㉡ 일반적으로 소형, 소량화물의 배송에 적합한 운송체제
㉢ 원칙적으로 화물운송 전 과정에 걸쳐 운송인이 일관적으로 책임을 부담
㉣ 택배운송은 도시 간 간선운송과 도시 내 집배송, 지선배송을 연계시키는 운송
㉤ 택배운송업의 집배송 차량이 도시 내에서 화물을 집화 하고 배송하기 위해서는 도심 내 권역별 화물터미널의 확보를 통한 서비스 네트워크 구축이 필요

8. 글로벌 로지스틱스

(1) 글로벌 로지스틱스

원료의 조달에서부터 생산 및 가공활동, 판매 활동이 2개국 이상에서 일어나는 것이며, 세계적으로 분산된 거점들을 효과적으로 네트워크화하여 원재료·부품·완제품의 물자 흐름을 효율화하고 지속적으로 관리하는 것을 말한다.

(2) 글로벌 로지스틱스의 목적

적절한 물품을 적절한 품질과 적절한 양으로 적절한 시기에 적절한 장소로 신속하게 이동시키는 것을 목적으로 한다.

(3) 글로벌 로지스틱스의 특징

① 장거리 시스템
② 로지스틱스 환경과 활동의 다양성
③ 서류처리의 양과 복잡성 증가
④ 문화의 중요성

기출 & 예상문제

01 두 가지 이상의 운송 수단을 활용하는 복합운송의 결합형태 중 화물차량과 철도를 이용하는 시스템으로 옳은 것은?

① 버디백 시스템(Birdy Back System)　　　② 피기백 시스템(Piggy Back System)

③ 피시백 시스템(Fishy Back System)　　　④ 스카이쉽 시스템(Sky-Ship System)

⑤ 트레인쉽 시스템(Train-Ship System)

> **TIPS!**
> ② 피기백 시스템이란 어부바의 영어단어인 'Piggyback'에 'System'을 붙인 것이다. 돼지가 새끼를 등에 태우고 다닌다는 의미로, 컨테이너를 적재한 트레일러나 트럭, 선박에 실린 화물을 철도 화차에 실어 수송하는 복합 수송의 한 방법을 말한다.
> ① 트럭+항공기　　③ 트럭+선박
> ④ 선박+항공기　　⑤ 선박+철도

02 제3자물류가 제공하는 혜택으로 옳지 않은 것은?

① 여러 기업들의 독자적인 물류업무 수행으로 인한 중복투자 등 사회적 낭비를 방지할 뿐만 아니라 수탁업체들의 경쟁을 통해 물류효율을 향상시킬 수 있다.

② 유통 등 물류를 아웃소싱함으로써 리드타임의 증가와 비용의 절감을 통해 고객만족을 높여 기업의 가치를 높일 수 있다.

③ 기업들은 핵심부문에 집중하고 물류를 전문업체에 아웃소싱하여 규모의 경제 등 전문화 및 분업화 효과를 극대화할 수 있다.

④ 아웃소싱을 통해 제조·유통업체는 자본비용 및 인건비 등이 절감되고, 물류업체는 규모의 경제를 통해 화주기업의 비용을 절감해 준다.

⑤ 경쟁력 강화를 위해 IT 및 수송 등 전문업체의 네트워크를 활용하여 비용절감 및 고객서비스를 향상시킬 수 있다.

> **TIPS!**
> ② 제3자 물류(3PL · Third Party Logistics)란 생산단계에서부터 소비 및 그 이용의 단계에 이르기까지 재화의 취급을 관리하는 물류 활동을 제3자에게 위탁하는 것을 의미한다. 리드타임 증가와 비용 절감 효과는 뛰어나지만 제3자 물류업체들이 고객들을 만족시킬만한 물류서비스를 제공하기는 쉽지 않다.

Answer 01.② 02.②

03 아래 글상자에 제시된 내용을 활용하여 경제적주문량을 고려한 연간 총재고비용을 구하라. (기준 : 총재고비용 = 주문비 + 재고유지비)

연간 부품 수요량 : 1,000개
1회 주문비 : 200원
단위당 재고 유지비 : 40원

---

① 500원

② 1,000원

③ 2,000원

④ 3,000원

⑤ 4,000원

TIPS!

경제적 주문량(EOQ) $= \sqrt{20D/C} = \sqrt{(2 \times 1,000 \times 200)/40} = 100$

재고비용(TC) $= O \times (D/Q) + C(Q/2) = 200 \times (1,000/100) + 40(100/2) = 4,000$

04 자사가 소유한 자가창고와 도, 소매상이나 제조업자가 임대한 영업창고를 비교한 설명으로 가장 옳지 않은 것은?

① 충분한 물량이 아니라면 자가 창고 이용 비용이 저렴하지 않은 경우도 있다.

② 자가 창고의 경우 기술적 진부화에 따른 위험이 있다.

③ 영업창고를 이용하면 특정지역의 경우 세금혜택을 받는 경우도 있다.

④ 영업창고를 이용하는 경우 초기투자비용이 높은 것이 단점이다.

⑤ 영업창고의 경우 여러 고객을 상대로 하므로 규모의 경제가 가능하다.

TIPS!

영업창고의 장단점
㉠ 장점
• 언제 어디서나 필요한 공간을 이용할 수 있다.
• 전문업자가 운영하여 안정적이다.
• 보상제도가 확립되어 재고에 의한 손실이 적다.
• 상품의 수요변동에 대한 대응이 용이하다.
• 창고에 대한 투자비용을 절감할 수 있다.
㉡ 단점
• 철저한 고객서비스가 어렵다.
• 화주의 상품기밀유지가 어렵다.
• 작업시간의 탄력성이 적다.
• 자사에 맞는 시설 변경이 어렵다.

Answer 03.⑤ 04.④

05 물류활동에 관련된 내용으로 옳지 않은 것은?

① 반품물류 : 애초에 물품 반환, 반품의 소지를 없애기 위한 전사적 차원에서 고객요구를 파악하는 것이 중요하다.

② 생산물류 : 작업교체나 생산사이클을 단축하고 생산평준화 등을 고려한다.

③ 조달물류 : 수송루트 최적화, JIT납품, 공차율 최대화 등을 고려한다.

④ 판매물류 : 수배송효율화, 신선식품의 경우 콜드체인화, 공동물류센터 구축 등을 고려한다.

⑤ 폐기물류 : 파손, 진부화 등으로 제품, 용기 등이 기능을 수행할 수 없는 상황이거나 기능수행 후 소멸되어야 하는 상황일 때 그것들을 폐기하는데 관련된 물류활동이다.

 **TIPS!**

③ 조달물류는 물류의 시발점으로서 원자재, 부품 등을 외부 조달처에서 구매처인 생산업체 자재창고에 보관, 관리 후 생산공정에 투입되기 직전까지의 모든 물류활동을 말한다.

06 다음 중 제 4자 물류에 관한 설명으로 바르지 않은 것은?

① 앤더슨 컨설팅에 따르면 4PL은 "하주기업에게 포괄적인 공급사슬 솔루션을 제공하기 위해, 물류서비스 제공기업이 자사의 부족한 부문을 보완할 수 있는 타사의 경영자원, 능력 및 기술과 연계하여 보다 완전한 공급사슬 솔루션을 제공하는 공급사슬 통합자"라고 정의한다.

② 4PL은 공급사슬의 모든 활동과 계획 및 관리를 전담한다는 의미를 지니고 있다.

③ 4PL 성공의 핵심은 고객에게 제공되는 서비스를 극대화하는 것이라 할 수 있다.

④ 4PL은 전체적인 공급사슬에 영향을 주는 능력을 통해 가치를 증식시킨다.

⑤ 4PL은 3PL보다 범위가 좁은 공급사슬 역할을 담당한다.

TIPS!

4PL은 3PL보다 범위가 넓은 공급사슬 역할을 담당한다.

Answer 05.③ 06.⑤

07 아래 글상자는 포장설계의 방법 중 집합포장에 대한 설명이다. ㉠과 ㉡에서 설명하는 용어로 가장 옳은 것은?

> ㉠ 수축 필름의 열수축력을 이용하여 팔레트와 그 위에 적재된 포장화물을 집합포장하는 방법
> ㉡ 주로 생선, 식품, 첨과물 등을 1개 또는 복수로 트레이에 올려 그 주위를 끌어당기면서 엷은 필름으로 덮어 포장하는 방법

① ㉠ 밴드결속, ㉡ 테이핑   ② ㉠ 테이핑, ㉡ 슬리브

③ ㉠ 쉬링크, ㉡ 스트레치   ④ ㉠ 꺽쇠 · 물림쇠, ㉡ 골판지상자

⑤ ㉠ 접착, ㉡ 슬리브

> **⚡ TIPS!**
> • 밴드결속 : 상자나 물체에 밴드를 둘러 결속 포장하는 공구를 말한다.
> • 테이핑 : 용기표면에 접착테이프 등을 사용하여 집합포장하는 방법을 말한다.
> • 슬리브 : 보통 필름으로 슬리브를 만들어 수직 4면을 감싸는 방법이다.
> • 꺽쇠 · 물림쇠 : 주로 칸막이 상자 등에서 고정되도록 꺽쇠 또는 물림쇠를 박는 방법이다.
> • 골판지 상자 : 작은 부품 등을 내부 칸막이로 된 골판지 상자에 넣고 바깥쪽을 밴드로 묶어 팔레트와 일치가 되게 한다.
> • 접착 : 풀이나 접착 테이프 등의 접착제를 이용하는 방법으로 수평 방향에 강하나 수직 방향에는 약하다.

08 제3자 물류에 대한 설명으로 가장 옳은 것은?

① 거래기반의 수발주관계

② 운송, 보관 등 물류기능별 서비스 지향

③ 일회성 거래관계

④ 종합물류서비스 지향

⑤ 정보공유 불필요

> **⚡ TIPS!**
> ④ 물류업이란 하주기업이 고객서비스의 향상, 물류관련비용의 절감, 그리고 물류활동에 대한 운영효율의 향상 등을 목적으로 공급체인의 전체 혹은 일부를 특정 물류전문업체에게 위탁하는 것을 말한다.

Answer 07.③ 08.④

09 도·소매 물류를 7R을 활용하여 효과적으로 관리하는 방법에 대한 설명으로 가장 옳지 않은 것은?

① 적절한 품질의 제품을 적시에 제공해야 한다.

② 최고의 제품을 저렴한 가격으로 제공해야 한다.

③ 좋은 인상으로 원하는 장소에 제공해야 한다.

④ 적정한 제품을 적절한 양으로 제공해야 한다.

⑤ 적시에 원하는 장소에 제공해야 한다.

> **TIPS!**
>
> 7R의 원칙
> ㉠ Right Commodity : 적절한 상품
> ㉡ Right Quantity : 적량
> ㉢ Right Quality : 적절한 품질
> ㉣ Right Time : 적시
> ㉤ Right Price : 적정 가격
> ㉥ Right Impression : 좋은 인상
> ㉦ Right Place : 원하는 장소

10 보관 효율화를 위한 기본적인 원칙과 관련된 설명으로 가장 옳지 않은 것은?

① 위치표시의 원칙 – 물품이 보관된 장소와 랙 번호 등을 표시함으로써 보관업무의 효율을 기한다.

② 중량특성의 원칙 – 물품의 중량에 따라 보관 장소의 높낮이를 결정한다.

③ 명료성의 원칙 – 보관된 물품을 시각적으로 용이하게 식별할 수 있도록 보관한다.

④ 회전대응 보관의 원칙 – 물품의 입출고 빈도에 따라 장소를 달리해서 보관한다.

⑤ 통로대면보관의 원칙 – 유사한 물품끼리 인접해서 보관한다.

> **TIPS!**
>
> ⑤ 물품의 창고 내 입고와 출고를 용이하게 하고 창고 내의 원활한 화물 흐름과 활성화를 위하여 통로면에 보관한다.

11 제품의 연간 수요량은 4,500개이고 단위당 원가는 100원이다. 또한 1회 주문비용은 40원이며 평균재고유지비는 원가의 25%를 차지한다. 이 경우 경제적 주문량(EOQ)으로 가장 옳은 것은?

① 100단위
② 110단위
③ 120단위
④ 1,000단위
⑤ 1,200단위

>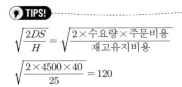
> $$\sqrt{\frac{2DS}{H}} = \sqrt{\frac{2 \times 수요량 \times 주문비용}{재고유지비용}}$$
> $$\sqrt{\frac{2 \times 4500 \times 40}{25}} = 120$$

12 다음 중 기업물류의 역할에 해당하지 않는 것은?

① 제3이윤으로서의 물류 인식
② 재고량의 삭감
③ 적정 재고량 유지에 기여
④ 물류판매의 기능 촉진
⑤ 고객욕구의 다양화

>
> 기업물류의 역할로는 제3이윤으로서의 물류 인식, 재고량의 삭감, 적정 재고량 유지에 기여, 물류판매의 기능 촉진 등이 있으며, ⑤번은 기업물류의 중요성에 해당한다.

13 다음 중 공동수배송의 효과에 대한 설명 중 화주 측면에서의 효과로 보기 어려운 것은?

① 검사 등 일선업무의 효율화
② 영업활동의 효율화
③ 교통량의 감소로 환경보전
④ 차량 및 시설투자 증가의 억제
⑤ 수·배송 업무의 효율화

>
> 화주 측면에서의 효과로는 ②③④⑤ 외에도 운송횟수감소로 인한 배송비용의 절감 등이 있다.
> ① 고객측면에서의 효과이다.

Answer 11.③ 12.⑤ 13.①

14 고객 서비스의 요소 중 거래 후 요소에 해당하는 것들로만 바르게 모두 묶은 것을 고르면?

> ㉠ 배송의 신뢰성　　　　　　　　　㉡ 고객불만의 처리
> ㉢ 제품수명의 보증　　　　　　　　㉣ 주문의 편리성
> ㉤ 고객의 접근 용이성

① ㉠㉡　　　　　　　　　　　　　　　② ㉠㉤

③ ㉡㉢　　　　　　　　　　　　　　　④ ㉡㉣

⑤ ㉢㉤

TIPS!

고객서비스의 요소 중 거래 후 요소로는 설치, 수리, 서비스 부품, 고객 불만처리, 제품수명의 보증 등이 있으며, ㉠㉣은 거래 시 요소, ㉤은 거래 전 요소에 각각 해당한다.

15 다음 중 경제적주문량(EOQ)의 가정으로 옳지 않은 것은?

① 단위구입비용이 주문수량에 상관없이 일정하다.

② 계획기간 중 해당 품목의 수요량은 언제나 균등하며 알려져 있지 않다.

③ 주문량이 일시에 입고된다.

④ 조달기간이 없거나 일정하다.

⑤ 1회 주문비용이 수량에 상관없이 일정하다.

TIPS!

계획기간 중 해당 품목의 수요량은 언제나 균등하며 알려져 있다.

Answer 14.③ 15.②

16 다음 중 소화물 일괄운송의 등장배경에 해당하는 것들로만 바르게 짝지어진 것을 모두 고르면?

> ㉠ 전자상거래의 감소 ㉡ 다품종 소량생산
> ㉢ 물류의 합리화 ㉣ 물류환경의 변화
> ㉤ 다빈도 대량주문

① ㉠㉡㉢ ② ㉠㉣㉤
③ ㉡㉢㉣ ④ ㉡㉣㉤
⑤ ㉢㉣㉤

> **◆ TIPS!** ....
> 소화물 일관운송의 등장배경으로는 ㉡㉢㉣ 외에도 다 빈도 소량주문, 전자상거래의 확산 등이 있다.

17 다음은 소화물 일괄운송의 장점을 설명한 것이다. 괄호 안에 들어갈 말로 적절한 것을 고르면?

> (㉠)은/는 운송의 전체 과정을 특정한 업체가 처리함으로써 물품의 분실 및 훼손 등의 위험을 최소화 할 수 있으며, (㉡)은/는 교통비, 잡화비, 인건비, 출장비 등의 제반비용을 최소화 할 수 있고, (㉢)은/는 발송된 물품이 배송되는 즉시 송장에 배달시간, 인수인 등이 기재되고 별도로 관리되므로 언제라도 확인이 가능하다.

① ㉠ 안전성 ㉡ 경제성 ㉢ 확실성
② ㉠ 안전성 ㉡ 편리성 ㉢ 경제성
③ ㉠ 경제성 ㉡ 신속성 ㉢ 확실성
④ ㉠ 경제성 ㉡ 안전성 ㉢ 신속성
⑤ ㉠ 확실성 ㉡ 안전성 ㉢ 편리성

> **◆ TIPS!** ....
> 안전성은 운송의 전체 과정을 특정한 업체가 처리함으로써 물품의 분실 및 훼손 등의 위험을 최소화 할 수 있으며, 경제성은 교통비, 잡화비, 인건비, 출장비 등의 제반비용을 최소화 할 수 있고, 확실성은 발송된 물품이 배송되는 즉시 송장에 배달시간, 인수인 등이 기재되고 별도로 관리되므로 언제라도 확인이 가능하다.

Answer 16.③ 17.①

18 아래의 그림은 자동발주시스템에 대한 내용이다. 이와 관련하여 자동발주시스템에 대한 설명으로 가장 옳지 않은 것을 고르면?

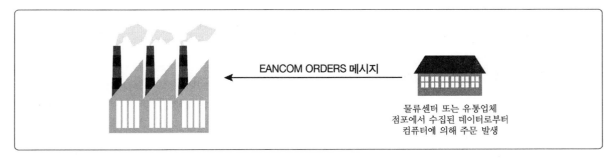

① 컴퓨터나 통신회선을 이용하여 발주정보를 수집하는 장치이다.
② 점포마다 상품의 보충 발주업무를 치르기 위해 사용하는 경우가 많다.
③ 자동발주시스템의 목적으로는 저렴한 제품의 확보, 빠른 유통경로의 확립 등이 있다.
④ 발주업무의 생력화·스피드화 등에 효과가 크다.
⑤ 본부의 주 컴퓨터와 메이커의 컴퓨터를 연동시키면 더욱 앞선 자동 발주 시스템이 된다.

 **TIPS!**
자동발주시스템의 목적은 제품의 품절 예방, 재고의 적정화 등이 있다.

19 다음의 내용이 설명하는 것으로 옳은 것은?

(   )에서 중점을 두어야 할 것으로는 사내 파렛트 풀 결성 등 물류 단위화, 포장의 모듈화·간이화·기계화, 하역의 기계화·자동화 등이 있으며, 합리화 과제로는 물류센터의 입지와 규모의 결정, 적정 서비스 수준과 적정재고의 유지, 수·배송 정책의 결정 등이 있다.

① 폐기물류   ② 조달물류
③ 역물류   ④ 판매물류
⑤ 생산물류

TIPS!
판매물류는 물류의 최종단계로서 제품을 고객에게 전달하는 일체의 활동, 즉 물류센터의 운용(보관·하역 포함), 제품의 수·배송 정보 네트워크의 운용 등이 그 관리대상이 된다.

20 다음 중 자동발주시스템을 시행해야 하는 이유로서 가장 거리가 먼 것은?

① 중간상 니즈를 맞춤으로써 중간상에 대한 신뢰의 향상
② 주문서 처리에러의 감소
③ 제조업체 및 유통업체 간 분쟁의 감소
④ 원활한 제품의 배송
⑤ 소비자 행동에 대한 데이터베이스의 구축

21 다음 중 RFID에 대한 내용으로 가장 옳지 않은 것을 고르면?

① RFID는 완제품의 상태로 공장 문 밖을 나가 슈퍼마켓 진열장에 전시되는 전 과정의 추적이 가능하다.
② RFID는 소비자가 이 태그를 부착한 물건을 고르면 대금이 자동 결제되는 것은 물론이고 재고 및 소비자 취향관리까지도 포괄적으로 이뤄진다.
③ RFID는 대형 할인점에 적용될 경우 계산대를 통과하자마자 물건가격이 집계되어 시간을 대폭 절약할 수 있다.
④ RFID에서 RF판독기는 1초에 수백 개까지 RF태그가 부착된 제품의 데이터를 읽을 수 있다.
⑤ RFID는 물품에 붙이는 전자태그에 생산, 수·배송, 보관, 판매, 소비의 전 과정에 관한 정보를 담고 있지만, 자체 안테나를 통해 리더로 하여금 정보를 읽고, 인공위성이나 이동통신망과 연계하여 정보를 활용하지는 못하는 기술이다

Answer 20.① 21.⑤

22 다음 중 LAN에 대한 내용으로 가장 옳지 않은 것을 고르면?

① 저속의 데이터 채널을 구성함으로써 전송로의 효율성을 높인다.
② 멀티미디어 기기를 유기적으로 연결하여 다량의 각종 정보를 신속하게 교환하는 통신망이다.
③ 사무자동화, 공장자동화 등 여러 분야로의 활용이 가능하다.
④ 상대적으로 좁은 지역 내에서 분산된 여러 장치들을 연결하여 정보를 공유하거나 상호 교환한다.
⑤ 기존의 통신망 및 다른 시스템과의 연결을 통하여 ISDN의 일부분이 된다.

LAN(Local Area Network)은 고속데이터 채널을 구성함으로써 전송로의 효율성을 높인다.

23 다음 중 제3자 물류에 관한 설명으로 바르지 않은 것은?

① 화주와의 관계는 계약기반, 전략적 제휴를 따르고 있다.
② 도입에 있어서의 결정 권한은 최고경영자에게 있다.
③ 운영기간은 단기적이고 일시적이다.
④ 서비스의 범위는 종합 물류서비스를 지향한다.
⑤ 통합관리형태를 띠고 있다.

제3자 물류의 운영기간은 중장기적이다.

24 다음 중 물류의 7R로 바르지 않은 것은?

① 적정한 내용
② 적정한 가격
③ 적정한 제품
④ 적정한 인상
⑤ 적정한 품질

✦ TIPS! --

물류의 7R은 다음과 같다.
• 적정한 제품(Right Commodity)
• 적당한 가격(Right Price)
• 적절한 품질(Right Quality)
• 적절한 양(Right Quantity)
• 적절한 인상(Right Impression),
• 적시에(Right Time)
• 원하는 장소(Right Place)

25 다음 중 물류비의 절감방안에 해당하는 것끼리 바르게 묶인 것은?

㉠ 물류경로의 단축	㉡ 중간상 마진의 최대화
㉢ 공급자의 원재료 확보	㉣ 재고량의 적정화
㉤ 수송로트의 감소	㉥ 물류작업의 생력화

① ㉠㉡㉥
② ㉠㉣㉥
③ ㉡㉣㉥
④ ㉢㉤㉥
⑤ ㉢㉣㉥

✦ TIPS! --
물류비의 절감방안으로는 물류경로의 단축, 재고량의 적정화, 수송로트의 확대, 물류작업의 생력화 등이 있다.

Answer 24.① 25.②

26 다음 괄호 안에 들어갈 말을 순서대로 바르게 나열한 것을 고르면?

구분	제3자 물류	물류 아웃소싱
화주와의 관계	전략적 제휴, 계약기반	수 · 발주관계, 거래기반
관계의 특징	협력적 관계	일시적 관계
서비스의 범의	종합 물류 서비스 지향	수송, 보관 등 기능별 서비스 지향
정보 공유	(㉠)	(㉡)
도입결정 권한	최고 경영자	중간 관리자
도입방법	경쟁계약	수의 계약
관리형태	통합관리형	분산관리형
운영기간	중 · 장기	단기, 일시
자산특성	무자산형 가능	자산소유 필수

① ㉠ 필수적, ㉡ 필수적
② ㉠ 불필요, ㉡ 불필요
③ ㉠ 필수적, ㉡ 불필요
④ ㉠ 불필요, ㉡ 필수적
⑤ ㉠ 중간, ㉡ 중간

⊛ TIPS!

제3자 물류와 물류 아웃소싱의 차이

구분	제3자 물류	물류 아웃소싱
화주와의 관계	전략적 제휴, 계약기반	수 · 발주관계, 거래기반
관계의 특징	협력적 관계	일시적 관계
서비스의 범의	종합 물류 서비스 지향	수송, 보관 등 기능별 서비스 지향
정보 공유	필수적	불필요
도입결정 권한	최고 경영자	중간 관리자
도입방법	경쟁계약	수의 계약
관리형태	통합관리형	분산관리형
운영기간	중 · 장기	단기, 일시
자산특성	무자산형 가능	자산소유 필수

Answer 26.③

05 유통기업의 윤리와 법규

기출 PLUS

기출 2018년 2회

기업이 고려해야 할 사회적 책임은 그 대상에 따라 기업의 유지, 발전에 대한 책임과 이해관계자에 대한 책임으로 나눌 수 있다. 이해관계자에 대한 책임에 해당되지 않는 것은?

① 주주에 대한 책임
② 종업원에 대한 책임
③ 경쟁사에 대한 책임
④ 소비자에 대한 책임
⑤ 정부에 대한 책임

기출 2020년 2회

아래 글상자의 비윤리적인 행위와 관련된 내용으로 옳지 않은 것은?

┌ 보기 ┐
정보비대칭에 있는 상황에서 한 경제주체가 다른 경제주체에 대해 이익을 가로채거나 비용을 전가 시키는 행위를 말한다.
└─────┘

① 보험가입자가 보험에 가입한 후 고의 또는 부주의로 사고 가능성을 높여 보험금을 많이 받아내서 보험회사에게 피해를 줌
② 자신이 소속된 공기업이 고객만족도 내부조작을 하였다는 사실을 감사원에 제보함
③ 대리인 경영자가 주주의 이익보다는 자신의 이익을 도모하는 방향으로 내린 의사결정
④ 채권자에게 기업의 재정 상태나 경영 실적을 실제보다 좋게 보이게 할 목적으로 기업이 분식회계를 진행함
⑤ 재무회계팀 팀장이 기업의 결산보고서를 확인하고 공식적으로 발표되기 전에 자사 주식을 대량 매수함

◀ 정답 ③, ②

---

section **1** 기업윤리의 기본개념

1. 기업윤리의 기본개념

기업윤리는 기업경영이라는 상황에서 나타나는 행동이나 태도의 옳고 그름을 체계적으로 구분하는 판단기준이다.

> **참고** 기업윤리 관련 문제
>
> **주인 및 대리인 문제**
>
> 대리인이 사용자를 위해 어떤 업무를 수행할 때 발생하는 문제로서 일반적으로 대리인은 사용자가 원하는 수준만큼 일하지 않은 경향뿐만 아니라 대리인이 사용자의 의도를 충분히 파악하고 실천하지 못한다는 점을 설명하고 있다. 전형적인 예로서 고용계약을 들 수 있다. 이때 고용주는 사용자로, 근로자는 대리인으로 생각할 수 있다.
>
> **도덕적 해이(Moral Hazard)**
>
> 정보의 비대칭성 현상을 설명할 수 있는 하나의 예로서 도덕적 해이가 있다. 기업 조직의 법적인 형태가 주식회사인 경우 주식을 소유하지 않은 전문경영인이 주주들의 이익에 반하는 조직 및 경영관리를 행하는 것을 방지하는 방법으로 감시 및 감독의 강화, 높은 임금의 지급, 보수의 지급시기 조정 등이 있다.

2. 기업의 사회적 책임과 기업윤리 프로그램 관리

(1) 기업의 사회적 책임(CSR : Corporate Social Responsibility) ✓자주출제

① **사회적 책임** : 예측적이고 적극적이며 사전 예방행동까지 포함한 개념이다

② **사회적 의무** : 기업의 법적 · 경제적 책임감을 반영한 기업의 행동이다.

③ **사회적 반응** : 조직의 행동에 직접 이해관계가 있는 집단이 요구하는 행동이다. 사회의 규범, 가치관, 기대 등에 대응하는 것을 의미한다.

(2) 기업윤리 프로그램 관리체제

최고경영자의 확신	최고경영자가 기업윤리 수준 향상의 필요성을 느끼고, 윤리 수준을 향상시키는 것이 기업을 위해 꼭 필요하다는 것을 인식하여야 한다.
기업윤리의 제정	최고경영자의 확신을 기업윤리헌장, 기업윤리강령, 종업원 행동준칙 등의 형태로 구체적, 공식적으로 회사 내·외부에 공표 하여야 한다.
경영계획에 윤리 포함	행동준칙이나 윤리강령을 종업원이 지킬 수 있도록 전략목표의 수립이나 경영계획 또는 인적자원관리 등에 윤리를 포함시켜야 한다.
윤리교육과 윤리의 기업문화화	경영계획에 윤리를 포함시킴과 동시에 사내의 구성원들에게 윤리교육을 시키고, 신입사원의 채용에도 반영하여야 한다. 이와 함께 평상시에도 기업윤리가 기업문화로 정착될 수 있도록 하여야 한다.
윤리담당조직과 윤리감사	종업원 활동의 윤리문제에 대한 조언을 하고, 윤리 프로그램을 실행에 옮기며 윤리감사를 실시할 수 있도록 윤리담당부서를 설치하고 윤리담당 임원을 임명하는 것이 바람직하다.
대내외 홍보	이러한 내용을 대외적으로 홍보하여 윤리 프로그램이 기업 활동의 일부분이라는 것을 확인하여야 한다. 이러한 홍보는 기업 내의 윤리 활동을 강화 및 유지시키는 효과가 있다.
평가와 통제	마지막으로 윤리감사 결과와 윤리 프로그램의 실행결과를 평가하고, 필요한 경우 윤리 프로그램을 수정하고 앞으로의 집행관계를 조정하여야 한다.

3. 기업환경의 변화와 기업윤리

(1) 기업지배구조에 대한 인식의 변화

① 내부거래, 불법대출, 부실경영 등의 문제에 대한 사회적 인식이 높아지면서 기업윤리에 대한 관심이 증대되고 있다

② 주주와 경영진에 의한 기업지배구조가 소액주주와 사회에 부정적인 영향을 미치는 일이 자주 발생하였다.

(2) 삶을 중시하는 경향

삶의 질에 대해 종업원들의 관심이 높아지는 경향에 대비하려면 기업윤리 수준의 향상이 필수적이라는 것을 기업들이 인식하기 시작하였다.

(3) 여러 가지 대내 환경의 변화

기업의 비윤리적 행위로 인한 막대한 배상금 지급, 여론과 시민단체의 영향력 증대, 기업 스스로의 각성 등으로 기업윤리가 중요하다는 것을 인식하기 시작하였다.

4. 시장구조와 윤리

기업윤리의 제도화라는 측면에서 지배관계 자체를 일종의 갈등구조로 환언해서 볼 때 갈등조정의 문제가 생긴다. 그러므로 앞으로 갈등관계의 개선을 위해 이해관계자 집단과의 갈등 조화가 필요하다.

section 2 유통관련법규

1. 유통산업발전법(2023.6.28. 시행) ✅자주출제

(1) 유통산업발전법

이 법은 유통산업의 효율적인 진흥과 균형 있는 발전을 꾀하고, 건전한 상거래질서를 세움으로써 소비자를 보호하고 국민경제의 발전에 이바지함을 목적으로 제정된 법률이다. 거시적으로 유통산업발전법은 유통산업에 대한 지원을 확대하여 경영여건을 개선하고, 유통산업에 대한 규제를 완화하여 경쟁력을 강화하며, 유통산업의 대다수를 차지하는 중소유통기업의 자생적인 경쟁력 강화 노력을 지원함으로써 급속한 유통환경변화에 대처하고 지속적으로 발전하는 기반을 구축하는 것을 목적으로 한다.

(2) 자주 나오는 용어

① "유통산업"이란 농산물 · 임산물 · 축산물 · 수산물(가공물 및 조리물을 포함한다) 및 공산품의 도매 · 소매 및 이를 경영하기 위한 보관 · 배송 · 포장과 이와 관련된 정보 · 용역의 제공 등을 목적으로 하는 산업을 말한다.

② "매장"이란 상품의 판매와 이를 지원하는 용역의 제공에 직접 사용되는 장소를 말한다. 이 경우 매장에 포함되는 용역의 제공 장소의 범위는 대통령령으로 정한다.

기출 2022년 1회

"유통산업발전법"(시행 2021.1.1., 법률 제17761호, 2020.12.29., 타법개정)상 유통정보화시책의 내용으로 옳지 않은 것은?

① 유통표준코드의 보급
② 유통표준전자문서의 보급
③ 판매시점 정보관리시스템의 보급
④ 유통산업에 종사하는 사람의 자질 향상을 위한 교육 · 연수
⑤ 점포관리의 효율화를 위한 재고관리시스템 · 매장관리시스템 등의 보급

❮정답 ④

③ "대규모점포"란 다음의 요건을 모두 갖춘 매장을 보유한 점포의 집단으로서 별 표에 규정된 것을 말한다.

    ㉠ 하나 또는 대통령령으로 정하는 둘 이상의 연접되어 있는 건물 안에 하나 또는 여러 개로 나누어 설치되는 매장일 것

    ㉡ 상시 운영되는 매장일 것

    ㉢ 매장면적의 합계가 3천 제곱미터 이상일 것

대규모 점포의 종류

구분	내용
대형마트	대통령령으로 정하는 용역의 제공장소를 제외한 매장면적의 합계가 3천 제곱미터 이상인 점포의 집단으로서 식품·가전 및 생활용품을 중심으로 점원의 도움 없이 소비자에게 소매하는 점포의 집단
전문점	용역의 제공장소를 제외한 매장면적의 합계가 3천 제곱미터 이상인 점포의 집단으로서 의류·가전 또는 가정용품 등 특정 품목에 특화한 점포의 집단
백화점	용역의 제공장소를 제외한 매장면적의 합계가 3천 제곱미터 이상인 점포의 집단으로서 다양한 상품을 구매할 수 있도록 현대적 판매시설과 소비자 편익시설이 설치된 점포로서 직영의 비율이 30퍼센트 이상인 점포의 집단
쇼핑센터	용역의 제공장소를 제외한 매장면적의 합계가 3천 제곱미터 이상인 점포의 집단으로서 다수의 대규모점포 또는 소매점포와 각종 편의시설이 일체적으로 설치된 점포로서 직영 또는 임대의 형태로 운영되는 점포의 집단
복합 쇼핑몰	용역의 제공장소를 제외한 매장면적의 합계가 3천 제곱미터 이상인 점포의 집단으로서 쇼핑, 오락 및 업무 기능 등이 한 곳에 집적되고, 문화·관광 시설로서의 역할을 하며, 1개의 업체가 개발·관리 및 운영하는 점포의 집단
그 밖의 대규모 점포	• 용역의 제공장소를 제외한 매장면적의 합계가 3천 제곱미터 이상인 점포의 집단 • 용역의 제공장소를 포함하여 매장면적의 합계가 3천 제곱미터 이상인 점포의 집단으로서 용역의 제공장소를 제외한 매장면적의 합계가 전체 매장면적의 100분의 50 이상을 차지하는 점포의 집단. 다만, 시장·군수 또는 구청장이 지역경제의 활성화를 위하여 필요하다고 인정하는 경우에는 매장면적의 100분의 10의 범위에서 용역의 제공장소를 제외한 매장의 면적 비율을 조정할 수 있다.

④ "준대규모점포"란 다음 각 목의 어느 하나에 해당하는 점포로서 대통령령으로 정하는 것을 말한다.

    ㉠ 대규모점포를 경영하는 회사 또는 그 계열회사(「독점규제 및 공정거래에 관한 법률」에 따른 계열회사를 말한다)가 직영하는 점포

기출PLUS

기출 2022년 2회

유통산업발전법(시행 2021.1.1., 법률 제17761호, 2020.12.29., 타법개정)에서 규정하고 있는 체인사업 중 아래 글상자에서 설명하고 있는 형태로 가장 옳은 것은?

┌ 보기 ─────────────
체인본부가 주로 소매점포를 직영하되, 가맹계약을 체결한 일부 소매점포에 대하여 상품의 공급 및 경영지도를 계속하는 형태의 체인사업
└───────────────

① 프랜차이즈형 체인사업
② 중소기업형 체인사업
③ 임의가맹점형 체인사업
④ 직영점형 체인사업
⑤ 조합형 체인사업

〈정답 ④

기출 2018년 2회

동일업종의 소매점들이 중소기업협동조합을 설립하여 공동 구매, 공동 판매, 공동시설활용 등 공동사업을 수행하는 체인사업은 무엇인가?

① 조합형 체인사업
② 임의가맹점형 체인사업
③ 프랜차이즈형 체인사업
④ 직영점형 체인사업
⑤ 자발적 체인(Voluntary chain) 사업

기출 2023년 제1회

유통산업발전법(법률 제18310호, 2021. 7.20. 타법개정)의거하여 아래 글상자 괄호 안에 공통적으로 들어갈 단어로 옳은 것은?

┌ 보기 ┐
• 무점포판매란 상시 운영되는 매장을 가진 점포를 두지 아니하고 상품을 판매하는 것으로서 ( )으로 정하는 것을 말한다.
• 유통표준코드란 상품, 상품포장, 포장용기 또는 운반용기의 표면에 표준화된 체계에 따라 표기된 숫자와 바코드 등으로서 ( )으로 정하는 것을 말한다.

① 대통령령
② 중소벤처기업부령
③ 과학기술정보통신부장관령
④ 산업통상자원부령
⑤ 국무총리령

< 정답 ①, ④

ⓛ 「독점규제 및 공정거래에 관한 법률」에 따른 상호출자제한기업집단의 계열회사가 직영하는 점포

ⓒ 가목 및 나목의 회사 또는 계열회사가 제6호가목에 따른 직영점형 체인사업 및 같은 호 나목에 따른 프랜차이즈형 체인사업의 형태로 운영하는 점포

⑤ "임시시장"이란 다수(多數)의 수요자와 공급자가 일정한 기간 동안 상품을 매매하거나 용역을 제공하는 일정한 장소를 말한다.

⑥ "체인사업"이란 같은 업종의 여러 소매점포를 직영하거나 같은 업종의 여러 소매점포에 대하여 계속적으로 경영을 지도하고 상품·원재료 또는 용역을 공급하는 사업을 말한다.

참고 체인사업의 구분 ✓자주출제

구분	내용
직영점형 체인사업	체인본부가 주로 소매점포를 직영하되, 가맹계약을 체결한 일부 소매점포(가맹점)에 대하여 상품의 공급 및 경영지도를 계속하는 형태의 체인사업
프랜차이즈형 체인사업	독자적인 상품 또는 판매·경영 기법을 개발한 체인본부가 상호·판매방법·매장운영 및 광고방법 등을 결정하고, 가맹점으로 하여금 그 결정과 지도에 따라 운영하도록 하는 형태의 체인사업
임의가맹점형 체인사업	체인본부의 계속적인 경영지도 및 체인본부와 가맹점 간의 협업에 의하여 가맹점의 취급품목·영업방식 등의 표준화사업과 공동구매·공동판매·공동시설활용 등 공동사업을 수행하는 형태의 체인사업
조합형 체인사업	같은 업종의 소매점들이 「중소기업협동조합법」에 따른 중소기업협동조합, 「협동조합 기본법」에 따른 협동조합, 협동조합연합회, 사회적협동조합 또는 사회적협동조합연합회를 설립하여 공동구매·공동판매·공동시설활용 등 사업을 수행하는 형태의 체인사업

⑦ "상점가"란 일정 범위의 가로(街路) 또는 지하도에 대통령령으로 정하는 수 이상의 도매점포·소매점포 또는 용역점포가 밀집하여 있는 지구를 말한다.

⑧ "전문상가단지"란 같은 업종을 경영하는 여러 도매업자 또는 소매업자가 일정 지역에 점포 및 부대시설 등을 집단으로 설치하여 만든 상가단지를 말한다.

⑨ "무점포판매"란 상시 운영되는 매장을 가진 점포를 두지 아니하고 상품을 판매하는 것으로서 산업통상자원부령으로 정하는 것을 말한다.

⑩ "유통표준코드"란 상품·상품포장·포장용기 또는 운반용기의 표면에 표준화된 체계에 따라 표기된 숫자와 바코드 등으로서 산업통상자원부령으로 정하는 것을 말한다.

⑪ "유통표준전자문서"란 「전자문서 및 전자거래 기본법」 제2조제1호에 따른 전자문서 중 유통부문에 관하여 표준화되어 있는 것으로서 산업통상자원부령으로 정하는 것을 말한다.

⑫ "판매시점 정보관리시스템"이란 상품을 판매할 때 활용하는 시스템으로서 광학적 자동판독방식에 따라 상품의 판매·매입 또는 배송 등에 관한 정보가 수록된 것을 말한다.

⑬ "물류설비"란 화물의 수송·포장·하역·운반과 이를 관리하는 물류정보처리활동에 사용되는 물품·기계·장치 등의 설비를 말한다.

⑭ "도매배송서비스"란 집배송시설을 이용하여 자기의 계산으로 매입한 상품을 도매하거나 위탁받은 상품을 「화물자동차 운수사업법」 제3조 및 제29조에 따른 허가를 받은 자가 수수료를 받고 도매점포 또는 소매점포에 공급하는 것을 말한다.

⑮ "집배송시설"이란 상품의 주문처리·재고관리·수송·보관·하역·포장·가공 등 집하(集荷) 및 배송에 관한 활동과 이를 유기적으로 조정하거나 지원하는 정보처리활동에 사용되는 기계·장치 등의 일련의 시설을 말한다.

⑯ "공동집배송센터"란 여러 유통사업자 또는 제조업자가 공동으로 사용할 수 있도록 집배송시설 및 부대업무시설이 설치되어 있는 지역 및 시설물을 말한다.

2. 전자문서 및 전자거래 기본법(2022.10.20. 시행)

(1) 목적

전자문서 및 전자거래의 법률관계를 명확히 하고 전자문서 및 전자거래의 안전성과 신뢰성을 확보하며 그 이용을 촉진할 수 있는 기반을 조성함으로써 국민경제의 발전에 이바지함을 목적으로 한다.

(2) 자주 나오는 용어

① "전자문서"란 정보처리시스템에 의하여 전자적 형태로 작성·변환되거나 송신·수신 또는 저장된 정보를 말한다.

② "정보처리시스템"이란 전자문서의 작성·변환, 송신·수신 또는 저장을 위하여 이용되는 정보처리능력을 가진 전자적 장치 또는 체계를 말한다.

③ "작성자"란 전자문서를 작성하여 송신하는 자를 말한다.

④ "수신자"란 작성자가 전자문서를 송신하는 상대방을 말한다.

⑤ "전자거래"란 재화나 용역을 거래할 때 그 전부 또는 일부가 전자문서 등 전자적 방식으로 처리되는 거래를 말한다.

⑥ "전자거래사업자"란 전자거래를 업으로 하는 자를 말한다.

⑦ "전자거래이용자"란 전자거래를 이용하는 자로서 전자거래사업자 외의 자를 말한다.

⑧ "공인전자주소"란 전자문서를 송신하거나 수신하는 자를 식별하기 위하여 문자·숫자 등으로 구성되는 정보로서 '공인전자주소의 등록'에 따라 등록된 주소를 말한다.

⑨ "공인전자문서센터란 타인을 위하여 다음의 업무를 하는 자로서 '공인전자문서센터의 지정'에 따라 지정받은 자를 말한다.
  ㉠ 전자문서의 보관 또는 증명
  ㉡ 그 밖에 전자문서 관련 업무

⑩ "공인전자문서중계자"란 타인을 위하여 전자문서의 송신·수신 또는 중계를 하는 자로서 '공인전자문서중계자의 인증 등'에 따라 지정받은 자를 말한다.

3. 소비자 기본법(2023.12.21. 시행)

(1) 목적

소비자의 권익을 증진하기 위하여 소비자의 권리와 책무, 국가·지방자치단체 및 사업자의 책무, 소비자단체의 역할 및 자유시장경제에서 소비자와 사업자 사이의 관계를 규정함과 아울러 소비자정책의 종합적 추진을 위한 기본적인 사항을 규정함으로써 소비생활의 향상과 국민경제의 발전에 이바지함을 목적으로 한다.

(2) 자주 나오는 용어

① "소비자"라 함은 사업자가 제공하는 물품 또는 용역(시설물을 포함한다. 이하 같다)을 소비생활을 위하여 사용(이용을 포함한다. 이하 같다)하는 자 또는 생산활동을 위하여 사용하는 자로서 대통령령이 정하는 자를 말한다.

② "사업자"라 함은 물품을 제조(가공 또는 포장을 포함한다. 이하 같다)·수입·판매하거나 용역을 제공하는 자를 말한다.

③ "소비자단체"라 함은 소비자의 권익을 증진하기 위하여 소비자가 조직한 단체를 말한다.

④ "사업자단체"라 함은 2 이상의 사업자가 공동의 이익을 증진할 목적으로 조직한 단체를 말한다.

(3) 소비자의 기본적 권리

① 물품 또는 용역으로 인한 생명·신체 또는 재산에 대한 위해로부터 보호받을 권리

② 물품등을 선택함에 있어서 필요한 지식 및 정보를 제공받을 권리

③ 물품등을 사용함에 있어서 거래상대방·구입장소·가격 및 거래조건 등을 자유로이 선택할 권리

④ 소비생활에 영향을 주는 국가 및 지방자치단체의 정책과 사업자의 사업활동 등에 대하여 의견을 반영시킬 권리

⑤ 물품등의 사용으로 인하여 입은 피해에 대하여 신속·공정한 절차에 따라 적절한 보상을 받을 권리

⑥ 합리적인 소비생활을 위하여 필요한 교육을 받을 권리

⑦ 소비자 스스로의 권익을 증진하기 위하여 단체를 조직하고 이를 통하여 활동할 수 있는 권리

⑧ 안전하고 쾌적한 소비생활 환경에서 소비할 권리

기출 & 예상문제

01 유통기업은 각종 전략 이외에도 윤리적인 부분을 고려해야 하는데, 이러한 윤리와 관련된 설명으로 가장 옳지 않은 것은?

① 윤리적인 것은 나라마다, 산업마다 다를 수 있다.
② 윤리는 개인과 회사의 행동을 지배하는 원칙이라 할 수 있다.
③ 회사의 윤리 강령이라도 옳고 그름을 살펴서 판단해야 한다.
④ 윤리는 법과 달리 처벌시스템이 존재하지 않으므로 간과해도 문제가 되지 않는다.
⑤ 윤리적인 원칙은 시간의 흐름에 따라 변할 수도 있다.

 **TIPS!**

④ 비윤리적 행위는 사회 전반에 걸쳐 부정적 영향을 미치므로 윤리를 간과해서는 안 된다.

02 다음 중 사회적 책임이 강조되는 배경으로 바르지 않은 것은?

① 전문경영자의 출현
② 소유와 경영의 분리
③ 사회구성요인 간의 상호 의존성 증대와 협조의 필요성
④ 기업의 대형화와 영향력의 증대
⑤ 시장기능의 성공

TIPS!

사회적 책임이 강조되는 배경은 다음과 같다.
• 전문경영자의 출현
• 소유와 경영의 분리
• 기업의 대형화와 영향력의 증대
• 사회구성요인 간의 상호 의존성 증대와 협조의 필요성
• 시장기능의 실패

Answer 01.④ 02.⑤

03 UNGC(UN Global Compact)는 기업의 사회적 책임에 대한 지지와 이행을 촉구하기 위해 만든 자발적 국제협약으로 4개 분야의 10대 원칙을 핵심으로 하고 있다. 4개 분야에 포함되지 않는 것은?

① 반전쟁(Anti-War)

② 인권(Human Rights)

③ 노동규칙(Labour Standards)

④ 환경(Environment)

⑤ 반부패(Anti-Corruption)

> **✹ TIPS!**
>
> 유엔글로벌콤팩트(UN Global Compact, UNGC) 10대 원칙
>
> ㉠ 인권(Human Rights)
> - 원칙 1 : 기업은 국제적으로 선언된 인권 보호를 지지하고 존중해야 한다.
> - 원칙 2 : 기업은 인권 침해에 연루되지 않도록 적극 노력한다.
>
> ㉡ 노동규칙(Labour Standards)
> - 원칙 3 : 기업은 결사의 자유와 단체교섭권의 실질적인 인정을 지지하고,
> - 원칙 4 : 모든 형태의 강제노동을 배제하며,
> - 원칙 5 : 아동노동을 효율적으로 철폐하고,
> - 원칙 6 : 고용 및 업무에서 차별을 철폐한다.
>
> ㉢ 환경(Environment)
> - 원칙 7 : 기업은 환경문제에 대한 예방적 접근을 지지하고,
> - 원칙 8 : 환경적 책임을 증진하는 조치를 수행하며,
> - 원칙 9 : 환경친화적 기술의 개발과 확산을 촉진한다.
>
> ㉣ 반부패(Anti-Corruption)
> - 원칙 10 : 기업은 부당취득 및 뇌물 등을 포함하는 모든 형태의 부패에 반대한다.

Answer 03.①

04 다음 중 윤리적 행동의 원천에 해당하지 않는 것은?

① 사회규범

② 윤리적 정책 및 강령

③ 중간관리자의 영향

④ 개인적인 기준

⑤ 조직

> **TIPS!**
>
> 윤리적 행동의 원천은 다음과 같다.
> • 사회규범
> • 윤리적 정책 및 강령
> • 개인적인 기준
> • 조직
> • 최고경영자의 영향

05 소비자기본법(법률 제17290호, 2020.5.19., 타법개정)상, 소비자중심경영의 인증 내용으로 옳지 않은 것은?

① 소비자중심경영인증의 유효기간은 그 인증을 받은 날부터 1년으로 한다.

② 소비자중심경영인증을 받은 사업자는 대통령령으로 정하는 바에 따라 그 인증의 표시를 할 수 있다.

③ 소비자중심경영인증을 받으려는 사업자는 대통령령으로 정하는 바에 따라 공정거래위원회에 신청하여야 한다.

④ 공정거래위원회는 소비자중심경영인증을 신청하는 사업자에 대하여 대통령령으로 정하는 바에 따라 그 인증의 심사에 소요되는 비용을 부담하게 할 수 있다.

⑤ 공정거래위원회는 소비자중심경영을 활성화하기 위하여 대통령령으로 정하는 바에 따라 소비자중심경영 인증을 받은 기업에 대하여 포상 또는 지원 등을 할 수 있다.

> **TIPS!**
>
> 소비자중심경영의 인증 내용
> ㉠ 공정거래위원회는 물품의 제조·수입·판매 또는 용역의 제공의 모든 과정이 소비자 중심으로 이루어지는 경영을 하는 사업자에 대하여 소비자중심경영에 대한 인증을 할 수 있다.
> ㉡ 소비자중심경영인증을 받으려는 사업자는 대통령령으로 정하는 바에 따라 공정거래위원회에 신청하여야 한다.
> ㉢ 소비자중심경영인증을 받은 사업자는 대통령령으로 정하는 바에 따라 그 인증의 표시를 할 수 있다.
> ㉣ 소비자중심경영인증의 유효기간은 그 인증을 받은 날부터 2년으로 한다.
> ㉤ 공정거래위원회는 소비자중심경영을 활성화하기 위하여 대통령령으로 정하는 바에 따라 소비자중심경영인증을 받은 기업에 대하여 포상 또는 지원 등을 할 수 있다.
> ㉥ 공정거래위원회는 소비자중심경영인증을 신청하는 사업자에 대하여 대통령령으로 정하는 바에 따라 그 인증의 심사에 소요되는 비용을 부담하게 할 수 있다.
> ㉦ 소비자중심경영인증의 기준 및 절차 등에 필요한 사항은 대통령령으로 정한다.

Answer 04.③ 05.①

06 다음 중 기업의 사회적 책임 (CSR : Corporate Social Responsibility)에 관한 설명으로 바르지 않은 것은?

① 투입비용보다 높은 사회경제적 편익을 추구한다.
② 활동 내용으로는 시민적 책임, 자선활동 등이 있다.
③ CSR의 예산규모에 따라 활동 폭이 제한될 수도 있다.
④ 기업의 독자적 판단이나 정부 시민단체들의 압력에 대응한다.
⑤ 기업의 평판관리 측면이 강하며 수익추구 활동과 무관하다.

(⚡) TIPS! --

기업의 사회적 책임은 선행(Doing Good)을 추구한다.

07 유통산업발전법에 관한 내용 중 유통산업시책의 기본방향에 대한 내용으로 옳지 않은 것은?

① 유통산업의 지역별 균형발전의 도모
② 유통구조의 선진화 및 유통기능의 효율화 촉진
③ 유통산업에서의 공급자 편익의 증진
④ 유통산업의 국제경쟁력 제고
⑤ 유통산업의 종류별 균형발전의 도모

(⚡) TIPS! --

유통산업시책의 기본방향은 다음과 같다.
• 유통구조의 선진화 및 유통기능의 효율화 촉진
• 유통산업에서의 소비자 편익의 증진
• 유통산업의 지역별 균형발전의 도모
• 유통산업의 종류별 균형발전의 도모
• 중소유통기업의 구조개선 및 경쟁력 강화
• 유통산업의 국제경쟁력 제고
• 유통산업에서의 건전한 상거래질서의 확립 및 공정한 경쟁여건의 조성

Answer 06.① 07.③

08 소비자기본법에 관한 내용 중 사업자의 책무로 바르지 않은 것은?

① 사업자는 물품 등의 하자로 인한 소비자의 불만이나 피해를 해결하거나 보상하여야 하며, 채무불이행 등으로 인한 소비자의 손해를 배상하여야 한다.

② 사업자는 물품 등을 공급함에 있어서 소비자의 합리적인 선택이나 이익을 침해할 우려가 있는 거래조건이나 거래방법을 사용하여서는 아니 된다.

③ 사업자는 중간상에게 물품 등에 대한 정보를 성실하고 정확하게 제공하여야 한다.

④ 사업자는 소비자의 개인정보가 분실·도난·누출·변조 또는 훼손되지 아니하도록 그 개인정보를 성실하게 취급하여야 한다.

⑤ 사업자는 물품 등으로 인하여 소비자에게 생명·신체 또는 재산에 대한 위해가 발생하지 아니하도록 필요한 조치를 강구하여야 한다.

▶TIPS!

소비자기본법에서 사업자의 책무는 다음과 같다.

• 사업자는 물품 등으로 인하여 소비자에게 생명·신체 또는 재산에 대한 위해가 발생하지 아니하도록 필요한 조치를 강구하여야 한다.

• 사업자는 물품 등을 공급함에 있어서 소비자의 합리적인 선택이나 이익을 침해할 우려가 있는 거래조건이나 거래방법을 사용하여서는 아니 된다.

• 사업자는 소비자에게 물품 등에 대한 정보를 성실하고 정확하게 제공하여야 한다.

• 사업자는 소비자의 개인정보가 분실·도난·누출·변조 또는 훼손되지 아니하도록 그 개인정보를 성실하게 취급하여야 한다.

• 사업자는 물품 등의 하자로 인한 소비자의 불만이나 피해를 해결하거나 보상하여야 하며, 채무불이행 등으로 인한 소비자의 손해를 배상하여야 한다.

Answer 08.③

09 기업 내에서 일어날 수 있는 각종 윤리상의 문제들에 대한 설명으로 가장 옳지 않은 것은?

① 다른 이해당사자들을 희생하여 회사의 이익을 도모하는 행위는 지양해야 한다.

② 업무 시간에 SNS를 통해 개인활동을 하는 것은 업무시간 남용에 해당되므로 지양해야 한다.

③ 고객을 위한 무료 음료나 기념품을 개인적으로 사용하는 것은 지양해야 한다.

④ 회사에 손해를 끼칠 수 있는 사안이라면, 중대한 문제라 해도 공익제보를 하는 것은 지양해야 한다.

⑤ 다른 구성원들에게 위협적인 행위나 무례한 행동을 하는 것은 지양해야 한다.

 **TIPS!**

④ 회사에 손해를 끼칠 수 있는 사안이더라도 중대한 문제라면 공익제보를 해야 한다.

10 유통산업발전법상의 체인사업 종류가 아닌 것은?

① 조합형 체인사업   ② 공익형 체인사업

③ 임의가맹점형 체인사업   ④ 프랜차이즈형 체인사업

⑤ 직영점형 체인사업

TIPS!

②는 해당되지 않는다.

※ 체인사업의 구분

구분	내용
직영점형 체인사업	체인본부가 주로 소매점포를 직영하되, 가맹계약을 체결한 일부 소매점포(가맹점)에 대하여 상품의 공급 및 경영지도를 계속하는 형태의 체인사업
프랜차이즈형 체인사업	독자적인 상품 또는 판매·경영 기법을 개발한 체인본부가 상호·판매방법·매장운영 및 광고방법 등을 결정하고, 가맹점으로 하여금 그 결정과 지도에 따라 운영하도록 하는 형태의 체인사업
임의가맹점형 체인사업	체인본부의 계속적인 경영지도 및 체인본부와 가맹점 간의 협업에 의하여 가맹점의 취급품목·영업방식 등의 표준화사업과 공동구매·공동판매·공동시설활용 등 공동사업을 수행하는 형태의 체인사업
조합형 체인사업	같은 업종의 소매점들이 「중소기업협동조합법」에 따른 중소기업협동조합, 「협동조합 기본법」에 따른 협동조합, 협동조합연합회, 사회적 협동조합 또는 사회적 협동조합연합회를 설립하여 공동구매·공동판매·공동시설활용 등 사업을 수행하는 형태의 체인사업

Answer   09.④   10.②

11 다음 중 기업의 윤리적 인사관리에서 종업원의 권리에 해당하지 않는 것은?

① 일한 만큼의 정당한 보수를 받을 권리
② 일을 할 수 있는 권리
③ 사생활의 권리
④ 종교 활동을 할 권리
⑤ 안전한 작업장을 요구할 권리

 TIPS!

종업원의 권리
㉠ 일한 만큼의 정당한 보수를 받을 권리
㉡ 일을 할 수 있는 권리
㉢ 사생활의 권리
㉣ 근로생활의 질을 바랄권리
㉤ 안전한 작업장을 요구할 권리
㉥ 단체 활동의 권리
㉦ 외부 활동을 할 권리

12 다음은 기업 환경의 변화와 기업윤리에 대한 내용이다. 옳지 않은 것은?

① 내부거래, 불법대출, 부실경영 등의 문제에 대한 사회적 인식이 높아지면서 기업윤리에 대한 관심이 증대되고 있다.
② 주주와 경영진에 의한 기업지배구조가 소액주주와 사회에 부정적인 영향을 미치는 일이 과거보다 월등히 줄고 있다.
③ 기업윤리의 제도화라는 측면에서 지배관계 자체를 일종의 갈등구조로 환언해서 볼 때 갈등조정의 문제가 생긴다. 그러므로 앞으로 갈등관계의 개선을 위해 이해관계자 집단과의 갈등 조화가 필요하다.
④ 삶의 질에 대해 종업원들의 관심이 높아지는 경향에 대비하려면 기업윤리 수준의 향상이 필수적이라는 것을 기업들이 인식하기 시작하였다.
⑤ 기업의 비윤리적 행위로 인한 막대한 배상금 지급, 여론과 시민단체의 영향력 증대, 기업 스스로의 각성 등으로 기업윤리가 중요하다는 것을 인식하기 시작하였다.

TIPS!

주주와 경영진에 의한 기업지배구조가 소액주주와 사회에 부정적인 영향을 미치는 일이 자주 발생하였다.

Answer 11.④ 12.②

13 소비자기본법에서 종합·조정하고 심의·의결하는 내용으로 보기 가장 어려운 것은?

① 위원장이 소비자의 권익증진 및 소비생활의 향상을 위하여 토의에 부치는 사항

② 소비자보호 및 안전 확보를 위하여 필요한 조치에 관한 사항

③ 소비자정책의 평가 및 제도개선·권고 등에 관한 사항

④ 기본계획 및 종합시행계획의 수립·평가와 그 결과의 공표

⑤ 판매자 정책의 종합적 추진 및 조정에 관한 사항

> **TIPS!**
>
> 소비자기본법에서 종합·조정하고 심의·의결하는 내용은 다음과 같다.
> • 기본계획 및 종합시행계획의 수립·평가와 그 결과의 공표
> • 소비자정책의 종합적 추진 및 조정에 관한 사항
> • 소비자보호 및 안전 확보를 위하여 필요한 조치에 관한 사항
> • 소비자정책의 평가 및 제도개선·권고 등에 관한 사항
> • 그 밖에 위원장이 소비자의 권익증진 및 소비생활의 향상을 위하여 토의에 부치는 사항

Answer 13.⑤

PART

02 상권분석

유통상권조사

기출 PLUS

기출 2022년 1회
상권에 대한 일반적인 설명으로 가장 옳지 않은 것은?

① 상권의 범위는 점포의 업종이나 업태와 관련이 있다.
② 소매상권의 크기는 판매하는 상품의 종류에 따라 달라진다.
③ 상권은 행정구역과 일치하지 않는 경우가 많다.
④ 상권의 범위는 고정적이지 않고 변화하므로 유동적이다.
⑤ 점포가 소재하는 위치적, 물리적인 조건을 의미한다.

section 1 상권의 개요

1. 상권의 의의와 유형

(1) 상권의 개념 ✔자주출제

고객이 자신의 점포에 내점하는 지역범위를 말하며 상업상의 거래를 행하는 공간적 범위를 말한다.

① 일반적으로 한 점포가 고객을 흡인하거나 흡인할 수 있는 지역으로, 다수의 상업시설이 고객을 흡인하는 공간적 범위를 말한다.

② 상권은 상권 내 거주하는 고객의 구매력 추정, 점포에서 취급하는 상품에 대한 예상매출액을 구하는 데 필요한 데이터 제공, 판촉활동의 범위를 결정하는 데 필수적인 데이터를 제공한다.

> **참고** 실무적인 관점에서의 상권분석 목적
> • 임대료 평가 기준 마련
> • 매출추정의 근거 확보
> • 업종 선택의 기준 마련
> • 마케팅 전략 수립에 활용

(2) 상권과 유사개념

① 상권의 다양한 의미
  ㉠ 상권은 주로 파는 쪽에서 본 것이기 때문에 소비자의 경우는 생활권이라고 한다.
  ㉡ 상권에는 도매상권, 소매상권이 있지만 일반적으로 소매상권을 가리키는 경우가 많다.

② 상권의 유사개념
  ㉠ **거래권** : 거래상대방인 고객의 소재지를 기준으로 하는 범위
  ㉡ **판매권** : 소매점이 판매대상으로 삼고 있는 지역
  ㉢ **상세권** : 특정 상업 집단(시장, 상점가)의 상업세력이 미치는 지역적 범위

◀정답 ⑤

(3) 상권의 범위와 특징

① 상권의 범위
  ㉠ 상권의 범위는 점포의 크기, 업종, 취급하는 상품의 종류나 상업 집적도, 교통편의 가격대, 상품구성, 마케팅 전략, 고객의 라이프스타일 등에 따라서 결정된다.
  ㉡ 대형 상점의 신설, 전철이나 버스노선의 변경 등은 상권의 범위를 크게 변화시킨다.

② 소자본 상권의 특징
  ㉠ **접근의 용이성** : 소매점은 입지가 성패의 80%를 좌우한다. 즉 거리·교통·주차장 등의 조건상 유동인구의 접근이 용이해야 한다.
  ㉡ **상품의 다양성** : 고객이 폭넓게 선택할 수 있도록 특정 점포에서 취급하는 상품은 다양해야 한다.
  ㉢ **가격의 저렴성** : 상품의 가격이 저렴하다면 고객매출이 향상된다.

③ 개별점포상권의 특징
  ㉠ **점포의 규모** : 점포규모가 클수록 상권이 크다.
  ㉡ **교통편** : 교통편이 좋은 곳이나 일류상가에 위치한 점포일수록 상권이 크다.
  ㉢ **취급하는 상품의 종류** : 선매품, 전문품을 취급하는 점포, 개성이 강한 상품을 취급하는 점포일수록 편의품을 취급하는 점포보다 상권이 크다.
  ㉣ **지명도** : 지명도가 높을수록 상권이 크다.

④ 소매상권의 크기와 형태를 결정하는 직접적인 요인
  ㉠ 경쟁점포와의 거리
  ㉡ 취급제품의 종류
  ㉢ 점포의 입지
  ㉣ 점포에 대한 접근성

⑤ 일반적인 소규모 소매점포의 상권단절요인
  ㉠ 폭 100m의 하천
  ㉡ 운동장만 있는 체육공원
  ㉢ 담으로 둘러싸인 공장
  ㉣ 지상을 지나는 철도

기출PLUS

기출 2019년 3회

점포의 상권과 입지를 구분하여 설명할 때 다음 중 연결이 바르지 않은 것은?

① 상권은 점포의 매출이 발생하는 지역범위로 볼 수 있다.
② 상권의 크기는 입지의 매력도에 따라 커지므로 서로 비례관계가 성립한다.
③ 상권의 평가항목에는 소비자의 분포범위, 유효수요의 크기 등이 있다.
④ 입지조건의 평가항목에는 주차장, 지형, 층수, 편의시설, 층고, 임대료 등이 있다.
⑤ 입지는 범위(boundary), 상권은 지점(point)으로 비유하여 표현하기도 한다.

◀정답 ⑤

소매점의 입지와 상권에 대한 설명으로 가장 옳은 것은?

① 입지 평가에는 점포의 층수, 주차장, 교통망, 주변 거주인구 등을 이용하고, 상권 평가에는 점포의 면적, 주변 유동인구, 경쟁점포의 수 등의 항목을 활용한다.

② 상권을 강화한다는 것은 점포가 더 유리한 조건을 갖출 수 있도록 점포의 속성들을 개선하는 것을 의미한다.

③ 상권은 점포를 경영하기 위해 선택한 장소 또는 그 장소의 부지와 점포 주변의 위치적 조건을 의미한다.

④ 입지는 점포를 이용하는 소비자들이 분포하는 공간적 범위 또는 점포의 매출이 발생하는 지역 범위를 의미한다.

⑤ 상권은 일정한 공간적 범위 (boundary)로 표현되고 입지는 일정한 위치를 나타내는 주소나 좌표를 가지는 점(point)으로 표시된다.

소매점의 입지 유형 중 부도심 소매중심지(SBD : Secondary Business District)에 대한 설명으로 가장 옳지 않은 것은?

① 도시규모의 확장에 따라 여러 지역으로 인구가 분산, 산재되어 생긴 지역이다.

② 근린형 소매중심지이다.

③ 주된 소매업태는 슈퍼마켓, 일용잡화점, 소규모 소매점 등이 있다.

④ 주간에는 교통 및 인구 이동이 활발하지만 야간에는 인구 격감으로 조용한 지역으로 변한다.

⑤ 주거지역 도로변이나 아파트단지 상점가 등의 형태를 갖추고 있다.

◀정답 ⑤, ④

POINT 상권과 입지의 비교 ✔자주출제

구분	상권	입지
개념	지점이 미치는 영향권의 범위 (Trading Area)	지점이 소재하고 있는 위치적인 조건(Location)
물리적 특성	아파트단지, 역세권, 대학가 등의 비물리적인 상거래 활동 공간	상업시설, 평지, 도로변 등 물리적 시설
등급구분	1차 상권, 2차 상권, 3차 상권	1급지, 2급지, 3급지
분석방법	구매력 분석, 업종 경쟁력 분석	통행량 분석, 점포분석
평가기준	반경거리(250m, 500m, 1Km)	권리금, 임대료

(4) 상권에 영향을 미치는 요인 ✔자주출제

① **자연조건** : 산과 하천 같은 자연조건은 상권에 영향을 미친다.

② **교통체제** : 교통수단과 도로는 상권형성에 영향을 미친다.

③ **점포의 규모와 유통업의 형태**

    ㉠ 일반적으로 점포가 클수록 많은 소비자를 흡수하게 되어 상권이 넓어지고, 규모가 작아질수록 상권이 좁아진다.

    ㉡ 동일한 크기일지라도 취급하는 상품의 종류에 따라서 상권의 범위가 달라진다.

(5) 상권의 유형 ✔자주출제

① **근린형** : 주택가형 또는 소형 상권으로 주거지 근처에 있는 사람들이 일상적으로 자주 쇼핑하거나 외식을 즐기는 상업지를 의미한다. 주로 생필품을 중심으로 한 식품류와 편의품 위주의 상품을 취급·판매하는 상가가 형성되어 있는 권역이다.

② **지구형** : 선호품형 상권으로 주거지에서 다소 떨어져 있고 보통 주단위로 쇼핑하는 물건이나 서비스, 선호품이나 기호품을 주로 취급·판매한다.

    ㉠ **지구 중심형** : 반경 1km 이내의 생활권을 상권의 범위로 한다.

    ㉡ **대지구중심형** : 몇 개의 거주 지역을 상권의 범위로 한다.

③ **중심형** : 번화가형 상권으로 주거지에서 멀리 떨어져 있으며 일반 상품 업종은 물론이고 외식업이나 오락, 유흥 등 여러 업종이 복합적으로 구성되어 있다.

    ㉠ **부도심형** : 신촌이나 영등포처럼 교통이나 도시 개발과 함께 신흥 상권으로 떠오른 곳을 말하며 지하철, 철도 등을 축으로 도시의 일부 지역을 상권 대상으로 한다.

    ㉡ **도심형** : 남대문이나 동대문처럼 전통적인 복합형으로 구성된 중심상권을 말하며 해당도시 전체에 세력을 미친다.

(6) 상권의 시기별 변화

① 성장기(~1988년)
  ㉠ 업태 간 구분이 명확했으며, 부동산을 중심으로 전개되었다.
  ㉡ 수요가 공급보다 많았으며, 점포출점이 효과를 나타내기 시작했다.

② 성숙기 전반(1989년 ~ 1993년)
  ㉠ 수요가 공급보다 작거나 같았으며, 점포출점이 가속화를 이루었다.
  ㉡ 대형점이 태동하기 시작했다.

③ 성숙기 후반(1994년 ~ 1997년)
  ㉠ 총판매량이 증가하면서 업태 간 경쟁이 심화되었다.
  ㉡ 공급이 수요보다 많았으며, 경영전략의 부재 등으로 유통업계의 혼란기이기도 하였다.
  ㉢ 이에 새로운 가치관이 태동하였으며, 소매업의 개방과 기반 확립을 이룬 시기이다.

④ 최근(1998년~)
  ㉠ 관련 업태들 간의 통합화가 이루어졌으며, 여전히 공급이 수요보다 많다.
  ㉡ 업태별 전략적 차별화를 이루며 할인점과 사이버몰이 급성장하였다.
  ㉢ 1998년에는 외환위기로 소비의 빙하기를 맞기도 하였다.

2. 상권의 계층성

(1) 상권의 계층적 구조

① 지역상권(총상권) : 특정 지역 전체가 가지는 상권을 말하며, 한 지역 내의 모든 상업적인 유통업자들의 고객 유인범주를 나타낸다.

② 지구상권 : 지역상권 내의 특정 입지가 포함된 상업 집적이 가지는 상권을 말하며, 유통점포의 입지 여부와 구매고객의 인접성 등에 따라 지역상권의 모양과 크기가 결정된다.

③ 점포상권 : 지구상권 내의 특정 점포가 가지는 상권을 말하며, 각 점포가 형성하게 되는 고객 유인범주를 나타낸다.

기출PLUS

기출 2022년 제1회

소매점의 입지 선정을 위한 공간분석의 논리적 순서로서 가장 옳은 것은?

① 개별점포(site)분석 – 지구상권(district area)분석 – 광역지역(general area)분석
② 광역지역(general area)분석 – 개별점포(site)분석 – 지구상권(district area)분석
③ 지구상권(district area)분석 – 광역지역(general area)분석 – 개별점포(site)분석
④ 광역지역(general area)분석 – 지구상권(district area)분석 – 개별점포(site)분석
⑤ 개별점포(site)분석 – 광역지역(general area)분석 – 지구상권(district area)분석

기출 2020 1회

상권 및 입지에 대한 아래의 내용 중에서 옳지 않은 것은?

① 상권의 성격과 업종의 성격이 맞으면 좋지 않은 상권에서도 좋은 성과를 올릴 수 있다.
② 상권이 좋아야 좋은 점포가 많이 모여들고 좋은 점포들이 많이 모여들면 상권은 더욱 강화된다.
③ 소매점을 개점하기 위해서는 점포 자체의 영업능력도 중요하지만 상권의 크기나 세력도 매우 중요하다.
④ 동일한 상업지구에 입지하더라도 규모 및 취급상품의 구색에 따라 개별점포의 상권의 범위는 달라질 수 있다.
⑤ 지구상권을 먼저 정하고 지역상권을 정하는 것이 일반적인 순서이다.

◀정답 ④, ⑤

상권을 구분하거나 상권별 대응전략을 수립할 때 필수적으로 이해하고 있어야 할 상권의 개념과 일반적 특성을 설명한 내용 중에서 가장 옳지 않은 것은?

① 1차상권이 전략적으로 중요한 이유는 소비자의 밀도가 가장 높은 곳이고 상대적으로 소비자의 충성도가 높으며 1인당 판매액이 가장 큰 핵심적인 지역이기 때문이다.

② 1차상권은 전체상권 중에서 점포에 가장 가까운 지역을 의미하는데 매출액이나 소비자의 수를 기준으로 일반적으로 약 60% 정도까지를 차지하지만 그 비율은 절대적이지 않다.

③ 2차상권은 1차상권을 둘러싸는 형태로 주변에 위치하여 매출이나 소비자의 일정비율을 추가로 흡인하는 지역이다.

④ 3차상권은 상권으로 인정하는 한계(fringe)가 되는 지역 범위로, 많은 경우 지역적으로 넓게 분산되어 위치하여 소비자의 밀도가 가장 낮다.

⑤ 3차상권은 상권 내 소비자의 내점빈도가 1차상권에 비해 높으며 경쟁점포들과 상권중복 또는 상권잠식의 가능성이 높은 지역이다.

분석대상이 되는 점포와의 거리를 기준으로 상권유형을 구분할 때 상대적으로 소비수요 흡인비율이 가장 낮은 지역을 한계상권(fringe trading area)이라고 한다. 일반적으로 한계상권은 다음 중 어느 것에 해당하는가?

① 최소수요충족거리
② 분기점상권
③ 1차상권
④ 2차상권
⑤ 3차상권

‹정답 ⑤, ⑤

(2) 상권의 분류

① **도보를 기준으로 한 상권(편의품 취급점포)의 분류**: 도보를 기준으로 거리에 따라 1차, 2차, 3차 상권으로 분류한다. 이는 평균적인 것으로 700 ~ 800m의 거리라 해도 그 안에 철도, 하천, 간선도로, 대형 건물이 있다면 상권은 거기서 끝나게 될 수도 있다.

㉠ **1차 상권**: 도보로 500m 이내의 거리에 있는 상권이다.

㉡ **2차 상권**: 도보로 1,000m 이내의 거리에 있는 상권이다.

㉢ **3차 상권**: 그 외의 곳에 있는 상권이다.

② **교통수단을 기준으로 한 상권(선매품 취급점포)의 분류**: 버스, 택시, 지하철 등 교통수단을 기준으로 하여 1차, 2차, 3차 상권으로 분류한다. 그러나 버스로 30분 거리에 불과한 거리라도 버스운행 횟수가 하루에 3 ~ 4회에 불과할 때에는 그보다 거리가 멀더라도 버스운행 횟수가 많아 교통편이 유리한 상점으로 고객이 몰리므로 이런 요소들을 감안하여 상권을 설정하여야 한다.

㉠ **1차 상권**: 30분 이내의 거리에 있는 상권이다.

㉡ **2차 상권**: 30분 ~ 1시간 이내의 거리에 있는 상권이다.

㉢ **3차 상권**: 그 이상의 거리에 있는 상권이다.

③ **고객흡인율에 따른 상권 분류**

㉠ **1차 상권**: 점포고객 55 ~ 70%를 포괄하는 상권의 범위를 말한다. 대부분 점포에 지리적으로 인접한 지역에 거주하는 소비자들로 구성되며, 고객 수나 고객 1인당 판매액상 밀도가 가장 높다.

㉡ **2차 상권**: 점포고객 15 ~ 25%를 포괄하는 상권의 범위를 말하며, 1차 상권의 외곽에 위치한다. 고객은 지역적으로 다소 분산되어 있다.

㉢ **3차 상권(한계상권)**: 1차, 2차 상권에 포함되지 않는 고객을 포괄하는 상권의 범위를 말하며, 5 ~ 10%를 포괄하는 것으로 본다. 3차 상권 내의 점포 이용고객은 점포로부터 상당히 먼 거리에 위치하고 고객은 매우 광범위하게 분산되어 있다.

(3) 경쟁의 정도에 따른 상권의 분류 : 포화성 이론

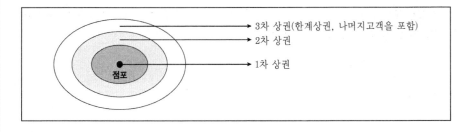

① **포화상권** : 소매점이 포화상태이며, 특정 상품이나 서비스에 대한 고객의 욕구를 잘 충족시키는 상태를 말한다. 또한 소매업체들은 이 지역상권이 매력적이라고 생각한다.

② **과다상권** : 점포수가 너무 많은, 즉 과잉점포 상태에 있는 상권으로 공정한 투자수익률을 올릴 수 있는 상권이다. 일부는 도산하거나 시장에서 퇴출되기도 한다.

③ **과소상권** : 점포 수가 너무 적기 때문에 고객의 욕구를 충족시키지 못하는 상권이다. 점포 수가 적기 때문에 점포당 평균수익률이 매우 높다.

section 2 상권분석에서의 정보기술 활용

1. 상권분석과 상권정보

(1) 상권분석의 개요

① 상권분석은 기존점포에 대한 상권분석과 신규점포에 대한 상권분석으로 구분된다.

② 기존점포에 대한 상권분석이 신규점포에 대한 상권분석보다 상권의 특성과 크기 등에 대해 보다 상세하게 분석될 수 있다.

③ 상권분석은 대상 점포가 있는 경우 입지조건뿐만 아니라 점포의 외형적 특성도 고려한다.

④ 상권분석의 공간적 개념으로 원형을 가장 많이 사용한다.

(2) 상권분석의 필요성

① **판매예측** : 상권분석은 잠재수요를 반영하는 판매 예상량을 추정하는데 필요하다.

② **마케팅 전략 수립** : 상권분석을 통한 상권에 대한 올바른 인식과 파악은 고객지향적인 마케팅 전략의 수립과 전개에 필요하다.

③ **기초자료 활용** : 상권분석은 입지의 참고자료와 상점가 재개발의 기초자료로 활용할 수 있다.

(3) 상권분석으로 인한 장점

① 신규점포의 경우 출점 성공률을 현저히 높일 수 있다.

② 점포의 위치가 새로운 소비자나 기존 점포의 소비자를 유인할 수 있는지 판단할 수 있다.

(4) **상권정보의 개념**

① 상권정보시스템은 업종전환 및 창업을 하고자 하는 사람들의 성공을 위해 업종의 선정과 입지 등을 지원하기 위해 종합적인 상권정보(지역별·업종별)를 전자지도로 제공하는 시스템이다.

② 상권정보는 지역상권 내의 라이프스타일, 시장규모 및 성향, 유사 또는 동종업종 점포수 등이 있다.

(5) **상권정보의 수집 방법** ✔자주출제

① 전화조사법 : 전화를 이용하여 응답자로부터 정보를 수집하는 방법이다.

② 개인면접법 : 조사원이 직접 응답자와 대면접촉을 하여 자료를 수집하는 방법이다.

③ 집단면접법 : 대상자를 특정 장소에 모아 질문에 대답하게 하는 방법이다.

④ 우편조사법 : 응답자가 편리한 장소나 시간에 응답한 후 반송용 봉투를 이용한 회수함으로써 자료를 수집하는 방법이다.

⑤ 점두조사법 : 매장에서 구매를 한 소비자에게 질문하여 조사하는 방법이다.

기출 2018년 3회

상권분석에서 활용하는 조사기법 중에서 조사대상과 조사장소가 점두조사법과 가장 유사한 것은?

① 가정방문조사법
② 지역할당조사법
③ 고객점표법
④ 내점객조사법
⑤ 편의추출조사법

section 3 | 상권설정 및 분석

1. 상권분석의 개념 및 평가방법

(1) **상권분석의 의의**

상권분석을 통한 상권에 대한 올바른 인식과 파악은 고객 마케팅 전략의 수립과 전개에 필요하다. 일반적으로 기존점포에 대한 상권분석과 신규점포에 대한 상권분석으로 구분된다.

(2) **상권분석의 방법**

① 기존점포에 대한 상권분석

　㉠ 기존점포에 대한 상권은 점포 내부 자료와 기타 목적으로 수행된 조사자료 등의 기업 내 2차 자료를 이용하여 측정할 수 있다. 또한 정부의 인구통계 자료, 세무자료, 여러 유통기관 및 연구소에서 발표된 자료들을 각 점포에 맞게 조정하여 이용할 수 있다.

기출 2019년 2회

아래 글상자에 기술된 소매점포의 매출 추정 방법의 유형으로 가장 옳은 것은?

― 보기 ―
취급하는 상품에 대한 상권의 총시장규모를 파악하고, 경쟁점포들과의 상대적 경쟁력을 고려하여 자사 매출을 추정한다. 상대적 경쟁력은 매장면적을 활용해 판단한다.

① 비율법
② 유추법
③ 회귀분석법
④ 체크리스트법
⑤ 확률모형적용법

‹ 정답 ④, ①

ⓒ 1차 상권, 2차 상권 및 한계상권은 다음의 2차 자료를 근거로 추정할 수 있다.
- 특정구역 내 고객들의 각 점포에서의 상품구입 빈도
- 고객의 평균 구매액(량), 특정구역 내의 자사점포 고객 중 신용카드 보유자의 비율

ⓒ 기업은 1차 자료(Primary Data)의 수집을 통해 상권규모를 결정한다.

② 신규점포에 대한 상권분석 방법 ✔자주출제
- ㉠ 서술적 방법에 의한 상권분석 : 체크리스트법, 유추법, 현지조사법, 비율법
- ㉡ 규범적 모형에 의한 상권분석 : 중심지 이론, 소매중력(인력)법칙, Converse 법칙
- ㉢ 확률적 모형에 의한 상권분석 : 허프 모형, MNL모형, MCZ 모형

2. 상권설정

(1) 상권범위의 의의

① 일반적으로 상권의 범위는 점포의 규모에 비례한다.

② 상권의 범위는 업종의 종류, 경영전략, 사업장의 규모 등 물리적 요소 등의 복합적 요인들에 의해 변화한다.

③ 선매품과 전문품을 취급하는 점포의 상권이 편의품을 취급하는 상권의 점포보다 크다.

④ 점포의 지명도가 높을수록 상권의 범위가 확대된다.

(2) 상권의 결정요인

① **업종의 종류** : 업종과 업태에 따라 상권이 다르게 형성된다.

② **점포의 규모** : 일반적으로 사업장의 규모가 크거나 시설이 고급화될수록 상권의 범위는 넓어지고 반대일 경우에는 상권의 범위가 좁아진다.

③ **경영전략** : 동일한 업종 및 시설이 같다 하더라도 경영자의 경영자세 및 영업에 따라 상권은 크게 확장되거나 축소되기도 한다.

④ **중심방향** : 일반적으로 중심방향 쪽으로는 상권이 좁고, 중심의 반대방향 쪽으로는 상권이 넓다.

기출PLUS

기출 2022년 제1회

상권에 대한 일반적인 설명으로 가장 옳지 않은 것은?

① 상권의 범위는 점포의 업종이나 업태와 관련이 있다.
② 소매상권의 크기는 판매하는 상품의 종류에 따라 달라진다.
③ 상권은 행정구역과 일치하지 않는 경우가 많다.
④ 상권의 범위는 고정적이지 않고 변화하므로 유동적이다.
⑤ 점포가 소재하는 위치적, 물리적인 조건을 의미한다.

기출 2021년 제1회

상권에 대한 설명으로 가장 옳지 않은 것은?

① 재화의 이동에서 사람을 매개로 하는 소매상권은 재화의 종류에 따라 그 사람의 비용이나 시간사용이 달라지므로 상권의 크기가 달라진다.
② 고가품, 고급품일수록 소비자들은 구매활동에 보다 많은 시간과 비용을 부담하려 하므로 상권범위가 확대된다.
③ 도매상권은 사람을 매개로 하지 않기에 시간인자의 제약이 커져서 상권의 범위가 제한된다.
④ 보존성이 강한 제품은 그렇지 않은 제품에 비해 상권이 넓어진다.
⑤ 상권범위를 결정하는 비용인자(因子)에는 생산비, 운송비, 판매비용 등이 포함되며 그 비용이 상대적으로 저렴할수록 상권은 확대된다.

◀정답 ⑤, ③

상권분석방법은 규범적 모형 (normative methods)과 기술적 방법(descriptive methods)으로 구분될 수 있다. 이 중 기술적 방법에 포함될 수 있는 하나는?

① 공간적 상호작용모델
② 중심지이론
③ 유추법
④ 라일리(Reilly)의 소매인력이론
⑤ 컨버스(Converse)의 소매분기점

소매상권을 분석하는 기법을 규범적 분석과 기술적분석으로 구분할 때, 나머지 4가지와 성격이 다른 하나는?

① Applebaum의 유추법
② Christaller의 중심지이론
③ Reilly의 소매중력법칙
④ Converse의 무차별점 공식
⑤ Huff의 확률적 공간상호작용이론

❮정답 ③, ①

3. 업태 및 업종별 상권의 분석과 설정

① 상권설정의 절차

  ㉠ 1만분의 1또는 5천분의 1지도를 준비하여 계획지점을 마크한다.

  ㉡ 영위하고자 하는 사업의 업종 및 업태 등을 고려하여 가장 기본 상권의 반경범위를 원형으로 그린다.

  ㉢ 기본 상권의 범위가 그려진 상태에서 산, 하천, 도로 등 상권을 구분하는 물리적 요소들을 감안하여 현실적인 상권범위를 조정한다.

  ㉣ 조정된 상권범위에 경쟁점의 위치 및 영향권 도로의 연계상황 등을 감안하여 보다 더 현실적인 상권범위를 확정한다.

  ㉤ 확정된 상권범위 내에 속하는 행정구역 단위의 인구 수, 사업체 수, 산업통계비표 등의 자료를 통하여 상권규모를 계량화한다.

② 상권설정방법

  ㉠ 단순원형 상권설정법

    • 가장 많이 쓰이는 상권설정법의 하나로 기본 상권의 범위를 정하는 데 초점을 둔다.

    • 우선 기본 상권의 범위를 정하여 상권 내의 상권인구를 산출한 후, 이를 기초로 한 매출 예측치를 산출하며 설정한 상권에서 경합 영향도를 계산하기도 한다.

> ▶ 상권인구 산출과 매출 예측
>
> $$상권인구\ 1인당\ 매출액 = \frac{기준점의\ 1년\ 평균\ 매출액}{반경\ 내\ 상권인구}$$

  ㉡ 실사 상권설정법

    • 단순원형 상권설정법과는 달리 현장에서 인간이 가진 오감을 활용해 상권을 파악하는 방법으로, 점포에 찾아온 고객의 범위를 파악하는 것을 목적으로 한다.

    • 도보에 의한 상권설정, 버스승차 조사에 의한 상권설정, 실주행 조사에 의한 상권설정이 있으며 그 입지유형이 도시형 혹은 교외형인가에 따라 다르게 적용된다.

  ㉢ 앙케이트를 이용한 상권설정법

    • 점포에 찾아온 고객에게 직접 물어보고 조사한 뒤 그 결과를 집계·분석하여 상권을 설정하는 방법이다.

    • 판매지역조사법(Sales Area Survey : SAS)에 따라 회답표 작성→조사준비→조사 실시→실제 고객지수의 산출→상권의 확정의 순서로 실시한다.

ⓔ 고객리스트를 통한 상권 설정법

- 특정 점포의 고객정보를 상권설정을 위한 샘플로 활용하는 방법으로, 앙케이트를 이용한 상권 설정법에 비해 시간과 비용이 절감된다.
- 특정 점포의 고객정보를 활용하기에 샘플의 신선도가 낮고, 지점의 고객을 대표하는 샘플로 보기 어렵다는 단점을 지니고 있어 그 결과가 설정한 상권의 실제상황과 일치하지 않을 수 있다.

참고 점포선정 시 체크 포인트

① 지역체크

- 사람들이 얼마나 모이고 유동인구는 얼마나 되는가?
- 하고자 하는 업종의 일반적 조건이 맞는가?
- 인근의 상점가나 동종업종, 대형점포 등의 영업 상태는 어떤가?
- 상권 내의 주거상황과 소득수준, 세대 수와 인구 수 등은 어떤가?
- 해당 지역의 상권이 성장기인가, 쇠퇴기인가?

② 채산관계 체크

- 경쟁점포는 어디에 위치하고 있으며, 영업 상태는 어떠한가?
- 경쟁점포와 경쟁해서 이길 수 있는가 혹은 공존할 수 있는가?
- 예상 매출은 어느 정도인가 이익을 낼 수 있겠는가?
- 앞으로 고객수가 증가되리라고 기대할 수 있는가?

③ 점포조건 체크

- 점포의 폭과 넓이, 형태는 적당한가?
- 도로에 접해 있는가?
- 주차장은 있는가? 상품의 수·배송에는 문제가 없겠는가?
- 설비에 문제가 없는가?

④ 가격 체크

- 점포의 수준과 비교해서 비싸지는 않는가?
- 준비자금과 부합하는가?
- 관리비, 공과금 등이 높지 않은가?

---

4. 상권 · 입지분석의 제이론

(1) 서술적 방법에 의한 상권분석

기출 2018년 1회

분석을 수행하는 상권분석 담당자의 주관적 판단이 개입될 가능성이 가장 큰 상권분석방법은?

① 체크리스트(check list)법
② Huff 모델
③ 수정 Huff 모델
④ MNL(Multi Nomial Logit) 모델
⑤ 회귀분석법

① 체크리스트법 ✔자주출제
　　㉠ 개념 : 상권의 규모에 영향을 미치는 요인들을 수집하고 이들에 대한 평가를 통하여 시장잠재력을 측정하는 것이다. 즉, 특정 상권의 제반특성을 체계화된 항목으로 조사하고, 이를 바탕으로 신규점 개설 여부를 평가하는 방법으로 상권분석의 결과를 신규점의 영업과 마케팅 전략에 반영한다.
　　㉡ 변수 : 체크리스트법에서는 부지와 주변상황에 관하여 사전에 결정된 변수리스트에 따라 대상점포를 평가하며, 일반적으로 부지특성, 주변상황, 상권의 특성 등에 관한 변수가 포함된다. 또한 개별 변수에 대해서는 가중치가 부과되기도 한다.
　　㉢ 장 · 단점
　　　• 장점 : 체크리스트는 이해하기 쉽고 사용이 간편하며, 비용이 상대적으로 적게 든다.
　　　• 단점 : 주관성, 변수, 해석의 다양성, 변수 선정의 문제라는 단점을 지니고 있다.
　　㉣ 조사절차
　　　• 상권 내 입지적 특성 조사 : 상권 내의 행정구역 상황 및 행정구역별 인구 통계적 특성, 도로 및 교통 특성, 도시계획 및 법적 · 행정적 특기사항, 산업구조 및 소매시설 변화패턴 등 상권 내의 입지적 특성을 조사한다.
　　　• 상권 내 고객들의 특성 조사 : 배후상권고객 및 직장고객, 유통고객의 특성을 조사한다.
　　　• 상권의 경쟁구조 분석 : 현재 그 상권에서 영업하고 있는 경쟁업체뿐만 아니라 현재는 그 상권에서 영업하고 있지 않지만 앞으로 점포개설을 준비하는 업체도 경쟁업체로 보고 분석한다.

기출 2020년 2회

상권내에서 분석대상이 되는 점포의 상대적 매력도를 파악할 수는 있으나 예상매출액을 추정할 수는 없는 방법으로 가장 옳은 것은?

① 유사점포법
② MNL모델
③ 허프모델
④ 회귀분석법
⑤ 체크리스트법

② 현지조사법
　　㉠ 개념 : 대상 부지를 보다 정확하게 평가하기 위해서 사용되며 현지조사의 내용은 대상 점포나 판매제품 조사 성격에 따라 달라질 수 있다.
　　㉡ 단점 : 현지조사법은 조사자에 따라 주관적으로 조사될 가능성이 많다.
③ 비율법
　　㉠ 개념 : 몇 가지 비율을 사용하여 적정 부지를 선정하거나 주어진 부지를 평가한다.
　　㉡ 종류
　　　• 지역비율법 : 입지가능성이 큰 지역이나 도시를 선정하는 데 사용된다.
　　　• 상권비율법 : 주어진 점포에 대한 가능매상고를 산정하는 데 주로 사용된다.

기출 2020년 3회

유통경로 구조를 결정하는데 여러 가지 고려해야 할 요인들을 반영하여 중간상을 결정하는 방법인 체크리스트법에 대한 연결 요인 중 가장 옳은 것은?

① 시장요인 – 제품표준화
② 제품요인 – 기술적 복잡성
③ 기업요인 – 시장규모
④ 경로구성원요인 – 재무적 능력
⑤ 환경요인 – 통제에 대한 욕망

< 정답 ①, ⑤, ②

ⓒ 장·단점
- 장점 : 간단하고 자료를 손쉽게 구할 수 있으며 분석비용도 가장 저렴하다.
- 단점 : 상권 확정에 분석자의 주관이 많이 개입되며, 가능매상고에 대한 예측력이 떨어진다.

④ 유추법 ✅자주출제
ⓐ 개념 : 신규 점포의 매출액을 예측하는 방법 중의 하나로서, 신규 점포와 특성이 비슷한 기존의 유사 점포를 선정하여 그 점포의 상권범위를 추정한 결과를 자사 점포의 신규 입지에서의 매출액을 측정하는 데 이용한다. 상권규모는 자사 점포를 이용하는 고객들의 거주지를 지도상에 표시한 후 자사 점포를 중심으로 서로 다른 거리의 동심원을 그려 파악한다.

ⓑ 조사절차
- 기존 유사 점포의 선정 및 상권범위 결정 : 신규 점포와 점포 특성, 고객의 쇼핑 패턴 및 사회적·경제적·인구 통계적 특성에서 유사한 기존 점포를 선정한 다음 기존 유사 점포의 상권범위를 결정한다. 상권범위는 1차, 2차 상권으로 나누어 설정하며, 유사 점포의 상권규모는 유사 점포를 이용하는 소비자와의 면접이나 실사를 통하여 수집된 자료를 토대로 추정한다.
- 각 구역 내에서의 1인당 매출액 계산 : 전체 상권을 단위거리에 따라 소규모 구역으로 구분한 후 각 구역 내에서 유사 점포가 벌어들이는 매출액을 그 구역 내의 인구수로 나누어 1인당 매출액을 구한다.
- 예측값 계산 : 예정 상권 입지 내 각 구역의 인구 수에 유사 점포의 1인 당 매출액을 곱하여 각 구역에서의 예상 매출액을 구한다. 신규 점포의 예상 총 매출액은 각 구역에서의 예상 매출액을 합한 값이다.

▶ 신규 점포가 들어서려는 지역의 상권의 크기 및 특성이 유사 점포의 상권과 동일하다는 가정 하에 예측값을 계산한다.

(2) 규범적 모형에 의한 상권분석 ✅자주출제

① 중심지이론
ⓐ 크리스탈러(Christaller)의 중심지이론 ✅자주출제
독일의 Christaller가 1930년대에 개발한 이론으로, 이후 한 지역 내에서의 상업중심지 간 공간구조 및 상권구조 연구의 기초이론이 되었다.
- 중심지이론의 전제조건
  - 지표공간은 균질적 표면으로 되어 있다.
  - 한 지역 내의 교통수단은 오직 하나이며, 운송비는 거리에 비례한다.
  - 인구는 공간상에 균일하게 분포되어 있다.
  - 주민의 구매력과 소비행태는 동일하다.
  - 소비자는 합리적으로 의사결정을 하며, 최소비용과 최대의 이익을 추구하는 경제인이다.

지리학자인 크리스탈러(W. Christaller) 의 기본적 가정과 개념에 대한 설명 으로 옳지 않은 것은?

① 중심지 활동이란 중심지에서 재화와 서비스가 제공되는 활 동을 의미한다.

② 중심지에서 먼 곳은 재화와 서 비스를 제공받지 못하게 된다 고 가정한다.

③ 조사대상 지역은 구매력이 균 등하게 분포하고 끝이 없는 등 방성의 평지라고 가정한다.

④ 최소요구범위는 생산자가 정상 이윤을 얻을 만큼 충분한 소비 자들을 포함하는 경계까지의 거리이다.

⑤ 중심지이론은 인간의 각종 활 동공간이 어떤 핵을 중심으로 배열되어 있다는 인식에서 비 롯되었다.

중심지이론에 관한 내용으로 가장 옳지 않은 것은?

① 상권중심지의 최대도달거리가 최소수요충족거리보다 커야 상 업시설이 입점할 수 있다.

② 소비자는 유사점포 중에서 하 나를 선택할 때 가장 가까운 점포를 선택한다고 가정한다.

③ 어떤 중심지들 사이에는 계층 적 위계성이 존재한다.

④ 인접하는 두 도시의 상권의 규 모는 그 도시의 인구에 비례하 고 거리의 제곱에 반비례한다.

⑤ 상업중심지로부터 상업서비스기 능을 제공받는 배후 상권의 이 상적인 모양은 정육각형이다.

< 정답 ②, ④

- 중심지이론의 내용
  - 한 지역 내 생활거주지의 입지 및 수적 분포, 취락들 간의 거리관계와 공간 구조를 중심지 개념에 의해 설명한다.
  - 인구규모에 비례하여 한 지역의 중심지 기능의 수행정도는 차이를 보인다.
  - 지역의 규모에 비례하여 배후상권의 규모가 커진다.

- ① 뢰슈(Losch)의 수정 중심지이론 : 크리스탈러의 중심지이론에 몇 가지 수정을 가한 이론으로, 소매입지를 분석하기 위한 미시경제학적 접근방법을 채택하였다.

- 수정 중심지이론의 전제조건
  - 가장 이상적인 중심지 배후모형은 육각형이다.
  - 인구분포는 연속적 균등분포가 아닌 불연속적 분포를 이루기 때문에 각 중심 지의 상권규모는 다르다.

- 수정 중심지이론의 내용
  - 상품의 현재 가격은 거리에 따라 증가하므로 수요량은 이에 상응하여 감소한다.
  - 거리에 따른 수요의 변화는 공간적 수요 원뿔을 발생시키며, 수요 원뿔로부터 공간적 시장에서 기업의 총판매가 계산될 수 있다.
  - 경제적으로 존속할 수 있는 입지는 총판매가 적정수익률을 제공하는 곳이다.

- ⓒ 차이점
  - 크리스탈러는 하향식 도시공간구조(최상위중심지의 육각형 상권구조에 하위중 심지들이 포함)를 제시한 반면에, 뢰슈는 상향식 도시공간구조(가장 보편적인 최하단위의 육각형 상권 구조에서 출발하여 상위계층의 상업중심지로 진행)를 제시하였다.
  - 크리스탈러는 고차상업중심지는 저차상업중심지의 유통기능을 전부 포함할 뿐만 아니라 별도의 추가기능을 더 보유하는 것으로 본 반면에, 뢰슈는 고차 상업중심지가 저차상업중심지의 모든 상업기능을 반드시 포함하지는 않는 것 으로 보았다.

② 소매 인력이론

- ⊙ 레일리(Reilly)의 소매 인력이론 ✔자주출제

  소비자들의 구매 이후 행위가 점포까지의 거리보다 점포가 보유하는 흡인력 에 의하여 결정된다는 이론이다.

$$\frac{B_a}{B_b} = \left(\frac{P_a}{P_b}\right)\left(\frac{D_b}{D_a}\right)^2$$

- B_a : A시의 상권영역(중간도시로부터 도시 A가 흡인하는 소매흡인량)
- B_b : B시의 상권영역(중간도시로부터 도시 B가 흡인하는 소매흡인량)
- P_a : A시의 인구(거주)
- P_b : B시의 인구(거주)
- D_a : A시로부터 분기점까지의 거리
- D_b : B시로부터 분기점까지의 거리

- 소매 인력이론의 전제조건
  - 소비자들은 주요 도로에 두 지역을 통하여 똑같이 접근할 수 있다.
  - 두 지역의 상점들은 똑같이 효과적으로 운영된다.
  - 위 두 요인 이외의 것은 일정하다.
- 소매 인력이론의 내용
  - 두 경쟁도시가 그 중간에 위치한 소도시의 거주자들을 끌어들일 수 있는 상권의 규모는 인구에 비례하고 각 도시와 중간도시 간의 거리의 제곱에 반비례한다.
  - 보다 많은 인구를 가진 도시가 더 많은 쇼핑기회를 제공할 가능성이 많으므로 먼 거리에 있는 고객도 흡인할 수 있다.
  - 예컨대, A도시와 B도시의 인구크기가 같다면 두 도시 간의 상권의 경계는 두 도시의 중간지점이 될 것이며, A도시가 B도시보다 더 크다면 상권의 경계는 B도시 쪽에 더 가깝게 결정될 것이다.
- 소매 인력이론의 한계
  - 특정 상업 지구까지의 거리는 주요 도로를 사용하여 측정된다. 그러나 소비자들이 간선도로나 샛길을 이용하는 경우에는 거리는 보다 길지만 여행시간이 짧게 걸릴 수 있으므로 특정 상업 지구까지의 거리보다 여행시간이 더 나은 척도가 될 수 있다.
  - 편의성 및 서비스가 낮고 혼잡한 점포는 쾌적한 환경의 점포보다 소비자들에게 생각되는 거리가 더 길 수 있으므로 소비자들이 생각하는 거리와 실제거리는 일치하지 않을 수 있다.

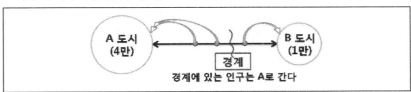

경계에 있는 인구는 A로 간다

ⓛ 컨버스(Converse)의 수정 소매인력이론 ✔자주출제

두 도시 사이에 거래가 분기되는 중간지점의 정확한 위치를 결정하기 위해서 레일리의 인력모델을 수정하여 거리 – 감소함수를 도출하였다. 이는 거리가 멀어짐에 따라 구매 이동이 줄어드는 현상을 거리 – 감소함수로 파악하여 거리와 구매빈도 사이의 관계를 역의 지수함수의 관계로 본 것이다.

- 컨버스의 제1법칙 : 경쟁도시인 A와 B에 대해서 어느 도시로 소비자가 상품을 구매하러 갈 것인가에 대한 상권분기점을 찾아내는 것으로 주로 선매품과 전문품에 적용되는 모델이다.

기출PLUS

기출 2020년 1회

인구 20만명이 거주하고 있는 a도시와 30만명이 거주하고 있는 b도시 사이에 인구 5만명이 거주하는 c도시가 있다. a와 c도시 사이의 거리는 10km이고 b와 c도시간 거리는 20km이다. c도시 거주자들이 a, b도시에서 쇼핑한다고 할 때 레일리(Reilly)의 소매중력법칙을 활용하여 a도시에서의 구매비율을 계산한 값으로 가장 옳은 것은?

① 약 25% ② 약 43%
③ 약 57% ④ 약 66%
⑤ 약 73%

기출 2020년 2회

대도시 A, B 사이에 위치하는 중소도시 C가 있을 때 A, B가 C로부터 끌어들일 수 있는 상권규모를 분석하기 위해 레일리(W. Reilly)의 소매인력법칙을 활용할 수 있다. 이 때 꼭 필요한 정보로 옳지 않은 것은?

① 중소도시 C에서 대도시 A까지의 거리
② 중소도시 C에서 대도시 B까지의 거리
③ 중소도시 C의 인구
④ 대도시 A의 인구
⑤ 대도시 A, B 사이의 분기점

기출 2020년 2회

A시의 인구는 20만명이고 B시의 인구는 5만명이다. 두 도시가 서로 15km의 거리에 떨어져 있는 경우, 두 도시간의 상권경계는 A시로부터 얼마나 떨어진 곳에 형성되겠는가? (Converse의 상권분기점 분석법을 이용해 계산하라)

① 3km ② 5km
③ 9km ④ 10km
⑤ 12km

◀정답 ⑤, ⑤, ④,

서로 떨어져 있는 두 도시 A, B의 거리는 30km이다. 이 때 A시의 인구는 8만명이고 B시의 인구는 A시 인구의 4배라고 하면 도시간의 상권경계는 B시로부터 얼마나 떨어진 곳에 형성되겠는가? (Converse의 상권분기점 분석법을 이용해 계산하라)

① 6km ② 10km

③ 12km ④ 20km

⑤ 24km

A시의 인구는 20만명이고 B시의 인구는 5만명이다. 두 도시 사이의 거리는 15km이다. Converse의 상권분기점 분석법을 이용할 경우 두 도시간의 상권경계는 A시로부터 얼마나 떨어진 곳에 형성되겠는가?

① 3km ② 5km

③ 9km ④ 10km

⑤ 12km

상권을 표현하는 다양한 기법 중에서 소비자의 점포선택 등확률선(isoprobability contours)을 활용하기에 가장 적합한 상권분석 방법은?

① 회귀분석(regression analysis)

② 허프모델(Huff model)

③ 유사점포법(analog method)

④ 체크리스트법(check list)

⑤ 컨버스의 상권분기점(breaking point)모형

◀정답 ④, ④, ②

$$D_a = \frac{D_{ab}}{1+\sqrt{\dfrac{P_b}{P_a}}} \quad \text{or} \quad D_b = \frac{D_{ab}}{1+\sqrt{\dfrac{P_a}{P_b}}}$$

(단, $B_a / B_b = 1$일 경우 적용 가능)

- D_a : A시로부터 분기점까지의 거리
- D_b : B시로부터 분기점까지의 거리
- D_{ab} : AB 두 도시(지역) 간의 거리
- P_a : A시의 인구
- P_b : B시의 인구

• 컨버스의 제2법칙 : 소비자가 소매 점포에서 지출하는 금액이 거주도시와 경쟁도시 중 어느 지역으로 흡수되는가에 대한 것으로, 중소도시의 소비자가 선매품을 구입하는 데 있어 인근 대도시로 얼마나 유출되는지를 설명해준다.

$$\frac{Q_a}{Q_b} = \left(\frac{P_a}{H_b}\right)\left(\frac{4}{d}\right)^2 \quad \text{or} \quad Q_b = \frac{1}{\left(\dfrac{P_a}{H_b}\right)\left(\dfrac{4}{d}\right)^2 + 1}$$

- Q_a : 외부의 대도시로 유출되는 중소도시 X의 유출량(%)
- Q_b : 중소도시 X에서 소비되는 양(%), 즉 X의 체류량
- P_a : 외부 대도시 Y의 인구
- H_b : 당해 중소도시 X의 인구
- d : 대도시 Y와 중소도시 X와의 거리(mile)
- 4 : 관성인자(4mile≒6.4km) 적용평균치

③ 허프(Huff)의 확률모델모형 : 거리가 가깝고 매장면적이 큰 점포가 큰 효용을 준다는 이론이다. ✔자주출제

$$P_{ij} = \frac{U_{ij}}{\displaystyle\sum_{j=1}^{n} U_{ij}} = \frac{\dfrac{S_j}{T_{ij}\lambda}}{\displaystyle\sum_{j=1}^{n} \dfrac{S_j}{T_{ij}\lambda}}$$

- U_{ij} : 점포 j가 i지구에 있는 소비자에 대해 갖는 흡인력
- P_{ij} : 거주지구 i에 있는 소비자가 점포 j에 구매하러 가는 확률
- S_j : 점포 j의 규모 또는 특정의 상품계열에 충당되는 매장면적
- T_{ij} : 소비자의 거주지구 i로부터 점포 j까지의 시간·거리
- n : 점포의 수
- λ : (특정 상품 구입에 대해) 점포방문 소요시간·거리가 쇼핑에 어느 정도 영향을 주는지를 나타내는 매개변수, 종류별 구매출향(고객이 타 지역에서 물품을 구입하는 경향)에 대한 이동시간의 효과를 반영하는 경험적 확정매개변수

⊙ 허프모델식의 의미 : i지구의 소비자가 점포 j를 선택하는 확률은 이용 가능한 점포 각각의 매력도 총합 중에 점하는 매력도의 비율로 나타난다.

- i지구의 소비자에 대해서 갖는 점포 j의 매력도 U_{ij}는 비율 j의 규모와 ij간의 시간거리의 2개의 변수에 의해 결정된다.

- U_{ij}는 비율 $\dfrac{S_j}{T_{ij}\lambda}$에 정비례하는 것으로 된다.

ⓛ 확률모델모형의 내용

- 도시 내 소비자의 공간적 수요이동과 각 상업중심지가 포괄하는 상권의 크기를 측정하기 위해 거리변수 대신 거주지에서 점포까지의 교통시간을 이용하여 전개하였다.

- 거리가 가깝고 매장면적이 큰 점포가 큰 효용을 준다. 즉, 허프의 확률모델은 소비자의 상대적 효용의 크기는 상업 집적의 면적규모와 소비자의 거주지로부터의 거리에 따라 결정된다는 것을 전제한 모델이다.

- 이웃도시들 간의 상권의 경계를 결정하는 데 주로 이용되는 레일리의 소매인력이론과는 달리 개별 소매점의 고객흡인력을 계산할 수 있다.

- Huff 모델은 소비자의 점포선택행동을 확률적 현상으로 해석한다.

- 소매상권이 연속적이면서도 중복적인 구역이라는 관점에서 분석한다.

- 소비자로부터 점포까지의 이동거리는 소요시간으로 대체해서 계산하기도 한다.

- 특정 점포의 효용이 다른 선택 대안 점포들의 효용보다 클수록 해당 점포의 선택가능성이 높아진다.

- 점포크기 및 이동거리에 대한 민감도계수는 상권마다 소비자의 실제구매행동 자료를 통해서 추정한다.

ⓒ 수정 허프모델 : 소비자가 어느 상업지에서 구매하는 확률은 그 상업 집적의 매장면적에 비례하고, 그곳에 도달하는 거리의 제곱에 반비례한다는 것을 공식화한 것이다.

$$P_{ij} = \frac{\dfrac{S_j}{D^2_{ij}}}{\displaystyle\sum_{j=1}^{n} \dfrac{S_j}{D^2_{ij}}}$$

- P_{ij} : i지점의 소비자가 j상업 집적에 가는 확률
- S_j : j상업 집적의 매장면적
- D_{ij} : i지점에서 j까지의 거리

기출 2020년 3회

아래 글상자는 Huff모델을 활용하여 어느 지역 신규슈퍼마켓의 예상매출액을 추정하는 과정을 설명하고 있다. ㉠, ㉡, ㉢에 들어갈 용어로 가장 옳은 것은?

- 보기 -

신규점포가 각 지역(zone)으로부터 얻을 수 있는 예상매출액은 각 지역(zone) 거주자의 신규점포에 대한 (㉠)에다 각 지역(zone)의 (㉡) 및 (㉢) 슈퍼마켓 지출비(특정기간)를 곱하여 구해진다.

① ㉠ 방문빈도 ㉡ 가구수 ㉢ 일인당
② ㉠ 방문빈도 ㉡ 가구수 ㉢ 가구당
③ ㉠ 쇼핑확률 ㉡ 가구수 ㉢ 일인당
④ ㉠ 쇼핑확률 ㉡ 인구수 ㉢ 가구당
⑤ ㉠ 쇼핑확률 ㉡ 인구수 ㉢ 일인당

기출 2020년 3회

특정 지점의 소비자가 어떤 점포를 이용할 확률을 추정할 때 활용하는 수정 Huff모델에 관한 설명 중 옳지 않은 것은?

① 점포면적과 점포까지의 이동거리 등 두 변수만으로 소비자들의 점포 선택확률을 추정한다.
② 실무적 편의를 위해 점포면적과 이동거리에 대한 민감도를 따로 추정하지 않는다.
③ 점포면적과 이동거리에 대한 소비자의 민감도는 '1'과 '-2'로 고정하여 추정한다.
④ 점포면적과 이동거리 두 변수 이외의 다른 변수들을 반영할 수 없다는 점에서 Huff모델과 다르다.
⑤ Huff모델 보다 정확도가 낮을 수 있지만 일반화하여 쉽게 적용하고 대략적 계산이 가능하게 한 것이다.

◀ 정답 ⑤, ④

소비자들이 유사한 인접점포들 중에서 선택하는 상황을 전제로 상권의 경계를 파악할 때 간단하게 활용하는 티센다각형(Thiessen polygon) 모형에 대한 설명으로 옳지 않은 것은?

① 근접구역이란 어느 점포가 다른 경쟁점포보다 공간적인 이점을 가진 구역을 의미하며 일반적으로 티센다각형의 크기는 경쟁수준과 역의 관계를 가진다.

② 두 다각형의 공유 경계선 상에 위치한 부지를 신규점포부지로 선택할 경우 이곳은 두 곳의 기존 점포들로부터 최대의 거리를 둔 입지가 된다.

③ 소비자들이 가장 가까운 소매시설을 이용한다고 가정하며, 공간독점 접근법에 기반한 상권 구획모형의 일종이다.

④ 소매 점포들이 규모나 매력도에 있어서 유사하다고 가정하며 각각의 티센다각형에 의해 둘러싸인 면적은 다각형 내에 둘러싸인 점포의 상권을 의미한다.

⑤ 다각형의 꼭짓점에 있는 부지는 기존 점포들로부터 근접한 위치로 신규 점포 부지로 선택 시 피하는 것이 유리하다.

아래 글상자에 기술된 절차에 따르는 상권분석기법을 널리 알린 사람으로 가장 옳은 것은?

보기

㉠ 자기가 개점하려는 점포와 유사한 기존 점포를 선정한다.
㉡ 기존의 유사점포의 상권범위를 결정한다.
㉢ 전체 상권을 몇 개의 단위 지역으로 나누고, 각 지역에서의 유사점포의 매출액을 인구수로 나누어 각 지역 내의 1인당 매출을 구한다.
㉣ 자기가 입지하려는 지역의 인구수에다 앞에서 구한 1인당 매출을 곱하여 각 지역에서의 예상 매출액을 구한다.

① 레일리(W. Reilly)
② 컨버스(P. Converse)
③ 허프(D. Huff)
④ 넬슨(R. L. Nelson)
⑤ 애플바움(W. Applebaum)

〈정답 ⑤, ⑤

④ MNL모형

허프 모형과 더불어 1980년대 이후 소비자의 점포 선택행위와 특정 점포의 시장점유율을 예측하는 데 많이 이용되고 있다.

㉠ MNL모형의 전제조건

• 특정 점포 안에 대한 효용은 결정적 요소와 무작위 요소로 구성된다.
• 소비자는 고려중인 점포 대안들 중에서 가장 효용이 높은 점포를 선택한다.
• 무작위 요소는 서로 독립적이며, 극단치(Extreme Value) 분포를 가진다.

㉡ MNL모형의 내용 : 상권 내 소비자들의 각 점포에 대한 개별적인 쇼핑에 관한 관측 자료를 이용하여 각 점포에 대한 선택확률의 예측뿐만 아니라 각 점포의 시장점유율 및 상권의 크기 등을 측정할 수 있다.

참고 티센 다각형(Thiessen Polygon)

• 소비자들이 거주지로부터 가장 근접한 쇼핑센터를 이용할 것이라 가정하는 최근접 상가 선택가설에 근거하여 상권을 설정하는 방법을 말한다.
• 이 방법에서 하나의 쇼핑시설이 지니는 상권의 영역은 다른 쇼핑시설보다 해당 쇼핑시설에 가장 가까운 지리적 영역의 경계를 구분함으로써 간단히 확인할 수 있다.
• 상권에 대한 기술적이며, 예측적인 도구의 활용이 가능하다.
• 시설 간 경쟁정도를 쉽게 파악할 수 있다.
• 하나의 상권을 하나의 매장에만 독점적으로 할당하는 방법이다.

참고 애플바움(W. Applebaum)의 유추법 분석 절차

㉠ 1단계 : 비교대상 유사 점포의 선정 – 신규 점포 및 점포의 특성, 고객의 쇼핑유형, 고객의 사회 및 경제 인구통계학적 및 특성에 대상 점포와 유사한 기존의 점포를 선정한다.

㉡ 2단계 : 유사점포의 상권범위 결정 – 유사점포의 상권범위는 매출액을 기준으로 하여 매출액의 60% 정도를 차지하는 범위를 1차 상권으로 나머지 지역을 2차 상권으로 확정

㉢ 3단계 : 상권규모(매출액) 분석 – 유사 점포의 상권규모(매출액)는 유사점포를 이용하는 소비자들과 직접 면접이나 실제 리서치를 통해 해당 규모를 추정한다.

㉣ 4단계 : 유사점포의 1인당 매출액 산정 : 전체 상권을 단위거리에 따라 구분한 후 각 구역 내에서 유사점포가 발생시키는 매출액을 그 구역 내 인구수로 나누어 각 구역별 1인당 매출액을 산정

㉤ 5단계 : 대상 점포의 매출액 추정 : 신규점포가 입점하려고 설정된 상권범위 내에 있는 각 구역별 인구수에 유사점포의 1인당 매출액을 각각 곱하여 신규점포의 예상매출액을 1차적으로 산정

5. 상권조사의 방법과 분석

(1) 상권조사의 의의와 내용

① 상권조사의 의미 : 좋은 상권은 항상 변한다. 현재 변화가 아니더라도 발전가능성이 있는 지역, 유동인구가 많지 않지만 경쟁상점이 없어서 고객확보가 쉬운 곳 등 좋은 목에 위치한 점포를 찾을 수도 있다.

② 상권조사의 내용
  ㉠ 상권의 이해를 위해 기본약도 및 지점별 사진촬영을 통한 비교·분석을 한다.
  ㉡ 지형·지세·교통조건을 통한 상권형태를 파악한다.
  ㉢ 상권 내 업종분포도 작성을 통해 본 업종과의 연관성을 분석한다.
  ㉣ 배후지 인구의 연령대·주요·직업군·소득수준 파악을 통한 소비주력군의 성향을 분석한다.
  ㉤ 연령·성비·시간대별 유동인구의 추이분석을 통해서 소비층의 제조건을 파악·분석한다.
  ㉥ 상권 내 매물의 점포 임대료·권리금을 조사한다.
  ㉦ 경쟁점포의 입지적 장·단점을 조사한다.
  ㉧ 각 점포별 임대가와 권리금을 조사하고, 권리금 협상의 가능성 유무와 권리금 추정치를 작성한다.
  ㉨ 점포를 형성하는 외부 점포의 모양, 지형과 유동인구의 흐름 파악, 연결점포의 구성, 주차장 유무 등의 제조건을 파악한다.
  ㉩ 점포 내부의 구조물·점포 실 평수·가로·세로 길이 및 높이 등의 제조건을 파악한다.
  ㉪ 점포주의 직업 및 주변평판을 조사한다.
  ㉫ 동종 업종의 경쟁점포와 연관 업종의 경쟁점포를 조사한다.
  ㉬ 상권의 특색을 정리하고 ㉠~㉫의 조사를 토대로 하여 각 매물점포의 경쟁 우위의 특색을 비교하여 최종 결정한다.

(2) 상권조사의 방법

① 상권조사의 종류
  ㉠ 유동인구 조사
    • 유동인구는 주말이라 해도 토요일과 공휴일에 따라, 그리고 날씨에 따라 차이가 난다.
    • 비용을 많이 들일 수 없는 소자본 창업은 최소한의 유동인구를 조사하기 위해 날씨가 좋은 평일과 주말에 각각 하루를 선정하여 유동인구를 조사하는 것이 비교적 정확한 조사가 될 것이다.

ⓛ **고객층과 시간대별 통행량 조사** : 고객층에 따라 그 시간대가 다르므로 학생을 대상으로 할 때는 하교시간대에, 직장인을 대상으로 할 때는 퇴근시간대에, 주부를 대상으로 할 때는 오전 11시 ~ 오후 5시 사이에 정밀 조사한다.

ⓒ **총유동인구 조사법**
- 주 고객이 몰리는 시간뿐 아니라 하루의 총 유동인구를 조사한다.
- 하루의 시간대를 선택하는 방법으로는 오전 중 1시간을 선택하여 유동인구를 산출하고, 오후부터는 2시간마다 1시간을 조사하여 산출하는 방법이 있으며, 매시간에 20분마다 조사하여 산출하는 방법도 있다.
- 업종에 따라 차이는 있으나 12~14시, 18~20시, 21~22시는 중점적으로 조사해야 한다.

ⓔ **내점률 조사**
- 점포 후보지의 유동인구 및 잠재력을 조사한 다음에는 점포 후보지의 내점률을 확인하여야 하는데, 이는 추정매출을 조사하기 위한 것이다.
- 추정매출을 조사하기 위한 방법으로 경쟁점포나 유사 업종의 매출조사, 설문조사, 전문조사 업체에 의뢰하는 등의 방법이 있다.

ⓜ **구매품목과 가격대 조사**
- 성별·연령별 주요 구매품목과 구매가격대를 조사한다.
- 점포 앞은 물론 각 방향에서의 입체적 통행량을 조사한다.

② 상권조사항목
ㄱ **상권 내 경쟁시설물에 대한 정보** : 경쟁시설물의 개수, 위치, 규모, 경쟁력, 영업실태, 임대가 등을 조사한다.
ㄴ **상권 내 행정통계** : 인구 수, 세대 수, 사업체 수, 종업원 수, 세대별 지출 비용의 내역 등을 조사한다.
ㄷ **설문조사 등에 의한 소비자 형태** : 지역별 고객 분포 현황 및 시장점유율, 소비단가, 이용횟수, 시설별 선호도, 지역별 필요 시설물 등을 조사한다.

③ GIS(Geographic Information System) ✔자주출제
ㄱ 지리 공간 데이터를 분석 및 가공해서 교통, 통신 등과 같은 지형 관련 분야에 활용할 수 있는 시스템을 의미한다.
ㄴ 컴퓨터를 이용한 지도 작성체계 및 데이터베이스관리체계(DBMS)와의 결합이다.
ㄷ 과거에 인쇄물 형태로 이용하던 지도 및 지리정보를 컴퓨터를 활용해서 작성 및 관리하고, 이로 인해 얻은 지리정보를 기초로 데이터를 수집·분석·가공해서 지형과 관련되는 모든 분야에 적용하기 위해 설계된 종합 정보 시스템이다.

ⓔ 지도 레이어는 점, 선, 면을 포함하는 개별 지도형상으로 구성되어 있다.

ⓜ 사용자의 요구에 즉시 부응할 수 있는 도면 검색 시스템을 통해 도면과 속성정보를 유기적으로 결합할 수 있다.

ⓗ 여러 정보를 쉽게 교체할 수 있다.

ⓢ 도면의 반영구적 사용 및 수작업 관리로 인한 인위적인 오차 배제 등이 가능하다.

ⓞ gCRM을 실현하기 위한 기본적 틀을 제공할 수 있다.

ⓩ 주제도 작성, 데이터 및 공간조회, 버퍼링(Buffering) 등을 통해서 효과적인 상권분석이 가능하다.

기출 PLUS

기출 2020년 3회

정보기술의 발달과 각종 데이터의 이용가능성이 확대되면서 지도작성 체계와 데이터베이스관리체계의 결합체인 지리정보시스템(GIS)을 상권분석에 적극 활용할 수 있는 환경이 조성되고 있다. 아래 글상자의 괄호 안에 적합한 GIS 관련용어로 가장 옳은 것은?

• 보기 •

- GIS를 이용한 상권분석에서 각 점포에 대한 속성값 자료는 점포 명칭, 점포, 유형, 매장 면적, 월매출액, 종업원수 등을 포함할 수 있다.
- 이때 면 선·점의 형상들을 구성하는 각 점의 x-y 좌표값들은 통상적으로 경도와 위도 좌표 체계를 기반으로 작성되는데 우수한 GIS 소프트웨어는 대체로 (   )을/를 포함하고 있다.
- (   )은/는 지도지능(map intelligence)의 일종이며, 이는 개별 지도형상에 대해 경도와 위도 좌표체계를 기반으로 다른 지도형상과 비교하여 상대적인 위치를 알 수 있는 기능을 부여하는 역학을 한다.

① 버퍼(buffer)
② 레이어(layer)
③ 중첩(overlay)
④ 기재단위(entry)
⑤ 위상(topology)

◄ 정답 ⑤

기출 & 예상문제

01 회사가 많은 지역에서 음식점을 개업한 신영이는 개업이래 방문했던 고객들의 명함을 모두 수집하였다. 얼마 전 신영이는 시내 지도를 펼쳐 놓고 지금까지 다녀간 손님들의 주소를 명함에서 찾아 지도에 핀을 꽂아 표시해 보았다. 지도상에 핀이 꽂혀있는 상태를 토대로 상권을 파악하여 전단지를 배포하려고 한다. 다음 중 신영이가 수행한 이 조사의 가장 적절한 명칭은?

① 고객 스포팅(spotting)

② 고객 군집화(clustering)

③ 고객 센서스(census)

④ 다중회귀분석(multiple regression)의 시행

⑤ 상권 지형도(topographical map)의 작성

> **TIPS!**
>
> 애플바움(W. Applebaum)의 유추법에서 상권 규모는, 자사 점포를 이용하는 고객들의 거주지를 지도상에 표시한 후 자사 점포를 중심으로 서로 다른 거리의 동심원을 그림으로써 시각적으로 파악할 수 있다. 이러한 상권 규모의 측정 방법을 고객스포팅 맵(CST map) 기법이라고 한다.

02 정보기술의 발전이 유통 및 상권에 미친 영향으로 가장 옳지 않은 것은?

① 메이커에서 소매업으로의 파워시프트(power shift)현상 강화

② 중간 유통단계의 증가 및 배송거점의 분산화

③ 메이커의 영업거점인 지점, 영업소 기능의 축소

④ 수직적 협업체제 강화 및 아웃소싱의 진전

⑤ 편의품 소비재 메이커의 상권 광역화

> **TIPS!**
>
> ② 정보기술의 발전으로 중간 유통단계가 감소하였다.

Answer 01.① 02.②

03 상권분석 및 입지선정에 활용하는 지리정보시스템(GIS)에 대한 설명으로서 가장 옳지 않은 것은?

① 개별 상점이나 상점가의 위치정보를 점(點)데이터로, 토지 이용 등의 정보는 면(面)데이터로 지도에 수록한다.

② 지하철 노선이나 도로 등은 선(線)데이터로 지도에 수록하고 데이터베이스를 구축한다.

③ 상점 또는 상점가를 방문한 고객을 대상으로 인터뷰조사를 하거나 설문조사를 하여 지도데이터베이스 구축에 활용한다.

④ 라일리, 컨버스 등이 제안한 소매인력모델을 적용하는 경우에도 정확한 위치정보를 얻을 수 있는 지리정보시스템의 지원이 필요하다.

⑤ 백화점, 대형마트 등의 대규모 점포의 입지선정 등에 활용될 수 있으나, 편의점 등 소규모 연쇄점의 입지선정이나 잠재고객 추정 등에는 활용가능성이 높지 않다.

TIPS!
⑤ 잠재적인 고객의 집중도와 이에 따른 위치를 파악할 수 있다.

04 상권에 대한 설명으로 가장 옳지 않은 것은?

① 재화의 이동에서 사람을 매개로 하는 소매상권은 재화의 종류에 따라 그 사람의 비용이나 시간사용이 달라지므로 상권의 크기가 달라진다.

② 고가품, 고급품일수록 소비자들은 구매활동에 보다 많은 시간과 비용을 부담하려 하므로 상권범위가 확대된다.

③ 도매상권은 사람을 매개로 하지 않기에 시간인자의 제약이 커져서 상권의 범위가 제한된다.

④ 보존성이 강한 제품은 그렇지 않은 제품에 비해 상권이 넓어진다.

⑤ 상권범위를 결정하는 비용인자(因子)에는 생산비, 운송비, 판매비용 등이 포함되며 그 비용이 상대적으로 저렴할수록 상권은 확대된다.

TIPS!
③ 도매상권은 사람을 매개로 하지 않기 때문에 시간 인자의 제약이 낮다.

Answer 03.⑤ 04.③

05 소매점 상권의 크기에 영향을 미치는 주요 요인을 모두 나열한 것으로 가장 옳은 것은?

> ㉠ 소매점의 이미지   ㉡ 기생점포(parasite store)의 입지
> ㉢ 소매점의 규모   ㉣ 소매점의 접근성
> ㉤ 경쟁점포의 입지

① ㉠, ㉡, ㉢, ㉣, ㉤   ② ㉡, ㉢, ㉣, ㉤
③ ㉠, ㉡, ㉢   ④ ㉡, ㉣, ㉤
⑤ ㉠, ㉢, ㉣, ㉤

● TIPS!

소매점 상권
㉠ 소매점의 영업범위는 거리적으로 한계가 있다. 소매점 상권의 크기는 상품 구색이나 가격, 서비스 등 상점 자체의 가치도 중요하지만 소비자와의 거리가 매우 중요하다.
㉡ 소매점의 영업범위는 각 상점이 가지고 있는 특수한 입지조건에 따라 다르다. 같은 상품을 취급하는 상점이라 하더라도 고립지역에 있는 상점보다는 시장이나 상점가에 있는 소매점의 상권은 넓다.
㉢ 소매점의 상권은 취급상품의 종류에 따라 범위가 다르며, 상품에 따라서 소비자들의 구매패턴이 다르다.

06 크리스탈러(W. Christaller)의 중심지이론은 판매자와 소비자를 "경제인"으로 가정한다. 그 의미로서 가장 옳은 것은?

① 판매자와 소비자 모두 비용대비 이익의 최대화를 추구한다.
② 소비자는 거리와 상관없이 원하는 제품을 구매하러 이동한다.
③ 판매자는 경쟁을 회피하려고 최선을 다한다.
④ 소비자는 구매여행의 즐거움을 추구한다.
⑤ 소비자는 가능한 한 상위계층 중심지에서 상품을 구매한다.

● TIPS!

① 크리스탈러는 이론을 전개시키기 위해 복잡한 지표 현상을 단순화시킨 균등한 공간으로 가정하였다. 지표는 등질 평야 지대이며, 교통 수단과 접근성이 동일하며, 운송비는 중심지로부터의 거리에 비례한다. 또한 소비 인구는 중심지 주변에 균등하게 분포하고, 이들의 소비 성향과 구매력은 모두 동일하며, 최소의 비용으로 재화를 구입하는 경제인으로 행동한다.

Answer 05.⑤ 06.①

07 상권의 개념에 대한 설명으로 가장 옳지 않은 것은?

① 판매자 측면에서의 상권은 특정 마케팅 단위나 집단이 상품과 서비스를 판매하고 인도함에 있어 비용과 취급 규모 면에서의 특정 경계에 의해 결정되는 경제적인 범위

② 구매자 측면에서의 상권은 적절한 가격의 재화 및 용역을 합리적으로 구매할 수 있을 것으로 기대되는 지역적 범위

③ 판매량 측면에서의 상권은 판매량에 따라 1차 상권, 2차 상권, 3차 상권 및 영향권 등으로 구분하여 각 상권별 판매량에 따른 상권의 범위

④ 포괄적으로 상권이란 한 점포 또는 점포집단이 고객을 유인할 수 있는 특정 지점

⑤ 상권의 범위는 인구밀도 분포, 쇼핑몰에 접근하는 교통 조건, 경쟁 상업지의 위치와 규모에 의해 결정

TIPS!

포괄적으로 상권(trading area)이란 한 점포 또는 점포집단이 고객을 유인할 수 있는 지역적 범위를 의미한다. 특정 지점이 아니다.

08 허프(Huff)의 수정모델을 적용해서 추정할 때, 아래 글상자 속의 소비자 K가 A지역에 쇼핑을 하러 갈 확률로서 가장 옳은 것은?

- A지역의 매장면적은 100평, 소비자 K로부터 A지역까지의 거리는 10분 거리
- B지역의 매장면적은 400평, 소비자 K로부터의 거리는 20분 거리

① 0.30
② 0.40
③ 0.50
④ 0.60
⑤ 0.70

TIPS!

$$\frac{A\,매장의\,크기/거리^2}{A\,매장의\,크기/거리^2 + B\,매장의\,크기/거리^2}$$

$$= \frac{100/10^2}{100/10^2 + 400/20^2}$$

$$= \frac{1}{2}$$

Answer 07.④ 08.③

09 소비자에 대한 직접적 조사를 통해 점포선택행동을 분석하는 확률모델들에 대한 설명으로 가장 옳은 것은?

① 점포에 대한 객관적 변수와 소비자의 주관적 변수를 모두 반영할 수 있는 방법에는 MNL모델과 수정 Huff모델이 있다.

② 공간상호작용 모델의 대표적 분석방법에는 Huff모델, MNL모델, 회귀분석, 유사점포법 등이 해당된다.

③ Huff모델과 달리 MNL모델은 일반적으로 상권을 세부지역(zone)으로 구분하는 절차를 거치지 않는다.

④ Luce의 선택공리를 바탕으로 한 Huff모델과 달리 MNL모델은 선택공리와 관련이 없다.

⑤ MNL모델은 분석과정에서 집단별 구매행동 데이터 대신 각 소비자의 개인별 데이터를 수집하여 활용한다.

> **TIPS!**
> ① MNL모델은 점포의 객관적 특성보다는 소비자의 주관적 평가자료를 활용한다.
> ② 공간상호작용모델은 소비자의 점포선택행동을 이용해 공간적 이용패턴을 분석하고, 해당점포의 시장점유율과 매출액 등을 예측하는 것으로 모델의 추정방식에 따라 Huff모델, MCI모델, MNL모델로 분류된다.
> ③ Huff모델과 MNL모델은 일반적으로 상권을 소규모의 세부지역으로 나누는 절차를 거친다.
> ④ MNL 모형은 루스의 선택공리이론에 근거한 모델이다.

10 소매점포 상권의 분석기법 가운데 하나인 Huff모델의 특징으로서 가장 옳은 것은?

① Huff모형은 점포이미지 등 다양한 변수를 반영하여 상권분석의 정확도를 높일 수 있다.

② 개별점포의 상권이 공간상에서 단절되어 단속적이며 타점포 상권과 중복되지 않는다고 가정한다.

③ 개별 소비자들의 점포선택행동을 확률적방법 대신 기술적방법(descriptive method)으로 분석한다.

④ 상권 내 모든 점포의 매출액 합계를 추정할 수 있지만, 점포별 점유율은 추정하지 못한다.

⑤ 각 소비자의 거주지와 점포까지의 물리적 거리는 이동시간으로 대체하여 분석하기도 한다.

> **TIPS!**
> ① Huff모델과 달리 MNL모델은 점포의 이미지 등 다양한 영향변수를 반영한다.
> ② 소매상권이 공간상 연속적이고, 타점포 상권과 중복 가능하다고 가정한다.
> ③ 허프는 소비자의 점포선택행동을 확률로써 설명하였다.
> ④ 점포별 점유율을 예측할 수 있다.

Answer 09.⑤ 10.⑤

11 아래 글상자의 상권분석방법들 모두에 해당되거나 모두를 적용할 수 있는 상황으로서 가장 옳은 것은?

> • 컨버스의 분기점분석
> • CST(customer spotting technique) map
> • 티센다각형(thiessen polygon)

① 개별 소비자의 위치 분석
② 소비자를 대상으로 하는 설문조사의 실시
③ 상권의 공간적 경계 파악
④ 경쟁점의 영향력 파악
⑤ 개별점포의 매출액 예측

 TIPS!

세 가지 모두 상권의 공간적 경계 파악 방법이다.

12 아래 글상자 ㉠과 ㉡에 해당되는 용어로 가장 옳은 것은?

> ㉠은(는) 미래 수요를 예측하는 질적 예측방법의 하나이다. 불확실한 특정 문제(특정기술의 개발가능성, 새로운 소비패턴의 출현가능성 등)에 대해 여러 전문가의 의견을 되풀이해 모으고, 교환하고, 발전시켜 수요를 예측한다.
> ㉡은(는) 시간의 경과에 따라 일정한 간격을 두고 동일한 현상을 반복적으로 측정하여 각 기간에 일어난 변화에 대한 추세를 예측하는 방법이다.

① ㉠ 투사법 ㉡ 시계열분석
② ㉠ 패널조사법 ㉡ 사례유추법
③ ㉠ 투사법 ㉡ 수요확산모형분석
④ ㉠ 델파이기법 ㉡ 시계열분석
⑤ ㉠ 사례유추법 ㉡ 수요확산모형분석

TIPS!

㉠ 어떤 문제의 해결과 관계된 미래 추이의 예측을 위해 전문가 패널을 구성하여 수회 이상 설문하는 정성적 분석 기법으로 전문가 합의법이라고도 한다.
㉡ 어떤 현상에 대하여 과거에서부터 현재까지의 시간의 흐름에 따라 기록된 데이터를 바탕으로 미래의 변화에 대한 추세를 분석하는 방법이다.

Answer 11.③ 12.④

13 상권설정이 필요한 이유로 가장 옳지 않은 것은?

① 지역내 고객의 특성을 파악하여 상품구색과 촉진의 방향을 설정하기 위해

② 잠재수요를 파악하기 위해

③ 구체적인 입지계획을 수립하기 위해

④ 점포의 접근성과 가시성을 높이기 위해

⑤ 업종선택 및 업태개발의 기본 방향을 확인하기 위해

> **TIPS!** ....
>
> 상권설정이 필요한 이유
> ㉠ 출점하는 업종, 업태와 밀접한 상관관계가 있다.
> ㉡ 상품구성, 가격대 설정의 중요한 기초자료가 된다.
> ㉢ 구매력 추정과 매출액 설정의 기초자료가 된다.
> ㉣ 판촉활동 범위 결정에 필수적인 자료다.
> ㉤ 지역으로 유입되는 인구의 특성은 입지평가의 포인트다.

14 입지후보지에 대한 예상 매출금액을 계량적으로 추정하기 위한 상권분석기법이 아닌 것으로만 짝지어진 것은?

① 유사점포법(analog method), 허프모델(Huff model)

② 허프모델(Huff model), 체크리스트법(Checklist method)

③ 티센다각형(Thiessen polygon)모형, 체크리스트법(Checklist method)

④ 회귀분석(regression analysis)모형, 허프모델(Huff model)

⑤ 다항로짓모델(multinomial logit model), 유사점포법(analog method)

> **TIPS!** ....
>
> ㉠ 티센다각형(Thiessen polygon)모형 : 소비자들이 유사한 점포들 중에서 점포를 선택할 때는 가장 가까운 점포를 선택한다는 가정을 토대로 하며, 상권경계를 결정할 때 티센다각형(Thiessen Polygon)을 활용한다.
> ㉡ 체크리스트법(Checklist method) : 체크리스트의 지시에 따라 아이디어를 이끌어내는데 효과적인 질문에 순서대로 대답하여 강제적으로 아이디어를 내는 방법으로, 상권의 규모에 영향을 미치는 요인들을 수집하여 이들에 대한 평가를 통해 시장잠재력을 측정하는 것이다. 복수의 입지후보지를 대상으로 조사할 때 상권규모에 영향을 미치는 변수들을 통해 상대적인 매력도를 비교할 수 있지만 구체적인 숫자로 매출액을 추정하기에는 어렵다.

Answer 13.④ 14.③

15 소매점의 입지와 상권에 대한 설명으로 가장 옳은 것은?

① 입지 평가에는 점포의 층수, 주차장, 교통망, 주변 거주 인구 등을 이용하고, 상권 평가에는 점포의 면적, 주변 유동인구, 경쟁점포의 수 등의 항목을 활용한다.

② 입지는 점포를 이용하는 소비자들이 분포하는 공간적 범위 또는 점포의 매출이 발생하는 지역 범위를 의미한다.

③ 상권은 점포를 경영하기 위해 선택한 장소 또는 그 장소의 부지와 점포 주변의 위치적 조건을 의미한다.

④ 입지를 강화한다는 것은 점포가 더 유리한 조건을 갖출 수 있도록 점포의 속성들을 개선하는 것을 의미한다.

⑤ 입지는 일정한 공간적 범위(boundary)로 표현되고 상권은 일정한 위치를 나타내는 주소나 좌표를 가지는 점(point)으로 표시된다.

TIPS!

② 입지는 점포를 경영하기 위해 선택한 장소 또는 그 장소의 부지와 점포주변의 위치적 조건을 의미한다.

③ 상권은 점포를 이용하는 소비자들이 분포하는 공간적 범위를 의미하거나 점포의 매출이 발생하는 지역범위이다.

⑤ 상권은 일정한 공간적 범위(boundary)로 표현되고 입지는 일정한 위치를 나타내는 주소나 좌표를 가지는 점(point)으로 표시된다.

16 한 도시 내 상권들의 계층성에 대한 설명으로 가장 옳지 않은 것은?

① 지역상권은 보통 복수의 지구상권을 포함한다.

② 지역상권은 대체로 도시의 행정구역과 일치하기도 한다.

③ 일반적으로 점포상권은 점포가 입지한 지구의 상권보다 크지 않다.

④ 같은 지구 안의 점포들은 특성이 달라도 상권은 거의 일치한다.

⑤ 지방 중소도시의 지역상권은 도시 중심부의 지구상권과 거의 일치한다.

TIPS!

④ 같은 지구 안의 점포들은 고객의 특성이 상권의 특성을 좌우한다.

Answer 15.④ 16.④

17 지도작성체계와 데이터베이스관리체계의 결합으로 상권 분석의 유용한 도구가 되고 있는 지리정보시스템(GIS)의 기능에 대한 설명으로 옳은 것은?

① 버퍼(buffer) – 지도상에서 데이터를 조회하여 표현하고, 특정 공간기준을 만족시키는 지도를 얻기 위해 조회도구로써 지도를 사용하는 것이다.

② 주제도(thematic map) 작성 – 속성정보를 요약하여 표현한 지도를 작성하는 것이며, 면, 선, 점의 형상으로 구성된다.

③ 위상 – 지리적인 형상을 표현한 지도상에 데이터의 값과 범위를 할당하여 지도를 확대·축소하는 등의 기능이다.

④ 데이터 및 공간조회 – 어떤 지도형상, 즉 점이나 선 혹은 면으로부터 특정한 거리 이내에 포함되는 영역을 의미하며, 면의 형태로 나타나 상권 혹은 영향권을 표현하는데 사용될 수 있다.

⑤ 프레젠테이션 지도작업 – 공간적으로 동일한 경계선을 가진 두 지도 레이어들에 대해 하나의 레이어에 다른 레이어를 겹쳐 놓고 지도 형상과 속성들을 비교하는 기능이다.

> **TIPS!**
> ① 지도 주변의 거리의 단위나 시간을 나타내는 구역이다.
> ③ GIS에서 서로 연결된 또는 인접한 벡터 객체들(포인트, 폴리라인, 폴리곤) 사이의 공간적 관계를 나타낸다.
> ⑤ 지도상에 지리적인 형상을 표현하고 데이터의 값과 범위를 지리적인 형상에 할당하고 지도를 확대·축소하는 등의 기능이다.

18 크리스탈러(Christaller)의 중심지이론과 관련된 설명으로 가장 옳지 않은 것은?

① 중심지란 배후지의 거주자들에게 재화와 서비스를 제공하는 상업기능이 밀집된 장소를 말한다.

② 배후지란 중심지에 의해 서비스를 제공받는 주변지역으로서 구매력이 균등하게 분포하고 끝이 없이 동질적인 평지라고 가정한다.

③ 중심지기능의 최대도달거리(도달범위)는 중심지에서 제공되는 상품의 가격과 소비자가 그것을 구입하는 데 드는 교통비에 의해 결정된다.

④ 도달범위란 중심지 활동이 제공되는 공간적 한계를 말하는데 중심지로부터 어느 재화에 대한 수요가 0이 되는 곳까지의 거리를 의미한다.

⑤ 상업중심지의 정상이윤 확보에 필요한 최소한의 수요를 발생시키는 상권범위를 최대수요 충족거리라고 한다.

> **TIPS!**
> ⑤ 상업중심지의 정상이윤 확보에 필요한 최소한의 수요를 발생시키는 상권범위를 최소수요 충족거리(threshold)라고 한다.

Answer 17.② 18.⑤

19 상권분석은 지역분석과 부지분석으로 나누어진다. 다음 중 지역분석의 분석항목만으로 구성된 것은?

① 기후·지형·경관, 용도지역·용적률, 기존 건물의 적합성, 금융 및 조세 여건

② 인구변화 추세, 기후·지형·경관, 도로망·철도망, 금융 및 조세 여건

③ 용도지역·용적률, 기존 건물의 적합성, 인구변화 추세, 도로망·철도망

④ 인구변화 추세, 민원발생의 소지, 토지의 지형·지질·배수, 금융 및 조세 여건

⑤ 민원발생의 소지, 용도지역·용적률, 도로망·철도망, 공익설비 및 상하수도

★ TIPS!

지역분석의 주요 분석항목

구분	내용
사회, 경제	• 인구 : 인구변화 추세, 인구밀도, 직업, 성별, 연령구조, 교육수준, 소득, 소비성향 등 • 교통 : 도로망, 철도망, 항만, 공항, 수로 등 • 공익설비 : 상·주거. 공업시설 • 여가 및 공공시설 : 규모, 배치상태, 성장전망 등 • 경쟁시설 : 시설유형별 개수, 규모, 경쟁의 질적수준
법률, 행정	• 토지이용 상황 • 금융 및 조세여건 • 용지확보의 용이성 및 비용 • 행정상의 규제정도
자연환경	• 기후, 지형, 지질, 경관 등

20 상가건물이 지하1층, 지상5층으로 대지면적은 $300m^2$이다. 층별 바닥면적은 각각 $200m^2$로 동일하며 주차장은 지하 1층에 $200m^2$와 지상1층 내부에 $100m^2$로 구성되어 있다. 이 건물의 용적률은?

① 67% ② 233%

③ 300% ④ 330%

⑤ 466%

★ TIPS!

용적률 계산 시 연면적은 주차장, 창고, 지하면적, 주민공동시설은 제외하고 계산한다.

$$용적률 = \frac{연면적(건물\ 바닥면적의\ 합)}{대지면적} \times 100$$

$$= \frac{0 + (200 - 100) + 200 + 200 + 200 + 200}{300} \times 100 = 300(\%)$$

Answer 19.② 20.③

21 유통경로구조를 결정하기 위해 체크리스트법을 사용할 때 고려해야 할 요인들에 대한 설명으로 옳지 않은 것은?

① 재무적 능력이나 규모 등의 기업요인

② 시장규모와 지역적 집중도 등의 시장요인

③ 제품의 크기와 중량 등의 제품요인

④ 경영전문성이나 구성원 통제 등에 대한 기업요인

⑤ 구매빈도와 평균 주문량 등의 제품요인

> **TIPS!**
>
> 체크리스트법
> ㉠ 시장요인 : 목표시장의 특징이 유통경로의 구조와 설계를 결정하게 된다.
> ㉡ 제품요인 : 시장, 기업, 경로구성원이 동일하다면 경로 설계에 직접적인 영향을 미친다.
> ㉢ 기업요인 : 기업마다 기업의 규모, 재무적 능력, 경영 전문성, 통제에 대한 욕망은 다르다.
> ㉣ 경로구성원 요인 : 유통경로의 구축에 있어서 장차 경로 기능을 담당할 기관들의 특징을 검토해 보아야 한다.

22 수정 Huff모델의 특성과 관련한 설명 중 가장 옳지 않은 것은?

① 수정 Huff모델은 실무적 편의를 위해 점포면적과 거리에 대한 민감도를 따로 추정하지 않는다.

② 점포면적과 이동거리에 대한 소비자의 민감도는 '1'과 '-2'로 고정하여 인식한다.

③ Huff모델과 같이 점포면적과 점포까지의 거리 두 변수만으로 소비자들의 점포 선택확률을 추정할 수 있다.

④ 분석과정에서 상권 내에 거주하는 소비자의 개인별 구매행동 데이터를 활용하여 예측의 정확도를 높인다.

⑤ Huff모델 보다 정확도는 낮을 수 있지만, 일반화하여 쉽게 적용하고 대략적 추정을 가능하게 한 것이다.

> **TIPS!**
>
> 수정Huff모델
> ㉠ 점포면적과 이동거리 등 두 변수만으로 소비자의 점포 선택확률을 추정한다.
> ㉡ 실무적 편의를 위해 점포면적과 이동거리에 대한 민감도를 따로 추정하지 않는다.
> ㉢ 점표면적과 이동거리에 대한 소비자의 민감도는 '1'과 '-2'로 고정하여 인식한다.
> ㉣ 점포면적과 이동거리 두 변수 이외에 다른 변수들을 반영할 수 없다는 점에서 Huff모델과 동일하다.
> ㉤ Huff모델보다 정확도가 낮을 수 있지만 일반화하여 쉽게 적용하고 대략적 계산이 가능하게 한 것이다.

Answer 21.⑤ 22.④

23 현 소유주의 취득일과 매매과정, 압류, 저당권 등의 설정, 해당 건물의 기본내역 등이 기록되어 있는 공부서류로 가장 옳은 것은?

① 등기사항전부증명서
② 건축물대장
③ 토지대장
④ 토지이용계획확인서
⑤ 지적도

 TIPS!

① 표제부·갑구·을구로 구성돼 있으며 표제부에는 해당부동산의 토지와 건물의 표시에 관한사항이 기재되고, 갑구란에는 소유권에 관한 사항이, 을구란에는 소유권 이외의 권리에 관한 사항이 기재된다.

24 글상자 안의 내용이 설명하는 상권 및 입지분석방법으로 가장 옳은 것은?

> 소매점포의 매출액을 예측하는데 사용되는 간단한 방법의 하나이다. 어떤 지역에 입지한 한 소매점의 매출액 점유율은 그 지역의 전체 소매매장면적에 대한 해당 점포의 매장 면적의 비율에 비례할 것이라는 가정하에서 예측한다.

① 체크리스트법
② 유사점포법
③ 점포공간매출액비율법
④ 확률적상권분석법
⑤ 근접구역법

TIPS!

① 경로 구조를 결정하는데 여러 가지 고려해야 할 요인들을 고려하여 중간상을 결정하는 방법을 설명하는 모형
② 애플바움이 제안한 것으로, 자사의 신규점포와 특성이 비슷한 기존의 유사 점포를 선정하여 그 점포의 상하 범위를 추정한 결과로 자사점포의 신규 입지에서의 매출액, 즉 상권 규모를 측정하는데 이용하는 방법이다.
④ 레일리의 법칙을 수정하여 도시의 인구규모 대신에 상점의 매력도를 상가의 매장면적규모로 삼았고, 추가로 시간거리를 도입하였다.
⑤ 소비자들이 유사점포 중에서 선택을 할 때 자신들에게 가장 가까운 점포를 선택한다는 가정을 토대로 소매점 포매출액을 추정하는 기법이다.

Answer 23.① 24.③

25 일반적으로 인간은 이익을 얻는 쪽을 먼저 선택하고자 하는 심리가 있어서 길을 건널 때 처음 만나는 횡단보도를 이용하려고 한다는 법칙으로 가장 옳은 것은?

① 안전우선의 법칙
② 집합의 법칙
③ 보증실현의 법칙
④ 최단거리 실현의 법칙
⑤ 주동선 우선의 법칙

TIPS!
① 인간은 기본적으로 몸의 안전을 지키기 위해 알지 못하는 길은 다니지 않는다. 위험하다고 생각하는 장소, 다른 사람이 다니지 않는 장소는 피한다.
② 인간은 자연스럽게 사람이 많이 모이는 곳에 모이는 경향이 있다.
④ 인간은 목적지에 이르기 위해 돌아가거나 시간이 더 소요되는 것을 피해 최단거리를 이동한다.

26 상권분석을 위해 활용하는 지리정보시스템(GIS)의 기능 중 공간적으로 동일한 경계선을 가진 두 지도 레이어들에 대해 하나의 레이어에 다른 레이어를 겹쳐 놓고 지도 형상과 속성들을 비교하는 기능으로 옳은 것은?

① 버퍼(buffer)
② 위상
③ 주제도 작성
④ 중첩(overlay)
⑤ 프레젠테이션 지도작업

TIPS!
① 지도 주변의 거리의 단위나 시간을 나타내는 구역이다.
② GIS에서 서로 연결된 또는 인접한 벡터 객체들(포인트, 폴리라인, 폴리곤) 사이의 공간적 관계를 나타낸다.
③ 속성정보를 요약하여 표현한 지도를 작성하는 것이며, 면, 선, 점의 형상으로 구성된다.
⑤ 지도상에 지리적인 형상을 표현하고 데이터의 값과 범위를 지리적인 형상에 할당하고 지도를 확대·축소하는 등의 기능이다.

Answer 25.③ 26.④

27 상권을 구분하거나 상권별 대응전략을 수립할 때 필수적으로 이해하고 있어야 할 상권의 개념과 일반적 특성을 설명한 내용 중에서 가장 옳지 않은 것은?

① 1차상권이 전략적으로 중요한 이유는 소비자의 밀도가 가장 높은 곳이고 상대적으로 소비자의 충성도가 높으며 1인당 판매액이 가장 큰 핵심적인 지역이기 때문이다.

② 1차상권은 전체상권 중에서 점포에 가장 가까운 지역을 의미하는데 매출액이나 소비자의 수를 기준으로 일반적으로 약 60% 정도까지를 차지하지만 그 비율은 절대적이지 않다.

③ 2차상권은 1차상권을 둘러싸는 형태로 주변에 위치하여 매출이나 소비자의 일정비율을 추가로 흡인하는 지역이다.

④ 3차상권은 상권으로 인정하는 한계(fringe)가 되는 지역 범위로, 많은 경우 지역적으로 넓게 분산되어 위치하여 소비자의 밀도가 가장 낮다.

⑤ 3차상권은 상권내 소비자의 내점빈도가 1차상권에 비해 높으며 경쟁점포들과 상권중복 또는 상권잠식의 가능성이 높은 지역이다.

> 🔆 **TIPS!**
>
> 고객흡인율에 따른 상권 분류
> ㉠ 1차 상권 : 상점 이용고객의 60~70%가 거주하는 지역으로 고객들이 사업장에 가장 근접해 있으며 고객의 수 또는 고객 1인당 판매금액이 가장 많은 지역이다. 식료품과 같은 편의점의 겨우 500m 이내가 되고, 선매품의 경우에는 버스나 승용차로 15~30분 정도가 소요되는 지역이다.
> ㉡ 2차 상권 : 1차 상권 외곽에 위치하고 사업장 이용고객의 20~25%가 거주하는 지역으로 고객의 분산도가 아주 높다. 편의품의 경우 2차 상권은 고객을 그렇게 많이 흡수하지 못한다. 선매품의 경우 2차 상권은 버스나 승용차로 30~60분 정도 소요되는 지역을 말한다.
> ㉢ 3차 상권 : 대체적으로 1·2차 상권에 포함되는 고객 이외의 나머지 고객들이 거주하는 지역이다. 3차 상권은 고객들의 거주지역이 매우 분산되어 있다. 편의품의 고객은 존재하지 않으며, 선매품이나 전문품을 취급하는 점포의 고객들이 5~10% 정도 거주한다.

28 상권분석을 위한 데이터를 소비자를 대상으로 직접 수집하는 방법의 하나로서, 내점객조사법과 조사대상의 특성이 가장 유사한 것은?

① 그룹인터뷰조사법   ② 편의추출조사법
③ 점두조사법   ④ 지역할당조사법
⑤ 가정방문조사법

> 🔆 **TIPS!**
>
> ③ 점포에서 조사원이 대기하다가 구매결정을 한 소비자에게 질문을 하는 방식이다.

29 한 지역의 소매시장의 상권구조에 영향을 미치는 다양한 요인들에 대한 설명으로 가장 옳지 않은 것은?

① 인구의 교외화 현상은 소비자와 도심 상업집적과의 거리를 멀게 만들어 상업집적의 교외 분산화를 촉진한다.

② 대중교통의 개발은 소비자의 거리저항을 줄여 소비자의 이동거리를 증가시킨다.

③ 자가용차 보급은 소비자를 전방위적으로 자유롭게 이동할 수 있게 하여 상권간 경쟁영역을 축소시킨다.

④ 교외형 쇼핑센터의 건설은 자가용차를 이용한 쇼핑의 보급과 함께 소비자의 쇼핑패턴과 상권구조를 변화시킨다.

⑤ 소비자와 점포사이의 거리는 물리적거리, 시간거리, 심리적거리를 포함하는데, 교통수단의 쾌적함은 심리적 거리에 영향을 미친다.

③ 자가용차 보급은 소비자를 전방위적으로 자유롭게 이동할 수 있게 하여 상권간 경쟁영역을 확대시킨다.

30 상권을 규정하는 요인에 대한 설명 중 가장 옳지 않은 것은?

① 소비자가 직접 이동하는 경우에는 재화의 종류에 따라 소비자가 투자하는 시간과 비용이 바뀌게 되어 상권의 크기도 바뀐다.

② 상권을 규정하는 가장 중요한 요인은 소비자나 판매자가 감안하는 되는 시간과 비용요인이다.

③ 상품가치를 좌우하는 보존성이 강한 재화일수록 오랜 운송에도 견딜 수 있으므로 상권이 확대된다.

④ 상권이란 상거래를 함으로써 형성되는 시장지역을 의미한다.

⑤ 비용요인에는 생산비, 운송비, 판매비용 등이 포함되며 크기가 상대적으로 작을수록 상권은 축소된다.

TIPS!

상권을 규정하는 비용요인에는 운송비와 판매비용 등이 포함된다. 이러한 비용이 상대적으로 작을수록 상권의 범위는 확대된다.

Answer 29.③ 30.⑤

31 상권분석 방법 중 애플바움(W. Applebaum)이 제안한 유추법에 대한 설명으로 가장 옳지 않은 것은?

① 유사한 점포의 상권정보를 활용하여 신규점포의 상권 규모를 분석한다.

② 유사점포는 점포 특성, 고객 특성, 경쟁 특성 등을 고려하여 선정한다.

③ 고객스포팅기법(CST)을 활용하여 유사점포의 상권을 파악한다.

④ 유사점포의 상권을 구역화하고, 회귀분석을 통해 구역별 매출액을 추정한다.

⑤ 유사점포의 상권 구역별 매출액을 적용하여 신규점포의 매출액을 추정한다.

> **TIPS!**
>
> 유추법 … 애플바움이 제안한 것으로, 자사의 신규점포와 특성이 비슷한 기존의 유사 점포를 선정하여 그 점포의 상하 범위를 추정한 결과로 자사점포의 신규 입지에서의 매출액, 즉 상권 규모를 측정하는데 이용하는 방법이다.

32 점포의 위치인 부지 특성에 대한 일반적인 설명으로 가장 옳지 않은 것은?

① 건축용으로 구획정리를 할 때 한 단위가 되는 땅을 획지라고 한다.

② 획지 중 두 개 이상의 도로가 교차하는 곳에 있는 경우를 각지라고 한다.

③ 각지는 상대적으로 소음, 도난, 교통 등의 피해를 받을 가능성이 높다는 단점이 있다.

④ 각지는 출입이 편리하여 광고 효과가 높다.

⑤ 각지에는 1면각지, 2면각지, 3면각지, 4면각지 등이 있다.

> **TIPS!**
>
> ⑤ 2개 이상의 가로각에 해당하는 부분에 접하는 획지로 접면하는 각의 수에 따라 2면각지 · 3면각지 · 4면각지 등으로 불린다.

Answer 31.④ 32.⑤

33 다음 중에서 새로운 소매업태가 나타나게 되는 이유를 설명하는 이론으로 가장 옳지 않은 것은?

① 소매수명주기 이론

② 수레바퀴 이론

③ 소매 아코디언 이론

④ 소매인력이론

⑤ 변증법적 이론

> 💡 **TIPS!**
> ① 소매상은 유통업태가 시간이 지남에 따라 일정한 단계를 거쳐 발전한다는 이론이다.
> ② 사회경제적 환경 변화에 따른 소매상의 진화와 발전을 설명하는 대표적 이론이다.
> ③ 제품구색의 변화에 초점을 맞춘 소매업태이론으로, 소매상은 제품구색이 넓은 소매업태에서 전문화된 좁은 구색의 소매업태로 변화되었다가 다시 넓은 구색의 소매업태로 변화되어 간다고 설명하는 이론이다.
> ⑤ 두 개의 서로 다른 경쟁적인 소매업태가 하나의 새로운 소매업태로 합쳐지는 소매업태 혁신의 합성이론을 의미한다.

34 허프 모델에 관한 설명으로 가장 바르지 않은 내용은?

① 특정 점포의 효용이 타 선택 대안 점포들의 효용보다 크면 클수록 해당 점포의 선택가능성이 높아진다.

② 소비자로부터 점포까지의 이동거리는 소요시간으로 대체해서 계산하기도 한다.

③ 점포크기 및 이동거리에 대한 민감도계수는 상권마다 소비자의 실제구매행동 자료를 통해 추정한다.

④ Huff 모델은 소비자의 점포선택행동을 확률적 현상으로 해석한다.

⑤ 소매상권이 비연속적이면서도 비중복적인 구역이라는 관점에서 분석한다.

> 💡 **TIPS!**
> ⑤ 소매상권이 연속적이면서도 중복적인 구역이라는 관점에서 분석한다.

Answer 33.④ 34.⑤

35 다음은 티센 다각형에 관한 내용이다. 가장 옳지 않은 항목은?

① 소비자들이 거주지로부터 가장 근접한 쇼핑센터를 활용할 것이라고 가정하는 최근접의 상가 선택가설에 근거하여 상권을 설정하는 방식이다.

② 하나의 쇼핑시설이 지니는 상권의 영역은 타 쇼핑시설보다 해당 쇼핑시설에 가장 가까운 지리적 영역의 경계를 구분함으로써 간단히 확인이 가능하다.

③ 시설 간 경쟁정도를 쉽게 파악하기 어렵다.

④ 하나의 상권을 하나의 매장에만 독점적으로 할당하는 방법이다.

⑤ 상권에 대한 기술적이며, 예측적인 도구의 활용이 가능하다.

> **TIPS!**
> ③ 시설 간 경쟁의 정도를 쉽게 파악이 가능하다.

36 상권에 대한 설명 중 옳은 것은?

① 3차 상권은 1차, 2차 상권 이외의 곳을 말하며 한계상권이라고도 한다.

② 지구 상권은 특정 지역 전체가 가지는 상권을 말한다.

③ 지점상권은 지역상권 내의 특정 입지가 포함된 상업 집적이 가지는 상권을 말한다.

④ 지역 상권은 지구상권 내의 특정 점포가 가지는 상권을 말한다.

⑤ 2차 상권은 1차 상권 안에 위치한다.

> **TIPS!**
> ② 지구 상권은 지역상권 내의 특정 입지가 포함된 상업 집적이 가지는 상권을 말한다.
> ③ 지점상권은 지구상권 내의 특정 점포가 가지는 상권을 말한다.
> ④ 지역상권 총 상권은 특정 지역 전체가 가지는 상권을 말한다.
> ⑤ 2차 상권은 1차 상권보다 외곽에 위치하며, 고객은 지역적으로 다소 분산되어 있다.

Answer 35.③ 36.①

37 누적유인의 원리(principle of cumulative attraction)를 가장 적절하게 설명한 것을 고른 것은?

① 동일한 제품을 판매하는 점포의 수가 많을수록 상권 내 매출이 높아진다.
② 만족도가 높은 고객일수록 해당 점포를 방문하는 횟수가 증가한다.
③ 고객이 같은 점포를 자주 방문할수록 해당 점포에 대한 충성도가 증가한다.
④ 20%의 고객이 소매점포 매출의 80%를 창출한다.
⑤ 전문품보다는 선매품이나 편의품일 때 더 많은 효과를 볼 수 있는 개념이다.

> **TIPS!**
>
> 유사하고 상호보완적인 상품을 판매하는 점포들이 모여 있음으로써 고객 흡인력을 증가시키는데, 이를 누적유인의 원칙이라고 한다. 누적유인의 원칙은 편의품보다는 선매품이나 전문품의 경우에 더 큰 효과를 볼 수 있다. 누적유인의 원리(the principle of cumulative attraction)는 집재성 점포에 주로 적용된다. 집재성 점포는 동일업종이 서로 한 곳에 모여 있어야 유리한 유형의 점포로 집적 효과를 얻을 수 있다. 가구점, 중고 서점, 전자제품, 기계점, 관공서 등이다.

38 상권분석방법 중 하나로, 소비자들의 구매 이후 행위가 점포까지의 거리보다 점포가 보유하는 흡인력에 의하여 결정된다는 이론으로 옳은 것은?

① 컨버스의 수정 소매인력이론
② 레일리의 소매인력이론
③ 허프의 확률모델
④ 수정 허프모델
⑤ 크리스탈러의 중심지이론

> **TIPS!**
>
> 레일리 소매인력이론 … 소비자들의 구매 이후 행위가 점포까지의 거리보다 점포가 보유하는 흡인력에 의하여 결정된다는 이론으로, 소매 인력이론에 따르면 두 경쟁도시가 그 중간에 위치한 소도시의 거주자들을 끌어들일 수 있는 상권의 규모는 인구에 비례하고 각 도시와 중간도시 간의 거리의 제곱에 반비례한다.

Answer 37.① 38.②

39 다음 중 중심지이론의 전제조건으로 옳지 않은 것은?

① 소비자는 합리적으로 의사결정을 하는 경제인이다.

② 인구는 공간상에 균일하게 분포되어 있다.

③ 한 지역 내의 교통수단은 오직 하나이며 운송비는 거리에 비례한다.

④ 주민의 구매력과 소비행태는 일치하지 않는다.

⑤ 지표 공간은 균질적 표면으로 되어 있다.

TIPS!

④ 주민의 구매력과 소비행태는 동일하다.

※ 중심지이론의 전제조건
　　㉠ 지표 공간은 균질적 표면으로 되어 있다.
　　㉡ 한 지역 내의 교통수단은 오직 하나이며, 운송비는 거리에 비례한다.
　　㉢ 인구는 공간상에 균일하게 분포되어 있다.
　　㉣ 주민의 구매력과 소비행태는 동일하다.
　　㉤ 소비자는 합리적으로 의사결정을 하며, 최소비용과 최대의 이익을 추구하는 경제인이다.

40 다음 중 확률적 상권분석방법으로 옳은 것은?

① 허프모델　　　　　　　　　　　② 레일리의 소매인력이론

③ 컨버스 법칙　　　　　　　　　　④ 유추법

⑤ 특정관수형 모델

TIPS!

허프의 확률모델 … 거리가 가깝고 매장면적이 큰 점포가 큰 효용을 준다는 이론이다.

㉠ 도시 내 소비자의 공간적 수요이동과 각 상업중심지가 포괄하는 상권의 크기를 측정하기 위해 거리변수 대신 거주지에서 점포까지의 교통시간을 이용하여 전개한 모델이다.

㉡ 소비자는 구매 장소를 지역 내의 후보인 여러 상업 집적이 자신에게 제공하는 효용이 상대적으로 큰 것을 비교한 것에 대한 확률적 선별에 대해 효용의 상대적 크기를 상업 집적의 면적규모와 소비자의 거주지로부터의 거리에 따라 결정되는 것으로 전제하여 제시한 모델이다.

41 다음 중 체크리스트법에 대한 설명으로 옳지 않은 것은?

① 상권의 규모에 영향을 미치는 요인들을 수집·평가하여 시장잠재력을 평가한다.

② 상권분석의 결과를 신규점의 영업과 마케팅 전략에 반영한다.

③ 비용이 많이 드는 단점이 있다.

④ 부지와 주변상황에 관하여 사전에 결정된 변수리스트에 따라 대상점포를 평가한다.

⑤ 주관성, 변수, 해석의 다양성, 변수 선정의 문제라는 단점을 가지고 있다.

> **TIPS!**
>
> ③ 체크리스트법은 비용이 상대적으로 적게 드는 장점을 지니고 있다.
>
> ※ 체크리스트법의 장·단점
>   ㉠ 장점
>   • 이해하기 쉽고 사용이 간편하다.
>   • 비용이 적게 든다.
>   ㉡ 단점
>   • 주관의 개입 변수의 선정 해석의 다양성 등의 문제가 발생한다.

42 개별점포의 상권 특성에 대한 설명으로 틀린 것은?

① 교통편이 좋은 곳이나 일류상가에 위치한 점포일수록 상권이 크다.

② 지명도가 낮은 상점일수록, 개성이 강한 상품을 취급하는 점포일수록 상권이 작다.

③ 점포의 규모가 클수록 그 상권은 크다.

④ 선매품, 전문품을 취급하는 점포의 상권이 편의품을 취급하는 점포의 상권보다 크다.

⑤ 점포상권을 결정하는 요소에는 배후상권의 규모, 업종, 시설, 입지력, 지구상권의 특성 및 범위 등이 있다.

> **TIPS!**
>
> 지명도가 높은 상점이거나, 개성이 강한 상품을 취급하는 점포라면 상권의 범위가 넓다.

Answer 41.③ 42.②

43 소비자가 어느 상업지에서 구매하는 확률은 그 상업 집적의 매장면적에 비례하고, 그곳에 도달하는 거리의 제곱에 반비례한다는 것을 공식화한 것은 어느 것인가?

① 컨버스의 제1법칙
② 컨버스의 제2법칙
③ 레일리의 소매인력법칙
④ 허프 모델
⑤ 수정 허프모델

> **TIPS!**
> 수정 허프모델은 레일리 법칙의 거리의 제곱에 반비례한다를 대입한 것이다.

44 상권을 분석함으로써 얻을 수 있는 여러 장점에 대한 설명 중 올바르지 않은 것은?

① 소비자의 인구통계학적 특성이나 사회경제학적 특성을 상세히 파악할 수 있어 시장 기회포착이나 소매전략 결정에 중요한 정보를 얻을 수 있다.
② 촉진활동에 대한 초점을 명확히 할 수 있어 고객의 유치활동이나 기타 영업관련 활동에 대한 명확한 기준을 설정할 수 있다.
③ 특정 제품의 판매가 가능한 점포의 수나 제품의 판매방법에 대해 유용한 정보를 제공해주고 있어 업태선택이 용이해진다.
④ 지역적 특성을 확인할 수 있어 점포를 개설하게 되는 경우 기회와 위협이 될 수 있는 환경을 분석하고 평가할 수 있다.
⑤ 점포를 인수하는 경우 기존 점포의 고객이 얼마나 유지되는지 명확히 파악할 수 있어 신규점포를 개설하는 경우보다 유용한 정보를 제공해 준다.

> **TIPS!**
> ⑤ 점포를 인수하는 경우 기존 점포의 고객이 얼마나 유지되는지는 명확히 파악하기가 어렵다. 따라서 이 경우에는 신규점포를 개설한다는 생각으로 자료를 수집하여 매출을 예측해야 한다.

45 Christaller의 중심지 이론에 대한 설명 중 가장 잘못된 것은?

① 인구가 균등하게 분포되어 있고, 잠재구매력도 균등하다는 가정이 전제되어야 한다.

② 소비자들의 구매형태는 획일적이며 가장 가까운 곳만 선택한다고 가정한다.

③ 최대도달거리의 한계점은 초과이윤공간과 밀접한 관계가 있다.

④ 여러 상권이 존재하는 경우 상권중심지를 거점으로 배후상권이 다른 상권과 겹치지 않는다.

⑤ 상권의 형성은 중심지를 거점으로 방사형태로 만들어지며, 하나의 상권에서는 육각형이 된다.

> **TIPS!**
>
> 크리스탈러의 중심지이론에서 상권의 형성은 중심지를 거점으로 육각형의 형태로 만들어지며, 하나의 상권에서는 원형이 된다.

46 컨버스 제1법칙을 적용했을때 A, B 도시의 상권분기점은 A 도시로부터 얼마나 떨어져 있는가? (인구 A : 160,000명, B : 40,000명이며 A와 B 사이의 거리는 9km이다)

① 6km

② 7km

③ 8km

④ 9km

⑤ 10km

> **TIPS!**
>
> B 도시의 상권의 한계점 $D_b = \dfrac{D_{ab}}{1 + \sqrt{\dfrac{P_a}{P_b}}}$ 이다.
>
> (D_{ab} : A, B 두 도시(지역) 간의 거리, P_a, P_b : 각 도시의 인구)
>
> 인구가 적은 B 도시로부터 분기점까지의 거리는
>
> $D_b = \dfrac{9}{1 + \sqrt{\dfrac{160000}{40000}}} = 3\text{km}$
>
> 따라서 A 도시로부터 분기점까지의 거리 = 9km – 3km = 6km

Answer 45.⑤ 46.①

47 개별점포의 수요를 예측할 수 있는 방법을 모두 고르시오.

> ⊙ 레일리의 소매 인력법칙   ⓛ 유추법
> ⓒ 허프의 확률모델   ⓔ 컨버스의 동심원모델

① ⊙ⓛ   ② ⊙ⓒ
③ ⓛⓒⓔ   ④ ⊙ⓛⓒ
⑤ ⊙ⓒⓔ

> 💡 **TIPS!**
>
> 개별점포의 수요 예측법
> • 유추법
> • 허프의 확률모델
> • 컨버스의 동심원모델

48 다음 중 특정 상권에서의 기본적인 수요예측의 방법으로 사용되는 것들로 묶은 것은?

> ⊙ 실태조사에 의한 방법   ⓛ 유추법
> ⓒ 통계분석법   ⓔ 델파이 조사방법(Delphi Method)

① ⊙ⓒ   ② ⓛ
③ ⊙ⓒⓔ   ④ ⓛⓒⓔ
⑤ ⊙ⓛⓒ

> 💡 **TIPS!**
>
> 특정한 상권에서의 기본적(기초) 수요예측방법에는 초기 자료를 모으는 단계로서 실태조사에 의한 방법, 유추법, 통계분석법이 있고, 델파이 조사방법은 도출된 내용을 정리하는 방법을 말한다.
> ※ 델파이 조사방법 … 특정 문제를 예측·진단·결정함에 있어 의견의 일치를 볼 때까지 전문가 집단으로부터 반응을 체계적으로 도출하여 분석·종합하는 하나의 조사방법을 말한다. 일련의 설문을 통하여 수집된 의견을 계속적으로 환류하여 줌으로써 전문가집단의 의견을 근접시켜 신뢰할 만한 결론을 도출하고자 한 것이다.

Answer 47.③ 48.⑤

기출 2018년 2회

해당 입지의 상권 발전에 긍정적인 영향을 미칠 가능성이 가장 높은 것은?

① 도보로 접근하기에 약간 먼 거리에 대형 할인점이 개점한다.
② 도보로 접근하기에 약간 먼 거리에 중심상업지역이 개발된다.
③ 해당 지역의 용도가 전용공업지역으로 바뀐다.
④ 인근에 지하철역이 새로 들어선다.
⑤ 사람들이 걸어 다니던 주변 도로에 새로 마을버스가 통과한다.

기출 2018년 2회

도매상의 입지 전략에 대한 설명으로 가장 옳지 않은 것은?

① 영업성과에 대한 입지의 영향은 소매상보다 도매상의 경우가 더 작다.
② 분산도매상은 물류의 편리성을 고려하여 입지를 결정한다.
③ 수집도매상의 영업성과에 대한 입지의 영향은 매우 제한적이다.
④ 도매상은 보통 소매상보다 임대료가 저렴한 지역에 입지한다.
⑤ 도매상은 보통 최종소비자의 접근성을 고려하여 입지를 결정한다.

< 정답 ④, ⑤

---

section **1** 도소매입지의 개요

1. 도매입지와 소매입지의 개요

(1) 도매입지

도매상은 소매상을 대상으로 영업을 하기 때문에 중심상가(도심, 철도역) 등의 지역이 아니어도 상관없다. 일반적으로 임대료가 저렴한 교외지역이나 도시변두리 지역에 입지를 선정하는 경우가 많다.

(2) 소매입지

① **입지의 의의**

　㉠ 입지 : 상권과 밀접한 관계를 가지고 있는 사업할 장소를 말한다.

　㉡ 입지는 일반적으로 사업이 지향하는 목적에 따라 결정되며, 크게 시장지향형, 수송지향형, 원료지향형으로 구분된다.

② **입지의 중요성**

　㉠ 소매점은 입지산업이라고 할 만큼 입지조건이 중요 전략요인이다.

　㉡ 입지에 따라 매출·이익이 좌우되며, 성공 여부도 입지에 달려 있다.

③ **소매점포의 입지유형**

　㉠ **도심번화가** : 전통적인 상업 집적지로서 고급전문점이나 백화점 등이 입지하고 있어 다양한 분야에 걸쳐 고객흡인력을 지닌다.

　㉡ **도심터미널** : 철도 환승지점을 중심으로 발달한 상업 집적지로서 역사백화점 또는 터미널 빌딩 등이 핵 점포 역할을 담당한다.

　㉢ **도심주택지** : 인구밀집지역으로서 원래부터 상점가가 있어 대규모 소매점의 출점이 매우 곤란한 지역이다.

　㉣ **교외터미널** : 외곽도시의 관문까지 발전한 상업 집적지로서 양판점들이나 지점격인 백화점, 대규모 전문점 체인 등이 다수 입지한 지역이다.

　㉤ **간선도로변** : 교외를 왕래하는 자동차 고객을 대상으로 하는 상업입지 지역으로서 주로 쇼핑센터를 중심으로 주말이나 휴일에 특히 번성하는 지역이다.

　㉥ **교외주택지** : 주택대부 부담이 많은 소비자나 젊은 세대가 많은 지역으로서 원래부터 상점가가 적고 저렴한 가격과 새로운 감각이 중요시되는 지역이다.

ⓐ 대규모 유통단지 : 단지 내 중심가에 위치한 상업 집적지로서 독점적 상업 활동을 영위하기 위하여 저비용, 정가판매를 전개하는 지역이다.

2. 업태 및 업종과 입지

(1) 백화점의 의의 및 특성 ✔자주출제

① 의의 : 백화점은 의류, 가정용 설비용품, 신변잡화류 등의 각종 상품을 부문별로 구성하여 소비자들이 일괄구매 할 수 있도록 한 대규모 소매 점포이다.

② 특성

   ㄱ 직영으로 운영되는 대형 소매점이다.

   ㄴ 취급상품이 다양하고, 부문별로 조직화되어 있다.

   ㄷ 다양한 부대시설을 갖추고 있어 고객에게 편의를 제공한다.

③ 백화점의 분류

   ㄱ 경영특성에 따른 분류

- 종합백화점 : 물품판매업이나 의식주와 관련된 많은 상품을 취급한다.
- 부분백화점 : 층별로 관련 상품을 구비하여 구매객들을 맞이한다.
- 협업백화점 : 판매업자가 공동으로 만든 백화점을 말하며, 원스톱 쇼핑의 구매 행동에 충족하도록 한다.
- 월부백화점 : 할부판매의 규정에 의한 판매를 중심으로 한다.

   ㄴ 입지에 따른 분류

- 도심형 백화점 : 도심의 중심상업지역에 위치해 있으며 대규모의 상품을 취급한다.
- 터미널형 백화점 : 대도시에서의 교외교통기관과 시내교통기관의 접속점을 중심으로 한 상업지역에 위치해 있다.
- 교외형 백화점 : 교외주택지의 교통중심지구에 위치해 있다.

④ 백화점의 입지와 전략

   ㄱ 입지선정요인 : 대상지역의 주요산업, 유동인구와 거주인구, 인근지역 소비자의 소비행태, 대중교통의 연계망 등의 다양한 요인을 고려하여 입지를 선정한다.

   ㄴ 입지적 특징

- 중심상업지역과 쇼핑센터는 큰 면적과 다양한 상품구색으로 많은 사람들을 유인한다는 점에서 백화점의 좋은 입지이기 때문에 보통 중심 상업지역, 지역 쇼핑센터, 슈퍼지역 쇼핑센터에 위치한다.
- 중심상업지역에 입지함으로써 그 지역에서 근무하는 사람들을 잠재고객으로 갖는다. 즉, 중심상업지역과 쇼핑센터를 위한 그들만의 유동인구를 창출한다.

기출PLUS

기출 2023년 제1회

소매입지 유형과 아래 글상자 속의 입지특성의 올바르고 빠짐없는 연결로서 가장 옳은 것은?

┌ 보기 ┐
ㄱ 고객흡인력이 강함
ㄴ 점포인근에 거주인구 및 사무실 근무자가 많음
ㄷ 점포주변 유동인구가 많음
ㄹ 대형 개발업체의 개발계획으로 조성됨
└──────────┘

① 백화점 - ㄱ, ㄷ, ㄹ
② 독립입지 - ㄱ, ㄴ, ㄹ
③ 도심입지 - ㄱ, ㄷ, ㄹ
④ 교외 대형쇼핑몰 - ㄴ, ㄷ, ㄹ
⑤ 근린쇼핑센터 - ㄱ, ㄴ, ㄹ

기출 2021년 제1회

여러 층으로 구성된 백화점의 매장 내 입지에 관한 설명으로 가장 옳은 것은?

① 고객이 출입하는 층에서 멀리 떨어진 층일수록 매장 공간의 가치가 올라간다.
② 대부분의 고객들이 왼쪽으로 돌기 때문에, 각 층 입구의 왼편이 좋은 입지이다.
③ 점포 입구, 주 통로, 에스컬레이터, 승강기 등에서 가까울수록 유리한 입지이다.
④ 층별 매장의 안쪽으로 고객을 유인하는데 최적인 매장배치 유형은 자유형배치이다.
⑤ 백화점 매장 내 입지들의 공간적 가치는 층별 매장구성 변경의 영향은 받지 않는다.

◀정답 ①, ③

아래 글상자의 ㉠과 ㉡을 설명하는 용어들의 짝으로 옳은 것은?

┌─ 보기 ─────────────
㉠ 특정 상품을 가로로 몇 개 진열하는가를 의미하는 것으로, 소비자 정면으로 향하도록 진열된 특정 상품의 진열량

㉡ 점포 레이아웃이 완료된 후 각 코너별 상품군을 계획하고 진열면적을 배분화는 것
└──────────────────

① ㉠ 조닝, ㉡ 페이싱
② ㉠ 페이싱, ㉡ 조닝
③ ㉠ 레이아웃, ㉡ 조닝
④ ㉠ 진열량, ㉡ 블록계획
⑤ ㉠ 진열량, ㉡ 페이싱

비교적 넓은 공간인 도시, 구, 동 등의 상권분석 상황에서 특정지역의 개략적인 수요를 측정하기 위해 사용되고 있는 구매력지수(BPI: Buying Power Index)를 계산하는 과정에서 필요한 자료로 가장 옳지 않은 것은?

① 부분 지역들의 인구수(population)
② 전체 지역의 인구수(population)
③ 부분 지역들의 소매점면적(sales space)
④ 부분 지역들의 소매매출액 (retail sales)
⑤ 부분 지역들의 가처분소득 (effective buying income)

◀ 정답 ②, ③

㉢ 입지전략 : 모든 소매점의 수익이 입지와 밀접하게 관련되어 있겠지만, 특히 백화점은 그 규모가 크고 투자비용도 많이 소요되므로 입지의 선택이 매우 중요하다.

• 지리적 · 환경적 요인의 분석 : 주변의 교통, 문화시설, 환경요인 등을 고려해 교통이 편리하고 주변시설과 연결될 수 있는 곳이 좋다.

• 유동인구의 분석 : 지리적 · 환경적 요인이 충족되어도 유동인구가 적으면 잠재고객의 확보가 어려우므로 유동인구가 비교적 많은 곳을 택한다.

• 배치계획 : 백화점의 대지는 정사각형에 가까운 직사각형이 좋으며, 긴 변이 주요 도로에 면하는 곳으로 하고 다른 1변이나 2변이 상당한 폭원이 있는 도로에 면하는 것이 좋다.

– 직각 배치 : 가장 간단한 배치방법으로 판매장의 면적을 최대한으로 활용할 수 있어서 경제적이나, 고객통행량에 따른 통로 폭의 변화가 어려우므로 국부적인 혼란을 가져오기가 쉽다.

– 사행(사교)배치 : 주 통로는 직각 배치하고 부 통로를 주 통로에 45°경사지게 배치하는 방법으로 수직 동선의 접근이 쉽고 매장의 구석까지 가기가 쉽다.

– 자유 유선(유동) 배치 : 고객 유동의 방향에 따라서 자유로운 곡선으로 통로를 배치하는 방법으로 판매장의 특수성을 살리고 전시에 변화를 줄 수 있는 반면에, 특수한 형태의 판매대나 유리케이스를 필요로 하기 때문에 설치비용이 비싸다.

– 방사형 배치 : 판매장의 통로를 방사형이 되도록 배치하는 방법으로 쉽게 매장을 순회할 수 있으나, 매장 공간의 낭비를 초래하고 시각적으로 혼란스럽다.

• 공간구성 : 고객들이 보기 쉽도록 매장을 구성해야 하며 가능한 한 장방형으로 하고 벽면을 최대한 사용하여 공간을 활용한다.

– 수직조닝 : 상품을 층별로 구획하는 것으로 지하층에는 목적성이 강한 상품, 하층에는 전략상품, 중간층에는 시대성이 높은 상품, 상층에는 고객을 머물게 하는 식당이나 전시장 같은 문화시설을 놓는다.

– 수평조닝 : 고객의 출입빈도가 낮은 장소는 밀폐형, 출입빈도가 높은 장소는 노출형으로 한다.

┌────────────────────────────────
▶ 조닝(Zoning) 계획 ✓자주출제

공간을 사용용도와 법적 규제에 따라 기능별로 나누어 배치하는 것을 말한다.
└────────────────────────────────

⑤ 백화점의 상권분석

㉠ 수요분석

• 수요분석 시 고려할 사항으로는 인구통계학적 조사로서 성별, 인구밀도, 연령분포 학력 등이 있다.

• 소매구매력 : 소매업체는 구체적이고 정확한 수요분석을 위해 그 지역의 소매구매력을 조사해야 하는데, 소매구매력은 거주인구 수나 가처분소득의 조사 및 표적시장이 정해지면 그 시장에 대한 상품의 특성을 고려한 후에 측정한다.

[참고] 구매력지수(BPI ; Buying Power Index) ✓자주출제

- 주어진 시장의 구매능력을 측정한 것으로, 총소득, 총소매매출, 총인구에 가중치를 두고 이를 결합시켜 만들며, 각 시장 인구의 구매력을 나타낸다.
- 공식 : (인구비×0.2)+(소매 매출액비×0.3)+(유효구매 소득비×0.5)
- 구매력 지수가 높을수록 그 시장의 구매력은 크다는 것을 의미한다.
- 일반적인 가격으로 판매되는 제품의 구매력을 측정하는 경우에 구매력지수(BPI)의 유용성이 높아지고, 제품의 성격이 소비자 시장에서 멀어질수록 구매력지수(BPI)를 수정해야 할 필요성이 높아진다.

- 소매포화지수(Index of Retail Saturation : IRS) : 지역시장의 수요와 공급의 수준을 나타내는 척도로서 지역 내에서의 잠재수요를 측정할 수 있는 지표로 일반적으로 이용된다. 소매포화지수가 클수록 공급에 비하여 수요가 많음을 의미하며 소매포화지수가 적어질수록 공급이 수요를 초과하여 업체끼리의 경쟁이 심화되고 있어 점포에 대한 시장잠재력이 저하됨을 의미한다.

[참고] 소매포화지수(IRS ; Index of Retail Saturation) ✓자주출제

- 지역시장의 수요 잠재력을 총체적으로 측정할 수 있는 지표
- 점포포화란 기존 점포만으로 고객욕구를 충족시킬 수 있는 상태
- 한 지역시장 내 특정 소매업태(식료품점, 의류점, 패스트푸드점 등)의 단위면적당 잠재수요
- IRS 높으면(↑) 수요↑(시장포화 낮음), IRS 낮으면(↓) 점포초과공급(시장포화 높음)
- 미래의 신규수요(시장성장 잠재력)를 반영하지 못함
- 소비자들이 거주 지역 밖에서 소비하는 상황을 고려 못함
- 경쟁의 질적인 부분을 고려 못함

ⓒ 시장확장 잠재력분석 : 시장확장 잠재력(Market Expansion Potential : MEP)이란 지역 시장이 미래에 신규수요를 창출할 수 있는 잠재력을 말한다.

[참고] 시장성장 잠재력 (MEP ; Market Expansion Potential) ✓자주출제

- 지역시장이 미래에 신규수요를 창출할 수 있는 잠재력
- 거주자들의 지역시장 이외에 다른 지역에서의 쇼핑지출액 추정
- MEP가 크면 거주자의 타 지역으로의 쇼핑정도가 커지는 것을 의미, 잠재력 커짐

ⓒ 경제력분석

- 한 지역의 인구가 아무리 많아도 상품을 구매할 수 있는 경제력이 없다면 소비자의 구매력이 저하되어 경영이 어렵게 되므로 백화점을 개점하기 위해서는 시장의 수요분석과 시장 확장 잠재력분석을 실시하고 그 시장의 경제력 또한 면밀히 검토하여야 한다.
- 경제력분석 시 고려할 사항으로는 소득수준, 자본의 유입가능성, 지방정부가 추진하고 있는 지역개발계획 등이 있다.

[기출] 2020년 2회

지역시장의 소매포화지수(Index of Retail Saturation)에 대한 설명으로 가장 옳은 것은?

① 해당 지역시장의 구매력을 나타낸다.
② 다른 지역과 비교한 해당 지역시장의 1인당 소매매출액을 나타낸다.
③ 해당 지역시장의 특정 소매업태에 대한 수요와 공급의 현재 상태를 나타낸다.
④ 해당 지역시장 거주자들이 다른 지역시장에서 구매하는 쇼핑지출액도 평가한다.
⑤ 해당 지역시장의 특정 제품이나 서비스에 대한 가계소비를 전국 평균과 비교한다.

[기출] 2020년 3회

소매입지를 선택할 때는 상권의 소매포화지수(RSI)와 시장확장잠재력(MEP)을 함께 고려하기도 한다. 다음 중 가장 매력적이지 않은 소매상권의 특성으로 옳은 것은?

① 높은 소매포화지수(RSI)와 높은 시장확장잠재력(MEP)
② 낮은 소매포화지수(RSI)와 낮은 시장확장잠재력(MEP)
③ 높은 소매포화지수(RSI)와 낮은 시장확장잠재력(MEP)
④ 낮은 소매포화지수(RSI)와 높은 시장확장잠재력(MEP)
⑤ 중간 소매포화지수(RSI)와 중간 시장확장잠재력(MEP)

‹정답 ③, ②

(㉠)과 (㉡)에 들어갈 용어를 올바르게 나열한 것은?

┌─ 보기 ─────────────
(㉠)은/는 머천다이징을 시각적으로 표현하는 것으로 개별 상품이 아니라 상품기획 단계의 콘셉트가 표현되는 것을 말하며, (㉡)은/는 마케팅의 목적을 효율적으로 달성할 수 있도록 특정 타겟에 적합한 특정상품이나 서비스를 조합해 계획·조정·판매하는 모든 활동을 의미한다.
└────────────────

① ㉠ VP(visual presentation),
   ㉡ VMD(visual merchandising)
② ㉠ PP(point of sale presentation),
   ㉡ BI(brand identity)
③ ㉠ IP(item presentation),
   ㉡ VMD(visual merchandising)
④ ㉠ VMD(visual merchandising),
   ㉡ IP(item presentation)
⑤ ㉠ BI(brand identity),
   ㉡ VP(visual presentation)

(2) 의류패션전문점

① SPA(Speciality Retailer Of Private Label Apparel) 의의
　㉠ 미국 청바지 회사 갭(Gap)이 1986년 도입한 개념이다. '전문점(Speciality Retailer)'과 '자사상표(Private Label)' 및 '의류(Apparel)'라는 의미를 합친 합성어로, '제조 직매형 의류전문점'을 이르는 말이다.
　㉡ SPA는 패션전문점이 제조업체로부터 매입하여 단순히 판매만 하는 소매기능뿐만 아니라 직접 디자인을 기획·생산하는 제조 기능까지 갖춘 전문점이다.
　㉢ 패션전문점 확산과 더불어 합리적 가격의 중요성이 대두되면서 직영 또는 반 직영 체제의 유통망인 SPA형태의 점포가 확산되고 있다.

② SPA의 특징
　㉠ 기획부터 판매까지 하나로 연결되어 있다.
　㉡ 기획·생산·유통의 합리화와 비용절감을 통하여 가격 경쟁력을 갖추고 소비자가 원하는 상품을 적시·적소에 공급함으로써 빨리 팔고, 모두 파는 것을 목표로 한다.
　㉢ 모두 팔릴 수 있는 상품을 만들기 위하여 철저하게 매장 내에서 예상되고 소비자가 원하는 스타일을 파악하여 이를 토대로 기획과 생산, 판매가 이루어지므로 재고부담이 적다.
　㉣ 이미 판매에서 검증된 상품만을 만들어 판매하며, 판매시점의 매장 모습을 가상으로 연출하여 매장 내의 기본 재고를 파악하고 매장의 위치, 크기, 고객의 질과 수 등을 고려하여 아이템별 스타일 수를 결정한다.

┌───┐
│ ▶ SPA의 대표적 예   │
│ 의류를 축으로 하여 기획·개발에서부터 자사의 라벨에 의한 생산과 모든 소매활   │
│ 동에 이르기까지 일괄된 시스템을 전개한 대표적인 기업으로는 'ZARA', 'H&M', '유니 │
│ 클로' 등을 들 수 있다   │
└───┘

③ VMD(Visual Merchandising)
　㉠ VMD의 어원 : VMD는 '비주얼(Visual)'과 '머천다이징(Merchandising)'의 합성어이다.
　　• 비주얼(Visual) : 고객이 쉽게 볼 수 있는 장소에 상품을 배치하여 그 매력을 시각적으로 호소하기 위한 것을 뜻한다.
　　• 머천다이징(Merchandising) : 기업의 마케팅 목표를 실현하기 위해 특정의 상품·서비스를 장소, 시간, 가격, 수량별로 시장에 내놓을 때 따르는 계획과 관리로서, 일반적으로는 마케팅의 핵심을 형성하는 활동을 이르는 말이다.

◀ 정답 ①

ⓛ **VMD의 의의**: VMD는 마케팅의 목적을 효율적으로 달성할 수 있도록 특정 타깃(Target)에 적합한 상품·서비스를 조합하여 적절한 장소·시간·수량·가격 등을 계획적·조직적으로 조정·체계화하고, 정보수집·재고관리·판매촉진을 통해 매력적으로 진열·판매하는 활동을 말한다.
  • 머천다이징을 시각적으로 호소하는 것을 목적으로, 판매장소의 이용 가능한 공간을 통해 판매촉진효과를 향상시키는 전략적 계획이다.
  • 고객이 상품을 쉽게 선택할 수 있도록 상품에 의한 매장구성이나 상품계획, 점포전개와 판매를 일관성 있게 수행하게 하는 것이다.

ⓒ **유통환경에서 VMD의 역할**
  • 점포의 디자인은 상품을 진열하고 있는 공간으로서, 상품을 효과적으로 보여주어 고객들에게 강한 구매 욕구를 불러일으키고, 또한 상품을 기억하고 구매 충동을 갖게 하여 상품을 구입하게 만드는 역할을 하는 데에 초점을 둔다.
  • 고객들은 편안하고 즐거운 마음으로 쇼핑을 즐길 수 있어야 하고, 상품의 판매와 환경적인 요소가 자연스럽게 동화될 수 있어야 한다. 이를 위해서는 고객을 위한 MD(Merchandising) 및 디자인(Design)이 중요하다.

▶ **VMD의 효과에 대한 인지**

점포가 어느 지역에 위치해 있든, 어떠한 사람들이 그 점포의 고객층이든 간에 그 점포만의 고유한 이미지를 보여주어야 한다. 이를 위해서는 차별화된 VMD의 효과와 그것이 얼마나 점포의 이미지(Image) 및 아이덴티티(Identity)에 중요한 영향을 미칠 것인가를 알아야 한다.

▶ **패션수명의 형태**

① **프롭스(Flops)** : 거의 대부분의 소비자들이 거부하는 형태의 패션을 말하며, 취급점포의 이미지 손상을 가져올 수 있으므로 극히 일부의 혁신적 패션고객들을 위해서만 한번쯤 사용되다 버려진다.
② **패즈(Fads)** : 짧은 기간 지속되지만 상당한 수준의 수용정도를 나타내는 형태의 패션을 말하며, 단시간에 광범위하게 수용되었다가 단시간에 거부되는 초단기 유행상품 등이 이에 해당한다. 패즈 상품의 경우 이익을 많이 남길 수 있으나 수명주기가 짧아 위험 또한 매우 크다.
③ **포즈(Fords)** : 상당히 오랜 기간 동안 많은 소비자들에 의해 수용되는 형태의 패션을 말하며, 다양한 가격대의 변형 상품들이 개발·판매된다. 수익성도 높고 판매도 안정적이라 할 수 있다.
④ **클래식(Classic)** : 주로 소득이 높은 계층에 의해 수용되고 매우 장기간 지속되는 형태의 패션을 말하며, 소매점 머천다이즈 구성상의 기본 상품이라고 할 수 있다. 수익성도 높고 안정적이다.

(3) 식료품점

① 식료품소매업체

　　㉠ 전통적 슈퍼마켓 : 셀프 서비스로 운영되는 식료품점을 말하며, 식료품뿐만 아니라 건강용품, 미용용품, 일반 상품도 제한적으로 판매하고 있다. 슈퍼마켓은 자동차의 보급 및 도로망의 개선, 대중매체의 발달, 포장과 냉동기술의 발달 등으로 급속도로 발전하였으며, 이는 근거리 점포뿐만 아니라 원거리 점포의 이용도 가능하게 하였다.

　　㉡ 대형 식료품 소매업체 : 과거 기존의 슈퍼마켓들이 전체 식료품 매출의 높은 비중을 차지하였으나 대형 식료품 소매업체의 출현으로 인해 그 매출이 감소하게 되었고 점차 규모가 커지면서 더욱더 다양한 종류의 상품들이 취급되기 시작하였다.

　　㉢ 편의점 : 편의점에서 취급되는 상품의 대부분은 구매 후 빨리 소비되는 제품들이며, 편의점은 제한된 종류와 구색의 상품만을 취급한다.

② 식료품의 특징

　　㉠ 청과물

　　　• 크기, 수분, 영양가, 성숙도 등 품질의 균일성을 기하기 어렵다.
　　　• 청과물 자체가 갖는 실 중량과 용적에 비하여 매매가격이 상대적으로 낮다.
　　　• 원거리 수송이 비경제적일 수도 있으며, 장기 저장 시 경제성이 낮다.

> ▶ **청과물의 저장**
>
> 청과물은 부패되기 쉽고 수요의 탄력성이 적어 신속한 유통과 저온보관시설 · 가공시설 등 상품의 가치를 유지할 수 있는 제반시설을 갖추어야 한다.

　　㉡ 수산물

　　　• 소득수준의 향상으로 수요가 증가하고 있다.
　　　• 청과물 또는 축산물의 유통구조보다 복잡하다.
　　　• 유통마진이 크다.
　　　• 저장시설의 구비가 중요하다.

(4) 생활용품점

① 생활용품의 의의

　　㉠ 사전적 정의 : 최종소비자나 가정에서 사용되며, 상업적인 가공 없이 쓰이는 상품이다.

ⓛ 일반적 정의 : 다른 상품의 생산 또는 서비스를 산출하기 위하여 판매되는 상품을 생산재라고 하는 반면, 의식주와 관련되는 소비재 상품을 생활용품이라고 한다.

② 생활용품점의 구분

　ㄱ 광의의 생활용품점 : 의류점, 슈퍼마켓, 식료품점, 각종 장식재 전문점, 지물포점, 운동용구점, 청과상, 금은방, 가구점, 팬시·문구점 등이 있다.

　ⓛ 협의의 생활용품점 : 주방용품점, 분야별 기능성 전문용품점, 인테리어 소품점, 수입용품점, 생활용품 균일가 판매점, 중소기업 생활용품점 등이 있다.

③ 생활용품점의 입지와 상권

　ㄱ 상품의 성격

　　• 대형 할인점 등과 동일한 품목을 취급하는 경우 : 인근에 대형 유통센터가 없는 지역이 유리하다.

　　• 대형 할인점이 취급하지 않는 상품을 취급하는 경우 : 기능성 생활용품, 장식용 디자인 소품, 홈쇼핑 판매품목 등과 같이 대형 할인점에서는 취급하지 않는 특새 상품을 취급하는 경우에는 적극적으로 대형 할인점 출점지역 인근으로 진출하는 것이 유리하다.

　　• 주부들을 대상으로 하는 품목을 취급하는 경우 : 주방기구나 인테리어 소품·수입용품을 전문으로 판매할 경우에는 주 고객층이 주부들이므로 대단위 아파트 밀집지역이나 주택가 밀집지역 등 주거지 인근에 출점하여야 한다. 또한 도로변이나 재래시장 근처, 통행량이 많은 곳, 슈퍼마켓 근처가 입지로 적합하다.

　　• 신혼 혼수품 등을 타깃으로 하는 경우 : 반경 4km 정도의 지역을 흡수할 수 있는 가로변 점포(가로로 긴 점포)를 구하는 게 가시성을 높이는 데 도움이 된다. 이 경우는 규모도 작지 않고 초기 상품대금도 상당액수가 든다는 것을 감안해 초보자는 창업에 신중해야 하며, 프랜차이즈 가맹점이 되는 것이 유리할 수도 있다.

　ⓛ 건물의 층수

　　• 생활용품점의 판매품목 중 상당 수는 충동구매 성향이 높기 때문에 접근성이 뛰어난 점포가 유리하다는 점에서 가능한 한 1층 점포에 출점하는 것이 좋다.

　　• 전문상가 건물 내에 입점할 경우 상가건물이 활성화되어 있고 흡인력이 좋다면 1층이 아닌 매장도 좋으나, 간판 노출도가 좋다고 하여 상가가 활성화되지 않은 건물의 지하층이나 2층, 3층에 입점하는 것은 불리하다.

　ⓒ 고객의 소득수준

　　• 생활용품 할인점의 경우 서민층 밀집주거지역 부근이 유리하다.

　　• 생활용품 할인점은 그 품질이 우수하고, 가격대가 저렴하다는 장점이 있는 반면에, 상품 확보나 매장규모 등에 있어서 대형 할인점에 비해 불리하므로 백화점 주변이나 대형 할인점이 미치는 상권범위 내에는 출범하지 않는 것이 유리하다.

- 아이디어나 기능성 상품 판매점, 수입용품 판매점의 경우에는 중산층 주거지역이 유리하다.
  ② 유동고객 수
- 세대 수가 5천 세대 이상 흡수가능한 상가건물 중 업종구성이 다양하고 유동고객 수가 많은 곳이 유리하다.
- 세대 수가 적은 지역은 단골고객 유치와 신상품 등 상품회전에 많은 신경을 써야 하므로 상대적으로 불리하다.

> ▶ 부촌에 생활용품 할인점이 입지할 때 불리한 이유
>
> 생활수준이 높은 중산층 이상의 소비자들은 물건이 비싸도 고가의 브랜드나 명품을 선호하는 경향이 있으며, 생활용품 가격의 높고 낮음에 크게 신경 쓰지 않고 백화점이나 대형 할인매장의 생활용품을 더 선호한다.

3. 물류와 입지

① 물류
  ㉠ 물적 유통의 줄임말이며, 생산자로부터 소비자까지의 물의 흐름을 가리킨다.
  ㉡ 생산단계에서부터 소비 또는 그 이용에 이르기까지 상품의 이동 및 취급을 관리하는 것이다.

② 입지
  ㉠ 입지결정은 수송비용과 고객에 대한 서비스에 영향을 준다.
  ㉡ 창고나 유통센터 등의 입지는 운송비용과 고객서비스에 영향을 미친다.
  ㉢ 공장의 입지는 원자재 수송비 및 완제품의 수송비에 영향을 미친다.

section 2 입지별 유형

1. 지역공간구조

(1) 지역공간구조
중심지이론은 지역공간구조를 이해하는 틀의 제시와 지역공간구조 형성을 위한 계획모델을 제시하는 데 있어서 중요한 역할을 한다.

기출 2022년 2회

중심지체계에 의한 상권유형 구분에서 전통적인 도심(CBD) 상권의 일반적 특징으로 가장 옳지 않은 것은?

① 고객흡인력이 강해 상권범위가 상대적으로 넓다.
② 교통의 결절점으로 대중교통이 편리하다.
③ 전통적 도시의 경우에는 주차문제가 심각하다.
④ 상대적으로 거주인구는 적고 유동인구는 많다.
⑤ 소비자들의 평균 체류시간이 상대적으로 짧다.

❮정답 ⑤

(2) 도시공간구조

① **자연지역이론(파크(R. E. Park))** : 도시공간구조의 생태학적 유형이 물리적인 특성에 의해 자연스럽게 구획되는 형태로 자리 잡히며, 그에 따라 인간집단의 사회·문화적 활동도 유형별로 구분된다는 이론이다.

② **선형이론(호이트(H. Hoyt))** : 도심으로부터 새로운 교통로가 발달하면 교통로를 축으로 도매·경공업 지구가 부채꼴 모양으로 확대된다. 그에 인접하여 사회계층이 다른 주민들의 주거 지역이 저급→중급→고급 순으로 발달함으로써 도시 교통의 축이 거주지 분화를 유도한다고 보는 것이다.

③ **동심원지대이론(버제스(E. W. Burgess))** : 도시의 구조를 중심 비즈니스지대, 추이지대, 자립근로자 거주지대, 중산층 거주지대, 통근자 거주지대의 5종으로 분류하고, 이들 지대는 동심원적 구조를 이루어 제각기 외측에 인접한 지대를 잠식하면서 팽창해간다는 이론이다.

④ **다핵형이론(해리스(Harris)와 울만(Ullman))** : 현대의 대부분의 도시는 여러 개의 핵을 기초로 형성되었다는 이론이다.

2. 도심입지

(1) 도심입지의 의의

중심상업지역(Central Business District : CBD)이라고도 하며, 대도시나 소도시의 전통적인 도심 상업지역을 말한다.

(2) 도심입지의 특성 ✔자주출제

① 도심입지는 상업 활동을 통해 많은 사람들을 유인한다.

② 대중교통의 중심지이며, 도시에서의 접근도 및 지가가 가장 높다.

③ 도시의 중추관리 기능 및 고급서비스 기능이 집중된다.

④ 주·야간의 인구대비가 가장 뚜렷하며, 도시외곽의 주거지와 도심의 업무지 간에 심각한 교통문제가 발생한다.

⑤ 소매업에서 가장 성공적인 도심입지는 그 지역에 많은 주민들이 거주하는 지역이다.

⑥ 주차문제가 자주 발생할 수 있으며, 높은 범죄율로 인해 보안상태가 요구된다.

기출 2020년 1회

아래의 내용 중에서 중심업무지역(CBD : Central Business District)의 입지특성에 대한 설명으로 옳지 않은 것은?

① 대중교통의 중심이며 백화점, 전문점, 은행 등이 밀집되어 있다.

② 주로 차량으로 이동하여 교통이 매우 복잡하고 도보 통행량은 상대적으로 많지 않다.

③ 상업활동으로 많은 사람을 유인하지만 출퇴근을 위해서 이곳을 통과하는 사람도 많다.

④ 소도시나 대도시의 전통적인 도심지역을 말한다.

⑤ 접근성이 높고 도시내 다른 지역에 비해 상주인구가 적다.

기출 2022년 1회

상권 유형별 개념과 일반적 특징을 설명한 내용으로서 가장 옳은 것은?

① 역세권상권은 지하철이나 철도역을 중심으로 형성되는 지상과 지하의 입체적 상권으로서, 저밀도 개발이 이루어지는 경우가 많다.

② 부도심상권의 주요 소비자는 점포 인근의 거주자들이어서, 생활밀착형 업종의 점포들이 입지하는 경향이 있다.

③ 부도심상권은 보통 간선도로의 결절점이나 역세권을 중심으로 형성되는바, 도시 전체의 소비자를 유인한다.

④ 도심상권은 중심업무지구(CBD)를 포함하며, 상권의 범위가 넓고 소비자들의 체류시간이 길다.

⑤ 아파트상권은 고정고객의 비중이 높아 안정적인 수요확보가 가능하고, 외부고객을 유치하기 쉬워서 상권확대가능성이 높다.

◀정답 ②, ④

3. 쇼핑센터

(1) 쇼핑센터의 의의

① 도시 주민의 교외로의 이동, 즉 이른바 스프롤(sprawl)현상과 더불어 자가용의 보급에 따라 제2차 세계대전 뒤 미국에서 발전한 집합형 소매 상점가이다.

② 도시 근교에 광대한 토지를 확보하여 한 점포만 들러도 필요한 모든 상품을 구입할 수 있는 원 스톱 쇼핑(One-Stop Shopping)이 가능하도록 계획적으로 만들어진 대규모 상점가를 말한다.

(2) 쇼핑센터의 분류

① 입지에 따른 분류
　㉠ 교외형 쇼핑센터
　　• 특정 상권의 사람들을 구매층으로 한다.
　　• 대규모의 주차장을 갖고 있으며 비교적 저층으로 이루어져 있다.
　㉡ 도심형 쇼핑센터
　　• 불특정 다수의 사람들을 구매층으로 한다.
　　• 지가가 높은 지역에 입지하기 때문에 주차공간이 집약되어 있으며 고층으로 이루어진 경우가 많다.

② 규모에 따른 분류
　㉠ 근린형 쇼핑센터 : 소규모 쇼핑센터로 일용품 위주이다.
　㉡ 커뮤니티형 쇼핑센터 : 중규모 쇼핑센터로 실용품 위주이다.
　㉢ 지역형 쇼핑센터 : 대규모 쇼핑센터로 레저·스포츠 시설이나 여러 가지 서비스 기능이 갖추어져 있다.

(3) 쇼핑센터의 유형 ✔자주출제

① 스트립 쇼핑센터(Strip Shopping Center)
　㉠ 네이버후드 센터 : 소비자들의 일상적 욕구를 만족시키기 위한 편리한 쇼핑 장소를 제공하도록 설계되어 있다.
　㉡ 커뮤니티 센터 : 네이버후드 센터보다 다양한 범위의 의류와 일반 상품을 제공하도록 설계되어 있다.
　㉢ 파워 센터 : 할인백화점이나 할인점, 창고형 클럽 등을 포함하는 일부 대형 점포들로 구성되어 있다.

② 쇼핑몰(Shopping Mall)

　　㉠ **지역 센터** : 일반 상품과 서비스를 다양하고 매우 깊이 있게 제공한다.

　　㉡ **슈퍼지역 센터** : 지역 센터와 비슷하나, 큰 규모로 인하여 보다 많은 고객이 유인되며, 보다 깊이 있는 제품구색을 갖춘다.

　　㉢ **아웃렛 센터** : 유통업자 상표제품을 할인 판매한다.

　　㉣ **패션·전문 센터** : 고급 의류점, 선물점 등으로 주로 구성되며, 선별된 패션이나 품질이 우수하고 값비싼 독특한 제품을 판매한다.

　　㉤ **테마·페스티벌 센터** : 일반적으로 건물 디자인부터 상품에 이르기까지 통일된 테마를 갖고 있으며 특히 관광객에게 큰 매력을 준다.

참고 대형 상업시설의 테넌트 관리 ✓자주출제

• 테넌트란 상업시설의 일정 공간을 임대하는 계약을 체결하여 해당 상업시설에 입점해서 영업을 하게 하는 일종의 임차인을 의미한다.

• 마그넷 스토어는 쇼핑센터에 대한 이미지를 상승시키며, 쇼핑센터의 회유성을 높이는 점포를 의미한다.

• 앵커 테넌트의 경우 상업시설 전반의 성격을 결정짓게 되는 요소로 작용하게 되고, 해당 상업시설로서 많은 유동인구를 발생시키기도 하는 특징이 있다.

• 앵커 테넌트의 경우 다른 말로 핵 점포라고도 하며, 이는 백화점, 대형서점, 할인점 등 해당 상업시설에 대한 가치를 상승시켜주는 역할을 수행한다.

---

4. 기타 입지

(1) 노면 독립입지 ✓자주출제

① 노면 독립입지의 의의

　　㉠ 다른 소매업체와 연결되지 않은 소매입지를 말하며, 통상적으로 독립입지 소매점포의 경우 다른 소매업체들과 고객을 공유하지 않는다.

　　㉡ 규모와 형태에 관한 자체 운영규칙에 의하여 특정 규모의 토지와 형태가 요구되는 경우 및 저비용·저가격 정책을 실시해야 하는 경우, 점포 디자인과 주차장을 자유로이 활용할 필요가 있는 경우 등에 적합하다.

② 노면 독립입지의 구분

　　㉠ **독자적 상권개척의 경우** : 점포신설 지역에서 창업품목이나 업종에 대해 새로운 경영환경을 창조하고, 고객층을 새로 형성시키기 위한 공격적 마케팅 전략을 수립하여 확장 위주의 경영 계획을 추진하여야 한다.

기출PLUS

기출 2023년 제2회

소매점포의 다른 입지유형과 비교할 때 상대적으로 노면 독립입지가 갖는 일반적인 특징으로 가장 옳지 않은 것은?

① 가시성이 좋다.
② 다른 점포와의 시너지 효과를 기대하기 어렵다.
③ 임대료가 낮다.
④ 주차공간이 넓다.
⑤ 마케팅 비용이 적게 든다.

기출 2022년 1회

가장 다양한 업태의 소매점포를 입주시키는 쇼핑센터 유형으로 옳은 것은?

① 파워 쇼핑센터
② 아웃렛 쇼핑센터
③ 쇼핑몰 지역센터
④ 네이버후드 쇼핑센터
⑤ 패션/전문품 쇼핑센터

＜정답 ⑤, ③

다음 중 노면독립입지에 대한 설명 으로 가장 거리가 먼 것은?

① 타 점포와의 시너지 효과가 극 대화된다.
② 확장이 용이하다.
③ 영업시간에 대한 규제가 적다.
④ 간판에 대한 규제가 적다.
⑤ 가시성이 크다.

주거, 업무, 여가생활 등의 활동을 동시에 수용하는 건물을 의미하는 복합용도개발이 필요한 이유로서 가 장 옳지 않은 것은?

① 도심지의 쇠락을 막고 주거와 상업, 업무의 균형을 이루기 위 해서
② 신시가지와의 균형발전과 신시 가지의 행정수요를 경감하기 위 해서
③ 도시내 상업기능만의 급격한 증 가현상을 피하고 도시의 균형적 발전을 위하여
④ 도심지의 활력을 키우고 다양 한 삶의 장소로 바꾸기 위해서
⑤ 도심의 공동화를 막기 위해서

< 정답 ①, ②

ⓛ 기존 상권에 진입하는 경우 : 이미 형성되어 있는 상권의 분위기에 적절히 대응하고 고객의 기호와 요구에 적응하기 위한 마케팅을 통해 기존 고객을 신설 점포로 흡인하는 전략이 중심이 되므로, 신설 점포의 차별성을 부각시키기 위한 점포의 면적, 점포 간의 거리는 물론 광고, 홍보 전략도 달리해야 한다.

③ 노면 독립입지의 장·단점

　ㄱ 장점
- 임대료가 낮다.
- 가시성이 크다.
- 직접 경쟁업체가 없다.
- 주차공간이 넓다.
- 확장이 용이하다.
- 고객을 위한 편의성이 크다.
- 영업시간, 제품, 간판에 대한 규제가 적다.

　ㄴ 단점
- 고객을 유인하기 위해 상품, 가격, 판촉, 서비스 등을 차별화해야 한다.
- 다른 점포와의 시너지 효과를 기대할 수 없다.

(2) 복합용도개발지역 ✓자주출제

① 복합용도개발지역의 의의

　ㄱ 복합용도개발(Mixed-Use Developments : MXDs)지역이란 쇼핑센터, 오피스타워, 호텔, 주상복합건물, 시민회관, 컨벤션센터 등 하나의 복합 건물에 다양한 용도를 결합시킨 것을 말한다.

　ㄴ 복합용도개발은 Gurney Breckenfeld(1972년)가 처음으로 사용한 용어로, 주거와 상업, 업무, 문화, 위락 등 다양한 기능을 밀접하게 연관시켜 편리성과 쾌적성을 제고시킨 건물 또는 건물군의 개발을 이르는 말이다.

> **참고 복합용도개발이 필요한 이유**
> - 도시공간의 활용에 대한 효율성의 증대
> - 도심 공동화 방지
> - 도시의 균형적의 발전(도시 내 상업기능의 급격한 발전보다)
> - 도심지의 활력 제고 및 여러 다양한 삶의 기능을 제공하는 장소로의 전환

② 복합용도개발지역의 특성

　ⓐ 많은 쇼핑객들을 점포로 유인할 수 있어 소매업체에게 인기가 있다.

　ⓑ 공간을 생산적으로 사용할 수 있어 개발업체들이 선호한다.

　ⓒ 도심지에 주거기능을 도입함으로써 도시 내에서 살고자 하는 사람이나 살 필요가 있는 사람들에게 양질의 주택공급이 가능하며, 이로 인하여 도심공동화 현상을 막을 수 있고, 도심지가 생동감 넘치고 다양한 삶의 장소로 바뀔 수 있다.

　ⓓ 직장과 주거지와의 거리가 단축됨으로써 출퇴근 시 교통비용 및 시간을 절약할 수 있고, 교통 혼잡에 따른 사회적 비용을 줄일 수 있다.

　ⓔ 도심지 중에서 저밀도로 이용되고 있는 지역을 재개발함으로써 토지이용의 효율성을 제고한다.

③ 복합화의 의미와 특징

　ⓐ **복합화의 의미** : 서로 연관성 있는 인프라, 시설, 기능, 기술, 소프트를 효과적으로 결합하고 이들 간에 서로 유기적인 상승효과를 내도록 하여 경쟁력과 효율을 극대화하는 것을 의미한다.

　ⓑ **복합화의 특징**

　　• 상호 연관성 : 시설이나 기능 같은 동질적인 것 사이의 연관성뿐만 아니라 시설, 인프라 기술, 서비스 기능, 소프트 등과 같은 이질적인 것 사이의 연관성도 포함하고 있다.

　　• 유기적 결합 : 상호 관련성이 있는 것을 유기적으로 결합하여 개별 기능을 최대한 발휘할 수 있도록 융합시키는 것을 의미한다.

　　• 시너지 효과 : 시·공간의 비용절감, 집적이익 발생, 패키지화에 따른 이용자 편리성 증대 등을 들 수 있으며 복합화를 통하여 시너지 효과를 극대화함으로써 경쟁우위(경쟁력) 및 효율극대화(효율성)를 달성할 수 있다.

④ 복합공간의 구분

　ⓐ 업무 중심의 복합화

　　• 개념 : 하나의 건물 내에 상이한 기능을 수용하는 유형으로, 단일 건물 내에서 일정한 기능을 수용함으로써 고층화한다.

　　• 특징

　　－지역의 랜드마크(Landmark)적인 역할을 수행한다.

　　－사람과 물자의 이동을 건물 내에서 수직 동선으로 처리하여 교통 혼잡 문제가 해결된다.

　　－비교적 소규모 부지에도 적용이 가능하다.

　　• 문제점

　　－주변지역에 일조권, 통풍권의 환경문제를 발생시킬 우려가 있다.

　　－건물 구조물이 고정화되어 미래에의 적응력이 약화된다.

　　－여러 가지 기능이 동일 건물 내에서 운영됨으로 인해 건물 내의 혼잡이 극심해질 우려가 있다.

ⓛ 다발층 콤플렉스

• 개념 : 상이한 건물을 가진 몇 개의 건물을 배치하고, 이를 상업용도의 저층 기단부로 묶어 그 하부에 공공지원시설, 주차시설 등을 구획하는 유형이다.

• 특징 : 복합용도개발에 있어서 주거기능과 여러 기능이 혼합됨으로써 발생하는 문제들을 해결하여 주거기능의 정주성이 향상된다.

• 문제점

－기능이 건축적으로 분리되어 즉시 이용하는 측면에서는 불편이 있다.

－동일한 규모의 부지에서 같은 용적률을 적용할 때 오픈스페이스의 면적이 감소한다.

ⓒ 도시블럭 연계성

• 개념 : 중·저층 건축물들을 한 개층 시설을 중심으로 연결·배치하고, 기능배치는 층별로 중첩시키거나 인접도로의 성격에 따라 분산 배치하는 형태이다.

• 특징

－도시규제가 매우 강한 유럽의 도심지역에서 추진된 방식이다.

－쉽게 재건축이 가능하므로 환경변화에 신속한 대응이 가능하다.

• 문제점 : 도시의 랜드마크적 역할에는 미흡하다.

▶POINT 복합공간의 기능

구분	주기능	주 연계기능	보조 연계기능
업무 중심의 복합화	• 오피스	• 전문몰, 판매시설 • 비즈니스호텔 • 금융기관 • 정보·통신센터	전문 식당가, 패스트푸드 점, 근린생활시설, 스포츠 센터, 국제회의장, 전시장, 오피스텔, 주상복합아파트
상업기능 중심의 복합화	• 백화점 • 양판점 • 전문점 • 디스카운트 스토어	• 커머셜호텔 • 비즈니스호텔 • 스포츠센터 • 도시형 레저랜드 • 오락장	물류, 유통관련 오피스, 이 벤트홀, 문화교양센터, 영 화관, 주상복합아파트, 오 피스텔, 국제회의장, 전시 장, 면회장, 예식장, 전문 병원, 분수광장, 도시광장
엔터테인 먼트 중심의 복합화	• 테마파크 • 레저랜드 • 오락장	• 백화점, 전문점 • 전문 식당가, 주점 • 리조트호텔, 콘도 미디엄, 레저형 스 포츠시설	국제회의장, 연회장, 예식 장, 연수원, 전시장, 미술 관, 이벤트홀, 잔디광장, 도시공원, 휴양형 병원, 노인병원

section 3 입지선정 및 분석

1. 입지선정의 의의

(1) 입지선택의 의의

① 입지선택 : 동적 · 공간적 개념으로, 입지주체가 추구하는 입지조건을 갖춘 토지를 발견하는 것을 의미한다.

② 입지선택의 중요성 : 입지선택의 과정에서는 보다 유리한 이용을 하려는 입지경쟁이 전개되고 그 결과는 토지이용의 집약화, 토지의 단위면적당 노동과 자본의 투자비율 증가로 나타난다. 입지선택이 잘못될 경우에는 경영 관리상 노력의 낭비를 가져와 결국 사업 실패를 초래하게 된다.

(2) 입지선택 시 고려사항

① 안정성 : 안정성은 사업장의 투자규모와 수익성과의 관계이며, 사업 아이템이나 수익성이 장기적으로 안정적인 궤도를 유지하는 것을 의미한다.

② 균형성 : 균형성은 주변 경쟁점과의 관계이며, 경쟁점포와의 균형성을 측정하기 위한 기본적 기준으로는 점포의 규모, 상품의 가격, 고객의 접근성 정도, 인테리어 상태 등이 있다.

③ 조화성 : 조화성은 예비창업자의 선택 아이템과 주변 상권과의 관계이며, 예비창업자가 입지선택 및 상권분석과 관련한 조화성 부분에서 가장 주의를 기울여야 할 전략으로는 차별화 전략을 들 수 있다.

(3) 용도별 입지선택

① 상업지 입지 ✔자주출제

    ㉠ 상업지 입지의 의의 : 상업지 입지는 상점의 입지와 상업 집단으로서 상점가의 입지가 있으며, 상권파악이 전제되어야 한다. 또한, 배후지는 상점의 수익성을 결정짓는 중요한 요소이다.

    ㉡ 상업지 입지조건

      • 사회 · 경제적 조건

      −인구밀도가 높고 지역면적이 크고 고객의 소득수준이 높은 것이 가장 좋은 배후지의 조건이다.

      −상점가의 가치는 고객의 교통인구가 많을수록 높으며, 교통수단이 발달되어 있지 않으면 고객흡인이 힘들다.

기출 2020년 1회

소매점포의 부지(site)를 선정할 때 고려해야 할 가장 중요한 기준으로 옳은 것은?

① 부지의 고객접근성
② 부지의 주요 내점객
③ 점포의 가시성
④ 점포의 수익성
⑤ 점포의 임대료

❮정답 ④

기출PLUS

기출 2020년 3회

소매점포의 입지조건을 평가할 때 점포의 건물구조 등 물리적 요인과 관련한 일반적 설명으로 옳지 않은 것은?

① 점포 출입구에 단차를 만들어 사람과 물품의 출입을 용이하게 하는 것이 좋다.

② 건축선 후퇴는 타 점포에 비하여 눈에 띄기 어렵게 하므로 가시성에 부정적 영향을 미친다.

③ 점포의 형태가 직사각형에 가까우면 집기나 진열선반 등을 효율적으로 배치하기 쉽고 데드스페이스가 발생하지 않는다.

④ 건물너비와 깊이에서 점포의 정면너비가 깊이보다 넓은 형태(장방형)가 가시성 확보 등에 유리하다.

⑤ 점포건물은 시장규모에 따라 적정한 크기가 있다. 일정규모 수준을 넘게 되면 규모의 증가에도 불구하고 매출은 증가하지 않을 수 있다.

< 정답 ①

－어떤 종류의 영업이 그 지역의 문제가 되어 있는가는 대상지역의 수익성을 판단하는 데 유익하다.

－상업지역의 경쟁자들에게 풍부한 창의력과 자금력이 있는가는 상업 활동에 대한 수익성을 좌우한다.

－당해 지역이 지역 사이클로 볼 때 어떤 국면에 있는가를 파악함으로써 번영 정도 및 성쇠의 상태를 파악할 수 있다. 이는 지가수준, 임료수준, 매상고, 교통량, 입지경쟁 등으로 파악이 가능하다.

• 물리적 조건

－적당한 가로 폭, 직선인 경우 100~200m 정도에서의 변화가 유리하다.

－안쪽의 커브, 비탈길의 아래쪽이 유리하다.

－획지의 형상과 접면너비는 형상, 정형, 너비가 넓을수록 유리하다.

ⓒ 상업지 입지이론

• 레일리(W.J. Reily)의 소매인력법칙

－중력모형을 이용한 상권의 범위를 확정하는 모양으로 상권규모는 인구에 비례, 거리의 제곱에 반비례한다.

－도시단위의 상권이론으로 두 중심지 사이에 상권이 미치는 영향력의 크기를 나타낸다.

－A, B도시의 크기가 같으면 중간지점이 좋다.

－A가 B도시보다 2배 크면, A쪽이 1.4배 멀다. 즉 상권경계는 B쪽에 가깝다.

• 허프(D.L. Huff)의 소매지역이론 : 소비자의 구매패턴, 기호, 소득관계를 참작하여 입지하여야 하며, 이는 전문품이 유리하다.

• 넬슨(R.L Nelson)의 소매입지이론 : 상권 내 인구, 소득, 점포의 입지유형, 경합상태, 지가수준, 장래발전가능성을 종합적으로 분석할 것을 강조한다.

POINT 넬슨의 입지선정을 위한 8원칙 ✔자주출제

상권의 잠재력	현재 관할 상권 내에서 취급하는 상품, 점포의 수익성 확보가 가능한지에 대한 검토
접근가능성	어떠한 장애요소가 고객들의 접근을 방해하는지 검토
성장가능성	인구증가와 소득증가로 인하여 시장규모나 선택한 사업장, 유통 상권의 매출액이 성장할 가능성을 평가
중간 저지성	기존점포나 상권 지역이 고객과 중간에 위치하여 경쟁점포나 기존 상권으로 접근하는 고객을 중간에 차단할 가능성
누적적 흡인력	영업 형태가 비슷하고 동일한 점포가 몰려 있어 고객의 흡수력의 극대화 가능성
양립성	상호 보완관계에 있는 점포가 서로 인접함으로써 고객의 흡인력을 높일 가능성 검토
경쟁의 회피	장래 경쟁점이 신규 입점함으로써 기존 점포와의 경쟁에서 우위를 확보할 수 있는 가능성 및 차후 새로운 경쟁점의 입점이 사업장에 미칠 영향력의 평가
용지 경제성	상권의 입지 가격 및 비용 등으로 인한 수익성과 생산성의 정도를 검토

- 후버(Hoover)의 시간법칙 : 좋은 상업지는 투자한 자본과 노력에 대하여 충분한 이익을 주지만, 이러한 이익은 개점과 더불어 즉각적으로 나타나는 것은 아니고 충분한 시간적 여유를 가진 장기적인 것이다.

② 상점(점포)의 분류

- 공간균배원리에 의한 분류
  - 집심성 점포 : 도시의 중심지에 입지하여야 유리하다.
    - 예 백화점, 고급음식점, 보석가게, 고급의류점, 대형 서점, 영화관 등
  - 집재성 점포 : 동일 업종이 서로 한 곳에 모여 있어야 유리하다(집적효과).
    - 예 가구점, 약재시장, 먹자골목, 중고서점, 전자제품, 기계점, 관공서 등
  - 산재성 점포 : 서로 분산하여 입지하여야 유리하다.
    - 예 잡화점, 이발소, 세탁소, 대중목욕탕, 소매점포, 어물점 등
  - 국부적 집중성 점포 : 동 업종끼리 국부적 중심지에 입지하여야 유리하다.
    - 예 농기구점, 석재점, 비료점, 종묘점, 어구점 등

- 구매 관습에 의한 분류
  - 편의품점 : 주로 가정용품으로 고객은 주부가 다수를 차지하며, 늘 통행하는 길목에 위치한다. 상권은 도보로 10~20분으로 주택 인근 지역에 많고 도심 상업지역에는 적다.
  - 선매품점 : 상품을 여러 상점과 비교하여 구매하는 것으로 편의품에 비해 가격수준이 높고 구매횟수가 적다. 고객의 취미가 반영되어야 하므로 표준화되기 어렵다.
  - 전문품점 : 가격수준이 높고 유명상표 상품을 갖춘 상점이다. 고객은 특수한 매력을 찾으려 하며 구매를 위한 노력을 아끼지 않는다.

② 공업지 입지

⊙ 공업지 입지의 의의 : 공업지 입지에 있어서는 시장과의 관계, 공업용수의 문제, 자재 및 상품의 수송과 교통문제, 공업에 적당한 기후조건, 공공적인 원조와 특혜 등을 고려해야 한다.

ⓒ 공업지 입지의 유형과 분류

- 시장지향형 입지 : 주로 소비지 가까이에 입지하며 제품이 만들어지고 나서 빠른 시간 내에 소비지에서 소비되어야 할 경우에 많이 적용된다. 부패성이 심한 제품이나 신선도 유지가 필요한 제품, 재고의 확보가 필요한 제품 등의 경우가 이에 해당되며 식품공업이 대표적이다.

- 원료지향형 입지 : 주로 원료산지에 입지하며 제조과정 중 중량이나 부피가 감소할 경우에 많이 적용된다. 통조림이나 냉동공업 등이 이에 해당되며 석회석 산지에 입지하는 시멘트공업이 대표적이다.

기출PLUS

기출 2022년 2회

아래 글상자의 현상과 이들을 설명하는 넬슨(R. N. Nelson)의 입지원칙의 연결로서 옳은 것은?

┌ 보기 ┐
- ⊙ 식당이 많이 몰려있는 곳에 술집이나 커피숍이 있다든지, 극장가 주위에 식당들이 많이 밀집하는 현상
- ⓒ 귀금속 상점들이나 떡볶이 가게들이 한 곳에 몰려서 입지함으로써 더 큰 집객력을 갖는 현상
└────────┘

① ⊙ 동반유인 원칙
　 ⓒ 보충가능성 원칙
② ⊙ 고객차단 원칙
　 ⓒ 보충가능성 원칙
③ ⊙ 보충가능성 원칙
　 ⓒ 점포밀집 원칙
④ ⊙ 보충가능성 원칙
　 ⓒ 동반유인 원칙
⑤ ⊙ 점포밀집 원칙
　 ⓒ 보충가능성 원칙

기출 2022년 1회

아래 글상자의 업종들에 적합한 점포의 입지조건을 공간균배의 원리에 의해 구분할 때 일반적으로 가장 적합한 것은?

┌ 보기 ┐
백화점, 고급음식점, 고급보석상, 미술품점, 영화관
└────────┘

① 집심(集心)성 점포
② 집재(集在)성 점포
③ 산재(散在)성 점포
④ 국부(局部)성 집중성 점포
⑤ 국부(局部)성 집재성 점포

❮ 정답 ④, ①

제품 및 업종형태와 상권과의 관계에 대한 설명으로 옳지 않은 것은?

① 식품은 대부분 편의품이지만, 선물용 식품은 선매품이고 식당이 구매하는 일부 식품은 전문품일 수 있다.

② 선매품을 취급하는 소매점포는 편의품보다 상위의 소매중심지나 상점가에 입지하여 더 넓은 범위의 상권을 가져야 한다.

③ 소비자는 생필품을 구매거리가 짧고 편리한 장소에서 구매하려 하므로 생필품을 취급하는 점포는 주택지에 근접한 입지를 선택하는 것이 좋다.

④ 전문품을 취급하는 점포의 경우 고객이 지역적으로 밀집되어 있으므로 그 상권은 밀도가 높고 범위는 좁은 특성을 가진다.

⑤ 동일업종이더라도 점포의 규모나 품목구성에 따라 점포의 상권 범위가 달라진다.

〈정답 ④

- 노동지향형 입지 : 주로 많은 노동력이 필요한 공업일 경우에 적용된다. 인쇄나 출판업 등 생산비 중 임금의 비중이 큰 산업이 이에 해당되며 섬유공업이 대표적이다.
- 동력지향형 입지 : 생산비 중 동력의 비중이 큰 산업일 경우 생산비를 줄이기 위해 동력생산지 가까이에 위치한다. 현대사회에서는 어디서나 동력을 쉽게 얻을 수 있기 때문에 희소한 경우라 할 수 있다.
- 집적지향형 입지 : 산업체가 집적되어 있을 때 시너지 효과를 발휘하기 위해 적용된다. 기계공업을 중심으로 하는 자동차공업, 조선공업 등이 이에 해당된다.
- 입지자유형 : 운송비에 비해 부가가치가 큰 공업일 경우에 적용된다. 첨단산업의 경우처럼 입지에 별다른 영향을 받지 않는 공업이 이에 해당되며 수도권 공업지역이 대표적이다.

2. 입지영향인자

(1) 인구통계, 라이프스타일 특성

① 가구, 인구, 가구당 인구, 연령별 구조의 파악 : 배후 인구의 통계적 특성을 파악하기 위해서는 시·구 통계연보를 시청이나 구청, 동사무소에서 구해야 하며 도소매업 조사보고서, 서비스업 조사보고서 등을 통하여 그 지역주민들의 생활상을 파악할 수 있다.

② 동일한 소득일지라도 아파트지역이 집적도가 높으며 인구가 많고 편리성을 추구하는 집단이라는 점에서 주택지역보다 소비성향이 1.2배 가량 높다.

③ 대체로 인구가 증가하고 있는 지역이 하락하는 지역에 비해 소매업체들이 성공한다. 총인구의 증가는 개인소득의 증가와 더불어 유통업 전체의 계속적인 발전가능성을 나타내므로 특정 지역에서 소매점을 개설하는 경우에는 그 지역 내 총인구의 변화를 면밀히 파악해야 한다.

④ 가족의 규모와 구성도 소매업체의 성공을 결정짓는 중요 요인이 될 수 있다. 가족의 규모가 소형화되어 감에 따라 자식에 대한 부모들의 평균 투자액은 계속 늘어나고 있으며 어린이용품에 대한 수요는 점점 고급화되어 가고 있다.

⑤ 해당지역 인구의 라이프스타일 특성은 특정 소매업체가 추구하고 있는 표적시장과 관련이 있을 수 있다.

(2) 비즈니스 환경

① 의의 : 경영자가 의사결정시 고려해야 할 조직 외부요인들을 말한다.

② 구성요인

ㄱ) 일반적 환경요인 : 자연현상처럼 그 영향이 사회 전반에 미쳐서 개별 기업의 차원에서는 기업의 의지와는 관계없이 받아들일 수밖에 없는 거시적 요인을 말한다.

- 경제 환경 : 국내외 경기변동, 물가수준, 이자율, 환율, 정부의 산업정책 등이 이에 속한다.
- 기술 환경 : 새로운 기술이 발전하면서 기존의 시설이나 인력의 경쟁력을 급속히 떨어뜨리는 것을 의미한다.
- 사회 · 문화환경 : 인구와 관련된 사항(총인구와 인구구성의 변화, 지역 간 이동, 세대 수의 변화)과 관심사에 대한 의견(의식주 생활, 여가활용) 등이 이에 속한다.
- 정치 · 법률환경 : 견해를 달리하는 정당이나 정치세력들은 자신들에게 유리한 법률을 제정하려고 하며, 사회가 복잡화됨에 따라 해마다 국회에서 새로 제정되거나 개정된 법률의 건수는 매우 많다. 상법, 세법, 독점규제 및 공정거래에 관한 법률, 근로기준법 등 기업경영과 관련된 법률은 그 종류가 매우 다양하며 경영 관련 법률은 계속 늘어나고 있기 때문에 전문가의 조언을 받아야 하는 경우가 점점 많아지고 있고, 법을 모르고 한 일이라고 해도 책임을 면할 수는 없으므로 경영자는 법을 잘 이해하여 불필요한 비용을 지불하지 않도록 하고 소비자 보호에 대해 적절히 대응할 수 있도록 한다.
- 국제환경 : 시스템적 관점상 국내 기업은 국제 경제 시스템의 하위 시스템이 되기 때문에 해외에서 발생하는 정치 · 경제 · 문화적 사건에 많은 영향을 받는다.

ㄴ) 구체적 환경요인 : 기업에 따라 다르며 기업의 이해당사자들로 구성된다. 기업의 이해당사자들 중에서 특히 고객, 유통업체, 경쟁업체는 경영성과에 직접적으로 영향을 미치는데, 이들의 영향은 거시적 환경과는 달리 경영자가 어느 정도 관리할 수 있다.

- 고객 : 시장이 없는 기업은 존재할 수 없으므로 시장을 구성하는 고객의 기호가 어떻게 변화하고 있는지, 자신의 상품이나 서비스에 대해 고객이 어떤 평가를 내리고 있는지에 대해서 정확하게 조사하고 대처해야 한다. 번성하는 기업은 기존 고객을 만족시킴으로써 얻게 되는 이익이 신규 고객을 끌어들이는 비용보다 훨씬 크다는 사실을 알기 때문에 고객의 조그마한 불만사항도 가볍게 보지 않고 고객을 만족시키려고 하며, 고객과 가까이 함으로써 그들의 기호에 맞는 신상품 개발을 가능하도록 한다.

- 유통업체 : 기업과 최종 고객 사이에서 상품이나 서비스를 유통시켜 주는 조직을 말하며 도매상이나 소매점, 대리점이 이에 속한다. 유통업체와 상품 공급업체 간에는 갈등이 발생할 소지가 많으며 이 경우 누가 더 큰 영향력을 행사할 수 있느냐에 따라 결과가 달라진다. 예컨대, 제조업체가 유통업체에 납품가격을 확정지으려 할 때 제조업체는 가능한 한 비싸게 받기를 원할 것이고 유통업체는 싸게 사려 할 것인데, 상표가 유명하거나 경쟁제품이 없다면 제조업체에게 유리한 조건으로 결정될 것이고 상표력도 크지 않고 차별화되지 못한 상품이라면 유통업체에게 유리한 조건으로 결정될 것이다.
- 경쟁업체 : 유사 상품으로 동일한 시장을 겨냥하는 경쟁업체 간에는 가격 정책이나 광고활동, 유통경로의 관리과정 등에서 치열한 경쟁이 벌어지므로 경영자는 경쟁업체가 어떻게 대응할 것인가를 예측하면서 결정을 내려야 하며 틈새시장을 찾거나 차별화되는 상품을 개발하여야 한다.

(3) 접근성

① 접근성의 의의 : 어떤 한 지점이 주위의 다른 지점들로부터 얼마나 쉽게 접근할 수 있는가를 나타내는 것으로, 입지 시 점포의 입구, 건널목 상태, 고객의 주요 유동방향 등이 고객흡인에 용이하도록 되어 있는가를 확인한다.

② 접근성에 따른 입지의 구분

  ㉠ 적응형 입지 : 도보자의 접근성을 우선 고려하여야 한다.
  - 도보자가 접근하기 쉬운 출입구(자동문이나 회전문은 좋지 않음)여야 하고 시설물, 계단, 가시성 등이 좋아야 한다.
  - 대부분의 도보객은 버스나 택시, 지하철을 이용하므로 이들 교통시설물과 근접하면 좋다.
  - 도심의 최적입지는 차 없는 거리이며, 도심의 점포는 주차장이 없어도 된다. 오히려 주차장으로 인하여 투자효율성이 떨어지기 때문이다. 혹, 주차장을 둔다면 건물 뒤편에 위치하는 것이 좋다.

  ㉡ 목적형 입지
  - 특정 테마에 따라 고객이 유입되므로 차량이 접근하기 쉬워야 한다.
  - 주도로에서 접근하기 쉽고 주차장이 크며 편리해야 한다.
  - 주차관리원이 있어야 한다.
  - 주차장의 위치는 건물 앞쪽에 있어야 이용자의 편리성이 높다.

  ㉢ 생활형 입지
  - 지역주민이 주로 이용하는 식당이므로 도보나 차량을 모두 흡수할 수 있어야 한다.
  - 주차시설을 갖추고 도보객의 접근이 유리한 지역에 입지한다.

> **참고** **목적점포와 기생점포**
>
> ㉠ 목적점포(destination store)
> - 그 점포가 일반적인 상업 중심지 밖에 있더라도 소비자가 그 점포만을 방문하기 위하여 이동할 용의가 있는, 즉 매장 자체가 목적지가 되는 점포이다.
> - 예컨대 유명 브랜드의 아울렛(outlet)이 도시 외곽에 세워졌다고 하더라도 소비자는 기꺼이 장거리를 이동하여 그 점포를 이용한다. 이 경우 같은 센터에 있는 매장이라도 다른 상권을 가지게 될 수 있다.
> - 다른 업체와 비교하여 확실한 기술력을 보유하고 있는 업체나 뛰어난 마케팅 능력을 보유하고 있으며 스스로도 충분히 능력을 발휘할 수 있어 확실한 비교우위를 가진 점포라면 목적점포가 될 수 있다.
> - 즉 고객이 스스로 찾아올 수 있도록 서비스와 시설규모를 가진 점포로, 특정 상권 안에서 가장 낮은 가격으로 식료품을 판매하는 대형 슈퍼마켓, 특정상권 안에서 뚱뚱한 사람들에게 맞는 청바지를 파는 유일한 점포, 수많은 종류의 장난감을 판매하는 카테고리 킬러 등이다.
> ㉡ 기생점포(parasite store) : 그 자체가 소비자의 이동을 유도하지 못하고, 그 자체로 상권을 형성할 수 없는 점포이다.
> ㉢ 쇼핑몰 혹은 쇼핑센터에 입점해 있는 전문점이나 할인점은 목적점포이지만, 같은 곳에 입점해 있는 음식점이나 편의점, 세탁소 등은 기생점포라고 할 수 있다.

③ 접근성 분석요소

　㉠ **미시적 분석요소** : 개별 점포에 대한 분석과 쇼핑센터 내의 위치에 대한 분석을 말하며, 점포의 외관(가시도), 교통량, 도로 및 주차장에의 진입과 퇴출, 쇼핑센터의 접근성, 쇼핑센터 내의 점포 배열 등을 고려한다.

　　• 가시도 : 고객들이 멀리서도 점포를 쉽게 찾을 수 있는 정도이며 유동고객에 대한 의존도가 높은 경우일수록 매우 중요한 요소이다.

　　• 교통량 및 교통의 흐름 : 교통량이 많은 곳에 입지하면 성공하느냐 하는 것은 점포가 처한 상황에 따라 다르며, 교통의 흐름은 빈번하되 혼잡이 일어나지 않는 지역이 유리하다. 출퇴근 시간에 교통 혼잡이 발생하는 것은 일반적 현상이므로 별 문제가 되지 않으나 학교 주변 또는 대형 트럭이 자주 다니는 지역은 교통 흐름의 측면에서 볼 때 불리하다.

　　• 도로 및 주차장에의 진입과 퇴출 : 점포에서 도로 및 주차장에의 진입과 퇴출은 쉬울수록 좋다.

　　• 쇼핑센터의 접근성 평가 : 쇼핑센터에 입주할 경우에는 우선 쇼핑센터의 접근성을 평가하고 센터 내의 위치도 평가되어야 한다.

　　• 쇼핑센터 내의 점포 배열 : 표적 고객층이 비슷한 종류의 점포들은 서로 인근에 위치하는 것이 좋다.

ⓛ **거시적 분석요소** : 거시적 분석은 기본 상권에 대한 분석을 말하며 거래 지역 내의 점포와 연결되는 주요 도로의 구조, 도로의 상태, 장애물의 존재 여부 등을 고려한다.

• **도로의 구조 및 상태 분석** : 도로의 구조 분석이란 거래지역 내에서 점포로 연결되는 주도로의 존재 여부 등을 알아보는 것을 의미하고, 상태 분석이란 차선이나 신호등 수, 혼잡도, 교차로 등을 알아보는 것이다. 주도로의 접근이 쉬울수록 유리하다.

• **장애물의 존재 여부** : 산이나 강, 인조 조형물, 철로, 공원 등의 존재 및 지역 내의 소득 차이 등은 점포입지의 장애물로 작용할 수 있다.

(4) 경쟁상황

① **경쟁상황 분석**

ⓗ **업종 분석**

• 상권 내의 업종별 점포 수, 업종 비율, 업종별·층별 분포를 파악한다.

• 업종별로는 판매업종(식품류, 의류, 신변잡화류, 가정용품류 등)과 서비스업종(외식서비스, 유흥서비스, 레저·오락서비스, 교육서비스, 의료서비스 등)으로 구분할 수 있는데, 이들의 구조를 파악하여 경쟁상황을 인지한다.

ⓛ **점포 분석**

• 건물의 층별 점포구성을 분석한다.

• 대체로 건물의 1층 구성비가 높으면 상권이 나쁘고, 구성비가 고르면 상권이 좋다.

ⓒ **브랜드 분석**

• 입점하고 있는 브랜드를 분석한다.

• 우리나라 소비자는 브랜드 선호도가 높으므로 유명브랜드가 많이 입점되어 있으면 좋은 입지이다.

② **경쟁우위의 구축** : 단순히 좋은 소매시장의 기회를 발견한 것만으로는 경쟁우위가 확보되는 것은 아니고 주어진 시장기회에 대하여 유지 가능한 경쟁우위를 구축하여야만 장기적 이익을 실현할 수 있다.

ⓗ **가격우위 전략** : 업계에서 생산비용이 가장 낮은 경쟁자가 되도록 노력하는 전략을 말하며, 가격우위 전략을 실행하기 위해서는 규모의 경제·독점적인 자원을 활용할 수 있거나 독보적인 기술이나 노하우·비용절감 가능성 등을 보유하고 있어야 한다.

ⓛ **차별화 전략** : 경쟁자들은 보유하고 있지 않으나 소비자들은 가치 있다고 보는 점포의 속성으로서 비싼 가격을 보상하려는 전략을 말하며, 차별화 대상으로는 서비스 점포이미지 및 위치, 디자인 등이 있다.

기출 2018년 2회

특정 상권의 수요를 추정하려면 경쟁자분석도 실시해야 하는데 가장 용이하게 경쟁자분석을 실시할 수 있는 점포는?

① 상품구색이 독특한 선물가게
② 희귀한 수입 애완동물을 판매하는 소매점
③ 디자이너 브랜드 패션을 판매하는 부티크
④ 지역 거점도시의 도심에 개업한 프랑스요리 전문식당
⑤ 전국에 걸쳐 수많은 점포를 개설한 프랜차이즈 편의점

〈정답 ⑤

ⓒ **집중화 전략** : 경쟁범위를 매우 좁게 하여 전체 시장의 극히 일부분을 집중적으로 공략하여 경쟁자보다 우위에 서는 전략을 말하며, 표적시장이 전체 시장과 큰 차이가 없거나 경쟁자가 표적시장에서 보다 좁은 집중화 전략을 펼칠 경우에는 집중화 전략의 성공가능성은 희박해진다.

▶ **경쟁업종 비율에 따른 출점유리 업종**

㉠ 판매업종이 많을수록 유동성이 높으며, 패스트푸드 점포가 유망하다.

㉡ 판매업종이 많으면 판매업종을 출점하는 것이 유리하고, 서비스업종이 많으면 서비스업종을 출점하는 것이 유리하다.

㉢ 일반적인 상가는 판매업종이 20% · 서비스업종이 80%이며, 명동의 경우 판매업종이 80% · 서비스업종이 20%이다.

---

(5) 시너지 효과

① 동종 업종이 집적되어 있으면 초기 투자비가 높다.

② 예컨대, 명동처럼 판매업종이 집중된 지역이나 백화점, 할인점에 외식업을 출점하면 시너지 효과를 최대한 확보할 수 있으며, 서비스업종이 집중된 음식점이나 유흥 · 위락단지, 숙박업, 학원, 극장 등 같은 업종끼리 집중되면 시너지 효과가 극대화된다.

③ 특정 시설에 의존하는 입지를 선택하며, 소매점 판매업은 가급적 피하는 것이 좋다. 호텔이나 백화점, 시장, 대형 오피스, 대형 상가, 대형 복합 빌딩 등의 바로 옆이나 영향권에서 벗어난 지역에 입점해야 한다.

▶ **동종 업종 집적의 장점**

㉠ 경쟁점포가 출점하더라도 매출이 민감하게 변하지 않는다.

㉡ 구색이 다양해서 선택의 폭이 넓어진다.

▶ **소매점 판매업을 가급적 피하는 것이 유리한 이유**

㉠ 소비자들이 대형 할인점 등 대형 시설물을 좋아한다.

㉡ 사이버 시장이 급속히 증가하고 있다.

㉢ 재고부담이 있으며 점포는 과포화 상태이다.

(6) 소비자의 상권이용형태

① 소비자는 대형 점포를 지향한다. 동일 업종인 점포가 나란히 수개 있으면 대형 점포를 선택한다.

② 소비자는 평탄하거나 아래쪽을 선호하므로 소비자의 눈높이에 맞추는 것이 좋다.

③ 소비자는 심리에 민감하다. 자동문이나 회전문, 점포를 가리는 나무는 좋아하지 않으며, 전면 길이가 긴 점포를 선호하고 안쪽으로 길쭉한 점포는 상대적으로 선호도가 낮다. 도로변에 면한 길이와 점포 안쪽의 길이는 3 : 2정도의 비율이 좋다.

④ 소비자는 비 역류성이 있어 비 번화 지역에서 번화 지역으로 이동한다.

⑤ 소비자는 동질성이 있어 점포에 같은 부류가 오는 것을 좋아하므로 타깃을 명확히 정해야 한다.

(7) 다점포경영(Chain-store Operation)

① 의의 : 각 지역의 발전성이나 상권 자체가 갖고 있는 이점 등을 자사의 이익과 연계시키기 위한 수단으로서, 각 해당지역에 자사의 지점포를 출점하게 하는 이른바 '다점포화 정책'에 따라 만든 각 체인점의 영업활동에 대한 경영관리를 말한다.

② 특징 : 매입 및 판매활동의 기능을 각기 분할하여 본점이 전 지점의 매입을 통괄적으로 담당하고, 지점은 오로지 판매활동만을 담당하도록 한다. 즉, 본점을 통한 '대량매입'과 각 지점을 통한 '대량판매'의 동시실현을 목표로 하는 경영체제이다.

③ 다점포 경영의 장 · 단점
  ㉠ 장점
   • 본점은 원자재를 대량매입한 후 지점포에 공급하는 방식을 취하므로 저렴한 가격에 원자재를 공급한다.
   • 본점의 경험과 노하우를 이어받아 시행착오가 적으며, 실패의 위험성이 적다.
   • 본점의 꾸준한 상품개발과 시장조사로 시장변화에 빠르게 적응한다.
   • 이미 인지도를 확보한 상품과 상호를 이용하기 때문에 광고 및 홍보 효과가 크다.
   • 지점포를 신설할 때 자금보조를 받을 수 있다.
  ㉡ 단점
   • 상품 및 유니폼과 관련해 본점의 방침에 따른 운영이 이루어지므로 비독립적이며, 본점의 일관된 운영방식으로 인해 지역적 특성이 고려되지 않을 수 있다.

- 같은 상호와 상품을 취급하므로 한 지점포의 잘못으로 인해 다른 지점포까지 그 영향이 미칠 수 있다.
- 지점포는 본점에 지속적인 로열티를 지급해야 하며, 지점포의 자의적인 양도 및 매매가 제한된다.

(8) 입지적 이점

① 의의 : 입지는 일반적으로 고객이 점포 선택 시 최우선적으로 고려하는 사항이며 입지조건은 소매점에 있어서 중요 전략요인이다. 입지에 따라 매출과 이익 등 업체의 성공 여부가 좌우되며, 좋은 입지는 자신들과 경쟁하는 우수한 상품들과 보완적인 상품들을 제공하는 입점업체의 믹스가 이루어져 있는 곳이라 할 수 있다.

② 입지 평가원칙

　㉠ 기본원칙
- 적합성 : 장소의 규모 또는 구조 등이 적합한가에 대한 문제이다.
- 이용가능성 : 고려중인 장소를 실제로 임대 또는 매입할 수 있는가에 대한 문제이다.
- 수용가능성 : 고려중인 장소를 창업희망자가 임대 또는 매입할 만한 충분한 자원이 있는가에 대한 문제이다.

　㉡ 매력도 평가원칙 ✔자주출제
- 동반유인원칙 : 유사하고 상호 보완적인 점포들이 함께 무리지어 있는 경우가 독립되어 있는 경우보다 더 큰 유인잠재력을 가질 수 있다는 것을 의미한다.
- 고객차단원칙 : 입지가 고객이 특정 지역에서 다른 지역으로 이동할 때 고객으로 하여금 점포를 방문하도록 한다는 것을 의미한다.
- 보충가능성의 원칙 : 고객을 서로 교환할 수 있을 정도로 인접한 지역에 위치한 두 사업들 간에 보충가능성이 높을수록 점포의 매출액은 증가한다는 것을 의미한다.
- 접근가능성의 원칙 : 고객의 입장에서 점포를 방문할 수 있는 심리적 · 물리적 특성을 의미한다.
- 점포밀집의 원칙 : 지나치게 유사한 점포 또는 보충할 수 있는 점포들이 밀집되어 있어서 고객의 유인효과와 매출액을 감소시키는 것을 의미한다.

기출PLUS

기출 2020년 1회

입지의 매력도 평가 원칙 중 유사하거나 보완적인 소매 업체들이 분산되어 있거나 독립되어 있는 경우보다 군집하여 있는 경우가 더 큰 유인잠재력을 가질 수 있다는 원칙으로 가장 옳은 것은?

① 보충가능성의 원칙
② 고객차단의 원칙
③ 동반유인의 법칙
④ 접근가능성의 원칙
⑤ 점포밀집의 원칙

기출 2020년 2회

소매점의 입지 대안을 확인하고 평가할 때 의사결정의 기본이 되는 몇 가지 원칙들이 있다. 아래 글상자가 설명하는 원칙으로 옳은 것은?

┌ 보기 ─────────
유사하거나 관련있는 소매상들이 군집하고 있는 것이, 분산되어 있거나 독립되어 있는 것보다 더 큰 유인력을 가질 수 있다.
└─────────────

① 접근가능성의 원칙
　(principle of accessibility)
② 수용가능성의 원칙
　(principle of acceptability)
③ 가용성의 원칙
　(principle of availability)
④ 동반유인원칙
　(principle of cumulative attraction)
⑤ 고객차단의 원칙
　(principle of interception)

< 정답 ③, ④

기출PLUS

기출 2018년 2회

아웃렛 몰(outlet mall)에 대한 설명으로 가장 옳은 것은?

① 주로 오래된 공장건물이나 창고에 입지한다.
② 하자상품이나 이월상품을 판매하는 점포들만 입점한다.
③ 스스로 고객을 흡인할 수 있는 규모와 점포구성을 가진다.
④ 비교구매를 돕기 위해 다른 지역 쇼핑센터 인근지역에 입지한다.
⑤ 입지 특성 때문에 상권의 범위는 소재지 도시를 벗어나지 않는다.

기출 2023년 제1회

경쟁점포가 상권에 미치는 일반적 영향에 관한 설명으로 가장 옳은 것은?

① 인접한 경쟁점포는 편의품점의 상권을 확장시킨다.
② 인접한 경쟁점포는 편의품점의 매출을 증가시킨다.
③ 인접한 경쟁점포는 선매품점의 상권을 확장시킨다.
④ 산재성입지에 적합한 업종일 때 인접한 경쟁점포는 매출증가에 유리하다.
⑤ 집재성입지에 적합한 업종은 인접한 동일업종 점포가 없어야 유리하다.

〈 정답 ③, ③

3. 업태별 입지 개발방법

(1) 백화점

백화점은 의류, 가정용 설비용품, 신변잡화류 등의 각종 상품을 부분별로 구성하여 소비자들이 일괄 구매할 수 있도록 한 대규모 소매점포이다. 통합적인 대규모 소매상으로 가장 오래되었다.

(2) 아웃렛스토어

① 경미한 하자가 있거나 잘 팔리지 않는 상품, 과잉생산된 상품, 재고품 등을 처분할 목적으로 정상가보다 할인된 가격으로 저렴하게 판매하는 직영소매점을 가리키며, 도심형과 교외형 매장으로 구분된다.

② 제조업체가 중간 유통과정을 거치지 않고 직영한다 하여 팩토리 아웃렛(Factory Outlet)이라고도 부르는데, 최근에는 아웃렛스토어만을 모아놓은 쇼핑센터가 증가하고 있다.

(3) 할인점

다양한 상품으로 구색을 갖춘 소매점. 다양성에서는 백화점과 비슷하지만 저가격, 저수익, 고회전율, 저비용 경영을 추구한다.

(4) 카테고리 킬러

일종의 전문품 할인점이라고 하며 특징으로는 체인화를 통한 현금 매입과 대량 매입, 목표 고객을 통한 차별화된 서비스 제공, 체계적인 고객 관리, 셀프 서비스와 낮은 가격 등을 들 수 있다.

4. 경쟁점(채널) 분석

(1) 경쟁점의 의의

① 경쟁점을 다른 말로 정의하자면 대체성이다.

② 과연 그 점포를 대신할 수 있는 것에는 어떤 것이 있는가의 질문에 답할 수 있다면 그 점포는 경합성이 있다고 말할 수 있다.

③ 경합에는 여러 가지 경우가 있지만 가장 큰 경합은 동일 업종 간에 발생하는 경우이다.

> **▶ 대체성**
>
> 상품의 대체성, 가격의 대체성, 기능의 대체성 등이 있으며 상품의 대체성은 어느 상품을 사도 '가격', '상품구색', '기능'이 거의 같은 동일 업종 간에 발생한다.

(2) 경쟁점과 창업

① 점포 경영자가 대체성을 판단하기란 쉽지 않다. 이는 입장이 크게 다르기 때문이다.

② 상품, 가격, 기능이 전혀 다른 것이라면 이러한 대체성의 원리는 영향을 미치지 못하게 된다.

③ 자신이 창업하고자 하는 점포의 주력품목의 대체성은 어느 정도이며 주변 점포와의 경쟁점은 어느 정도인가를 잘 생각해야 한다.

(3) 경쟁점의 영향

① 시장규모
- ㉠ 경쟁점의 영향정도를 결정하는 요소 중 가장 기본이 되는 요소이다.
- ㉡ 시장규모가 큰 경우 경쟁점의 출·퇴점에 따른 영향은 작은 반면, 시장규모가 작은 경우 경쟁점의 출·퇴점에 따른 영향도는 크다.
- ㉢ 경쟁점이 북적거리며 영업을 하고 있는 경우 이는 충분히 판매가 가능할 정도로 시장 규모가 존재한다는 증거가 된다. 또한, 이들 점포는 모두 손익분기점을 넘어 많은 이익까지 낼 수 있게 된다.

② 입지특성
- ㉠ 거리가 가까우면 경쟁점의 영향력이 크다.
- ㉡ 같은 동선상이라면, 단지 어느 쪽이 중심상권에 가까운가로 우열이 나뉜다.
- ㉢ 시계성이 좋은 쪽이 강한 경쟁력을 갖는 등 기타 요소로 우열을 가리게 된다.

③ 건물구조 : 점포규모가 큰 쪽이 유리하다.

④ 브랜드 파워에 따른 출·퇴점 : 경쟁점보다 브랜드 파워가 높은 경우와 낮은 경우에 따라 출·퇴점의 형태가 크게 달라진다.
- ㉠ 브랜드 파워가 다른 경쟁점보다 높은 경우
  - 적극적으로 출점해야 한다. 다시 말해, 공격적으로 파고드는 출점이다.
  - 브랜드 파워가 높다면 출점에 따라 경쟁점의 매출을 빼앗을 수 있는 기회가 있는 것이고, 최종적으로는 경쟁점을 문 닫게 하는 것도 가능하다.
  - 단, 중요한 것은 입지특성과 건물구조가 상대보다 뛰어나야 한다.

기출 PLUS

기출 2022년 제1회

점포 개점을 위한 경쟁점포의 분석에 관한 설명으로 가장 옳지 않은 것은?

① 1차 상권 및 2차 상권 내의 주요 경쟁업체를 분석하고 필요할 경우 3차 상권의 경쟁업체도 분석한다.

② 점포 개설을 준비하고 있는 잠재적인 경쟁업체가 있다면 조사에 포함시킨다.

③ 목적에 맞는 효과적인 분석을 위해 동일 업태의 점포에 한정해서 분석한다.

④ 경쟁점포의 상품 구색 및 배치에 대해서도 분석한다.

⑤ 상권의 계층 구조를 고려하여 분석한다.

〈정답 ③

ⓛ 브랜드 파워가 다른 경쟁점보다 낮은 경우

- 시장규모를 고려해서 출점을 재검토해야 한다.
- 브랜드 파워가 높은 경쟁점이 신규로 출점해 온 경우에는 내부수리를 포함해서 시계성 등 입지특성을 재확인하는 것이 대처방법이다.
- 건물구조에 대한 수리, 즉 점포면적, 주차장을 상대보다 크게 하는 것이 최대의 경쟁점 대책이다.
- 어설픈 판매촉진수단은 일시적인 효과에 그칠 뿐이다.
- 경쟁점보다 모든 사항이 열위일 경우에는 과감히 퇴점하는 것도 현명한 결정일 수 있다.

> **▶ 동 업종 경쟁점의 영향이 없는 경우**
> 점포 바로 앞의 동 업종 경쟁점일지라도 큰 간선으로 분단되어 있는 반대 차선에 경쟁점이 생긴 경우라면 거의 영향이 없다.

(4) 경쟁점 조사의 의의

① 경쟁점을 조사하는 것은 경쟁점포의 인지도, 매장규모, 취급상품의 성격, 영업시간, 하루 내점 고객 수 등을 조사하여 경쟁점보다 우월한 차별화 전략을 세우기 위해서이다.

② 인근의 다른 점포와 동일 업종으로 장사를 하고 있더라도 차별화 전략을 통해 자기 점포만의 전문성을 확보하여 세분화된 고객층에 맞는 특징 있는 상품과 서비스를 갖추면 경쟁점을 이길 수 있다.

③ 경쟁점 조사는 조사의 목적에 따라 시기가 달라질 수 있으므로 적절한 시점에 시행하여야 효과를 볼 수 있다. 예컨대, 원인 없이 매출이 하락할 경우에는 즉시 시행한다.

(5) 경쟁점 조사절차

① 조사의 포인트를 결정한다(조사 포인트는 가급적 세분화하여 진행).

② 조사의 목적을 수립한다.

③ 자기 점포의 문제점 등을 정리한다.

④ 판촉아이템·방법, 계산대 접객요령 등 세부 조사항목을 결정한다.

⑤ 사실에 근거하여 현장조사를 실시한다.

⑥ 각 항목별로 기록유지 및 사진자료를 첨부하여 조사결과를 정리한다.

⑦ 자기 점포와의 비교 검토를 통해 개선점을 파악한다.

⑧ 개선점을 명문화하여 교육한 후 점포에 반영한다.

⑨ 시행결과에 대해 평가한다.

(6) 경쟁점 조사방법

① 입점객 조사

  ㉠ 입점객

   • 입점객 조사는 통행량 조사와 방법이 같다.

   • 입점객을 성별, 연령별(12세 이하 / 13 ~ 19세 / 20 ~ 29세 / 30 ~ 39세 / 40 ~ 49세 / 50 ~ 59세 / 60세 이상), 시간대별(오전 / 정오 / 저녁), 교통수단별(도보 / 버스 / 자동차)로 구분하여 조사한다. 단, 각 구분을 모두 교차하여 조사해야 한다.

   • 간략법 : 계산대의 영수증 이용법과 일부 시간대의 조사방법이 있다.

   －계산대의 영수증 이용법 : 구매해서 영수증을 받고 번호를 확인하는 것으로, 다음날 같은 시각에 구매했을 때의 영수증의 번호와 비교하면 하루 동안 같은 계산대에서 처리한 고객 수를 파악할 수 있다. 예컨대, 소매업의 경우는 요일에 따라 입점객 수가 변화하기 때문에 이와 같은 방법으로 1주 후 같은 시간에 2회째 구매하면 1주간의 입점객 수를 알 수 있고 이를 통해 평균 1일의 고객 수를 구하면 된다.

   －일부 시간대의 조사방법 : 업태 및 점포의 성격에 따라 하루 중 특정한 시간대에 고객이 집중하는 경우가 많아 그 시간대에 2시간 정도를 조사해서 하루의 고객 수를 추정한다.

  ㉡ 고객단가

   • 각 계산대의 정산금액을 매출이 집중된 몇 개의 시간대로 나누어 관찰하여 평균금액을 기초로 고객단가를 추정한다.

   • 동일 업태인 경우 규모를 고려해서 동 업태 평균단가를 참고할 수도 있다.

② 상품력 조사

  ㉠ 상품별 선반 점유면적

   • 경쟁점과의 공통 상품에 대해서는 같은 규격의 선반 등에 진열되어 있는 경우에는 상품별로 점유하고 있는 선반의 길이를 측정하고 선반의 규격 및 진열방법이 다른 경우에는 용적을 측정해서 비교한다.

   • 전 상품에 대해서 측정하는 것은 어려우므로 자기 점포의 전략상품을 고려해서 조사할 상품을 선택하는 것이 좋다.

기출**PLUS**

기출 2018년 1회

경쟁분석은 입지선정과정을 위한 필수적 활동이다. 경쟁점포에 대한 조사, 분석과 관련된 설명으로 가장 옳지 않은 것은?

① 경쟁점포에 대한 방문조사가 경쟁분석의 유일한 방법으로 활용된다.

② 상품구색, 가격, 품질이 유사할수록 경쟁강도가 높은 경쟁점포이다.

③ 경쟁점포 및 경쟁구조를 분석할 때는 상권의 계층적 구조를 고려해야 한다.

④ 직접적인 경쟁점포뿐만 아니라 잠재적인 경쟁점포를 포함하여 조사·분석해야 한다.

⑤ 경쟁분석의 궁극적 목적은 효과적인 경쟁전략의 수립이다.

〈 정답 ①

소매업체의 상품구색에 관한 설명으로 가장 옳지 않은 것은?

① 다양성은 상품구색의 넓이를 의미한다.
② 다양성은 취급하는 상품 카테고리의 숫자가 많을수록 커진다.
③ 전문성은 상품구색의 깊이를 의미한다.
④ 전문성은 각 상품 카테고리에 포함된 품목의 숫자가 많을수록 커진다.
⑤ 상품가용성은 다양성에 반비례하고 전문성에 비례한다.

ⓒ **상품구색**
• 상품구색에 대해서는 관찰조사를 중심으로 한다.
• 관찰조사 시 유의사항
－상품구색의 폭은 어떠한가?
－상품의 양은 풍부한가?
－유행상품의 취급은 어떠한가?
－정품은 어느 정도 있는가?
－생활제안 타입의 상품은 있는가?
－상품의 신선도는 어떠한가?

ⓒ **상품구성 및 배치상태**
• 상품구성 및 배치상태는 업종·업태 및 점포규모에 따라 다르지만, 상품 구성에 대해서는 간단하게 타 점포와의 상대적 평가를 할 수 있다.
• 고객의 구매행동을 유도하는 데에는 회유성을 중시해야 한다. 이는 구매 행동을 위한 사고의 결정을 자연스럽게 유도하기 위한 것으로 점포 내의 진열시설 및 통로의 물리적 구성에 따라 좌우된다.
• 배치상태 시 유의사항
－점포 내의 물리적 회유성이 좋은가? (주 통로, 보조통로 폭 등을 포함)
－회유성을 좋게 하기 위한 부문의 배치는 어떠한가?
－회유성을 방해하는 튀어나온 진열대는 없는가?
－돌출 광고물의 운영 상태와 효과는 어떠한가?

ⓒ **상품가격**
• 타 점포와의 비교를 통해 상대적으로 평가한다.
• 가격조사 시 유의사항
－가격이 저렴한가?
－구매하기 쉬운 가격으로 되어 있는가?
－가격대의 폭은 어떠한가?

ⓒ **상품 관리력**
• 상품 관리상황을 관찰하며 추정한다.
• 사용 중인 계산대, 계산대 주변 및 진열 선반의 상황, 창고의 이용, 주문과 상품인수의 진행 상황 등을 확인하며 파악한다.

③ **점포와 영업상황 조사** : 점포시설과 영업상황 등에 대해서는 실측과 청취 및 관찰을 통해 조사한다.
ⓒ **점포**
• 점포시설
－외장 및 간판의 상태는 어떠한가?
－주차장의 상태는 어떠한가?
－점두 연출의 상태는 어떠한가?

〈정답 ⑤

－조명과 색상의 상태는 어떠한가?

　　－진열 선반 및 진열 연출은 어떠한가?

　　• 점포상황

　　－자기 점포로부터의 거리는 어느 정도인가?

　　－시계성은 좋은가?

　　－점포와 도로의 인접상황은 어떠한가?

　　－매장면적은 어느 정도인가?

　　－전면 폭은 어느 정도인가?

　ⓒ 영업상황

　　• 영업체제

　　－영업시간 및 휴일은 어떠한가?

　　－종업원 수 및 질(접객기술, 상품지식, 의욕 등)은 어떠한가?

　　－계산대의 대수 및 가동상황은 어떠한가?

　　• 서비스

　　－인적 서비스는 어떠한가?

　　－청결함은 어떠한가?

　　• 판매촉진

　　－점포 내 연출상황은 어떠한가?

　　－돌출 광고 등 기획 상품의 판매상황은 어떠한가?

　　－스탬프 및 할인권 등 판촉수단 이용 상황은 어떠한가?

④ 매출액 추정 : 입점객 조사 및 상품력 조사, 점포와 영업상황 조사결과를 기초로 하여 1일 매출액을 추정한다.

> ▶ 추정 1일 매출액 = 추정 고객단가×추정 고객 수
> ▶ 추정 월 매출액 = 추정 고객단가×추정 1일 평균 내점객 수×월간 영업일 수

⑤ 경쟁점 평가표 작성

　ⓐ 기본 경쟁점의 조사항목을 경쟁점 평가표에 정리함으로써 종합 경쟁력을 파악할 수 있다.

　ⓑ 각 전략상품이 진열된 선반의 면적 또는 체적을 비교함으로써 상품 전략의 방향을 파악할 수 있다.

　ⓒ 평가표 기입방법

　　• 영업체제의 평가

　　－매장면적 : 보폭 등을 이용하여 조사한 매장면적을 평수로 표시한다.

　　－거리 : 자기 점포로부터 각 경쟁점포까지의 직선거리를 지도상에 표시하여 소재 지역과 함께 기입한다.

기출PLUS

기출 2022년 1회

아래 글상자에서처럼 월매출액을 추정하려 할 때 괄호 안에 들어갈 용어로 가장 옳은 것은?

┌ 보기 ┐
월매출액 = (　ⓐ　)×1일 평균 내점객수×월간 영업일수
└──────┘

① 상권내 점포점유율

② 회전율

③ 내점율

④ 실구매율

⑤ 객단가

◀정답 ⑤

-영업시간 : 개·폐점의 시간과 함께 정기 휴일을 기입한다.

-평가방법 : 영업체제의 좋고 나쁨을 상대적으로 평가하여 표시한다.

• 전략상품의 평가

-상품의 선택 : 자기 점포에서 전략적으로 취급하고자 하는 상품과 경합성이 강한 상품을 중심으로 필요하다고 생각되는 것만 선택하여 진열량을 조사한다.

-종적 평가 : 동일 가격대에 따라 각 점수별로 선출된 비교상품의 선반 점유면적의 합계와 상품별 비율을 산출한다.

-횡적 평가 : 평가요소별 측정에 따라 상품별 선반 점유면적의 합계와 상품별 자기 점포의 비율을 산출한다.

-평가방법 : 종적·횡적 평가의 수치를 참고로 상대적으로 평가하여 표시한다.

• 경영 기본요소의 평가

-입지 : 모든 경쟁점포와 자기 점포에 대해 주변의 상업 집적도, 점포 앞 통행자의 상황 및 점포 앞 도로의 생활동선 등에 대해 비교해서 상대적으로 평가한다.

-상품 : 상품구색의 폭, 구비량, 진열방법 등을 관찰하여 전략상품 평가와 함께 경쟁점포들과 자기 점포를 상대적으로 평가한다.

-가격 : 가격대의 폭, 가격의 저렴함 등을 고객의 입장에서 고려하여 구매 의향, 선호도 등을 상대적으로 평가한다.

-판매촉진전략 : 점포 내 연출상황, 기획 상품 활용상황, 전단지 이용 상황, 정기 세일 등 영업 현황, 고객카드 이용 상황 등을 고려하여 상대적으로 평가한다.

-점포 : 점포의 내장·외장, 간판의 상태, 색상, 조명 등을 관찰하여 상대적으로 평가한다.

-주차 : 주차 가능 여부, 주차장의 크기, 주차장으로의 접근성 등 편리성을 기초로 하여 상대적으로 평가한다.

-서비스 : 인적 서비스, 시설 서비스 등의 상황을 평가한다.

-종적·횡적 평가 : 각 점수의 합계(종적 평가)와 평가요소별 합계(횡적 평가)를 계산한다.

-평가방법 : 점수별 합계를 각 점포별로 비교해서 최종 평가란에 기입한다.

• 경쟁력의 종합적 평가

-평가 합계 : 영업체제 평가, 전략상품 평가, 경영 기본요소 평가의 총합계이다.

-순위부여 : 평가 합계가 가장 높은 점포가 경쟁력이 강한 것이므로 수치가 큰 것부터 순위를 부여한다.

(7) 경쟁점 분석 및 대책

① 경쟁점 분석

　㉠ 경쟁점 분석의 의의

- 경쟁구조 분석의 경우, 상권의 계층적 구조에 입각하여 경쟁업체를 분석하는 것이 필요하며, 잠재적인 경쟁업체를 고려하여야 한다.
- 1차 상권 또는 2차 상권 내의 경쟁업체를 중점적으로 분석해야 하나, 경우에 따라 3차 상권에 위치한 업체도 경쟁상대로 보고 철저히 분석해야 한다. 또한 현재 그 상권에서 영업하고 있지 않으나 점포개설을 준비하고 있는 업체도 경쟁업체로 보고 분석해야 한다.

　㉡ 경쟁점에 관한 분석내용

- 경쟁점의 분포 : 경쟁관계에 있는 업자의 수, 소재지, 명칭, 규모에 관한 정보이다.
- 경쟁점의 시장지위 : 동일 상권 내에 있는 경쟁점의 시장점유율, 매출액 순위 등 상대적인 힘의 관계를 파악하기 위한 정보이다.
- 경쟁점의 전략 : 상품전략, 가격전략, 광고전략 등 경쟁점의 전략의 특징에 관한 정보이다.
- 경쟁점의 구매유인 : 경쟁점에서 고객이 상품을 구매하는 이유에 관한 정보이다.

② 경쟁점 대책

　㉠ 경쟁점 대책을 위한 필요사항

- 상권은 소매사업을 할 경우에 가장 중요하게 점검을 해야 하는 외부 환경요인으로, 경쟁점 대책을 위해서는 상권의 변화에 민감해야 한다.
- 경쟁점의 출현에 민감해야 하며, 특히 신규 경쟁점포가 출현한다는 정보는 신속히 파악하여 경쟁점이 개점하기 전에 이에 따른 영업방침 및 판촉행사 등을 기획해 놓아야 한다.
- 주변의 업종 변동 상황 및 경기 흐름을 파악해야 한다.
- 외부환경의 변화로 인한 위기는 소매점의 생존 가능 여부를 결정짓는 중요한 상황이므로 이를 빨리 파악하여 소매점의 영업방향 전환 및 체질 개선으로 활용한다면 또 다른 도약을 위한 기회요인이 될 수 있다.

　㉡ 경쟁점 출현과 대응방안

- 경쟁점이 출현하기 어렵도록, 상권에 대한 장악력을 가져야 한다.
- 매장규모가 경쟁점보다 크다면 다양성을, 작다면 전문성을 가져야 한다.
- 판매업의 특성은 적절한 시기에 적절한 물량을 적절한 장소에서 제공해 주어야 고객들의 신뢰를 얻을 수 있다는 것이다. 이러한 점을 매장에서 효과적으로 활용하여 유통에 대한 장악력을 키워야 한다.
- 새로운 판촉행사에 대응할 만한 판촉대안을 만들어야 한다. 단, 단기적으로 가격을 인하하거나, 할인행사를 하는 것은 점포 상호 간의 경쟁관계만 힘들게 할 뿐, 이익을 가져오기 어렵다.

• 업종이 같다고 하여 모두 경쟁업체가 되는 것은 아니다. 상품분석을 세분화했을 때 상호 간에 주력상품이 다르다면 이는 양립할 수 있는 업체로 볼 수 있으며, 이를 통해 소매업의 집적효과를 노릴 수도 있다. 또한, 더 나아가 중심상권을 만들 수도 있다.

• 품질은 상품구색, 가격범위 등과 더불어 점포의 특성을 나타내는 중요 요소이므로 적정 가격을 기대하고 점포를 방문하는 고객들에게 가격대비 품질의 만족수준을 최대화할 필요가 있다.

참 고 점포의 매출예측을 위한 실사 5원칙

• 예측습관의 원칙
• 비교검토의 원칙
• 현장 확인우선의 원칙
• 가설검증의 원칙
• 수치화의 원칙

---

5. 입지의 선정

(1) 입지선정절차 및 평가요소

① 입지선정절차 : 주민과 기존 유통업체의 관련을 고려한 상권 평가 → 정해진 상권 내에서 입지출점의 유형 결정 → 특정 집합 출점입지선정

② 입지의 평가요소

  ㉠ **보행객통행량** : 통행인 수, 통행인 유형

  ㉡ **차량통행량** : 차량통행 대수, 차종, 교통밀집정도

  ㉢ **주차시설** : 주차장 수, 점포와의 거리, 종업원 주차의 가능성

  ㉣ **교통** : 대중교통수단의 이용가능성, 주요 도로에의 근접성, 상품배달의 용이성

  ㉤ **점포구성** : 상권 내 점포수와 규모, 인근 점포와 자사 점포의 유사성, 소매점 구성상의 균형 정도

  ㉥ **특정의 부지** : 시각성, 입지 내의 위치, 대지 및 건물의 크기와 모양, 건물의 사용연수

  ㉦ **점유조건** : 소유 또는 임대조건, 운영 및 유지비용, 세금, 도시계획과의 관련 여부

(2) 유통집적시설에 유리한 입지조건

① **점포부족상태** : 입지조건에 있어 가장 중요한 조건으로, 소비자가 대형 유통시설의 출점을 기대하고 있다.

② **간선도로망** : 어디에서든 자동차로 올 수 있다.

③ **핵 점포의 존재** : 누구든지 찾아오므로 고객의 집객력이 높다.

④ **지역 최대의 주차장** : 자동차 시대의 편의를 제공한다.

⑤ **교외지역** : 인구가 충분하고 앞으로도 인구증가가 예상되는 지역이다.

⑥ **독립상권의 성격** : 구매력이 다른 상권으로 유출되기 어려운 조건을 갖고 있다.

참고 입지대안을 평가하기 위한 원칙 ✅자주출제

• **접근가능성 원칙** : 지리적으로 인접하거나 또는 교통이 편리하게 되면 매출이 증대되는 것을 의미한다.

• **동반유인원칙** : 유사하거나 보충적인 소매업이 흩어진 것에 비해 군집했을 경우에 더 큰 유인잠재력을 갖게 되는 것을 의미한다.

• **보충가능성 원칙** : 두 가지의 사업이 소비자들을 서로 교환할 수 있을 정도로 인접한 지역에 위치하게 되면 매출액이 높아지는 것을 의미한다.

• **점포밀집 원칙** : 서로 유사한 점포와 보완점포가 너무 많이 모여 있어서 교통 혼잡과 같은 문제가 발생할 수 있다는 것을 의미한다.

• **고객차단원칙** : 쇼핑지역이나 또는 사무실 밀집지역 등은 소비자들이 특정지역에서 타 지역으로 이동할 시에 점포를 방문하게 하는 것을 의미한다.

참고 상권 경쟁분석

• **위계별 경쟁구조 분석** : 도심, 부심, 지역중심, 지구중심의 업종을 파악 및 분석

• **업태별/업태 내 경쟁구조 분석** : 신규출점 예정 사업체의 분석은 업태 내 경쟁구조 분석, 재래시장, 슈퍼마켓, 대형 전문점 등의 분석은 업태별 경쟁구조 분석

• **잠재경쟁구조 분석** : 신규소매업 진출예정 사업체 및 업종의 파악 및 분석

• **경쟁보완관계분석** : 단골고객의 선호도 조사, 고객 특성 및 쇼핑경향 분석, 소득, 연령, 직업 등의 인구통계학적 특성, 문화·사회적 특성을 파악 및 분석

기출PLUS

기출 2020년 3회

소매점의 입지 대안을 확인하고 평가할 때 의사결정의 기본이 되는 몇 가지 원칙들이 있다. 아래 글상자의 설명과 관련된 원칙으로 옳은 것은?

─ 보기 ─
고객의 입장에서 점포를 방문하기 용이한 심리적, 물리적 특성이 양호하여야 한다는 원칙으로 교통이나 소요시간과 관련된 원칙이다.

① 가용성의 원칙
  (principle of availability)
② 보충가능성의 원칙
  (principle of compatibility)
③ 고객차단의 원칙
  (principle of interception)
④ 동반유인원칙(principle
  of cumulative attraction)
⑤ 접근가능성의 원칙
  (principle of accessibility)

기출 2023년 제2회

아래 글상자에서 설명하는 입지대안의 평가 원칙으로 가장 옳은 것은?

─ 보기 ─
점포를 방문하는 고객의 심리적, 물리적 특성과 관련된 원칙이다. 지리적으로 인접해 있거나, 교통이 편리하거나, 점포이용이 시간적으로 편리하면 입지의 매력도를 높게 평가한다고 주장한다.

① 고객차단의 원칙
② 동반유인의 원칙
③ 점포밀집의 원칙
④ 접근가능성의 원칙
⑤ 보충가능성의 원칙

❮정답 ⑤, ④

01 매력적인 점포입지를 결정하기 위해서는 구체적인 입지조건을 평가하는 과정을 거친다. 점포의 입지조건에 대한 일반적 평가로서 그 내용이 가장 옳은 것은?

① 점포면적이 커지면 매출도 증가하는 경향이 있어 점포규모가 클수록 좋다.
② 건축선 후퇴(setback)는 직접적으로 가시성에 긍정적인 영향을 미친다.
③ 점포 출입구 부근에 단차가 없으면 사람과 물품의 출입이 용이하여 좋다.
④ 점포 부지와 점포의 형태는 정사각형에 가까울수록 소비자 흡인에 좋다.
⑤ 평면도로 볼 때 점포의 정면너비에 비해 깊이가 더 클수록 바람직하다.

TIPS!
② 건축선 후퇴는 타 점포에 비하여 눈에 띄기 어렵게 하므로 가시성에 부정적 영향을 미친다.
④ 일반적인 점포부지의 형태는 정사각형보다 직사각형이 죽은 공간발생이 적다.

02 여러 층으로 구성된 백화점의 매장 내 입지에 관한 설명으로 가장 옳은 것은?

① 고객이 출입하는 층에서 멀리 떨어진 층일수록 매장공간의 가치가 올라간다.
② 대부분의 고객들이 왼쪽으로 돌기 때문에, 각 층 입구의 왼편이 좋은 입지이다.
③ 점포 입구, 주 통로, 에스컬레이터, 승강기 등에서 가까울수록 유리한 입지이다.
④ 층별 매장의 안쪽으로 고객을 유인하는데 최적인 매장배치 유형은 자유형배치이다.
⑤ 백화점 매장 내 입지들의 공간적 가치는 층별 매장구성 변경의 영향은 받지 않는다.

TIPS!
① 고객이 출입하는 층에서 멀리 떨어진 층일수록 매장공간의 가치가 떨어진다.
② 대부분의 고객들이 왼쪽으로 돌기 때문에, 각 층 에스컬레이터의 왼편이 좋은 입지이다.
④ 층별 매장의 안쪽으로 고객을 유인하는데 최적인 매장배치 유형은 변형형배치이다.
⑤ 백화점 매장 내 입지들의 공간적 가치는 층별 매장구성 변경의 영향을 받는다.

Answer 01.③ 02.③

03 소매점은 상권의 매력성을 고려하여 입지를 선정해야 한다. 상권의 매력성을 측정하는 소매포화지수(IRS: Index of Retail Saturation)와 시장성장잠재력지수(MEP : Market Expansion Potential)에 대한 설명으로 가장 옳은 것은?

① IRS는 현재시점의 상권 내 경쟁 강도를 측정한다.
② MEP는 미래시점의 상권 내 경쟁 강도를 측정한다.
③ 상권 내 경쟁이 심할수록 IRS도 커진다.
④ MEP가 클수록 입지의 상권 매력성은 낮아진다.
⑤ MEP보다는 IRS가 더 중요한 상권 매력성지수이다.

> **TIPS!**
>
> ⓐ 소매포화지수(IRS: Index of Retail Saturation) : 지역시장의 매력도를 측정하는 것으로, 한 지역시장에서 수요 및 공급의 현 수준을 반영하는 척도임과 동시에 특정소매업태 또는 집적소매시설의 단위면적당 잠재수요를 표현한다. 값이 클수록 공급보다 수요가 많은, 즉 시장의 포화정도가 낮다는 것을 의미하며 점포가 비슷한 전통적인 슈퍼마켓 등에는 적용이 용이하지만 전문화된 점포에는 적용이 어렵다. 미래시장 잠재력을 측정할 때는 사용할 수가 없다.
>
> ⓑ 시장성장잠재력(MEP: Market Expansion Potential) : 지역시장이 미래에 신규 수요를 창출할 수 있는 잠재력을 반영하는 지표로, 해당상품에 대한 예상수요액을 총 매장면적으로 나눈 값이다. 타 지역에서의 쇼핑지출액을 근거로 계산되며, 타 지역의 쇼핑정도가 높을수록(MEP 값이 클수록) 시장성장잠재력이 커진다. 소매포화지수(IRS)는 한 지역시장에서의 수요 및 공급의 현 수준을 반영하는데, 통상적으로 지역시장의 매력도는 기존 수요·공급 뿐만 아니라 미래의 시장성장잠재력에 의해서도 좌우된다.

Answer 03.①

04 점포의 입지조건을 평가할 때 핵심적 요소가 되는 시계성은 점포를 자연적으로 인지할 수 있는 상태를 의미한다. 시계성을 평가하는 4가지 요소들을 정리할 때 아래 글상자 ㉠과 ㉡에 해당되는 용어로 가장 옳은 것은?

> ㉠ 보도나 간선도로 또는 고객유도시설 등에 해당되는 것으로, 어디에서 보이는가?
>
> ㉡ 점포가 무슨 점포인가를 한눈에 알 수 있도록 하는 것으로서, 무엇이 보이는가?

① ㉠ 거리 – ㉡ 주제

② ㉠ 거리 – ㉡ 대상

③ ㉠ 거리 – ㉡ 기점

④ ㉠ 기점 – ㉡ 대상

⑤ ㉠ 기점 – ㉡ 주제

☀TIPS! --o

시계성 평가

㉠ 기점의 문제 : 상권의 특성상 어디서부터 보이는가?

㉡ 대상의 문제 : 무엇이 보이는가?

㉢ 거리의 문제 : 어느 정도의 거리에서 보이기 시작하는가?

㉣ 주체의 문제 : 어떤 상태로 보이는가?

05 다음 입지선정의 기준에 관한 내용 중 연결이 바르지 않은 것은?

① 잠재고객의 여부 : 고객의 학력, 재산 등

② 동일업종 군의 분포 : 경쟁점포에 대한 조사

③ 접근성 : 도보나 대중교통, 자가용 등의 접근이 용이

④ 건물특성 : 위치, 노후, 주변상권의 분포 등

⑤ 가시성 : 점포의 위치, 간판 등

☀TIPS! --o

잠재고객의 여부는 잠재고객이 충분한가의 여부이다.

Answer 04.④ 05.①

06 대형소매점을 개설하기 위해 대지면적이 1,000m²인 5층 상가건물을 매입하는 상황이다. 해당 건물의 지상 1층과 2층의 면적은 각각 600m²이고 3~5층 면적은 각각 400m²이다. 단, 주차장이 지하1층에 500m², 1층 내부에 200m², 건물외부(건물부속)에 300m² 설치되어 있다. 건물 5층에는 100m²의 주민공동시설이 설치되어 있다. 이 건물의 용적률로 가장 옳은 것은?

① 210%　　　　　　　　　　　　　　　② 220%

③ 240%　　　　　　　　　　　　　　　④ 260%

⑤ 300%

> 💡 **TIPS!**
>
> 용적률 계산 시 연면적은 주차장, 창고, 지하면적, 주민공동시설은 제외하고 계산한다.
>
> $$\text{용적률} = \frac{\text{연면적(건물 바닥면적의 합)}}{\text{대지면적}} \times 100$$
>
> $$= \frac{(600-200)+600+400+400+(400-100)}{1000} \times 100 = 210(\%)$$

07 상권 유형별로 개념과 일반적 특징을 설명한 내용으로서 가장 옳은 것은?

① 부도심상권의 주요 소비자는 점포 인근의 거주자들이어서, 생활밀착형 업종의 점포들이 입지하는 경향이 있다.

② 역세권상권은 지하철이나 철도역을 중심으로 형성되는 지상과 지하의 입체적 상권으로서, 저밀도 개발이 이루어지는 경우가 많다.

③ 부도심상권은 보통 간선도로의 결절점이나 역세권을 중심으로 형성되는바, 도시 전체의 소비자를 유인하지는 못하는 경우가 많다.

④ 도심상권은 중심업무지구(CBD)를 포함하며, 상권의 범위가 넓지만 소비자들의 체류시간은 상대적으로 짧다.

⑤ 아파트상권은 고정고객의 비중이 높아 안정적인 수요확보가 가능하고, 외부고객을 유치하기 쉬워서 상권 확대가능성이 높다.

> 💡 **TIPS!**
>
> ① 근린상권의 주요 소비자는 점포 인근의 거주자들이어서, 생활밀착형 업종의 점포들이 입지하는 경향이 있다.
> ② 역세권상권은 고밀도 개발이 이루어지는 경우가 많다.
> ④ 도심상권은 소비자들의 체류시간이 긴 편이다.
> ⑤ 아파트상권은 외부고객을 유치하기가 어렵다.

Answer 06.① 07.③

08 다음 중 독립입지가 적합한 경우라고 볼 수 없는 것은?

① 독자적으로 고객을 흡인할 수 있는 마케팅 능력을 갖춘 소매점
② 독자적인 점포운영 정책을 실시할 필요가 있는 경우
③ 취급하는 상품에 대해 확실한 기술력을 보유하고 있는 전문성을 갖춘 소매점
④ 물류 네트워크 상에서 비용절감을 위해 특정한 위치가 요구되는 경우
⑤ 목적 구매상품을 취급하는 소규모 소매점

TIPS!

목적 구매상품을 취급하는 대규모 소매점이다.

09 아래 글상자 속의 설명에 해당하는 상업입지로서 가장 옳은 것은?

> 주로 지방 중소도시의 중심부에 형성되는 커뮤니티형 상점가이다. 실용적인 준선매품 소매점 및 가족형 음식점들이 상점가를 형성하며, 대부분의 생활기능을 충족시킨다.

① 거점형 상업입지　　　　　　　　　　② 광역형 상업입지
③ 지역중심형 상업입지　　　　　　　　④ 지구중심형 상업입지
⑤ 근린형 상업입지

TIPS!

① 소비자들이 차량, 대중교통을 통한 접근성이 높은 특징을 지닌 상업입지이다.
② 통상적으로 20분 이내 거리의 상권에 위치하면서 일정 면적 이상의 규모를 가진 상업입지로, 전문점, 고가품 등의 제품을 판매하는 점포가 유리하다.
④ 반경 1km 이내의 생활권을 범위로 주단위로 쇼핑하는 물건이나 서비스를 취급하는 상업입지이다.
⑤ 주거지 근처에 있고 사람들이 일상적으로 자주 쇼핑하거나 외식을 즐기는 상업입지로, 분산적 근린형 상업입지는 일상에서 사용되는 실용품과 생활용품 중심의 상품을 구매할 때 선택하고, 집결적 근린형 상업입지는 근거리, 편리성, 친밀성에 의해 선택한다.

10 쇼핑센터는 많은 소비자가 상품에 대해 가지고 있는 니즈를 충족시키기 위하여 각 업종 및 업태에 속한 소매업들이 서로 모여 있는 집합체를 의미한다. 이러한 쇼핑센터가 가지고 있어야 하는 사회적 기능에 대한 설명 중 가장 올바르지 않은 것은?

① 상업기능 : 쇼핑센터의 기본 기능이며 규모나 형태, 입지 등에 맞는 소매 기능이 발휘될 수 있도록 하여야한다.

② 커뮤니티기능 : 공공서비스를 제공하는 장소 또는 축제나 클럽 등 지역생활자가 필요로 하는 장소를 제공 한다.

③ 공공적 기능 : 금융서비스, 오락, 공공서비스 등과 같은 다양한 공적 서비스를 제공한다.

④ 고용의 창출 : 소매업은 대면판매를 하기 때문에 이에 필요한 다수 고용인을 확보함으로써 지역경제에 이바지한다.

⑤ 지역개발기능 : 일반적으로 쇼핑센터를 개발하면서 동시에 지역사회에 보탬이 될 수 있는 공공시설을 건립하여 기부한다.

TIPS!

쇼핑센터를 개설한다고 해서 지역사회에 보탬이 될 수 있는 공공시설을 건립하여 기부해야 하는 것은 아니다.

11 시계성 관점에서 상대적으로 좋은 입지에 대한 설명으로 가장 옳지 않은 것은?

① 차량 이용보다는 도보의 경우에 더 먼 거리에서부터 인식할 수 있게 해야 한다.

② 간판은 눈에 띄기 쉬운 크기와 색상을 갖춰야 한다.

③ 건물 전체가 눈에 띄는 것이 효과적이다.

④ 교외형인 경우 인터체인지, 대형 교차로 등을 기점으로 시계성을 판단한다.

⑤ 주차장의 진입로를 눈에 띄게 하는 것도 중요하다.

TIPS!

① 차량 이용의 경우에 더 먼 거리에서부터 인식할 수 있게 해야 한다.

Answer 10.⑤ 11.①

12 동일하거나 유사한 업종은 서로 멀리 떨어져 있는 것보다 가까이 모여 있는 것이 고객을 유인할 수 있다는 입지 평가의 원칙으로 옳은 것은?

① 보충가능성의 원칙

② 점포밀집의 원칙

③ 동반유인의 원칙

④ 고객차단의 원칙

⑤ 접근 가능성의 원칙

> **TIPS!**
> ① 두 개의 사업이 고객을 서로 교환할 수 있을 정도로 인접한 지역에 위치하면 매출액이 높아진다.
> ② 지나치게 유사한 점포나 보충 가능한 점포는 밀집하면 매출액이 감소한다.
> ④ 사무실밀집지역, 쇼핑지역 등은 고객이 특정지역에서 타 지역으로 이동시 점포를 방문하게 한다.
> ⑤ 지리적으로 인접하거나 또는 교통이 편리하면 매출을 증대시킨다.

13 페터(R. M. Petter)의 공간균배의 원리에 대한 내용으로 가장 옳지 않은 것은?

① 경쟁점포들 사이의 상권분배 결과를 설명한다.

② 상권 내 소비자의 동질성과 균질분포를 가정한다.

③ 상권이 넓을수록 경쟁점포들은 분산 입지한다.

④ 수요의 교통비 탄력성이 클수록 경쟁점포들은 집중 입지한다.

⑤ 수요의 교통비 탄력성이 0(영)이면 호텔링(H. Hotelling) 모형의 예측결과가 나타난다.

> **TIPS!**
> ④ 배후지가 좁고 수요의 교통비 탄력성이 작을 경우에는 중심부로 모이는 경향이 있다.

Answer 12.③ 13.④

14 지역시장의 매력도를 분석할 때 소매포화지수(IRS)와 시장성장잠재력지수(MEP)를 활용할 수 있다. 입지후보가 되는 지역시장의 성장가능성은 낮지만, 시장의 포화 정도가 낮아 기존 점포간의 경쟁이 치열하지 않은 경우로서 가장 옳은 것은?

① 소매포화지수(IRS)와 시장성장잠재력지수(MEP)가 모두 높은 경우

② 소매포화지수(IRS)는 높지만 시장성장잠재력지수(MEP)가 낮은 경우

③ 소매포화지수(IRS)는 낮지만 시장성장잠재력지수(MEP)가 높은 경우

④ 소매포화지수(IRS)와 시장성장잠재력지수(MEP)가 모두 낮은 경우

⑤ 소매포화지수(IRS)와 시장성장잠재력지수(MEP)만으로는 판단할 수 없다.

> 💡 **TIPS!**
> ㉠ 소매포화지수(IRS)는 높으면 포화상태가 낮은 상태, 경쟁이 치열하지 않은 상태
> ㉡ 소매포화지수(IRS)는 낮으면 포화상태가 높은 상태, 경쟁이 치열한 상태
> ㉢ 시장성장잠재력지수(MEP)가 높으면 경우 미래 성장잠재력이 높은 것
> ㉣ 시장성장잠재력지수(MEP)가 낮으면 경우 미래 성장잠재력이 낮은 것

15 일반적인 백화점의 입지와 소매전략에 관한 설명으로 가장 옳지 않은 것은?

① 입지조건에 따라 도심백화점, 터미널백화점, 쇼핑센터 등으로 구분할 수 있다.

② 대상 지역의 주요산업, 인근지역 소비자의 소비행태 등을 분석해야 한다.

③ 선호하는 브랜드를 찾아다니면서 이용하는 소비자가 존함을 인지해야 한다.

④ 상품 구색의 종합화를 통한 원스톱 쇼핑보다 한 품목에 집중해야 한다.

⑤ 집객력이 높은 층을 고려한 매장 배치나 차별화가 중요하다.

> 💡 **TIPS!**
> ④ 상품 구색의 종합화를 통해 원스톱으로 쇼핑할 수 있는 서비스를 해야 한다.

Answer 14.② 15.④

16 업종형태와 상권과의 관계에 대한 아래의 내용 중에서 옳지 않은 것은?

① 동일 업종이라 하더라도 점포의 규모나 품목의 구성에 따라 상권의 범위가 달라진다.

② 선매품을 취급하는 소매점포는 보다 상위의 소매 중심지나 상점가에 입지하여 넓은 범위의 상권을 가져야 한다.

③ 전문품을 취급하는 점포의 경우 고객이 지역적으로 밀집되어 있으므로 상권의 밀도는 높고 범위는 좁은 특성을 갖고 있다.

④ 상권의 범위가 넓을 때는, 상품품목 구성의 폭과 깊이를 크게 하고 다목적구매와 비교구매가 용이하게 하는 업종/업태의 선택이 필요하다.

⑤ 생필품의 경우 소비자의 구매거리가 짧고 편리한 장소에서 구매하려 함으로 이런 상품을 취급하는 업태는 주택지에 근접한 입지를 취하는 것이 좋다.

> **TIPS!**
> ③ 전문품을 취급하는 점포의 경우 고객이 널리 분산되어 있으므로 상권의 밀도는 낮으나 범위는 넓은 특성을 갖고 있다.

17 쇼핑센터의 공간구성요소들 중에서 교차하는 통로를 연결하며 원형의 광장, 전이공간, 이벤트 장소가 되는 것은?

① 통로(path)

② 결절점(node)

③ 지표(landmark)

④ 구역(district)

⑤ 에지(edge)

> **TIPS!**
> ① 통로(path) : 내가 자주 다니는 길, 마을 중심길, 시장길, 등굣길 등
> ③ 랜드마트(landmark) : 길을 안내할 때 주요 지표가 되는 것, 가장 눈에 띄는 것 등
> ④ 지역(districts) : 특별한 구역, oo마을, 대공원, 운동장 등
> ⑤ 경계(edge) : 마을을 구분짓는 경계, 산자락, 하천, 물가 등

Answer 16.③ 17.②

18 빅데이터의 유용성이 가장 높은 상권분석의 영역으로 가장 옳은 것은?

① 경쟁점포의 파악
② 상권범위의 설정
③ 상권규모의 추정
④ 고객맞춤형 전략의 수립
⑤ 점포입지의 적합성 평가

TIPS!

④ 빅데이터를 활용한 고객맞춤형 전략은 고객의 결핍요소를 찾아내서 채워준다. 이 결핍이 빅데이터 분석을 통해 기업의 가치, 제품과 융합됐을 때 차별화가 이뤄진다.

19 지역시장의 수요잠재력을 총체적으로 측정할 수 있는 지표로 많이 이용되는 소매포화지수(IRS)와 시장성장 잠재력지수(MEP)에 대한 설명으로 옳지 않은 것은?

① IRS는 한 지역시장 내에서 특정 소매업태의 단위 매장 면적당 잠재수요를 나타낸다.
② IRS가 낮으면 점포가 초과 공급되어 해당 시장에서의 점포간 경쟁이 치열함을 의미한다.
③ IRS의 값이 클수록 공급보다 수요가 상대적으로 많으며 시장의 포화정도가 낮은 것이다.
④ 거주자의 지역외구매(outshopping) 정도가 낮으면 MEP가 크게 나타나고 지역시장의 미래 성장가능성은 높은 것이다.
⑤ MEP와 IRS가 모두 높은 지역시장이 가장 매력적인 시장이다.

TIPS!

④ 상권 내 거주자들의 지역외구매 정도가 높을수록 MEP가 커진다.

20 아래 글상자는 소비자에 대한 점포의 자연적 노출가능성인 시계성을 평가하는 4가지 요소들을 정리한 것이다. 괄호 안에 들어갈 용어를 나열한 것으로 가장 옳은 것은?

(㉠) : 어디에서 보이는가?
(㉣) : 무엇이 보이는가?
(㉢) : 어느 정도의 간격에서 보이는가?
(㉤) : 어떠한 상태로 보이는가?

① ㉠ 거리, ㉡ 주제, ㉢ 기점, ㉣ 대상
② ㉠ 거리, ㉡ 대상, ㉢ 기점, ㉣ 주제
③ ㉠ 대상, ㉡ 거리, ㉢ 기점, ㉣ 주제
④ ㉠ 기점, ㉡ 대상, ㉢ 거리, ㉣ 주제
⑤ ㉠ 기점, ㉡ 주제, ㉢ 거리, ㉣ 대상

> **🔦 TIPS!**
> 시계성
> ㉠ 기점의 문제 : 상권의 특성상 어디서부터 보이는가?
> ㉡ 대상의 문제 : 무엇이 보이는가?
> ㉢ 거리의 문제 : 어느 정도의 거리에서 보이기 시작하는가?
> ㉣ 주체의 문제 : 어떤 상태로 보이는가?

21 기존과 다른 독특한 지역을 대상으로 입지를 결정하는 비전통적 입지에 대한 설명 중 올바르지 않은 것은?

① 공항 내의 입점점포는 일반 소비자들이 접근하기 어려웠고, 영업시간이 길어 선호되지 않지만 해외 여행객이 늘고, 노선이 많아지면서 각광받고 있다.

② 신제품이나 몇몇 제품군에 집중하고자 한시적인 임시 팝업점포는 사람을 유인하고, 활력과 매출을 유발할 수 있다.

③ 리조트와 같은 관광시설에 입점하는 경우, 지역의 소매업체들과 연계하여 지역특산품 등을 판매할 수 있는 장소로 활용할 수 있다.

④ 특정 대규모 쇼핑센터 내에 입점하는 신규점포는 개설에 필요한 마케팅 비용을 줄일 수 있다.

⑤ 다른 점포 내에 입점하는 형태에서 입점 대상 점포와 목표 고객이 겹치는 경우 구매고객이 분산되어 매출액이 감소할 수 있는 위험이 있다.

> **🔦 TIPS!**
> 다른 점포 내에 입점하는 형태(shop in shop)의 경우 업종이 다르면 고객이 겹쳐도 매출이 증가할 수 있다.

Answer 20.④ 21.⑤

22 중심상업지역(CBD : central business district)의 일반적 입지특성에 대한 설명으로 가장 옳지 않은 것은?

① 대중교통의 중심이며 백화점, 전문점, 은행 등이 밀집되어 있다.

② 주로 차량으로 이동하므로 교통이 매우 복잡하고 도보 통행량이 상대적으로 적다.

③ 일부 중심상업지역은 공동화(空洞化) 되었거나 재개발을 통해 새로운 주택단지가 건설된 경우도 있다.

④ 상업활동으로 많은 사람을 유인하지만 출퇴근을 위해서 통과하는 사람도 많다.

⑤ 소도시나 대도시의 전통적인 도심지역에 해당되는 경우가 많다.

> **TIPS!**
>
> ② 중심상업지역은 도심·부도심의 상업기능 및 업무기능의 확충을 위하여 필요한 지역이다. 해당 도시의 모든 지역으로부터 접근이 용이하고 대중교통수단의 이용이 편리한 지역으로서, 도시·군 기본계획상 도시의 중심지역으로 선정된 지역, 고밀화·고도화에 적합한 지형의 조건과 주차·휴식을 위한 오픈 스페이스 및 기반시설 의 확보가 용이하여 신도시의 중심지역으로 개발할 지역 등을 대상으로 지정한다.

23 소매포화지수에 관한 설명으로 가장 부적절한 것은?

① 해당 지역시장의 수요 잠재력을 총체적으로 측정할 수 있는 지표라 할 수 있다.

② 소비자들이 거주 지역 밖에서 소비하는 상황을 고려하지 못한다.

③ 미래의 신규수요를 반영하지 못한다.

④ 경쟁의 질적인 측면만 고려되고, 양적인 측면에 대한 고려가 되어있지 않다.

⑤ 주로 신규점포에 관한 시장 잠재력을 측정하는데 유용하다.

> **TIPS!**
>
> 소매포화지수는 경쟁의 양적인 측면만 고려되고, 질적인 측면에 대한 고려가 되어있지 않다.

Answer 22.② 23.④

24 다음 중 복합용도개발에 관련한 사항으로 가장 거리가 먼 것은?

① 주거와 업무, 상업, 문화 등 상호보완이 가능한 용도를 서로 밀접한 관계를 가질 수 있도록 연계·개발하는 것을 말한다.

② 토지이용의 효율을 증진시킨다.

③ 사업계획이 복잡해지고 사업기간 또한 장기화될 소지가 있다.

④ 여러 다양한 기능의 혼합으로 인해 이용자 동선의 혼란 및 불필요한 동선의 발생이 우려될 수 있다.

⑤ 도심공동화를 유발한다는 문제점이 있다.

 **TIPS!**

복합용도개발로 인해 도심공동화를 방지하게 되는 이점이 있다.

25 입지유형 선정에 필요한 소매전략에 대한 설명으로 올바르지 않은 것은?

① 소비자들이 구매상황에 따라 점포를 선택하는 데에 있어 편의구매의 경우 고객이 점포에 가급적 접근하기 쉽게 점포를 입지하는 것이 좋다.

② 비교구매의 경우 고객들이 점포나 브랜드에 대한 충성도가 낮아 가급적 여러 제품을 비교할 수 있는 넓은 공간을 확보하는 것이 좋다.

③ 전문구매의 경우에는 고객 스스로 필요한 물품에 대한 정확한 정보가 없어 충동적으로 구매하는 경우가 많으므로 입지 위치가 중요하다.

④ 소매업체 근처의 표적시장 크기가 클수록 입점하기에 좋은 장소가 된다. 보통 편의품이나 선매품의 경우에 더 유리하다고 볼 수 있다.

⑤ 독특하고 차별화된 제품을 제공하는 소매업체들의 경우에는 차별화가 떨어지는 제품을 판매하는 업체보다 입지의 편의성이 떨어져도 무방하다.

 **TIPS!**

고객 스스로 필요한 물품에 대한 정확한 정보가 없어 충동적으로 구매하는 경우는 편의구매에 해당한다.

Answer 24.⑤ 25.③

26 다음 중 전통적인 상업 집적지로서 고급전문점이나 백화점 등이 입지하고 있는 입지유형은?

① 도심번화가
② 도심주택지
③ 교외터미널
④ 대규모 유통단지
⑤ 간선도로변

 TIPS!

도심번화가는 전통적인 상업 집적지로서 고급전문점이나 백화점 등이 입지하고 있어 다양한 분야에 걸쳐 고객흡인력을 지닌다.

27 다음 중 백화점의 입지적 특징에 대한 설명으로 옳지 않은 것은?

① 백화점은 중심상업지역과 쇼핑센터를 위한 그들만의 유동인구를 창출한다.
② 백화점은 넓은 면적과 다양한 상품구색으로 많은 고객을 유인한다.
③ 노면 독립입지는 백화점 입지의 최적지이다.
④ 백화점은 중심상업지역에 입지하여 그 지역에서 근무하는 사람들을 잠재고객으로 갖는다.
⑤ 중심상업지역과 쇼핑센터는 백화점의 좋은 입지이다.

TIPS!

③ 백화점 입지의 최적지는 중심상업지역과 쇼핑센터이다.

※ 백화점의 입지적 특징
　　㉠ 백화점은 보통 중심상업지역, 지역의 쇼핑센터 또는 슈퍼지역 쇼핑센터에 위치한다.
　　㉡ 백화점은 중심상업지역에 입지함으로써 그 지역에서 근무하는 사람들을 잠재고객으로 갖는다.
　　㉢ 백화점은 넓은 면적과 다양한 상품구색으로 많은 사람들을 유인한다.
　　㉣ 중심상업지역과 쇼핑센터는 백화점의 좋은 입지이다.
　　㉤ 백화점은 중심상업지역과 쇼핑센터를 위한 그들만의 유동인구를 창출한다.

Answer 26.① 27.③

28 다음 쇼핑센터의 유형 중 스트립 쇼핑센터가 아닌 것을 고르시오

> ㉠ 커뮤니티센터(Community Center)　　　㉡ 네이버후드센터(Neighbourhood Center)
> ㉢ 파워센터(Power Center)　　　㉣ 아웃렛센터(Outlet Center)
> ㉤ 지역센터

① ㉠㉡
② ㉠㉡㉢
③ ㉣㉤
④ ㉢㉣㉤
⑤ ㉡㉣㉤

TIPS!

스트립 쇼핑센터의 유형
㉠ 네이버후드센터
㉡ 커뮤니티 센터
㉢ 파워 센터

29 다음 중 패션전문점의 입지분석 시 핵심고객층을 설정하기 위해 조사하여야 할 내용이 아닌 것은?

① 소득수준
② 성별구성비
③ 연령구성비
④ 유동인구수
⑤ 통행시간

TIPS!

핵심고객층을 설정하려면 점포주변과 상권의 유동인구수, 연령구성비, 성별구성비, 통행시간, 통행 방향, 주출입구 등을 조사하여야 한다.

30 다음 중 지역시장의 수요와 공급의 수준을 나타내는 척도로서 수요분석 시 사용되는 것은?

① 시장확장 잠재력
② 소매포화지수
③ 투자수익률
④ 손익분기점
⑤ 구매력지수

TIPS!

소매포화지수(IRS) … 지역시장의 수요와 공급의 수준을 나타내는 척도로서 지역 내에서의 수요 잠재력을 총체적으로 측정할 수 있는 지표로서 많이 이용된다.

Answer 28.③ 29.① 30.②

31 다음 중 레일리의 소매인력법칙을 설명한 것으로 옳은 것은?

① 소비자의 구매패턴, 기호, 소득관계를 참작하여 입지해야 한다.

② 상권 내 인구, 소득, 점포의 입지유형, 경합상태, 지가수준, 장래발전가능성을 종합적으로 분석해야 한다.

③ 도시단위의 상권이론으로 두 중심지 사이에 미치는 영향력의 크기를 나타낸다.

④ 좋은 상업지는 투자한 자본과 노력에 대하여 충분한 이익을 주지만, 이러한 이익은 개점과 더불어 즉각적으로 나타나는 것이 아니라, 충분한 시간적 여유를 가진 장기적인 것이다.

⑤ 허프모형과 더불어 1980년대 이후 소비자의 점포 선택행위와 특정 점포의 시장점유율을 예측하는데 많이 이용되고 있다.

> **TIPS!**
> ① 허프의 소매지역이론이다.
> ② 넬슨의 소매입지이론이다.
> ④ 후버의 입지효과의 시간법칙이다.
> ⑤ MNL모형이다.

32 다음은 넬슨의 입지선정을 위한 8원칙 중 어느 것에 대한 설명인가?

> ㉠ 경쟁점과의 경쟁에 있어서 우위를 점할 수 있는 규모의 사업장을 선택해야 한다.
> ㉡ 경쟁점이 입지를 이용하는 것은 사전에 막을 수 있어야 한다.
> ㉢ 경쟁점의 입지 규모 형태 등을 감안하여 예비창업자의 사업장이 기존 점포와의 경쟁에서 우위를 확보할 수 있는 가능성을 파악한다.

① 발전가능성   ② 양립성

③ 집중흡인력   ④ 용지 경제성

⑤ 경합성의 최소화

> **TIPS!**
> 경합성의 최소화…장래 경쟁점이 신규 입점함으로써 기존점포와의 경쟁에서 우위를 확보할 수 있는 가능성 및 차후 새로운 경재점이 입점함에 따른 사업장에 미칠 영향력을 평가

Answer 31.③ 32.⑤

33 다음 중 지역별 구매력을 나타내는 지표로서 신규 점포의 수요예측과 기존 점포의 실적 평가 시 주로 사용되는 것은?

① 구매력지수
② 소매포화지수
③ 시장확장 잠재력
④ 투자수익률
⑤ 손익분기점

⊙ TIPS!

구매력지수(BPI)…주어진 시장의 구매능력을 측정한 것으로 기본 구매력지수는 모든 시장에 존재하는 세 가지 중요 요소인 총소득, 총 소매매출, 총인구에 가중치를 두고 이를 결합시켜 만들며 각 시장 인구의 구매력을 결정하는 데 사용된다.

34 레일리의 소매인력법칙을 설명한 내용으로 가장 거리가 먼 것은? (단, A와 B는 두 경쟁 도시 혹은 상업시설을 나타내며, 이들의 중간에 소도시 혹은 상업시설 C가 있다고 가정한다.)

① 소비자의 특정 도시(상업시설)에 대한 효용(매력도)은 도시(상업시설규모)와 점포까지의 거리에 좌우되며, 특정 상업시설을 선택할 확률은 개별 상업시설들이 가지고 있는 효용(매력도)의 비교에 의해 결정된다.
② A, B도시(상업시설)가 끌어 들일 수 있는 상권범위는 해당 도시(상업시설)들 간의 인구에 비례하고 도시(상업시설)간의 거리의 제곱에 반비례한다.
③ 소매 인력법칙은 개별점포의 상권파악보다는 이웃 도시(상업시설)들 간의 경계를 결정하는 데 주로 이용되는 이론이다.
④ 이론의 핵심내용은 두 경쟁도시 혹은 상업시설(A, B) 사이에 위치한 소도시 혹은 상업시설(C)로부터 A, B 도시(상업시설)가 끌어 들일 수 있는 상권범위, 즉 A와 B가 중간의 소도시(상업시설) C로부터 각각 자신에게 끌어들이는 매출액을 규정하는 것이다.
⑤ A 도시와 B 도시의 인구크기가 같다면 두 도시 간의 상권의 경계는 두 도시의 중간지점(C)이 될 것이다.

⊙ TIPS!

레일리(William J. Reilly)의 소매인력법칙
㉠ 소비자들의 구매 이후 행위가 점포까지의 거리보다 점포가 보유하는 흡인력에 의해 결정된다는 이론이다.
㉡ 두 경쟁 도시가 그 중간에 위치한 소도시의 거주자들을 끌어들일 수 있는 상권의 규모는 인구에 비례하고 각 도시와 중간도시 간의 거리의 제곱에 반비례한다.
㉢ 보다 많은 인구를 가진 도시가 더 많은 쇼핑기회를 제공할 가능성이 많으므로 먼 거리에 있는 고객도 흡인할 수 있다.
㉣ A 도시와 B 도시의 인구크기가 같다면 두 도시 간의 상권의 경계는 두 도시의 중간지점이 될 것이며 A 도시가 B 도시보다 더 크다면 상권의 경계는 B 도시 쪽에 더 가깝게 결정될 것이다.

Answer 33.① 34.①

35 다음 중 다점포 경영에 대한 설명으로 옳지 않은 것은?

① 인지도를 확보한 상품 및 상호를 이용하기 때문에 광고 효과가 크다.
② 본점의 시행착오가 적으며 실패의 위험성이 적다.
③ 시장변화에 빠르게 적응하기 어렵다.
④ 본점의 방침에 따른 운영으로 비독립적이다.
⑤ 지점포는 본점에 지속적인 로열티를 지급해야 한다.

> **TIPS!**
>
> ③ 본점의 꾸준한 상품개발과 시장조사로 시장변화에 적응이 빠르다.
> ※ 다점포 경영의 장·단점
> ⊙ 다점포 경영의 장점
> • 본점은 원자재를 대량매입한 후 지점포에 공급하는 방식을 취하므로 저렴한 가격에 원자재를 공급한다.
> • 본점의 경험과 노하우를 이어받아 시행착오가 적으며, 실패의 위험성이 적다.
> • 본점의 꾸준한 상품개발과 시장조사로 시장변화에 빠르게 적응한다.
> • 이미 인지도를 확보한 상품과 상호를 이용하기 때문에 광고 및 홍보 효과가 크다.
> • 지점포를 신설할 때 자금보조를 받을 수 있다.
> ⊙ 다점포 경영의 단점
> • 상품 및 유니폼과 관련해 본점의 방침에 따른 운영이 이루어지므로 비독립적이다.
> • 같은 상호와 상품을 취급하므로 한 지점포의 잘못으로 인해 다른 지점까지 그 영향이 미칠 수 있다.
> • 지점포는 본점에 지속적인 로열티를 지급해야 한다.
> • 지점포에 대한 본점의 지원이 원활히 이루어지지 않을 수 있다.
> • 본점의 일관된 운영방식으로 인해 지역적 특성이 고려되지 않을 수 있다.
> • 지점포의 자의적인 양도 및 매매가 제한된다.

36 다음 중 접근성에 관한 설명으로 옳지 않은 것은?

① 접근성은 가까운 거리를 말한다.
② 어떤 한 지점이 주위의 다른 지점들로부터 얼마나 쉽게 접근할 수 있는가를 말한다.
③ 흡인력이 강하거나 독점력을 발휘하는 시설은 접근성에 크게 관여하지 않는다.
④ 소매입지에서 고객의 접근성을 중요한 요인이다.
⑤ 접근성의 분석요소에는 미시적 분석요소, 거시적 분석요소 등이 있다.

> **TIPS!**
>
> 접근성은 어떤 한 지점이 주위의 다른 지점들로부터 얼마나 쉽게 접근할 수 있는가를 나타내는 것으로, 자칫 가까우면 접근성이 좋은 것으로 생각할 수 있으나, 가까울지라도 다른 제약요인에 의해 접근성이 나쁠 수 있다.

Answer 35.③ 36.①

37 다음에서 설명하는 소매점포 전략은?

> 유통시장 전면 개방에 대한 대응책으로 기존 백화점들은 유통망의 경쟁력 강화와 경쟁우위를 확보하기 위해 지방도시의 기존 중소업체를 인수하거나 수도권 및 신도시지역으로 신규점포를 출점하고 있다. 이로 인해 동종 업종 간의 경쟁악화가 하나의 문제점으로 부각되고 있다.

① 다각화 전략   ② 광역형 입지전략
③ 다점포화 경영전략   ④ 사업 확장전략
⑤ 차별화 전략

> **TIPS!**
> 다점포화 경영전략은 각 지역의 발전성이나 상권 자체가 갖고 있는 이점 등을 자사의 이익과 연계시키기 위한 수단으로서 각 해당지역에 자사의 지점포를 출점하게 하는 전략에 따라 만든 각 체인점의 영업활동에 대한 경영관리를 말한다.
> ※ 다각화 전략…한 기업이 다수의 분야에 걸쳐서 사업을 전개하려는 전략으로 기업을 에워싼 정황은 부단히 변화하고 있으며 특히 신제품 구입처 판매처 등에 변동이 있으면 때때로 치명적인 타격을 입게 되는 경우도 있다. 이를 피하기 위해 스스로 신제품을 개발하거나 신규침입·구매처·판매처 등을 자사 지배하에 두기 위해 다각화 전략을 채택하게 된다.

38 다음 중 경쟁자들은 보유하고 있지 않으나 소비자들은 가치 있다고 보는 점포의 특징으로서 비싼 가격을 보상하려는 전략은?

① 집중화 전략   ② 시너지 효과 전략
③ 원가우위 전략   ④ 세분화 전략
⑤ 차별화 전략

> **TIPS!**
> ① 경쟁의 범위를 매우 좁게 하여 전체시장의 극히 일부분을 집중적으로 공략하여 경쟁자보다 우위에 서는 전략이다.
> ③ 업계에서 생산비용이 가장 낮은 경쟁자가 되도록 노력하는 전략이다.
> ④ 인구통계학적 특성과 같은 분류기준에 의하여 비슷한 성향을 지닌 집단을 다른 집단으로부터 분류하여 집단화하고 세분화된 시장에 포지셔닝하여 차별적 마케팅을 집중하는 전략이다.

Answer 37.③ 38.⑤

39 다음 중 경쟁점의 영향도를 결정하는 요소를 모두 고른 것은?

ⓖ 시장규모   ⓛ 경쟁점과의 거리

ⓒ 시계성, 동선   ⓔ 건물구조

ⓜ 영업력   ⓗ 브랜드 파워

---

① ⓖⓛ   ② ⓖⓛⓔⓗ

③ ⓖⓒⓜ   ④ ⓖⓛⓒⓔⓜ

⑤ ⓖⓛⓒⓔⓜⓗ

TIPS!

경쟁점의 영향도를 결정하는 요소에는 시장규모, 입지특성(경쟁점과의 거리, 시계성, 동선), 건물구조(건물규모 및 제약요인), 영업력, 브랜드 파워 등이 있다.

40 다음 중 경쟁점 조사순서로 옳은 것은?

ⓖ 조사의 포인트 결정   ⓛ 세부 조사항목 결정

ⓒ 자기 점포와 대비분석   ⓔ 시행결과 피드백

ⓜ 조사의 목적 수립   ⓗ 현장조사 실시

---

① ⓖ→ⓛ→ⓒ→ⓔ→ⓜ→ⓗ

② ⓖ→ⓛ→ⓜ→ⓗ→ⓒ→ⓔ

③ ⓖ→ⓜ→ⓛ→ⓗ→ⓒ→ⓔ

④ ⓜ→ⓖ→ⓛ→ⓗ→ⓒ→ⓔ

⑤ ⓜ→ⓖ→ⓛ→ⓒ→ⓗ→ⓔ

TIPS!

조사의 포인트 결정→조사의 목적 수립→자기 점포의 문제점 정리→세부 조사항목 결정→현장조사 실시→ 조사결과 정리→자기 점포와 대비분석→교육 후 현장에 반영→시행결과 피드백

Answer   39.⑤   40.③

section 1 점포개점계획

1. 점포개점 의의 및 원칙

(1) 점포개점의 의의
창업자가 자신의 창업환경을 분석한 후 아이템을 선정하고 가장 적합한 입지를 골라 영업을 하기 위한 일련의 과정을 점포개점이라고 한다.

(2) 점포개점의 프로세스
① 1단계
 ㉠ 환경분석(자금, 적성, 시기)
 ㉡ 아이템 선정 : 적성에 맞거나 하고 싶은 일 선택
 ㉢ 사업계획서 작성 : 실질적인 내용 작성
 ㉣ 창업결정(직접, 프랜차이즈)

② 2단계
 ㉠ 상권분석 : 자신에게 맞는 상권과 입지 점포를 선택한다.
 ㉡ 입지선정 : 상권이 좋은 지역을 선택한다.
 ㉢ 사업타당성 분석 : 목표 매출 달성이 가능한지 따져 봐야한다.

③ 3단계
 ㉠ 실내 인테리어
 ㉡ 초도 물품준비

④ 4단계
 ㉠ 홍보계획 : 단기보다는 장기적인 계획으로 수립한다.
 ㉡ 서비스 전략 : 기본에 충실한 전략을 세운다.
 ㉢ 가격책정 : 상품별 원가나 매입가를 기준으로 측정한다.
 ㉣ 인력계획

⑤ 5단계
 ㉠ 매장운영에 필요한 교육 및 인 · 허가
 ㉡ 개점준비 및 개점

2. 투자의 기본계획

(1) 투자

미래에 더 큰 수익을 위해서 현재 자금을 지출하는 것을 말한다. 투자대상의 선정 기준으로는 수익성, 안정성, 유동성 등이 있다.

(2) 투자 시 고려사항

① 미래의 현금흐름을 현재가치로 환산

② 기대수익

3. 개점입지에 대한 법률규제 검토

(1) 법규분석의 경우

토지의 용도, 가치 등의 구조분석, 토지분석, 권리분석 및 부동산 개발사업 등과 관련된 인허가 관련 등의 법률적인 분석이다.

(2) 권리분석의 경우

부동산 소유 및 기타 법률적 권리관계를 이해하는 것으로, 권리관계 확인을 위해 부동산 및 관련 자료를 수집해서 법규와 더불어 적합성 여부를 파악한다.

(3) 토지에 대한 기초자료조사

면적, 지구, 관련 법령에 등에 관한 것으로 토지에 대한 권리관계 조사의 경우가 등기, 압류, 지상권, 근저당 등의 각종 조사 및 분석을 한다.

(4) 법률분석의 경우

권리관계를 표현하는 사법 즉, 민법상 분석과 인허가 관계를 나타내는 공법상 분석으로 구분한다.

아래 글상자에 제시된 신규점포의 개점 절차의 논리적 진행순서로 가장 옳은 것은?

┌ 보기 ┐
ⓐ ㉠ 상권분석 및 입지선정
ⓑ ㉡ 홍보계획 작성
ⓒ ㉢ 가용 자금, 적성 등 창업자 특성 분석
ⓓ ㉣ 실내 인테리어, 점포꾸미기
ⓔ ㉤ 창업 아이템 선정
└────────────────────┘

① ㉠ – ㉤ – ㉢ – ㉡ – ㉣
② ㉤ – ㉠ – ㉢ – ㉡ – ㉣
③ ㉤ – ㉢ – ㉠ – ㉡ – ㉣
④ ㉢ – ㉠ – ㉤ – ㉡ – ㉣
⑤ ㉢ – ㉤ – ㉠ – ㉣ – ㉡

점포를 개점할 경우 전략적으로 고려해야 할 사항들에 대한 설명으로 가장 옳지 않은 것은?

① 경쟁관계에 있는 다른 점포의 규모나 위치도 충분히 검토한다.
② 상품의 종류에 따라 소비자의 이동거리에 대한 저항감이 다르기 때문에 상권의 범위도 달라진다.
③ 개점으로 인해 인접 주민의 민원제기나 저항이 일어날 부분이 있는지 검토한다.
④ 점포의 규모를 키울수록 규모의 경제 효과는 커지기에 최대 규모를 지향한다.
⑤ 점포는 단순히 하나의 물리적 시설이 아니고 소비자들의 생활과 직결되며, 라이프스타일에도 영향을 미친다.

〈정답 ⑤, ④

---

section 2 개점과 폐점

1. 출점 및 개점

(1) 개점을 위해 검토해야 할 내용

① 상권의 현황 파악

② 통행량 조사

③ 유동인구의 흐름 파악

④ 상품별 입지확인

(2) 피해야 할 점포입지

① 상권이 확대되는 곳

② 맞은편에 점포가 없는 곳

③ 업종이나 주인이 자주 바뀌는 곳

④ 점포주변에 같은 업종의 큰 점포가 있는 곳

⑤ 유동인구가 그냥 흐르는 곳

(3) 개점입지에 대한 법률규제검토

상가임대차보호법과 학교보건법 등은 개점 시 반드시 점검해야 할 법률이다.

┌─────────────────────────────────┐
│ **참 고** 임차할 점포평가 시 고려해야 할 사항 │
│   │
│ • 입점 가능한 업종   │
│ • 임대면적 중 전용면적   │
│ • 점포의 권리관계   │
│ • 점포의 인계 사유   │
└─────────────────────────────────┘

2. 점포개점을 위한 준비

(1) 신규출점 시 검토사항

① **인구** : 도시나 상업지구의 인구는 소매점포의 잠재적 고객의 수를 결정한다.

② **도시나 상업지역의 발전** : 한 지역의 발전은 산업의 종류 및 인구 변동추이 등과 밀접한 관련을 가진다.

③ **잠재적 고객의 구매관습** : 점포의 위치선정은 고객의 쇼핑장소 및 거리, 기호, 성향 등에 따라 영향을 받는다.

④ **주민의 구매력** : 주민의 구매력과 한 지역의 총 소매판매량은 밀접한 관계가 있으며, 그 지역의 월급생활지수와 평균급료, 은행예금 총액과 성향, 사회 복지 수당 및 각종 세제금액 등을 통해 한 지역의 구매력을 알 수 있다.

⑤ **부의 분산** : 구매액과 이윤에 영향을 미치는 또 다른 요소로서, 가정의 형태와 종류, 주택을 소유한 사람의 비율, 교육수준, 전화 대수, 자동차 대수와 종류, 신용카드 보급 및 사용현황 등으로 평가한다.

⑥ **경쟁의 본질과 강도** : 경쟁점의 수나 형태, 면적, 위치는 점포를 세울 도시나 쇼핑센터의 선택에 영향을 미친다.

(2) 내점객 조사

① **의의** : 내점객 조사를 통해 상권의 범위를 파악할 수 있으며 좀 더 발전적인 운영전략을 계획할 수 있다.

② **조사내용**

  ㉠ **방문빈도 및 방문사유** : 점포의 성격에 따라 방문빈도가 다르므로 자기점포에서 조사하고 싶은 방문빈도의 범위를 분류하여 조사표에 미리 기입해 두면 조사하기 쉽고, 방문사유에 대해서도 예상되는 이유를 기입해 두면 좋다.

  ㉡ **교통수단** : 무엇을 이용해서 점포까지 왔는가를 묻는 것으로 도보, 자전거, 버스, 자동차 등으로 구분해서 기입해 둔다.

  ㉢ **소요시간** : 자택에서 점포에 도달하기까지의 소요시간으로, 점포의 성격 등을 고려해서 파악할 필요가 있는 시간대로 구분하여 기입해 둔다.

  ㉣ **만족도** : 자기 점포에 대한 만족도를 묻는 것으로 조사원의 태도와 조사 장소에 따라 답변이 다를 수 있기 때문에 주의가 필요하다. 질문사항으로는 적어도 '만족', '보통', '불만'이라는 3가지가 필요하고 조사원은 답변자가 '불만'이라는 답변도 쉽게 내릴 수 있도록 중립적인 자세를 유지해야 한다.

상권 내 관련 점포들이 제공하는 서비스에 대한 고객들의 구체적인 만족 또는 불만족 요인들을 파악하는 조사방법으로 가장 옳은 것은?

① 상권에 대한 관찰조사
② 심층면접을 통한 정성조사
③ 설문조사를 통한 정량조사
④ 상권에 대한 일반정보의 수집
⑤ 조사 자료에 근거한 상권지도의 작성

점포를 이용하는 고객 인터뷰를 통해 소비자의 지리적 분포를 확인할 수 있는 방법은?

① 컨버스(Converse)의 소매인력이론
② 아날로그(analog) 방법
③ 허프(Huff)의 소매인력법
④ 고객점표법(customer spotting technique)
⑤ 라일리(Reilly)의 소매인력모형법

다음 중 2차 자료에 대한 설명으로 바르지 않은 것은?

① 조사 목적에 도움을 줄 수 있는 기존의 모든 자료를 의미한다.
② 자료수집의 목적이 조사의 목적과 일치하지 않는다.
③ 통상적으로 자료의 취득이 용이하다.
④ 비용, 시간, 인력 등에 있어 고가이다.
⑤ 각종 통계자료 또는 정부에서 만든 간행물 등이 이에 속한다.

❮정답 ②, ④, ④

ⓐ 만족과 불만의 이유 : 만족보다는 불만의 이유를 자세히 파악할 수 있도록 가급적 구체적인 항목을 기입해 둔다.

ⓑ 의견 및 희망사항 : 자기 점포에 대한 소비자의 의견 및 희망사항을 잘 파악하면 점포 운영에 참고가 되는 것이 많다.

ⓒ 조사 대상자의 특성 : 조사 대상자의 특성은 주소, 연령, 결혼 여부, 직업 등에 관한 사항을 질문하거나 관찰함으로써 파악할 수 있다.

③ 조사방법
ㄱ 고객점표법
  • 고객점표법의 의의 : William Applebaum이 개발한 것으로, 소비자들로부터 획득한 직접정보를 이용하여 1차 상권과 2차 상권을 확정하는 기법이다.
  • 고객점표법의 순서 : 점포에 출입하는 고객들을 무작위로 인터뷰하여 고객들의 거주지나 출발지를 확인 → 격자도면상에 표시하여 고객점표도 작성(고객점표도에는 대상점포에서 쇼핑을 하는 고객들의 지리적 분포가 나타남) → 격자별 인구 계산(격자의 크기는 필요에 따라 조절 가능) → 격자 별 매상고 추계 → 몇 개의 격자를 그룹화하여 상권 확정

ㄴ 실제조사방법
  • 실제조사방법의 의의 : 조사자가 직접 사람들을 만나 질문을 통해 조사하는 방법이다.
  • 종류
  – 드라이브 테스트 : 조사자가 차를 타고 가면서 만나는 사람들을 조사하는 방법이다. 직접면접조사 만큼 상세한 조사는 될 수 없으나, 시간이 적게 소요되는 장점이 있다.
  – 직접면접조사 : 조사자가 각 가정을 개별 방문하여 상권을 분석하는 방법이다. 직접면접조사는 방문조사이므로 부재자 거주분을 포함한 표본 수를 준비해야 하며, 표본은 주민등록기본대장에 의거하고 표본의 편중을 지양한다. 또한 질문항목은 15항목 정도로 제한한다.

ㄷ 2차 자료 이용법
  • 2차 자료 이용법의 의의 : 이미 실시된 2차 자료를 이용하여 시간적 간격을 참작해서 대략적인 상권을 파악하는 방법이다.
  • 종류
  – 타임페어법 : 점포에서 역까지 전철과 버스노선별 소요시간과 요금을 조사해서 상권을 파악하는 방법이다. 소비자가 많이 이용하는 교통수단이 유리하다.
  – 판매기록이용법 : 일정 기간 동안 판매활동을 통해 쌓은 판매기록, 고객 명부 등을 이용해 상권을 추정하는 방법이다.

ⓔ 유동인구 수 조사
- 유동인구 수 조사의 의의 : 자기 점포 앞을 도보로 이동하는 인구수는 점포의 매출과 직결됨을 인식하고 점포전면의 유동인구를 반드시 체크해야 한다.
- 유동인구 수 조사방법
 - 남녀별, 연령별, 계층별로 이루어져야 한다.
 - 주말 통행인구 및 주중 통행인구를 나누어 조사해야 한다.
 - 원칙적으로 매시간 조사해야 하나, 출근시간인 8시경과 출근시간 후인 10시, 점심시간인 12시, 14시, 16시경과 퇴근시간인 18시 그리고 퇴근 이후의 저녁시간인 20시, 22시, 24시 그리고 익일 2시경에 체크하는 것이 통상적인 예이다.
 - 체크시간은 60분 지속적인 것이 아니라 대략 15분 체크한 후, 파악된 통행인구 수에 4를 곱한 것을 한 시간 동안의 통행인구로 파악하면 된다.

3. 업종전환과 폐점

(1) 업종전환

① 업종전환의 개념 : 시장 환경의 변화로 경쟁력이 저하된 업종을 사업의 축소 또는 폐지한 뒤 새로운 업종으로 창업하는 것을 의미한다.

② 업종전환의 필요성 : 차별화 없는 동일한 아이템은 생존이 불가능하다.

(2) 폐점

① 폐점 검토 : 강력한 경쟁점포의 등장으로 인해 현재 점포의 업태 또는 업종으로는 적응하기 어렵다고 판단되는 경우 고려할 수 있다.

② 폐업 결정 시 판단기준
 ㉠ 시장성장성과 손익분기점 평가
 ㉡ 시장규모와 매출규모의 평가

01 상권분석에 필요한 소비자 데이터를 수집하는 조사기법 중에서 내점객조사법과 조사대상이 유사한 것으로 가장 옳은 것은?

① 편의추출조사법

② 점두(店頭)조사법

③ 지역할당조사법

④ 연령별 비율할당조사법

⑤ 목적표본조사법

> **TIPS!**
>
> ② 소비자를 지도로 분포할 수 있도록 주소단위로 조사하며, 방문하는 소비자의 주소를 파악하여 자기점포의 상권을 조사하는 방법이다.

02 다음 중 1차 자료에 관한 설명으로 가장 부적절한 것은?

① 조사자가 현재 수행 중인 조사목적을 달성하기 위해 직접적으로 수집한 자료이다.

② 정확도, 신뢰도, 타당성 평가 등이 불가능하다.

③ 상대적으로 시간이 많이 들어간다.

④ 상대적으로 비용이 많이 들어간다.

⑤ 전화서베이, 리포트, 대인면접법, 우편이용법 등이 있다.

> **TIPS!**
>
> 1차 자료
> • 개념 : 조사자가 현재 수행 중인 조사목적을 달성하기 위해 직접 수집한 자료를 말한다.
> • 장점
> −조사목적에 적합한 정확도, 신뢰도, 타당성 평가가 가능
> −수집된 자료를 의사결정에 필요한 시기에 적절히 활용 가능
> • 단점 : 자료수집이 2차 자료에 비해 시간, 비용, 인력이 많이 든다.
> • 유형 : 전화서베이, 리포트, 대인면접법, 우편이용법 등

Answer 01.② 02.②

03 다음 내용 중 출점지역 선정 시의 고려요소에 해당하지 않는 것은?

① 제반 법령 및 제도
② 잠재적 고객의 구매관습
③ 도로망의 확장계획
④ 경쟁점포와의 위치관계
⑤ 지역주민의 구매력

> 💡**TIPS!** --
> ④번은 부지선정 시의 고려요소에 해당한다.

04 점포의 매출액에 영향을 미치는 요인은 크게 입지요인과 상권요인으로 구분할 수 있다. 이 구분에서 입지요인으로 가장 옳지 않은 것은?

① 고객유도시설 - 지하철 역, 학교, 버스정류장, 간선도로, 영화관, 대형소매점 등
② 교통 - 교통수단, 교통비용, 신호등, 도로 등
③ 시계성 - 자연적 노출성, 고객유도시설, 간판, 승용차의 주행방향 등
④ 동선 - 주동선, 부동선, 복수동선, 접근동선 등
⑤ 규모 - 인구, 공간범위 등

> 💡**TIPS!** --
> ⑤ 상권요인에 해당한다.

05 다음의 내점객 조사방법 중 점포에서 역까지 전철과 버스노선별 소요시간과 요금을 조사해서 상권을 파악하는 방법은?

① 판매기록이용법
② 타임페어법
③ 고객점표법
④ 드라이브 테스트
⑤ 드라이브 테스트

> 💡**TIPS!** --
> 타임페어법…2차 자료를 이용하는 방법으로, 점포에서 역까지 전철과 버스노선별 소요시간과 요금을 조사해서 상권을 파악한다.

Answer 03.④ 04.⑤ 05.②

06 주어진 보기를 출점 순서대로 나열한 것은?

> ㉠ 창업자의 환경 분석　　　　　　　㉡ 상권분석
> ㉢ 인테리어　　　　　　　　　　　　㉣ 홍보계획, 가격책정
> ㉤ 개점

① ㉠→㉡→㉢→㉣→㉤　　　　　　② ㉡→㉢→㉣→㉤→㉠
③ ㉠→㉢→㉡→㉣→㉤　　　　　　④ ㉢→㉠→㉡→㉣→㉤
⑤ ㉣→㉠→㉢→㉡→㉤

07 내점객 조사방법 중에서 2차 자료 이용법인 것들만 고르시오.

> ㉠ 타임페어법　　　　　　　　　　　㉡ 2차 자료에 의한 방법
> ㉢ 판매기록 이용법　　　　　　　　　㉣ 고객점표법
> ㉤ 실제조사방법

① ㉠㉡　　　　　　　　　　　　　　② ㉠㉡㉢
③ ㉡㉢㉣㉤　　　　　　　　　　　　④ ㉠㉢㉣㉤
⑤ ㉠㉡㉢㉣㉤

Answer 06.① 07.②

08 다음 내용과 관련된 내점객 조사방법은?

> ⓖ William Applebaum이 개발한 조사방법으로 직접정보를 이용한 것이다.
> ⓛ 인터뷰를 통해 소비자들로부터 획득한 정보를 이용하여 1차 상권과 2차 상권을 확정하는 기법이다.
> ⓒ 고객점표도를 통해 매상고를 추계하고 상권을 확정한다.

① 고객점표법
② 타임페어법
③ 드라이빙 테스트법
④ 판매기록 이용법
⑤ 직접면접조사법

> **TIPS!**
> 고객점표법…William Applebaum이 개발한 조사방법으로 직접정보를 이용한 것인데 인터뷰를 통해 소비자들로부터 획득한 정보를 이용하여 1차 상권과 2차 상권을 확정하는 기법이다.

09 다음 수요 및 공급의 측정에 관한 사항 중 경제적 기반의 평가대상이 되는 요인으로 보기 가장 어려운 것은?

① 광고매체의 이용가능성과 비용
② 지방자치단체의 지역경제 활성화 노력
③ 지역시장에 대한 정부의 법적 규제
④ 근로자의 이용가능성과 비용
⑤ 현재의 경제 활성화 정도

> **TIPS!**
> 경제적 기반의 평가대상이 되는 요인은 다음과 같다.
> • 광고매체의 이용가능성과 비용
> • 미래의 경제 활성화 정도
> • 근로자의 이용가능성과 비용
> • 지역시장에 대한 정부의 법적 규제
> • 지방자치단체의 지역경제 활성화 노력

10 다음 상업지의 입지조건 중 성격이 다른 하나는?

① 인근지역의 번영의 정도
② 고객의 교통수단과 접근성
③ 지반의 고저 및 획지의 형상
④ 배후지 및 고객의 양과 질
⑤ 일일 교통인구

> **TIPS!**
> ①②④⑤번은 사회 및 경제적 조건에 해당하며, ③번은 물리적인 조건에 해당한다.

Answer 08.① 09.⑤ 10.③

기출PLUS

기출 2023년 제2회

다음 중 효과적인 시장세분화를 위한 조건으로 옳은 것을 모두 고른 것은?

─ 보기 ─
㉠ 측정가능성
㉡ 접근가능성
㉢ 실행가능성
㉣ 규모의 적정성
㉤ 차별화 가능성

① ㉠, ㉡, ㉢, ㉣, ㉤
② ㉠, ㉢, ㉣
③ ㉡, ㉢, ㉤
④ ㉡, ㉣, ㉤
⑤ ㉢, ㉤

◀정답 ①

section **1** 유통마케팅 전략

(1) 시장세분화

① 시장세분화(market segmentation)의 개념 ✔자주출제
  ㉠ 전체시장을 하나의 시장으로 보지 않고, 소비자 특성의 차이 또는 기업의 마케팅 정책에 따라 나누는 것을 말한다.
  ㉡ 전체시장을 비슷한 기호와 특성을 가진, 차별화된 마케팅 프로그램을 원하는 집단별로 나누는 것이다.

② 시장세분화의 요건
  ㉠ 유지가능성(Sustainability) : 세분시장이 충분한 규모이거나 또는 해당 시장에서 이익을 낼 수 있는 정도의 크기가 되어야 함
  ㉡ 측정가능성(Measurability) : 마케팅 관리자가 각각의 세분시장 규모 및 구매력 등을 측정할 수 있어야 함
  ㉢ 실행가능성(Actionability) : 각각의 세분시장에서 소비자들에게 매력있고, 이들의 욕구에 충분히 부응할 수 있는 효율적인 마케팅 프로그램을 계획하고 실행할 수 있는 정도가 되어야 함
  ㉣ 접근가능성(Accessibility) : 시기적절한 마케팅 노력으로 해당 세분시장에 효과적으로 접근하여 소비자들에게 제품 및 서비스를 제공할 수 있는 적절한 수단이 있어야 함
  ㉤ 내부적인 동질성 및 외부적인 이질성 : 특정 마케팅 믹스에 대한 반응 또는 시장 세분화 근거에 있어 동일한 세분시장의 구성원은 동질성을 보여야 하고, 다른 세분시장의 구성원과는 이질성을 보여야 함

(2) 목표시장 선정 ✔자주출제

① 차별적 마케팅 전략 : 전체 시장을 여러 개의 세분시장으로 나누고, 이들 모두를 목표시장으로 삼아 각기 다른 세분시장의 상이한 욕구에 부응할 수 있는 마케팅믹스를 개발하여 적용함으로서 기업 조직의 마케팅 목표를 달성하고자 하는 것을 말한다.
  ㉠ 장점 : 전체 시장의 매출은 증가한다.
  ㉡ 단점 : 각 세분시장에 차별화된 제품과 광고 판촉을 제공하기 위해 비용 또한 늘어난다.

ⓒ 특징 : 주로 자원이 풍부한 대기업이 활용한다.

② **무차별적 마케팅 전략** : 전체 시장을 하나의 동일한 시장으로 보고, 단일의 제품으로 제공하는 전략을 말한다.

ⓐ **장점** : 비용을 줄일 수 있다.

ⓑ **단점** : 경쟁사가 쉽게 틈새시장을 찾아 시장에 진입할 수 있다.

③ **집중적 마케팅 전략** : 전체 세분시장 중에서 특정 세분시장을 목표시장으로 삼아 집중 공략하는 전략을 말한다.

ⓐ **장점** : 해당 시장의 소비자 욕구를 보다 정확히 이해하여 그에 걸맞은 제품과 서비스를 제공함으로서 전문화의 명성을 얻을 수 있다.

ⓑ **단점** : 대상으로 하는 세분시장의 규모가 축소되거나 경쟁자가 해당 시장에 뛰어들 경우 위험이 크다.

ⓒ **특징** : 이 전략은 특히, 자원이 한정된 중소기업이 활용한다.

> **참 고** **고가격 전략을 수립할 수 있는 경우**
>
> • 최신의 특정상품을 세심한 고객응대를 통해 판매하는 전문점
> • 고객의 요구에 맞춘 1:1 고객서비스에 중점을 두는 소매점
> • 품위 있는 점포분위기와 명성을 중요시하는 고객을 목표로 하는 소매점
> • 고객 맞춤형 점포입지를 확보하고 맞춤형 영업시간을 운영하는 소매점

> **참 고** **푸시 전략과 풀 전략** ✔자주출제
>
> ① 푸시 전략(Push Strategy)
> ⓐ 제조업자가 소비자를 향해 제품을 밀어낸다는 의미로, 제조업자는 도매상에게 도매상은 소매상에게, 소매상은 소비자에게 제품을 판매하게 만드는 전략을 말한다.
> ⓑ 중간상들로 하여금 자사의 상품을 취급하도록 하고, 소비자들에게 적극 권유하도록 하는 데에 그 목적이 있다.
> ⓒ 푸시 전략은 소비자들의 브랜드 애호도가 낮고, 브랜드 선택이 점포 안에서 이루어지며, 동시에 충동구매가 잦은 제품의 경우에 적합한 전략이다.
> ② 풀 전략(Pull Strategy)
> ⓐ 제조업자 쪽으로 당긴다는 의미로, 소비자를 상대로 적극적인 프로모션 활동을 하여 소비자들이 스스로 제품을 찾게 만들고 중간상들은 소비자가 원하기 때문에 제품을 취급할 수밖에 없게 만드는 전략을 말한다.
> ⓑ 광고와 홍보를 주로 사용하며, 소비자들의 브랜드 애호도가 높고 점포에 오기 전에 미리 브랜드 선택에 대해서 관여도가 높은 상품에 적합한 전략이다.

기출PLUS

기출 2019년 1회

포지셔닝과 차별화 전략에 대한 설명으로 옳지 않은 것은?

① 포지셔닝은 표적시장 고객들의 인식 속에서 차별적인 위치를 차지하기 위해 자사제품이나 기업의 이미지를 설계하는 행위를 말한다.

② 성능, 디자인과 같이 제품의 물리적 특성을 통한 차별화를 제품차별화(product differentiation)라고 한다.

③ 기업들은 제품의 물리적 특성 이외에 제품의 서비스에 대해서도 차별화가 가능하며, 이를 서비스차별화(services differentiation)라고 한다.

④ 포지셔닝 전략의 핵심은 고객에게 품질이나 디자인에서 어떤 결정적 차이점(decisive difference)을 제시하느냐에 있다.

⑤ 기업 이미지나 브랜드 이미지로 인해 동일한 제품을 제공하더라도, 소비자들은 그 제품을 다르게 인식할 수 있는데, 이를 이미지차별화(image differentiation)라고 한다.

〈정답 ④

(3) 포지셔닝 전략

① 포지셔닝의 개념 ✓자주출제

㉠ 개념 : 자사 제품의 경쟁우위를 찾아 선정된 목표시장의 소비자들의 마음속에 자사의 제품을 자리 잡게 하는 것을 말한다.

㉡ 내용
- 포지셔닝은 목표로 한 소비자들에게 가격, 품질, 서비스, 편리성 등을 맞추는 전략이다.
- 기업조직이 선정한 포지셔닝 전략을 시장에 활용하기 위해서는 경쟁사 대비 경쟁적 강점 파악, 적정한 경쟁우위의 선정, 선정한 포지션의 전달 과정 등을 거쳐야 한다.
- 기업조직은 선정한 표적시장에서 소비자들 마음속에 타사에 대비해서 최대한의 경쟁적인 우위를 누릴 수 있도록 포지셔닝 전략을 기획하고 마케팅믹스를 개발해야
- 기업조직은 갖가지 방식으로 제품을 포지셔닝시킬 수 있는데 제품의 속성, 제품의 편익, 사용 상황, 사용자 집단을 위한 제품으로 포지셔닝하는 방법 등이 있다.
- 소비자들에게 제품에 대한 우호적인 이미지를 창조하는 것이 중요하기 때문에 타겟으로 한 소비자들의 니즈와 그들이 좋아하는 이미지 등을 파악해야 한다.

② 포지셔닝 전략의 종류 ✓자주출제

㉠ 제품속성에 의한 포지셔닝 : 자사의 제품 속성이 타사 제품에 비해 차별적인 속성을 지니고 있고 그에 따른 효익을 제공한다는 것을 소비자에게 인식시키는 전략이다. 또한 이 방식은 가장 널리 사용되는 포지셔닝 전략으로 자동차의 경우가 대표적이다.

예 스웨덴 "volvo"의 경우, 안정성을 강조하는 것으로 포지셔닝

㉡ 사용상황에 의한 포지셔닝 : 제품 또는 점포의 적절한 사용상황을 묘사 또는 제시함으로써 이를 소비자들에게 부각(인지)시키는 방법이다.

예 오뚜기 3분 요리의 경우, 한밤중에 손님들이 몰려와 갑작스런 상황에 요리를 어떻게 해야 할지 모를 때, 또는 시간이 없어서 급하게 요리를 해야 할 때 등의 상황 등을 강조

㉢ 이미지 포지셔닝 : 고급성 또는 독특함처럼 제품 및 점포가 지니는 추상적인 편익을 소구하는 방법이다.

예 맥심 커피의 경우, "커피의 명작. 맥심" 등의 광고 문구를 활용해서 소비자들에게 정서적, 사색적인 고급 이미지를 형성시키기 위해 오랜 시간 어필하여 포지셔닝

㉣ 제품사용자에 의한 포지셔닝 : 자사의 제품이 특정한 사용자들의 계층에 적합하다고 소비자에게 강조하여 인지시켜 포지셔닝 하는 전략이다.

예 존슨 앤 존슨의 아기용 샴푸의 경우, 기존의 샴푸에 "아기용"을 넣음으로서 아기용 샴푸도 어른들이 함께 사용이 가능하도록 포지셔닝

ⓜ 경쟁제품에 의한 포지셔닝 : 소비자들이 인지하고 있는 타사의 경쟁제품들과 비교함으로써 자사 제품의 편익을 타사와 묵시적 또는 명시적으로 비교하게끔 해서 인지시키는 방식이다.

section 2 유통경쟁 전략

1. 유통경쟁의 개요

대형할인점의 진입은 소비자들의 감정적 반응 및 구매 패턴뿐 아니라, 다른 경쟁 유통업체들의 전략 및 성과에도 영향을 미쳐 소매유통 경쟁구조에서의 변화를 가져온다.

2. 유통경쟁의 형태

(1) 독점

① 하나의 기업 조직이 한 제품 및 서비스 등을 도맡아 공급하는 시장의 형태를 의미한다.

② 독점기업은 시장의 유일한 공급자이기 때문에 해당 제품의 시장수요가 공기업의 생산물에 대한 수요이다.

③ 또한 시장가격 결정에 어떠한 영향도 미칠 수 없는 완전경쟁 하에서의 기업과는 다르게 독점기업은 시장가격을 결정할 수 있다.

④ 독점기업은 이윤을 극대화하기 위해 공급량은 물론 가격도 결정하게 된다.

(2) 과점

① 소수 기업 조직들이 공급에 참여해서 경쟁하는 시장의 형태를 과점시장이라 한다.

② 과점시장의 특징을 보면, 기업이 담합하기도 하고 각자 다른 독자적인 행동을 하기도 한다.

③ 소수의 비슷한 규모의 기업들이 과점 시장을 형성할 시에는 각 기업이 서로 극한 경쟁을 벌이게 되는데, 이 때 과점 기업들은 경쟁을 제한함으로써 이윤을 증대시키기 위해 서로 담합하게 된다.

기출PLUS

기출 2018년 2회

고가격 전략을 수립할 수 있는 경우로서 옳지 않은 것은?

① 최신의 특정상품을 세심한 고객 응대를 통해 판매하는 전문점

② 고객의 요구에 맞춘 1:1 고객서비스에 중점을 두는 소매점

③ 품위 있는 점포분위기와 명성을 중요시하는 고객을 타겟으로 하는 소매점

④ 고객 맞춤형 점포입지를 확보하고 맞춤형 영업시간을 운영하는 소매점

⑤ 물적유통비용의 절감을 통해 규모의 경제를 실현하고자 하는 소매점

기출 2019년 3회

풀 전략(pul strategy)과 푸시 전략(push strategy)에 대한 설명으로 옳지 않은 것은?

① 제조업자가 자신의 표적시장을 대상으로 직접 촉진하는 것은 풀 전략이다.

② 풀 전략은 제조업자 제품에 대한 소비자의 수요를 확보함으로써, 유통업자들이 자신의 이익을 위해 제조업자의 제품을 스스로 찾게 만드는 전략이다.

③ 푸시 전략은 제조업자가 유통업자들에게 직접 촉진하는 전략이다.

④ 제조업체가 중간상을 상대로 인적판매, 구매시점 디스플레이를 제공하는 것은 푸시전략이다.

⑤ 일반적으로 푸시전략의 경우 인적 판매보다 TV광고가 효과적이다.

◀정답 ⑤, ⑤

(3) 독점적 경쟁

① 수요의 입장에서 많은 기업 조직들이 조금씩 다른 제품을 공급하는 시장형태를 독점적 경쟁이라고 한다.

② 각각의 기업들은 수요자들이 자사의 제품을 선택하도록 하기 위해 가격 경쟁 뿐만 아니라 품질 및 서비스의 개선, 광고와 선전 등 가격이 아닌 다른 부문에서도 경쟁을 하게 된다.

③ 독점적 경쟁시장에서는 제품의 차별화라는 독점적인 요소로 인해 완전경쟁 시장에 비해 제품의 가격이 다소 높아져 수요자들의 부담이 늘어나게 되는 문제점이 있다.

④ 독점적 경쟁에서는 수요자들이 기호에 맞춰 선택이 가능한 다양한 제품이 공급되는 이점이 있다.

참고 소매 조직체

① 회사체인 : 공동으로 소유되고 통제되며, 이는 중앙 집중식의 구매 및 머천다이징을 수행하고 비슷한 계열의 제품을 판매하는 두 개 이상의 점포를 의미한다.

② 프랜차이즈 조직 : 프랜차이즈 본부(프랜차이저) 및 프랜차이즈 가맹점(프랜차이지) 간 계약에 의해 형성된 조직을 의미한다.

③ 임의체인 : 도매상 후원의 독립 소매상 집단으로서 단체구입 및 공동 머천다이징을 수행하는 점포들을 의미한다.

④ 소매상 조합 : 독립적 소매상이 결합해서 공동소유의 도매업을 운영하며 머천다이징 및 촉진활동을 공동으로 수행하는 것을 의미한다.

기출 2021년 제1회
아래의 글상자 안 ⊙과 ⓒ에 해당하는 소매업 변천이론으로 옳은 것은?

┌ 보기 ┐

⊙은(는) 소매업체가 도입기, 초기성장기, 가속성장기, 성숙기, 쇠퇴기 단계를 거쳐 진화한다는 이론이다. ⓒ은(는) 제품구색이 넓은 소매업태에서 전문화된 좁은 제품구색의 소매업태로 변화되었다가 다시 넓은 제품구색의 소매업태로 변화되어간다는 이론이다.

① ⊙ 자연도태설(진화론)
　ⓒ 소매아코디언 이론
② ⊙ 소매아코디언 이론
　ⓒ 변증법적 과정
③ ⊙ 소매수명주기 이론
　ⓒ 소매아코디언 이론
④ ⊙ 소매아코디언 이론
　ⓒ 소매업수레바퀴 이론
⑤ ⊙ 소매업수레바퀴 이론
　ⓒ 변증법적 과정

< 정답 ③

3. 소매업태의 성장과 경쟁 ✔자주출제

(1) 소매바퀴이론(Wheel Of Retailing Theory)

① 소매시장에서 변화하는 고객들의 구매 욕구에 맞추기 위한 소매업자의 노력이 증가함에 따라 다른 소매업자에 의해 원래 형태의 소매업이 출현하게 되는 순환 과정이다.

② 새로운 형태의 소매상이 처음에는 낮은 수준의 서비스와 저마진으로 저가격을 실현함으로써 시장에 등장하지만, 높은 수준의 서비스를 제공하는 기존 형태의 소매상과 경쟁하고 고객에게 추가적인 만족을 제공하기 위해 어쩔 수 없이 설비를 개선하고 서비스를 확대해야 하므로 그에 따라 가격경쟁력을 잃게 된다.

③ 그러면 다시 낮은 수준의 서비스와 저가격을 전략적 초점으로 하는 새로운 형태의 소매상이 출현하게 되는데, 이러한 현상을 '소매 수레바퀴'라고 한다.

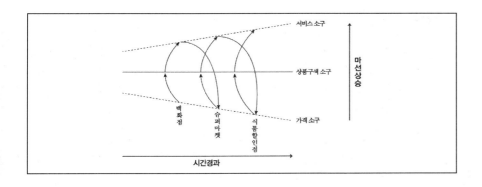

(2) 소매점 아코디언 이론

① 소매점의 진화과정을 소매점에서 갖춘 상품믹스를 기준으로 보는 이론이다.

② 처음엔 상품믹스가 다양한 구색으로 시작되었다가 시간경과와 함께 전문화, 축소되고, 다시 다양하고 전문계열로 확대되는, 즉 확대→축소→확대되는 반복과정이 아코디언 같다 하여 이름 붙여진 이론이다.

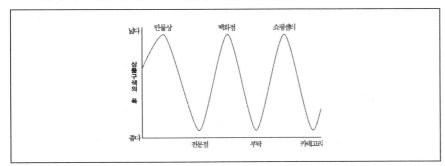

(3) 소매수명주기 이론

소매점은 '도입기→성장기→성숙기→쇠퇴기'의 단계를 경과하게 된다는 이론이다.

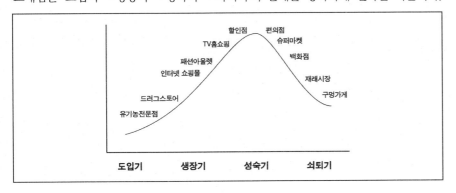

기출PLUS

[기출] 2020년 1회

소매업태 발전에 관한 이론 및 가설에 대한 옳은 설명들만을 모두 묶은 것은?

┌ 보기 ┄┄┄┄┄┄┄┄┄┄┄┄
│ ⊙ 아코디언이론 : 소매기관들이
│   처음에는 혁신적인 형태에서
│   출발하여 성장하다가 새로운
│   개념을 가진 신업태에게 그 자
│   리를 양보하고 사라진다는 이론
│ ⓛ 수레바퀴(소매차륜)이론 : 소
│   매 업태는 다양한 제품계열을
│   취급하다가 전문적·한정적 제
│   품계열을 취급하는 방향으로
│   변화했다가 다시 다양한 제품
│   계열을 취급하는 형태로 변화
│   하는 과정을 반복한다는 이론
│ ⓒ 변증법적 과정이론 : 두 개의
│   서로 다른 경쟁적인 소매 업
│   태가 하나의 새로운 소매 업
│   태로 합성된다는 소매 업태
│   의 혁신과정 이론
│ ⓡ 소매수명주기이론 : 한 소매기
│   관이 출현하여 초기성장단계,
│   발전단계, 성숙단계, 쇠퇴단
│   계의 4단계 과정을 거쳐 사
│   라지는 소매 수명 주기를 따
│   라 변화한다는 이론
└┄┄┄┄┄┄┄┄┄┄┄┄┄┄┄┄

① ⊙, ⓛ
② ⓛ, ⓒ
③ ⓒ, ⓡ
④ ⊙, ⓛ, ⓒ
⑤ ⊙, ⓛ, ⓒ, ⓡ

❮정답 ③

아래 글상자에서 설명하고 있는 소매상의 변천과정과 경쟁을 설명하는 가설이나 이론으로 옳은 것은?

┌ 보기 ┐
기존업태에 비해 경쟁우위를 갖는 새로운 업태가 시장에 진입하면, 치열한 경쟁과정에서 이들은 각자의 경쟁우위요인을 상호 수용하게 된다. 이에 따라 결국 서로의 특성이 화합된 새로운 소매업태가 생성된다.
└───────────────┘

① 소매수명주기 이론
② 소매수레바퀴 이론
③ 소매아코디언 이론
④ 자연도태 이론
⑤ 변증법적 이론

(4) 변증법적 과정

① 소매점의 진화과정을 변증법적 유물론으로 설명하는 이론이다. 고가격, 고마진, 고서비스, 저회전율로 도심지에 화려한 시설의 백화점이 등장하면 이에 상응하여 저가격, 저마진, 저서비스(셀프서비스), 고회전율로 검소한 시설을 갖춘 교외의 할인점이 나타난다.

② 그러면 백화점, 할인점의 장점을 취합한 평균 마진, 평균회전율, 중간가격, 제한된 서비스, 보통시설의 교외지역에 위치한 절충식 할인백화점이 출현하게 된다는 이론이다.

┌─────────────────────────────────────┐
│ ㉠ 정(正 / thesis) : 백화점   │
│   ㉢ 합(合 / synthesis) : 할인백화점 │
│ ㉡ 반(反 / antithesis) : 할인점   │
└─────────────────────────────────────┘

4. 글로벌 경쟁전략

(1) 온라인을 통해 소비자들이 주문한 제품을 오프라인 매장에서 입수하거나 또는 반품할 수 있게 하여 온라인 및 오프라인의 장점을 통합적으로 활용해야 한다.

(2) 직접적인 판매에서 벗어나서 주로 판매자와 소비자 간의 중개역할에 초점을 맞추는 정보중개형의 유통업을 수행해야 한다.

(3) 온라인에서는 잠재고객 확보, 제품정보 제공, 소비자들에 대한 정보 분석 및 사후관리 등에 초점을 맞춰 온라인으로 하여금 오프라인 사업을 지원하게 하는 역할을 해야 한다.

(4) 기존의 오프라인 유통업의 경우 온라인에서는 제공하기 어려운 레저나 엔터테인먼트 기능 등을 소매업과 결합시킴으로써 온라인 소매와는 본질적으로 차별화해야 한다.

‹ 정답 ⑤

5. 서비스 마케팅

(1) 서비스의 개념

① 서비스 : 제품이나 물질적 재화 이외의 생산 또는 소비에 관련된 모든 경제활동을 뜻하며, 통상적으로 제품을 제외하고 학교의 수업, 이발사의 이발, 의사들의 진찰 업무 등도 이에 포함된다.

② 서비스를 제공하는 기업 조직이 여러 가지로 구성할 수 있다는 이점이 있는 반면에, 가격구조 면에서도 상당히 복잡다단하며, 동시에 서비스에 대해 소비자들이 느끼는 준거가격에 대한 책정도 어렵다는 문제가 있다.

(2) 서비스 마케팅의 개념

서비스 마케팅은 소비자들의 니즈와 욕구를 충족시켜줌으로서 마케팅 활동을 이루려는 기업의 활동을 의미한다.

(3) 서비스의 특성

통상적으로 서비스는 4가지의 특성을 지니고 있는데. 이는 다음과 같이 나뉜다.

① 무형성 : 소비자들이 서비스를 구매하기 전에, 보거나 맛보거나 듣거나 또는 느끼거나 냄새를 맡을 수 없는 것 등을 말한다.

② 소멸성 : 판매되지 않은 서비스는 사라지며 또한 재고로서 보관할 수 없다는 것을 의미한다. 설령, 구매되었다 하더라도 이는 1회로서 소멸하고, 더불어 서비스의 편익도 사라지게 되는 것이다. 다시 말해 서비스는 제공되는 순간 사라지고 기억만 남게 되는 것이라 할 수 있다. 서비스는 생산에 있어 시간적인 면에 기초하고, 저장이 어려운 관계로 소멸의 가능성이 무척 높다고 할 수 있다.

③ 비분리성 : 일반적으로 유형의 제품은 생산과 소비가 시·공간적으로 분리가 가능하지만, 서비스의 경우에는 생산과 동시에 소비가 된다는 것을 의미하며, 결과적으로 공급 및 수요 등을 맞추기가 쉽지 않고, 반품 또한 될 수 없다는 특징이 있다.

④ 이질성 : 서비스의 생산 및 인도과정에서의 가변적인 요소로 인해서 서비스의 내용과 질 등이 달라질 수 있다는 것을 의미한다.

기출PLUS

기출 2020년 3회

아래 글상자의 서비스 마케팅 사례의 원인이 되는 서비스 특징으로 가장 옳은 것은?

┌ 보기 ┐

호텔이나 리조트는 비수기동안 고객을 유인하기 위해 저가격 상품 및 다양한 부가서비스를 제공한다.

① 서비스 무형성
② 서비스 이질성
③ 서비스 비분리성
④ 서비스 소멸성
⑤ 서비스 유연성

기출 2019년 3회

패러슈라만(Parasuraman) 등이 제시한 서비스 품질(SERVQUAL)의 5가지 차원에 해당하지 않는 것은?

① 유형성(tangibles)
② 편의성(convience)
③ 반응성(responsivenes)
④ 확신성(asurance)
⑤ 공감성(empathy)

‹정답 ④, ②

기출PLUS

기출 2022년 1회

고객 서비스 특성에 따른 품질평가 요소에 대한 설명으로 옳은 것은?

① 유형성(tangibles) – 서비스 장비 및 도구, 시설 등 물리적인 구성

② 신뢰성(reliability) – 고객의 요구에 신속하게 서비스를 제공하려는 의지

③ 반응성(responsiveness) – 지식과 예절 및 신의 등 직원의 능력에 따라 가능되는 특성

④ 확신성(assurance) – 고객에 대한 서비스 제공자의 배려와 관심의 정도

⑤ 공감성(empathy) – 계산의 정확성, 약속의 이행 등과 같이 정확하고 일관성 있는 서비스 제공

(4) SERVQUAL의 5개 차원 ✓자주출제

5개 차원	내용
신뢰성 (Reliability)	서비스에 대한 신뢰를 바탕으로 정확하게 업무를 수행하는 능력
확신성 (Assurance)	고객에 대해 직원들의 능력·예절·신빙성·안전성을 전달하는 능력
유형성 (Tangible)	눈으로 구분 가능한 설비나 장비 등 물리적으로 구성되어 있는 외양
공감성 (Empathy)	고객에게 제공하는 개별적인 배려와 관심
대응성 (Responsiveness)	고객에게 언제든지 준비된 서비스를 제공하겠다는 것

> **참고** 서비스 마케팅과 제품 마케팅의 차이점
>
> • 소비자들이 거래 과정에 있어 직접 참여하고, 큰 영향을 미친다.
> • 서비스 마케팅은 제품 마케팅과 달리 특허를 낼 수 없다.
> • 서비스 마케팅은 종업원들이 서비스 결과에 영향을 끼치므로 분권화 경향이 높은 편이다.

section 3 상품관리 및 머천다이징 전략

(1) 머천다이징 및 상품관리의 개요

상품관리(Merchandiser Management)는 어떠한 제품이 팔리고 있는지를 통계적으로 파악해서 제품의 판매, 재고량 등을 효율적으로 관리하는 것을 말한다. 이때, 상품관리의 목적은 적절한 매입계획의 수립, 합리적 판매계획의 수립이다.

> **참고** 성공적 상품관리의 방향
>
> ① 유행상품과 유행이 지난 상품의 파악 및 유통업체의 변화조사
> ② 차별성 있는 상품의 관리
> ③ 소비자들의 기호 분석
> ④ 다양한 마케팅의 방안을 모색

<정답 ①

(2) 업태별 머천다이징 및 상품기획

① 제품라인 : 유사기능을 수행하거나, 동일 유통경로를 통해 판매되거나, 동일한 소비자집단에게 판매되거나, 또는 비슷한 가격대에서 판매된다는 등의 이유로 서로가 밀접하게 관련된 제품들의 집합을 의미한다.

② 라인충원전략(Line Filing) : 이전 제품라인의 범위 내에서 더 많은 품목들을 추가하는 것을 말한다.

③ 라인확대전략(Line Stretching) : 현 가격대 이상으로 제품라인의 길이를 늘리는 것을 말한다.

④ 제품라인 길이 : 제품라인에 포함된 품목 수를 의미한다. 제품라인의 길이가 너무 짧게 되면, 품목의 추가로 이익을 증대시킬 수 있다. 반대로 라인의 길이가 너무 길게 되면, 품목을 제거함으로써 이익을 증대시킬 수 있다. 제품관리자의 경우 지속적으로 제품라인을 분석하여 제품라인을 구성하는 각 품목의 매출 및 이익 등을 평가해서 각각의 품목이 제품라인의 성과에 어느 정도로 공헌하는지를 파악해야 한다.

⑤ 제품믹스 : 길이, 넓이, 깊이, 일관성 등 4가지 주요차원을 지니는데 이 중에서 일관성은 다양한 제품라인들이 생산요건, 최종용도, 유통경로 등에 있어서 얼마나 밀접하게 관련성이 있는가를 의미한다.

⑥ 몇몇의 제품라인을 보유한 기업 조직들은 제품믹스를 구성하는데, 제품 포트폴리오란 특정한 판매업자가 판매용으로 시장에 제공하는 제품라인 및 품목들을 합한 것을 의미한다.

참고 소매업 수명주기에 따른 소매업 전략방안				
구분	도입기	성장기	성숙기	쇠퇴기
성장/투자/리스크 부담의 결정	리스크를 최소화 시키기 위한 투자	시장의 지분유지를 위한 높은 투자	성장 세분시장에 대한 선별적인 투자	상당히 제한된 투자
통제 정도	최소한	중간	최대화	중간
경영의 중심적 관점	소매개념의 정립	시장에서의 자유선점	소매개념의 수정	시장에서의 퇴출 전략

(주)대한전자의 상품 A의 연간 판매량은 60,000개이다. 또한, 주문한 상품 A가 회사에 도착하기까지는 10일이 소요되며, 상품 A의 안전재고량은 3,000개이다. (주)대한전자가 연간 300일을 영업할 경우, 상품 A에 대한 재주문점의 크기를 구한 값으로 옳은 것은?

① 2,000개
② 3,000개
③ 4,000개
④ 5,000개
⑤ 6,000개

한 품목의 연간수요가 12,480개이고, 주문비용이 5천원, 제품가격이 1,500원, 연간보유비용이 제품단가의 20%이다. 주문한 시점으로부터 주문이 도착하는 데에는 2주가 소요된다. 이때 ROP(재주문점)는? (1년을 52주, 1주 기준으로 재주문하는 것으로 가정)

① 240개
② 480개
③ 456개
④ 644개
⑤ 748개

〈정답 ④, ②

(3) 단품관리 전략

① 재고관리

- ㉠ 경제적 주문량(EOQ)의 공식은 간략한 수식으로 인해 제조업자 및 대형도매상에 의해 널리 활용되고 있지만, 소매업자들이 주문의사결정을 내리는 데는 그리 큰 도움이 되지 못한다.
- ㉡ 안전재고는 조달기간 중 불확실한 수요에 대비하기 위해서 예측된 수요 이상으로 확보하는 재고량으로써, 통상적으로 조달기간 중에 예상되는 최대수요에서 평균수요를 뺀 만큼으로 결정하게 된다.
- ㉢ 적정 재주문량이란 주문비, 재고유지비, 재고부족비 등을 함께 고려하여 결정하는데 각각의 비용항목들을 합한 총재고비용의 최소점이 최적주문량이 된다.
- ㉣ 재주문 시점을 결정할 때는 재주문 결정에서 다음 재주문 결정까지의 경과시간뿐만 아니라 주문의 발주부터 인도까지의 경과시간까지 고려해야 한다.

② 발주

- ㉠ 발주는 소비자들이 원하는 제품을 적시에 필요로 하는 양만큼 갖추어 품절이 발생하지 않도록 하는 활동을 말한다.
- ㉡ 발주방식은 크게 정량 발주방식과 정기 발주방식으로 나누어지는데, 냉동건조식품이나 통조림류는 정량 발주방식이, 고기 및 생식류는 정기 발주방식이 적당하다.
- ㉢ 발주를 잘하기 위해 지점, 경쟁점포, 소비자들에 대한 정보가 있어야 어떠한 제품을 얼마만큼, 언제 발주할 것인지를 결정할 수 있다.
- ㉣ 발주행동은 점포 이미지에 큰 영향을 미치며 점포 내 작업의 능률까지 좌우하게 되므로 신중을 기해야 한다.

참고 재고관리 **✓자주출제**

① ROP 모형
- ㉠ 수요가 불확실한 경우에 제품의 주문기간 동안 평균수요량에 안전재고를 더하여 재주문점을 결정하게 된다.
- ㉡ 시장에서의 수요가 명확한 경우 조달기간에 1일의 수요량을 곱해서 재주문점을 결정하게 된다.
② EOQ 모형 : 경제적 주문량(EOQ)은 재고 유지비용 및 주문비용을 합한 연간 총비용이 최소가 되도록 하게 하는 주문량을 의미한다.
③ ABC 재고관리방식 : 매출액 비율 및 재고의 품목 수에 의해 아이템을 그룹핑해서 이를 집중적으로 관리하는 방법을 활용한다.

---

(4) 상품수명주기별 상품관리전략 ✔자주출제

① **제품수명주기의 개요**: 제품의 경우 인간과 비슷하게 처음 태어날 때부터 죽을 때까지 하나의 일정한 단계를 거치는데, 이를 제품수명주기(Product Life Cycle)라 한다. 통상적으로 제품이 시장에 처음 출시되는 도입기 → 본격적으로 매출이 증가하는 성장기 → 매출액 증가율이 감소하기 시작하는 성숙기 → 매출액이 급격히 감소해서 더 이상 제품으로의 기능을 하지 못하는 쇠퇴기로 이루어진다. 이들 각 단계마다 상황에 맞게 서로 다른 전략들을 적용해야 하므로, 마케팅관리자는 제품수명주기가 마케팅 전략의 개발에 있어 차지하는 전략적 의미와 중요성을 반드시 인지하고 있어야 한다.

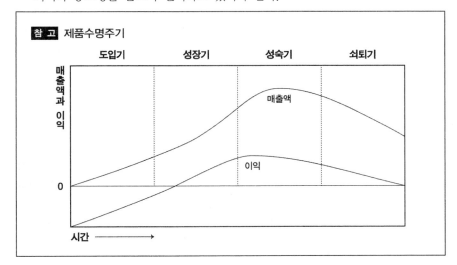

참 고 제품수명주기

② **제품수명주기별 마케팅 관리 전략**

  ⊙ 도입기에서의 마케팅 전략

  • 제품은 통상적으로 가동률이 낮고, 원가가 높고 기술적인 문제가 해소되지 못한 상태이기 때문에 제품개발에 투자한 높은 비용을 충당하기 위해서 제품의 가격은 일반적으로 높게 책정하는 편이다.

  • 도입기에서 가장 중요한 것 중의 하나는 제품에 대한 소비자들의 인지 및 활용을 높이기 위한 광고와 판촉이다.

  • 제품수명주기의 첫 단계로서 기업 조직에서는 신제품에 대한 수요를 일으키려고 노력을 한다는 것으로 볼 수 있다.

  • 선택적 수요보다는 기본적 수요를 자극하는 노력이 필요하다.

  • 제품에 대한 경쟁사들이 거의 없고, 가격탄력성도 낮아 기업 조직의 입장에서는 제품 개발에 들인 높은 투자비용을 초기에 회수하기 위해 통상적으로 고소득층을 대상으로 한 초기 고가격전략을 많이 활용하고 있다.

  • 초기 고가격전략은 시장진입 초기에 높은 가격을 책정하여 소비자들에게 품질 선도 기업이라는 이미지를 인지시켜 주기 위해 사용한다.

기출PLUS

기출 2020년 1회

아래 글상자는 제품수명주기 중 어느 단계에 대한 설명이다. 이 단계에 해당하는 상품관리전략으로 가장 옳지 않은 것은?

┌ 보기 ┐

최근 기술발전의 속도가 매우 빠르고 소비자들의 욕구와 취향도 급변하는 관계로 많은 제품들이 이 시기에 도달하는 시간이 짧아지는 반면 이 기간은 길어지고 있다. 이 단계에서는 매출액 증가가 둔화되면서 시장 전체의 매출액이 정체되는 시기이다. 다수의 소비자들의 구매가 종료되어 가는 시점이어서 신규 수요의 발생이 미미하거나 신규수요와 이탈 수요의 규모가 비슷해져서 전체 시장의 매출 규모가 변하지 않는 상태이다. 또한 경쟁강도가 심해지면서 마케팅 비용은 매우 많이 소요되는 시기이기도 하다.

① 기존제품으로써 새로운 소비자의 구매 유도
② 기존소비자들의 소비량 증대
③ 기존제품의 새로운 용도 개발
④ 기존제품 품질향상과 신규시장 개발
⑤ 제품확장 및 품질보증 도입

◀정답 ⑤

아래 글상자의 내용은 상품수명주기에 따른 경로관리 방법을 기술한 것이다. 세부적으로 어떤 수명주기 단계에 대한 설명인가?

┌ 보기 ─────────────
⊙ 충분한 제품공급을 위해 시장 범위 역량을 지닌 경로구성원을 확보
ⓒ 통제가 성장을 방해하는 것이 아니라는 점을 경로구성원에게 확신시킴
ⓒ 경쟁 제품들의 경로 구성원 지원 현황 조사 및 감시
└─────────────────

① 도입기
② 성장기
③ 성숙기
④ 쇠퇴기
⑤ 재도약기

제품수명주기 단계 중 성숙기에 사용할 수 있는 마케팅믹스 전략으로 옳지 않은 것은?

① 브랜드와 모델의 다양화
② 경쟁사에 대응할 수 있는 가격
③ 브랜드 차별화와 편익을 강조한 광고
④ 기본 형태의 제품 제공
⑤ 집중적 유통의 강화

소매수명주기이론(retail life cycle theory)에서 소매기관의 상대적 취약성이 명백해지면서 시장점유율이 떨어지고 수익이 감소하여 경쟁에서 뒤처지게 되는 단계는?

① 도입기   ② 성장기
③ 성숙기   ④ 쇠퇴기
⑤ 진입기

< 정답 ②, ④, ④

ⓛ 성장기에서의 마케팅 전략
• 매출액이 급격하게 증가하므로 새로운 고객들의 수요가 기존의 초기 고객들의 재구매 수요에 덧붙여진다. 동시에 지속적인 광고와 함께 구매자들 사이에서의 구전효과로 잠재고객들은 시험구매를 하게 되는 것이다.
• 기업은 신제품에 대한 이익을 창출하게 된다. 이 시기에 가격전략의 경우에는 가격을 내림으로써, 가격에 민감한 소비자들을 유인하는 전략을 쓰고 동시에 기존 가격을 유지하기도 한다.
• 유통전략은 자사의 제품을 많이 취급할 수 있도록 하는 방법으로 점포의 수를 늘리는 집약적 유통전략을 사용한다.

ⓒ 성숙기에서의 마케팅 전략
• 이 단계에 진입하게 되면 기업은 경쟁자에 대한 시장점유율을 방어하면서, 이익을 극대화시키려고 노력하게 된다. 또한 시장을 확장하며 제품의 수정단계를 거치게 된다.
• 이러한 제품들은 시장에 출시된 지 오래되고, 기존의 소비자들에게 해당 제품에 대한 브랜드 인지도가 높고, 소비자들의 취향에 맞추어 제품개선을 지속적으로 해 오기 때문이다.
• 구체적인 성숙기 상에서의 전략은 다음과 같다.
  – 새로운 시장 개척 : 기존 제품에 대한 소비를 증대시키기 위한 방안으로써, 기존 제품의 새로운 기능을 만들어 내고, 그 안에서도 또 다른 새로운 세분시장을 개척한다.
  – 제품 개선 : 제품의 특성이나 스타일, 품질 등 제품이 지니고 있는 속성을 지속적으로 수정함으로써 새로운 소비자를 유인하고, 기존 구매자의 제품에 대한 사용률을 높이려는 전략이다.
  – 마케팅 믹스 수정 : 제품 판매 시 새로운 서비스를 제공하면서 기존 서비스를 수정해 가는 것이다. 잠재고객과 경쟁사의 고객을 끌어오기 위해 가격인하라는 방식을 실행하기도 한다.

ⓒ 쇠퇴기에서의 전략
• 비용의 절감 및 투자비의 회수가 중요한 문제로 떠오른다.
• 매출액이 부진한 품목 등을 제거해 감으로써 최소한의 이익을 유지하는 수준에서 저가격전략을 취한다.
• 유통흐름에서 취약한 중간상들을 제거해 감으로써 일정 수의 점포만 유지하는 등 선택적 유통전략 방식으로 전환하게 된다.

참고 **제품수명주기의 단계별 마케팅전략**

구분	도입기	성장기	성숙기	쇠퇴기
원가	높다	보통	낮다	낮다
소비자	혁신층	조기 수용자	중기 다수자	최후 수용자
제품	기본 형태의 제품을 추구	제품의 확장, 서비스, 품질보증의 도입	제품 브랜드와 모델의 다양화	경쟁력 상실한 제품의 단계적인 철수
유통	선택적 방식의 유통	집약적 방식의 유통	더 높은 집약적 유통	선택적 방식의 유통
판매	낮다	높게 성장	낮게 성장	쇠퇴함
경쟁자	소수	증가	다수 → 감소	감소
광고	조기의 소비자 및 중간상들에 대한 제품인지도의 확립	많은 소비자들을 대상으로 제품에 대한 인지도 및 관심의 구축	제품에 대한 브랜드의 차별화 및 편의를 강조	중추적인 충성 고객의 유지가 가능한 정도의 수준으로 줄임
가격	고가격	저가격	타사에 대응 가능한 가격	저가격
판촉	제품의 사용구매를 유인하기 위한 고강도 판촉전략	수요의 급성장에 따른 판촉 비중의 감소	자사 브랜드로의 전환을 촉구하기 위한 판촉의 증가	최소의 수준으로 감소
이익	손실	점점 높아진다	높다	감소한다
마케팅 목표	제품의 인지 및 사용구매의 창출	시장점유율의 최대화	이전 점유율의 유지 및 이윤의 극대화	비용의 절감

section 4 가격관리 전략

(1) 가격관리의 개요

가격은 통상적으로 공급자로부터 제공받는 재화 및 서비스에 대해 소비자가 대가로 지급하는 화폐의 양을 의미한다. 가격의 경우 기업 수익에 공헌한다는 점에서 마케팅 비용을 발생시키는 타 마케팅 요소들과는 다른 차별적인 특징을 지닌다.

기출PLUS

기출 2020년 2회

어떤 표준적 상품을 비교적 염가로 판매하여 고객들을 매장 안으로 유도하고, 그 고객들에게 다른 상품을 판매함으로서 이익을 얻으려는 가격 정책으로 옳은 것은?

① 가격선도제(price leadership)
② 로스리더(loss leader)
③ 묶음가격(price bundling)
④ 특별할인가정책 (special discount)
⑤ 차별가격 (price discrimination)

기출 2022년 1회

제조업자가 중간상들과의 거래에서 흔히 사용하는 가격할인의 형태에 대한 설명으로 가장 옳은 것은?

① 현금할인 – 중간상이 일시에 대량구매를 하는 경우 구매량에 따라 주어지는 현금할인
② 거래할인 – 중간상이 제조업자를 위한 지역광고 및 판촉을 실시할 경우 이를 지원하기 위한 보조금 지급
③ 판매촉진지원금 – 제조업자의 업무를 대신 수행한 것에 대한 보상으로 경비의 일부를 제조업자가 부담
④ 수량할인 – 제품을 현금으로 구매하거나 대금을 만기일 전에 지불하는 경우 판매대금의 일부를 할인
⑤ 계절할인 – 제품판매에 계절성이 있는 경우 비수기에 제품을 구매하는 중간상에게 제공되는 할인

◀정답 ②, ⑤

(2) 가격설정의 방법 ✓자주출제

① **고객 커뮤니케이션의 예산수립**

  ㉠ **목표-업무 방식** : 조직에 대한 운영비용과 이익 등을 산출한 후 사용 가능한 금액이 얼마인지에 따라 고객 커뮤니케이션 예산을 설정하게 된다.

  ㉡ **손대중 방법** : 커뮤니케이션의 목표를 이루기 위해 특수한 업무수행에 요구되는 예산을 결정짓는 방식이다.

  ㉢ **판매비율 방법에서 고객 커뮤니케이션 예산** : 소매업체의 고객 커뮤니케이션 비용 비율 및 시장점유율 등이 동일하도록 결정되는 방식이다.

  ㉣ **경쟁동가방법** : 예상되는 매출액 중에서 고정비율로 고객 커뮤니케이션 예산을 설정하는 방법이다.

② **수요에 기초한 심리적 가격결정 기법**

  ㉠ **손실유도가격결정** : 특정한 제품 품목에 대해 가격을 낮추면 해당 품목의 수익성은 악화될 수 있지만, 반면에 보다 더 많은 소비자를 유도하고자 할 때 활용하는 방식이다.

  ㉡ **명성가격 가격결정** : 소비자들이 제품에 대한 가격을 품질 또는 사회적 지위의 상징으로 삼으므로 명품의 경우 가격이 예상되는 범위 아래로 낮아지면 오히려 제품에 대한 수요가 감소할 수 있다는 사실에 기반을 둔 방식이다.

  ㉢ **홀·짝수 가격결정** : 소비자들이 제품에 대해 어떤 가격을 높은 가격 또는 낮은 가격으로 인지하느냐 하는 것에 기초를 두는 방식이다.

  ㉣ **비선형 가격결정** : 통상적으로 대량의 소비자가 소량의 소비자에 비해 가격 탄력적이라는 사실에 기초해서 소비자들에게 제품에 대한 대량소비에 따른 할인을 기대하도록 하여 제품의 구매량을 높이고자 하는 방식이다.

③ **재판매 가격 유지 정책(Resale Price Maintenance Policies)** : 공급자가 도매상 및 소매상과의 계약에 의해 자사 제품의 도·소매가격을 사전에 설정해 놓고 그 가격으로 자사의 제품을 판매하게 하는 전략이다. 자사 제품이 도·소매상의 손실유인상품으로 이용되는 것을 방지해서 가격의 안정과 명성을 유지하기 위해 유통업계와 계약을 통해 일정한 가격으로 거래되도록 하는 것을 말한다.

④ **유보가격(Reservation Price)** : 소비자가 마음속으로, '이 정도까지는 지불할 수도 있다'고 생각하는 가장 높은 수준의 가격을 의미한다.

⑤ **우수가치 상응 가격결정(Good-Value Pricing)** : 좋은 품질 및 서비스를 잘 결합하여 소비자들에게 적정가격으로 제공하는 것을 의미한다. 많은 경우 이러한 방식의 가격결정은 시장기반이 확립된 유명브랜드의 제품들이 상대적으로 저가의 제품들을 시장에 새로이 도입할 때 활용한다. 또 다른 경우로는 기존의 가격에서 더 나은 품질을 제공하거나 또는 더 저렴한 가격으로 동일한 품질을 제공하도록 기존의 브랜드를 재설계할 때이다.

⑥ **이분가격 정책**(Two Party Price Policy) : 기본가격에 추가사용료 등의 수수료를 추가하는 방식의 가격결정방식이다.

> **예** 전화요금, 택시요금, 놀이동산

⑦ **노획가격**(Captive Pricing) : 주 제품에 대해서는 가격을 낮게 책정해서 이윤을 줄이더라도 시장 점유율을 늘리고 난 후 종속 제품인 부속품에 대해서 이윤을 추구하는 전략이다.

> **예** 면도기 본체는 저렴하게 팔고 면도날은 비싸게 파는 경우
> **예** 휴대폰은 공짜로 제공하고 통화요금으로 수익을 올리는 경우

⑧ **묶음가격**(Price Bundling) : 자사가 제공하는 여러 개의 제품이나 서비스 등을 묶어 하나의 가격으로 판매하는 것을 의미한다. 묶음가격을 그 개별 구성요소들 가격의 합보다 저렴하게 설정, 소비자가 묶음형태의 제품을 구매하도록 유도하며, 개별제품 각각에 대한 경쟁력이 약한 기업들이 최적의 제품 묶음을 형성, 저렴한 묶음 가격을 제시하여 경쟁우위를 획득하는 방식이다.

⑨ **부가가치 가격결정**(Value-Added Pricing) : 타사의 가격에 맞춰 가격인하를 하기보다는 부가적 특성 및 서비스의 추가로 제품의 제공물을 차별화함으로써 더 비싼 가격을 정당화하는 방식이다.

⑩ **경쟁기반 가격결정**(Competitive Advantage-Based Pricing) : 경쟁자의 전략, 원가, 가격, 시장의 제공물을 토대로 가격을 책정하는 방식이다.

⑪ **제품라인 가격결정**(Product Line Pricing) : 제품계열 내에서 제품품목 간 가격 및 디자인에 차이를 두는 방식이다.

⑫ **부산물 가격결정**(By-Product Pricing) : 주력 제품이 가격에 있어 경쟁력을 지닐 수 있도록 부산물 가격을 결정하는 방식이다.

⑬ **옵션제품 가격결정**(Optional Product Pricing) : 주력제품과 같이 팔리는 부수적 제품에 대해 소비자로 하여금 선택하게 하는 방식이다.

⑭ **최저수용가격**(Lowest Acceptable Price) : 소비자들이 제품의 품질을 의심하지 않고 구매할 수 있는 가장 낮은 가격을 의미한다.

기출PLUS

기출 2020년 2회

"100만원대"라고 광고한 컴퓨터를 199만에 판매하는 가격정책으로서 가장 옳은 것은?

① 가격라인 결정
② 다중가격 결정
③ 단수가격 결정
④ 리베이트 결정
⑤ 선도가격 결정

기출 2022년 2회

단수가격설정정책(odd pricing)에 대한 설명으로 옳은 것은?

① 최대한 인하된 상품 가격이라는 인상을 주어 판매량을 증가시키기 위해 가격을 990원, 1,990원처럼 설정하는 것을 말한다.
② 가격이 높을수록 우수한 품질이나 높은 지위를 상징하는 경우에 주로 사용된다.
③ 캔음료나 껌처럼 오랫동안 같은 가격을 지속적으로 유지함으로써 소비자가 그 가격을 당연하게 받아들이는 것을 말한다.
④ 같은 계열에 속하는 몇 개의 제품 가격을 품질에 따라 1만원, 3만원, 5만원 등으로 설정하는 것을 말한다.
⑤ 고객을 모으기 위해서 특정 제품을 아주 저렴한 가격으로 판매하는 방법이다.

◁정답 ③, ①

아래의 글상자는 원가가산 가격결정을 위한 원가구조와 예상판매량이다. 원가가산 가격결정 방법에 의해 책정한 가격으로 옳은 것은?

┌─ 보기 ─────────┐
│ 고정비 : 1,000,000원   │
│ 단위당 변동비 : 500원   │
│ 예상 판매량 : 1,000개   │
│ 판매가 대비 마진율 : 20% │
└────────────────┘

① 875원
② 3,000원
③ 1,875원
④ 7,500원
⑤ 1,125원

소매점이 사용하는 원가지향 가격설정정책(cost-oriented pricing)의 장점으로 가장 옳은 것은?

① 마케팅콘셉트에 가장 잘 부합한다.
② 이익을 극대화하는 가격을 설정한다.
③ 가격책정이 단순하고 소요시간이 짧다.
④ 시장 상황을 확인할 수 있는 근거자료를 활용한다.
⑤ 재고유지단위(SKU)마다 별도의 가격설정정책을 마련한다.

《정답 ③, ③

참고 **심리적 가격결정방법**

① 단수가격(Odd Pricing)
  ㉠ 시장에서 경쟁이 치열할 때 소비자들에게 심리적으로 저렴하다는 느낌을 주어 제품의 판매량을 늘리려는 방법
  ㉡ 제품의 가격을 100원, 1,000원 등과 같이 현 화폐단위에 맞게 책정하는 것이 아니라, 그 보다 낮은 95원, 970원, 990원 등과 같이 단수로 책정하는 방식
  ㉢ 소비자의 입장에서는 가격이 상당히 낮은 것으로 느낄 수 있고 더불어서 비교적 정확한 계산에 의해 가격이 책정되었다는 느낌을 줄 수 있는 방식
    예 9,900원 횟집
② 관습가격(Customery Pricing) : 일용품의 경우처럼 장기간에 걸친 소비자의 수요로 인해 관습적으로 형성되는 가격
③ 명성가격(Prestige Pricing) : 자신의 명성이나 위신을 나타내는 제품의 경우에 일시적으로 가격이 높아짐에 따라 수요가 증가되는 경향을 보이기도 하는데, 이를 이용하여 고가격으로 가격을 설정하는 방식
④ 준거가격(Reference Pricing) : 구매자는 어떤 제품에 대해서 자기 나름대로의 기준이 되는 준거가격을 마음속에 지니고 있어서, 제품을 구매할 경우 그것과 비교해보고 제품 가격이 비싼지 여부를 결정하는 방식
    예 A소비자가 B백화점에서 고등어 가격이 1만 원 정도라고 생각했는데, C백화점에서 1만 5천원의 고등어를 보면 비싸다고 느끼는 경우에, A소비자에게 고등어의 준거가격은 1만 원 정도가 됨

---

(3) 가격설정 정책 ✓자주출제

① **단일가격 정책** : 동일한 양의 제품, 동일한 조건 및 가격으로 판매하는 정책을 의미한다.

② **탄력가격 정책** : 소비자들에 따라 동종, 동량의 제품들을 서로 상이한 가격으로 판매하는 정책을 의미한다.

③ **단일제품가격 정책** : 각각의 품목별로 서로 따로따로 검토한 후 가격을 결정하는 정책을 의미한다.

④ **계열가격 정책** : 수많은 제품계열이 존재할 때 제품의 규격, 기능, 품질 등이 다른 각각의 제품계열마다 가격을 결정하는 정책을 의미한다.

⑤ **상층흡수가격 정책** : 도입 초기에 고가격을 설정한 후에 고소득계층을 흡수하고, 지속적으로 가격을 인하시킴으로써 저소득계층에게도 침투하고자 하는 가격정책을 의미한다.

⑥ **침투가격 정책** : 빠르게 시장을 확보하기 위해 시장 진입초기에 저가격을 설정하는 정책을 의미한다.

⑦ **생산지점가격 정책** : 판매자가 전체 소비자들에 대한 균일한 공장도가격을 적용시키는 정책을 의미한다.

⑧ **인도지점가격 정책** : 공장도 가격에 계산상의 운임 등을 가산한 금액을 판매가격으로 결정하는 정책을 의미한다.

⑨ **재판매가격유지 정책** : 광고 및 여러 가지 판촉에 의해 선호되는 제품의 공급자가 소매상들과의 계약에 의해 자신이 결정한 가격으로 자사의 제품을 재판매하게 하는 정책을 의미한다.

참고 **기타 가격결정 방법**

① 원가 지향 가격 결정 : 제조원가를 기준으로 가격을 결정하는 방법이다.
  ㉠ 마크업(Mark-Up) 가격 결정 : 미리 일정한 마크업을 실행해서 설정하는 방식이고, 통상적으로 유통업계에서 실행되는 방법이다.
  ㉡ 원가 플러스(Cost-Plus) 가격 결정 : 제품의 원가를 미리 결정하기 용이하지 않은 업체에서 활용하는 방식이다.
  ㉢ 표적(Target) 가격 결정 : 진행되는 사업의 규모를 기준으로 일정 수익률의 유지가 가능하도록 가격을 설정하는 방법이다. 자동차 및 화학 등에서 많이 활용한다.
② 수요 지향 가격 설정 : 소비자의 이미지 또는 수요의 강도를 기준으로 가격을 결정하는 방법이다.
  ㉠ 지각 가치 가격 설정 : 제품에 대한 사용자의 상대적 가치를 측정하고 그를 기준으로 가격을 결정하는 것으로, 우선 판매 가능한 가격을 발견한 후 그것에 원가를 맞추는 방법이다.
  ㉡ 수요 차별 가격 설정 : 시장세분화가 가능하고, 각 부문별로 수요의 강도가 다를 경우에 제품의 형태, 소비자층, 소비지, 소비시간에 따라 동일 제품의 가격을 변화시키는 방법이다.
③ 경쟁 지향 가격 결정 : 경쟁회사의 가격을 기준으로 가격을 결정하는 방법이다.
  ㉠ 실세 가격 결정 방식 : 업계의 질서가 중요하거나, 제품의 차별화가 어려운 업계에서 해당 업계의 평균적인 수준에 맞춰 가격을 설정하는 방법이다.
  ㉡ 입찰 가격 결정 방식 : 입찰을 통해 수주를 결정하는 경우에 다른 회사의 응찰가격을 추정하여 그보다 낮은 가격을 설정하는 방법이다.

(4) 업태별 가격관리

① 소매기관이 사용할 수 있는 가격관리전략

    ㉠ **경쟁적 가격결정**: 경쟁업체들의 가격결정 전략에 대응하고 그들과의 가격적인 차별화를 목적으로 하는 가격결정방식이다.

    ㉡ **단기수익률극대화 가격결정**: 전체 가격정책의 목적을 판매수익의 극대화에 두는 방식이다.

    ㉢ **이익극대화 가격결정**: 유통구조의 합리적 개선을 통해 경쟁우위 및 비용절감의 확보 측면에서의 마케팅전략 등을 활용해서 투자의 이익률을 극대화시킬 수 있는 방식이다.

    ㉣ **촉진적 가격결정**: 이익보다 제품에 대한 소비자들의 구매를 조장해서 실질적인 시장점유율을 증가시키기 위한 목적으로 추진하는 방식이다.

② 인터넷상의 가격설정 전략

    ㉠ 인터넷 제품의 가격상승 요인으로는 소비자의 불만 및 운송에 소요되는 경비, 경매소비자끼리의 경쟁에 의한 물품가격의 상승, 무료제품 및 샘플의 제공, 웹사이트의 개발비용 및 유지관리비, 높은 인터넷마케팅과 광고비 등이 있다.

    ㉡ 인터넷 제품의 가격인하에 대한 압력요인으로는 최저가격에 대한 검색기능, 브랜드 확립 우선의 가격결정, 제품의 독자성, 인터넷 판매의 낮은 경비 등이 있다.

    ㉢ 가격설정 전략에 영향을 미치는 요인으로는 마케팅 목표, 제품원가, 제품수요, 경쟁 환경, 정부규제에 대한 영향 등을 들 수 있다.

    ㉣ 기업 조직은 마케팅 목표를 달성하기 위한 전체적인 전략을 개발해야 하고 이러한 전략을 기반으로 각각의 제품군이나 시장에 대한 가격전략 등을 계획 및 조정해야 한다.

(5) 오픈 프라이스(Open Price) ✔자주출제

① 제조업체가 제품 겉포장에 권장(희망)소비자가격을 표시하는 것을 금지하고, 유통업체가 최종 판매가격(단위가격)을 정해 표시하도록 한 제도를 의미한다.

② 권장 가격을 실제 판매가격보다 부풀려 표시한 뒤에 할인해서 팔거나, 또는 대리점 등이 설정한 가격 이하로 재판매하는 것을 막아 가격경쟁을 제한하는 폐단을 근절하기 위해 도입된 제도이다.

③ **생산자 입장에서의 장점**: 소매점에서 권장소비자가격에 대한 "할인"을 사용할 수 없으므로 소비자에게 상품이 "염가에 판매되고 있다"라는 인상을 주지 않고 브랜드의 이미지 저하를 피할 수 있다.

유통업체들 간의 경쟁을 유발하여 소비자 가격을 인하하기 위해, 유통업체가 자율적으로 판매가격을 정해서 표시할 수 있도록 허용하는 제도는?

① 하이로우(high-low) 제도
② EDLP 제도
③ 노마진 제도
④ 오픈프라이스(open price) 제도
⑤ 권장소비자가격 제도

❮정답 ④

④ 생산자 입장에서의 단점 : 제품 매입 시 권장소비자가격에 대한 비율의 형태로 도매가격을 교섭할 수 없다.

⑤ 판매자 입장에서의 장점
  ㉠ 다른 판매자보다 판매가를 저렴하게 설정함으로써 소비자를 점포로 불러들일 수 있다.
  ㉡ 다른 판매자보다 판매가를 조금 비싸게 설정해서 판매마진을 올려받는 것이 가능하다.

⑥ 판매자 입장에서의 단점
  ㉠ 제품 매입 시 권장소비자가격에 대한 비율의 형태로 매입가격을 교섭할 수 없다.
  ㉡ 판매가격표시에 권장소비자가격에 관한 할인을 활용할 수 없으므로 소비자에게 저렴하게 판매한다는 이미지를 줄 수 없다.
  ㉢ 다른 생산자 간 상품의 비교가 어렵다.

⑦ 소비자 입장에서의 장점 : 판매자 간의 경쟁으로 인한 가격 인하로 저렴하게 상품을 구매할 수 있다.

⑧ 소비자 입장에서의 단점
  ㉠ 실제 점포에 방문하지 않고서는 상품의 가격대를 알 수 없다.
  ㉡ 판매자가 폭리를 취하는 경우에 손해를 보게 된다.
  ㉢ 다른 생산자 간의 상품 비교가 어렵다.

참 고   소매가격전략 ✔자주출제

- EDLP는 Every Day Low Price의 준말로, 상품의 일시적 가격할인이 아닌 항상 저렴한 가격으로 판매하는 전략이다.
- EDLP는 경쟁자와의 지나친 가격전쟁의 압박을 덜어 주며 가격이 자주 변하지 않는다는 장점이 있다.
- High-Low가격 전략은 일반적으로 저가격을 지향하기 보다는 품질이나 서비스를 강조하는 가격정책이다.
- High-Low가격 전략은 소비자들을 유인하기 위해 필요한 시기에 적극적으로 할인된 낮은 가격을 제공한다.

기출PLUS

기출 2020년 2회

소비자를 대상으로 하는 판매촉진 방법 중 쿠폰과 비교한 리베이트의 특징으로 가장 옳은 것은?

① 쿠폰보다 처리비용(handling costs)이 더 낮다.
② 소매업체에게 처리비용을 지불할 필요가 없다.
③ 저가 상품에서도 쿠폰만큼의 판촉효과가 나타난다.
④ 제조업체를 대신해 소매업체가 소비자에게 가격할인을 제공한다.
⑤ 소비자는 리베이트에 따른 소매가격의 인하를 잘 지각하지 못한다.

기출 2022년 2회

판매촉진 방법 가운데 프리미엄(premium)의 장점으로 가장 옳지 않은 것은?

① 지속적으로 사용해도 제품 자체 이미지에 손상을 가져 오지 않는다.
② 많은 비용을 투입하지 않으면서 신규고객을 확보하는 효과적인 방법이다.
③ 제품에 별도의 매력을 부가함으로써 부족할 수 있는 상품력을 보완할 수 있다.
④ 제품수준이 평준화되어 차별화가 어려운 상황에서 특히 효과적이다.
⑤ 치열한 경쟁상황에서 제품에 대한 주목률을 높여주고 특히 구매시점에 경쟁제품보다 돋보이게 한다.

< 정답 ②, ②

section 5 촉진관리 전략

(1) 촉진관리 전략의 개요

① 판매촉진 ✓자주출제

ㄱ 판매촉진은 광고, 인적판매 또는 타 촉진믹스 도구들과 함께 활용하는 것이 통상적인데, 중간상 판매촉진 및 영업사원 판매촉진은 주로 인적판매과정을 지원하게 된다.

ㄴ 중간상 판매촉진은 소매상들이 공급자의 새로운 품목의 취급, 적정 재고의 유지, 넓은 공간을 할당하도록 유도, 소매환경에서의 제품을 광고하는 데 그 목적이 있다.

ㄷ 영업사원 판매촉진의 목표로는 기존의 제품 및 신제품에 대한 영업사원의 노력과 지원을 훨씬 많이 확보하거나 더 나아가 영업사원으로 하여금 새로운 거래처를 개발하도록 유도하는 데 있다고 할 수 있다.

ㄹ 주요 소비자 판촉도구에는 쿠폰, 샘플, 현금 환불, 프리미엄, 가격할인, 단골고객 보상, 구매시점 진열 및 시연, 추첨, 콘테스트 등이 있다.

> **참고** 판촉을 위한 도구 및 수단
> ① 쿠폰(Coupon) : 구매자가 어떠한 특정의 제품을 구입할 때 이를 절약하도록 해 주는 하나의 증표
> ② 샘플(Sample) : 구매자들에게 제품에 대한 대가를 지불하지 않으면서 제공하는 일종의 시제품
> ③ 프리미엄(Premium) : 특정 제품의 구매를 높이기 위해 무료 또는 저렴한 비용으로 제공해 주는 추가 제품
> ④ 할인포장(Price Pack) : 관련 제품을 묶음으로 해서 소비자들이 제품을 낱개로 구매했을 때보다 더욱 저렴한 방식으로 판매

(2) 촉진믹스 ✓자주출제

① 광고(Advertising) : 제품 및 서비스 또는 아이디어의 제시와 촉진 등을 위해 광고주가 비용을 지불하고 전개하는 비대면적인 커뮤니케이션의 활동을 의미한다.

② 판매촉진(Sale Promotion) : 제품 및 서비스의 활용을 독려하기 위해 단기간에 전개하는 인센티브 위주의 커뮤니케이션 활동을 의미한다.

ㄱ 장점 : 단기적인 매출향상, 신제품 홍보가 용이
ㄴ 단점 : 수익성에 있어서는 비효율적, 브랜드 구축에는 악영향

③ **공중관계(PR : Public Relation)** : 개별 제품 및 기업 조직 전체의 이미지 제고 또는 비호의적 평판의 완화를 목적으로 언론 매체 등을 통해 벌이는 비대면적 커뮤니케이션 활동을 의미한다.

참고 기업의 대표적인 PR 수단

수단	내용
출판물	사보, 소책자, 연례 보고서, 신문이나 잡지 기고문
뉴스	회사 자체, 회사의 임직원 또는 제품 등에 대한 뉴스거리를 발굴하여 언론매체에 등재
이벤트	기자회견, 세미나, 전시회, 기념식, 행사 스폰서십
연설	최고경영자 또는 임원들이 각종 행사에 참석하여 연설
사회 봉사활동	지역사회나 각종 공익 단체에 기부금을 내거나 임직원들이 직접 사회봉사활동에 참여
기업 아이덴티티	고객 및 일반 대중들에게 통일된 시각적 이미지를 주기 위해 로고, 명함, 문구, 제복, 건물 등을 디자인하는 것

④ **인적판매(Personal Selling)** : 제품 및 서비스의 판매를 위해 영업사원이 잠재고객들과 일 대 일 대면으로 펼치는 커뮤니케이션 활동을 말한다.

(3) 업태별 촉진전략

① 소매업 촉진전략

   ㉠ 상권분석을 통한 시장성의 확인 및 시장으로의 진입

   ㉡ 제품 및 서비스의 차별성 확보

   ㉢ 고객관계 관리를 통한 고객 로열티 강화

   ㉣ 시장에 적합한 제품 및 서비스를 선택하고 효율적인 촉진전략 사용

   ㉤ 구성원들에 대한 교육 및 CRM 기능의 구축을 통해 고객만족도 상승

② 도매업 촉진전략

   ㉠ 대체로 촉진에 관심 저조

   ㉡ 최근 경쟁 심화로 촉진을 중요시하는 경향, 특히 애고 소구를 위해 노력

   ㉢ 제조업자의 촉진 프로그램에 적극 협조 및 활용하는 한편 자체적인 촉진과 통합하여 실행, 표준화되고 단위당 가격이 낮은 품목을 취급하는 도매상 : 애고 소구에 주력, 주로 카탈로그와 판매원 판매 활용, 광고를 거의 하지 않음

   ㉣ 고도로 **차별화**되거나 단위당 가격이 높은 산업 설비품을 취급하는 도매상 : 판매원 판매, 업계 간행물을 통한 광고와 직접 우편(DM : direct mail)을 활용

기출PLUS

기출 2018년 2회

인적판매에 대한 설명으로 옳지 않은 것은?

① 소비자와 대화를 나누며 상품 관련 정보를 제공하고 설득하여 판매활동을 종결한다.

② 소비자의 질문이나 요구에 대하여 즉각적인 피드백이 가능하다.

③ 소비자마다 다르게 요구하는 사항들을 충족시키기 위해 필요한 방법을 신속하게 제시할 수 있다.

④ 다른 촉진활동에 비해 더 효과적으로 소비자반응을 유도해 낼 수 있다.

⑤ 백화점의 판매원과 같은 주문창출자와 보험판매원과 같은 주문수주자의 두 가지 유형으로 구분된다.

기출 2020년 2회

다른 판촉 수단과 달리 고객과 직접적인 접촉을 통하여 상품과 서비스를 판매하는 인적판매의 장점으로 가장 옳지 않은 것은?

① 고객의 판단과 선택을 실시간으로 유도할 수 있다.

② 정해진 시간 내에 많은 사람들에게 접근할 수 있다.

③ 고객의 요구에 즉각적으로 대응할 수 있다.

④ 고객이 될만한 사람에게만 초점을 맞추어 접근할 수 있다.

⑤ 고객에게 융통성 있게 대처할 수 있다.

＜정답 ⑤, ②

③ 옴니채널(Omni-Channel)의 개념 및 개요

　㉠ 소비자가 온라인, 오프라인, 모바일 등 다양한 경로를 넘나들며 상품을 검색하고 구매할 수 있도록 소비자 관점에서 일관된 소비 경험을 제공하는 유통 서비스로서, 각 유통채널의 특성을 결합해 어떤 채널에서든 같은 매장을 이용하는 것처럼 느낄 수 있도록 한 쇼핑 환경이다. 즉, 기업이 오프라인, 온라인, 모바일 등의 모든 채널을 연결해 고객이 마치 하나의 매장을 이용하는 것처럼 느끼도록 하는 쇼핑 시스템을 말한다.

　㉡ 옴니채널은 온·오프라인 매장의 차이 없이 제품의 기획 단계부터 상품, 서비스, 조직, 시스템, 프로세스, 물류 등 구매와 관련된 전후방의 모든 채널을 통합해 고객 중심의 통일된 브랜드 메시지를 전달한다.

　㉢ 모든 채널이 고객들에게 일관된 메시지와 경험을 제공함으로써 브랜드이미지 다원화와 채널 간 불필요한 경쟁을 방지한다.

　㉣ 독립적으로 운영되던 채널들이 유기적으로 통합되어 서로의 부족한 부분을 메워주는 보완적 관계를 갖는다.

　㉤ 동일한 제품을 온라인이나 오프라인에 상관없이 동일한 가격 및 프로모션으로 구매가 가능하다.

　㉥ 채널 간의 불필요한 경쟁은 온·오프라인의 판매실적을 통합함으로써 해결한다.

　㉦ 온·오프라인의 재고관리 시스템을 일원화할 수 있다.

④ O2O(Online to Offline)의 개념 : 온라인과 오프라인을 연결하여 소비 채널을 융합시키는 마케팅으로 소비자들의 구매를 활성화하는 새로운 비즈니스 모델 즉, 온라인이나 모바일에서 대금결제를 한 후, 오프라인에서 실제 서비스와 물건을 받는 소비 형태를 말한다.

　예 배달의 민족 – 기존 주문배달방식에서 모바일 앱(온라인)에서 간단하게 주문을 할 수 있다는 것을 소비자에게 인식

　예 카카오 택시 – 기존 빈 차를 거리에서 기다리며 손을 뻗어 택시를 잡는 방식(오프라인)에서 모바일 서비스로 '예약' 차를 확인한 후 편하게 승차

⑤ O4O(Online for Offline)의 개념

　㉠ 기업이 온라인에서 확보한 고객 데이터를 활용해 오프라인 상으로 사업 영역을 확대하는 것을 의미한다.

　㉡ 온라인과 오프라인을 결합한다는 점은 O2O와 같지만, O4O는 오프라인에 더 중점을 두고 있다는 특징이 있으며, O2O(Online to Offline)와의 차이점은 O2O가 온라인에서 고객을 유치하고 오프라인으로 서비스를 제공한다면, O4O는 오프라인의 문제를 해결하기 위해 온라인에서 확보된 영향력을 활용한다.

> **참 고** 인터넷마케팅의 활성화에 의해 점포소매상이 보이는 변화
> • 잘 훈련된 인적판매를 통한 고객서비스의 강화
> • 온, 오프라인 채널을 함께 병행하는 하이브리드 채널의 활용
> • 점포 내 편한 분위기, 고객들과의 인간적인 유대 강화 등 쇼핑을 하며 느끼는 즐거움 및 인적관계의 중시
> • 실제 점포에서의 쇼핑을 통해서 느낄 수 있는 즐거움을 강화

(4) e-Retailing 촉진

인터넷상 소매 상품의 판매, 이메일, 전자 비즈니스, e-커머스의 용어로 B2C 거래의 동의어이다. 온라인 카탈로그 제조와 인터넷 소매 비즈니스 관리를 위한 소프트웨어 도구가 생기고, 많은 소매가격을 비교하는 관련 사이트가 있다.

① B2B(Business to Business) : 기업과 기업 사이에 이루어지는 전자상거래를 일컫는 것으로, 기업들이 온라인상에서 상품을 직거래하여 비용을 절감하고, 시간도 절약할 수 있다는 장점이 있다.

② B2C(Business-to-Customer) : 기업이 소비자를 상대로 행하는 인터넷 비즈니스로, 가상의 공간인 인터넷에 상점을 개설하여 소비자에게 상품을 판매하는 형태의 비즈니스이다. 실제 상점이 존재하지 않기 때문에 임대료나 유지비와 같은 비용이 절감되는 장점이 있다.

③ G2C(Government to Customer) : 정부와 국민 간 전자상거래로, 인터넷을 통한 민원서비스 등 대국민 서비스 향상을 그 주된 목적으로 하고 있다.

④ B2G(Business to Government) : 인터넷에서 이루어지는 기업과 정부 간의 상거래를 말한다. 여기서 G는 단순히 정부뿐만 아니라 지방정부, 공기업, 정부투자기관, 교육기관 등을 의미하기도 한다.

(5) 소매정보와 촉진

① 소비자 기대
   ㉠ 점포에 대한 소비자들의 기대는 점포이미지의 형성과 점포선택에 있어 많은 영향을 미친다.
   ㉡ 소매관리자는 소비자들이 점포로부터 기대하게 되는 것들을 명확하게 파악해서 소매마케팅 전략 수립에 반영해야 한다.
   ㉢ 소비자 기대의 구성요소에는 점포분위기, 입지 및 시간의 편리성, 제품구색, 가격, 정보의 수집 및 사회적 상호작용, 점포서비스 등이 있다.

소매 마케팅전략 수립을 위해 필요한 소매믹스(retailing mix)로 옳지 않은 것은?

① 소매가격 책정
② 점포입지 선정
③ 유통정보 관리
④ 소매 커뮤니케이션
⑤ 취급상품 결정

② 소매점포 STP 전략

ㄱ 소비자들이 해당 점포로부터 기대하는 서비스의 수준은 상이하다.

ㄴ 소매상들은 표적화된 소비자들의 기대서비스 수준에 맞는 소매시장을 세분화해야 한다.

ㄷ 이러한 소매시장 세분화는 성공적 경쟁이 가능한 세분시장을 찾아내는 과정이다.

③ 소매점포 믹스 ✓자주출제

ㄱ 소매점포 믹스의 결정은 표적세분시장 내 소비자들의 니즈에 맞춰 소매점이 통제 가능한 소매믹스 변수들의 최적의 조합을 찾아내는 과정이다.

ㄴ 결국에 소매상들이 운영하는 점포의 업태, 제품구색, 마진 및 회전율, 촉진 등의 통제 가능한 소매믹스 변수에 대한 결정에 의해 실행된다.

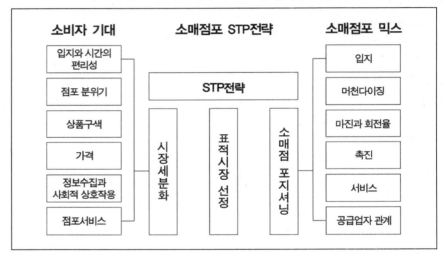

기출 & 예상문제

01 유통마케팅 조사과정 순서로 가장 옳은 것은?

① 조사목적 정의 – 조사 설계 – 조사 실시 - 데이터분석 및 결과해석 – 전략수립 및 실행 – 실행결과 평가
② 조사목적 정의 – 조사 실시 – 조사 설계 – 데이터분석 및 결과해석 – 전략수립 및 실행 – 실행결과 평가
③ 조사목적 정의 – 조사 설계 – 조사 실시 - 전략수립 및 실행 - 데이터분석 및 결과해석 - 실행결과 평가
④ 조사목적 정의 – 실행결과 평가 – 전략수립 및 실행 – 조사 실시 – 데이터분석 및 결과해석 – 대안선택 및 실행
⑤ 조사목적 정의 – 조사 실시 – 데이터분석 및 결과해석 – 조사 설계 – 전략수립 및 실행 – 실행결과 평가

TIPS!

유통마케팅 조사과정
조사목적 정의 – 조사 설계 – 조사 실시 – 데이터분석 및 결과해석 – 전략수립 및 실행 – 실행결과 평가

02 아래 글상자에서 설명하는 가격정책으로 옳은 것은?

> ㉠ 제조업체가 가격을 표시하지 않고 최종 판매자인 유통업체가 가격을 책정하게 하여 유통업체간 경쟁을 통해 상품가격을 전반적으로 낮추기 위한 가격정책
> ㉡ 실제 판매가보다 부풀려서 가격을 표시한 뒤 할인해 주는 기존의 할인판매 폐단을 근절하기 위한 가격정책

① 오픈 프라이스(open price)
② 클로즈 프라이스(close price)
③ 하이로우 프라이스(high-low price)
④ EDLP(every day low price)
⑤ 단위가격표시제도(unit price system)

TIPS!

③ 높은 가격과 낮은 가격을 번갈아서 내놓는 것이다.
④ EDLP 매장은 고객에게 가장 싼 가격으로 물건을 판매한다.
⑤ 제조회사별로 각 제품의 용기크기와 가격이 다른 모든 공산품에 대하여 g, mL, cc당 단위가격을 표시하도록 하는 제도이다.

Answer 01.① 02.①

03 유명 브랜드 상품 등을 중심으로 가격을 대폭 인하하여 고객을 유인한 다음, 방문한 고객에 대한 판매를 증진시키고자 하는 가격결정 방식은?

① 묶음가격결정(price bundling)
② 이분가격결정(two-part pricing)
③ 로스리더가격결정(loss leader pricing)
④ 포획가격결정(captive pricing)
⑤ 단수가격결정(odd pricing)

> **TIPS!**
> ① 상품을 개별적으로 팔지 않고 묶음으로 판매하는 것
> ② 기본 가격에 변동사용 수수료를 추가하는 방법
> ④ 일단 어떤 상품을 싸게 판매한 다음에 그 상품에 필요한 소모품이나 부품 등을 비싼 가격에 판매함으로써 더 큰 이익을 거둘 수 있는 가격정책
> ⑤ 소비자의 심리를 고려한 가격 결정법 중 하나로, 제품 가격의 끝자리를 홀수(단수)로 표시하여 소비자로 하여금 제품이 저렴하다는 인식을 심어주어 구매욕을 부추기는 가격전략

04 아래 글상자에서 설명하는 단품관리 이론으로 옳은 것은?

> 품목별 진열량을 판매량에 비례하게 하면 상품의 회전율이 일정화되어 품목별 재고의 수평적인 감소가 같아진다는 이론

① 풍선효과(ballon) 이론
② 카테고리(category) 관리이론
③ 20 : 80 이론
④ 채찍(bullwhip) 이론
⑤ 욕조마개(bathtub) 이론

> **TIPS!**
> ① 어떤 문제를 해결하면 다른 문제가 또 불거지는 현상을 말한다.
> ③ 20대 80원칙은 상위 20품목이 매출액의 80%를 차지한다는 것으로, 이 원칙에 따르면 주력상품인 약 20품목의 메인 그룹과 이 20품목의 보완 및 품목 구성의 충실을 위해 매장에 진열하는 약 80품목의 서브 그룹 등 그 계통을 마련해야 한다.
> ④ 소비자 측에서 생긴 작은 수요의 변화가 제조업 측에서 받아들일 때는 매우 큰 수요 변화가 일어났다고 느끼는 것이다.

Answer 03.③ 04.⑤

05 다음 중 판매개념에 대한 설명으로 바르지 않은 것을 고르면?

① 기업 요구를 강조하고 있다.

② 대내적이면서 기업지향성의 특성을 띠고 있다.

③ 판매 및 촉진이라는 수단을 활용한다.

④ 기존의 제품에 초점이 맞추어져 있다.

⑤ 목표는 고객의 만족을 통한 이윤의 창출에 있다.

TIPS! ·····

판매개념에서의 목표는 매출증대를 통한 이윤의 창출에 있다.

06 다음 중 특정제품에 대해 좋은 선입관을 갖고 있다면 제품의 좋은 정보만 받아들이고 나쁜 정보는 여간해서는 수긍하지 않는 경향이 있는데 이를 무엇이라고 하는가?

① 장기기억

② 선택적 보유

③ 선택적 노출

④ 선택적 주의

⑤ 선택적 왜곡

TIPS! ·····

선택적 왜곡은 일단 주의를 기울여 받아들인 정보를 자기들이 미리 갖고 있던 선입관에 맞추어 해석하는 경향을 말한다.

Answer 05.⑤ 06.⑤

07 아래 글상자에서 설명하는 소매점의 포지셔닝 전략으로 옳은 것은?

> ㉠ 더 높은 비용에 더 많은 가치를 제공하는 전략으로 시장크기는 작으나 수익률은 매우 높음
> ㉡ 미국의 Nieman Marcus, Sax Fifth Avenue, 영국의 Harrods 백화점의 포지셔닝 전략

① More for More 전략
② More for the Same 전략
③ Same for Less 전략
④ Same for the Same 전략
⑤ More for Less 전략

● TIPS!
① 우수한 품질을 더욱 비싸게
② 좋은 품질을 같은 가격으로
③ 같은 품질을 더 낮은 가격으로
⑤ 많은 이점을 더 낮은 가격으로

08 유통업체에 대한 판촉 유형 중 가격 할인에 대한 설명으로 가장 옳지 않은 것은?

① 정해진 기간 동안에 일시적으로 유통업체에게 제품가격을 할인해 주는 것이다.
② 일정 기간 동안 유통업체가 구입한 모든 제품의 누적주문량에 따라 할인해 준다.
③ 유통업체로 하여금 할인의 일부 또는 전부를 소비자가격에 반영하도록 유도한다.
④ 정기적으로 일정 기간 동안 실시하며, 비정기적으로는 실시하지 않는 것이 보통이다.
⑤ 수요예측력이 있으며 재고 처리능력을 보유한 유통업체에게 유리한 판촉유형이다.

● TIPS!
② 가격할인(price off)이란 일정한 기간 동안 일정한 비율로 상품의 가격을 할인해서 판매하는 방법이다. 우리 주변에서 흔하게 볼 수 있는 판매촉진 형태로서 백화점에서 주기적으로 하는 정기세일과 맥도널드나 롯데리아 등과 같은 패스트 푸드점에서 특정한 상품을 정해 놓고 일정기간 동안 저렴한 가격에 판매하는 것 등이다.

Answer 07.① 08.②

09 점포 설계의 목적과 관련된 설명으로 가장 옳지 않은 것은?

① 점포는 다양하고 복잡한 모든 소비자들의 욕구와 니즈를 충족할 수 있도록 설계해야 한다.

② 점포는 상황에 따라 상품구색 변경을 수용하고 각 매장에 할당된 공간과 점포 배치의 수정이 용이하도록 설계하는 것이 좋다.

③ 점포는 설계를 시행하고 외관을 유지하는데 드는 비용을 적정 수준으로 통제할 수 있도록 설계해야 한다.

④ 점포는 고객 구매 행동을 자극하는 방식으로 설계해야 한다.

⑤ 점포는 사전에 정의된 포지셔닝을 달성할 수 있도록 설계해야 한다.

TIPS!

① 점포의 분위기는 점포의 이미지 및 전반적인 전략과 조화를 이루어야 한다. 성공적인 점포의 인테리어는 고객의 구매 의사 결정에 좋은 영향을 미쳐야 한다. 점포는 또한 평당 매출을 감안해서 점포를 설계해야 한다.

10 소매업체가 실행할 수 있는 다양한 고객커뮤니케이션 방법에 대한 설명 중 가장 올바르지 않은 것은?

① 인적판매원은 각자 다른 메시지를 전달할 가능성이 있기 때문에 광고에 비해 인적판매에서 소매업체의 통제력 및 일관성이 떨어진다.

② 판매원은 개개인의 고객과 이야기할 수 있기 때문에 인적판매는 가장 유연한 커뮤니케이션 방법이다.

③ 홍보와 구전은 소매업체의 통제로부터 독립된 커뮤니케이션 수단이기 때문에 고객이 보다 신뢰하는 경향이 있다.

④ 광고는 도달범위가 다른 부문보다 넓기 때문에 소매업체의 이미지 형성을 위한 매우 효율적인 커뮤니케이션 방법이다.

⑤ 구전은 소매업체가 비용을 지불하지 않는 비인적 커뮤니케이션 방법이기 때문에 고객신뢰면에서 가장 효과적이다.

TIPS!

구전(word-of-mouth)은 고객신뢰가 다른 커뮤니케이션 방법에 비해 떨어진다.

Answer 09.① 10.⑤

11 아래 글상자는 로열티(고객충성도)의 유형을 설명하고 있다. ㉠, ㉡, ㉢에 들어갈 용어를 순서대로 나열한 것으로 옳은 것은?

- (㉠) : 그냥 예전부터 하던 대로 습관화되어 반복적으로 특정 제품을 구매하는 경우
- (㉡) : 반복구매 정도는 낮지만 호감의 정도는 높아 다소의 노력을 기울여서라도 특정 제품이나 브랜드를 구입하는 경우
- (㉢) : 특정 제품에 대한 애착과 호감의 수준이 높고 반복구매가 빈번하게 발생하며 때로 긍정적 구전을 하는 경우
- 비로열티(no loyalty) : 어떤 차선책을 찾을 수 없어 특정 제품을 반복적으로 선택하는 경우

① ㉠ 잠재적 로열티, ㉡ 초우량 로열티, ㉢ 타성적 로열티
② ㉠ 초우량 로열티, ㉡ 타성적 로열티, ㉢ 잠재적 로열티
③ ㉠ 타성적 로열티, ㉡ 잠재적 로열티, ㉢ 초우량 로열티
④ ㉠ 잠재적 로열티, ㉡ 타성적 로열티, ㉢ 초우량 로열티
⑤ ㉠ 초우량 로열티, ㉡ 잠재적 로열티, ㉢ 타성적 로열티

TIPS!
㉠ 반복 구매는 강하지만 심리적 애착이 약한 고객으로 언제든지 이탈 가능성이 있으므로 구매 이외의 영역을 강화시켜줄 수 있는 마케팅 전략이 필요하다.
㉡ 심리적 애착은 강하지만 반복 구매의 정도는 약한 경우로 이러한 고객들 중에 실제로 구매력이 존재함에도 반복구매가 낮은 이유를 파악해야 한다.
㉢ 반복 구매도 자주 나타나고 심리적 애착도 매우 강한 고객으로 이 단계에 속한 고객들이 어떤 고객인지 알아내고 유지하는 것이 중요하다.

Answer 11.③

12 아래 글상자 ㉠, ㉡, ㉢에 들어갈 용어로 옳은 것은?

> 일반적으로 소비자는 어떤 상품을 살 때, 과거 경험이나 기억, 외부에서 들어온 정보 등에 의해 특정 가격을 떠올리게 되는데 이를 (㉠)이라 한다. 또한, 소비자마다 최하 얼마 이상 최고 얼마 미만의 가격이라면 사겠다고 생각하는 범위가 존재하는데 이를 (㉡)이라 한다. 그러나 항상 이렇게 합리적인 방식으로 가격에 반응하지는 않는다. 소비자는 디자이너 명품 의류나 주류, 시계와 같은 제품에 대해서는 가격을 품질이나 지위의 상징으로 여기는 경우가 있다. 따라서 소비자가 지불가능한 가장 높은 가격을 유지하는 전략을 (㉢) 전략이라 한다.

① ㉠ 준거가격, ㉡ 할증가격, ㉢ 수요점화가격수준
② ㉠ 준거가격, ㉡ 명성가격, ㉢ 할증가격
③ ㉠ 준거가격, ㉡ 명성가격, ㉢ 수요점화가격수준
④ ㉠ 준거가격, ㉡ 수요점화가격수준, ㉢ 명성가격
⑤ ㉠ 할증가격, ㉡ 준거가격, ㉢ 수요점화가격수준

> **TIPS!**
> ㉠ 구매자가 가격이 비싼지 싼지를 판단하는 데 기준으로 삼는 가격을 가리킨다.
> ㉡ 제품의 수요를 점화시킬 수 있는 가격범위가 수요점화 가격수준이라 할 수 있다.
> ㉢ 자신의 명성이나 위신을 나타내는 제품의 경우에 일시적으로 가격이 높아짐에 따라 수요가 증가하는 경향을 보이기도 하는데, 이를 이용하여 고가격으로 가격을 설정하는 방법이다.

13 아래 글상자 보기 중 머천다이저(MD)가 상품을 싸게 구매할 수 있는 일반적인 상황을 모두 고른 것은?

> ㉠ 주문을 많이 하는 경우
> ㉡ 반품 없이 모두 직매입하는 경우
> ㉢ 현찰로 물품대금을 지불하는 경우
> ㉣ 경쟁업체들이 취급하지 못하는 제조업체 제품(NB)들을 매입하는 경우

① ㉠, ㉡   ② ㉠, ㉢
③ ㉠, ㉣   ④ ㉠, ㉡, ㉢
⑤ ㉠, ㉡, ㉢, ㉣

> **TIPS!**
> ㉣ 경쟁업체들이 취급하지 못하는 제조업체 제품을 매입하는 경우 상품을 비싸게 구매해야 한다.

Answer 12.④ 13.④

14 제품구색의 변화에 초점을 맞춘 소매업태이론으로서, 소매상은 제품구색이 넓은 소매업태에서 전문화된 좁은 구색의 소매업태로 변화되었다가 다시 넓은 구색의 소매 업태로 변화되어 간다고 설명하는 이론으로 가장 옳은 것은?

① 소매수명주기이론

② 소매변증법이론

③ 소매아코디언이론

④ 소매차륜이론

⑤ 소매진공이론

TIPS!

③ 상품구색 측면에서 수축과 확장을 반복하는 형태이다.

① 소매상은 유통업태가 시간이 지남에 따라 일정한 단계를 거쳐 발전한다는 이론이다.

② 두 개의 서로 다른 경쟁적인 소매업태가 하나의 새로운 소매업태로 합쳐지는 소매업태 혁신의 합성이론을 의미한다.

④ 소매기관들이 처음에는 혁신적인 형태에서 출발하여 성장하다가 새로운 혁신 유통업태에게 자리를 양보하고 사라진다는 이론이다.

⑤ 서비스의 제공은 그 점포의 평균 판매 가격 수준에 반영되어 서비스가 고도화될수록 그만큼 가격은 높아지고, 서비스가 낮아질수록 그만큼 가격은 낮아진다는 이론이다.

15 중간상을 비롯한 유통경로 구성원들에게 제공하는 판매 촉진 방법으로 옳지 않은 것은?

① 중간상 가격할인

② 협력광고

③ 판매원 교육

④ 지원금

⑤ 충성도 프로그램

TIPS!

⑤ 충성도가 높은 구매행동을 보상함으로써 지속적인 재구매를 유도하는 마케팅 기법으로 적립금, 포인트 적립, 온라인 쿠폰 증정 등 다양한 방법으로 재구매 의도를 높이는 프로그램이다.

16 아래 글상자에서 공통적으로 설명하는 가격전략은?

> ⊙ A대형마트에서는 비누와 로션 등을 3개씩 묶어서 판매함
> ⓛ 초고속인터넷과 IPTV를 따로 가입할 때보다 함께 가입하면 할인된 가격으로 제공

① 종속제품 가격전략(captive product pricing)
② 부산물 가격전략(by-product pricing)
③ 시장침투 가격전략(market-penetration pricing)
④ 묶음제품 가격전략(product-bundle pricing)
⑤ 제품라인 가격전략(product line pricing)

TIPS!
④ 제품을 묶어 판매하는 것으로 소비자들은 제품을 개별적으로 구매하는 것보다는 훨씬 저렴하게 구입할 수 있는 혜택을 볼 수 있으며, 기업의 입장에서는 제품을 묶음으로 판매하면 제품의 재고를 빨리 정리할 수 있고 보다 높은 매출을 달성하게 된다.

17 유통시장을 세분화할 때 세분화된 시장이 갖추어야 할 요건으로 가장 옳지 않은 것은?

① 세분화된 시장의 크기나 규모, 구매력의 정도가 측정 가능해야 함
② 세분시장별 수익성을 보장하기 위한 시장성이 충분해야 함
③ 마케팅 활동을 통해 세분화된 시장의 소비자에게 효과적으로 접근할 수 있어야 함
④ 자사가 세분화된 시장에서 높은 경쟁우위를 갖고 있어야 함
⑤ 세분시장별 효과적인 마케팅 믹스가 개발될 수 있어야 함

TIPS!
세분화된 시장이 갖추어야 할 요건
⊙ 측정 가능성
ⓛ 접근 가능성
ⓒ 시장의 규모성
ⓔ 실행 가능성
ⓜ 차별화 가능성

Answer 16.④ 17.④

18 다음 중 자체상표(private brand) 상품의 장점으로 가장 옳지 않은 것은?

① 다른 곳에서는 구매할 수 없는 상품이기 때문에 차별화된 상품화 가능

② 유통기업이 누릴 수 있는 마진폭을 상대적으로 높게 책정 가능

③ 유통단계를 축소시킴으로써 비교적 저렴한 가격으로 판매 가능

④ 유통기업이 전적으로 권한을 갖기 때문에 재고소요량, 상품회전율 등의 불확실성 제거 가능

⑤ 유사한 전국상표 상품 옆에 저렴한 자체상표 상품을 나란히 진열함으로써 판매촉진효과 획득 가능

> **(✦) TIPS!**
> ④ PB상품은 재고 운영에 어려움을 느끼는 경우가 많다.

19 다음 중 각 상품수명주기에 따른 관리전략을 연결한 것으로 옳지 않은 것은?

① 도입기 – 기본형태의 상품 출시

② 성장기 – 상품 확대, 서비스 향상

③ 성숙기 – 브랜드 및 모델의 통합, 품질보증의 도입

④ 쇠퇴기 – 경쟁력 없는 취약상품의 철수

⑤ 쇠퇴기 – 재활성화(reactivation)

> **(✦) TIPS!**
> ③ 성장기에서 실시하는 전략에 해당한다.

20 유통목표의 달성 성과를 평가하기 위한 방법으로 옳지 않은 것은?

① 소비자 기대치와 비교   ② 경로구성원 간 갈등비교

③ 업계평균과 비교   ④ 경쟁사와 비교

⑤ 사전 목표와 비교

> **(✦) TIPS!**
> ② 경로구성원 간 갈등은 성과를 평가하는 지표로 사용될 수 없다.

Answer 18.④ 19.③ 20.②

21 단품관리(unit control)의 효과로서 가장 옳지 않은 것은?

① 매장효율성 향상
② 결품 감소
③ 과잉 재고의 감소
④ 명확한 매출기여도 파악
⑤ 취급상품의 수 확대

> **TIPS!**
>
> 단품관리의 효과
> ㉠ 매장 효율 향상
> ㉡ 과다 입고 감소
> ㉢ 품절 감소
> ㉣ 매장의 적정규모 파악 가능
> ㉤ 부문별 진열면적 조정 가능
> ㉥ 중점 상품의 관리 용이
> ㉦ 책임소재 명확
> ㉧ 노동생산성 향상
> ㉨ 경상이익 증가
> ㉩ 영업력 증가

22 상품 포장의 직접적인 목적과 가장 거리가 먼 것은?

① 포장을 통해 상품을 보호하고자 한다.
② 운송 및 보관의 편리성을 돕기 위함이다.
③ 포장을 통해 판매를 촉진할 수 있다.
④ 포장은 보다 높은 가격을 추구하기 위한 핵심 수단의 하나이다.
⑤ 상품관리의 효과를 높이고자 함에 1차적인 목적이 있다.

> **TIPS!**
>
> 포장을 통해 판매촉진을 이루고 어느 정도 가격에도 영향을 미칠 수는 있지만 높은 가격을 추구하는 것은 한계가 있다.

Answer 21.⑤ 22.④

23 아래 글상자에서 설명하고 있는 ㉠ 소매상에 대한 소비자 기대와 ㉡ 소매점의 마케팅믹스를 모두 옳게 나타낸 것은?

> ㉠ 소비자는 소매점에서 구매 이외에 제품지식 또는 친교 욕구를 충족하고 싶어함
> ㉡ 목표고객의 라이프스타일을 연구하여 이에 부응하는 상품을 개발하고 확보하며 관리하는 활동

① ㉠ 서비스, ㉡ 정보와 상호작용
② ㉠ 촉진, ㉡ 상품
③ ㉠ 정보와 상호작용, ㉡ 머천다이징
④ ㉠ 입지, ㉡ 서비스
⑤ ㉠ 점포분위기, ㉡ 공급업자관리

TIPS!

㉠ 많은 소비자들은 즉각적인 구매나 다음의 구매계획에 사용하기 위한 정보를 소매점에서 수집하게 된다. 즉 소매점은 그 점포에서 구매 가능한 브랜드가 무엇인지에 대한 제안을 할 수 있고, 전문적 지식을 갖춘 판매원이 브랜드에 관한 제품 정보뿐만 아니라 그 점포에의 서비스에 관한 구체적인 정보도 고객에게 제공할 수 있다. 또한 많은 소비자들은 소매점에서 다양한 사회적 욕구를 충족시키기 위해 쇼핑을 하는 경우가 있다. 즉, 점포에서 값을 깎는 과정에서 즐거움을 얻을 수도 있고, 쇼핑과정에서 타인과 접촉하거나 또는 점포가 스폰서가 된 클럽에 가입함으로써 친교욕구를 충족할 수도 있다.

㉡ 표적고객의 욕구에 맞는 상품믹스를 개발, 관리하는 과정이다. 취급상품은 고객의 욕구를 충족시키는 직접적인 수단이므로, 점포의 상품구색(상품믹스)은 점포포지션과 일관성을 가지면서 표적시장의 기호 및 선호도를 충족시킬 수 있도록 구성되어야 한다.

24 아래 글상자의 내용 중 협동광고(cooperative advertising)가 상대적으로 중요한 촉진 수단으로 작용하는 상품들을 나열한 것으로 가장 옳은 것은?

> ㉠ 구매빈도가 높지 않은 상품   ㉡ 상대적으로 고가의 상품
> ㉢ 인적서비스가 중요한 상품   ㉣ 상표선호도가 높은 상품
> ㉤ 충동구매가 높은 상품   ㉥ 개방적 경로를 채택하는 상품

① ㉠, ㉡, ㉢
② ㉡, ㉢, ㉥
③ ㉢, ㉣, ㉤
④ ㉣, ㉤, ㉥
⑤ ㉢, ㉣, ㉥

Answer 23.③ 24.①

25 유통마케팅투자수익률에 대한 설명으로 가장 옳은 것은?

① 정성적으로 측정할 수 있는 마케팅 효과만을 측정한다.
② 마케팅투자에 대한 순이익과 총이익의 비율로써 측정한다.
③ 마케팅활동에 대한 투자에서 발생하는 이익을 측정한다.
④ 고객의 획득과 유지 등 마케팅의 고객 관련 효과를 고려하지 않는다.
⑤ 판매액, 시장점유율 등 마케팅성과의 표준측정치를 이용해 평가할 수는 없다.

26 마케팅 커뮤니케이션 수단들에 대한 설명으로 가장 옳지 않은 것은?

① 신뢰성이 높은 매체를 통한 홍보(publicity)는 고객의 우호적 태도를 형성하기 위한 좋은 수단이다.
② 인적판매는 대면접촉을 통하기 때문에 고객에게 구매를 유도하기에 적절한 도구이다.
③ 판매촉진은 시험적 구매를 유발하는데 효과적인 도구이다.
④ 광고의 목적은 판매를 촉진하기 위한 것이라면, 홍보는 이미지와 대중 관계를 향상시키는데 목적이 있다.
⑤ 광고는 시간과 공간의 제약은 없으나 다른 커뮤니케이션 수단들에 비해 노출당 비용이 많이 소요된다는 단점이 있다.

Answer 25.③ 26.⑤

27 아래 글상자의 내용은 상품수명주기에 따른 경로관리 방법을 기술한 것이다. 세부적으로 어떤 수명주기 단계에 대한 설명인가?

> ㉠ 충분한 제품공급을 위해 시장범위 역량을 지닌 경로 구성원을 확보
> ㉡ 통제가 성장을 방해하는 것이 아니라는 점을 경로구성원에게 확신시킴
> ㉢ 경쟁 제품들의 경로 구성원 지원 현황 조사 및 감시

① 도입기
② 성장기
③ 성숙기
④ 쇠퇴기
⑤ 재도약기

> 🔆 **TIPS!**
> ② 제품이 어느 정도 인지도를 얻게됨에 따라 판매가 급속도로 증가하는 시기이다.

28 편의점이 PB상품을 기획하는 이유로 가장 옳지 않은 것은?

① 편의점은 대형마트나 수퍼마켓보다 비싸다는 점포 이미지를 개선시킬 수 있다.
② PB상품이 NB상품에 비해 점포차별화에 유리하다.
③ 소량구매 생필품 중심으로 PB상품을 개발하여 매출을 높일 수 있다.
④ PB상품이 중소 제조업체를 통해 납품될 경우, NB 상품을 공급하는 대형 제조업체에 비해 계약조건이 상대적으로 유리할 수도 있다.
⑤ NB상품 보다 수익률은 낮지만 가격에 민감한 소비자 욕구에 부응할 수 있다.

> 🔆 **TIPS!**
> ⑤ NB 상품들에 비해 보다 저렴한 가격으로 자신의 PB상품을 독점적으로 판매함으로써 매출액과 수익성을 향상시킬 수 있다.

Answer 27.② 28.⑤

29 다음 중 모든 구매자들에게 단일의 가격을 책정하는 것이 아닌 개별고객의 특징과 욕구 및 상황에 맞추어 계속 가격을 조정하는 가격전략은?

① 초기 고가격 전략
② 시장침투 가격전략
③ 세분시장별 가격전략
④ 동태적 가격전략
⑤ 제품라인 가격전략

> **TIPS!**
> ④ 동태적 가격 결정 전략은 상품의 품질이 균일하고 수요와 공급이 다대다 대응 구조를 가질 때 가장 효과적이다.
> ① 신제품 도입 초기에 높은 가격을 책정하는 대신 높은 가격으로 인해 신제품 수용에 별다른 저항이 없는 시장 부터 판매를 시작해 점차 가격을 인하하면서 다음 고객층을 확장하는 전략이다.
> ② 빠른 시간내에 매출이나 시장점유율을 확대하기 위해 신제품의 도입초기에 낮은 가격을 책정하는 것으로 규모의 경제가 존재하거나 단위당 이익이 낮더라도 대량판매를 통해 높은 총이익을 확보할 수 있다고 판단 될 때에 적절하다.
> ③ 고객, 제품, 구매자 위치에 따라 서로 다른 가격 책정 방법이다.
> ⑤ 품질이나 디자인 등의 차이에 따라 가격대를 설정하고 그 가격대 내에서 개별제품에 대한 구체적인 가격을 결정하는 방법이다.

30 오픈 프라이스에 대한 설명 중에서 바르지 않은 것은?

① 제조업체가 제품 겉포장에 권장 소비자가격을 표시하는 것을 금지하고, 유통업체가 최종 판매가격을 정해 표시하도록 한 제도이다.
② 국내에서는 1997년 화장품 가격에서 실시되었다.
③ 판매자 입장에서는 경쟁 판매자보다 판매가를 조금 비싸게 설정해서 판매마진을 올려 받는 것이 가능하다.
④ 제조업자 입장에서는 판매자 간의 경쟁으로 인한 가격 인하로 저렴하게 상품을 매입할 수 있다.
⑤ 판매자 입장에서는 제품의 매입 시에 권장 소비자가격에 대한 비율의 형태로 매입가격을 교섭할 수 없다.

> **TIPS!**
> ④ 소비자 입장에서는 판매자 간의 경쟁으로 인한 가격의 인하로 저렴하게 상품을 구매할 수 있다.

Answer 29.④ 30.④

31 아래 박스의 내용은 오픈 프라이스에 대한 것이다. 이 중 소비자 입장에서의 단점에 해당하는 것을 모두 고르면?

> ⊙ 판매자 간의 경쟁으로 인한 가격 인하로 저렴하게 상품을 구매할 수 있다.
> ⓛ 판매자가 폭리를 취하는 경우에는 손해를 보게 된다.
> ⓒ 타 생산자 간의 상품 비교가 어렵다.
> ⓔ 제품의 매입 시에 권장소비자가격에 대한 비율의 형태로 매입가격을 교섭할 수 없다.
> ⓜ 실제 점포에 방문하지 않고서는 상품의 가격대를 알 수 없다.
> ⓗ 다른 판매자보다 판매가를 저렴하게 설정함으로써 소비자를 점포로 불러들일 수 있다.

① ⊙, ⓛ. ⓒ
② ⊙, ⓔ. ⓗ
③ ⓛ, ⓒ, ⓜ
④ ⓛ, ⓔ, ⓗ
⑤ ⓒ, ⓜ, ⓗ

TIPS!

소비자 입장에서 오픈 프라이스의 단점
• 실제 점포에 방문하지 않고서는 상품의 가격대를 알 수 없다.
• 판매자가 폭리를 취하는 경우에 손해를 보게 된다.
• 다른 생산자 간의 상품 비교가 어렵다.

32 다음 표적시장의 선정에 대한 설명 중 집중적 마케팅 전략에 대한 것으로 가장 옳지 않은 것은?

① 전체 시장을 하나의 같은 시장으로 보고, 하나의 제품으로 시장을 공략하는 전략이다.
② 전문화의 명성을 얻기에 용이한 전략이다.
③ 전체 시장의 매출은 증가하게 된다.
④ 경쟁사가 해당 시장으로 진입할 경우 그로 인한 리스크가 상당히 크다.
⑤ 자원이 제한된 중소기업 등이 활용하는 전략이다.

TIPS!

전체 시장의 매출이 증가한다는 것은 소비자들의 니즈를 만족시켜주는 것이므로, 이는 차별적 마케팅전략에 해당하는 내용이다.

Answer 31.③ 32.③

33 다음 중 시장세분화의 요건으로 옳은 것을 모두 고르면?

ⓐ 유지가능성   ⓑ 실행가능성
ⓒ 측정가능성   ⓓ 접근가능성
ⓔ 내부적 동질성 및 외부적 이질성

---

① ⓐⓑⓒ   ② ⓑⓓⓔ
③ ⓐⓒⓔ   ④ ⓑⓒⓓⓔ
⑤ ⓐⓑⓒⓓⓔ

 TIPS!

시장세분화의 요건
ⓐ 유지가능성(Sustainability)
ⓑ 실행가능성(Actionability)
ⓒ 측정가능성(Measuraability)
ⓓ 접근가능성(Accessibility)
ⓔ 내부적인 동질성 및 외부적인 이질성

34 소비자의 마음속에 자사제품이나 기업을 표적시장·경쟁·기업 능력과 관련하여 가장 유리한 포지션에 있도록 노력하는 과정을 무엇이라고 하는가?

① Mass Marketing Strategy
② CRM Strategy
③ Segmentation Strategy
④ Targeting Strategy
⑤ Positioning Strategy

 **TIPS!**

포지셔닝 전략(Positioning Strategy) … 자사 제품의 경쟁우위를 찾아 선정된 목표시장의 소비자들의 마음속에 자사의 제품을 자리 잡게 하는 것으로 목표로 한 소비자들에게 가격, 품질, 서비스, 편리성 등을 맞추는 전략이다.

Answer 33.⑤ 34.⑤

35 다음 중 서비스의 특징에 해당되는 내용들을 설명한 것이다. 이 중 바르게 서술한 것들을 모두 고르면?

> ㉠ 판매되지 않은 서비스도 재고의 형태로 보관이 가능하다.
> ㉡ 서비스는 생산과 동시에 소비가 되는 성격을 지닌다.
> ㉢ 제품 구매 이전에 인간의 오감으로 느낄 수 없는 것이다.
> ㉣ 인도과정에서의 가변적인 요소로 인해서 서비스의 내용과 질 등이 달라질 수 있다.

① ㉠㉡㉢
② ㉠㉡㉣
③ ㉡㉢㉣
④ ㉠㉢㉣
⑤ 정답 없음

> **TIPS!**
> 서비스의 특징으로는 무형성, 소멸성, 비분리성, 이질성 등이 있으며, ㉡은 비분리성, ㉢은 무형성, ㉣은 이질성 등을 각각 설명한 것이다.

36 소비자 구매행동 유형 중 부조화 감소 구매행동(Dissonance-Reducing Behavior)과 가장 거리가 먼 것은?

① 소비자의 관여도가 높은 제품을 구매할 때 주로 발생한다.
② 구매 후 결과에 대하여 위험부담이 높은 제품에서 빈번하게 발생한다.
③ 주로 고가의 제품이나 전문품을 구매할 때 빈번하게 발생한다.
④ 주기적, 반복적으로 구매해야 하는 제품을 구매할 때 빈번하게 발생한다.
⑤ 각 상표 간 차이가 미미한 제품을 구매할 때 빈번하게 발생한다.

> **TIPS!**
> 주기적·반복적으로 구매해야 하는 제품을 구매할 때 발생하는 것은 습관적 구매행동이다.

Answer 35.③ 36.④

37 다음은 재고관리의 개념들을 설명한 것이다. 이 중 바르지 않은 것을 고르면?

① 적정 재주문량은 각각의 비용항목들을 합한 총재고비용의 최대점이 최적주문량이 된다.
② 경제적 주문량은 간략한 수식으로 인해 제조업자 및 대형도매상 등에 의해 널리 활용되고 있다.
③ 안전재고는 조달기간 중에 예상되는 최대수요에서 평균수요를 뺀 만큼으로 결정하게 된다.
④ 재주문시점을 결정할 시에는 재 주문결정에서 다음 재 주문결정까지의 경과시간 뿐만 아니라 주문의 발주로 부터 인도까지의 경과시간까지도 고려해야 한다.
⑤ 발주는 소비자들이 원하는 제품을 적시에 필요로 하는 양만큼 갖추어 품절이 발생되지 않도록 하는 활동이다.

> 💡 **TIPS!**
>
> 적정 재주문량은 주문비, 재고유지비, 재고부족비 등을 함께 고려하여 결정하는데 각각의 비용항목들을 합한 총 재고비용의 최소점이 최적주문량이 된다.

38 제품수명주기에서 도입단계의 마케팅 전략에 대한 설명으로 바르지 않은 것은?

① 제품개발에 투자한 비용을 충당하기 위해 제품의 가격은 통상적으로 높게 책정되는 경향이 강하다.
② 도입기에서의 유통전략은 자사의 제품을 많이 취급할 수 있도록 하는 방법으로 점포의 수를 늘리는 집약적 유통전략을 사용한다.
③ 제품에 대한 소비자들의 인지 및 활용 등을 높이기 위해서 광고나 판촉 등이 주가 된다.
④ 도입기의 경우에는 소비자들에 대한 기본적 수요를 자극하는 노력이 필요하다.
⑤ 도입기의 경우에는 제품에 대한 원가가 높고 기술적인 문제가 해소되지 못한 상태이다.

> 💡 **TIPS!**
>
> ②의 경우는 성장기에 해당하는 것으로 구매자들 사이에서 구전효과와 지속적인 광고를 하게 되고 잠재고객들로 하여금 시험구매를 하게 되는 단계이기 때문에 자사의 제품을 많이 취급할 수 있도록 하는 방법으로 점포의 수를 늘리는 집약적 유통전략을 사용하게 된다.

Answer 37.① 38.②

39 다음 괄호 안에 들어갈 말을 순서대로 바르게 연결한 것은?

> (㉠)은/는 소비자들이 마음속으로, '이 정도까지는 지불할 수도 있다'고 생각하는 가장 높은 수준의 가격이고, (㉡)은/는 기본가격에다 추가사용료 등의 수수료를 추가하는 방식의 가격결정방식이며, (㉢)은/는 자사가 제공하는 여러 개의 제품이나 서비스 등을 묶어 하나의 가격으로 판매하는 것이다.

① ㉠ 부가가치 가격결정, ㉡ 이중요율, ㉢ 제품라인 가격결정
② ㉠ 경쟁기반 가격결정, ㉡ 명성가격결정, ㉢ 묶음가격
③ ㉠ 유보가격, ㉡ 이중요율, ㉢ 묶음가격
④ ㉠ 단수가격, ㉡ 부산물 가격결정, ㉢ 유보가격
⑤ ㉠ 준거가격, ㉡ 유보가격, ㉢ 묶음가격

TIPS!
유보가격은 소비자들이 마음속으로, '이 정도까지는 지불할 수도 있다'고 생각하는 가장 높은 수준의 가격이고, 이중요율은 기본가격에다 추가사용료 등의 수수료를 추가하는 방식의 가격결정방식이며, 묶음가격은 자사가 제공하는 여러 개의 제품이나 서비스 등을 묶어 하나의 가격으로 판매하는 것이다.

40 다음의 사례들이 설명하는 가격정책으로 올바른 것은?

> • 소비자들에게 면도기 본체는 저렴하게 판매하고 면도날은 고가로 판매한다.
> • 소비자들에게 레이저프린터 및 잉크젯프린터는 저렴하고 판매하고, 카트리지나 튜너는 비싸게 판매한다.

① Reservation Price
② Good-Value Pricing
③ Two Party Price Policy
④ Price Bundling
⑤ Captive Pricing

TIPS!
노획가격(Captive Pricing) … 주 제품에 대해서는 가격을 낮게 책정해서 이윤을 줄이더라도 시장 점유율을 늘리고 난 후 종속 제품인 부속품에 대해서 이윤을 추구하는 전략이다.

Answer 39.③ 40.⑤

41 소비재는 일반적으로 편의품, 선매품, 전문품 및 미탐색품으로 분류된다. 이들 중 전문품에 대한 설명과 가장 거리가 먼 것은?

① 주로 구매력이 있는 소비자들만을 대상으로 판촉활동을 실시하는 것이 효과가 크다.

② 소비자가 특정상표에 대해 가장 강한 상표충성도를 보인다.

③ 제품에 대한 사전 지식에 의존하지 않고 주로 구매시점에 제품특성을 비교평가 후 구매하는 제품이다.

④ 제품차별성과 소비자 관여도가 매우 높은 특성을 지닌다.

⑤ 전속적 혹은 선택적 유통경로의 구축이 더욱 바람직하다.

TIPS!

전문품의 경우에 소비자는 제품에 대한 사전지식에 의존하여 상품을 구매하는 것이 일반적이다.

42 여행사가 항공권, 유람선, 식사비를 모두 포함하는 것과 같이 2개 이상의 제품 또는 서비스를 제공하는 데 활용하는 가격을 무엇이라 하는가?

① 묶음가격

② 다중가격

③ 선도가격

④ 리베이트

⑤ 이중요율

TIPS!

묶음가격은 2개 이상의 제품(서비스)을 하나로 묶어 싸게 판매하는 것을 말한다. 묶음가격은 인기 있는 제품과 인기 없는 제품을 묶어 제공함으로써 시너지 효과를 노리고 핵심제품의 수요를 증대시키므로 기업의 매출과 이익은 증대된다.

Answer 41.③ 42.①

디지털 마케팅 전략

section **1** 소매점의 디지털 마케팅 전략

1. 디지털 마케팅에 대한 이해

(1) 개요

① 기존 마케팅은 신문, TV, 라디오, 전단지 등 전통 매체를 사용하여 제품이나 서비스 광고를 전달한다. 하지만, 이런 방식은 대규모 고객을 대상으로 하지만, 개인화된 접근과 효과 측정이 어렵고 지역적으로 제한될 수 있다.

② 반면에 검색 엔진, 소셜 미디어, 이메일, 웹사이트, 모바일 앱 등 온라인 채널을 통해 광고를 전달하는 디지털 마케팅은 데이터와 분석을 통해 정확한 타겟팅과 개인화된 메시지 전달이 가능하면서도 전 세계 고객과 소통할 수 있는 글로벌한 측면도 가지고 있다.

③ 기존 마케팅은 측정이 덜 정확할 수 있어 예산 사용의 효율성이 떨어질 수 있다. 반면에 디지털 마케팅의 장점 중 하나는 캠페인 성과 측정이 쉽고 빠르다. 이를 통해 기업은 더 효율적으로 마케팅 예산을 사용할 수 있다.

(2) 디지털 마케팅의 장점

① 모바일(핸드폰)로 접속이 가능하다.

② 여러 중요한 데이터를 수집할 수 있다(전환율, CTR, ROI, ROAS 등).

③ 해외 마케팅에 용이하다.

④ 상당부분 자동화 할 수 있고, 여러 기술을 활용할 수 있다.

⑤ 시간과 비용을 아낄 수 있다.

⑥ 지속(예측) 가능하다.

(3) 디지털 마케팅의 원리

① 마케팅 목표 설정 : 디지털 마케팅은 광범위한 분야이다. 따라서 디지털 마케팅 캠페인 시작 전 분명한 목표를 설정하는 것이 중요하다. 정확한 목표를 설정하면 그에 맞추어 전략 및 예산을 조정하고, 마케팅 효과를 극대화할 수 있다.

② **대상 고객집단 파악** : 대상 잠재고객(에지, 위치, 소득 등)에 대해 자세히 알수록 해당 대상자에 연결하는 방법을 더욱 쉽게 결정할 수 있다.

③ **최적의 마케팅 채널 및 전술 파악** : 이제 누구에게 접근하고자 하는지 알고 있기 때문에 그들에게 접근하고자 하는 방법과 강도를 결정해야 한다. 고객과 연결을 시도하는 B2C 디지털 마케터의 경우라고 가정해 보면, 이러한 경우 대부분의 마케팅 노력(및 예산)을 블로그에 쏟는 대신, 특정 소셜미디어 플랫폼 광고에 집중적으로 예산을 할당할 수 있다.

④ **각 채널별 콘텐츠 및 메시지 개발과 최적화** : 예를 들어, 고객이 선호하는 탐색 방법이 자신의 휴대폰과 노트북이라는 것을 알고 있다면 고객에게 보내는 컨텐츠를 모바일 보기에 최적화해야 한다. 그러나 그것만으로는 충분하지 않을 수 있다. 고객은 비선형적인 방식으로, 다양한 채널을 통해 브랜드와 상호 작용한다. 따라서 모든 콘텐츠에 일관된 브랜드 목소리와 메시지가 있는지 확인해야 한다. 이러한 일관성은 브랜드 정의와 고객에게 제공되는 가치에 대한 혼란을 방지한다.

⑤ **주요 지표들을 활용한 마케팅 캠페인 평가** : 주요 지표들을 활용하여 캠페인을 평가하고, 평가 결과를 기준으로 캠페인을 재개한다.

참고 디지털 소비자의 특징		
	아날로그 시대의 소비자	디지털 시대의 소비자
디지털 제품에 대한 인식	내가 가진 목적이나 효용을 달성하기 위한 도구 또는 수단일 뿐이다.	단순한 제품이나 서비스가 가지는 효용을 초월하여 애착을 가지고 의미를 부여한다.
사이버 공간에 대한 인식	현실 세계는 진짜이고 가상 세계는 가짜이다. 그럼에도 불구하고 사이버 공간에서 일어나는 일은 현실 세계의 그것과 동일한 의미를 가진다고 여긴다. 즉 게임 속에서의 PK(살인)는 현실 공간에서와 같이 공격성의 표현이라고 생각한다.	경험 자체가 중요한 것이므로 가상 세계에서의 경험도 중요하다. 사이버 공간에서 일어나는 일은 현실과 유사한 모습을 가질 수 있지만, 그 의미가 달라질 수 있다고 생각한다.
이미지에 대한 인식	물리적 실체가 있는 것만이 실재하는 것이기 때문에 이미지는 허상이다. 사이버 공간의 아바타나 아이템에 가치를 부여하거나 현금으로 거래하는 것은 적절치 못하다.	이미지는 경험되는 그 자체로 실제적인 가치를 가진다. 사이버 공간의 캐릭터는 나를 나타내는 이미지이자 분신이다.
매체에 대한 경험	매체의 내용을 그대로 정확하게 파악하는 것이 중요하다. 매체를 통한 경험을 새롭게 해석하기보다는 있는 그대로 수용하고자 한다.	매체의 기능보다는 매체를 통해 스스로 만들 수 있는 이야기가 무엇인지를 찾으려고 한다. 매체를 통해 하게 된 경험을 스스로 구성하고 의미를 부여한다.

2. 온라인 구매결정과정에 대한 이해

인터넷 소비자 구매의사결정과정은 다음과 같다.

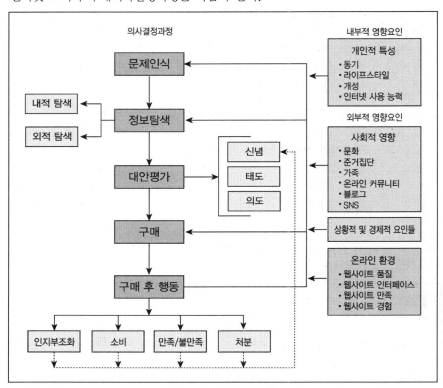

(1) 문제인식

소비자 구매에의 의사결정과정은 구매자가 문제 또는 욕구를 인식함으로써 시작되는데 구매자는 자신의 실제 상태와 바람직한 상태의 차이가 클 수록 다음단계로 빨리 진행한다.

(2) 정보탐색

정보를 탐색하는 과정은 먼저 기억 속에 내재되어 있는 정보를 회상하는 것으로부터 시작되며 이를 내적 탐색(internal search) 소비자의 관여도가 높아질수록 보다 많은 정보를 외부에서 찾기 위하여 외적 탐색(external search)을 한다.

(3) 대안평가

① 평가기준이란 여러 대안을 비교·평가하는 데 사용되는 제품속성을 말하고, 평가방식이란 최종적인 선택을 위하여 여러 기준에 대한 소비자의 평가를 통합·처리하는 방법이다.

② 소비자가 여러 대안을 평가하는 데 사용하는 평가기준은 개인에 따라 다르고 제품에 따라 다르며 상황에 따라 다르다.

(4) 구매결정

(5) 구매 후 평가

구매자의 만족은 구매자의 제품에 대한 기대(expectancy)와 그 제품에 대한 지각된 성과(performance)에 관련된 함수이다.

3. 소매점의 디지털 마케팅을 위한 목표결정

① 구체적인 용어로 작성한다.

② 계량적이고 측정 가능하게 서술한다.

③ 변화의 정도를 구체적으로 서술한다.

④ 도전 가치와 실현 가능성이 있어야 한다.

⑤ 내부적 일관성을 유지해야 한다.

⑥ 이해하기 쉽게 서술하고 문서로 작성할 수 있어야 한다.

4. 타겟 고객층 파악

디지털 역량 개선으로 마케팅 분야에서의 정확도가 혁신적으로 높아졌으며, 기업에는 새로운 성장 기회가 되고 있다. 고객집단이 더욱 세분화되고 있는데, 투자를 통해 변화하는 시장 상황을 보다 정확하고 유의미한 방식으로 감지하고 대응할 수 있는 새로운 방법이 가능해진다. 이제는 최대한 많은 고객이 아니라 정확한 고객에게 도달하는 것이 중요하다. 고객 타겟팅을 개선할 수 있는 디지털 역량으로 CMO는 효과적으로 고객층을 세분화 및 확대할 수 있다.

5. 경쟁분석과 마케팅 포지셔닝

(1) 경쟁분석

경쟁이란 고객에게 양질의 상품을 싼 가격에 공급하는 시장의 원리인 동시에 혁신의 원동력이다. 경쟁은 상품 형태에 의한 경쟁, 상품 범주에 의한 경쟁, 본원적 효익에 의한 경쟁, 고객의 예산 내에서 어느 부문에 지출하는가에 따른 경쟁 등 다양한 차원에서 이루어지며 유형에 따라 기존경쟁자, 잠재 경쟁자, 대체 경쟁자로도 나눌 수 있다.

(2) 마케팅 포지셔닝

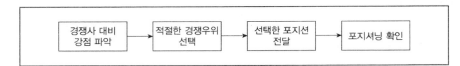

① 경쟁사 대비 강점파악

    ㉠ 소비자들은 일반적으로 가장 큰 가치를 전달해 주는 제품, 서비스를 선택한다. 따라서 기업이 자사의 제품과 서비스를 성공적으로 판매하기 위해 경쟁사들보다 더 큰 가치를 전달할 수 있어야 한다.

    ㉡ 기업은 몇 가지 차별화를 통해 경쟁사보다 높은 가치를 전달할 수 있습니다. 몇 가지 차별화는 다음과 같다.

    • **제품 차별화** : 기업은 성능, 디자인 등과 같이 제품의 물리적인 특성을 가지고 차별화를 할 수 있다.

      예 LG그램의 경우 초경량 노트북이라는 제품 차별화를 통해 소비자의 사랑을 받고 있다.

    • **서비스 차별화** : 기업은 더 나은 서비스 제공을 통해 소비자에게 어필할 수도 있다.

      예 SSG와 마켓컬리의 경우 신선한 식자재를 새벽 배송으로 받아볼 수 있는 배달서비스를 출시하여 경쟁우위를 달성했다.

    • **인적 차별화** : 기업은 경쟁사들보다 직원 선발, 훈련에 있어 더 많은 노력을 기울여 경쟁우위를 달성할 수도 있다.

      예 우리가 식당이나 카페를 이용 시 직원들이 친절하면 기분도 좋고 재방문하고 싶은 마음이 든다. 하지만 직원들이 불친절하다면 왠지 음식, 커피 맛도 별로인 것 같고 다시는 그 매장을 방문하고 싶지 않게 된다. 이렇게 기업은 인적 차별화를 통해 경쟁우위를 누릴 수 있다.

- **이미지 차별화** : 기업들이 동일한 제품을 제공하더라도 그 기업의 이미지에 따라 소비자는 다르게 반응한다.

  예 커피 전문가가 아닌 이상 일반적인 소비자는 커피 맛을 확실하게 분류할 수 없다. 하지만 예쁘고 고급스럽게 브랜딩된 카페에서는 커피가 맛있게 느껴지고, 특색 없이 그냥 동네에 있는 카페에서는 커피 맛이 무난하다고 느끼게 된다.

② **적절한 경쟁우위 선택** : 기업이 경쟁사 대비 차별점을 파악했다면 그다음 단계는 몇 개의 차별점을 가지고 포지셔닝을 할 것인지, 어떤 차별점으로 포지셔닝을 할 것인지 결정해야 한다. 마케터는 오직 하나의 차별점을 가지고 포지셔닝할 수도 있고, 몇몇 개의 차별점을 이용하여 많은 수의 세분시장을 한 번에 공략할 수도 있다. 차별점의 수가 결정되면 어떤 차별점으로 포지셔닝해야 할지 결정해야 한다. 모든 차별점이 기업의 포지셔닝에 적합한 것은 아니다. 기업에게 효과적인 차별점이 되기 위해선 다음과 같은 조건을 만족해야 한다.

    ㉠ **중요성** : 차별점은 소비자들에게 확실히 가치 있는 편익을 제공해야 한다.

    ㉡ **차별성** : 경쟁자들과는 확실히 다른 차별점을 제공할 수 있어야 한다.

    ㉢ **우수성** : 차별점은 같은 편익을 얻을 수 있는 다른 방법보다 확실히 뛰어나야 한다.

    ㉣ **전달성** : 차별점은 소비자에게 전달될 수 있어야 하고 보여줄 수 있어야 한다.

    ㉤ **선점성** : 차별점은 경쟁자들이 쉽게 모방할 수 없어야 한다.

    ㉥ **가격 적절성** : 차별점은 구매자들이 구입을 꺼릴 정도로 가격 인상을 초래하지 않아야 한다.

    ㉦ **수익성** : 차별점은 기업에게 이익을 제공할 수 있어야 한다.

③ **선택한 포지션 전달** : 차별점의 수와 사용할 차별점이 선택되면 이제 실행할 차례인데, 마케팅전략의 실행은 마케팅믹스를 통해 이루어진다. 포지셔닝 또한 적절한 제품, 가격, 유통, 촉진을 통해 소비자들에게 전달된다.

④ **포지셔닝 확인** : 소비자들 머릿속에 자사의 제품이나 브랜드가 포지셔닝이 되면 기업은 주기적으로 포지셔닝 상태를 확인해야 한다.

section 2 웹사이트 및 온라인 쇼핑몰 구축

1. 사용자 경험(UX)에 대한 이해

(1) 개요

① 사용자가 어떤 시스템, 제품, 서비스를 직간접적으로 이용하면서 느끼고 생각하게 되는 지각과 반응, 행동 등의 총체적 경험을 말한다.

② 총제적 관점으로 그 경험의 작용 대상과 인간의 반응을 이해하는 것이다.

③ 즉, 사용자는 경험의 대상과 지각반응을 통합적으로 인지하고, 지속적으로 구매/사용한다.

(2) UX의 특징

① 주관성(subjectivity) : 인간의 경험은 그 사람의 개인적, 신체적, 인지적 특성에 따라 주관적이다.

② 맥락성(contextuality) : 사용자 경험이 일어나는 상황적 외적 환경에 영향을 미친다.

③ 총체성(holistic) : 경험 시점에서 개인이 느끼는 총체적인 심리적, 감성적 결과이다.

(3) 사용자 경험(UX)의 기본 요소

① 사용자 니즈(User Needs) : UX 대상(제품/시스템/서비스)으로부터 특정한 만족감을 얻으려는 사용자들의 기대

② 사용자 동기(User Motives) : 사용자들의 행동을 불러일으키는 직접적인 발화제

③ 사용자 태도(User Attitude) : UX 대상에 대해 갖는 개인의 취향과 선호, 선험적인 믿음과 정보

④ 사용자 행위(User Behavior) : UX 대상을 사용하는 과정에서 드러나는 반복적인 행동패턴

2. 온라인 쇼핑몰의 중요성과 이점

(1) 개념

온라인으로 물건을 사고 파는 공간을 말한다. 즉, 개념적으로 인터넷 상거래를 위한 상품의 광고 및 전시가 인터넷쇼핑몰을 통해 이루어지고 서버에 여러 가지 상품에 관한 가격, 구조, 특성들의 자료를 보관하고 있다가, 웹페이지를 이동하여 멀티미디어 정보와 함께 상품에 대한 정보를 제공하는 것을 말한다.

(2) 온라인 쇼핑의 이점

① 다양한 제품 선택이 가능하다.

② 가격비교가 용이해 저렴한 상품을 찾을 수 있다.

③ 편리하고 빠른 구매과정을 경험할 수 있다.

④ 24시간 언제든지 쇼핑이 가능하다.

⑤ 배송서비스를 통해 집에서 편리하게 제품을 받을 수 있다.

⑥ 할인 이벤트와 쿠폰을 활용해 추가 혜택을 받을 수 있다.

⑦ 다양한 리뷰 및 평가 등을 통해 제품 정보를 파악할 수 있다.

⑧ 광범위한 선택 범위로 해외 제품을 구매할 수 있다.

⑨ 소셜미디어 또는 뉴스레터 등을 통해 할인 정보를 받을 수 있다.

⑩ 개인정보보호 및 안전한 결제시스템을 통해 안전한 쇼핑 환경을 제공한다.

(3) 온라인 쇼핑의 단점

① 실제 제품을 직접 보거나 터치하지 못한다.

② 배송 일정 또는 물류 문제로 인해 예상보다 시간이 걸릴 수 있다.

③ 교환 및 반품 절차가 번거롭다.

④ 사기 사이트 등의 위험 요소가 존재한다.

⑤ 특정 시기에 장애가 발생할 경우 주문 및 배송에 있어 문제가 발생할 수 있다.

⑥ 제품의 실물 품질을 확신하기 어려울 수 있다.

⑦ 실시간으로 제품을 확인할 수 없으므로 재고 부족 등의 문제가 발생할 수 있다.

⑧ 오프라인 매장에서 느낄 수 있는 직원의 도움이 부족할 수 있다.

⑨ 구매 후 지속적인 고객 서비스가 오프라인 매장에 비해 제한적일 수 있다.

참 고 온라인에서 잘 거래되는 품목

• 가격정보를 알 수 있는 것
• 가격이 고가가 아닌 것
• 사이즈가 포장 및 배송에 적절한 것
• 썩지 않는 것
• 상품이 가격과 품질이 어느 정도 표준화되어 있어서 아무 곳에서나 구매해도 괜찮은 것
• 인터넷 사용자의 특성상 20~30대 취향의 물품

참 고 인터넷에서 거래가 어려운 품목의 특성

• 가격정보를 알 수 없는 것
• 가격이 고가인 것
• 사이즈가 커서 포장 및 배송이 어려운 것
• 채소, 농수산물 등 부패하기 쉬운 것
• 가격과 품질이 불확실한 것

---

3. 온라인 쇼핑몰 기능과 결제 시스템

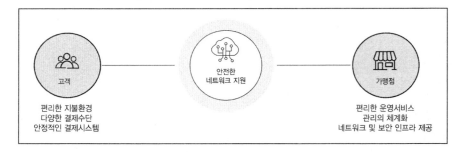

인터넷 상점(인터넷쇼핑몰)에서 상품과 서비스를 판매하고 그 대금을 신용카드 및 기타 결제수단을 이용하여 편리하게 결제할 수 있도록 지원하는 지불 시스템을 말한다. 전자지불 서비스를 안정적으로 제공함으로써 구매자와 판매자, 금융기관 간 상호신뢰를 구축하여, 금융기관 및 통신사의 안전한 금융거래 네트워크를 통해 구매자의 편리성 및 전자상거래 업체의 매출 증대를 지원한다.

(1) 임대형 쇼핑몰 기능

① 기본 인력이나 장비가 부족한 상황에서, 운영자가 상품만 등록하여 쇼핑몰을 운영할 수 있도록 만든 쇼핑몰 관리 프로그램 서비스를 이용하는 형태이다.

② 월 사용료를 지불해야 하는 반면, 트렌드에 맞는 마케팅 관련 기능을 앞서서 제공한다.

③ 특정 카테고리의 상품을 구성하고 적은 인력과 비용으로 쇼핑몰을 창업하는 경우에 적합하기 때문에 독립형 쇼핑몰 구축하기 전에 시범운영으로 유리하다.

(2) 독립형 쇼핑몰 기능

① 기술 인력과 서버 장비 등의 기본 요건을 갖춰야 한다.

② 서버 구축부터 디자인과 프로그램 구축까지 모두 직접 설계하고 운영하는 방식이다.

③ 예산과 인력이 충분한 기업 형태의 판매자에게 적합한 방식이다.

④ 운영자의 특성에 맞게 최적화할 수 있는 반면, 구축 및 유지보수 비용이 높다.

⑤ 쇼핑몰 구축 시 시간지연 문제가 있어 프로젝트 관리능력이 필요하다.

⑥ 오프라인 상의 상거래에 비해 기술적 특성이 강하다.

⑦ 만들어져 있는 쇼핑몰 프로그램을 구매하여 사용할 수 있다.

⑧ 인력을 동원해서 직접 구축하는 것을 말한다.

(3) 입점형 쇼핑몰

① 인터파크, GS샵 등 거의 모든 제품을 취급하는 대형 인터넷 쇼핑몰에 개인이나 기업이 입점해 판매하는 형태이다.

② 입점형 쇼핑몰은 제작방법의 분류가 아닌 판매방식의 분류에 속한다.

4. 검색엔진 마케팅과 검색엔진 최적화(SEO)

(1) 검색엔진 마케팅

검색 엔진 마케팅(SEM)은 브랜드와 콘텐츠가 검색 엔진 결과에서 상위에 표시되도록 지원하는 광고 프로세스를 말한다.

① 장점

   ㉠ 노출 빈도가 높고, 클릭당 과금방식이기 때문에 적은 비용으로 높은 효과를 기대할 수 있다.

   ㉡ 다양한 매체로의 확장이 용이하며 다른 채널 대비 신뢰도가 높다.

   ㉢ 정보성 콘텐츠라는 점에서 브랜드 인지도 상승효과가 있습니다. 마지막으로 효율성이 검증된 방식이라 실패 확률이 낮다.

② 단점

   ㉠ 부정클릭 문제가 발생할 수 있으며, 경쟁사와 치열한 경쟁이 예상된다.

   ㉡ 실시간 모니터링이 어렵고 타겟팅 설정이 제한적이다.

   ㉢ 지속적인 업데이트가 필요하며 시장 상황에 따라 초기 비용보다 더 많은 지출이 발생할 수 있다.

(2) 검색엔진 최적화(Search Engine Optimization, SEO)

① 개념 : 웹 사이트를 검색엔진의 검색결과 첫페이지로 이전시키는 작업을 말한다.

② 효과

   ㉠ 지속적인 트래픽 유입 : 타겟 고객이 실제로 사용하는 키워드를 웹페이지에 적절히 배치함으로써 웹사이트 메인페이지 뿐만 아니라 제품소개, 회사소개 페이지 등 모든 웹페이지를 통해 관련 트래픽이 유입되도록 한다. 또한, 검색엔진최적화의 효과는 장기적이기 때문에 지속적으로 트래픽이 유입되는 이점이 있다.

   ㉡ 컨버전 상승 : 검색엔진최적화 마케팅은 잠재 고객을 웹사이트에 방문하게 만들고, 방문자들을 고객으로 만들고 나아가 이들을 충성도 높은 고객으로 육성하는데 탁월한 효과가 있다.

   ㉢ 타겟 고객에 대한 이해도 향상 : 타겟 고객에 대한 키워드 분석을 통해 향후 웹사이트에 어떤 콘텐츠를 추가해야 좋을지 아이디어를 얻을 수 있으며, 나아가 전체적인 마케팅 방향을 정립하는데에도 도움이 된다.

   ㉣ 브랜드 인지도 및 이미지 상승 : 회사의 웹페이지를 검색결과 상위에 랭크하게 되면 더 많은 사람들에게 기업이 노출될 수 있고 회사의 이미지 및 인지도를 높일 수 있는 기회가 된다.

section 3 소셜미디어 마케팅

1. 소셜미디어 플랫폼에 대한 이해

(1) 소셜미디어(Social Media)의 등장 배경

① 사회적 등장 배경

　㉠ 정보통신 및 멀티미디어의 기술발전에 새로운 패러다임 등장한 것이다. 주로 콘텐츠를 소비하며 동시에 생산도 하는 프로슈머(Prosumer)가 대표적인 현상이다.

　㉡ 사회가 분화하며 재통합하는 커뮤니티 문화의 진화가 이루어졌다는 것이다. 퍼스널 미디어의 등장이 소셜미디어 서비스로 확대되고 융합되었다고 할 수 있는데 국내에서는 '싸이월드(Cyworld, 1999)'를 1세대 소셜미디어 서비스로 평가한다.

　㉢ 웹 기반 기술의 발달로 인해 다양한 정보공유와 네트워킹 기능이 확대되었다는 것이다. 개방, 참여, 공유의 문화로 일컬어지고 있는 웹 2.0 사상과 기술은 애플리케이션 간의 상호작용을 핵심으로 한다.

　㉣ 사람들의 친화욕구 및 자기표현 등의 욕구가 증대하고 있다는 점이다. 이는 인간의 기본 욕구인 사회적인 욕구를 가장 잘 충족시켜주었기 때문이라고 할 수 있다.

(2) 소셜미디어의 특성

① 대부분의 소셜미디어는 참여자에게 해당 정보가 '공개'되어 있으며 콘텐츠 접근과 이용에 제한을 두지 않는다.

② 관심 있는 모든 사람이 직접 참여하여 콘텐츠를 생산하고 소비하는 정보 생산자이며 정보소비자이다.

③ 소셜미디어는 공통의 관심사를 가진 사람들이 빠르게 '커뮤니티'를 구성하고 네트워크를 확대할 수 있다.

④ '전통'적인 미디어가 일방적으로 이야기하는 데 반해 소셜미디어는 서로 대화할 수 있는 쌍방향적 소통이라는 특징이 있다.

⑤ 다양한 멀티미디어 구성요소의 조합, 링크를 통해 콘텐츠가 풍부해지며 재생산될 수 있는 '연결'을 특징으로 한다.

(3) 소셜미디어의 5가지 속성

연결(connectedness)	대부분의 소셜미디어는 다양한 미디어의 조합이나 링크를 통한 연결성에서 번성한다.
공개(openness)	대부분의 소셜미디어는 피드백과 참여가 공개되어 있으며 투표, 피드백, 코멘트, 정보공유를 촉진함으로써 콘텐츠 접근과 사용에 대한 장벽이 거의 없다.
대화(conversation)	전통적인 미디어가 "브로드캐스트(Broadcast)'이고 콘텐츠가 일방적으로 오디언스에게 유통되는 반면 소셜미디어는 쌍방향성을 띤다.
커뮤니티(community)	소셜미디어는 빠르게 커뮤니티를 구성케하고 커뮤니티로 하여금 공통의 관심사에 대해 이야기하게 한다.
참여(participation)	소셜미디어는 관심 있는 모든 사람들의 기여와 피드백을 촉진하며 미디어와 오디언스의 개념을 불분명하게 한다.

(4) 소셜미디어의 종류

구분	구체적 내용	서비스 사례
비즈니스 기반	업무나 사업 관계를 목적으로 하는 전문적인 비즈니스 중심의 서비스	링크드인, 링크나우, 로켓펀치 등
프로필 기반	특정 사용자나 분야의 제한없이 누구나 참여 가능한 서비스	페이스북, 카카오 스토리 등
마이크로 블로깅	짧은 단문이 중심이 되는 서비스	트위터, 텀블러 등
협업 기반	공동 창작, 협업 기반의 서비스	위키피디아 등
블로그 기반	개인 미디어인 블로그를 중심으로 소셜 네트워킹 기능이 결합된 서비스	네이버 블로그, 다음 브런치 등
커뮤니케이션 중심	채팅, 메일, 동영상, 컨퍼러싱 등 사용자 간 연결 커뮤니케이션 중심의 서비스	네이버 밴드 등
버티컬 및 관심 주제	사진, 동영상 등의 특정 유형 또는 특정 관심 분야만 공유하는 서비스	유튜브, 핀터레스트, 인스타그램 등

참고 매스미디어 & 소셜미디어 비교	
매스미디어	소셜미디어
자발성 결여	자발성 존재
단방향적	쌍방향적
개인이 관련성을 기반으로 한 커뮤니케이션	개인과의 관계를 기반으로 한 커뮤니케이션
부분적인 개방, 공유, 참여	개방, 공유, 참여 가능
높은 소통 비용	낮은 소통 비용
실시간성 및 즉시성의 부족	실시간성 및 즉시성 예 델 사의 불만족접수센터)
사람 간 또는 서비스 상호간의 연결 부재(접근성 낮음)	사람 간 또는 서비스 간 높은 연결성(접근성 높음)
입소문 창출에 시간이 필요	신속하고 수월한 입소문 효과

2. 소셜미디어 마케팅 전략과 콘텐츠 제작

(1) 콘텐츠 마케팅의 관련 개념

① 브랜드 퍼블리싱(Brand Publishing) : 브랜드가 관심있는 토픽에 대한, 브랜드에 관련된, 브랜드의 상품에 관한 콘텐츠를 진정성 있고 매력적이며 자기 홍보적이지 않은 방식으로 스토리텔링(Lazauskas, 2014)

② 브랜드 저널리즘(Brand Journalism) : 전통적 언론, 마케팅, PR 활동의 혼합된 형태로서 브랜드가 언론적 접근법을 사용하여 브랜드 콘텐츠를 대중에게 전달하는 커뮤니케이션 모델(Bull, 2013)

③ 네이티브 광고(Native Advertising) : 페이지 콘텐츠와 응집력 있게 결합되어 있고, 디자인이 동화되어 있으며, 플랫폼의 구성과 일치하여 사용자가 해당 플랫폼과 이질감이 없음을 느끼게 하는 유료 광고(IAB, 2013)

④ 브랜디드 콘텐츠(Branded Contents) : 소비자에게 엔터테인먼트 또는 교육적 부가가치를 제공하는 것을 목적으로 브랜드에 의해 제작 또는 큐레이션 되며, 상품, 서비스의 판매가 아닌 브랜드에 대한 고려와 선호도의 증가를 목적으로 디자인된 콘텐츠(Forrester, 2013)

⑤ 스폰서드 콘텐츠(Sponsored Contents) : 네이티브 광고의 한 형태로서 브랜드의 콘텐츠를 브랜드가 소유하지 않은 매체의 공간에 노출시키기 위하여 비용을 지불할 때 발생(Lazauskas, 2014)

3. 소셜미디어 광고

(1) 소셜미디어 광고의 형태 및 특성

종류	노출형 광고 형태	전환 유도 광고 형태	간접광고 형태
형태	이미지 및 동영상으로 메시지 전달	이벤트 광고, 투표(Poll), 모바일앱 설치, 상담신청 혹은 구매, 팔로워 신청 등	해당 광고에 반응한 소셜미디어 친구의 활동 노출 등
특성	사용자 피드에 위치하며 자연스럽게 메시지 전달	사용자 참여를 유도하며 참여 결과를 바탕으로 광고효과 측정에 용이	친근감을 제공하며 공감 확보가 용이

section 4 데이터분석과 성과측정

1. 디지털 마케팅 데이터 분석의 개요

데이터 분석은 고객의 행동과 선호도, 구매 패턴 등을 파악하여 효과적인 마케팅 전략 수립에 큰 도움을 준다.

2. 효과적인 분석 도구와 측정지표

(1) 데이터 마이닝

① 데이터 마이닝은 기업의 비즈니스 프로세스에 적용되어 다양한 데이터 소스로부터 유용한 정보를 추출하는 과정이다. 이를 통해 우리는 고객의 선호도, 우선순위, 구매패턴 등을 파악할 수 있다.

> 예 소셜 미디어에서의 고객의 행동 데이터를 분석하면 어떤 제품에 관심을 가지는지, 어떤 광고가 효과적인지 등을 알 수 있다.

② 데이터 마이닝을 통해 얻은 정보를 활용하여 효율적인 마케팅 전략을 수립할 수 있다.

> 예 특정 고객 그룹이 특정 제품에 관심이 많다면 해당 제품을 중점적으로 마케팅 활동을 진행할 수 있다. 또한, 고객의 행동 패턴과 성향을 파악하여 개인별 맞춤형 마케팅을 실시할 수도 있다.

③ 데이터 마이닝을 활용한 효율적인 마케팅 전략은 기업에 다양한 장점을 제공한다.

   ⊙ 시간과 비용을 절약할 수 있다.

     데이터 마이닝을 통해 우리는 기존의 시장조사나 실험적인 방법보다 효율적으로 결과를 도출할 수 있다.

   ⓒ 정확한 고객 타깃을 파악할 수 있다.

     데이터 마이닝을 통해 우리는 고객의 개인적인 특성을 파악하고 이를 기반으로 정확한 고객 타깃을 선정할 수 있다.

   ⓒ 고객의 만족도를 높일 수 있다.

     데이터 마이닝을 통해 우리는 고객의 선호도와 요구사항을 파악하여 이를 반영한 서비스나 제품을 제공할 수 있다.

3. 사용자 데이터 수집과 분석

데이터가 가진 특징을 명확히 인지할때, 데이터를 처리할 수 있는 기술적 사항을 고려한 설계가 가능하다.

(1) 데이터의 존재론적 특징

① 존재적 특징으로 데이터를 구분하면 정성적 데이터(qualitative data)와 정량적 데이터(quantitative data)로 구분된다.

② 정성적 데이터는 데이터 자체가 하나의 텍스트(예를 들어 "환율이 내리고 있어 올해 목표한 수출 목표의 조기 달성이 가능해 보인다.)를 이루고 있기 때문에 데이터 하나하나가 함축된 정보를 가진다.

③ 정량적 데이터는 여러 속성(이름, 나이, 성별, 주소 등)이 모여 하나의 객체를 형성하고, 각 속성은 속성 하나 혹은 여러 개의 속성이 결합해 측정이나 설명이 가능하다.

구분	정성적 데이터	정량적 데이터
형태	비정형 데이터	정형, 반정형 데이터
특징	객체 하나에 함의된 정보를 가짐	속성이 모여 객체를 이룸
구성	언어, 문자 등으로 이루어짐	수치, 도형, 기호 등으로 이루어짐
저장 형태	파일, 웹	데이터베이스, 스프레드시트
소스 위치	외부 시스템(주로 소셜 데이터)	내부 시스템(주로 DBMS)

(2) 데이터의 목적론적 특징

① 인식체계에서 어떤 사실에 대해 '데이터'라고 인식하게 되는 객체가 갖고 있는 인식주체에게 필요한 존재 목적이다.

② 하나의 서비스 혹은 활용(데이터분석)을 위해 데이터가 존재하고 있다는 인식에서부터 출발한다.

③ 인식의 주체가 데이터에서 목적에 맞는 특징을 찾아내는 것이다.

④ 데이터는 인식주체의 관점에 따라 여러 종류의 데이터로 인식될 수 있다.

기출 & 예상문제

01 소매점의 디지털 마케팅을 위한 목표결정으로 바르지 않은 것은?

① 도전 가치와 실현 가능성이 있어야 한다.
② 외부적 일관성을 유지해야 한다.
③ 구체적인 용어로 작성한다.
④ 계량적이고 측정 가능하게 서술한다.
⑤ 변화의 정도를 구체적으로 서술한다.

 **TIPS!**
소매점 디지털 마케팅은 내부적 일관성을 유지해야 한다.

02 온라인 쇼핑에 대한 내용으로 가장 바르지 않은 것은?

① 광범위한 선택 범위로 해외 제품을 구매할 수 있다.
② 특정 시기에 장애가 발생할 경우에도 배송에는 큰 문제가 없다.
③ 교환 및 반품 절차가 번거롭다.
④ 배송서비스를 통해 집에서 편리하게 제품을 받을 수 있다.
⑤ 가격비교가 용이해 저렴한 상품을 찾을 수 있다.

TIPS!
온라인 쇼핑은 특정 시기에 장애가 발생할 경우 주문 및 배송에 있어 문제가 발생할 수 있다.

Answer 01.② 02.②

03 소셜미디어의 속성이 아닌 것은?

① 커뮤니티

② 대화

③ 참여

④ 비공개

⑤ 연결

04 정량적 데이터에 대한 내용 중 바르지 않은 것은?

① 정형, 반정형의 형태를 띤다.

② 데이터베이스, 스프레드시트 형태로 저장된다.

③ 도형, 수치 등으로 이루어져 있다.

④ 속성들이 모여 객체를 이룬다.

⑤ 소스는 외부시스템에 위치해 있다.

05 다음 중 디지털 마케팅의 장점으로 보기 가장 어려운 것은?

① 시간과 비용을 아낄 수 있다.

② 여러 기술을 활용할 수 있다

③ 국내 마케팅에 한정해서 용이하다.

④ 지속(예측) 가능하다.

⑤ 모바일 접속이 가능하다.

Answer 03.④ 04.⑤ 05.③

06 다음 중 사용자 경험(UX)의 기본 요소가 아닌 것은?

① 사용자 행위   ② 사용자 동기

③ 사용자 태도   ④ 사용자 니즈

⑤ 사용자 가격

 TIPS!

사용자 경험(UX)의 기본 요소에는 사용자 니즈(User Needs), 사용자 동기(User Motives), 사용자 태도(User Attitude), 사용자 행위(User Behavior) 등이 있다.

07 독립형 쇼핑몰 기능에 대한 설명으로 적절하지 않은 것은?

① 오프라인 상의 상거래에 비해 기술적 특성이 약하다.

② 만들어져 있는 쇼핑몰 프로그램을 구매하여 사용할 수 있다.

③ 쇼핑몰 구축 시 시간지연 문제가 있어 프로젝트 관리능력이 필요하다.

④ 구축 및 유지보수 비용이 높다.

⑤ 기술 인력과 서버 장비 등의 기본 요건을 갖춰야 한다.

TIPS!

독립형 쇼핑몰은 기본적으로 온라인 상에서의 기술을 요하게 되므로 오프라인 상의 상거래에 비해 기술적 특성이 강하다.

08 매스미디어와 소셜미디어에 관한 설명 중 가장 옳지 않은 것은?

① 매스미디어는 높은 소통 비용을 요하는 반면, 소셜미디어는 낮은 소통 비용을 요한다.

② 매스미디어는 즉시성이 부족한 반면, 소셜미디어는 즉시성이 좋다.

③ 매스미디어는 쌍방향인 반면에 소셜미디는 단방향이다.

④ 매스미디어는 입소문 창출에 시간이 걸리지만 소셜미디어는 빠른 입소문 효과를 볼 수 있다.

⑤ 매스미디어는 자발성이 결여된 반면 소셜미디어는 자발성이 존재한다.

TIPS!

매스미디어는 단방향적인 반면에 소셜미디어는 쌍방향적이다.

Answer   06.⑤ 07.① 08.③

기출PLUS

기출 2018년 2회
소매점포는 시각적 커뮤니케이션 요소, 조명, 색상, 음악, 향기 등을 종합적으로 이용하여 내점고객의 지각 및 감정 반응을 자극하고 나아가서 구매행동에 영향을 미치려고 노력한다. 이러한 소매점포 관리 활동을 나타내는 용어로 옳은 것은?

① 점포 배치
② 점포 진열
③ 점포 내 머천다이징
④ 점포 분위기관리
⑤ 감각적 머천다이징

section 1 점포구성

(1) 점포구성의 개요

① 머천다이징의 주요 기능은 소비자들이 갖고 싶은 것이 있는 점포를 연출하는 것이다.

② VMD 계획을 위한 기본적 업무는 스토어 컨셉의 명확화, 머천다이징의 명확화, 대상소비자의 명확화, VP(Visual Presentation) 방법의 명확화 등이 있다.

③ VMD를 효과적으로 수행하기 위해서는 자사, 영업, 제품, 소비자 및 경쟁점포에 대한 이해가 선행되어야 한다.

④ 인테리어의 주요 기능은 소비자들이 찾아가고 싶은 점포를 연출하는 것이다.

(2) 점포의 구성과 설계 : 매장의 연출 ✔자주출제

① 소비자들이 점포 공간을 쉽게 이동하도록 해야 하며, 소비자들을 점포 안쪽으로 유인하기 위해 뒤의 공간을 매력적으로 꾸미거나 또는 그곳에 필수품 등을 진열하는 것도 좋은 방법이다.

② 점포공간을 소비자들이 순조롭게 돌아볼 수 있도록 통로를 명확하게 설정하고 계산절차를 효율적으로 만듦으로써 소비자들이 해당 점포에 대해 좋은 인상을 가지고 떠날 수 있도록 해야 한다.

③ 점포 연출의 첫 단계는 소비자들이 소매점을 인식하고 해당 점포 안으로 들어오게 만드는 것이며, 소비자들이 머물고 싶은 장소라는 느낌을 만들어 내야 한다. 이것은 입지, 빌딩 및 주변 환경의 미적 감각을 비롯해서 해당 회사의 로고 및 여러 가지 시각적인 장식물들에 의해 만들어진다.

④ 시계를 명확하게 해야 한다. 시설물들을 적절히 배치해서 소비자들이 주요 전시물을 모두 둘러보고 해당 점포의 내부를 완전히 둘러볼 수 있도록 해야 한다.

<정답 ④

(3) 점포 디자인 ✔자주출제

① 통상적으로 소비자들에 대한 마케팅 조사가 완료된 후, 점포의 입지가 선정되면 점포의 컨셉을 정립하고 점포설치의 기본인 점포 디자인에 대한 계획을 수립하게 된다. 점포 디자인은 단순하게 해당 점포를 미관상으로만 꾸미는 것이 아닌 제품 소구를 통해 소비자들을 흡인하게 되는 요소로 작용하게 되므로, 소비자들이 제품을 편리하게 많이 구입할 수 있도록 체계적으로 계획되어야 한다.

② 점포 디자인의 요소 : 외장 디자인, 내부 디자인, 진열, 레이아웃

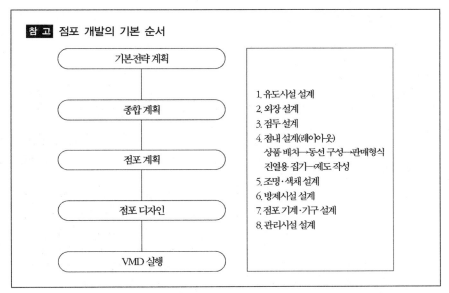

참고 점포 개발의 기본 순서

기본전략 계획 — 종합 계획 — 점포 계획 — 점포 디자인 — VMD 실행

1. 유도시설 설계
2. 외장 설계
3. 점두 설계
4. 점내 설계(레이아웃)
   상품 배치→동선 구성→판매형식
   진열용 집가→제도 작성
5. 조명·색채 설계
6. 방제시설 설계
7. 점포 기계·가구 설계
8. 관리시설 설계

참고 개발일정에 대한 계획 수립의 내용

하드웨어 계획의 요소	• 건축부문 : 구조(건물골조, 기둥, 천장, 지붕, 바닥 등) • 외관부문 : 형상, 표면, 간판, 상징물의 설치, 출입구 등 • 디자인 부문 : 디자인(형태, 색상, 소재, 사양, 세부디자인 등) • 내·외장 부문 : 내장자재, 건축자재 등 • 설비부문 : 냉난방, 골조, 조명, 이동시설, 화장실, 주차시설 등
소프트웨어 계획의 요소	• 관리부문 • 운영부문 • 인원부문 • 조직부문

기출PLUS

기출 2023년 제2회

다음 중 소매업체가 점포를 디자인할 때 고려해야 하는 요소로 가장 옳지 않은 것은?

① 표적시장의 니즈를 만족시키기 위한 소매업체의 전략 실행
② 효율적으로 제품을 찾고 구입할 수 있도록 쾌락적 편익 제공
③ 잠재고객 방문 유도 및 방문 고객의 구매율 증가
④ 용이한 점포의 관리 및 유지 비용을 절감할 수 있도록 설계
⑤ 점포설계에 있어서 법적·사회적 요건 충족

<정답 ②

레이아웃의 영역에 해당하지 않는 것은?

① 상품 및 집기의 배치와 공간의 결정
② 집기 내 상품 배치와 진열 양의 결정
③ 출입구와 연계된 주통로의 배치와 공간 결정
④ 상품품목을 구분한 보조통로의 배치와 공간 결정
⑤ 상품 계산대의 배치와 공간결정

section 2 매장 레이아웃 및 디스플레이

(1) 매장 레이아웃의 개요

소비자의 본능적인 행동양식과 업태 및 업종, 점포의 규모 등에 따라 이를 상황에 맞게 응용하여 조화를 이루도록 점포 레이아웃의 원칙에 유의하면서 매장을 배치해야 한다.

(2) 매장의 구성과 분류

① 매장의 구성

종류	내용
품종별 배열법	가공식품 등 품종품목이 많은 경우 상품분류 체계대로 배열. 품종별로 배열함으로써 소비자들의 제품선택시간을 단축시키는 데 유효하다. 가장 일반적인 분류법이다.
소재별 배열법	통조림의 경우 연어통조림, 게 통조림 등 수산부문, 옥수수 통조림, 소시지 통조림 등 농·축산부문과 같이 원료나 소재, 재료별로 배열하는 방법이다.
가격별 배열법	소비자는 제품선택 시 가격을 매우 중시한다. 따라서 가격을 어필하고자 할 때의 배열법으로 가격대별로 집합 진열해서 구입하기 쉽도록 할 때 적용한다. 선물코너에서 이 배열법은 소구력이 높다.
색채별 배열법	'Color Control'이라 하며 눈에 잘 띄도록 하여 접객율을 높이기 위해 시도한다. 청과코너나 곤도라 엔드의 단일색인 가공잡화류의 단품소구에 효과적이다. 계절감 어필에도 유효한 수단이다.
메뉴별 배열법	카레 같은 연중메뉴에 탕류 같은 계절 및 행사 메뉴, 그리고 신메뉴 제안이나 관련 제품 소구 시의 배열법이다. 소비자 위주의 효과적인 방법이다.
행사별 배열법	절기, 발렌타인데이, 바캉스 및 지역축제, 행사 등에 맞춰 호소하는 방법이다. 이러한 행사의 경우 단기간에 바뀌므로 적당한 아이템 선정과 연출력이 중요하다.
용도별 배열법	제품을 테마에 맞게 코너화해 배열하는 방법이다.
계절별 배열법	계절을 어필하는 제품을 중점적으로 배열하는 방법으로 소비자들의 지지가 높고 매출이나 매출이익확보에 최대무기가 된다. 판넬이나 연출물을 활용하여 계절감 있는 구성이 중요하다. 일정기간에 집중적인 수요가 있으므로 특설코너로 전개하는 것도 중요하다.
관련식 배열법	시즌 및 이벤트성이 없는 복수제품을 조합하여 각 제품의 소구력을 서로 높여주는 효과가 있다. 가령 커피나 크림, 커피용 설탕 등 관련성 높은 제품을 모아 배열하는 방법이다. 신선식품과 가공식품, 비식품 제품과 메뉴제안형의 소구에도 효과가 높다.

② **매장의 분류** : 소비자들에게 지지받을 수 있는 점포(매장)를 만들기 위해서는 다음과 같은 요소에 주목해야 한다.

  ⊙ **매장 컨셉** : 어떠한 제품을 어떠한 방식으로 어떠한 사람에게 소구하여 판매할 것인지를 정하는 기본적 사고방식을 말한다. 제품의 구성 등을 소비자들이 인지하기 쉽도록 매장의 단위 명을 붙이거나 제품을 그룹화하는 것이다.

  ⊙ **구색제품** : 매장에 진열되는 제품 자체를 의미한다. 매장의 목적에 의해 제품의 위치가 달라질 수 있다.

  ⓒ **제품분류** : 구색으로 인해 제품을 어떻게 그룹화 할 것인지를 정하는 것이다. 제품분류는 매장을 구성하는 제품을 선택하는 부분에서도 중요하게 작용한다.

  ⓔ **진열형식** : 진열전시 및 진열보관에 의해 제품을 보기 쉽고, 잡기 쉽도록 하는 방법이다. 이러한 진열형식에는 주목효과를 중시한 특별진열형식, 일반적인 통상진열형식, 기획진열전시 등의 방법이 있다.

  ⓜ **진열기술** : 판매도구를 중심으로 한 진열의 방법을 의미한다.

(3) 매장 레이아웃 및 공간계획 ✔자주출제

① **버블계획** : 전체적으로 제품을 진열하는 매장 공간, 고객서비스의 공간, 창고 등과 같은 점포 내의 주요 기능공간의 규모 및 위치를 간단하게 보여주는 것을 의미한다.

② **블록계획** : 점포의 각 구성부문의 실제 규모 및 형태까지도 세부적으로 결정하며, 고객서비스 공간, 기능적 공간, 창고 공간 등은 기능적 필요 및 크기 등에 따라 배치하는 방식이다.

③ **플래노그램**

  ⊙ 제품이 점포 내에서 각각 어디에 어떠한 방식으로 진열되어야 하는지를 알려주는, 다시 말해, 진열공간의 생산성을 평가하게 해주는 지침서를 의미한다.

  ⊙ 단순하게 제품을 점포의 진열대에 가져다 놓는 것만으로는 공간생산성을 최대화할 수 없기에, 특정한 제품이 속한 부서 내에서 제품의 점포 내 진열위치를 결정하기 위해서 종종 활용하는 기법이다.

  ⓒ 플래노그램은 점포 내 제품에 대한 진열공간의 생산성 평가 시의 수단으로 활용된다.

④ **격자형배치** ✔자주출제

  ⊙ 이 방식은 기둥이 많고 기둥 간격이 좁은 상태에서도 설치의 비용을 절감할 수 있다는 이점이 있다.

  ⊙ 통로 폭이 동일하기 때문에 건물전체의 필요면적이 최소화된다는 특징이 있다.

  ⓒ 소비자들이 점포 내의 전체 제품에 노출되지 않는다는 문제점이 있다.

기출PLUS

기출 2022년 1회

매장외관(exterior) 관리에 대한 설명으로 가장 옳지 않은 것은?

① 매장의 외관은 기업의 이미지에 매우 중요한 영향을 미치므로 사전에 면밀히 계획되어야 한다.

② 매장의 외관은 매장의 이미지를 상징적으로 표현할 수 있도록 디자인되어야 한다.

③ 매장 입구는 입구의 수, 형태, 그리고 통로를 고려해서 설계해야 한다.

④ 매장의 외관은 플래노그램(planogram)을 통해 효과성을 평가해야 한다.

⑤ 매장의 외관을 꾸미는 데 있어서 중요한 목적은 고객의 관심을 유발하는 것이다.

기출 2020년 2회

다음 중 격자형 레이아웃의 장점에 해당하는 것은?

① 시각적으로 고객의 주의를 끌어 개별 매장의 개성을 표출할 수 있다.

② 매장의 배치가 자유로워 고객의 충동구매를 유도할 수 있다.

③ 주동선, 보조동선, 순환통로, 설비표준화로 비용이 절감된다.

④ 고급상품 매장이나 전문점 같이 고객 서비스를 강조하는 매장에서 주로 활용한다.

⑤ 의류상품에 적합한 레이아웃으로 쇼핑의 즐거움을 배가시킬 수 있다.

‹정답 ④, ③

충동구매를 유발하려는 목적의 점포 레이아웃 방식으로 가장 옳은 것은?

① 자유형 레이아웃(free flow layout)
② 경주로식 레이아웃(racefield layout)
③ 격자형 레이아웃(grid layout)
④ 부티크형 레이아웃(boutique layout)
⑤ 창고형 레이아웃(warehouse layout)

아래 글상자에서 설명하는 점포 레이아웃 형태로 옳은 것은?

┌─ 보기 ─
│ ⊙ 기둥이 많고 기둥간격이 좁은 상황에서도 점포설비 비용을 절감할 수 있음
│ ⓛ 통로 폭이 동일해서 건물 전체 필요 면적이 최소화된다는 장점이 있으며 슈퍼마켓 점포 레이아웃에 많이 사용됨
└─

① 격자형 레이아웃
② 자유형 레이아웃
③ 루프형 레이아웃
④ 복합형 레이아웃
⑤ 부띠끄형 레이아웃

❮정답 ①, ①

② 소비자들은 쇼핑에 있어 많은 시간을 소비하지 않고도 소비자 스스로가 원하는 제품에 대한 위치의 파악이 용이하다는 특징이 있다.
⑩ 대다수의 슈퍼마켓 등에서 이러한 배치를 활용하고 있다.
⑭ 재고와 안전관리를 용이하게 할 수 있다.
⑭ 타 배치에 비해 판매 공간을 효과적으로 활용할 수 있다.
⊙ 셀프서비스 점포에 필요한 일상적이면서 계획적인 구매행동을 촉진한다.
⊗ 저비용으로 인해 소비자들에게 친숙하다.
⊛ 소비자들의 이동 동선을 제한시킨다.

┌─────────────────────────────────────
│ **참 고** 점포 레이아웃관리의 영역
│ • 계산대 배치
│ • 상품의 배치
│ • 통로의 공간 결정
│ • 집기의 공간 결정
└─────────────────────────────────────

⑤ **루프형**

  ⊙ 다른 말로 부띠크 레이아웃 또는 경주로형이라고도 부른다.
  ⓛ 굴곡통로로 고리처럼 연결되어 점포의 내부가 경주로처럼 뻗어나간 형태의 레이아웃이다.
  ⓒ 점포의 입구에서부터 통로를 원이나 사각형으로 배치해서 점포의 생산성을 높이기 위한 레이아웃 기법이다.
  ⓔ 점내에 진열된 제품을 소비자들에게 최대한도로 노출시킬 수 있다는 이점이 있다.
  ⑩ 주요 소비자통로를 통해서 소비자들의 동선을 유도하며, 이러한 형태는 백화점에 주로 사용되는 방식이다.

⑥ **프리 플로형** ✔자주출제

  ⊙ 일련의 원형, 팔각형, 타원형, U자형의 패턴으로 비대칭적으로 배치해서 소비자들이 마음 편안히 둘러볼 수 있도록 배치한 형태의 레이아웃이다.
  ⓛ 공간생산성은 낮다.
  ⓒ 소규모의 전문매장 또는 여러 개의 점포들이 있는 대형 점포에서 주로 활용되고 있는 방식이며, 소비자들이 가장 편안히 둘러볼 수 있도록 배치하는 형태이다.

(4) 매장 배치와 통로 설정

① 매장 배치

    ㉠ 제품의 판매율을 높이고 소비자들이 찾기 쉽고 고르기 쉬운 매장으로 만들기 위해서는 제품의 분류와 매장 내 제품배치 및 면적 배분을 효과적으로 수행해야 한다.

    ㉡ 바람직한 매장구성은 제품의 위치 설정, 고객 동선 조정, 시선율 향상 및 소비자들의 제품 접근율에 대한 향상, '소비자들이 머무는 것 만들기와 머무는 시간 연장' 등이 가능해야 하고, 매출과 상품회전율 향상을 도모하는 제반작업을 할 수 있어야 한다.

    ㉢ 매장 만들기를 위하여 가장 중요한 조건으로 인테리어와 디스플레이를 들 수 있으며, 이 두 가지는 공간, 제품 조닝, 도선, 집기계획 등의 요소별로 적절한 조화를 꾀해야 한다.

② 점포 매장의 통로 구성

    ㉠ 제품 진열대의 양 끝에 있는 판매대 앞은 혼잡하므로 통상적인 경우보다 더욱 많은 공간을 확보해야 한다.

    ㉡ 점포 계산대의 앞과 뒤는 충분한 여유 공간이 있어야 계산을 위해 대기하는 소비자들과 쇼핑하는 소비자들이 엉키지 않게 되므로 주 통로 이상의 너비를 확보해야 한다.

    ㉢ 소비자들이 지나다니는 고객동선 및 제품운반에 활용되는 물류동선이 서로 교차하지 않도록 설계해야 한다.

    ㉣ 점포 매장 안의 통로는 곡선 또는 사선이 아닌 일직선이어야 소비자들이 점포 매장의 안쪽까지 불편함 없이 이동할 수 있다.

참고 점포 출입구 및 통로 디자인

① 소비자들이 불편하지 않도록 통로 형태는 여유롭게 디자인한다.

② 통로의 경우, 일반 점포 바닥과는 다른 마감재를 활용하는 것이 좋다.

③ 대다수 소비자는 오른쪽으로 걷는 경향이 있으므로 통로도 오른쪽 방향으로 원을 그리듯 설계하는 것이 좋다.

기출 2020년 3회

소비자가 점포 내에서 걸어다니는 길 또는 괘적을 동선(動線)이라고 한다. 이러한 동선은 점포의 판매전략 수립에 매우 중요한 고려요소이다. 동선에 대한 일반적 설명으로 옳지 않은 것은?

① 소매점포는 고객동선을 가능한 한 길게 유지하여 상품의 노출 기회를 확보하고자 한다.

② 고객의 동선은 점포의 레이아웃에 크게 영향 받는다.

③ 동선은 직선적 동선과 곡선적 동선으로 구분되는데, 백화점은 주로 직선적 동선을 추구하는 레이아웃을 하고 있다.

④ 동선은 상품탐색에 용이해야 하고 각 통로에 단절이 없어야 한다.

⑤ 동선은 상품을 보기 쉽고 사기 쉽게 해야 하고 시선과 행동에 막힘이 없게 해야 한다.

◀정답 ③

section 3 매장환경관리

(1) 매장환경의 개요

① **색채효과** : 색채에 의해 매장을 클로즈업시키고, 활기나 쾌감을 연상시키는 연출력이 중요하다. 따라서 진열목적에 맞는 상품의 색 배합과 배경의 색 배합에 관련된 지식을 갖추는 것이 바람직하다.

 ㉠ 색에 대한 이미지
  • 고급이미지 : 금, 은, 백색
  • 저급이미지 : 자적, 황, 녹색
  • 화려한 이미지 : 유자, 황, 자적
  • 즐거운 이미지 : 황, 등(橙), 옥색
  • 조용한 이미지 : 청자, 명회(明灰), 옥색
  • 적막한 이미지 : 회(灰), 청회(靑灰), 명회(明灰)

 ㉡ 색 배합에 대한 이미지
  • 경량감 : 밝은 명도의 색 배합
  • 중량감 : 어두운 명도의 색 배합
  • 화려한 감 : 채도가 높은 색상의 분리된 배합
  • 무미건조한 감 : 채도가 낮은 색상의 분리된 배합
  • 수수한 감 : 그레이와 색상 중 더욱 선명한 색(순색)의 배색
  • 세속적인 감 : 베이지색을 주제로 한 배색
  • 적극적인 감 : 황·흑과 적·황 등의 배색
  • 이지적인 감 : 백과 청록 등의 배색
  • 침착한 색 : 다(茶)·감(紺) 등의 배색
  • 생동감 : 황·녹 등의 배색
  • 젊은 감 : 백과 선명한 적 등의 배합
  • 평범한 감 : 녹(綠)과 등(橙)의 배색
  • 따뜻한 감 : 난색
  • 시원한 감 : 한색

 ㉢ 진열의 배경색채
  • 배경색은 주역인 상품에 대해 보조적인 역할을 하므로 눈길을 끌어서는 안 된다.
  • 보색관계에 있는 색이 배경색이 되는 것은 부적당하다.
  • 특정 부분에 눈길을 끌기 위해 더욱 선명한 색을 사용하고자 할 때는 선명한 색을 몇 개로 나누어 각 색깔의 경계면에 백색의 라인을 넣어주면 각각의 색이 확실하게 분리되어 돋보인다.

- 무난한 진열배경은 상품과 같은 계통의 배색으로 명도가 낮은 색이 잘 어울린다.
- 다채로운 색을 가진 상품의 배경은 일반적으로 한색의 명도나 채도가 낮은 색 또는 크림색, 아이보리색, 명회색 등이 무난하다.

ⓔ **색채에 의한 즐거운 표현**

- 밸런스 : 색에 의한 좌우·상하의 균형을 잡는 방법은 약한 색의 면을 크게, 강한 색의 면을 적게 하면 된다.
- 리듬 : 일반적으로 흐르는 선, 강한 색과 약한 색의 반복은 즐거운 무드를 연출시킨다.
- 색의 대조 : 난색과 한색, 강한 색과 약한 색, 무거운 색과 가벼운 색, 즉 반대성질을 갖는 배색은 젊은 감각과 근대적인 미감을 나타낸다.
- 악센트 : 목적에 따라서 가장 중요한 부분에 눈길을 끄는 색(상품)을 놓고 전체를 돋보이게 하는 방법이 좋다.

② **조명효과**

ⓐ **점포조명의 의의** : 점포의 입지조건, 업종, 경쟁점, 품질 등과 같은 여러 조건을 염두에 두고 그 점포에 알맞은 밝기를 정확히 구해야 한다.

ⓑ **점포조명의 기능**

- 점포 앞을 지나가는 사람에 대해서 점포가 선명하게 보일 수 있도록 한다.
- 점두(店頭)에 발을 멈출 수 있도록 한다.
- 점내로 유도한다.
- 상품을 보다 잘 보이도록 한다.
- 구매의욕을 일으켜 사도록 유도한다.

참고 효과적인 조명

① **밝기를 충분히 유지할 것** : 인근 점포나 동업종 점포와 비교해서 보다 밝게 할 것
② **고루 밝게** : 극단적으로 밝은 곳이나 극단적으로 어두운 곳을 만들지 말 것
③ **눈부시게 하지 말 것** : 역광이나 반사를 피할 것
④ **적당한 음영을 만들 것** : 부드러운 음영을 만들어 상품의 진열효과를 높일 것
⑤ **퇴색성을 고려할 것** : 심한 열이나 빛은 상품을 퇴색시키므로 주의할 것
⑥ **빛의 심리적 효과를 이용할 것** : 원활한 상품구성의 조화를 위해 빛의 심리적 효과를 이용할 것
⑦ **미적인 효과를 겨냥** : 기구의 미적 감각을 살릴 것
⑧ **설비비, 유지비를 고려** : 경제적인 것을 선택할 것

기출PLUS

기출 2020년 1회

소매점의 공간, 조명, 색채에 대한 설명으로 가장 옳지 않은 것은?

① 레일조명은 고객 쪽을 향하는 것보다는 상품을 향하는 것이 좋다.
② 조명의 색온도가 너무 높으면 고객이 쉽게 피로를 느낄 수 있다.
③ 벽면에 거울을 달거나 점포 일부를 계단식으로 높이면 실제 점포보다 넓어 보일 수 있다.
④ 푸른색 조명보다 붉은색 조명 위에 생선을 진열할 때 더 싱싱해 보인다.
⑤ 소매점 입구에 밝고 저항감이 없는 색을 사용하면 사람들을 자연스럽게 안으로 끌어들일 수 있다.

◀ 정답 ④

점포의 환경관리에 대한 설명으로 가장 옳지 않은 것은?

① 매장 내 농축산품 작업장 바닥 높이는 매장보다 높게 하여 물이 바닥에 고이지 않게 한다.
② 화장실은 물을 사용하는 공간으로 확실한 방수공사가 필요하며 주기적으로 관리한다.
③ 주차장은 도보나 자전거로 내점하는 보행자와 가능한 한 겹치지 않도록 동선을 설계한다.
④ 매장진열의 효율성을 위해 매장 집기 번호대로 창고 보관 상품을 보관한다.
⑤ 간판, 포스터, 게시판, POP 등의 진열이 고객의 동선을 방해하지 않도록 관리한다.

(2) 매장 내외부 환경관리

① 구매빈도가 높은 제품을 점포의 입구에 진열하게 되면 소비자들을 점내로 유도할 뿐만 아니라 더 나아가 해당 점포에 대한 방문 빈도가 높아지므로 매출 증대를 위해 중요하게 고려해야 할 사항이다.

② 점포환경 중에서 소비자들이 강하게 느끼는 곳은 바닥 또는 조명이므로 바닥의 청결과 조명의 관리에 주의해야 한다.

③ 제철에 나오는 과일은 점포의 입구에 두어 발생 가능한 불쾌한 냄새를 차단하고 신선한 향기로 소비자들을 맞이할 수 있도록 해야 한다.

④ 즉석 베이커리 코너 같이 고소한 향이 발산되는 제품을 점포의 안쪽에 놓으면 소비자들을 점포의 안쪽까지 유인할 수 있으므로 이를 고객동선계획에 활용하는 것이 바람직하다.

참고 점포환경의 긍정적인 역할

① 점내 직원들의 업무효율성을 높이는 데 기여한다.
② 해당 점포의 이미지를 전달하고 이를 시각화한다.
③ 점포 내에 소비자들의 쇼핑활동에 대한 편리성을 증대시킨다.
④ 소비자들에게 타 점포와의 차별성을 부여하고 이를 강화시키는 역할을 한다.

---

(3) 매장 구성요소와 관리 및 통제

① 매장의 구성요소
  ㉠ 통상적인 소매업에서는 객 단가 및 객수의 구조요소들을 주요 요소로 하고 있다.
  ㉡ 더불어 강력한 차별화도 소비자들에게 강한 인상을 심어주게 된다.

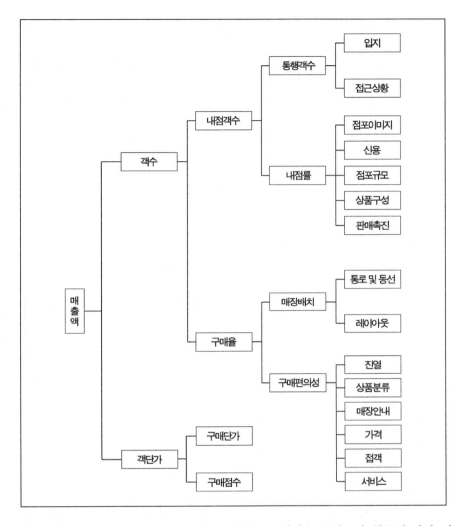

아래 글상자에서 설명하는 조직구조로 옳은 것은?

┌─ 보기 ─────────────┐
│ ㉠ 권한과 책임의 소재와 한계가 │
│   분명하여 의사결정에 신속을 │
│   기할 수 있음 │
│ ㉡ 관리자는 부하 직원에게 강력 │
│   한 통솔력을 발휘할 수 있음 │
│ ㉢ 업무가 의사결정자의 독단으 │
│   로 처리될 수 있으며, 조직 │
│   바깥의 전문적 지식이나 기 │
│   술이 활용되기 어려움 │
└──────────────────┘

① 라인조직
② 라인-스태프 조직
③ 프로젝트 조직
④ 매트릭스 조직
⑤ 네트워크 조직

② **관리 및 통제**: 조직의 성립은 기업목적이 고도화될수록 필요한 활동의 양과 질이 확대되어 혼자서는 수행하기가 불가능해져 다른 사람의 힘을 빌리게 될 때 이루어지게 된다. 또한 기업 조직의 목적이 고도화하면 조직의 규모도 커지게 될 뿐 아니라 종업원 수도 증가하게 된다. 이러한 많은 사람의 활동을 총괄하여 전체의 효율을 높이기 위해서는 전체 활동을 합리적으로 체계화해야 한다. 따라서 조직을 편성할 때에는 기업목적을 달성하기 위한 활동을 일정한 기준에 의거하여 수평적인 분업을 함과 동시에 수직적인 분업을 시행한다. 조직은 이러한 수평적 분업과 수직적 분업에 의해서 편성되고 통일성과 능률성을 확보하는 것이다. 대표적인 조직편성의 유형에는 라인조직, 기능조직, 라인-스태프조직이 있다.

㉠ **라인조직**: 명령계통은 명확하지만 각 관리자는 부하에 대하여 전면적인 책임과 지휘를 하여야 한다.

〈정답 ①

ⓒ 기능조직 : 관리자가 전문적 기능에 따라 관리하는 것이나 명령계통의 혼란이나 책임의 소재가 확실치 않은 단점이 있다.

ⓒ 라인-스태프조직 : 전문적 기능을 살리고 명령계통을 확실케 한 것이다. 스태프란 현재 대부분의 기업조직에 받아들여지고 있는 것으로, 집행할 권한은 갖지 못하나 전문적 입장에서 라인에 조언이나 협력을 하는 것을 말한다.

(4) 매장 안전관리

매장에서는 제품과 관련한 소비자들의 생명 및 신체 또는 재산상의 위해를 방지하기 위해 제품의 제조 및 설계 또는 제품상 표시 등 결함여부에 의해 검증 및 검사 또는 평가하는 일체의 활동이다.

> **참 고** 점포의 물리적 환경이 미치는 영향
> • 소비자들의 구매결정 및 서비스 경험 등에 영향을 미친다.
> • 기업 조직에 관한 이미지를 형성하는데 있어 중요하다.
> • 소비자들의 상품탐색에 있어서의 용이성, 흥미로운 제품 구매경험 등에 영향을 미칠 수 있다.
> • 적절한 사무 공간, 공기, 온도 등은 직원들의 행동에 긍정적인 영향으로 작용한다.

기출 2022년 1회

상품연출이라고도 불리는 상품진열이 가지는 고객 서비스 관점의 의미로 가장 옳지 않은 것은?

① 진열은 빠른 시간에 상품을 찾을 수 있게 해주는 시간절약 서비스이다.
② 진열은 상품선택 시 다른 상품과의 비교를 쉽게 해주는 비교 서비스이다.
③ 진열은 상품종류를 쉽게 식별하게 해주는 식별서비스이다.
④ 진열은 상품이 파손없이 안전하게 보관되도록 하는 보관서비스이다.
⑤ 진열은 무언의 커뮤니케이션으로 상품정보를 제공해주는 정보서비스이다.

<정답 ④

section 4 상품진열

(1) 진열의 개요

진열은 적당량의 제품을 진열대에 가지런히 정돈하여 소비자들로 하여금 인지하기 쉽고, 만지기 쉽고, 선택하기 쉬우며, 깨끗하게 보임으로서 소비자들이 계획된 구매가 아닌 충동적인 구매를 유발하게끔 하는 기술을 말한다. 진열의 경우에는 수량, 품목, 공간, 위치, 진열 형태의 조합 등으로 표현된다.

(2) 진열의 기본조건 ✔자주출제

① 보기(인지하기)가 쉬워야 한다.

② 고르기 용이해야 한다.

③ 손으로 잡기 용이해야 한다.

④ 박력 있는 진열이 되어야 한다.

⑤ 주목률을 높이는 진열이 되어야 한다.

⑥ 경제적인 진열이 되어야 한다.

⑦ 가치를 높일 수 있는 진열이 되어야 한다.

⑧ 밝고 청결한 진열이 되어야 한다.

참고 제품 디스플레이 시 고려해야 할 원칙

① 선이나 형태, 색상, 짜임 등을 통해서 통일성을 유지시키는 것이 좋다.
② 색다름의 강조를 위해서는 크기, 형태, 색채 등에 있어서 대비를 시키는 것이 좋다.
③ 중앙축을 중심으로 좌우의 무게가 서로 같아지도록 색채, 형태, 크기 등의 요소를 활용하는 것을 균형이라고 한다.
④ 선, 무게, 형태, 색채 등의 디스플레이 요소를 서로 잘 결합함으로써 소재별, 품종별, 가격별, 용도별 조화를 이룰 수 있다.

---

(3) 진열의 형식

① 아이디어 지향적 진열 방식 : 가구진열의 경우에서 보면, 실제적으로 사용하는 가정에 배치했을 때 소비자들에게 어떻게 보일지를 조합되는 품목들과 함께 진열해서 사전에 소비자들에게 보여주는 점포 진열방식에 가깝다고 할 수 있다. 여성의류의 경우에도 점포의 전체적인 인상을 나타내기 위해 활용하기도 하는 방식이다.

② 스타일별·품목별 진열 방식 : 소비자들이 한 곳에서 갖가지 제품들을 쇼핑하고 싶은 니즈를 충족시키기 위해 제품 품목별로 진열하는 방식을 말한다. 이 방식은 통상적으로 식료품점, 할인점 등에서 많이 활용하는 방식이다.

③ 수직적 진열 방식 : 소비자들 시선의 자연스런 이동에 의해 효율적으로 제품들을 진열할 수 있는 방식이다.

④ 카테고리별 진열 방식 : 비슷한 종류의 제품을 묶어 진열하는 방식을 말한다. 예를 들어 요구르트는 요구르트, 우유는 우유끼리, 탄산음료는 탄산음료끼리 진열하는 것이다.

⑤ 전진진열방식 : 제품이 판매될 때마다 제품을 전진진열해서 언제나 점포의 제품이 풍부하게 보이는 진열방식을 말한다.

⑥ 전면진열방식 : 제품의 브랜드가 서로 똑같이 보이게 하는 진열하는 방식을 말한다. 예를 들어, 동일한 브랜드의 제품이 같은 열에 진열되어 있는데, 한 제품은 앞면이, 또 다른 제품은 뒷면이 보이면 소비자들이 제품에 대해 받는 이미지는 떨어지게 될 것이다. 그러므로 전면진열방식은 동일한 브랜드의 제품이 모두 같은 방향으로 소비자를 향해 보이게 하는 진열방식을 말한다.

기출PLUS

기출 2021년 제1회

상품연출이라고도 불리는 상품진열이 가지는 고객 서비스 관점의 의미로 가장 옳지 않은 것은?

① 진열은 빠른 시간에 상품을 찾을 수 있게 해주는 시간절약 서비스이다.
② 진열은 상품선택 시 다른 상품과의 비교를 쉽게 해주는 비교서비스이다.
③ 진열은 상품종류를 쉽게 식별하게 해주는 식별서비스이다.
④ 진열은 상품이 파손 없이 안전하게 보관되도록 하는 보관서비스이다.
⑤ 진열은 무언의 커뮤니케이션으로 상품정보를 제공해주는 정보서비스이다.

◀정답 ④

아래 글상자는 진열유형 중 하나에 대한 설명이다. 관련 진열유형으로 옳은 것은?

· 보기 ·

진열대 내에서 잘 팔리는 상품 곁에 이익은 높으나 잘 팔리지 않는 상품을 진열해서 고객 눈에 잘 띄게 하여 판매를 촉진하는 진열이다. 이 진열은 무형의 광고효과가 있기 때문에 진열대 내에서 사각 공간을 무력화시키는 효율 좋은 진열방법이다.

① 수직진열
② 수평진열
③ 샌드위치 진열
④ 라이트 업(Right up) 진열
⑤ 전진입체진열

(4) 상품 진열 및 배열기법

① 선반진열의 유형

ⓐ 샌드위치(Sand-Witch) 진열방식

점포의 진열대 내에서 소비자들에게 잘 팔리는 제품 옆에 이익은 높지만 잘 팔리지 않는 제품을 진열해서 판매를 촉진시키는 진열방식이다. 이 진열 방식은 무형의 광고 효과가 있기 때문에 진열대 내에서 사각 공간(죽은 공간)을 무력화시키는 효율성이 높은 진열 방법이다.

ⓑ 브레이크업(Break Up) 진열방식

• 제품의 진열라인에 변화를 주고, 소비자들의 시선을 유도함으로써 제품 및 점포에 대한 주목률을 높이고자 하는 진열방식이다.

• 획일적인 선반의 모습은 때로는 단조로움을 연출한다.

• 진열에 있어 진열대 등판이 드러나는 것은 좋은 진열이 아니다.

• 제품에 알맞게 선반 높낮이를 조정하여 줌으로써 소비자들의 주목률을 높이는 진열 기법이다.

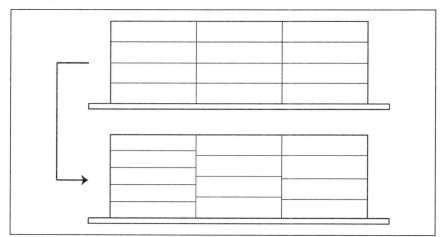

ⓒ 라이트업(Right Up) 진열방식 : 왼쪽보다 오른쪽에 진열되어 있는 제품에 소비자들의 시선이 머물기 용이하므로 오른쪽에 고가격, 고이익, 대용량의 제품을 진열하는 방식이다. 최근에는 제품 보충진열 작업 시에 진열 선반에 남아 있는 잔여 제품을 우측으로 몰아 진열하고 새로 보충하는 제품은 좌측에 진열해서 제품의 선입선출 작업에 이용한다.

ⓓ 전진입체 진열방식

• 제품의 인지가 가장 빠른 페이스 부분을 가능한 한 소비자에게 정면으로 향하게 하는 진열의 방식이다.

• 이렇게 함으로써 진열된 제품은 소비자들의 눈에 잘 띄게 되어 제품의 판매율이 높아지게 된다. 또한 적은 양의 제품을 갖고도 풍부한 진열감을 연출할 수 있다.

〈정답 ③

• 진열된 제품에 제조일자가 빠른 상품과 오래된 제품이 있으므로 오래된 제품은 앞으로 내어 진열한다.
• 셀프 서비스 점포의 경우에는 1일 1회 이상 해야하는 작업이다.

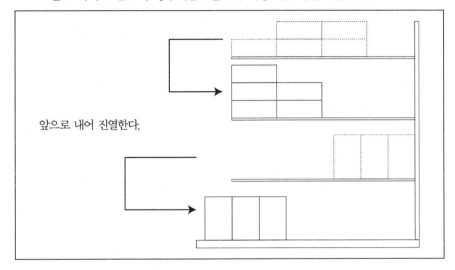

앞으로 내어 진열한다.

㉤ 트레이 팩(Tray-pack) 진열방식
• 제품 등이 들어있는 박스의 하단만 남기고 잘라 내어 그대로 쌓아 이를 대량으로 진열하는 방식이다.
• 섬 진열, 벽면 진열 모두 활용되며 일손 절감과 대량 양감 진열 등에 적합하다.
• 주로 할인점이나 슈퍼마켓 매장에서 대량으로 제품을 쌓아 진열한다.
• 통로의 폭이 확보된 점포에서 유용하다(캔 맥주, 콜라 등 페트 음료에 어울린다).

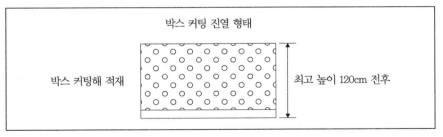

박스 커팅 진열 형태
박스 커팅해 적재
최고 높이 120cm 전후

㉥ 수직적 진열 : 소비자들의 시선에 보았을 때, 눈의 자연스러운 움직임에 따라 효과적으로 제품을 진열할 수 있는 방식이다. 소비자들이 멀리서도 제품에 대한 정보를 알 수 있는 진열방식으로, 동종의 제품들을 상·하로 진열하는 방식이다.
㉦ 아이디어지향적 진열 : 여성의류의 경우 점포에 있어서 전반적인 인상을 나타내기 위해서 사용하기도 하는 방식이다.

상품진열방법과 관련된 설명 중 가장 옳지 않은 것은?

① 서점에서 고객의 주의를 끌기 위해 게시판에 책의 표지를 따로 떼어 붙이는 것은 전면진열이다.

② 의류를 사이즈별로 진열하는 것은 아이디어 지향적 진열이다.

③ 벽과 곤돌라를 이용해 고객의 시선을 효과적으로 사로잡을 수 있는 방법은 수직적 진열이다.

④ 많은 양의 상품을 한꺼번에 쌓아 놓는 것은 적재진열이다.

⑤ 여름을 맞아 바다의 파란색, 녹음의 초록색, 열정의 빨간색 등으로 제품들을 구분하여 진열하는 것은 색상별 진열이다.

〈정답 ②

ⓞ **품목별 진열** : 의류의 경우 사이즈별로 점내에 진열을 하여 소비자들이 제품을 찾기 용이하도록 배치하는 방식이다.

ⓩ **사이드(Side) 진열**

- 엔드 좌측 또는 우측에 밀착시켜 돌출하는 진열기법이다.
- 통상 엔드 매대 내의 주력 상품과 직·간접으로 관련 제품을 추가로 '갖다 붙이는 진열'로 양감 연출에 이용되기도 하는데, 유의 사항은 다음과 같다.
- 통로가 넓어야 한다.
- 병목 현상을 피해야 한다.
- 철수 및 이동이 용이하도록 바퀴 달린 캐리어를 이용해서 박스 제품을 커팅 진열하거나, 점블 바스켓 진열대를 사용하기도 한다.
- 어떤 경우에도 맨 바닥에 제품을 놓지 않는다(깔판 등을 활용)

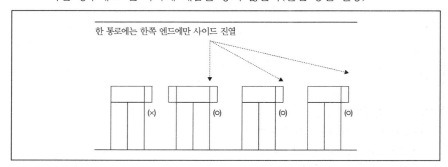

ⓩ **평대진열**

- 선반(Shelf) 진열과 달리 사방에서 상품에 접근이 용이한 진열방법으로 매출 효과가 크다.
- 주로 청과, 야채 등 생식품 행사용 진열대로 활용되어 왔으며 최근 공산품 가운데 행사 상품이나 기획 상품 진열에도 적극 활용되고 있다.
- 주의할 점
- 통로가 넓어야 한다.
- 재고 관리에 주의하여 보조구의 활용 및 양감 진열을 한다.
- 단점으로는 공간 로스가 문제이고, 하단 부분 효율을 높이기 위해 홈을 파서 다단식 선반 처리를 해 평대 진열 상품과 관련 진열한다.

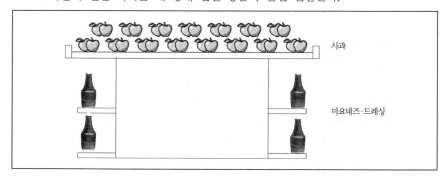

ⓒ 걸이 : 점내의 제품을 효과적으로 고정시키고 진열하고, 매장 사이의 경계를 나타내는 방식이다.

② 효과적인 진열 기법

㉠ **돌출진열**(Extended Display)

- 진열에 있어 일부를 진열용구 및 박스 등을 사용해서 보통의 매대에 비해 소비자들이 지나다니는 통로 쪽으로 튀어나오게 돌출시키는 진열기법이다.
- 매대가 튀어나온 관계로 소비자들의 눈에 잘 띄는 주목효과와 이로 인한 제품구매율이 높은 진열방식이다.
- 주로 엔드 전면으로 돌출, 측면으로 사이드 진열도 이에 해당된다.
- 통로가 넓어야 하며, 제품 자체의 매출에 도움이 되지만 그 돌출로 인한 사각지대 발생으로 눈에 보이지 않는 손실은 크다.
- 무엇보다도 객동선 장해에 의한 소비자 통행이 불편하므로 특별한 경우 외에는 금지하는 게 좋다.

㉡ 변화진열 : 통상적인 매대에서 느껴지는 단조로움에서 탈피하여 진열대의 경사를 바꾼다던지, 또는 단의 높이를 임의로 조정하는 등의 매대의 일부분에 변화를 일으켜 소비자들의 시선을 끄는 진열방식이다.

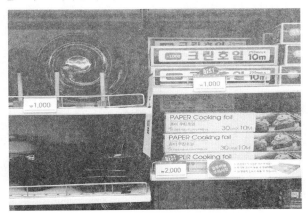

ⓒ **후크진열**(Hook Display) : 소비자들의 시선에 잘 띄지 않는 얇거나 가벼운 제품 등의 진열 시에 활용하는 진열방법으로, 흔히 제품의 포장 상단에 구멍을 뚫어 걸어서 진열하는 방식이다.

ⓓ **섬 진열**(Island Display) : 점포 빈 공간 등에 박스를 활용해서 섬과 같은 형태로 만든 대량진열방식이다. 특히, 소비자들에게 신제품 등이 출시되어 행사를 할 경우에 가장 효과적이며, 동시에 무인판매 수단으로도 쓰이는 방식이다.

⑩ **점블진열(Jumble Display)**

- 스낵류, 즉석식품류, 통조림류에서 자주 활용되는 형태로, 임의적으로 제품을 무질서하게 진열하는 방식을 말한다.
- 소비자들에게 제품에 대해 깨끗하지 못한 느낌, 흐트러진 느낌을 전달해서 제품의 할인행사를 진행한다는 것을 연상시켜 소비자들의 시선을 잡는 방식이다.
- 철제 바구니 등 진열 집기를 이용한다.
- 칫솔, 통조림류, 초코바류 등 주로 저가 제품 진열에 적합하다.

⑪ **관련 진열** : 예전의 상품군들과 상호 연관관계가 있는 제품들을 서로 인접하게 하여 진열하는 방식이다. 주로 메뉴제안 또는 생활제안 등을 통해 소비를 이루게 하는 제품에 활용한다.

과자나 라면 같은 상품들을 정돈하지 않고 뒤죽박죽으로 진열하여 소비자들에게 저렴한 특가품이라는 인상을 주려는 진열방식의 명칭으로 가장 옳은 것은?

① 돌출진열(extended display)
② 섬진열(island display)
③ 점블진열(jumble display)
④ 후크진열(hook display)
⑤ 골든라인진열
　(golden line display)

＜정답 ③

ⓢ 박스진열(Box Display) : 입점한 제품을 하나씩 즉, 낱개가 아닌 박스 채로 점포의 한 공간에 진열하는 방식이다. 대량판매를 목표로 하거나 제품회전율이 상당히 높은 제품의 진열에 있어 효과적인 방법이라 할 수 있다. 더불어 점포 내 인력이 부족하거나 진열의 수준이 낮은 점포에서도 용이하게 사용할 수 있는 방식이다.

ⓞ 계산대 앞 진열 : 소비자들이 계산하는 공간의 앞부분에 제품을 진열해서 기다리는 소비자들의 주의를 환기시키고 충동구매를 일으키게 만드는 진열방식을 말한다. 특히 제품의 인지도를 높이는 차원에서라도 상당히 효과적인 방식이다.

참 고 엔드매대 ✔자주출제

① 개요 : 엔드매대는 점포에서 소비자들의 눈에 가장 잘 띄므로 정리정돈이 잘 되어 있어야 한다. 더불어, 제품 또한 주기적인 교체가 이루어져야 하고 그로 인한 양감 및 계절감 등이 표현되도록 해야 한다.

② 역할

    ㉠ 연출의 장 역할을 수행한다(생활제안이나 계절행사 등을 통해서 소비자들에게 매력적인 점포라는 인식을 심어줄 수 있다).

    ㉡ 소비자들에 대한 회유성을 높이는 역할을 한다(소비자들을 점내로 들어오게 만들고 일반 매대 쪽으로 유인한다).

    ㉢ 판촉의 장 역할을 수행한다(행사 또는 광고상품 등을 진열해서 소비자들에게 변화가 많은 점포라는 인식을 심어준다).

    ㉣ 이익확보 및 매출의 장 역할을 수행한다.

③ 활용

    ㉠ 소비자들의 관심 제품을 곤돌라에 진열해서 주 판매대인 곤돌라로 소비자들을 유인

    ㉡ 인지도가 높은 제품을 진열해서 소비자들이 점포 내를 회유하도록 유도

    ㉢ 광고상품, 전단, 행사제품 등을 진열해서 소비자들에 대한 판매촉진 수단으로 활용

    ㉣ 신학기, **데이, 명절, 계절행사, 행사테마 등을 제안하는 공간으로 활용

④ 엔드 매대 기능과 효과

    ㉠ 유도기능 : 마그네트(magnet) 효과

    ㉡ 소구기능 : 커뮤니케이션(communication)

    ㉢ 판매기능 : 양판효과. 판매증대 효과 등

⑤ 엔드 전개에 필요한 5가지 포인트

    ㉠ 양감(박력)

    ㉡ 계절감

    ㉢ 소구력

    ㉣ 이미지(우수한 품질, 저렴함)

    ㉤ 설득력

⑥ 엔드 진열 기대효과

    ㉠ 집객력 증대를 통해 비계획적 충동구매나 정리구매(떨이 판매)를 꾀할 수 있다.

    ㉡ 텔레비전, 전단광고, POP, 가격할인 등 판촉수단과 연계시킴으로써 매출 증대를 꾀할 수 있다.

    ㉢ 신제품 소개 및 도입 시 효과적이다.

    ㉣ 계절과 유행에 맞는 판촉을 통해 점포 전체의 계절감 및 생활 제안을 소구할 수 있다.

기출 2020년 2회

엔드매대에 진열할 상품을 선정하기 위한 점검사항으로 가장 옳지 않은 것은?

① 주력 판매가 가능한 상품의 여부

② 시즌에 적합한 상품의 여부

③ 대량 판매가 가능한 상품의 여부

④ 새로운 상품 또는 인기상품의 여부

⑤ 전체 매장의 테마 및 이미지를 전달할 수 있는 상품의 여부

기출 2021년 제2회

엔드진열(end cap display)에 대한 설명으로 가장 옳지 않은 것은?

① 진열된 상품의 소비자들에 대한 노출도가 높다.

② 소비자들을 점내로 회유시키는 동시에 일반 매대로 유인하는 역할을 한다.

③ 생활제안 및 계절행사 등을 통해 매력적인 점포라는 인식을 심어줄 수 있다.

④ 상품정돈을 하지 않으므로 작업시간이 절감되고 저렴한 특가품이라는 인상을 준다.

⑤ 고마진 상품진열대로서 활용하여 이익 및 매출을 높일 수 있다.

< **정답** ⑤, ④

⑦ 엔드 매대 제품구성 시의 점검사항 : 능숙한 테마와 주제 설정이 필요하다. 아무런 의미도 없는 일반 제품을 엔드에 진열하는 것은 무의미하다. 또한 가격이 높은 제품, 부패가 큰 제품끼리의 관련 진열은 피한다.

㉠ 계절이 적절한가? (춘하추동, 휴가철, 신학기철, 김장철, 명절 등)
㉡ 특매 및 기획제품 등의 테마가 명확하고 진열과 밸런스는 좋은가?
㉢ 메뉴 소구가 친밀감이 있는가?
㉣ 신제품, 광고 제품, 히트 제품 등은 유행성이 고려되었는가?
㉤ 제안형으로 생활 감각이 있는 정보 제공에 도움이 되는가?
㉥ 신선식품의 후레쉬 이미지(fresh image)가 있는가?
㉦ 대량 판매 시 소비성이나 회전력을 감안하는가?

※ 쇼케이스 진열
① 개념 : 제품의 진열을 목적으로 점포 내 설치하는 상자형의 구조물을 의미
② 종류
㉠ 카운터형 쇼케이스 : 흔한 형태로 통상적으로 유리의 선반이 2장 있는 3단계 진열식의 쇼케이스이다.
㉡ 윈도우형 쇼케이스 : 쇼윈도와 쇼케이스의 기능을 겸한 것으로 제품의 제시가 목적이 되는 쇼케이스이다.
㉢ 섬형 쇼케이스 : 어떠한 방향에서 보아도 점포 내부의 제품을 볼 수 있는 형태의 쇼케이스이다.

---

section 5 비주얼 프리젠테이션

(1) 비주얼 프리젠테이션의 개요

소비자들은 심한 변화 및 호기심을 지니고 있으므로 어떠한 제품을 선택했다 하더라도 타 제품으로 다른 선택을 할 수 있다. 또는 타 제품을 사용해 보고 해당 제품이 마음에 들면 그대로 사용하기도 한다. 그러므로 점포에서는 신상품 및 인기 브랜드를 소비자들에게 보여주어야 한다. 비주얼 프리젠테이션의 기본적 사고는 개개의 기업이 만들어 내는 제품이 실제 소비자들에게 어떤 생활 제안을 하는지에 그 의미가 있다.

(2) 비주얼 프리젠테이션의 기술

프리젠테이션이라는 것은 점포에 소비자들이 내점했을 시에 느끼는 설레임과 흥분을 최대화시키도록 제품을 배치하는 것이다.

매장에서 비주얼 머천다이징(VMD)을 구성할 때 다양한 방법을 사용할 수 있다. 아래 글상자에서 설명하는 내용의 기법으로 가장 옳은 것은?

┌ 보기 ┐
- 고객에게 상품의 특성과 장점에 대한 정보를 제공하고 인기 상품이나 계절상품 등을 제안하는 역할을 한다.
- 고객의 시선이 닿기 쉬운 곳에 구성하여 고객의 무의식적인 구매충동을 자극하도록 구성한다.
- 고객에게 상품의 콘셉트나 가치를 시각적으로 호소한다.

① 쇼윈도 프레젠테이션
② 파사드 프레젠테이션
③ 비주얼 프레젠테이션
④ 포인트 프레젠테이션
⑤ 아이템 프레젠테이션

‹정답 ③

① 인지하기 쉬움의 기술

  ㉠ 해당 점포에서 소비자들의 욕구에 부합하는 제품을 찾게끔 해주는 프리젠테이션이 되어야 한다.

  ㉡ 제2자석(주 통로 및 막다른 장소)

  • 제2자석의 경우 쇼핑중인 소비자들을 멈추게 하거나 점포로 끌어당기는 역할을 한다.

  • 제2자석에서 중요 위치 중 하나는 에스컬레이터 하행선과 통로의 막다른 곳인데, 이러한 곳들로 소비자들을 향해 히트 제품들을 프리젠테이션 해야 한다.

  • 점포는 분위기 및 환경 등이 상황에 따라 변하는 곳이므로 항상 프리젠테이션을 수정해야 한다.

② 표현하고자 하는 내용 및 방법에 대한 기술

  ㉠ 제1자석(주력제품)

  • 자석 제품은 소비자들을 점포로 끌어들이기 위한 일종의 미끼제품을 의미한다.

  • 제1자석 제품의 경우 소비의 빈도 및 소비량이 높은 제품이 절대적인 조건을 형성한다.

  • 또한, 제1자석 제품은 해당 점포에서 주력제품인 경우가 대부분이다.

  ㉡ 제2자석(연출을 중요 시 하는 제품)

  • 제2자석 제품은 쇼핑 중인 소비자들이 통로에 멈춰있거나 쇼핑을 진행 중인 소비자들을 자신들의 점포 안쪽으로 유도하는 역할을 하는 제품이다.

  • 제2자석에 있어서 중요시하게 여기는 것은 히트 제품이다.

  • 소비자들의 눈에 띄는 장소이므로, 계절성을 표현하는 연출이 있어야 한다.

  • 항상 조도 및 명도에 신경을 쓰고 제품의 색채에 대한 배려가 반드시 필요하다.

  ㉢ 제3자석(엔드 매대)

  • 제3자석 제품의 목적은 내점한 소비자들에게 흥미를 주거나 밖으로 나가려는 소비자들의 주의를 자극해서 자점에 더 머무르게 하는 것이다.

  • 엔드 진열에서 기본이 되는 품목으로는 특가품 판촉, 스토어 브랜드 제품 등이 있다.

  ㉣ 제4자석

  • 제4자석의 경우에는 소비자들을 기나긴 진열대 안쪽으로 흡인시키기 위한 제품이다.

  • 제4자석은 홈 센터, 슈퍼마켓, 드럭 스토어처럼 기다란 점포에서 활용된다.

  • 진열대가 짧은 홈퍼니싱, 의류 등에는 효과를 얻기 어렵다.

③ **볼륨감의 기술** : 볼륨감의 기술이라는 것은 소비자들의 입장에서 제품 등이 풍부하게 있다고 느끼게 되는 것을 의미한다. 볼륨감 또는 박력 있는 연출을 함에 있어 적합한 방식에는 전진입체진열이 있다.

④ 배색의 기술

○ 컬러 스트라이프 진열은 제품의 컬러 및 패키지 컬러 등을 활용해 진열 면에 세로로 색 줄무늬를 꾸미는 방식이다.

○ 이의 목적은 소비자들을 유인하고 제품의 매력을 높이며, 제품 자체만으로 충분히 분위기를 표현하는 데 있다.

○ 컬러 스트라이프 진열은 제품을 돋보이게 한다.

○ 컬러 스트라이프 진열은 현장(점포)에서 매출현황을 직접 눈으로 보고, 인지할 수 있다.

⑤ 재고의 기술

○ 가장 중요한 것은 소비자들이 제품을 선택하기 용이해야 하고, 동시에 소비자들이 원하는 제품이 존재해야 한다.

○ 의류 부문의 경우 스타일이나 재질 등이 수시로 바뀌므로 가장 중요한 스킬이다.

(3) 컬러 머천다이징의 기초지식

컬러 머천다이징(Color Merchandising)은 제품의 개발에 있어 색채의 효과를 충분히 고려하여 판매활동을 하기 위한 계획을 세워 제품화를 꾀하는 것을 말한다. 이러한 디스플레이는 소비자들의 시선을 사로잡아 제품으로 이끌고 판매자의 이미지 및 스타일에 주목하게 하는 것이다. 이러한 경우에는 매장의 이미지, 브랜드, 광고 이미지 등이 포함되어야 한다.

> **참고** 시각적 머천다이징
> ① 점포의 내·외부 디자인도 포함하는 개념이지만 핵심개념은 매장 내 전시(Display)를 중심으로 이루어진다.
> ② 제품 및 판매환경을 시각적으로 나타내고 이를 관리하는 일련의 활동이다.
> ③ 제품과 점포 이미지가 서로 일관성을 유지할 수 있게 진열하는 것이 중요하다.
> ④ 시각적 머천다이징의 요소로는 색채, 선, 재질, 공간, 형태 등이 있다.

(4) POP 광고 취급방법 ✔자주출제

① POP 광고의 기능 : POP 광고의 기능을 한마디로 말하면 제품 및 소비자를 구매시점에서 기업이 의도한 대로 연결시켜주는 것이라고 할 수 있다. 즉 제품의 주위에서 구매를 자극, 촉진하여 의사 결정을 용이하도록 도와주고 제품구입을 둘러싸고 기업과 소비자 양자 간 만족을 충족시켜주는 역할을 하는 것이 POP 광고이다.

② POP 광고의 특성 : POP 광고는 지리적 선택성이 좋은 반면, 경쟁이 격화되는 경향이 있다. 이러한 현상은 점내의 진열 위치에 따라 광고 효과의 차이가 현저하게 나타나기 때문이다. 기업은 POP 광고를 가능한 한 노출이 잦은 지역에 위치시키려고 노력한다. 이러한 POP 광고는 다음과 같은 장점과 단점으로 설명할 수 있다.

③ 장점
  ㉠ 충동구매를 유발시킨다.
  ㉡ 구매시점에서의 또 다른 프로모션 활동을 강화시킨다.
  ㉢ 셀프서비스(Self-Service) 매장에서 가장 좋은 수단이 된다는 것이다. 소매점은 셀프서비스의 상황이 증가하는 형태로 발전하고 있다. 이때에는 판매원이 존재하지 않기 때문에 POP 광고가 판매원의 역할을 대신하게 되는 것이다.

④ 단점
  ㉠ 전시 장소나 광고의 질을 통제하기 어렵다.
  • POP 광고의 성공여부는 장소라고 해도 과언이 아니다.
  • 문제가 되는 것은 이러한 광고물 모두가 좋은 장소에 입지 할 수 없다는 것이다.
  • 이로 인해 현재 많은 기업에서는 판매와 직결될 수 있는 입지 장소 확보에 경쟁이 치열하다.
  ㉡ 상점을 설치하지 않고 제품을 판매하는 판매업자는 POP광고를 이용할 수 없다는 것이다.
  • 이것은 POP 광고가 상점이라는 매체를 활용해서 광고활동을 펼치기 때문에 발생하는 문제점이라고 할 수 있다.
  ㉢ 상점의 협력의 한계를 들 수 있다.
  • 제조업자 측에서는 소비자뿐만이 아니라 상점 측도 고려해야 하는 이중부담을 안고 있다. 아무리 좋은 광고이더라도 상점 측에서 수용하지 않으면 그 광고물은 의미가 없기 때문이다. 뿐만 아니라 POP 광고는 백화점과 같은 대형 유통점에서는 많은 광고물 등으로 인해서 식별이 힘들다.

참 고 POP의 분류

① 설치장소별 분류
  ㉠ 점두 POP : 소매점의 현관이나 입구에 위치하는 POP로 스탠드 간판, 여러 형태의 깃발 POP, 받침대 깃발형 POP(Pole POP), 브로마이드 POP, 스토어 사인 등이 있다.
  ㉡ 천장(ceiling) POP
  • 천장에서부터 아래로 내려뜨려서 설치한 POP로 멀리서도 눈에 잘 띄거나 매장의 위치를 쉽게 구별할 수 있도록 한다.

- 점포 공간이 협소하여 POP 설치가 용이하지 않을 때 자주 이용된다. 배너 광고(Banner)나 행거(Hanger), 모빌(Mobile), 깃발(Flag) 등이 여기에 해당된다.

  ⓒ 윈도우 POP : 점두의 쇼 윈도우에 설치하는 POP로서 통행인의 주목도를 높이기 위한 방법이다. 그러나 설치하는데 있어서 공간적 제약이 있기 때문에 공간을 효율적으로 활용할 수 있게 제작하여야 한다.

  ⓔ 플로어 POP

- 점포 내부의 바닥에 설치하여 사용하는 것으로, 주로 상품의 전시판매 기능을 보완, 강화하는 역할을 하게 된다.
- 제작비가 비싸며 대형 POP가 주로 많다. 여기에는 진열대 POP와 머천다이저 등이 있다.

  ⓜ 카운터 POP

- 점포에서 구입한 상품을 계산하기 위한 카운터에 설치하는 POP로서 다목적으로 사용되며 종류도 다양하다.
- 구입물품을 정산하는 동안 고객의 시선이 머물기 쉬우며 소매점에 관한 정보 및 이벤트 행사 등을 고지, 안내하는 데 이용된다.
- 판매대, 테스터(Tester), 견본대, 스팟 디스플레이(Spot Display), 패널(Panel) 등이 여기에 속한다.

  ⓑ 벽면 POP : 점포 벽면에 붙여서 사용하는 POP이다. 깃발류, 포스터보드, 알림 보드, 기타 장식 등이 있다.

  ⓢ 선반(Shelf) POP : 진열된 제품 주위에 붙어 있는 소형 POP물, 아이 캐처(Eye Catcher), 가격 카드(Price Card), 트레이(Tray) 등이 있다. 가격 표시 및 제품을 탐색하는 데 편리하도록 제작된다.

② 목적 및 기능별 분류 : 목적 및 기능별 분류는 세일즈 프로모션 믹스 수단의 일환으로 POP 광고가 가지고 있는 기능이나 역할을 중심으로 하는 분류방법이기 때문에 '프로모션별 분류'로도 표현한다.

  ⓝ 신제품 발매 프로모션 POP

- 신제품의 발매와 동시에 전개되는 POP이다.
- 신제품 출하 시 광고캠페인과 더불어 활용되는 POP 광고는 대중매체광고와 함께 통합적으로 운영하는 것이 중요하기 때문에 다양한 POP 종류를 캠페인 기간 동안 주로 2~3개월에 걸쳐서 소비자에게 단기간에 집중적으로 소구해야 한다.
- 매체 시너지효과를 극대화시켜 소비자의 관심이 캠페인에 집중될 수 있도록 기획력을 집중시켜야 한다.

  ⓛ 계절 프로모션 POP

- 계절별 특성을 살려 전개되는 POP이다.
- POP 광고에 의해 각 계절에 맞는 독특한 분위기를 연출하는 것으로 점포의 시각적 연출과 구매의욕을 자극하는데 매우 효과적이다.

ⓒ 프리미엄 프로모션 POP
- 프리미엄을 전시하여 사용하는 POP이다.
- 이 POP 광고는 프리미엄의 대상이 되는 기프트, 경품 등을 상품과 함께 전시하는 방법으로 많이 사용되고 있는데, 프리미엄의 매력을 최대한 연출하여 상품구매로 연결될 수 있도록 한다.
- 프리미엄 자체가 전시 불가능할 경우는 POP를 시각적으로 입체화시키거나 움직임을 활용한 동적인 수단을 통해 프리미엄의 내용을 매장의 고객에게 적극적으로 인지시킬 수 있는 방법을 동원한다.

ⓔ 확대 판매 프로모션 POP : 기업 마케팅계획의 일환으로 일정 기간 동안 자사 상품을 취급하고 있는 유통채널, 기관을 장려하거나 지원하기 위해 활용하는 POP이다.

ⓜ 데몬스트레이션용 POP
- 대형 소매점을 중심으로 실증, 실연에 의한 판매에 자주 이용되는 POP 방법이다.
- 시음회나 시식회 등의 이벤트 행사장이나 백화점, 슈퍼마켓의 식품매장에서 주로 사용된다.

ⓗ 대량 진열용 POP
- 제품을 대량으로 진열한 다음, 소비자의 구매의욕을 자극시키기 위해 사용되는 POP를 가리킨다.
- 주로 플로어 POP의 하나인 머천다이저가 사용된다.
- 점포의 POP 광고 효과를 높이기 위하여 눈에 잘 띄는 자극적인 색채를 많이 활용하거나 인지도가 높은 캐릭터 등을 주로 사용한다.

  예 CD판매대 또는 도서판매대

ⓢ 전시 즉매용 POP
- 새로운 지역으로 판매를 확대하기 위해서 자사의 점포 이외의 장소에 임시로 매장을 개설할 때 이용하는 POP이다.
- 점포나 행사장 전체를 이벤트 분위기로 연출하는 데 효과적이다.
- 일반적으로 상품을 전시하고 현장에서 즉시 판매가 이루어지도록 다양한 고려가 필요하다.

ⓞ 진열용 프로모션 POP
- 광고 캠페인에 맞추어 모든 소매 유통점에 전개되는 POP를 통일하여 진열한다.
- 화장품 등의 패션제품이나 시계, 카메라와 같은 전문품을 전시할 경우 많이 사용된다.
- 고급 분위기를 살리기 위해 재질과 제작 기법에 많은 주의가 요구된다.

ⓩ 점두 활성화 POP
- 자사제품을 점두에서 집중적으로 홍보, 판매하기 위해 사용하는 POP가 여기에 포함된다.
- 통행인의 시선을 끌 수 있어야 하며 매장 안으로 유도할 수 있으면 더욱 바람직하다.

• 장기적으로 사용하기 때문에 상품관리 및 운반의 편리성 등이 요구된다.

ⓩ 컨설팅 POP

• 제품에 대한 필요한 정보 및 샘플을 전시함으로서 POP 자체가 소비자에게 제품의 해설자 역할을 하게 된다.

• 종류 및 색채가 다양한 상품의 샘플을 전시하여 소비자에게 직접 소구할 때 주로 사용된다.

• 컨설팅 POP는 시용대나 다양한 샘플 전시, 해설이 첨가된 디스플레이 방법에 의해 전개된다.

㉠ 매장 개발 POP

• 자사 제품을 취급하고 있지 않은 소매점을 새로이 개발하기 위해 설치하는 POP를 말한다.

• 설치 점포의 주변 환경과의 조화가 중요시되며, 작은 공간에 설치가 가능하도록 기능적인 설계가 요구된다.

(5) 디스플레이 웨어

① **피라미드형 배열** : 바닥은 넓고 점점 상위로 올라갈수록 좁아지게 되는 일종의 삼각형의 모습과 같은 형태로 제품을 배열하는 방식이다.

② **단계형 배열** : 제품 및 제품의 구성품들을 상향식 또는 하향식 방향의 연속적인 단계로 배열하는 방식이다.

③ **반복형 배열** : 일반적인 특성이 비슷한 제품의 품목에 활용되며 공간, 무게 또는 각도 등을 명확하고 동일하게 배열하는 방식이다.

참고 디스플레이 효과

① 타 점포와 차별화시킬 수 있다.
② 점포와 더불어 제품에 대한 이미지를 상승시킨다.
③ 소비자들로 하여금 제품을 선택하기 용이한 매장으로 인지시킬 수 있다.

---

④ **지그재그형 배열** : 제품을 매대의 꼭대기에 쌓아 올리지 않는 것을 제외하고는 대체로 피라미드 배열과 유사한 방식이다.

section 6 머천다이징(Merchandising)

(1) 머천다이징의 개요 ✔자주출제

① 개념 : 상품화 계획 또는 상품 기획이라고도 불린다. 머천다이징은 적절한 제품
이나 시기·장소·가격·수량으로 판매하기 위한 일종의 계획적인 활동이다.
소비자들의 수요에 부응하기 위한 제품을 만들기 위해 시장조사 자료를 바탕으
로 한 신제품의 개발·품질·디자인·색채 등을 검토하게 된다.

② 내용
  ㉠ 제조업자 및 중간상이 그들의 제품을 시장의 수요에 부응할 수 있도록 시도
  하는 각종 활동을 포함한다.
  ㉡ 기업 조직의 마케팅 목표를 달성하기 위해 특정 제품 및 서비스를 가장 효
  과적인 장소, 가격, 시점 및 수량으로 제공하는 일에 대한 전반적인 계획과
  관리이다.
  ㉢ 최적의 이익을 얻기 위해 제품의 관리, 매입, 판매의 방식 등에 관한 계획
  을 세우는 마케팅 활동이다.
  ㉣ 머천다이징은 도매업뿐 아니라 백화점 등 소매업에서 널리 채택되고 있는
  방식이다.
  ㉤ 통상적으로 도매업자 및 소매업자 등의 활동을 의미하는 제품의 선정 및 관
  리 등을 지칭하며 제조업자의 경우에는 제품의 계획 그 자체라고 말할 수
  있다.

기출 2020년 2회

머천다이징(merchandising)은 좁
은 의미(협의) 또는 넓은 의미(광의)
로 정의할 수 있다. 협의의 머천다
이징의 의미로서 가장 옳은 것은?

① 상품화계획 수립
② 판매활동계획 수립
③ 재고관리계획 수립
④ 상품확보계획 수립
⑤ 상품구매계획 수립

< 정답 ①

ⓑ 제품에 매입 및 판매를 연결하게 되는 시장성이 있는 제품을 만들어 내기 위한 기법으로 어떤 특정 제품 및 서비스 등을 기업 조직의 마케팅 목표에 따라 가장 효과적으로 실현할 수 있는 장소나 시기, 가격, 수량 등으로 제공하는 것에 대한 계획과 관리의 과정이다.

ⓢ 제품을 매입하고 이를 어떠한 방식으로 관리하며 더불어 이를 어떻게 판매하는 것이 기업의 입장으로서는 최적의 이익을 얻을 수 있는 것인가에 대한 계획을 세우는 마케팅 활동이다.

ⓞ 소매업 제품정책의 중심적인 활동이며 제품의 시기적절한 매입과 점포 내 진열을 하기 위한 계획 및 활동이다.

아래 글상자에서 ㉠이 설명하는 비주얼머천다이징(Visual Merchandising) 요소로 옳은 것은?

┌ 보기 ┐
(㉠)은(는) 판매포인트를 연출하기 위해 벽면이나 집기류의 상단 등 고객의 시선이 자연스럽게 닿는 곳에 상품의 포인트를 알기 쉽게 강조하여 보여주는 것을 말한다.

① VMP(visual merchandising presentation)
② VP(visual presentation)
③ PP(point of sale presentation)
④ IP(item presentation)
⑤ SI(store identity)

《 정답 ③

(2) 머천다이징 기획

① 좋은 제품의 원활한 조달을 하기 위한 바이어의 지속적인 관리와 협력

② 효율적인 적정의 재고수준 결정과 판매에 대비한 재고수준의 관리

③ 사회 · 경제적인 환경, 경쟁의 상황 및 시장 트렌드의 파악

④ 향상된 머천다이징을 위한 당 회기의 성과 평가와 이후 회기를 위한 제품의 선정

참고 **비주얼 머천다이징(VMD)** ✔자주출제

① 비주얼 머천다이징(Visual Merchandising)의 개념
  ㉠ 점포에 제품진열의 시각적 호소력이 자점의 매출에 상당한 영향을 주는 사실을 전제로 하는 개념이다.
  ㉡ 제품을 효율적으로 표현해서 소비자들의 구매를 자극한다.
  ㉢ 더욱 적극적으로 제품을 판촉하기 위한 전략적인 제반 활동이다.
  ㉣ 제품 및 판매환경을 시각적으로 만들고 관리하는 것이다.
  ㉤ 주요 요소로는 색채, 형태, 재질, 공간 등이 있다.
  ㉥ 점포의 내 · 외부 모두를 포함하지만, 본질은 매장 안의 전시를 기반으로 이루어진다는 것이다.
② 비주얼 머천다이징의 구성요소
  ㉠ VP(Visual Presentation) : 점포의 콘셉트를 표현하기 위한 점포 토털 이미지화 작업이다.
  ㉡ PP(Point of sale Presentation)
  • 제품진열계획에 있어서의 포인트 전략이다.
  • 소비자들의 시선이 머물러 있는 곳에 볼거리를 제공한다.
  • 소비자들이 해당 쇼핑몰에 흥미를 가질 수 있도록 유도하는 것이다.
  ㉢ IP(Item Presentation)
  • 제품에 대한 신선한 정보를 지속적으로 제공한다.
  • 판매촉진을 도모하는 작업이다.
  ㉣ 포장(Packing)은 VMD의 구성요소에 해당하지 않는다.

(3) 머천다이징과 브랜드

전체적인 기획과 운영을 책임지는 일을 하는 머천다이징의 역할은 기업의 중추신경과 같다. 이러한 머천다이징은 제품의 기획에서부터 디자인, 생산, 판매에 이르는 활동을 전체적인 관점에서 계획을 수립하고 관리하는 일로서, 머천다이저는 개별 제품 브랜드의 최종 책임자로 마케팅 혼합을 가장 합리적으로 환수하는 역할을 수행한다.

(4) 상품 카테고리 계획과 관리

카테고리는 소비자들이 대체할 수 있다고 생각하는 제품의 품목들을 모아놓은 것을 말하고, 더 나아가 카테고리의 매출 및 수입을 극대화한다는 목표 하에 소매를 관리하는 과정을 상품 카테고리 관리 과정이라 한다. 이렇듯 상황에 따라 소매업체는 특정 카테고리에서 선호하는 하나의 공급업체를 지원하기도 한다.

(5) 상품 매입과 구매계획

① 매입의 개념 : 매입은 소비자들을 만족시킬 수 있는 제공물, 즉 제품으로 만드는 과제를 수행하는 활동이다. 또한, 매입은 취급하는 제품별로 예상판매량을 결정하고 감모수준을 감안하여 적정한 재고량을 산출한 다음 이 자료를 바탕으로 점포에서 필요한 양을 구매함으로써 당초에 목표했던 수익률과 기타 재무관련 목표들을 달성하는 일련의 과정이다.

② 매입관리의 목적

  ㉠ 매입관리는 경영에 있어서 원재료나 상품의 조달에 관한 기획·통제·판매·생산 활동의 합리적인 운영을 위해서 적격품을 적시·적량·적가로 적정한 공급자로부터 구입하는 것을 목적으로 한다.

  ㉡ 구매대상으로서는 원재료와 기초적 생산설비가 있는데 이들은 최종적인 소비를 목적으로 하지 않으며 재생산의 수단이 되는 것이다.

  ㉢ 통상적으로 매입의 주요 목적이 되는 원재료에 대상을 한정한다면 그 매입 활동과 생산 활동의 관련은 재고품을 매개로 해서 성립된다.

  ㉣ 회전율과 재고의 상호관련성도 중요하다. 회전율은 납입 후 출고까지의 고정기간, 즉 1회전에 필요한 기간이다.

  ㉤ 소비량이 일정할 때 회전율을 높이려면 매입량을 낮게 조정할 수 있도록 주문점을 매입에 요하는 기간의 최대필요량에 맞추고, 상한점을 최대잔고와 신규입하량과의 합계에 맞추고, 하한점을 주문점과 평균 필요량과의 차에서 구한다.

  ㉥ 이 방법은 발주와 입하의 완전한 1회전 후에 다음 발주가 행하여지는 것을 전제로 한다.

③ **구매계획**(Consumers Plan) : 생산에 필요한 재료·부품·소모품 등의 자재를 구입하기 위한 계획이며, 재료의 보유량을 결정하고 생산 계획의 실시에 충분한 양을 확보하며, 품절이나 과잉 재고가 되지 않도록 한다.

④ **매입의 종류**

　㉠ **일반매입**(정기적 매입)

　　• 일반매입(regular buying) 또는 정기적 매입은 가장 널리 사용되는 매입방법이다.

　　• 재고예산과 통제절차에 따라 이루어진다.

　　• 대개 일반상품과 패션상품 등의 매입에 이용한다.

　㉡ **위탁매입**(특정매입)

　　• 위탁매입(consignment buying) 또는 특정매입은 제조업자나 도매업자가 자기상품의 노출을 확대하고 판매를 촉진하기 위한 방법의 하나로 이용한다.

　　• 납품업자가 소유권을 보유하되 소매점은 상품진열과 판매를 담당하고, 판매된 상품에 대해 일정액의 수수료를 가져가는 방법이다.

　　• 즉 소매점에 대하여 반품 허용조건 하에 상품을 진열해 두고 소비자에게 판매된 부분에 대해서만 소매점에서 매입하는 것으로 계약하는 방식을 말한다.

　　• 또한, 팔리지 않은 상품은 판매기간 후에 납품업자에게 반환된다.

　　• 주로 위험이 크거나 고가이거나 혁신적인 상품으로서 수요에 대한 예측이 어려운 경우 위탁매입이 이용된다.

　㉢ **약정매입**

　　• 약정매입(memorandum buying) 또는 규약에 의한 매입은 위탁구매의 변형으로 소매업자가 납품받은 상품에 대한 소유권을 보유하되 일정기간 동안에 팔리지 않은 상품은 다시 납품업자에게 반품하던지 혹은 다 팔린 후에 대금을 지급하는 권리를 보유하는 조건으로 구매하는 방식이다.

　　• 소매업자가 소유권을 가지는 이유는 가격정책 등에서의 통제권을 확보하기 위해서이다.

　㉣ **인정매입**(확인매입)

　　• 인정매입(approval buying) 또는 확인매입은 최종 구매결정이 내려지기 전에 납품업자로부터 상품이 점포에 배달되어 소매업자가 이를 검사한 뒤 인정하게 되면 최종적인 매입이 이루어지는 방법이다.

　　• 인정매입을 하게 되면 소매업자는 재고비용을 줄일 수 있으며 현금할인의 이점을 이용할 기회를 더 오래 가질 수 있고, 머천다이징 계획수립에도 시간적인 여유를 더 가질 수 있게 된다.

　㉤ **사양매입**(명세매입)

　　• 사양매입(specification buying) 또는 명세매입은 소매업자가 미리 정한 세부항목에 대한 주문사양(옵션)에 따른 매입을 의미한다.

- 경쟁업체와는 구별이 되고 점포의 이미지와 어울리는 제품을 매입할 때 이용되는 방법이다.

ⓑ 선도매입(사전매입)

- 선도매입(forward buying) 또는 사전매입은 제조업자가 판매촉진제품을 계획된 촉진기간 안에 큰 폭으로 할인된 가격으로 판매를 계획하는 경우, 필요한 제품과 수량을 미리 매입하는 방법이다.
- 대량구매에 따른 재고부담 등의 위험이 수반된다.

기출 & 예상문제

01 점포 내 레이아웃관리를 위한 의사결정의 순서로 가장 잘 나열된 것은?

① 판매방법 결정 – 상품배치 결정 – 진열용 기구배치 – 고객동선 결정
② 판매방법 결정 – 진열용 기구배치 – 고객동선 결정 – 상품배치 결정
③ 상품배치 결정 – 고객동선 결정 – 진열용 기구배치 – 판매방법 결정
④ 상품배치 결정 – 진열용 기구배치 – 고객동선 결정 – 판매방법 결정
⑤ 상품배치 결정 – 고객동선 결정 – 판매방법 결정 – 진열용 기구배치

> **TIPS!**
> 점포 내 레이아웃관리를 위한 의사결정의 순서 : 상품배치 결정 – 고객동선 결정 – 판매방법 결정 – 진열용 기구배치

02 아래 글상자에서 설명하는 점포 레이아웃 형태로 옳은 것은?

> ㉠ 기둥이 많고 기둥간격이 좁은 상황에서도 점포설비 비용을 절감할 수 있음
> ㉡ 통로 폭이 동일해서 건물 전체 필요 면적이 최소화된다는 장점이 있으며 슈퍼마켓 점포 레이아웃에 많이 사용됨

① 격자형 레이아웃　　　　　　　　　　② 자유형 레이아웃
③ 루프형 레이아웃　　　　　　　　　　④ 복합형 레이아웃
⑤ 부띠끄형 레이아웃

> **TIPS!**
> 격자형 레이아웃
> ㉠ 설비나 통로를 반복적인 패턴의 사각형으로 배치한다.
> ㉡ 상품은 직선형으로 병렬배치하며 고객들이 지나는 통로에 반복적으로 상품을 배치해야 비용면에서 효율적이다.
> ㉢ 공간 효율을 높이고자 하는 대형마트, 슈퍼마켓, 편의점에 적합하다.

Answer 01.⑤ 02.①

03 매장 내 상품진열의 방법을 결정할 때 고려해야 할 요인으로서 가장 옳지 않은 것은?

① 상품들간의 조화
② 점포이미지와의 일관성
③ 개별상품의 물리적 특성
④ 개별상품의 잠재적 이윤
⑤ 보유한 진열비품의 활용가능성

TIPS!

상품진열의 기본 원칙
㉠ 고객이 보기 쉽고, 사기 쉽게 이루어져야 함
㉡ 잘 팔리는 상품(주력상품)은 잘 보이는 곳에 진열
㉢ 너무 높거나 너무 낮은 곳에 진열하지 않음
㉣ 관련상품은 함께 진열
㉤ 이동공간을 넓혀 상품이 잘 보이도록 진열
㉥ 상품의 브랜드와 가격이 잘보이도록 진열
㉦ 상품의 수량과 색상을 다양하게 진열
㉧ 회전율이 낮은 상품과 고가품은 최소한의 양만 진열
㉨ 매장 입구 쪽에는 비교적 가격단가가 낮은 제품을, 매장 안쪽으로 갈수록 가격단가 높은 제품과 구매빈도가 낮은 제품을 배치
㉩ 고객의 관점에서 본 제품간 관련성을 고려하여 제품을 배치

04 다음 중 격자형 레이아웃에 관한 설명으로 적절하지 않은 것은?

① 고객들이 지나는 통로에 반복적으로 상품을 배치하는 방법이다.
② 설비나 통로를 반복적인 패턴의 사각형으로 배치하고, 상품은 직선형으로 병렬 배치한 구조이다.
③ 비용면에서도 효율적이다.
④ 공간효율을 높이고자 하는 형태로 백화점에 가장 적합한 형태이다.
⑤ 통로 폭이 동일하기 때문에 건물전체 필요면적이 최소화된다.

TIPS!

격자형 레이아웃은 공간효율을 높이고자 하는 형태로 대형마트나 슈퍼마켓, 편의점 등에 가장 적합한 형태이다.

Answer 03.⑤ 04.④

05 엔드진열(end cap display)에 대한 설명으로 가장 옳지 않은 것은?

① 진열된 상품의 소비자들에 대한 노출도가 높다.

② 소비자들을 점내로 회유시키는 동시에 일반 매대로 유인하는 역할을 한다.

③ 생활제안 및 계절행사 등을 통해 매력적인 점포라는 인식을 심어줄 수 있다.

④ 상품정돈을 하지 않으므로 작업시간이 절감되고 저렴한 특가품이라는 인상을 준다.

⑤ 고마진 상품진열대로서 활용하여 이익 및 매출을 높일 수 있다.

⊙ TIPS!

④ 상온 보관이 가능한 상품들을 진열하는 곤돌라 양 끝에 있는 진열대를 엔드라고 한다. 엔드 진열은 고객 인지도가 높은 상품으로 고객 시선을 끌고, 특가 판매로 발길을 멈추게 하며, 계절감으로 고객 마음을 끌게 하는 것이 핵심이다.

06 레이아웃의 유형 중 격자형 점포배치(grid layout)가 갖는 상대적 특성으로 가장 옳지 않은 것은?

① 비용 대비 효율성이 매우 높다.

② 공간의 낭비를 크게 줄일 수 있다.

③ 심미적으로 가장 우수한 배열은 아니다.

④ 고객의 충동구매를 효과적으로 자극한다.

⑤ 같은 면적에 상대적으로 더 많은 상품을 진열할 수 있다.

⊙ TIPS!

④ 자유형 레이아웃은 상품을 원형, U자형 등 불규칙한 형태로 진열 및 구성하는 것으로 소비자를 오랜 시간 머무르게 할 수 있어 충동구매를 기대할 수 있다.

Answer 05.④ 06.④

07 점포구성에 대한 설명으로 가장 옳지 않은 것은?

① 점포는 상품을 판매하는 매장과 작업장, 창고 등의 후방으로 구성된다.

② 점포를 구성하는 방법, 배치 방법을 레이아웃이라 한다.

③ 점포 구성 시 고객의 주동선, 보조 동선, 순환동선 모두를 고려해야 한다.

④ 점포 레이아웃 안에서 상품을 그룹핑하여 진열 순서를 결정하는 것을 조닝(zoning)이라 한다.

⑤ 명확한 조닝 구성을 위해 외장 출입구 및 점두 간판의 설치 위치를 신중하게 결정해야 한다.

🔦 TIPS!

⑤ 조닝이란 건축 설계에서 공간을 사용 용도와 법적 규제에 따라 기능별로 나누어 배치하는 일로 한정된 공간 안에 창고, 준비실, 계산대, 주방, 통로, 화장실 등의 배치를 점검해야 한다.

---

08 아래 글상자에서 설명하는 머천다이징 전략으로 가장 옳은 것은?

- 식료품 종류만 취급하던 슈퍼마켓에서 가정용품을 함께 취급함
- 약국에서 의약품과 함께 아기 기저귀 등의 위생용품과 기능성 화장품을 동시에 판매함
- 책을 판매하는 서점에서 오디오, 가습기 등의 가전제품을 함께 판매함

① 크로스 머천다이징(cross merchandising)

② 탈상품화 머천다이징(decommodification merchandising)

③ 스크램블드 머천다이징(scrambled merchandising)

④ 선택적 머천다이징(selective merchandising)

⑤ 집중적 머천다이징(intensive merchandising)

🔦 TIPS!

③ 이익을 위해서 유사 품목이 아닌 제품을 섞어 판매하는 방법

09 점포 배치 및 디자인과 관련된 설명으로 옳지 않은 것은?

① 자유형 점포배치는 특정 쇼핑경로를 유도하지 않는다.

② 경주로형 점포배치는 고객들이 다양한 매장의 상품을 볼 수 있게 하여 충동구매를 유발하려는 목적으로 활용된다.

③ 격자형 점포배치는 소비자들의 제품탐색을 용이하게 하고 동선을 길게 만드는 장점이 있다.

④ 매장의 입구는 고객들이 새로운 환경을 둘러보고 적응하는 곳이므로 세심하게 디자인해야 한다.

⑤ 매장 내 사인물(signage)과 그래픽은 고객들의 매장 탐색을 돕고 정보를 제공한다.

> 🔋 **TIPS!**
>
> ③ 격자형 점포배치는 소상공인이나 일반 소형점포에서 많이 사용되는 형태이다. 표준화된 집기 배치로 고객들이 익숙하게 물건을 찾을 수 있는 장점이 있는 반면 단조로운 구조로 인해 고객이 지루함을 느낄 수 있는 단점 역시 존재한다.

10 다음 중 적은 양의 상품을 갖고도 풍부한 진열감을 연출할 수 있으며, 제조일자가 빠른 상품과 오래된 상품은 앞으로 내어 진열하는 진열방식을 무엇이라고 하는가?

① 라이트 업 진열

② 샌드위치 진열

③ 컬러 컨트롤 진열

④ 전진 입체진열

⑤ 엔드 진열

> 🔋 **TIPS!**
>
> 전진 입체진열은 매력적인 매장을 만들기 위해 적은 수량의 상품이라도 앞으로 내어 쌓는 진열을 의미하며, 가능한 한 진열선반 앞까지 상품을 전진시키고 위에도 공간이 있는 한 쌓아 올리는 형태를 취한다.

Answer 09.③ 10.④

11 구매시점광고(POP)에 대한 설명으로 가장 옳지 않은 것은?

① 구매하는 장소에서 이루어지는 광고로서 판매촉진 활동에 대한 효과 측정이 용이하다.

② 스토어트래픽을 창출하여 소비자의 관심을 끄는 역할을 한다.

③ 저렴한 편의품을 계산대 주변에 진열해 놓는 활동을 포함한다.

④ 판매원을 돕고 판매점에 장식효과를 가져다주는 역할을 한다.

⑤ 충동적인 구매가 이루어지는 제품의 경우에는 더욱 강력한 소구 수단이 된다.

> **TIPS!**
>
> ① 구매시점 광고로써 소매상의 점두나 점내를 활용하여 판촉활동을 수행하는 점내광고로 판매촉진 활동에 대한 효과 측정이 어렵다.

12 상품의 진열 방식 중 상품들의 가격이 저렴할 것이라는 기대를 갖게 하는데 가장 효과적인 진열방식은?

① 스타일, 품목별 진열　　　　　　② 색상별 진열

③ 가격대별 진열　　　　　　　　　④ 적재진열

⑤ 아이디어 지향적 진열

> **TIPS!**
>
> ① 어느 특정 상품계열 구색이 특별한 넓이 또는 깊이를 가지고 있다는 느낌을 주는 진열방식이다.
>
> ② 색상에 따라 상품을 진열하는 방식이다.
>
> ③ 선물용품, 특가진열품을 진영하는 방식이다.
>
> ⑤ 가구진열의 경우에 있어, 실제적 활용 가정에 배치했을 시 어떠한 방식으로 보여지는 지를 조합되는 품목들과 같이 진열해서 사전에 소비자들에게 미리보기 방식으로 보여주는 방식이다.

Answer 11.① 12.④

13 매장 외관인 쇼윈도(show window)에 대한 설명 중 가장 옳지 않은 것은?

① 매장 외관을 결정짓는 요소 중 하나로 볼 수 있다.

② 돌출된 형태의 쇼윈도의 경우 소비자를 입구 쪽으로 유도하는 효과가 있다.

③ 지나가는 사람들의 시선을 끌어 구매욕구를 자극하는 효과가 있다.

④ 설치형태에 따라 폐쇄형, 반개방형, 개방형, 섀도박스(shadow box)형이 있다.

⑤ 제품을 진열하는 효과는 있으나 점포의 이미지를 표현할 수는 없다.

> **◉ TIPS!** --
> ⑤ 쇼윈도(Show window)는 숍의 이미지 확립을 하는 직접적인 표현의 장소이자 소비자의 흥미를 끌어 구매동
> 기를 자극하는 곳이다.

14 다음 기사를 읽고 괄호 안에 들어갈 내용과 가장 관련성이 높은 것을 고르면?

> 롯데마트는 지역별, 점포별 특성을 감안한 상품 진열과 재고의 효율적인 운영을 위해 2007년부터 (   )
> IT시스템을 도입해 운영하고 있다. (   )은/는 상품 선정에서 발주, 진열까지 일원화 된 재고관리 시스템이
> 다. 이는 상품별로 매출 효율 분석을 통한 상품진열이 가능해 진열작업 시간을 단축해 준다는 것이다.

① 제품의 구성 등을 소비자들이 인지하기 쉽도록 매장의 단위명을 붙이거나 제품을 그룹화하는 것을 설명하고
있다.

② 점포 내 기둥이 많고 기둥 간격이 좁은 상태에서도 설치의 비용을 절감할 수 있는 방법을 설명하고 있는 것
이다.

③ 점포 내의 주요 기능공간의 규모 및 위치를 간단하게 보여주는 것으로 추론할 수 있다.

④ 고객서비스 공간, 기능적 공간, 창고 공간 등은 기능적 필요 및 크기 등에 따라 배치하는 방식이란 걸 알 수
있다.

⑤ 점포 내 제품에 대한 진열공간의 생산성 평가 시의 수단으로 활용된다는 것을 알 수 있다.

> **◉ TIPS!** --
> 플래노그램에 대한 설명이다. 이는 특정 제품이 속한 부서 내에서 제품의 점포 내 진열위치를 결정하기 위해서
> 종종 활용하는 기법이다.

Answer 13.⑤ 14.⑤

15 다음 그림의 배치와 관련된 내용으로 가장 거리가 먼 것은?

주력 상품 반복 진열	상품	주력 상품 반복 진열	상품	주력 상품 반복 진열

통로

상품	주력 상품 반복 진열	상품	주력 상품 반복 진열	상품

① 설비 및 통로 등을 반복적인 패턴의 사각형으로 배치하는 방식이다.

② 통로 폭이 동일하므로 건물전체의 필요면적이 최소화된다.

③ 공간 효율을 높이고자 하는 방법으로 주로 백화점에 등에 활용하는 배치방식이다.

④ 재고 및 안전관리를 용이하게 할 수 있다.

⑤ 제품의 경우 직선형으로 병렬배치하며 소비자들이 지나다니는 통로에 반복적으로 제품을 배치해야 비용 면에서 효율적이 된다.

TIPS!

격자형 배치에 대한 설명이다. 격자형 배치는 기둥이 많고 기둥 간격이 좁은 상태에서도 설치의 비용을 절감할 수 있다는 장점이 있으며, 공간 효율을 높이고자 하는 방식으로 주로 편의점, 슈퍼마켓, 대형마트 등에서 활용하는 배치방법이다.

Answer 15.③

16 다음 그림과 같은 배치형태에 관련한 설명으로 바르지 않은 것은?

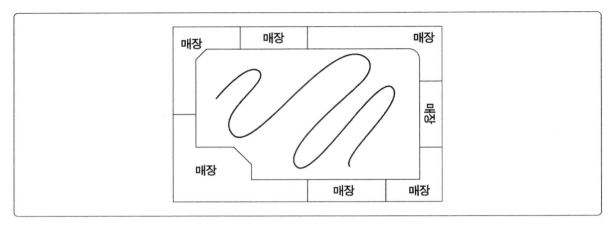

① 이러한 배치는 저비용으로 인해 소비자들에게 친숙하다.

② 이러한 배치방식은 공간생산성이 낮다.

③ 점포의 판매 공간 정면의 전체적인 패턴을 바꾸지 않고도 집기의 추가하거나 제거해서 축소하거나 또는 확장이 가능하다는 이점이 있다.

④ 제품이 소비자들에게 많이 노출되는 특징이 있다.

⑤ 일련의 원형, 팔각, 타원, U자형 패턴으로 비대칭적으로 배치하여 소비자들이 편안히 둘러볼 수 있다는 특징이 있다.

> **TIPS!**
> 위 그림은 프리 플로우형의 배치형태이다. 저비용으로 인해 소비자들에게 친숙한 배치형태는 격자형 배치이다.

Answer 16.①

17 다음 그림과 관련한 내용으로 가장 옳지 않은 것을 고르면?

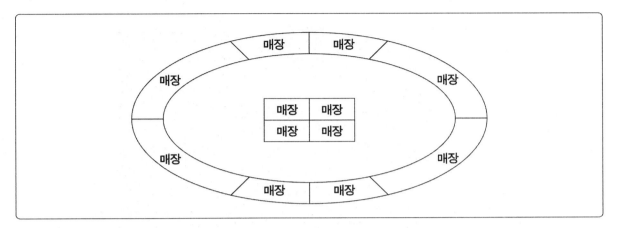

① 굴곡통로로 고리처럼 연결되어 점포의 내부가 경주로처럼 뻗어나가는 형태의 배치이다.

② 융통성, 제품의 노출성, 고객 편리성, 제품의 개별 매장성 등의 이점이 있어 백화점에서 주로 사용하는 배치의 형태이다.

③ 점포의 입구에서부터 고객의 통로를 원이나 사각형으로 배치하여 점포의 생산성을 극대화시키기 위한 레이아웃의 형태이다.

④ 매장이 주 통로 쪽을 향하고 있고 고객이동을 어렵게 하기 때문에 쇼핑을 감소시킨다.

⑤ 진열된 제품을 소비자들에게 최대한 노출시킬 수 있고, 주요 소비자통로를 통해 소비자의 동선을 유도한다.

> **TIPS!**
>
> 위 그림은 루프형 레이아웃의 형태이다. 루프형 레이아웃은 부티크 레이아웃 또는 경주로형이라고도 하며, 이러한 루프형 레이아웃은 매장이 주 통로 쪽을 향하고 있고 고객이동이 용이하기 때문에 쇼핑을 증대 시킨다.

Answer 17.④

18 다음 그림과 같은 진열방식과 관련한 것으로 가장 적절한 내용을 고르면?

① 매대에서 느껴지는 단조로움에서 탈피하여 진열대의 경사를 바꾸는 진열방식이다.

② 이 진열방식의 경우 소비자들의 객동선 장해에 의해 이들의 통행이 불편하게 되므로 특별한 경우를 제외하고 는 금지하는 게 좋다.

③ 소비자들의 시선에 잘 띄지 않는 얇은 제품 등에 적합한 진열방식이다.

④ 신제품 등이 출시되어 행사를 할 경우에 가장 효과적인 진열방식이다.

⑤ 이 진열방식의 가장 큰 특징은 철제 바구니 등의 진열 집기를 활용한다는 것이다.

◉ TIPS!

위 그림은 돌출진열(Extended Display)에 대한 그림이다. 돌출진열은 진열용구 및 박스 등을 활용해서 소비자 들이 다니는 통로 쪽으로 튀어나오게 하는 기법이다. 하지만, 무엇보다도 객동선 장해에 의한 소비자들의 통행 이 불편하게 되므로 특별한 경우 이외에는 금지하는 게 좋다.

Answer 18.②

19 다음 그림과 같은 진열방식에 대한 설명으로 가장 옳은 것은?

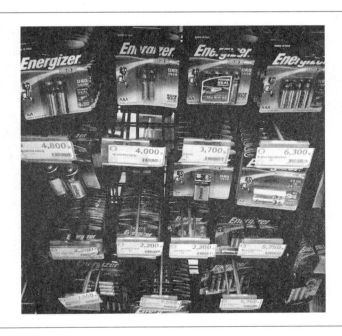

① 소비자들의 눈에 잘 띄지 않는 가벼운 제품 등에 활용되는 방법이다.

② 소비자들에게 어떻게 보여질지를 조합되는 품목들과 함께 진열해서 사전에 소비자들에게 보여주는 점포 진열 방식으로 추론이 가능하다.

③ 진열대 내에서 사각 공간을 무력화시키는 가장 효율이 높은 진열 방법이다.

④ 제품이 포함된 박스의 하단을 남기고 잘라서 그대로 쌓아 대량으로 진열하는 방식이다.

⑤ 엔드 좌측 또는 우측에 밀착시켜 돌출시키는 진열기법이다.

⊙TIPS!

위 그림은 후크진열을 나타낸 것이다. 소비자들의 눈에 잘 띄지 않는 가벼운 제품 등에 활용되는 것으로 보통 제품의 포장 상단에 작은 구멍을 뚫어 진열하는 방식이다.

Answer 19.①

20 다음 그림과 관련한 설명으로 가장 거리가 먼 것은?

① 소비자들에게 새로운 제품이 출시되어 행사를 하는 경우에 가장 효과적으로 쓰이는 진열방식이라 할 수 있다.

② 점포 레이아웃 상 이러한 매대가 설치되지 않은 경우는, 이러한 진열방식은 소비자들의 통행에 불편을 줄 수 있기 때문에 많은 주의가 요구된다.

③ 주 통로 인접한 곳에 팔고자 하는 정책제품 등을 진열할 때 주로 활용한다.

④ 많은 소비자들에게 제품에 대해 흐트러진 느낌 등을 보여주어 소비자들의 시선을 사로잡는 진열방식이라 할 수 있다.

⑤ 이러한 진열방식은 무인판매의 수단으로도 많이 쓰인다.

> **TIPS!** ....
>
> 위 그림은 섬 진열에 대한 것으로, 점포의 빈 공간 등에 박스 등을 사용해서 마치 섬과 같은 모양으로 만든 대량진열방식이다. ④번은 점블 진열에 대한 설명이다.

Answer 20.④

21 다음 중 엔드 매대에 대한 설명으로 가장 옳지 않은 것은?

① 집객력의 증대를 통해 비계획적인 충동구매 및 정리구매 등을 꾀할 수 있다.

② 적절한 관련 진열 및 테마진열 등을 통해 소비자들의 충동구매를 유발한다.

③ 계절 및 유행 등에 맞는 판촉을 통해 점포 전체의 계절감 또는 생활제안 등을 할 수 있다.

④ 엔드의 계획적 운영에 의한 점포는 물론 메이커도 장기적으로 이미지의 향상이 가능하게 된다.

⑤ 신제품의 소개 또는 도입 시에는 효과적이지 못하다.

> **TIPS!**
>
> 엔드 매대는 신제품의 소개 시에 효과적인 진열방식이다.

22 다음 중 POP 광고에 대한 설명으로 가장 거리가 먼 것은?

① 구매시점에서의 또 다른 프로모션 활동을 강화시키게 된다.

② 셀프서비스 점포에서는 가장 효과적이지 못한 수단이다.

③ 소비자들로 하여금 충동구매를 유발시킨다.

④ 상점들의 협력에 있어 한계점이 나타난다.

⑤ 전시 장소 및 광고의 질 등을 통제하기 어렵다는 문제점이 있다.

> **TIPS!**
>
> POP 광고는 셀프서비스(Self-Service) 점포에서 가장 좋은 수단이 된다.

23 다음 중 머천다이징(Merchandising)에 관련한 설명으로 가장 옳지 않은 것은?

① 소비자들의 니즈에 맞게끔 장소 및 시기, 가격 등으로 판매하기 위해 구성되는 계획적인 활동이다.

② 머천다이징은 소비자들의 수요에 부응하기 위한 제품을 만들기 위해 시장조사 자료를 바탕으로 한 신제품의 개발, 품질, 디자인 및 색채 등을 검토하게 된다.

③ 머천다이징의 경우 도매업에서 성행하며, 백화점 등의 소매업에서는 잘 활용되지 못한다는 단점이 있다.

④ 머천다이징은 상품화 계획 또는 상품 기획이라고도 불린다.

⑤ 머천다이징의 활동에는 제조업자 및 중간상이 그들의 제품을 시장의 수요에 부응할 수 있도록 시도하게 되는 여러 활동 등을 포함하게 된다.

> **TIPS!**
>
> 머천다이징(Merchandising)은 도매업뿐 아니라 백화점 등 소매업에서 널리 채택되고 있는 방식이다.

Answer 21.⑤ 22.② 23.③

24 다음 중 무형의 광고효과를 얻을 수 있고, 진열대 내의 사각 공간(죽은 공간)을 무력화할 수 있어 효율적인 진열 방식은?

① 엔드 진열
② 샌드위치 진열
③ 수평 진열
④ 수직 진열
⑤ 라이트 업 진열

> **TIPS!**
> 샌드위치 진열(Sandwich Display)은 진열대 내에서 잘 팔리는 상품 곁에 이익은 높으나 잘 팔리지 않는 상품을 진열해서 고객 눈에 잘 띄게 하여 판매를 촉진하는 진열방식이다.

25 다음 중 점포조명에 대한 설명으로 틀린 것은?

① 소비자들을 점내로 유도하게 한다.
② 제품구매보다는 제품의 디자인에 치중하게 한다.
③ 소비자들에게 제품을 잘 보이도록 하게 한다.
④ 해당 점포를 지나가는 소비자들에 대해 점포가 선명하게 보이도록 하게 한다.
⑤ 점두(店頭)에 발을 멈출 수 있도록 한다.

> **TIPS!**
> 점포 조명은 소비자들의 제품에 대한 구매의욕을 일으켜 제품을 구입하도록 유도하게 된다.

Answer 24.② 25.②

26 다음은 점포의 레이아웃(Layout)의 형태를 설명한 것이다. ( )안에 맞는 단어가 순서대로 나열된 것은?

> 점포의 (㉠)배치는 대체로 식료품점에서 주로 구현하는 방식으로, 고객들이 지나는 통로에 반복적으로 상품을 배치하는 방법이며 비용 면에서 효율적이다. 점포의 (㉡)배치는 주로 부띠끄 매장들의 배치에 활용되고, 고객들이 여러 매장들을 손쉽게 둘러볼 수 있도록 통로를 중심으로 여러 매장입구를 연결하여 배치하는 방법이다. (㉢)은 규모가 작은 전문매장이나 여러 개의 매장들이 있는 대형점포에서 주로 활용되고 고객들이 편안히 둘러 볼 수 있도록 배치하는 방법이다.

① ㉠ 격자형 – ㉡ 경주로형 – ㉢ 자유형
② ㉠ 자유형 – ㉡ 경주로형 – ㉢ 격자형
③ ㉠ 자유형 – ㉡ 격자형 – ㉢ 경주로형
④ ㉠ 격자형 – ㉡ 자유형 – ㉢ 경주로형
⑤ ㉠ 경주로형 – ㉡ 격자형 – ㉢ 자유형

💡 **TIPS!**

점포 레이아웃의 유형
㉠ **격자형**: 점포의 공간효율성을 높이고자 하는 레이아웃으로, 상품들은 직선형으로 병렬배열되며, 상품의 배열과 배열 사이에 고객들이 움직일 수 있는 복도가 만들어진다.
㉡ **경주로형**: 고객이 여러 매장들을 손쉽게 둘러볼 수 있도록 통로를 중심으로 여러 매장입구를 연결하여 배치한다.
㉢ **자유형**: 고객의 편의성 또는 고객의 노출을 중시하는 레이아웃으로, 상품과 시설물들은 고객의 움직임을 최대한 자유롭게 하면서 일정한 패턴으로 군집되어 있다.

27 셀프 셀렉션(Self-Selection) 형태를 취하는 업태에 가장 적합한 진열은?

① 셀렉션(selection) 진열

② 셀프(self) 진열

③ 페이스(face) 진열

④ 선별진열

⑤ 바닥진열

 TIPS!

페이스(face) 진열…해당 상품을 나타내는 가장 효과적인 정면이 고객에게 보이도록 하는 진열로 상품을 선택하기 쉬우므로 셀프 셀렉션(Self-Selection) 형태를 취하는 업태에 적합하다.

28 다음 중 중점상품의 진열에서 주로 고려해야 하는 효과는?

① 5감 소구와 매력효과

② 심리효과와 POP효과

③ AIDMA효과와 심리적 효과

④ AIDMA효과와 조명효과

⑤ 가격효과와 만족효과

TIPS!

중점상품 진열에서 고려해야 할 효과

㉠ 광고적 효과 : 광고의 원칙적인 'AIDMA'의 순서에 의해서 항상 중점상품을 고객에게 주목시키고 욕망을 일으키게 하여 구매결정에 이르도록 진열이 되어 있는가 생각하는 것이다. 이 경우 진열의 원칙인 AIDCA가 그 판단기준을 도와주는 지침이 된다.

㉡ 심리적 효과 : 5감소구(五感訴求)와 일맥상통하는 뜻으로 인간이 갖고 있는 5가지 감각에 대해서 얼마만큼 구체적으로 소구하고 있는가를 나타낸다.

Answer 27.③ 28.③

29 다음 중 효과적인 조명에 대한 설명으로 옳지 않은 것은?

① 극단적인 조명을 만들지 않고 고루 밝게 만든다.

② 부드러운 음영을 만들어 상품의 진열효과를 높인다.

③ 눈에 띄는 강렬한 조명을 만들어 상품의 진열효과를 높인다.

④ 심한 열이나 빛은 상품을 퇴색시키므로 주의한다.

⑤ 원활한 상품구성의 효과를 높일 수 있도록 빛의 심리적 효과를 활용한다.

> **TIPS!**
>
> 효과적인 조명
> ㉠ 밝기를 충분히 유지할 것:인근 점포나 동 업종 점포와 비교해서 보다 밝게 할 것
> ㉡ 두루 밝게 할 것:극단적으로 밝은 곳이나 극단적으로 어두운 곳을 만들지 말 것
> ㉢ 눈부시게 하지 말 것:역광이나 반사를 피할 것
> ㉣ 적당한 음영을 만들 것:부드러운 음영을 만들어 상품의 진열효과를 높일 것
> ㉤ 색상을 고려할 것:심한 열이나 빛은 상품을 퇴색시키므로 주의할 것
> ㉥ 빛의 심리적 효과를 이용할 것:원활한 상품구성의 조화를 위해 빛의 심리적 효과를 이용할 것
> ㉦ 미적인 효과를 겨냥할 것:기구의 미적 감각을 살릴 것
> ㉧ 설비비, 유지비를 고려할 것:경제적인 것을 선택할 것

30 매장별, 상품카테고리별, 품목별로 매장공간을 할당하는 공간계획에 관한 설명 중 가장 올바른 것은?

① 일반적으로 층수가 많은 점포는 위층으로 올라갈수록 공간가치가 높아진다.

② 미용실이나 사진관과 같은 고객서비스코너는 고객서비스 향상차원에서 고객접근이 가장 편리한 점포 앞쪽으로 나와 있어야 한다.

③ 가구, 실내 장식품 등과 같이 공간을 많이 차지하는 상품의 경우 매출촉진, 수익성 및 공간효율성 향상을 위해 고객의 왕래가 빈번한 곳에 위치하는 것이 바람직하다.

④ 특수성을 가진 전문품 혹은 명품 등을 판매하는 상품부서의 위치는 구매고객이 주의를 집중하기 쉽게 사람들의 왕래가 지나치게 많지 않은 곳에 위치하는 것이 효과적이다.

⑤ 고객이 점포 중앙에 집중하는 경향을 활용하여 보다 높은 매출을 달성하기 위해서는 격자형배치를 사용하는 것이 최적이다.

> **TIPS!**
>
> 전문품 혹은 명품 등을 판매하는 점포는 구매과정에서 고객들이 주의를 기울일 수 있도록 하기 쉽게 사람들의 왕래가 지나치게 많지 않은 곳에 위치하는 것이 효과적이다.

Answer 29.③ 30.④

31 다음 중 트레이 팩(Tray-pack) 진열 방식에 대한 설명으로 가장 옳지 않은 것은?

① 제품이 포함된 박스의 하단을 남기고 잘라서 이를 그대로 쌓아올리는 방식이다.

② 일손의 절감 및 대량 양감 진열 등에 적합한 진열방식이다.

③ 통로 공간의 폭이 확보되어 있는 점포 등에서 유용하게 활용되는 방식이다.

④ 선반의 높낮이를 조절함으로써 제품에 대한 소비자들의 주목률을 높이려는 진열방식이다.

⑤ 이는 대량으로 쌓아 진열하는 것으로 흔히 슈퍼마켓 및 할인점 등에서 볼 수 있는 형태의 진열방식이다.

> **TIPS!**
> ④ 브레이크업(Break Up) 진열방식에 대한 설명이다.

32 다음 중 엔드 매대에서의 엔드 전개에 있어 필요로 하는 5가지 포인트에 해당하지 않는 것은?

① 시간

② 양감

③ 계절감

④ 소구력

⑤ 이미지

> **TIPS!**
> 엔드 전개에 필요한 5가지 포인트
> ㉠ 양감(박력)
> ㉡ 계절감
> ㉢ 소구력
> ㉣ 이미지(우수한 품질, 저렴함)
> ㉤ 설득력

Answer 31.④ 32.①

33 다음 중 머천다이징에 관련한 설명으로 바르지 않은 것은?

① 제품의 판매를 목적으로 생산하거나 또는 제공할 제품을 소비자 또는 사용자의 수요에 적용하도록 하기 위해 기도되는 제조업자 및 중간상인의 활동이라 할 수 있다.
② 머천다이징은 제품에 매입 및 판매를 연결하게 되는 시장성이 있는 제품을 만들어 내기 위한 기법이다.
③ 머천다이징은 도매업 제품정책의 중심적인 활동이며 제품의 시기적절한 매입과 점포 외 진열을 하기 위한 계획 및 활동이다.
④ 머천다이징은 제품의 관리, 매입, 판매의 방식 등에 관한 계획을 세우는 마케팅 활동이다.
⑤ 머천다이징은 제조업자의 경우에 제품의 계획 그 자체라고 말할 수 있다.

> 💡 **TIPS!**
> 머천다이징은 소매업 제품정책의 중심적인 활동이며 제품의 시기적절한 매입과 점포 내 진열을 하기 위한 계획 및 활동이다.

34 점포 환경(물리적 환경)의 긍정적 역할에 대한 설명 중 가장 거리가 먼 것은?

① 점포 이미지를 전달하고 시각화한다.
② 점포내 고객 쇼핑활동의 편리성을 증가시킨다.
③ 고객에게 경쟁점포와의 차별성을 부여하고 강화하는 역할을 한다.
④ 매장직원들의 업무효율성을 높이는 데 기여한다.
⑤ 보험회사나 물류업체의 점포환경이 고객의 서비스 품질판단에 중요한 영향을 미친다.

> 💡 **TIPS!**
> 점포의 물리적 환경은 고객이 쇼핑을 위해 점포를 직접 찾는 경우에 중요한 의미가 있다. 그러나 보험회사나 물류업체, 도매상 등은 소매고객이 직접 방문하는 경우가 없으므로 점포환경이 고객의 서비스 품질판단에 거의 영향을 미치지 못한다.

Answer 33.③ 34.⑤

35 다음 중 수직진열에 대한 설명으로 가장 옳지 않은 것은?

① 타 레벨방식에 비해 다소 부피감이 없기에 풍부한 진열을 원할 시에는 주의해야 한다.

② 점포의 황금 매대인 '골드라인'을 효율적으로 활용해야 한다.

③ 판매가 잘 되는 제품, 무거운 제품 등은 최하단에 위치시켜 안정감을 준다.

④ 이러한 진열방식은 주로 백화점 또는 할인점의 식품부에서 사용한다.

⑤ 서로 다른 이종의 제품을 진열대의 상·하로 배치한 방식이다.

TIPS! ⚡

수직진열은 동종의 제품을 진열대의 상·하로 배치한 방식이다.

36 다음 중 POP 광고의 역할로 보기 어려운 것은?

① 매장 및 행사 등을 안내하는 역할을 수행한다.

② 점포 안의 활기를 높여주는 역할을 한다.

③ 독자적인 광고 방식으로 판매를 촉진하는 역할을 수행한다.

④ 제품을 설명하고 구매를 촉진하는 역할을 한다.

⑤ 보조기구 및 진열배경의 역할을 한다.

TIPS! ⚡

POP 광고는 일반광고와 관련시켜 판매를 촉진하는 역할을 한다.

Answer 35.⑤ 36.③

37 다음 중 상품매입 업무의 일반적인 순서로서 가장 적절하게 배열된 것은?

① 매입가격 → 발주 → 상품선정 → 매입처 선정 → 가격결정 → 판매추적

② 판매추적 → 가격결정 → 발주 → 상품선정 → 매입계획 → 매입처 선정

③ 매입계획 → 매입처 선정 → 상품선택 → 발주 → 검품, 가격결정 → 판매추적

④ 가격결정 → 매입계획 → 매입처 선정 → 상품선택 → 발주 → 판매추적

⑤ 판매추적 → 상품선정 → 가격설정 → 발주 → 매입계획 → 매입처 선정

> **TIPS!**
>
> 상품매입 업무의 일반적 순서(흐름)
> ㉠ 매입계획 수립
> ㉡ 매입처 선택
> ㉢ 상품선택 및 상담, 절충
> ㉣ 매입수량 및 매입상품을 받아들이는 시기의 결정과 발주
> ㉤ 도착한 상품의 검품과 가격결정
> ㉥ 판매의 후속조치

38 납품업자가 소유권을 보유하되 소매점은 상품진열과 판매를 담당하고, 판매된 상품에 대해 일정액의 수수료를 가져가는 방법을 무엇이라고 하는가?

① 일반매입   ② 위탁매입

③ 선도매입   ④ 사양매입

⑤ 약정매입

> **TIPS!**
>
> 위탁매입(consignment buying) 또는 특정매입은 제조업자나 도매업자가 자기상품의 노출을 확대하고 판매를 촉진하기 위한 방법의 하나로 이용한다.

04 상품판매와 고객관리

section 1 상품판매

(1) 상품판매의 개요

상품판매는 소비자들의 상품구매에 대한 부족한 동기나 무관심 또는 제한된 행동에 반감을 가지는 소비자를 향해 구매동기를 유발해 상품이나 서비스의 구매를 장려하는 데 목적을 둔 활동이다

(2) 판매서비스

① 고객본위의 접객기술

  ㉠ 소비자에 대한 어프로치의 비결은 소비자들이 구입하고 싶어하는 제품의 특성, 다시 말해 소비자들의 취미 및 가치관 등을 빠르게 알아내는 데 있다.

  ㉡ 소비자가 제품의 선택을 자유롭게 할 수 있는 소비자공간을 확보할 필요가 있으며 소비자들의 시야를 차단해서는 안 된다.

  ㉢ 언제든지 소비자들을 맞이할 수 있는 준비 및 마음가짐이 되어 있어야 하며 쾌적한 점포 공간을 유지 및 보존해야 한다.

  ㉣ 소비자들이 어떠한 특성을 가진 제품을 원하는지를 인지하고 해당 패턴에 부합하는 몇 개의 제품을 샘플로 갖추어서 제시하는 것이 좋다.

(3) 고객서비스

① 고객접점(MOT : Moment of Truth)

  ㉠ '진실의 순간'은 소비자가 기업조직에 있어 어떠한 측면과 접촉하게 되는 순간이며, 해당 서비스의 품질에 대해서 받게 되는 무언가의 인상을 통해 얻을 수 있는 순간을 말한다.

  ㉡ 고객접점에 있는 서비스요원들에게 권한을 부여하고 강화된 교육이 필요하고, 소비자들과의 상호작용에 의해 제공되는 서비스가 소비자들에게 빠르게 제공될 수 있는 서비스 전달시스템을 갖추고 있어야 한다.

  ㉢ 고객접점의 최일선에 있는 서비스요원은 책임 및 권한을 지니고 소비자들의 선택이 가장 좋은 선택이었다는 사실을 소비자들에게 보여줄 수 있어야 한다.

  ㉣ 서비스 제품을 구매하는 동안의 전체적인 소비자 접점 순간을 관리하면서 소비자들을 만족시킴으로써 지속적으로 소비자를 유지하고자 하는 방법이 고객접점마케팅이다.

아래 글상자에서 설명하는 이 용어로 가장 적합한 것은?

보기
리차드 노먼(R. Norman)에 의해 주장된 이 용어는 고객과 기업이 접촉하는 접점에서 짧은 시간만에 서비스에 대한 평가가 이루어지는 순간이라 할 수 있다. 이러한 고객과의 접점에서 부정적 인상을 주게 되면 전체 서비스에 대한 고객의 평가가 부정적으로 변할 수 있어서, 종업원의 적절한 대응이 필요하다.

① 평가의 순간
  (Moment of Evaluation)
② 고객맞춤화의 순간
  (Moment of Customization)
③ 진실의 순간
  (Moment of Truth)
④ 탐색의 순간
  (Moment of Search)
⑤ 표준화의 순간
  (Moment of Standardization)

‹정답 ③

참 고 MOT 특징

개념	• 고객이 조직의 어떤 일면과 접촉하는 일로 비롯되며 조직의 서비스 품질에 대해 어떤 인상을 받을 수 있는 것
중요성	• 고객과의 많은 접점에서 단 한 가지라도 나쁜 인상을 준다면 그것은 고객이 기업의 이미지를 결정 • 서비스 기업의 최고의 목표는 최고의 고객 서비스이므로 가장 우선적으로 고객과 기업의 접점에 대한 배려가 중요
목표	• 접점의 관리를 통해 고객이 우리 기업을 선택한 것이 최선의 대안임을 증명할 수 있도록 하는 것
권한 위임	• 고객과의 접점에서 종업원의 신속한 대응을 위해 필요

② 고객 접객에서의 서비스품질증진을 위한 차이모델

　㉠ 인도 차이는 명시된 서비스의 표준과 실제 수행된 서비스 사이의 차이

　㉡ 서비스품질의 차이는 소비자의 서비스 기대치와 지각된 서비스간의 차이

　㉢ 표준 차이는 소매업체의 소비자 기대치 인식과 고객 서비스표준 간에 존재하는 차이

　㉣ 커뮤니케이션 차이는 실제 고객에게 수행된 서비스와 소매업체의 광고에 약속된 서비스 간에 존재하는 차이

section 2 고객관리

(1) 고객관리의 개요

고객관리(Customer Relations)는 생산업체나 상사회사 등이 거래처인 판매점에 대하여 행하는 관리활동으로, 과거에는 고객관리에 있어 고객대장이나 고객 카드 등을 작성하였는데, 컴퓨터의 보급에 따라 그 기억장치와 분석력에 기대하는 일이 많아졌다. 이렇듯 고객의 이용 상황이나 기호 등의 정보를 모아서 관리하고, 여러 가지의 서비스의 실현이나 마케팅에 이용하는 것을 의미한다.

(2) 고객정보의 수집과 활용

① 고객정보의 수집 : 최근에 One to One Marketing과 고객 로열티 등 각자 고객에게 세심하게 대응하고 고객의 전면적인 지원을 얻는 마케팅 전개가 중요시되고 있다.

기출 2022년 제2회

소매점에서 제공하는 상품 관련 핵심서비스의 내용으로서 가장 옳은 것은?

① 정확한 대금 청구
② 편리한 환불 방식
③ 친절한 고객 응대
④ 다양한 상품 구색
⑤ 신속한 상품 배달

정답 ④

⊙ 고객정보의 필요성을 강하게 인식한다.

- 세일즈 매니저 자신이 우선 확실히 고객정보의 필요성에 대해서 인식해 두는 게 가장 중요하다.

ⓛ 구체적인 고객정보 내용을 명확히 한다.

- 고객 정보는 다양하다. 고객의 구매동기, 경영전략, 재무상황 등 여러 가지이다. 고객에 대한 정보를 수집하도록 지시하기 전에, 어떤 고객정보를 수집하면 좋은지를 구체적이고 명확하게 설명해 두어야 한다.

ⓒ 고객정보의 수집처 및 방법을 구체적으로 파악해 둔다.

- 구체적인 고객정보 내용을 분명히 했다면 다음으로 그 고객정보는 어디에서 얻을 수 있는가, 어떤 방법으로 수집하면 좋을지를 파악하는 게 필요하다.

ⓔ 수집한 고객정보의 정리 및 기록을 게을리 하지 않는다.

- 고객정보 중에는 리얼타임으로 활용되는 것이 있는 한편, 시간을 들여 수집하고 분석함으로써 영업활동에 활용하는 것도 있다.

② 고객정보의 활용

ⓐ 소비자들이 인지부조화를 느끼기 쉬운 제품이라 판단되는 경우에는 고객유지전략을 많이 사용해야 한다.

ⓛ 소비자들의 제품에 대한 과거의 구매내역 및 니즈에 대한 정보를 활용하여 교차판매를 가능하게 할 수 있다.

ⓒ 소비자들과의 거래를 지속적으로 기록하고 제품 구매량에 따라 인센티브를 제공함으로써 자사 제품의 구매빈도를 높이는 소비자 활성화 전략을 활용할 수 있다.

ⓔ 휴면 소비자를 분석해서 다이렉트 메일 등을 발송함으로써 재고객화를 도모할 수 있다.

(3) 고객응대기법

① 불만족 고객의 응대 방법

ⓐ 불만 고객들이 거리낌 없이 그들의 불만을 털어놓도록 잘 경청하는 태도를 유지한다.

ⓛ 신속한 문제해결을 위해 불만고객에 응대하는 종업원을 자주 교체하지 않는 것이 좋다.

ⓒ 서비스 회복에 있어서 이행상의 공정성을 강조한다.

ⓔ 가이드라인을 지키는 것도 중요하나 지나친 집착보다는 융통성을 발휘하여야 한다.

② 소비자 컴플레인 시 서비스의 개선

ⓐ 절차상의 공정성은 소비자들의 불만을 해결하기 위해 도입된 절차의 공정성을 의미한다.

ⓛ 이행상의 공정성은 지불한 비용에 비해 그들이 받은 혜택에 대한 고객의 지각을 의미한다.

ⓒ 소비자들의 감정적인 대응을 줄이기 위해 적극적으로 소비자들의 불만을 경청한다.

ⓔ 신속한 문제해결을 위해 명료한 설명을 제공한다.

section 3 CRM 전략 및 구현방안

(1) CRM의 배경 및 장점 ✔자주출제

① CRM의 배경

ㄱ 소비자 구매방식의 다양화

ㄴ 소비자의 라이프스타일도 정형화된 생활 방식에서 과학 및 기술의 발전으로 인해 상당히 복잡하면서도 다양하게 변화하였다.

ㄷ 컴퓨터 및 IT의 발전으로 인해 소비자의 정보를 객관적이면서도 과학적인 분석 기법을 활용해서 이를 영업활동에 활용할 수 있게 되었다.

ㄹ 마케팅 패러다임도 불특정 다수의 소비자가 아닌 기존 수익성이 있는 거래 소비자들에게 마케팅을 전개하기 시작하였다.

> **참 고** 고객관계관리(CRM) ✔자주출제
>
> ① CRM의 등장배경 : 과거의 대중 마케팅(Mass Marketing), 세분화 마케팅(Segmentation Marketing), 틈새 마케팅(Niche Marketing)과는 확실하게 구분되는 마케팅의 방법론으로 데이터베이스 마케팅(DB Marketing)의 Individual Marketing, One-To-One Marketing, Relationship Marketing에서 진화한 요소들을 기반으로 등장했다.
>
> ② CRM의 성격
>
> ㄱ 고객 수익성을 우선하여 콜센터, 캠페인 관리도구와의 결합을 통해 고객정보를 적극적으로 활용하며, 기업 내 사고를 바꾸자는 BPR적인 성격이 내포되어 있다.
>
> ㄴ 기업의 고객과 관련된 내·외부 자료를 이용하자는 측면은 데이터베이스 마케팅과 성격이 같다.
>
> ㄷ 고객 접점이 데이터베이스 마케팅에 비해 훨씬 더 다양하고, 이 다양한 정보의 취득을 전사적으로 행한다.
>
> ㄹ 고객 데이터의 세분화를 실시하여 신규고객 획득, 우수고객 유지, 고객가치 증진, 잠재고객 활성화, 평생고객화와 같은 사이클을 통하여 고객을 적극적으로 관리하고 유도하며 고객의 가치를 극대화시킬 수 있는 전략을 통하여 마케팅을 실시한다.

기출PLUS

기출 2022년 제1회

CRM의 적용을 통해 수행성과를 개선할 수 있는 분야로서 가장 옳지 않은 것은?

① 고객이탈에 대한 조기경보시스템 운영

② 다양한 접점의 고객정보의 수집 및 분석

③ 유통기업 재무 활동의 자동화 및 효율화

④ 영업 인력의 영업활동 및 관리의 자동화

⑤ 서비스 차별화를 위한 표적고객의 계층화

◀정답 ③

기출 2020년 3회

고객관계관리(CRM) 프로그램에서 사용하는 고객유지방법에 대한 설명으로 가장 옳지 않은 것은?

① 다빈도 구매자 프로그램 : 마일리지 카드 등을 활용하여 반복구매행위를 자극하고 소매업체에 대한 충성도를 제고할 목적으로 사용하는 방법

② 특별 고객서비스 : 수익성과 충성도가 높은 고객을 개발하고 유지하기 위해서 높은 품질의 고객 서비스를 제공하는 방법

③ 개인화 : 개별 고객 수준의 정보 확보와 분석을 통해 맞춤형 편익을 제공하는 방법

④ 커뮤니티 : 인터넷 상에서 고객들이 게시판을 통해 의사소통하고 소매업체와 깊은 관계를 형성하는 커뮤니티를 운영하는 방법

⑤ 쿠폰제공 이벤트 : 신제품을 소개하거나 기존제품에 대한 새로운 자극을 만들기 위해 시험적으로 사용할 수 있는 양만큼의 제품을 제공하는 방법

〈정답 ⑤

③ CRM의 목적 : Customer Retention(고객유지)이다. 신규고객을 확보하는 비용이 기존 고객을 유지하는 비용보다 평균적으로 다섯배가 더 들기 때문에 고객유지가 중요한 것이다. 즉, CRM을 하려고 할 때는 반드시 고객 중심이어야지 회사 중심이 되어서는 안 된다.

④ CRM의 추진순서

  ㉠ 고객(Customer)에 대한 이해로부터 시작해야 한다. 이는 자회사에 있어 중요한 고객이 누구인지 아는 것이 중요하기 때문이다.

  ㉡ 고객의 주체가 정해진 뒤에는 관계(Relationship)에 대한 정의를 해야 한다. 먼저, 정의된 고객과는 어떠한 관계를 가져가야 하며 어떻게 유지하여야 하는지 등이 바로 그것이다.

  ㉢ 관리(Management)가 진행되어야 한다. 고객이 정의되고 관계에 대한 전략이 수립되면 이러한 활동을 보다 더 잘하기 위한 여러 가지 관리 전략 및 전술이 정의되어야 한다.

⑤ CRM의 역할

  ㉠ 기업의 마케팅 부서에서 자신들의 최고 고객을 식별해내고, 명확한 목표를 가지고 최고 고객을 겨냥한 마케팅 캠페인을 추진할 수 있게 한다.

  ㉡ 판매 팀을 이끌기 위한 품질을 만들어내는 데 도움을 준다.

  ㉢ 다수의 직원들이 최적화된 정보를 공유하고 기존의 처리절차를 간소화함으로써, 통신판매·회계 및 판매관리 등을 개선하기 위한 조직을 지원한다.

  ㉣ 고객만족과 이익의 극대화를 꾀한다.

  ㉤ 회사에 가장 도움이 되는 고객들을 식별해내며, 그들에게 최상의 서비스를 제공하는 등 고객들마다 선별적인 관계를 형성한다.

  ㉥ 고객에 관해 알아야 하고, 고객들의 요구가 무엇인지를 이해하고, 회사와 고객기반 그리고 배송 파트너들과의 관계를 효과적으로 구축하기 위해 꼭 필요한 정보와 처리절차를 직원들에게 제공한다.

⑥ e-CRM

  ㉠ 개념 : 웹사이트를 방문하는 고객들의 로그파일분석을 통해 고객의 성향에 맞는 상품 및 컨텐츠를 실시간으로 지원하는 One-to-One 마케팅 솔루션을 말한다.

  ㉡ 목적 : 인터넷을 통한 고객 요구사항에 신속히 대응(쌍방향 커뮤니케이션)하고, 쇼핑패턴, 구매패턴 등의 고객행동에 대한 예측성을 높여 고객만족도 및 시장점유율을 증대시켜 기업의 수익을 증가시키는 것이다.

⑦ CRM 프로그램 구축 시 고객유지를 위해 소매업체가 활용하는 방법

  ㉠ 커뮤니티

  ㉡ 고객 우대서비스

  ㉢ 개인화

  ㉣ 다빈도 구매자 프로그램

② CRM의 장점

  ㉠ 광고비를 절감할 수 있다.

  ㉡ 가격이 아닌 서비스를 통한 기업 조직의 경쟁력 확보가 가능하다.

ⓒ 특정한 소비자들의 욕구에 초점을 맞춤으로써 표적화가 더더욱 용이해진다.

ⓔ 소비자들이 창출하게 되는 부가가치에 의해 마케팅비용의 활용이 가능하다.

ⓜ 제품개발 및 출시과정에 소요되는 시간의 절약이 가능하다.

ⓗ 소비자채널의 사용률을 개선시킴으로써 개별소비자와의 접촉을 최대한도로 활용할 수 있다.

(2) CRM의 도입방법 및 고려사항

① CRM 도입방법 : CRM 도입에 있어서의 전제 조건은 CRM을 도입하기 전에 기업 조직이 정말로 CRM 도입을 필요로 하는 것인지를 분명히 해야 하는 것이다. CRM이 기업이 속한 산업 특성과 현황, 전사적 전략, 비즈니스 모델 등을 고려해서 자사에 적합한 CRM 전략을 수립해서 전략의 방향을 바탕으로 고객 전략, 제품 및 서비스 전략, 커뮤니케이션 및 채널 전략, 프로세스 및 조직 재설계, 시스템 구축 작업 등이 단계적으로 실행되어야 한다.

② CRM 도입을 위한 사전 분석 항목

구분		분석 내용
외부 환경 분석	고객 분석	고객 니즈, 구매 결정 요소(Key Buying Factors, KBFs) 파악
	경쟁사 분석	경쟁사의 고객 관리 활동, 고객의 경쟁사 상품 구매 요인 분석
	거시 환경 분석	거시 경제, 정책과 규제, 기술 발달, 사회문화적 환경 분석
내부 환경 분석	자사의 고객 지향성 분석	기업 전략, 정보시스템, 기업 문화 등의 고객 지향성을 분석하여 CRM에 있어서 자사의 기존 활동의 문제점 도출
	전략적 정합성 분석	기업 전략, 사업 전략, 마케팅 전략, 고객 관리 활동, 기업 문화 등의 정합성 분석
	외부 환경에 대한 적합성 분석	자사의 전략이나 활동이 외부 환경의 특성 및 변화 방향에 부합되는지 분석

③ CRM 도입 시의 고려사항

㉠ 단계적 구축 방법을 활용해야 한다. 단계적으로 접근해야 실현 가능한 목표를 설정할 수 있으며 문제점 발견 시에 금고 전체에 미치는 영향을 최소화할 수 있기 때문이다. 이렇게 각 단계가 끝날 때마다 목표와 현실간의 차이를 측정해서 접근 방법을 수정해야 한다.

㉡ 전사적인 CRM 전략을 기획 수립하는 것이 무엇보다 중요하다. 철저한 기획 및 준비를 통해 기존 업무와 정보 기술과의 적절한 접목과 투자 대비 효과 등의 장기적인 계획 수립 하에 추진하여야 성공적인 CRM의 시스템 구축, 운영이 가능하다.

기출 PLUS

기출 2020년 1회

CRM(Customer Relationship Management)과 대중마케팅(mass marketing)의 차별적 특성으로 옳지 않은 것은?

① 목표고객 측면에서 대중마케팅이 불특정 다수를 대상으로 한다면 CRM은 고객 개개인을 대상으로 하는 일대일 마케팅을 지향한다.

② 커뮤니케이션 방식 측면에서 대중마케팅이 일방향 커뮤니케이션을 지향한다면 CRM은 쌍방향적이면서도 개인적인 커뮤니케이션이 필요하다.

③ 생산방식 측면에서 대중마케팅은 대량생산, 대량판매를 지향했다면 CRM은 다품종 소량생산 방식을 지향한다.

④ CRM은 개별 고객에 대한 상세한 데이터베이스를 구축해야만 가능하다는 점에서 대중마케팅과 두드러진 차이를 보인다.

⑤ 소비자 욕구 측면에서 대중마케팅은 목표고객의 특화된 구매욕구의 만족을 지향하는 반면 CRM은 목표고객들의 동질적 욕구를 만족시키려고 한다.

기출 2021년 제2회

성공적인 고객관계관리(CRM)의 도입과 실행을 위해 고려해야 할 사항으로 옳지 않은 것은?

① 고객을 중심으로 모든 거래 데이터를 통합해야 한다.

② 고객의 정의와 고객그룹별 관리방침을 수립해야 한다.

③ 고객관계관리는 전략적 차원이 아닌 단순 정보기술 수준에서 활용해야 한다.

④ 고객 분석에 필요한 고객의 상세정보를 수집해야 한다.

⑤ 고객 분석결과를 활용할 수 있도록 제반 업무절차를 정립하고 시행해야 한다.

< 정답 ⑤, ③

ⓒ 업무 프로세스 및 소비자에 대한 이해가 선행되어야 한다. 교차 기능적 프로젝트팀을 구성하여 팀 내에 기술적인 인력은 물론 최종 사용자들을 포함시켜야 한다. 또한, 이들 간의 지속적 협력 관계 구축이 필요하다.

ⓔ 기술적인 관점과 비즈니스적인 관점을 조화시켜야 한다. 프로젝트팀은 소비자 정보시스템의 성공적인 구축을 측정할 수 있는 방법을 마련해야 한다. 기업 내 CRM의 도입 영향을 받을 다른 사람들과의 의사소통 채널을 확보해야 한다.

ⓜ 기술보다 소비자에 초점을 두어야 한다. 선진국의 경우를 보면 지금까지 많은 실패 사례에서 소비자 정보시스템 구축 작업이 고객 관계에 어떤 영향을 미칠 것인가에 대한 고려가 없이 진행된 것을 확인할 수 있다. 프로젝트 초기에 소비자 정보시스템의 구축이 소비자들의 정보를 필요로 하는 업무들에게 구체적으로 어떠한 영향을 미칠지에 대한 측정 방법을 확립해야 한다.

ⓗ 조직 내 최고경영자의 의지와 각 부서 간의 업무 협조 및 회사 내부나 프로젝트 수행 조직에 분야별로 전문가가 있어야 한다. 프로젝트를 후원할 수 있는 조직 등으로 이루어진 강력한 추진 조직 및 인적 자원이 필요하다.

ⓢ CRM 시스템을 구성할 하드웨어 및 소프트웨어 벤더 선정에 있어 시장의 점유율과 포지셔닝 및 향후 업그레이드와 지원 등을 충분히 고려해야 한다. 이들이 기술적 측면에서 기존의 정보시스템과의 유연한 통합이 가능한지를 확인한다.

ⓞ 확장성(Scalability)을 구현해야 한다. 사용자의 수요 증가에 따라 시스템 용량을 쉽게 증가시킬 수 있어야 한다. 또한 다이렉트 마케팅이나 CRM 등을 위해서 소비자 정보시스템의 데이터는 매우 빠르게 그 규모가 커질 수 있다. 시스템 구축 후 실제 처리 용량을 예측하는 것은 쉽지 않은 작업이다. 특히 소비자 정보시스템이 웹과 연결될 경우 동시에 많은 소비자들이 웹에 접속하는 상황도 예상해야 한다.

ⓩ 개방형 기술을 선택해야 한다. 또한, 독점적 DB 및 분석 수단 등을 활용하지 말아야 한다. 특히 데이터웨어하우스의 경우 현재 시장이 국내에서는 도입기 또는 성장기에 있지만 기술적으로는 성숙기를 지나고 있어 서비스가 중단될 응용프로그램들이 있을 수 있다.

ⓩ 하드웨어는 가격이 내려갈 것으로 예상해야 한다. 컴퓨터 저장 매체의 가격 및 성능이 개선되고 있기 때문에 소비자 정보시스템 개발 시에 하드웨어 비용보다는 사용자의 생산성에 초점을 두어야 한다. 오늘날 하드웨어 비용을 줄이는 방법이 많이 있지만 이에 치중할 경우 잘못하면 장기적으로 사용자의 생산성에 피해를 줄 수 있다.

참고 고객관계관리(CRM) 시스템의 데이터 이용효과

- 유통채널과의 관계 개선을 위한 정보 획득
- 시장세분화 능력 개선을 위한 정보 획득
- 제품 개선을 위한 피드백 정보 획득
- 기업 내부의 조직역량 강화를 위한 정보 획득

---

(3) CRM의 정의 및 필요성 ✔자주출제

① 정의

○ CRM은 소비자들과 관련된 기업 조직의 내·외부 자료를 분석 및 통합하고 고객들의 특성에 기초한 마케팅 활동을 수립할 수 있도록 지원하는 시스템을 의미한다.

○ 판매자와 내부고객, 유통관련업체, 최종고객과 장기적이고 효과적인 관계를 개발하여 상호간에 이득이 될 수 있도록 하고자 하는 노력이라고 볼 수 있으며, 이를 통해 고객유지를 높이고 높아진 고객유지를 가지고 기업의 성과에 크게 기여하자는 전략이다.

② 필요성

○ 기존의 유치 고객이 반복적·지속적으로 자사제품을 구매하도록 관계를 유지한다.

○ 고객생애가치(LTV : Life Time Value)는 크게 고객획득단계, 고객유지단계, 충성고객단계로 구분된다.

○ 고객관계 강화를 위해 교차판매(Cross-Selling)를 통해 거래제품의 수를 늘리도록 한다.

○ 고객관계 강화를 위해 격상판매(Up-Selling)를 통해 거래액과 횟수를 증가시킨다.

○ 기존 마케팅 방식은 마케팅 부서만을 위한 마케팅이었다.

○ 현재의 각 기업 조직의 마케팅은 소비자들의 니즈를 파악하지 못하고 있다.

○ 소비자들에 대한 요구를 파악할 수 있는 시스템이 이전에는 존재하지 않았다.

○ 지속적으로 소비자에게 서비스를 제공할 방법이 없었다.

○ 전사적으로 소비자 지향적이어야 한다.

참고 고객관계관리(CRM)의 일반적 사항

① CRM의 목표를 이루기 위한 주요 이슈로는 통상적으로 목표소비자의 선정 및 신규소비자의 획득, 고객생애가치의 극대화, 소비자 이탈방지 및 유지, 유치된 소비자들의 계속적인 관리 등이 있다.

② 한 번의 소비자를 기업 조직의 평생소비자로 전환시켜 궁극적으로 기업 조직의 장기적인 이익을 극대화하고자 하는 것인데, 이는 소비자들과의 관계를 기반으로 소비자들의 평생가치를 극대화한다는 것을 말한다.

③ 기업 조직 내부에 축적되어진 소비자정보를 효과적으로 활용하여 소비자들과의 관계를 유지하고 확대 및 개선시킴으로써, 소비자들의 기업에 대한 만족 및 충성도를 제고하게 하고, 기업 조직의 지속적인 운영과 확장 및 발전 등을 추구하게 되는 소비자 관련 제반프로세스 및 활동으로 정의의 가능하다.

④ 소비자를 획득하고 유지하며 소비자들의 수익성을 향상시키기 위해 꾸준한 커뮤니케이션을 펼쳐 소비자들의 행위에 영향을 주게 되는 모든 현상을 이해하기 위한 전사적 접근체계이다.

기출PLUS

기출 2022년 2회

CRM시스템을 구축하는 이유에 대한 설명으로 가장 옳지 않은 것은?

① 고객과의 장기적인 관계 형성

② 거래 업무 효율화와 수익 증대

③ 의사결정 향상을 위한 고객에 대한 이해 활성화

④ 우수한 고객서비스 제공 및 확고한 경쟁우위 점유

⑤ 기존 고객유지보다 신규 고객 유치 활성화를 통한 비용 절감

❮정답 ⑤

(4) CRM의 유형

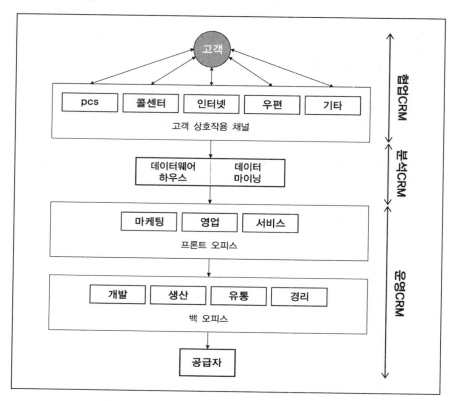

① Analytical CRM(분석적 CRM(Extended DW, DBM) : DW, Data Mining, OLAP 를 이용하여 마케팅 의사결정을 지원하는 마케팅 DSS 시스템

② Operational CRM(운영적 CRM(Extended ERP) : ERP가 가지고 있는 기능(거래 처리, 재무, 및 인사관리 등) 중에서 고객접촉과 관련된 기능을 강화하여 ERP 의 기능 확장 또는 CRM 모듈과 기존 ERP를 통합하는 것으로 주로 영업과 서 비스를 위한 시스템

③ Collaborative CRM(협업적 CRM(e-CRM) : 인터넷을 기반으로 한 EC/포털 사이 트의 급성장과 Off-line 기업의 On-line 화가 가속화되면서, 인터넷에 대응하 는 신개념의 CRM

(5) CRM 구현 단계

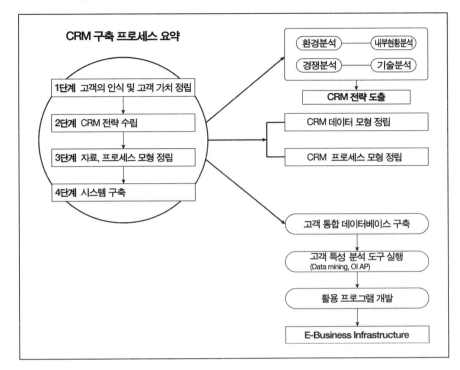

CRM 구축 프로세스 요약

- 1단계 고객의 인식 및 고객 가치 정립
- 2단계 CRM 전략 수립
- 3단계 자료, 프로세스 모형 정립
- 4단계 시스템 구축

- 환경분석 / 내부현황분석 / 경쟁분석 / 기술분석
- CRM 전략 도출
- CRM 데이터 모형 정립
- CRM 프로세스 모형 정립
- 고객 통합 데이터베이스 구축
- 고객 특성 분석 도구 실행 (Data mining, OI AP)
- 활용 프로그램 개발
- E-Business Infrastructure

(6) 유통기업의 CRM 구축 방안

유통업에서 소비자들의 의사 결정에 가장 중요한 영향을 미치는 요인은 입지다. 아무리 뛰어난 점포를 갖추었더라도 입지가 소비자들의 활동 지역과 다르면 소비자를 유치하기 쉽지 않다. 그러므로 유통업의 CRM은 신규 고객 확보 측면의 노력보다는 기존 고객의 유지와 개발에 초점을 맞추는 것이 바람직하다. 한편, 지금 대부분의 오프라인 유통 업체들은 e-비즈니스 채널을 운영하고 있다. 따라서 오프라인과 온라인 채널의 통합된 CRM이 반드시 필요하다. 오프라인에서의 우량 고객이 온라인에서 천대받아서는 곤란하다. 더불어서, 특별한 이유가 없는 한 온라인 매장과 오프라인 매장은 일관성을 갖는 것이 바람직하다. 만일, 온라인 매장과 오프라인 매장이 각각 다른 세분 고객을 목표로 하고 머천다이징도 상이하다면, 이때는 온라인 브랜드를 오프라인 브랜드와 다르게 설정하는 것이 혼란을 예방할 수 있는 방법이다. 그러나 실제 운영되는 상황을 보면, 같은 회사의 온라인 매장과 오프라인 매장의 머천다이징이 다르고 가격도 다른 경우가 흔히 있다.

기출PLUS

기출 2023년 제3회

CRM(customer relationship management) 실행 순서를 나열한 것으로 가장 옳은 것은?

① 고객니즈분석 – 대상고객선정 – 가치창조 – 가치제안 – 성과평가
② 가치제안 – 가치창조 – 고객니즈분석 – 대상고객선정 – 성과평가
③ 고객니즈분석 – 가치제안 – 대상고객선정 – 가치창조 – 성과평가
④ 가치창조 – 고객니즈분석 – 대상고객선정 – 가치제안 – 성과평가
⑤ 대상고객선정 – 고객니즈분석 – 가치창조 – 가치제안 – 성과평가

＜정답 ⑤

기출 & 예상문제

01 아래 글상자의 ( ) 안에 들어갈 용어로서 가장 옳은 것은?

> (   )은(는) 기업내부의 경영혁신을 유도하는 전략의 하나이다. 고객이 제품이나 서비스를 소비하는 전 과정에서 무엇을 보고 느끼며, 어디에 가치를 두고, 어떠한 상호작용 과정을 통해 관계를 형성하는지 등을 총체적으로 이해함으로써 고객에게 차별화된 가치를 제공하는 고객중심경영의 핵심을 말한다.

① 로열티 프로그램
② 고객마일리지 프로그램
③ 고객불만관리
④ 공유가치경영
⑤ 전사적고객경험관리

TIPS!

⑤ 고객의 기대를 충족하거나 초과 달성하도록 상호작용을 설계하고 대응하여 고객 만족도, 충성도 및 지지도를 높이는 전략이다.
① 로열티 프로그램은 사용자에게 서비스 이용에 따라 유, 무형의 보상을 제공하여 서비스 이용을 늘리고 재구매 유도, 충성 고객을 확대하는 모든 마케팅 전략을 총칭한다.
② 꾸준하게 포인트를 적립한 고객에게 회사 차원에서 보답하기 위해 업그레이드나 할인을 제공하는 것이다.
③ 고객의 불만을 적극적으로 수집, 분석해 제품이나 서비스 개선의 기회로 활용하는 전략이다.
④ 기업이 수익 창출 이후에 사회 공헌 활동을 하는 것이 아니라, 기업 활동 자체가 경제적 이익은 물론 사회적 가치를 동시에 창출하는 것을 의미한다.

Answer 01.⑤

02 상품판매에 대한 설명으로 옳지 않은 것은?

① 판매는 고객과의 커뮤니케이션을 통해 상품을 판매하고, 고객과의 관계를 구축하고자 하는 활동이다.

② 판매활동은 크게 신규고객을 확보하기 위한 활동과 기존고객을 관리하는 활동으로 나누어진다.

③ 인적판매는 다른 커뮤니케이션 수단에 비해 고객 1인당 접촉비용은 높은 편이지만, 개별적이고 심도 있는 쌍방향 커뮤니케이션이 가능하다는 장점을 가지고 있다.

④ 과거에는 전략적 관점에서 고객과 관계를 형성하는 영업을 중요시 하였으나, 판매기술이 고도화되면서 이제는 판매를 빠르게 달성하는 기술적 판매방식이 더욱 부각되고 있다.

⑤ 판매는 회사의 궁극적 목적인 수익창출을 실제로 구현하는 기능이다.

> **TIPS!** ....
> ④ 과거에는 판매를 빠르게 달성하는 기술적 판매방식을 중요시 했으나, 최근에는 고객과 관계를 형성하는 영업을 중요시하고 있다.

03 영업사원의 역할 및 관리에 대한 설명으로 가장 옳지 않은 것은?

① 영업사원은 제품과 서비스의 판매를 위해 구매가능성이 높은 고객을 개발, 확보하고 접촉하는 역할을 수행한다.

② 영업사원에 대한 보상체계는 성과에 따른 커미션을 중심으로 구성되는 경우가 많다.

③ 다른 직종의 업무에 비해 독립적으로 업무를 수행하는 경향이 있다.

④ 영업사원이 확보한 고객정보는 회사의 소유이므로 동료 영업사원들과의 협업을 위해 자주 공유한다.

⑤ 영업분야 전문인으로서의 역할과 조직구성원으로서의 역할 간 갈등이 발생할 수 있다.

> **TIPS!** ....
> ④ 고객정보는 회사 차원에서 통합 관리하고, 고객정보의 상실이나 누수 또는 유출에 관한 관리가 철저히 이루어져야 한다.

Answer 02.④ 03.④

04 고객가치를 극대화하기 위한 고객관계관리(CRM)의 중심활동으로 가장 옳지 않은 것은?

① 신규고객확보 및 시장점유율 증대
② 고객수명주기 관리
③ 데이터마이닝을 통한 고객 분석
④ 고객가치의 분석과 계량화
⑤ 고객획득/유지 및 추가판매의 믹스 최적화

> 💡 **TIPS!**
> ① 고객관계관리(CRM)는 기존 고객의 유지 활동을 중요시한다.

05 소비자의 구매동기는 부정적인 상태를 제거하려는 동기와 긍정적인 상태를 추구하려는 동기로 나뉘어진다. 아래 글상자 내용 중 부정적인 상태를 제거하려는 동기로만 짝지어진 것으로 가장 옳은 것은?

> ㉠ 새로운 제품(브랜드)의 사용방법을 습득하고 싶은 동기
> ㉡ 필요할 때 부족함 없이 사용하기 위해 미리 구매해 놓으려는 동기
> ㉢ 제품(브랜드) 사용과정에서 즐거움을 느끼고 싶은 동기
> ㉣ 제품(브랜드)을 구매하고 사용함으로써 자긍심을 느끼고 싶은 도익
> ㉤ 당면한 불편을 해결해 줄 수 있는 제품(브랜드)을 탐색하려는 동기

① ㉠, ㉡   ② ㉠, ㉢
③ ㉡, ㉢   ④ ㉡, ㉤
⑤ ㉢, ㉣

> 💡 **TIPS!**
> ㉠㉣㉢ 긍정적인 상태를 추구하려는 동기에 해당한다.

06 소매점에 대한 소비자 기대관리에 대한 설명으로 옳지 않은 것은?

① 입지편리성을 판단할 때 소비자의 여행시간보다 물리적인 거리가 훨씬 더 중요하다.
② 점포분위기는 상품구색, 조명, 장식, 점포구조, 음악의 종류 등에 영향을 받는다.
③ 소비자는 상품구매 이외에도 소매점을 통해 친교나 정보획득과 같은 욕구를 충족하고 싶어한다.
④ 소비재는 소비자의 구매노력에 따라 편의품, 선매품, 전문품으로 구분할 수 있다
⑤ 신용정책, 배달, 설치, 보증, 수리 등의 서비스는 소비자의 점포선택에 영향을 준다.

TIPS!

① 입지편리성에서는 물리적인 거리보다 소비자의 여행시간이 중요하게 고려되어야 한다.

07 고객생애가치(CLV, Customer lifetime value)에 대한 설명으로 옳은 것은?

① 고객생애가치는 인터넷쇼핑몰 보다는 백화점을 이용하는 고객들을 평가하는데 용이하다.
② 고객생애가치는 고객과 기업간의 정성적 관계 가치이므로 수치화하여 측정하기 어렵다.
③ 고객생애가치는 고객점유율(customer share)에 기반하여 정확히 추정할 수 있다.
④ 고객생애가치는 고객이 일생동안 구매를 통해 기업에게 기여하는 수익을 현재가치로 환산한 금액을 말한다.
⑤ 고객생애가치는 고객의 이탈률과 비례관계에 있다.

TIPS!

고객생애가치(CLV, Customer lifetime value) … 고객이 비즈니스에 기여한 금전적 가치를 가리키는데, 회사가 얼마나 수익성이 있을지 또는 신규 고객을 확보하기 위해 얼마나 많은 비용을 지출할 수 있는지를 이해하는 데 중요한 지표이다.

Answer 06.① 07.④

08 유형별 고객에 대한 설명으로 옳지 않은 것은?

① 고객이란 기업의 제품이나 서비스를 구매하거나 이용하는 소비자를 말한다.

② 이탈고객은 기업의 기준에 의해서 더 이상 자사의 제품이나 서비스를 이용하지 않는 것으로 정의된 고객을 말한다.

③ 내부고객은 조직 내부의 가치창조에 참여하는 고객으로서 기업의 직원들을 의미한다.

④ 비활동 고객은 자사의 제품이나 서비스를 구매한 경험도 향후 자사의 고객이 될 수 있는 가능성도 없는 고객을 말한다.

⑤ 가망고객은 현재 고객은 아니지만 광고, 홍보를 통해 유입될 가능성이 높은 고객을 말한다.

TIPS!

④ 자사의 고객이었던 사람 중에서 정기적인 구매를 할 시기가 지났는데도 더 이상 구매하지 않는 고객을 말한다.

09 아래 글상자 ㉠과 ㉡에 들어갈 알맞은 용어는?

> 상품관리 시 품목구성에서 결정해야 할 중요한 사항으로 (㉠)와(과) (㉡)의 설정이 있다. (㉠)은(는) 취급 가격의 범위를 말하는데 최저가격부터 최고가격까지의 폭을 의미한다. (㉡)은(는) 중점을 두는 가격의 봉우리를 지칭하는데 고급품의 가격대, 중급품의 가격대 등 (㉠) 가운데 몇 가지를 설정하는 것이다.

① ㉠ 상품의 폭, ㉡ 상품의 깊이

② ㉠ 상품의 깊이, ㉡ 상품의 폭

③ ㉠ 가격, ㉡ 마진

④ ㉠ 프라이스 라인, ㉡ 프라이스 존

⑤ ㉠ 프라이스 존, ㉡ 프라이스 라인

TIPS!

㉠ 프라이스 라인 : 예를 들면 스포츠 셔츠 가격의 종류를 말한다. 또한 가격의 종류에서 특히 역점을 갖고 판매하는 재고가 가장 많은 상품가격을 말할 때도 있다.

㉡ 프라이스 존 : 가격대, 상품 품종마다 매가 상한과 하한 범위를 말한다.

Answer 08.④ 09.⑤

10 CRM 시스템에 대한 설명으로 가장 옳지 않은 것은?

① 신규고객 창출, 기존고객 유지, 기존고객 강화를 위해 이용된다.
② 기업에서는 장기적인 고객관계 형성보다는 단기적인 고객관계 형성을 위해 도입하고 있다.
③ 다양한 측면의 정보 분석을 통해 고객에 대한 이해도를 높여준다.
④ 유통업체의 경쟁우위 창출에 도움을 제공한다.
⑤ 고객유지율과 경영성과 모두를 향상시키기 위해 정보와 지식을 활용한다.

TIPS!
② CRM 시스템은 기업이 소비자를 자신의 고객으로 만들고 이를 장기간 유지하기 위한 모든 경영 활동이다.

11 고객서비스에 대한 설명으로 가장 옳지 않은 것은?

① 고객서비스는 고객에게 만족스러운 쇼핑경험을 제공하기 위해 소매업체가 수행하는 일련의 활동과 프로그램을 의미한다.
② 고객서비스는 소비자들이 구매한 상품에서 느낄 수 있는 가치를 증진시킨다.
③ 소매업체는 보다 많은 단기적 이익을 추구하려는 전술적 관점에서 고객서비스를 제공한다.
④ 좋은 고객서비스는 경쟁사가 모방하기 어렵고 고객들이 점포를 다시 찾게 만드는 전략적 이점을 제공한다.
⑤ 훌륭한 고객서비스 제공을 통해 점포들은 상품을 차별화하고 고객충성도를 구축하며 지속가능한 경쟁 우위를 확보하려고 한다.

TIPS!
③ 소매업체는 보다 많은 장기적 이익을 추구하려는 전술적 관점에서 고객서비스를 제공한다.

Answer 10.② 11.③

12 다음 컴플레인의 발생원인 중 판매자 측의 잘못에 의한 발생의 원인에 해당하지 않는 것은?

① 정보제공의 미흡
② 할인, 거래중단, 교환 등의 이유로 고의나 악의에서 제기하는 불만
③ 표시 및 광고
④ 수리, 수선의 미흡
⑤ 상품관리의 미흡

TIPS!

컴플레인의 발생원인 중 판매자 측의 잘못에 의한 발생의 원인은 다음과 같다.
• 품질불량
• 불친절
• 정보제공의 미흡
• 상품관리의 미흡
• 강권 및 강매
• 교환 및 환불 지연
• 약속 불이행
• 수리, 수선의 미흡
• 거래조건
• 표시 및 광고
• 일처리의 미숙 및 주차

13 성공적인 고객관계관리(CRM)의 도입과 실행을 위해 고려해야 할 사항으로 옳지 않은 것은?

① 고객을 중심으로 모든 거래 데이터를 통합해야 한다.
② 고객의 정의와 고객그룹별 관리방침을 수립해야 한다.
③ 고객관계관리는 전략적 차원이 아닌 단순 정보기술 수준에서 활용해야 한다.
④ 고객 분석에 필요한 고객의 상세정보를 수집해야 한다.
⑤ 고객 분석결과를 활용할 수 있도록 제반 업무절차를 정립하고 시행해야 한다.

TIPS!

③ 고객관계관리는 고객의 데이터를 관리하는 차원에서 그치는 것이 아니라 고객에게 보다 나은 가치와 만족을 제공함으로써 고객과의 관계를 구축하고 유지하는 것을 의미한다. 고객관계관리를 통해 고객과의 장기적 관계를 구축하고 기업의 경영성과를 개선시킬 수 있다.

Answer 12.② 13.③

14 고객관계관리(CRM)에 기반한 마케팅활동으로 가장 옳지 않은 것은?

① 비용을 최소화할 수 있는 고객확보 활동
② 고객과의 신뢰를 쌓아가는 전략적 마케팅 활동
③ 수익성 높은 고객의 분류 및 표적화마케팅
④ 중간상을 배제한 고객과의 직접적·개별적 커뮤니케이션
⑤ 교차판매와 상향판매의 기회 증대 및 활용

    ④ CRM 기반 마케팅활동은 중간상을 배제하지 않는다.

15 다음 중 CRM에 관한 전반적인 내용으로 바르지 않은 것은?

① 구매주기가 너무 긴 산업에는 적용하기 어렵다.
② 고객을 세분화하여 서비스와 마케팅을 차별화하는 것이 CRM의 목적이다.
③ CRM은 소량고객화를 가능하게 한다.
④ 기업은 CRM을 통해 고객에 대한 정보를 수집하고, 수집된 정보를 효과적으로 활용하여 매출과 이익을 증대
    시킬 수 있다.
⑤ CRM 시스템은 기존고객의 특성에 맞는 상품과 서비스를 제공함으로써 고객의 이탈을 방지함으로써 시장점유
    율을 높일 수 있게 한다.

TIPS!

CRM은 대량고객화를 가능하게 한다. 세분화하여 고객에게 접근하는 것이 가능할 뿐만 아니라 시스템적 접근으로 대량의 고객화가 가능하다는 것이다.

Answer 14.④ 15.③

16 "이미 판매한 제품이나 서비스와 관련이 있는 제품이나 서비스를 추가로 판매하는 것"을 의미하는 용어로 가장 옳은 것은?

① 교차판매

② 유사판매

③ 결합판매

④ 묶음판매

⑤ 상향판매

TIPS!

② 전년도와 직접 비교한 비즈니스 또는 회사가 게시한 판매이다.

③ 끼워팔도록 한 판매이다.

④ 방송상품과 통신 성격의 상품 등 서로 다른 서비스를 조합하여 제공하는 서비스이다.

⑤ 종속회사가 지배회사에 판매하는 거래형태를 말한다.

17 고객관계관리(CRM, Customer Relationship Management)에 대한 설명으로 가장 옳지 않은 것은?

① 고객에 대한 정보를 활용하여 고객관계를 구축하고 강화시키기 위한 것이다.

② 고객의 고객생애가치(customer lifetime value)를 극대화하는데 활용되고 있다.

③ 기존 우량고객과 유사한 특징을 지닌 유망고객을 유치하기 위해 활용되고 있다.

④ 기존에 구매하던 제품과 관련된 다른 제품들의 구매를 유도하는 업셀링(up-selling)을 통해 고객관계를 강화하는 것이다.

⑤ 고객의 지출을 증가시켜 소비점유율(share of wallet)을 높이는데 활용되고 있다.

TIPS!

④ 업셀링은 새로운 고객을 유치하는 것이 아니라, 이미 제품이나 서비스를 구매한 사람들을 공략 대상으로 삼는 전략이다. 판매에서 가장 어려운 고객을 끌어오고 설득하는 부분이 이미 이루어진 단계이며, 따라서 고객이 더 나은 구매로 나아갈 수 있도록 조금씩 밀어주기만 하면 마케팅 비용은 줄이고 고객생애가치(LTV)는 높일 수 있다.

18 병행수입상품에 대한 설명으로 가장 옳지 않은 것은?

① 상표 등 지적재산권의 보호를 받는 상품이다.

② 미국에서는 회색시장(gray market) 상품이라고 부른다.

③ 제조업자나 독점수입업자의 동의없이 수입한 상품이다.

④ 외국에서 적법하게 생산되었기 때문에 위조상품이 아니다.

⑤ 수입업자들은 동일한 병행상품에 대해 서로 다른 상표를 사용해야 한다.

Answer 16.① 17.④ 18.⑤

TIPS! ⑤ 동일한 병행상품에 대해 서로 동일한 상표를 사용해야 한다.

19 다음 중 매스마케팅에 관한 설명 중 바르지 않은 것은?

① 매체의 형태는 대중매체이다.
② 고객 개개인을 목표고객으로 하고 있다.
③ 일방적인 커뮤니케이션의 방향을 취하고 있다.
④ 대량생산 및 대량판매의 생산방식을 취하고 있다.
⑤ 소비자에 대한 욕구는 동질적인 구매욕구를 취하고 있다.

TIPS! 매스마케팅에서는 불특정 다수를 목표고객으로 하고 있다.

20 아래 글상자의 ( ) 안에 들어갈 용어로 가장 옳은 것은?

> 소비자의 구매패턴 변화는 유통산업 구조에 변화를 가져와, 옴니채널(Omni Channel)에서 온라인 상거래의 범위를 오프라인으로 확장한 서비스를 제공하는 ( ) 방식의 사업 모델이 활발히 적용되고 있다.

① O2O(Online to Offline)
② O2O(Online to Online)
③ O2M(One to Multi spot)
④ O2M(One to Machine)
⑤ O2C(Online to Customer)

TIPS! ② O2O는 온라인을 통해 오프라인을 중개하는 중개서비스 전략이다.

Answer 19.② 20.①

21 매장 판매사원(영업직)의 동기부여와 관련된 설명 중 가장 올바르지 않은 것은?

① 매장판매사원이 해야 할 업무에 대하여 문서화된 규정이나 방침을 준비하는 것이 구두로 지시하는 것보다 갈등요소 제거 및 작업동기 부여에 바람직하다.

② 인센티브 제도는 연봉제와 달리 종업원의 성과를 기준으로 지급되는 보수제도이며, 연봉제의 단점을 보완하고 종업원의 매출성과를 직접적으로 높이고자 할 경우 많이 사용되고 있다.

③ 인센티브 제도는 인센티브가 주어지는 영업활동에 대한 동기강화에는 매우 효과적일 수 있는 반면 그 이외의 다른 업무를 경시하게 되는 경향이 있다.

④ 종업원에 대한 업무할당 및 조정방법으로 문서화된 규정에 과도하게 의존할 경우 불필요한 관료적 형식주의를 낳을 수도 있다.

⑤ 종업원 보상계획의 핵심적인 두 가지 구성요소로 인센티브 비율 책정과 종업원 복지제도 도입을 들 수 있다.

> **TIPS!**
> 소매상에 있어서 종업원에 대해 보상계획은 세 가지 요소로 구성된다. 그것은 고정급, 성과급, 기타 보상 등이다. 세 가지 유형의 보상의 최적결합은 사람과 직무, 소매조직에 따라 달라진다.

22 다음 중 CRM의 특징으로 바르지 않은 것을 고르면?

① 광고비의 절약이 가능하다.
② 서비스를 통한 기업의 경쟁력 확보가 가능해진다.
③ 소비자들의 니즈에 맞춤으로 인해 표적화가 상당히 용이해진다.
④ 제품의 시장 출시에 따르는 시간의 절약이 가능하다.
⑤ 중간상들과의 접촉을 최대한도로 활용할 수 있다.

> **TIPS!**
> 소비자채널의 사용률을 개선시킴으로써 개별소비자와의 접촉을 최대한도로 활용할 수 있다.

Answer 21.⑤ 22.⑤

23 다음 중 CRM 도입을 하기 위한 외부환경분석의 요소로 바르게 짝지어진 것은?

> ㉠ 경쟁사 분석 ㉡ 전략적 정합성 분석
> ㉢ 자사의 고객 지향성 분석 ㉣ 외부환경에 대한 적합성 분석
> ㉤ 고객 분석 ㉥ 거시환경 분석

① ㉠㉢㉤ ② ㉠㉤㉥
③ ㉡㉢㉣ ④ ㉡㉣㉥
⑤ ㉢㉣㉥

TIPS!

CRM 도입을 하기 위한 외부환경 분석의 요소로는 고객 분석, 경쟁사 분석, 거시환경 분석 등이 있다.

24 다음 괄호 안에 들어갈 말을 순서대로 바르게 표현한 것은?

> (㉠)은/는 자사의 제품이나 용역을 필요로 할 수 있고, 구매능력이 있는 사람을 가리킨다. 이들은 이미 자사의 제품에 대한 정보를 갖고 있다. (㉡)은/는 구매가능자 중에서 제품에 대한 필요로 느끼지 않거나 구매할 능력이 없다고 확실하게 판단이 되는 사람으로 목표고객에서 제외시킬 수 있다.

① ㉠ 구매용의자, ㉡ 반복구매고객
② ㉠ 최초구매고객, ㉡ 구매가능자
③ ㉠ 구매가능자, ㉡ 단골고객
④ ㉠ 구매가능자, ㉡ 비자격잠재자
⑤ ㉠ 구매용의자, ㉡ 비자격잠재자

TIPS!

구매가능자는 자사의 제품이나 용역을 필요로 할 수 있고, 구매능력이 있는 사람을 가리킨다. 이들은 이미 자사의 제품에 대한 정보를 갖고 있으며, 비자격잠재자는 구매가능자 중에서 제품에 대한 필요로 느끼지 않거나 구매할 능력이 없다고 확실하게 판단이 되는 사람으로 목표고객에서 제외시킬 수 있다.

Answer 23.② 24.④

25 고객이 컴플레인을 하는 경우 서비스의 개선과 가장 관련이 없는 것은?

① 고객들의 감정적 대응을 줄이기 위해 적극적으로 고객의 불만을 경청한다.

② 이행상의 공정성은 지불한 비용에 비해 그들이 받은 혜택에 대한 고객의 지각을 말한다.

③ 절차상의 공정성은 불만을 해결하기 위해 도입된 절차의 공정성이다.

④ 신속한 문제해결을 위해 명료한 설명을 제공한다.

⑤ 대 고객서비스 창구 일원화보다는 각각의 부서에서 고객 불만을 처리하도록 창구와 불만 처리 단계를 확대한다.

TIPS!

고객이 컴플레인을 하는 경우 각각의 부서에서 불만을 처리하도록 하는 것보다는 대 고객서비스 창구를 일원화하여 처리하는 것이 바람직하다.

26 다음 중 괄호 안에 들어갈 말을 순서대로 바르게 나열한 것을 고르면?

분류	CRM	Mass Marketing
목표고객	고객 개개인	불특정 대다수
생산방식	(㉠)	(㉡)

① ㉠ 특화된 욕구, ㉡ 동질적 구매욕구

② ㉠ 동질적 구매욕구, ㉡ 특화된 욕구

③ ㉠ 대량생산방식, ㉡ 다품종소량 생산방식

④ ㉠ 다품종소량 생산방식, ㉡ 대량생산방식

⑤ ㉠ 특화된 욕구, ㉡ 대중매체

TIPS!

Answer 괄호 안에 들어갈 말은 아래와 같다.

분류	CRM	Mass Marketing
목표고객	고객 개개인	불특정 대다수
생산방식	다품종소량 생산방식	대량생산방식

Answer 25.⑤ 26.④

27 세분화마케팅 틈새 마케팅과는 확연하게 구분되는 마케팅의 방법론으로, 데이터베이스 마케팅의 Individual Marketing, One-to-One Marketing, Relationship Marketing에서 진화한 요소들을 기반으로 등장한 것을 무엇이라고 하는가?

① Mass Marketing
③ STP Strategy
⑤ CRM

② MOT
④ Portfolio

> **TIPS!**
>
> CRM… 고객과 관련된 기업의 내·외부 자료를 분석 및 통합하여 고객 특성에 기초한 마케팅 활동을 계획하고 지원하며 평가하는 과정이다.

28 다음 설명은 유통기업이 시장을 세분화하기 위해 분석하는 방법 중의 하나이다. (　　　) 안에 해당하는 분석기법은 무엇인가?

> (　　　)은 제품대안들에 대한 소비자의 선호 정도로부터 소비자가 각 속성에 부여하는 상대적 중요도와 각 속성수준의 효용을 추정하는 분석방법이다. 특히 (　　　)에서는 응답자들에게 여러 속성 수준들의 결합으로 구성되는 제품 프로파일들을 제시하고 응답자들은 각 프로파일에 대한 그들의 선호정도를 답한다.

① 판별분석
② 군집분석
③ 다차원척도법
④ 컨조인트분석
⑤ 분산분석

> **TIPS!**
>
> 컨조인트 분석… 대상들의 등수자료, 선호도, 선호 점수를 가지고 제품을 선택할 때 소비자들이 가장 중요하게 생각하는 속성과 속성 값 중에 어떠한 수준을 더 좋아하는지를 알아내고자 할 때 사용되는 분석기법이다.

section **1** 유통마케팅 조사

(1) 유통마케팅 조사의 개요

① 유통 마케팅 조사에 있어서의 주요대상은 매출액에 대한 예측, 시장동향의 명확화, 시장점유율에 대한 측정, 브랜드 이미지의 측정, 기업 조직의 이미지에 대한 측정, 목표고객 특징의 정확도, 제품 및 그에 따른 패키지 등에 대한 설계, 창고 및 점포 등에 대한 입지, 재고관리 및 주문처리 등이 있다.

② 유통 마케팅 조사의 범위는 수요자에 대한 시장조사 및 생산물, 경로, 가격, 판매촉진에 대한 마케팅믹스의 요소, 또한 환경요소로서의 경제의 상황, 기술적 및 정치적인 상황, 경쟁 및 유행 등의 유통활동에 대한 조사를 포함하고 있다.

③ 조사하고자 하는 문제를 보다 더 구체화하고, 조사의 전망을 세우는 것으로부터 시작해서 이를 기반으로 조사목적의 명확화, 조사하고자 하는 대상의 선정 및 방법에 대한 결정, 시기와 예산 등의 결정, 마지막으로 조사 결과에 대한 보고 및 평가라는 관점으로 일련의 과정이 이루어진다.

④ 유통과정에서 정보에 대한 흐름은 제품의 구매자인 소비자 및 시장의 동향을 밝히기 위한 정보 등의 수집을 포함하는데, 이러한 내용은 마케팅조사에 의해 이루어진다.

참 고 마케팅 관리철학

① 생산개념
  ㉠ 생산지향성시대는 무엇보다도 저렴한 제품을 선호한다는 가정에서 출발한다. 즉, 소비자는 제품이용가능성과 저가격에만 관심이 있다고 할 수 있다. 그러므로, 기업의 입장에서는 대량생산과 유통을 통해 낮은 제품원가를 실현하는 것이 목적이 된다.
  ㉡ 또한, 제품의 수요에 비해서 공급이 부족하여 고객들이 제품구매에 어려움을 느끼기 때문에 고객들의 주된 관심이 지불할 수 있는 가격으로 그 제품을 구매하는 것일 때 나타나는 이념이다.
② 제품개념 : 소비자들이 가장 우수한 품질이나 효용을 제공하는 제품을 선호한다는 개념이다. 이러한 제품지향적인 기업은 다른 어떤 것보다도 보다 나은 양질의 제품을 생산하고 이를 개선하는 데 노력을 기울인다.

---

③ 판매개념
  ㉠ 기업이 소비자로 하여금 경쟁회사 제품보다는 자사제품을, 그리고 더 많은 양을 구매하도록 설득하여야 하며, 이를 위하여 이용가능한 모든 효과적인 판매활동과 촉진도구를 활용하여야 한다고 보는 개념이다.
  ㉡ 생산능력의 증대로 제품공급의 과잉상태가 나타나게 된다.
  ㉢ 고압적인 마케팅 방식에 의존하여 광고, 유통 등에 많은 관심을 갖게 된다.
  ㉣ 즉, 소비자의 욕구보다는 판매방식이나 판매자 시장에 관심을 가진다.
④ 마케팅 개념 : 이것은 고객중심적인 마케팅 관리이념으로써, 고객욕구를 파악하고 이에 부합되는 제품을 생산하여 고객욕구를 충족시키는 데 초점을 둔다.
⑤ 사회지향적 마케팅은 단기적인 소비자의 욕구충족이 장기적으로는 소비자는 물론 사회의 복지와 상충됨에 따라서 기업이 마케팅활동의 결과가 소비자는 물론 사회전체에 어떤 영향을 미치게 될 것인가에 대한 관심을 가져야 하며 가급적 부정적 영향을 미치는 마케팅활동을 자제하여야 한다는 사고에서 등장한 개념이다.

기출PLUS

기출 2022년 제2회

마케팅 전략수립을 위한 다양한 조사활동 중 1차 자료를 수집하기 위한 조사방식으로 옳지 않은 것은?

① 현장조사
② 관찰조사
③ 설문조사
④ 문헌조사
⑤ 실험조사

(2) 유통마케팅 조사의 방법과 절차

① 유통마케팅 조사의 방법
  ㉠ 실험법 : 실제 조사대상자들에게 어떠한 반응을 하도록 시도해보고 해당 결과로부터 필요한 정보를 수집하는 방법이다.
  ㉡ 질문법 : 가장 많이 사용되는 정보수집 방법으로 응답자에게 질문표를 이용해 직접적으로 질문해서 필요한 정보를 수집하는 것으로, 전화법 및 면접법 등이 있다.
  ㉢ 동기조사 : 특정 태도 및 행동 등을 유발하는 심층심리에 접근하고자 하는 것으로 'Why 리서치'라고도 하며, 이에는 심층면접법, 투영기법, 집단면접법 등이 활용된다.
  ㉣ 관찰법 : 조사자가 조사 대상자를 현장에서 일정 기간 동안 관찰하면서 있는 그대로의 사실을 관찰하여 필요한 자료를 수집하는 방법이다.

〈정답 ④

참고 **주요 척도의 구분**

① 리커트 척도(Lickertis Scale)
ㄱ 리커트 척도는 응답자들이 주어진 문장을 보고 동의하는 정도를 답하게끔 하는 척도이다.
ㄴ 응답자들이 쉽게 이해하고, 척도 설계가 쉬우며 관리하기가 용이하다.
ㄷ 측정값은 등간척도로 간주된다.
ㄹ 이 방식은 응답자들이 스스로가 이해하며 답하는 경우에 널리 활용되는 방식이다.
ㅁ 반응자들이 주어진 문장에 얼마나 동의하는지를 척도에 표시하도록 하여 특정 주제에 대한 반응자의 태도를 알아보는 평정 척도이다.

예 서울 지역의 탕수육 맛은 상당히 좋다.

전혀 동의하지 않음   매우 동의함
　　　　　　　　1　　　2　　　3　　　4　　　5

예 도요타 자동차는 승차감이 아주 좋다.

전혀 동의하지 않음   매우 동의함
　　　　　　　　1　　　2　　　3　　　4　　　5

② 어의차이척도
ㄱ 컬러 또는 이미지 등의 감성적인 내용에 대해 질문할 때 자주 활용하는 방식이다.
ㄴ 이를 척도화하는 방법으로는 척도의 양쪽 끝에 서로 상반되는 형용사적 단어를 삽입하고 응답자의 느낌 또는 생각 등을 척도 상에 표시하게 하는 방법이다.
ㄷ 또한 패션 및 자동차 등의 디자인 및 느낌 등을 알고자 할 때 주로 사용한다.

예 이번에 출시된 스포츠카에 대한 당신의 느낌은 어떤가요?

참신한	1	2	3	4	5	진부한
개방적인	1	2	3	4	5	폐쇄적인
재미있는	1	2	3	4	5	재미없는

③ 스타펠 척도
ㄱ 스타펠 척도는 0점 없는 −5에서 +5 사이의 10점 척도로 측정하는 척도이다.
ㄴ 스타펠 척도의 경우 의미차별화 척도와 상당히 비슷하지만, 양 끝 쪽의 대가 되는 형용사적 표현을 설계할 필요가 없다.
ㄷ 이 방식의 경우 응답자들의 혼란을 일으키기 쉽다는 문제점이 있다.

예 A 전자제품에 대한 평가를 아래의 각 속성별로 표기해 주세요. (동의할수록 높은 점수를 부여하시오.)

−5 −4 −3 −2 −1　직원이 친절하다　　+1 +2 +3 +4 +5
−5 −4 −3 −2 −1　제품의 품질이 높다　+1 +2 +3 +4 +5
−5 −4 −3 −2 −1　A/S가 뛰어나다　　+1 +2 +3 +4 +5
−5 −4 −3 −2 −1　첨단제품을 개발한다 +1 +2 +3 +4 +5

② 유통마케팅 조사의 절차

  ㉠ 문제 정의 : 환경의 변화 및 기업 조직의 마케팅 조직이나 전략의 변화로 인한 마케팅 의사결정의 문제가 발생 시 이를 위해 마케팅 조사가 필요해지고 마케팅 조사문제가 정의됨

  ㉡ 조사 설계 : 정의된 문제에 대해 가설을 검증하는 조사를 수행하기 위한 포괄적인 계획을 의미

  ㉢ 자료수집방법의 결정 : 설정된 조사목적에 대해 우선적으로 필요한 정보는 무엇인지, 다시 말해 구체적인 정보의 형태를 결정

  ㉣ 표본설계 : 자료 수집을 하기 위해 조사의 대상을 어떻게 선정할 것인지를 결정하는 과정

  ㉤ 시행과 분석 및 활용 : 수집한 자료 정리 및 통계분석을 위한 코딩을 하고, 적절한 통계분석을 실행하고, 정보 사용자에 대한 이해 정도를 고려해서 보고서를 작성한다.

참고 **마케팅 조사에서의 표본선정**

① 표본추출과정은 '모집단의 설정 → 표본프레임의 결정 → 표본추출방법의 결정 → 표본크기의 결정 → 표본추출'의 순으로 이루어진다.

② 표본프레임(Sample Frame)은 모집단에 포함된 조사대상자들의 명단이 수록된 리스트를 말한다.

③ 층화표본추출은 확률표본추출로, 이는 모집단을 서로 상이한 소집단으로 나누고 이들 각 소집단들로부터 표본을 무작위로 추출하는 방법이다.

④ 비표본오류에는 자료기록 및 처리의 오류, 조사현장의 오류, 무응답 오류, 불포함 오류 등이 있다.

---

(3) 유통마케팅 자료분석 기법

① 조사 자료 설계 프로세스

문제 파악	조사 THEME 확정	조사 실행	자료 정리	자료 활동
→	• 테마 1차 선정 • 조사내용 1차 선정 • 관련기사 자료 수집 • 관련기사 자료 분석 • 조사내용 2차 정리 • 조사테마 수정 및 확정	• 조사설계 • 실지조사	• 조사자료 수집 • 조사자료 분석 • 자료결과 해석	• 자료결과 활용 • 전략, 전술 수립

유통마케팅 조사과정 순서로 가장 옳은 것은?

① 조사목적 정의 – 조사 설계 – 조사 실시 – 데이터분석 및 결과해석 – 전략수립 및 실행 – 실행결과 평가

② 조사목적 정의 – 조사 실시 – 조사 설계 – 데이터분석 및 결과해석 – 전략수립 및 실행 – 실행결과 평가

③ 조사목적 정의 – 조사 설계 – 조사 실시 – 전략수립 및 실행 – 데이터분석 및 결과해석 – 실행결과 평가

④ 조사목적 정의 – 실행결과 평가 – 전략수립 및 실행 – 조사 실시 – 데이터분석 및 결과해석 – 대안선택 및 실행

⑤ 조사목적 정의 – 조사 실시 – 데이터분석 및 결과해석 – 조사 설계 – 전략수립 및 실행 – 실행결과 평가

〈정답 ①

② 자료분석기법

  ㉠ 관찰조사

    • 행동의 패턴을 기록 및 분석해서 조사대상에 대한 체계적인 지식을 취득하는 방법이다.

    • 관찰의 대상이 되는 피 관찰자 자신이 관찰되는 사실을 모르게 하는 것이 중요하다.

  ㉡ 전화 인터뷰법

    • 개념 : 면접진행자가 응답자들에게 전화를 걸어 설문지의 질문을 하고 기록하는 방식이다.

    • 장점

    – 접촉의 범위가 넓다.

    – 면접진행자의 통제가 용이한 편이다.

    – 조사가 신속하게 이루어진다.

    • 단점

    – 복잡하거나 긴 질문의 사용이 불가능하다.

    – 시각적인 자료의 활용이 어렵다.

  ㉢ 면접법

    • 개념 : 면접진행자가 응답자를 직접적으로 만나서 인터뷰하는 방법이다.

    • 종류 : 몰 인터셉트 인터뷰, 방문 인터뷰

    • 장점

    – 응답자들에 대한 응답률을 높일 수 있다.

    – 복잡하거나 긴 질문의 사용이 가능하다.

    – 시각적인 자료의 활용이 가능하다.

    • 단점

    – 면접진행자에 의한 오류 발생의 가능성이 있다.

    – 비용이 많이 들어간다.

    – 접촉범위의 한계가 있다.

  ㉣ 우편 조사법

    • 개념 : 우편을 통해서 조사하는 방법이다.

    • 장점

    – 비용이 저렴하다.

    – 접촉의 범위가 넓다.

    • 단점

    – 응답자들에 대한 응답률이 낮다.

    – 응답자들이 질문에 대한 순서를 무시할 가능성이 높다.

    – 응답자들이 질문의 의도를 잘못 이해할 경우에 설명이 불가능하다.

기출 2020년 1회

유통정보 분석을 위해 활용되는 데이터 분석 기법으로 성격이 다른 것은?

① 협업적 필터링 (collaborative filtering)
② 딥러닝(deep learning)
③ 의사결정나무(decision tree)
④ 머신러닝(machine learning)
⑤ 군집분석(clustering analysis)

기출 2022년 2회

아래 글상자에 설명하는 마케팅조사 기법으로 가장 옳은 것은?

┌─ 보기 ─
다수의 대상(소비자, 제품 등)들을 그들이 소유하는 특성을 토대로 유사한 대상들끼리 집단으로 분류하는 통계 기법
└─

① 분산분석
② 회귀분석
③ 군집분석
④ t-검증
⑤ 컨조인트분석

〈정답 ⑤, ③

참 고 마케팅 조사 시의 통계분석 기법 ✔자주출제

① 요인분석(Factor Analysis)
- 여러 개의 변수들이 서로 어떻게 연결되어 있는가를 분석하여 이들 변수 간의 관계를 공동요인을 활용해서 설명하는 다변량 분석기법이다.
- 변수를 종속변수와 독립변수로 분리하지 않고 변수 전체를 대상으로 어떤 변수들끼리 서로 같은 분산의 구조를 가지고 있느냐를 살펴보아 이를 요인으로 분류하는 상호의존적 분석기법이다.

② 컨조인트 분석(Conjoint Analysis)
- 어떠한 제품 또는 서비스 등이 지니고 있는 속성 하나하나에 소비자가 부여하는 가치를 추정함으로써, 해당 소비자가 어떠한 제품을 선택할지를 예측하는 기법이다.
- 더불어서 이 방식은 구체적인 소비자 행동의 요인을 측정하기 위한 방법의 하나이다.

③ 분산분석(Analysis Of Variance)
종속변수의 개별 관측치와 이들 관측치의 평균값 사이의 변동을 해당 원인에 따라 몇 가지로 나누어 분석하는 방법이다.

④ 회귀분석(Regression Analysis)
조작이나 활동의 데이터와 그에 대응하는 결과의 데이터의 조합을 여러 개 모아 예측 대상의 양(종속변수)에 대한 변동을, 조작이나 활동의 데이터 가운데 그 변동을 설명하는 요소로 생각되는 데이터(독립변수)로써 예측하기 위해 그 둘 사이의 관계를 규명하는 방법이다.

⑤ 판별분석(Discriminant Analysis)
판별분석은 계량적인 방법으로 판단기준, 다시 말해 판별함수를 만들어 평가대상이 어떤 상태인가를 구분하는 분석방법이다.

⑥ 군집분석(Cluster Analysis)
- 비슷한 특성을 가진 집단을 확인하기 위해 시도하는 통계적 분석방법이다.
- 데이터 간 유사도를 정의하고, 유사도에 가까운 것부터 순서대로 합쳐가는 방식이다.

⑦ 다차원척도법(Multidimensional Scaling)
- 특정 연구대상들에 대한 사람들의 주관적인 또는 각종 지표 등과 같이 객관적 근접성의 정도를 보여주는 데이터를 분석하여 이러한 데이터 안에 감추어져 있는 구조를 발견하는 것이다.
- 더불어서 이 방식은 소비자들이 특정대상들을 어떻게 생각하는지, 그렇게 판단하는 기준은 무엇인지를 알아내는 유용한 방법이다.

기출PLUS

기출 2021년 제2회

아래 글상자의 상황에서 A사가 선택할 수 있는 분석방법으로 가장 옳은 것은?

┌ 보기 ┐

공기청정기를 판매하는 A사는 다양한 판매촉진을 통해 매출 부진에서 벗어나고자 한다. 가격인하와 할인쿠폰행사 그리고 경품행사가 매출향상에 효과적인가를 판단하기 위해 각 판촉방법 당 5개 지점의 자료를 표본으로 선정하여 판촉유형이 매출에 미치는 효과 여부에 관한 조사를 실시하기로 했다.

① 요인분석(factor analysis)
② 회귀분석(regression analysis)
③ 다차원척도법(MDS, Multi-Dimensional Scaling)
④ 표적집단면접법(FGI, Focus Group Interview)
⑤ 분산분석(ANOVA, analysis of variance)

기출 2020년 3회

소매점포의 입지분석에 활용하는 회귀분석에 관한 설명으로 가장 옳지 않은 것은?

① 소매점포의 성과에 영향을 미치는 다양한 요소들의 상대적 중요도를 파악할 수 있다.
② 분석에 포함되는 여러 독립변수들끼리는 서로 관련성이 높을수록 좋다.
③ 점포성과에 영향을 미치는 영향변수에는 상권내 경쟁수준이 포함될 수 있다.
④ 점포성과에 영향을 미치는 영향변수에는 점포의 입지특성이 포함될 수 있다.
⑤ 표본이 되는 점포의 수가 충분하지 않으면 회귀분석결과의 신뢰성이 낮아질 수 있다.

❮정답 ⑤, ②

아래 글상자에서 (㉠)~(㉣)에 해당하는 용어를 순서대로 올바르게 나열한 것은?

┌─ 보기 ─┐

(㉠)척도는 대상을 규명하고 분류하는 숫자들을 의미하며, (㉡)척도는 응답자가 질문의 대답들 간의 상대적 정도를 표시할 수 있게 해주는 척도이다. 한편 (㉢)척도는 대상 간 격차를 비교할 수 있고, 이 때 0점은 임의적으로 사용할 수 있다. 마지막으로 (㉣)척도는 절대영점(기준점)을 고정시켜 응답자 간의 절대적 격차를 규명하고, 원래 응답들을 비교할 수 있다.

① ㉠ 명목 – ㉡ 서열 – ㉢ 비율 – ㉣ 등간
② ㉠ 명목 – ㉡ 서열 – ㉢ 등간 – ㉣ 비율
③ ㉠ 명목 – ㉡ 비율 – ㉢ 등간 – ㉣ 서열
④ ㉠ 서열 – ㉡ 등간 – ㉢ 명목 – ㉣ 비율
⑤ ㉠ 서열 – ㉡ 명목 – ㉢ 비율 – ㉣ 등간

참고 척도의 형태

명목척도	측정대상의 특성을 분류하거나 확인할 목적으로 숫자를 부여하는 것(분석방법 : 교차분석, 부호검정, 캔달의 일치도 검정, 비율계산, 최빈값, 이항분포검정, 카이자승검증 등)
서열척도	측정대상 간의 순서관계를 밝혀주는 척도 : 주로 정확하게 정량화하기 어려운 소비자의 태도, 선호도들의 측정에 이용(양적인 비교는 제공하지 못함. 따라서 중앙값, 서열상관관계, 서열 간의 차이분석 등을 행할 수 있으나 산술평균이나 표준편차와 같은 산술계산을 불가)
등간척도	속성에 대한 순위를 부여하되 순위사이의 간격이 동일한 척도. 양적인 정도의 차이를 나타내며 해당속성이 전혀 없는 절대적인 원점은 존재하지 않음(임의적 원점은 존재하지만 무의미) **예** 온도
비율척도	등간척도의 특성 + 비율계산이 가능(절대0점이 존재) **예** 소득, 무게 등

section 2 유통마케팅 성과 평가

(1) 유통마케팅 성과 평가의 개요

① 혁신성 : 신제품의 개수 및 매출의 비중, 마진에 따른 지표 등

② 재무성과 : 마진, 매출, 영업이익 등

③ 타사와의 비교지표 : 타사 대비 소비자 및 제품 품질에 대한 만족도 등

④ 소비자행동지표 : 충성도, 소비자 수, 재구매율, 소비자 유지율 등

⑤ 소비자들의 주관적 태도 : 제품의 품질, 소비자 만족도, 인지도, 차별화 등

⑥ 유통채널에 따른 지표 : 유통점의 수 등

참고 유통경로의 성과 측정 중 재무적인 측면

① 당기순이익을 순매출로 나눈 비율은 영업활동의 원가대비 가격의 효과성을 말한다.
② 제품의 회전율이 증가하거나 또는 순매출이익률이 증가하게 되면 총자산이익률도 함께 증가하게 된다.
③ 기업조직이 장단기차입금에 의존하고 있는 정도는 레버리지비율로 표현된다.
④ 투자에 의한 배당이 얼마나 이룰 수 있는지를 판단하는 지표는 투자수익률이다.

〈정답 ②

| 참 고 | 마케팅 성과평가 지표의 우선순위 |

이용순위	성과평가지표
1	이익률
2	매출달성율
3	영업마진
4	인지도
5	시장 점유율
6	신제품 기여율
7	상대적 가격지수
8	고객만족도
9	유통 커버리지
10	마케팅비용
11	품질

통상적으로, 이익 및 매출액, 마진 등 재무적 성격이 지표들이 먼저 활용되고 신제품 개수, 인지도, 유통 커버리지 등의 지표 활용도는 상대적으로 떨어진다.

(2) 유통마케팅 목표의 평가

① 공정성 원칙 : 각 관련 기업이 유통 기능의 수행에 참여한 정도와 필요 유통 서비스의 제공에 기여한 정도에 따른 비용과 성과의 분배

② 이상적 방향

  ㉠ 목표시장이 요구하는 유통서비스의 파악

  ㉡ 이의 제공을 위한 마케팅 기능 및 활동의 파악

  ㉢ 각 기능 및 활동의 비용 파악(ABC)

  ㉣ 각 유통관련 기업들이 고객의 욕구를 만족시키기 위한 부가가치 창출 활동을 유도할 수 있는 보상제의 개발

(3) 유통업의 성과 평가

성과평가의 방법이 중요하게 작용하는 이유는 각 상황별 평가의 방법에 의해 구성원(종업원)들의 행위 등이 달라지기 때문이다.

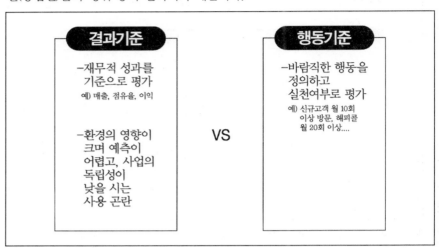

(4) 경로구성원의 평가

유통경로의 성과에 대한 평가는 학자 및 실무자들 간 둘 이상의 기업 간 경로상호작용의 궁극적인 목표 및 결과로써 받아들여지고 있다. 경로성과평가는 여러 가지 분석수준, 즉 경로시스템 관리, 유통기능 또는 흐름, 참여기관 등의 수준에서 이루어질 수 있다고 주장하고 있다.

참고 경로 구성원의 성과평가기준 및 성과척도	
평가 기준	성과 척도
매출 성과	총이익, 매출성장성, 매출액, 판매 할당, 시장점유율
재고 유지	평균재고유지율, 매출액에서 차지하는 재고 비율, 재고 회전율
판매 능력	전체 판매원 수, 제조업자의 상품에 할당된 판매원

(5) 영향력 및 갈등 평가 ✔자주출제

① 경로 상 갈등의 원인

　㉠ **경로구성원 간의 목표의 불일치** : 상대의 목표를 존중하지 않고 간섭하면서 발생

　㉡ **영역의 불일치** : 수행해야 할 역할에 대한 구성원 간의 견해 차이에 의해 발생

　㉢ **지각의 불일치** : 보유하고 있는 의사결정 관련 정보가 다르거나 정보 분석의 능력의 차이가 나는 경우 발생

② **경로영향력의 원천** : 경로구성원이 가지고 있는 영향력의 원천과 다른 경로 구성원에 대한 의존성의 정도에 따라 결정됨

ⓐ **합법력** : 규정된 행동을 준수하도록 주장할 수 있는 능력

ⓑ **준거력** : 거래관계를 계속 유지하고 싶도록 할 수 있는 능력

ⓒ **보상력** : 물질적, 심리적, 보호적 보상을 제공할 수 있는 능력

ⓓ **강압력** : 영향력 행사에 따르지 않을 때 제재를 가할 수 있는 능력

ⓔ **전문력** : 우수한 지식이나 경험 또는 정보 능력

참고 유통채널 갈등과 그 시사점 ✔자주출제

① 경로갈등의 유형

　ⓐ 수평적 갈등 : 동일한 계층에 있는 중간상 사이에서 발생

　ⓑ 업태 간 갈등 : 동일계층에 있는 상이한 업태의 중간상인들 간의 경쟁에서 발생

　ⓒ 수직적 갈등 : 주로 제조업체와 유통업체 간의 갈등

② 경로갈등의 관리

　ⓐ 채널 간 영역중복으로 유통채널 간에 갈등이 발생하며 채널별 제공가치의 차별화로 해결

　ⓑ 힘의 불균형으로 제조업체와 유통업체 간 갈등 발생, 제조업체 채널의 파워 유지 및 강화, 채널 간 전략적 제휴, SCM 등으로 해결

갈등의 유형	갈등 발생원인	갈등의 관리방안
유통채널 간 갈등	채널간의 영역 중복	• 채널별 제공가치의 차별화 – 제조업체가 유통채널의 성격에 맞는 변형된 제품이나 브랜드 도입 예 할인점용 벌크제품의 개발
제조업체 – 유통업체 갈등	힘의 불균형	• 패널파워 유지, 강화 – 브랜드 파워의 강화 – 채널 포트폴리오 구성 • 채널과의 전략적 제휴(시너지효과 창출) – SCM, Category Management

기출PLUS

기출 2019년 2회

경로 갈등에 대한 내용으로 옳지 않은 것은?

① 경로 구성원 간의 갈등은 여러 가지 다른 상황과 요인 때문에 발생하며, 넓은 맥락에서 갈등이 항상 나쁜 것은 아니다.

② 수평적 갈등은 동일한 경로단계 상의 구성원들 사이에서 발생하는 갈등을 의미한다.

③ 수직적 갈등은 제조업자와 도매상 같이 서로 다른 경로단계를 차지하는 구성원들 사이에서 발생하는 갈등이다.

④ 분배적 공정성은 분쟁을 해결하거나 자원을 할당하는 과정에서 다른 경로구성원들과 비교했을 때 동등하고 공평한 대우를 받는 것과 관련된다.

⑤ 상호작용적 공정성이란 경로구성원에게 실질적인 자원 할당이 적절하게 이루어졌는지에 대한 지각을 뜻한다.

<정답 ⑤

(6) 온라인 유통마케팅의 성과지표(전환율, 노출 수, CPC, CPM 등)

① 전환율

    ㉠ 고객이 우리가 목표로 하는 행동을 완료하는 것을 말한다.

    ㉡ 예를 들어, 온라인 쇼핑몰에서는 결제, 온라인 보험사라면 상담 신청 완료가 되는 것이다.

② 노출 수

    ㉠ 광고의 노출 대비 클릭수를 나타내는 지표로 광고 크리에이티브를 평가할 때 가장 직접적으로 판단할 수 있는 지표를 말한다.

    ㉡ 노출 수 대비 클릭 수를 백분율로 나타내 표현하는데, 예를 들어 노출이 1000번 발생했을 때 클릭이 5번 발생했다면 CTR은 0.5%가 된다.

③ 클릭당 비용(CPC, Cost Per Click)

    ㉠ 디지털 기기 사용자가 유료 온라인 광고를 클릭할 때마다 광고주가 지불해야 하는 금액을 말한다.

    ㉡ 즉, 광고가 노출된 횟수와는 관계 없이 광고가 클릭될 때마다 비용을 지불하는 방식이다. 클릭이 잘 이루어지지 않는 브랜딩 광고를 진행할 때 사용하면 노출은 확보하면서 비용을 절감할 수 있기 때문에 효과적이다.

    ㉢ 대표적인 CPC 광고 채널은 검색광고가 있다.

④ 노출당 비용(CPM, Cost Per Mille)

    ㉠ 광고가 1000회 노출될 때 마다 비용을 지불하는 방식으로 클릭은 비용에 영향을 미치지 않는다.

    ㉡ 클릭이 많이 발생할 것 같은 이벤트성 광고 소재에 적용하면 비용을 절감할 수 있다.

    ㉢ 브랜드 인지도를 높이기 위해 보다 많은 사람에게 광고를 노출하고자 할 때 주로 사용된다.

    ㉣ 포털사이트, APP, 커뮤니티 등의 배너 광고는 주로 CPM을 기반으로 운영되는 경우가 많다.

기출 & 예상문제

01 회계데이터를 기초로 유통마케팅 성과를 측정하는 방법으로 옳은 것은?

① 고객 만족도 조사

② 고객 획득률 및 유지율 측정

③ 매출액 분석

④ 브랜드 자산 측정

⑤ 고객 생애가치 측정

TIPS!

③ 회계데이터를 기초로 매출액, 당기순이익 등 회계장부상의 성과를 측정할 수 있다.

02 다음 중 성격이 다른 하나는?

① 횡단분석

② 사례조사

③ 문헌조사법

④ 전문가 의견조사

⑤ 관찰법

TIPS!

①번은 기술조사의 종류에 해당하며, 나머지 ② · ③ · ④ · ⑤번은 탐색조사의 종류에 해당한다.

Answer 01.③ 02.①

03 유통마케팅 성과 평가에 대한 설명으로 가장 옳지 않은 것은?

① 유통마케팅 성과측정 방법은 크게 재무적 방법과 마케팅적 방법으로 나눌 수 있다.

② 재무적 방법은 회계 데이터를 기초로 성과를 측정한다.

③ 마케팅적 방법은 주로 고객들로부터 수집된 데이터를 이용하여 성과를 측정한다.

④ 마케팅적 방법은 과거의 성과를 보여주지 못하지만 미래를 예측할 수 있다는 장점이 있다.

⑤ 재무적 방법과 마케팅적 방법을 상호보완적으로 활용하여 측정하는 것이 효과적이다.

TIPS!

④ 과거의 실적을 보여줌은 물론 미래의 성과 예측이 가능하다.

04 아래 글상자의 상황에서 A사가 선택할 수 있는 분석방법으로 가장 옳은 것은?

공기청정기를 판매하는 A사는 다양한 판매촉진을 통해 매출 부진에서 벗어나고자 한다. 가격인하와 할인쿠폰 행사 그리고 경품행사가 매출향상에 효과적인가를 판단하기 위해 각 판촉방법당 5개 지점의 자료를 표본으로 선정하여 판촉유형이 매출에 미치는 효과 여부에 관한 조사를 실시하기로 했다.

① 요인분석(factor analysis)

② 회귀분석(regression analysis)

③ 다차원척도법(MDS, Multi-Dimensional Scaling)

④ 표적집단면접법(FGI, Focus Group Interview)

⑤ 분산분석(ANOVA, analysis of variance)

TIPS!

⑤ 분산분석은 서로 다른 그룹의 평균(또는 산술평균)에서 분산값을 비교하는 데 사용되는 통계 공식으로 다양한 시나리오에서 이를 사용하여 서로 다른 그룹의 평균 간에 차이가 있는지 확인한다.

Answer 03.④ 04.⑤

05 아래 글상자에서 수직적 경쟁과 관련하여 옳은 내용만을 모두 나열한 것은?

> ⊙ 유통경로상의 서로 다른 경로 수준에 위치한 경로 구성원간의 경쟁을 의미한다.
>
> ⓒ 유사한 상품을 판매하는 서로 상이한 형태의 소매업체간 경쟁을 뜻한다.
>
> ⓒ 자체상표(PB) 확산으로 발생하는 유통업체와 제조업체와의 경쟁도 수직적 경쟁에 포함된다.
>
> ⓔ 체인 간의 경쟁, 협동조합과 프랜차이즈 간의 경쟁도 수직적 경쟁에 포함된다.
>
> ⓜ 수직적 경쟁이 치열해질수록 횡적/수평적 관계로 경쟁을 완화하려는 욕구가 커진다.

① ⊙, ⓒ, ⓒ   ② ⓒ, ⓒ, ⓜ

③ ⊙, ⓒ, ⓜ   ④ ⓒ, ⓒ, ⓔ

⑤ ⓒ, ⓔ, ⓜ

> 💡 **TIPS!**
>
> 수직적 경쟁
> ⊙ 서로 다른 경로 수준에 위치한 경로 구성원 간의 경쟁이다.
> ⓒ 수직적 경쟁이 치열해질수록 횡적, 수평적 관계로 경쟁을 완화하려는 욕구가 높아진다.
> ⓒ 유통업자와 제조업자 간의 경쟁도 포함한다.

06 응답자들이 제공하기 꺼리는 민감한 정보를 수집하는 조사방법으로 가장 옳은 것은?

① 관찰조사   ② 우편설문조사

③ 온라인 서베이   ④ 개인별 면접

⑤ 표적집단 면접

> 💡 **TIPS!**
>
> ① 조사원이 직접 또는 기계장치를 사용하여 조사 대상자의 현상이나 행동을 관찰, 기록하는 조사방법이다.

Answer 05.③ 06.①

07 조사방법과 자료수집 방법이 결정되면 조사대상을 어떻게 선정할 것인가 하는 문제에 직면하게 된다. 이때 표본설계는 전수조사를 할 것인가 표본조사를 할 것인가를 먼저 정해야 하는데, 다음 중 표본설계 시 고려요인에 해당하지 않는 것을 고르면?

① 표본 크기
② 표본 단위
③ 표본추출절차
④ 모집단의 분류
⑤ 자료수집수단

> **TIPS!**
> 표본설계 시 고려요인은 다음과 같다.
> • 표본단위(Sample Unit)
> • 표본크기(Sample Size)
> • 표본추출절차(Sampling Procedure)
> • 자료수집수단(Means Of Contact)

08 몇몇 인기상품의 가격을 인상한 다음 판매감소를 겪고 있는 소매점의 경영자 A는 빠르게 그리고 효율적으로 판매하락을 초래한 상품을 찾아내려고 한다. 다음 중 A가 사용할 조사 방법으로서 가장 옳은 것은?

① 외부 파트너를 활용한 조사
② 내부 판매실적 자료의 활용
③ 명품회사의 마케팅 첩보 입수
④ 경쟁자의 전략에 관한 정보의 수집
⑤ 명성이 높은 마케팅조사 회사를 통한 조사

> **TIPS!**
> ② 판매가 감소한 상품을 찾기 위해서는 내부 판매실적 자료의 활용해야 한다.

Answer 07.④ 08.②

09 서비스스케이프(servicescape)에 대한 설명으로 가장 옳지 않은 것은?

① 서비스스케이프의 품질수준을 측정하기 위해 서브퀄(SERVQUAL)모델이 개발되었다.

② 서비스스케이프를 구성하는 요인 중 디자인 요소는 내부인테리어와 외부시설(건물디자인, 주차장 등)을 포함한다.

③ 서비스스케이프를 구성하는 요인 중 주변적 요소는 매장(점포)의 분위기로서 음악, 조명, 온도, 색상 등을 포함한다.

④ 서비스스케이프를 구성하는 요인 중 사회적 요소는 종업원들의 이미지, 고객과 종업원간의 상호교류를 포함한다.

⑤ 서비스스케이프가 소비자행동에 미치는 영향을 설명하는 포괄적인 모형들은 일반적으로 자극-유기체-반응(stimulus-organism-response)의 프레임워크를 기초로 한다.

> **TIPS!**
>
> ① 서브퀄은 서비스 행위에 대한 고객의 기대와 실제로 고객이 경험한 서비스에 대한 인식을 비교해서 일치하는 정도와 방향을 측정하여 서비스 품질을 관리하는 기법이다. 서브퀄은 고객들이 서비스 품질을 판단하는 기준인 여러 가지 속성을 파악해서 5가지 척도로 나누어 평가하는 방법으로 유형성, 신뢰성, 대응성, 확신성, 공감성 총 5가지로 나누고 기준을 세워 고객의 기대와 서비스 인지에 대한 각각의 점수를 산출하여 서비스 품질을 관리한다.

10 다음 중 변수를 종속변수와 독립변수로 분리하지 않고 변수 전체를 대상으로 어떤 변수들끼리 서로 같은 분산의 구조를 가지고 있느냐를 살펴보아 이를 요인으로 분류하는 상호의존적 분석기법을 무엇이라고 하는가?

① Analysis Of Variance

② Discriminant Analysis

③ Conjoint Analysis

④ Regression Analysis

⑤ Factor Analysis

> **TIPS!**
>
> 요인분석(Factor Analysis)은 여러 변수들이 서로 어떻게 연결되어 있는가를 분석하여 이들 변수 간의 관계를 공동요인을 활용해서 설명하는 다변량 분석기법을 의미한다.

Answer 09.① 10.⑤

11 통계분석 기법 중 데이터 간의 유사도를 정의하고, 이러한 유사도에 가까운 것부터 순서대로 합쳐가는 방식을 무엇이라고 하는가?

① Multidimensional Scaling
② Regression Analysis
③ Discriminant Analysis
④ Cluster Analysis
⑤ Analysis Of Variance

 TIPS!

군집분석(Cluster Analysis)은 서로 간 비슷한 특성을 가진 집단을 확인하기 위해서 시도하는 통계적 분석방법이다.

12 다음 중 관찰법에 관한 설명으로 가장 바르지 않은 항목은?

① 조사대상의 행동 및 상황 등을 직접적 또는 기계장치 등을 통해 관찰해서 자료를 수집하는 방법이다.
② 제공할 수 없거나 제공하기를 꺼려하는 정보 등을 취득하는 데 적합한 방식이다.
③ 자료를 수집함에 있어서 피 관찰자의 협조의도 및 응답능력 등은 문제가 되지 않는다.
④ 피 관찰자 자신 스스로가 관찰을 당한다는 사실을 인지하지 못하게 하는 것이 중요하며, 만약의 경우에 이를 알게 될 경우에 피 관찰자는 평소와는 다른 행동을 할 수도 있다.
⑤ 피 관찰자의 느낌이나 동기, 장기적인 행동 등에 대해서도 관찰이 가능하다.

TIPS!

관찰법은 행동이나 상황 등의 겉으로 드러나는 것에 대해서는 관찰이 가능하지만, 피관찰자의 생각, 느낌, 동기 등에 대해서는 관찰이 불가능하다.

13 다음 중 마케팅 조사에서의 표본선정에서의 표본추출과정을 바르게 순서대로 나열한 것은?

① 모집단의 설정 → 표본추출방법의 결정 → 표본프레임의 결정 → 표본크기의 결정 → 표본추출
② 모집단의 설정 → 표본프레임의 결정 → 표본추출방법의 결정 → 표본크기의 결정 → 표본추출
③ 모집단의 설정 → 표본크기의 결정 → 표본프레임의 결정 → 표본추출방법의 결정 → 표본추출
④ 모집단의 설정 → 표본크기의 결정 → 표본추출방법의 결정 → 표본프레임의 결정 → 표본추출
⑤ 모집단의 설정 → 표본추출방법의 결정 → 표본크기의 결정 → 표본프레임의 결정 → 표본추출

> 🔅 TIPS! ....
> 표본추출과정 … 모집단의 설정 → 표본프레임의 결정 → 표본추출방법의 결정 → 표본크기의 결정 → 표본추출

14 다음 중 유통마케팅 조사의 절차로 바른 것은?

① 문제 정의 → 조사 설계 → 자료수집방법의 결정 → 표본설계 → 시행과 분석 및 활용
② 문제 정의 → 자료수집방법의 결정 → 조사 설계 → 표본설계 → 시행과 분석 및 활용
③ 문제 정의 → 표본설계 → 조사 설계 → 자료수집방법의 결정 → 시행과 분석 및 활용
④ 문제 정의 → 조사 설계 → 표본설계 → 자료수집방법의 결정 → 시행과 분석 및 활용
⑤ 문제 정의 → 표본설계 → 자료수집방법의 결정 → 조사 설계 → 시행과 분석 및 활용

> 🔅 TIPS! ....
> 유통마케팅 조사 절차 … 문제 정의 → 조사 설계 → 자료수집방법의 결정 → 표본설계 → 시행과 분석 및 활용

15 다음 중 마케팅 성과의 지표와 각 내용의 연결이 바르지 않은 것은?

① 재무성과 : 매출, 영업이익
② 혁신성 : 신제품의 개수 및 매출의 비중
③ 유통채널에 따른 지표 : 유통점의 수
④ 소비자들의 주관적 태도 : 재구매율, 소비자 유지율
⑤ 소비자행동지표 : 소비자 수, 충성도

> 🔅 TIPS! ....
> 소비자들의 주관적 태도의 성과 지표로는 제품 품질, 소비자 만족도, 인지도, 차별화 등이 있다.

Answer 13.② 14.① 15.④

16 다음 기사는 1차 자료와 2차 자료에 관련한 설명이다. 내용을 참고하여 2차 자료에 대한 설명과 가장 관련성이 먼 것을 고르면?

> 한국 다국적 의약 산업협회가 복약순응도의 중요성을 알리고 이를 개선하기 위한 '락(樂)&약(藥) 캠페인' 관련 2차 교육 자료를 발간했다.
>
> 아울러 환자용과 의료진용으로 나눠, 의료진용은 의사, 간호사 등 병·의원 담당자 대상 복약순응을 위한 매뉴얼을 담았으며, 환자용에는 일상생활에서 복약에 도움이 되는 실용적인 정보를 질의응답 방식으로 구성했다.
>
> 양 기관은 2012년 6월 의료진과 환자 대상 1차 교육 자료를 발표한 바 있다. 1차 자료에 이어 2차 자료 책임 연구도 단국대학교병원 가정의학과 정유석 교수가 맡았으며, 각 질환 별 전문 교수들이 기존의 연구자료 및 실험 자료 등을 참조하여 집필에 참여했다.

① 2차 자료의 경우 조사자가 현재 수행 중인 조사목적을 달성하기 위해 직접 수집한 자료를 말한다.
② 통상적으로 자료의 취득이 상당히 용이하다.
③ 시간 및 비용에 있어서 저렴하고 효율적인 조사방법이다.
④ 논문, 통계자료 등이 이에 속한다고 할 수 있다.
⑤ 자료수집 목적이 조사목적과 일치하지 않는다는 문제점이 존재한다.

☀ TIPS!

2차 자료는 현재의 조사목적에 도움을 줄 수 있는 기존의 모든 자료를 의미한다.

Answer 16.①

17 다음 중 비확률 표본추출에 해당하는 것을 모두 고르면?

> ㉠ Convenience Sampling   ㉡ Judgement Sampling
> ㉢ Quota Sampling   ㉣ Snowball Sampling
> ㉤ Stratified Sampling   ㉥ Cluster Sampling
> ㉦ Systematic Sampling

① ㉠㉡㉢㉣   ② ㉡㉢㉣㉤
③ ㉢㉣㉤㉥   ④ ㉣㉤㉥㉦
⑤ ㉢㉣㉤㉥㉦

> **TIPS!**
>
> 비확률 표본추출법
> ㉠ 편의표본 추출법(Convenience Sampling)
> ㉡ 판단표본 추출법(Judgement Sampling)
> ㉢ 할당표본 추출법(Quota Sampling)
> ㉣ 눈덩이 표본추출법(Snowball Sampling)

18 다음 중 표본조사 및 전수조사에 대한 설명으로 바르지 않은 것을 고르면?

① 표본조사는 모집단을 정의하고 표본의 수를 결정한 후에 표본을 추출하는 방식이다.
② 표본조사의 경우 모집단의 특성을 그대로 가지는 대표성이 높은 표본 선정이 관건이 된다.
③ 표본조사는 조사의 대상자 중에서 일부만을 대상으로 하여 조사하는 방법이다.
④ 모집단의 수가 너무 많거나 모집단의 정확한 파악이 어려운 경우 표본조사를 사용하기가 상당히 어렵다.
⑤ 전수조사는 조사과정 중에 발생하게 되는 문제들로 인해 정확도가 떨어지는 문제점이 있다.

> **TIPS!**
>
> 전수조사는 전체 조사대상을 조사하는 방법으로, 모집단의 수가 너무 많거나 모집단의 정확한 파악이 어려운 경우에는 사용하기가 어렵다는 문제점이 있다.

Answer 17.① 18.④

19 다음 기사를 읽고 밑줄 친 부분과 관련 없는 내용을 고르면?

> 농림축산식품부는 자체 연간 축산물검사계획에 따라 국내 도축장 대상으로 매년 실시하는 식육 미생물(15종) <u>탐색조사</u> 중, 충북소재 오리 도축장에서 채취(7.24)한 식육시료에서 O157*이 검출이 확인(8.2)되었으며, 현재 O157중 병원성이 높은 H7형 여부를 확인중이라고 밝혔다.
>
> * O157은 대장균의 일종으로 식육 내 일정 범위 내에서 검출이 허용되나(오리고기의 경우 도축장에서 대장균수 1×103 CFU/g 이하)
>
> * O157중 병원성이 높은 H7형은 인체 감염 시 장 상피세포의 출혈을 일으키고 설사 등 식중독 증상을 유발 할 수 있어, 가열처리 등을 않고 섭취하는 식육은 불검출 기준 적용... −중략−

① 필요한 정보를 분명히 파악하기 위해 시행하는 예비조사의 성격을 지니는 조사방법이다.
② 이러한 조사의 경우 그 자체로 끝나는 것이 대부분인 조사방법이다.
③ 이러한 조사에 활용되는 것으로는 사례조사 · 문헌조사 · 전문가 의견조사 등이 있다.
④ 문제의 규명이 목적이 되는 조사방법이라 할 수 있다.
⑤ 특정 문제가 잘 알려져 있지 않은 경우에 적합한 조사방법이다.

TIPS!
탐색조사의 경우, 그 자체로 끝이 나지 않으며 기술조사 및 인과조사를 수행하기 전 단계의 역할을 수행하는 경우가 많다.

20 다음 중 편의표본 추출법에 관한 설명으로 바르지 않은 것은?

① 연구 조사자가 편리한 시간 및 장소에 접촉하기 쉬운 대상을 표본으로 선정하는 것을 의미한다.
② 표본의 모집단 대표성이 부족하다.
③ 조사대상을 적은 시간 및 비용으로 확보할 수 있다.
④ 편의표본으로부터 엄격한 분석 결과를 취득할 수 없지만, 조사대상들의 특성에 대한 개괄적인 정보의 획득이 가능하다.
⑤ 가장 널리 활용되는 표본추출 방식이다.

TIPS!
할당표본 추출법에 관한 설명이다.

Answer 19.② 20.⑤

21 다음 중 표적 집단면접법에 대한 설명으로 가장 옳지 않은 것은?

① 소수의 응답자와 집중적인 대화를 통하여 정보를 찾아내는 소비자 면접조사방법이다.

② 취득한 결과에 대해서 일반화하기가 어렵다는 단점이 있다.

③ 소비자를 대상으로 수치화된 자료를 수집하는 정량적 조사방법이다.

④ 연령 또는 사회·경제적인 지위 등에 있어서 서로 비슷한 인원으로 구성되는 것이 좋다.

⑤ 대화에 의해 자료가 수집되므로 면접자의 대인 간 커뮤니케이션 능력과 청취능력, 응답자 발언에 이은 탐사 질문 능력이 요구되는 방식이다.

 **TIPS!**

표적 집단면접법은 토론을 통하여 소비자의 심리상태를 파악하는 정성적 조사방법이다.

22 본격적인 조사를 하기 위해 가장 먼저 실행되어야 하는 조사를 말하며, 통상적으로 기업에서는 당면한 문제 등을 파악하기 위해 이전에 공개되어 있는 2차 자료를 활용하는데 이러한 2차 자료에는 학술 문헌, 업계 문헌, 기업의 매출 및 회계자료 등이 있는데, 이것을 무엇이라고 하는가?

① 전문가 의견조사

② 탐색조사

③ 기술조사

④ 인과조사

⑤ 문헌조사

TIPS!

문헌조사는 기업이 당면한 문제점 등을 파악하기 위해 이전에 공개되어 있는 2차 자료를 활용하는 조사방법이다.

23 다음은 면접법의 특징을 설명한 것이다. 이 중 옳지 않은 것을 모두 고르면?

> ⊙ 시간 및 비용 등이 가장 적게 드는 방식이다.
> ⓒ 절차가 복잡하고 불편하다.
> ⓒ 넓은 지역에 걸쳐 분포된 사람을 대상으로 하는 데 가장 많이 활용되는 방법이다.
> ⓔ 응답에 대한 표준화가 어렵다.
> ⓜ 응답자가 힘들거나 다른 일에 전념하거나 불편한 상태에서도 면접이 이루어지면 응답에 있어 부정적인 영향을 크게 미치지 않는다.
> ⓗ 응답자에 따라서는 면접자에게 자신의 상황을 드러내는 것이 어려울 수도 있다.

① ⊙ⓒⓜ   ② ⊙ⓜⓗ

③ ⓒⓒⓔ   ④ ⓒⓜⓗ

⑤ ⓔⓜⓗ

> 🔆 **TIPS!**
> 면접법은 응답자와 면대면 방식을 취하는 방법으로 시간 및 비용이 많이 들고, 넓은 지역에 분포된 사람들을 대상으로 하기에는 한계점이 있으며, 응답자가 힘들거나 다른 일에 전념하거나 불편할 때, 면접이 이루어지면 응답에 부정적인 영향을 미칠 수 있다.

24 다음 중 표본조사가 전수조사에 비해 많이 활용되는 이유로 맞는 것을 모두 고르면?

> ⊙ 시간 및 노력이 절감되는 효과가 있다.
> ⓒ 많은 비용이 투입되는 문제점이 있다.
> ⓒ 모집단의 수가 많거나 모집단의 정확한 파악이 어려울 때 전수조사의 사용이 어렵다.

① ⊙ⓒ   ② ⊙ⓒ

③ ⓒⓒ   ④ ⊙ⓒⓒ

⑤ 정답 없음

> 🔆 **TIPS!**
> 표본조사가 전수조사보다 많이 활용되는 이유로는 시간 및 비용 그리고 노력을 절감할 수 있으며, 모집단의 수가 너무 많거나 모집단의 정확한 파악이 어려운 경우 전수조사를 사용하기가 어렵기 때문이다.

Answer 23.① 24.②

25 전화면접법에 대한 설명 중 옳은 것들을 모두 고르면?

> ⊙ 조사가 간단하면서도 신속하다.
> ⓒ 조사하기 어려운 사람에게로 접근하기가 상당히 어렵다.
> ⓒ 전화를 소유한 사람만이 피조사자가 될 수 있다.
> ⓔ 간단한 질문만 해야 한다.
> ⑩ 조사에 드는 비용이 상당히 높다.
> ⑭ 그림이나 도표의 사용이 가능하다.

① ⊙ⓒⓒ   ② ⊙ⓒⓔ
③ ⓒⓒ⑩   ④ ⓒ⑩⑭
⑤ ⓒⓔ⑭

> ☀ TIPS! ···
> 전화조사면접법은 조사가 어려운 사람에게로 접근이 용이하고, 조사에 드는 비용이 절감되는 반면에, 그림 또는
> 도표의 사용이 불가능한 조사방법이다.

26 다음 내용을 참고하여 괄호 안에 들어갈 말을 고르면?

> (   )은/는 기업 및 조직에서 마케팅 현상의 원인이 무엇인지 밝혀내기 위한 조사방법으로, 이 조사방
> 법에서의 과정은 설문조사로는 어렵고, 실험 등을 통한 조사방법에 의해서 가능하다. 또한 인과조사는 인과 관
> 련성을 파악하는 데 그 목적이 있는 조사방법이다.

① 탐색조사   ② 기술조사
③ 표적 집단면접법   ④ 인과조사
⑤ 종단조사

> ☀ TIPS! ···
> 인과조사는 기업 및 조직에서 마케팅 현상의 원인이 무엇인지 밝혀내기 위한 조사방법으로, 이 조사방법에서의
> 과정은 설문조사로는 어렵고, 실험 등을 통한 조사방법에 의해서 가능하다. 또한 인과조사는 인과 관련성을 파
> 악하는 데 그 목적이 있는 조사방법이다.

Answer 25.② 26.④

05. 유통마케팅 조사와 평가 **435**

27 다음 표적 집단면접법에 관한 내용 중 옳은 것을 모두 고르면?

> ㉠ 획기적인 아이디어 개발이 어렵다.
> ㉡ 행위에 대한 내면의 이유 파악이 상당히 어렵다.
> ㉢ 많은 주제의 자료수집이 가능하다.
> ㉣ 도출된 결과로서의 일반화가 어렵다.
> ㉤ 전문적인 정보의 획득이 가능하다.

① ㉠㉡
② ㉠㉢㉣
③ ㉡㉢㉣
④ ㉡㉣㉤
⑤ ㉢㉣㉤

> **TIPS!**
> 표적 집단면접법은 많은 주제의 자료수집이 가능하고, 도출된 결과로서의 일반화가 어려우며, 전문적인 정보의 획득이 가능한 방법이다.

28 다음 중 관찰법에 대한 설명으로 가장 부적절한 것은?

① 장기간에 걸쳐서 발생하는 사건을 관찰하기 어렵다.
② 태도, 동기 등과 같은 심리적 현상도 관찰이 가능하다.
③ 일반적으로 객관성과 정확성이 높다.
④ 사적인 활동을 관찰하기 어렵다.
⑤ 자료를 준비하는 데 응답자의 협조 의도나 응답능력이 문제가 되지 않는다.

> **TIPS!**
> 관찰법에서는 태도, 동기 등과 같은 심리적 현상은 관찰할 수 없다.

Answer 27.⑤ 28.②

29 다음 중 표적 집단면접법에 대한 설명으로 가장 옳지 않은 것은?

① 결과의 일반화가 용이하다.

② 솔직하고 정확한 의사표명이 가능하다.

③ 개별 면접보다 정보의 획득이 유용하다.

④ 진행자의 능력에 따라 조사결과가 달라진다.

⑤ 결과의 분석 및 해석이 어렵다.

 TIPS!

표적 집단면접법은 결과의 일반화가 어렵다는 문제점이 있다.

Answer 29.①

PART

04 유통정보

기출 PLUS

section 1 정보의 개념과 정보화 사회

1. 정보 · 자료 · 지식 간의 관계 ✔자주출제

(1) 정보(Information)

① 정보란 어떤 행동을 취하기 위한 의사결정을 목적으로 수집된 각종자료를 처리하여 획득한 의미있고 유용한 지식이다.

② 정보는 인간이 판단하고, 의사결정을 내리고, 행동을 수행할 때 그 방향을 정하도록 도와주는 역할을 한다.

기출 2022년 제1회

데이터, 지식, 정보에 대한 설명으로 가장 옳지 않은 것은?

① 일반적으로 데이터에서 정보를 추출하고, 정보에서 지식을 추출한다.
② 1차 데이터는 이미 생성된 데이터를 의미하고, 2차 데이터는 특정한 목적을 달성하기 위해 직접적으로 고객으로부터 수집한 데이터를 의미한다.
③ 일반적으로 정보는 이전에 수집한 데이터를 재가공한 특성을 갖고 있다.
④ 암묵적 지식은 명확하게 체계화하기 어려운 지식을 의미한다.
⑤ 지식창출 프로세스에는 공동화, 표출화, 연결화, 내면화가 포함된다.

(2) 자료(Data)

① 정보작성을 위해 필요한 Data로 아직 특정 목적에 대하여 평가되지 않은 단순한 사실의 집합이다. → 가공되지 않은 Data

② 자료를 사람이나 컴퓨터가 처리 및 가공하여 목적이 있는 정보가 된다.

③ 인간이나 기계로 처리하는 데 적합하도록 형상화된 사상이나 개념의 표현으로, 연구나 조사 등의 바탕이 되는 재료이다.

④ 임금, 판매량, 유동인구, 출퇴근 시간 등 운용개념이 없는 사실(Fact) 자체를 의미하며 숫자, 기호, 음성, 문자, 영상 등으로 표현된다.

⑤ 자료들을 사용자의 목적에 맞게 체계적으로 가공 및 정리된 것이 정보이다.

(3) 지식(Knowledge)

정보가 축적되어 체계화되고, 한층 더 농축된 상태로 원리적 · 통일적으로 조직되어 객관적 타당성을 요구할 수 있는 판단의 체계를 말한다.

<정답 ②

POINT 지식과 정보의 차이

정보(Information)	지식(Knowledge)
• 단편적 사고 : 원인 또는 결과 • 수동적 : 외부에서 수용 • 플로우(Flow) : 지식창조의 매개자료 • 정태적 : 가치판단 및 정보체계	• 종합적 사고 : 원인과 결과 • 능동적 : 주체적으로 생각, 가공, 판단 • 스톡(Stock) : 사고와 경험을 통해 정보체계화 • 동태적 : 의사결정, 행동을 통한 가치창출

2. 정보

(1) 정보의 특성

① **정확성** : 정확한 자료에 근거하여 주관적 편견이 개입되지 않아야 한다.

② **완전성** : 중요성이 높은 자료가 충분히 내포되어 있어야 한다.

③ **신뢰성** : 정보의 신뢰성은 데이터의 원천과 수집방법에 달려있다.

④ **관련성** : 의사결정자가 필요로 하는 정보를 선택하게 하는 매우 중요한 기준이다.

⑤ **경제성** : 필요한 정보를 산출하기 위한 비용과 정보이용에 따른 가치창출 사이에 균형을 유지하기 위해서는 경제성이 있어야 한다.

⑥ **단순성** : 의사결정자가 무엇이 중요한 정보인지를 결정하기 위해서는 단순해야 하고 지나치게 복잡해서는 안 된다.

⑦ **적시성** : 정보는 사용자가 필요로 하는 시간대에 전달되어야 한다.

⑧ **입증가능성** : 정보는 입증 가능해야 한다. 입증가능성은 같은 정보에 대해 다른 여러 정보원을 체크해 봄으로써 살펴볼 수 있다.

⑨ **접근성** : 정보를 획득하고 이해하거나 이용하는 데 쉽고 간단해야 한다.

(2) 정보의 유형

① **정보활동 주체별 유형**

ㄱ **국가정보** : 국가가 주어진 목표를 추구·운영하는 데 필요한 정보로 경제, 외교, 안보 등 국가 기능을 담당하는 각 부서에 의해 조직적이고 종합적인 방법으로 수집된다.

ㄴ **기업정보** : 기업이 사업을 기획 및 경영하고 이윤을 추구하기 위해 필요한 정보로, 기업의 조직·능력·특성에 따라 여러 가지의 형태로 수집된다.

기출 2019년 3회

아래 글상자가 뜻하는 정보의 특성으로 가장 옳은 것은?

┌ 보기 ┐

소비자의 기호나 시장의 변화와 관련해서 의사결정이 필요한 경우, 가장 최근의 정보가 필수적이다.

① 정보의 관련성
② 정보의 신뢰성
③ 정보의 적시성
④ 정보의 정확성
⑤ 정보의 검증가능성

＜정답 ③

ⓒ 단체 및 법인정보 : 이윤추구를 목표로 하지 않는 법인도 그 법인의 목적을 달성하는 데 정보활동을 필요로 하며, 법인의 조직·능력·특성에 따라 다양한 형태로 수집된다.

ⓓ 개인정보 : 개인이 보다 나은 생활을 영위하기 위해 필요로 하는 정보를 말하며, 개인의 능력, 노력 여하에 따라 취하는 정보활동의 형태가 다르다.

② 표현방식별 유형

ⓐ 오디오(음성) 정보 : 말로 표현하는 것을 말하며, 전화서비스와 같은 방식으로 제공된다.

ⓑ 문자(Text) 정보 : 문자로 표현하는 것을 말하며, 서적·신문·문서·전자우편과 같은 방식으로 제공된다.

ⓒ 이미지(Image) 정보 : 정지된 화상으로 표현하는 것을 말하며, 사진과 같은 방식으로 제공된다.

ⓓ 비디오(동화상) 정보 : 움직이는 화상으로 표현하는 것을 말하며, TV나 화상회의 같은 방식으로 제공된다. 표현력이 가장 우수하다.

③ 정보내용의 형태별 유형

ⓐ 국가 및 지역별 정보

• 어느 국가 또는 지방에 관하여 수집된 정보를 말한다.
• 국내정보, 국외정보, 미국정보, 중동정보, EC정보 등이 속한다.

ⓑ 영역별 정보

• 여러 해당분야에 관해 수집된 정보를 말한다.
• 정계정보, 금융계정보, 학계정보, 산업계정보, 언론계정보 등을 포함한다.

ⓒ 대상별 정보

• 어떤 목적을 추구하는 데 관련되어 있거나, 입장이나 관계가 명료한 상대에 관한 정보를 말한다.
• 고객정보, 경쟁사정보, 공급처정보, 환경단체정보 등이 포함된다.

ⓓ 내용별 정보

• 사업 또는 업무에 필요한 정보를 말한다.
• 금융정보, 주식정보, 인사정보, 고용정보, 기상정보, 과학기술정보, 군사 정보 등이 포함된다.

3. 정보혁명의 의의와 특성

산업혁명이후 발전해 온 공업사회가 더욱 진화하여 컴퓨터, 통신, 정보기술의 발전으로 사회전반으로 정보통신시스템이 보급되었다. 정보의 수집과 활용이 쉬워져 사회 및 경제적 변혁이 이루어지고 있는 현상이다. 즉 컴퓨터 디지털화와 인터넷 보급 그리고 지식기반 경제 등장의 시대이다.

> **참고** 디지털 경제하에서의 유통업 패러다임의 변화
>
> • 자산의 의미도 유형자산(Tangible Assets)에 국한되지 않고 무형자산(Intangible Assets)으로까지 확대되고 있다.
> • "네트워크의 가치는 가입자 수에 비례해 증대하고 어떤 시점에서부터 그 가치는 비약적으로 높아진다."는 메트칼프(Metcalf)의 법칙이 적용된다.
> • 인터넷의 쌍방향성이라는 특성으로 인해 구매자는 복수의 판매자를 비교하고 가격협상까지 할 수 있는 구매자 주도 시장으로 변화하고 있다.
> • 생산자는 제품당 이윤이 줄어들 가능성이 있지만, 거래비용이 낮아져 소비자 수요가 확대되고, 제품의 판매량이 증가함으로써 오히려 전체적으로는 이윤이 늘어날 수 있다.

4. 정보화 사회의 개요

(1) 현대사회에서 정보가 지니는 가치가 물적 자원에 비해 상대적으로 높아지면서 정보를 주축으로 이행된 새로운 체제를 가지게 된 시대나 사회를 의미한다.

(2) 일련의 정보를 중시하고 그러한 정보가 의사결정에 막대한 영향을 미치며 이러한 정보를 활용하여 생활에 적용하는 것을 말한다.

5. 정보화 사회의 특징과 문제점

(1) 정보화 사회의 탄생배경

① 산업사회가 성숙해짐에 따라 발생하는 개인적·사회적 욕구의 변화를 능동적으로 대처하기 위해 정보화 사회의 필요성이 증대되고, 또한 이를 위한 정보통신기술의 발달은 정보화 사회의 진전을 더욱 촉진시키게 되었다.

② 컴퓨터 공학이나 광섬유, 반도체 등의 기술발달로 인해 과거에는 매우 높은 가격이었던 컴퓨터 관련 기기들의 가격이 저렴해져서 개별기업이나 일반인들의 정보의 사용과 접근이 용이하게 되어 정보화가 급속히 진전되었다.

③ 근거리통신망(LAN), 부가가치통신망(VAN), 유선방송 등의 발달과 특히 인터넷 기술의 발달로 인해 정보를 실시간으로, 광역적으로 전달할 수 있게 되어 정보의 전달에 있어서 시간과 위치의 한계를 극복할 수 있게 하였다.

④ 우리나라에서도 정보화를 촉진시키기 위해 국가초고속망을 조기에 완성시키고 벤처기업을 포함한 정보산업을 육성하고, 행정정보화, 지역정보화, 전자상거래, 가상교육제도의 확충 등 정책적인 배려를 아끼지 않고 있다.

⑤ 정보화 사회는 필요적인 측면과 기술적인 측면 및 정책적인 측면이 서로 통합 혹은 상승 작용을 하면서, 정치 · 경제 · 사회 · 교육 등 사회 전 분야에서 근본적인 변화를 일으키고 있으며, 발전의 속도가 일반적인 예상을 초월하여 빠른 속도로 일어나고 있다.

(2) 정보화 사회의 특징

① **사회적 측면에서의 특성**: 정보의 가치가 증대되고, 자유로이 이동함에 따라 정보시스템이 일반화되며, 지나치게 많은 양의 정보유입에 따른 시스템 효율 저하, 질적 저하의 가능성이 있다. 이로 인해 다양화 및 분권화로 대표되는 사회는 더욱 복잡하게 변모할 것이다.

② **경제적 측면에서의 특성**
   ㉠ 에너지 및 자원 집약적인 하드웨어 중심의 경제구조에서 지식 및 정보중심의 자원절약형 소프트웨어 중심의 경제구조로 전환된다.
   ㉡ 생산방식이 기존의 소품종 다량생산 방식에서 다품종 소량생산 방식으로 전환된다.

③ **산업적 측면에서의 특성**: 제조업 중심의 산업체제에서 지적기술 및 정보를 통한 가치창출 중심의 산업체제로 전환된다.

④ **기술적 측면에서의 특성**
   ㉠ 지식을 바탕으로 하는 고도의 정보 · 통신기술의 진전이 가속화됨으로써 자료의 이용가치가 높아진다.
   ㉡ 유통되는 정보량이 증대되며 사회구성원들의 정보 접근성이 용이하게 된다.

⑤ **국제적 측면에서의 특성**: 생산요소의 자유로운 이동과 정보기술 및 네트워크 기술의 발전으로 세계화 및 개방화가 가속화됨에 따라 문화적 갈등, 경쟁, 상호의존이 더욱 심화된다.

⑥ **소비자 측면에서의 특성**: 경제성장과 정보통신매체의 발달에 따른 제품접촉 기회의 확대 등에 따라 소비패턴은 더욱 다각화 · 개성화되고, 소비주기가 단축되어 소비자 중심의 시장구조로 전환된다.

POINT 산업사회와 정보화 사회의 특성비교표

양식	산업화 이전사회	산업사회	정보화 사회
생산양식	자원채취	제조	서비스
산업구분	1차 산업 (농업, 광업, 어업 등)	2차 산업 (생산제품, 내구재, 비 내구재, 건설 등)	• 3차 산업(운송, 효용재) • 4차 산업(무역, 금융, 보험, 동산) • 5차 산업(건강, 연구, 교육, 정보, 레크리에이션)
동력원	천연동력 (바람, 물, 동물)	인위적 동력 (전기, 석유, 가스, 원자력)	정보 (컴퓨터 및 자료정보시스템)
전략적 자원	원재료	금융, 자본	지식

(3) 정보화에 따른 기업환경의 변화

① 글로벌 시장체제의 가속 : 기업들이 전 세계시장을 대상으로 경영활동을 수행해야 함을 의미하며, 제품·기술·자본 등과 같은 생산요소들이 국가 간에 자유로이 이동됨을 의미한다.

② 소비패턴의 다양화·고급화
   ㉠ 정보통신기술의 발달로 네트워크 사회가 도래함에 따라 고객들은 끊임없이 정교화 되면서 다양하고 고도화된 욕구를 추구한다.
   ㉡ 기업 활동은 궁극적으로 고객의 구매정도에 의해 평가되며, 고객은 직접제품을 구매한다기보다 그 효용을 구매한다. 즉, 기업의 가장 중요한 기능은 고객을 만족시키는 것이다.
   ㉢ 대량생산시스템에서 소량생산시스템으로 나아가 맞춤형 생산시스템으로의 전환을 요구하고 있다.
   ㉣ 제품의 수명주기는 더욱 단축되고 있다. 기업들은 이러한 추세에 대응하기 위한 전략적 방안으로 신속하고 정확한 정보시스템의 구축을 추구하고 있다.

(4) 정보화에 따른 정부의 변화

행정업무가 네트워크화·합리화·간소화되고 효율성이 증대되는 작은 정부로 변화하고 있다.

기출PLUS

기출 2023년 제1회

산업혁명에 따른 기업의 비즈니스 환경 변화에 대한 설명으로 가장 옳은 것은?

① 1차 산업혁명 시기에는 컴퓨터와 같은 전자기기 활용을 통해 업무 프로세스 개선을 달성하였다.

② 2차 산업혁명 시기에는 업무 프로세스에 대한 부분 자동화가 이루어졌고, 네트워킹 기능이 프로세스 혁신을 위해 활성화되기 시작하였다.

③ 3차 산업혁명 시기에는 노동에서 분업이 이루어지기 시작하였고, 전문성이 강조되기 시작하였다.

④ 4차 산업혁명 시기에는 전화, TV, 인터넷 등과 같은 의사소통 방식이 기업에서 활성화되었다.

⑤ 4차 산업혁명 시기에는 인공지능과 사물인터넷 등 신기술 이용을 통해 비즈니스 프로세스에 혁신이 이루어졌다.

< **정답 ⑤**

오늘날을 제4차 산업혁명 시기로 구분한다. 제4차 산업혁명에 대한 설명으로 가장 옳지 않은 것은?

① 2016 세계경제포럼에서 4차 산업혁명을 3차 산업혁명을 기반으로 디지털, 바이오와 물리학 사이의 모든 경계를 허무는 융합 기술 혁명으로 정의함

② ICT를 기반으로 하는 사물인터넷 및 만물인터넷의 진화를 통해 인간-인간, 인간-사물, 사물-사물을 대상으로 한 초연결성이 기하급수적으로 확대되는 초연결적 특성이 있음

③ 인공지능과 빅데이터의 결합과 연계를 통해 기술과 산업구조의 초지능화가 강화됨

④ 초연결성, 초지능화에 기반하여 기술간, 산업간, 사물-인간 간의 경계가 사라지는 대융합의 시대라고 볼 수 있음

⑤ 4차 산업혁명 시대의 생산요소 토지, 노동, 자본 중 노동의 가치가 토지와 자본에 비해 중요도가 커지는 특징이 있음

정보화 사회의 역기능에 대한 설명으로 가장 옳지 않은 것은?

① 컴퓨터 범죄 및 사생활 침해 현상이 증가하고 있다.

② 인간과 기계는 엄연히 구별되는 독립적인 실체로서 인식되고 있다.

③ 정보기술이 발전하지 못한 국가들은 문화적 정체성을 상실할 수 있다.

④ 국가 간의 정보 유통을 획기적으로 확장시킴으로써 국가 경쟁력 강화가 요구되고 있다.

⑤ 사회 전체가 단일 네트워크로 묶이다 보니 이에 따른 사회적 위험 또한 증가하고 있다.

< 정답 ⑤, ②④

(5) 정보화 사회의 문제점

① 너무 많은 정보의 양으로 정보과잉 현상이 일어난다.

② 특정 사람만의 정보에 대한 독점 형태가 일어난다.

③ 국가 간·지역 간 정보격차가 생겨난다.

④ 문화지체 현상이 일어난다.

⑤ 사생활 침해의 우려가 깊다.

> **참고** 제4차 산업혁명 시대의 사회 특성
> • 기술 발전에 따라 단순 반복 작업을 수행하는 직종이 줄어든다.
> • 공유경제의 확대에 따라 상품 및 서비스를 협력 소비하는 개념이 활성화된다.
> • 인공지능 기술을 활용하는 혁신적인 산업이 발전한다.
> • 정보기술의 융복합으로 새로운 산업이 나타난다.

section 2 정보와 유통혁명

1. 유통정보혁명의 시대

(1) 유통혁명

유통혁명은 대량생산과 대량소비의 진전에 따라 상품의 유통부분에서 나타난 유통기구의 혁신을 의미하는 용어로 사용되어 왔다.

(2) 유통혁명 시대의 특성

구분	유통혁명 이전시대	유통혁명 시대
관리 핵심	개별기업관리	공급체인관리
기술우위요소	신제품 개발	정보와 네트워크
경쟁우위요소	비용과 품질	정보와 시간
조직 체계	독립적, 폐쇄적 조직	유연하고 개방적 팀 조직
이익의 원천	수익 제고	가치 창출
고객과 시장	불특정 다수	특화 고객

2. 유통업에 있어서의 정보혁명

(1) IT 기술의 발전과 RFID 보급의 확대

① it 기술의 발전으로 인해 유통업계는 새로운 국면을 전환하게 되었다.

② RFID 기술을 응용한 자동판매 박스로 기술 수준이 높지 않기 때문에 빠른 보급이 가능한 것이 가장 큰 장점이다.

③ 기존의 RFID 기술을 활용해 AI로 산출한 인식 결과의 정확도를 높여 상품선택 후 고객이 지정된 계산공간을 지나지 않아도 결제가 되도록 설계되고 있다.

(2) 인터넷 환경의 발전과 인터넷 사용자의 급증

① 유통산업은 인터넷과 모바일 등 정보기술 혁명기에 근본적인 패러다임의 변화를 겪었으며 특히 지리적/공간적 제약의 극복과 유통기술의 발전은 시장범위를 크게 확장시켰다.

② 특히, 사물인터넷이 보편화된 세상이 오면 결국 사람에 대한 데이터를 넘어서 사람과 관계를 맺는 사물에 대한 데이터까지도 필요한 세상을 창조하는 것이고 모든 공간에 모든 사람·사물이 인터넷에 연결된 시대가 도래하는 것이다.

3. 정보화 진전에 따른 유통업태의 변화

(1) 유통업태의 변화

유통시장이 완전 개방된 이후 슈퍼마켓 등 소규모 점포의 비중은 크게 감소한 반면 대형마트와 대형 할인점, 편의점, 복합쇼핑몰, TV홈쇼핑, 인터넷쇼핑 등 새로운 유통업태의 성장이 나타났다. 2000년 이후의 온라인 유통업의 전개는 오프라인과 온라인이 혼합된 형태를 띠고 있는 점이 특징이다.

(2) 새로운 유통업태의 등장

정보 통신기술의 발전으로 기업들의 정보 중심적 전략이 가능해지고, 인터넷의 확산으로 고객의 소비패턴이 변화됨에 따라 새로운 유통업태들이 등장했다.

기출PLUS

기출 2019년 1회

온라인 마케팅 기법에 대한 설명으로 가장 옳지 않은 것은?

① 퍼미션 마케팅(Permission Marketing) : 소비자와의 장기적인 대화식 접근법으로 소비자를 자발적으로 마케팅과정에 참여하게 하는 것이다.

② 버즈 마케팅(Buzz Marketing) : 하나의 웹사이트가 다른 웹사이트에게 그 사이트를 소개함에 따라 새로운 비즈니스 기회를 갖는 것에 대한 커미션을 지불하기로 동의하는 것이다.

③ 바이러스 마케팅(Virus Marketing) : 온라인 버전의 구전 마케팅으로 고객들이 기업의 마케팅 메시지를 친구, 가족 혹은 동료들에게 전달하면서 새로운 고객을 확대하는 것이다.

④ 블로그 마케팅(Blog Marketing) : 블로그를 판매를 목적으로 하는 광고뿐만 아니라, 판매를 직접적인 목적으로 하지 않는 브랜드 광고를 게재하는 측면에도 활용하는 것이다.

⑤ 소셜 네트워크 마케팅(Social Network Marketing) : 소셜 네트워크 서비스 이용환경에서 마케팅 활동을 수행하는 것이다.

<정답 ②

> **참고 온라인 마케팅 기법**
>
> • 퍼미션 마케팅(Permission Marketing)은 소비자와의 장기적인 대화식 접근법으로 소비자를 자발적으로 마케팅과정에 참여하게 하는 것이다.
> • 버즈 마케팅이란 소비자들이 자발적으로 메시지를 전달하게 하여 상품에 대한 긍정적인 입소문을 내게 하는 마케팅 기법이다.
> • 바이러스 마케팅(Virus Marketing)은 온라인 버전의 구전 마케팅으로 고객들이 기업의 마케팅메시지를 친구, 가족 혹은 동료들에게 전달하면서 새로운 고객을 확대하는 것이다.
> • 블로그 마케팅(Blog Marketing)은 블로그를 판매를 목적으로 하는 광고뿐만 아니라, 판매를 직접적인 목적으로 하지 않는 브랜드 광고를 게재하는 측면에도 활용하는 것이다.
> • 소셜 네트워크 마케팅(Social Network Marketing)은 소셜 네트워크 서비스 이용환경에서 마케팅 활동을 수행하는 것이다.

section 3 정보와 의사결정

1. 의사결정의 이해

(1) 의사결정의 개념

의사결정이란 기업목표의 설정과 목표를 달성하기 위해 선택 가능한 여러 대안 가운데에서 하나를 합리적으로 선택하고, 결정하는 제반활동과 행동을 나타내는 것이다.

(2) 의사결정모형

① 합리모형
  ㉠ 고전적인 합리모형으로 인간과 조직의 합리성, 완전한 지식과 정보의 가용성을 전제하는 모형이다.
  ㉡ 개인적 의사결정과 조직상의 의사결정을 동일시하며, 의사결정자의 전지전능성을 전제하고 있다.
  ㉢ 의사결정자는 문제의 복잡성, 미래상황의 불투명성, 적절한 정보의 부족 등으로 많은 장애 요인을 가지고 있다.
  ㉣ 관련된 기법 : 선형계획, 기대행렬이론, 게임이론, 비용—편익 분석법 등이 있다.

② 만족모형

  ㉠ 인간의 제한된 합리성에 주의를 환기시키면서 합리적 모형을 수정하는 모형이다.

  ㉡ 현실세계를 단순화시킨 모형이다.

  ㉢ 가치관 같은 주관적 합리성을 중시한다.

  ㉣ 만족스런 대안발견을 추구한다.

  ㉤ 만족수준에 따른 대안선택의 최저기준을 설정한다.

③ 타협모형

  ㉠ 의사결정에 기준을 제시할 수 있는 조직적 목적은 조직이라는 연합체를 구성하는 구성원들이 협상과 타협을 통하여 형성한다.

  ㉡ 조직적 목적은 단일한 것이 아니고 복수이어야 한다.

  ㉢ 의사결정자들의 욕구수준은 관련된 여러 목적에 비추어 받아들일 수 있는 기대수준에 따라 결정된다.

  ㉣ 대안의 모색은 단순하고 편견적인 것이 보통이다.

④ 점증모형

  ㉠ 기존의 정책이나 결정을 점진적으로 수정해 나가는 방법에 의하여 의사결정을 하는 모형으로 의사결정은 부분적·순차적으로 진행된다.

  ㉡ 목적과 대안이 함께 선택된다고 보기 때문에 목적과 수단의 구별이 없다.

  ㉢ 의사결정에 관련된 문제를 단순화시키는 데 과거의 해결방법과 차이가 적게 나는 대안을 고르거나, 대안의 실행결과의 일부와 그에 결부된 가치를 고려하지 않고 무시해 버린다.

⑤ 중복탐색모형 : 특정한 의사결정에 관련 가능성이 있는 넓은 영역을 개괄적으로 탐색하고, 그 가운데서 특별한 주의를 기울여야 할 좁은 영역을 선택하여 다시 면밀하게 탐색한다.

⑥ 최적화모형

  ㉠ 계량적인 측면과 질적인 측면을 구분하여 검토하고 이를 결합시키는 질적인 모형이다.

  ㉡ 합리적인 요인과 초 합리적인 요인을 함께 고려하는 모형이다.

  ㉢ 여러 대안이 가져올 기대되는 효과를 예비적으로 검토하고 점진적 전략을 채택할 것인가 아니면 쇄신적 전력을 채택할 것인가를 결정한다.

2. 의사결정의 종류와 정보

(1) 문제해결의 구조화 과정에 따른 분류

① 정형적(구조적) 의사결정

   ⊙ 문제와 목표가 명확하여 관련된 정보를 이용하여 자명하거나 잘 알려져 있는 방안을 선택하는 유형을 말한다.

   ⓒ 주로 시스템에 의해서 의사결정이 자동적으로 이루어진다.

   ⓒ Gorry와 Sott-Morton에 의한 의사결정 문제의 분류 형태에 속한다.

② 비정형적(비구조적) 의사결정 : 선택 관련 정보가 애매모호하거나 새롭고 이례적이기 때문에 체계적으로 조직되어 있지 않은 문제를 대상으로 이루어지는 의사결정을 말한다.

> **POINT** 정형적 의사결정과 비정형적 의사결정의 비교
>
> | 정형적 의사결정 | 비정형적 의사결정 |
> |---|---|
> | 반복적 | 신선함, 새로움 |
> | 잘 정의된 목표 | 잘 정의되지 않은 목표 |
> | 명확한 정보와 선택 대안들 | 모호한 정보화 선택 대안들 |
> | 확실함 | 불확실함 |
> | 운영적인 의사결정 | 전략적인 의사결정 |

(2) 경영활동의 계층에 따른 분류

① 전략적 의사결정 : 조직의 목표설정, 목표달성을 위한 자원의 획득·사용·처분을 위한 방침을 결정하는 것으로, 주로 경영진에 의해 실행된다.

② 관리적 의사결정 : 중간관리자가 조직의 목표를 달성하기 위해서 자원을 획득하고, 효율적·효과적으로 이용하기 위한 의사결정이다.

③ 업무적 의사결정 : 특정한 업무 또는 작업이 효율적으로 수행되도록 하는 과정으로 주로 실무자에 의한 의사결정이다.

3. 의사결정의 단계와 정보

(1) 의사결정의 4단계

① 탐색 : 필요한 데이터를 수집하고, 조직을 둘러싼 환경을 조사하며, 해결하고자 하는 문제를 탐색하는 단계이다.

② 설계 : 탐색된 문제를 구조적으로 연구하고, 선택단계에서 고려하게 될 대안들을 개발하며, 결과를 평가하는 단계이다.

기출 2021년 제2회

전형적인 조직구조는 피라미드와 유사하며 조직 수준별로 의사결정, 문제해결, 기회포착에 요구되는 정보유형이 각기 다르다. 조직구조를 3계층으로 구분할 때, 다음 중 운영적 수준에서 이루어지는 의사결정과 관련된 정보활용 사례로 가장 옳지 않은 것은?

① 병가를 낸 직원이 몇 명인가?
② 코로나19 이후 향후 3년에 걸친 고용수준 변화와 기업에 미치는 영향은?
③ 이번 달 온라인 쇼핑몰 구매자의 구매후기 건수는?
④ 지역별 오늘 배송해야 하는 주문 건수는?
⑤ 창고의 제품군별 재고 현황은?

< 정답 ②

③ **선택** : 설계단계에서 개발된 대안들 중에서 가장 합리적인 대안을 선택하는 단계이다.

④ **수행** : 선택단계에서 채택된 사항을 효과적으로 수행하는 단계이다.

(2) 소비자의 의사결정단계

① **욕구(문제)의 인식** : 소비자가 내부적·외부적 자극을 받아 현실적인 상태와 이상적인 상태 사이의 차이를 인식하게 되어, 그 차이를 충족시키기 위한 목표 지향적인 행동을 취하는 단계이다.

　㉠ **내부적 자극** : 개인 내면에서 나타나는 욕구(목마름, 배고픔, 성욕 등)를 말한다.

　㉡ **외부적 자극** : 외부로부터 받아들여지는 새로운 정보나 경험(TV 광고, 주위의 권유 등)을 말한다.

② **정보탐색**

　㉠ 욕구인식 후 소비자는 우선 자신이 이미 가지고 있는 정보가 충분한지의 여부를 결정하기 위하여 자기의 기억 내부에 저장된 정보와 경험을 검토해 보는 내부적 탐색을 수행하게 된다.

　㉡ 내부적 탐색만으로도 현재의 의사결정을 충분히 내릴 수 있다면, 의사결정은 습관적 반응 행동이 된다.

　㉢ 내부적 탐색의 결과, 이미 저장되어 있는 정보나 경험이 의사결정을 위하여 충분하지 않다면 외부로부터 정보나 경험을 얻어내기 위하여 외부적 탐색을 시작하게 된다.

③ **대안의 평가** : 탐색단계에서 얻은 정보를 가지고 몇 가지 해결방안을 비교·평가하여 우선순위를 정하는 것이다.

④ **구매결정** : 정해진 대안들을 종합적으로 평가하여 최선의 대안을 선택하게 된다.

⑤ **구매 후 행동**

　㉠ 제품을 구입한 후, 소비자는 어떤 수준의 만족과 불만족을 경험한다.

　㉡ 만족하게 되면 다음에도 그 제품을 구매할 가능성이 높게 나타나며, 불만족하게 되면 그 제품을 버리거나 반품할 수도 있으며, 높은 가치를 확신시켜 주는 다른 정보를 탐색하게 된다.

4. 의사결정상의 오류와 정보

(1) 의사결정의 일반적 오류

① **문제에 대한 과소평가 오류** : 의사결정자가 개인 또는 조직의 운명을 좌우할만한 환경 변화가 있었는데도 이를 제대로 감지 못하는 경우이다.

② **선택적 지각 오류** : 객관적인 사실을 인정하지 않고 의사결정자 자신의 개인적 경험과 지위에 따라 주관적인 판단을 우선하는 경향이다.

③ **동일시 오류** : 의사결정자가 실제로는 다른 문제인데도 과거에 해결했던 문제와 같은 문제로 인식할 때 생길 수 있는 오류다.

④ **최근성 오류** : 의사결정자는 과거부터 축적된 정보보다 최근의 정보에 현혹되는 오류를 범할 수도 있다.

⑤ **정당화 추구 오류** : 의사결정자는 해결대안을 선택하여 시행하면서 '무언가 잘못 되어 가고 있다'는 느낌을 받을 수 있다. 그러나 자존감이 높은 의사결정자는 지위상실에 대한 불안감 때문에 선택한 대안이 최적안이라는 것을 증명하기 위 한 정보만을 찾게 된다.

⑥ **단기적 성과지향 오류** : 단기적인 성과를 지향하는 의사결정자는 올바른 선택을 하고도 부정적인 결과에 민감한 나머지 섣부르게 판단하는 경우가 있다.

⑦ **실패의 외부귀인 오류** : 의사결정자가 문제해결에 실패한 경우에 운이나 다른 사 람들의 탓으로 돌리는 경우이다.

(2) 의사결정의 오류와 정보

이러한 의사결정상의 다양한 오류는 인간이 제한된 합리성을 가진 존재임에도 불 구하고 객관적인 정보보다는 자신의 이성이나 판단을 신뢰하기 때문에 발생한다. 그러므로 이러한 오류를 해결하기 위해서는 많은 정보를 기반으로 구축된 정보시 스템을 충분히 활용해야 한다.

section 4 지식경영의 개념

1. 지식경제와 지식경영

(1) 지식경제

직접적으로 지식과 정보를 생산·배포·이용하는 산업에 기반을 둔 경제로 지식기반경제라고도 한다. 즉 자본이나 노동력보다는 지식이 경쟁력과 성장의 원천이 되는 경제를 말한다.

(2) 지식경영 ✅자주출제

조직구성원 개개인의 지식이나 노하우를 체계적으로 발굴하여 조직 내 보편적인 지식으로 공유함으로써 조직 전체의 문제해결 능력을 비약적으로 향상시키는 경영방식을 말한다. 즉, 지식경영은 조직 내 지식의 활발한 창출과 저장, 공유 및 활용을 제도화시켜 조직이 보유한 자식의 최고 가치를 실현시키는 것을 목표로 한다. 이를 통해 조직 전체의 문제 해결능력과 기업 가치를 향상시키고 기업의 경쟁력을 높일 수 있다.

> **참고** 지식경영 분석기술의 출현 및 발전단계
>
> 리포트 → 스코어카드와 대시보드 → 데이터 마이닝→ 빅데이터

2. 지식경영 관련 이론

(1) 학습이론과 지식경영

조식 내에서 개인과 조직의 지식획득, 창출, 확산, 공유, 활용에 이르는 광범위한 영역에서 일어나는 학습과정에 관한 이론들을 제시해주고 있다.

(2) 지식창조이론과 지식경영

지식영영 프로세스를 통한 암묵지와 형식지 간의 변환을 통해 지식창출의 구체적인 방법을 제시해 주고 있다.

(3) 정보기술시스템과 지식경영

정보기술시스템은 지식경영 분야에서 가장 빠른 성장과 발전을 거듭하고 있는 분야로 지식의 입수, 공유, 보존, 창조를 위한 인프라스트럭쳐로서의 정보기술을 활용한 관리시스템 구축이 관심의 초점이 되고 있다.

(4) 지적자본이론과 지식경영

이 분야에 대한 연구는 주로 지적자본에 대한 기본 철학을 정립하고 조직 내 숨겨져 있는 인적자본, 고객자본, 조직적 자본, 혁신자본 및 과정자본 등의 지식자본을 측정하기 위한 시스템을 구축하자는 데 그 목적이 있다.

(5) 지식경영 이론 분류

분류	관련 이론
사회이론	사회인지이론, 사회자본이론, 사회교환이론
전략이론	자원의존이론, 자원기반이론, 지식기반이론, 상호보완성이론, 상황이론
기타이론	사회기술이론, 시스템이론

section 5 지식경영 프로세스

1. 지식근로자와 지식경영자

(1) 지식근로자

자신의 일을 끊임없이 개선 · 개발 · 혁신해 부가가치를 올리는 지식을 소유한 사람으로, 정보를 나름대로 해석하고 이를 활용해 부가가치를 창출해 낼 수 있는 노동자를 가리킨다. 기본적으로 자신의 부가가치를 높이기 위해 끊임없이 지식을 쌓고 개선하며 개발하고 혁신하는 사람이다.

(2) 지식경영자

조직의 지식경영과 지식관리를 책임지는 사람으로, 지식경영과 관리에 대한 학습을 장려하여 조직의 경쟁력을 근본적으로 늘리고 전략과 비전을 제시하는 임원 및 경영자이다.

2. 지적자본과 지식기반 조직

(1) 지적자본

기업이 가지고 있는 각종 지식으로 특허권 · 상표권 · 영업권 · 기술 등 무형의 자산과 이러한 자산을 운영하는 연구개발 · 창의력 · 노하우 · 경영진의 관리능력 · 기업의 이미지 등을 의미한다.

(2) 지적자본의 분류

① **인적자본** : 기업이 보유하고 있는 조직원 개인의 능력, 경험, 기술 등을 말한다.

② **구조적 자본** : 기업이 보유하고 있는 인적자원을 지원하는 조직과 권한 등 무형의 자본이다.

③ **고객자본** : 기업에 대한 고객과의 관계이다. 자금의 흐름을 원활히 하는데 중요한 의미가 있다.

(3) 지식기반 조직

지식기반 조직은 모든 구성원들로 하여금 개인적 목표와 조직 목표를 성취하는 데 필요한 지식과 기술을 찾아내어 활용할 수 있도록 보장된 조직이다.

3. 조직문화와 지식문화

(1) 조직문화

조직마다 제각기 독특하게 갖고 있는 보편화된 생활양식이다. 다시 말해서 조직문화란 한 조직 내의 구성원들 대다수가 공통적으로 가지고 있는 신념 · 가치관 · 인지 · 행위규범 · 행동양식 등을 통틀어 말한다.

(2) 지식문화

디지털 테크놀로지가 확산되면서, 지식 영역에서도 지식의 구조, 지식의 유통, 지식의 주체라는 세 가지 차원의 패러다임 전환이 일어나고 있다. 긍정적인 변화도 예상되지만, 지식의 주체 측면에서는 지식과 주체의 분리가 가속화되고 비판이나 역사성보다는 수행성과 효율성이 우선한다는 점에서 부정적인 변화 가능성 또한 예견된다.

4. 지식경영 프로세스

(1) 지식의 변환과정 ✓자주출제

① 지식의 유형

㉠ 형식지는 시험답안에 옮긴 지식처럼 언어나 기호로 표현될 수 있는 지식으로, 교과서에서 배우는 지식이 대표적이다.

㉡ 암묵지는 기호로 표시되기가 어렵고 주로 사람이나 조직에 체화되어 있는 지식을 말한다.

② 지식의 변환과정 : 사회화 → 외재화 → 종합화 → 내재화의 과정을 거친다.

사회화	• 경험을 통해 말로 설명하기 어려운 지식을 생각 속에 공유하는 과정 • 이 과정을 통해 창출되는 지식은 상황지로, 애정·신뢰와 같은 감정적 지식, 제스처와 같은 신체적 지식, 열정 및 긴장과 같은 활력적 지식, 흥성과 같은 율동적 지식 등이 해당한다.
외재화	• 암묵지를 형식지로 표출하는 과정 • 이 과정을 통해 창출되는 지식은 개념지로, 기업의 브랜드 이미지, 신제품 개념, 디자인 기술서 등이 해당한다.
종합화	• 개인과 집단이 각각의 형식지를 합쳐서 새로운 지식을 창출하는 과정 • 이 과정을 통해 창출되는 지식은 시스템지로, 제품 사양서, 기술사양서, 매뉴얼, 시장동향보고서 등이 해당한다.
내재화	• 형식지가 암묵지로 변화되는 과정 • 이 과정을 통해 창출되는 지식은 일상지로 문화, 노하우, 기능적 스킬 등이 해당한다.

📌POINT 지식변환 과정 후 지식의 4가지 유형

상황지	사회화 과정을 통해 창출된 암묵지 / 감정적 지식, 율동적 지식 등
개념지	외재화 과정을 통하여 창출된 형식지 / 브랜드 이미지, 신제품 개념, 디자인 기술서 등
시스템지	종합화 과정을 통해 창출된 형식지 / 제품 프로토 타입, 제품사양서, 매뉴얼, 특허 등
일상지	내재화 과정을 거쳐 창출된 암묵지 / 문화, 노하우, 기능적 스킬 등

기출 2018년 2회

기업에서 지식경영을 활성화하기 위해 학습조직을 구축할 때 구비조건으로 가장 옳지 않은 것은?

① 학습 결과에 대한 측정이 가능해야 한다.

② 자신의 업무와 지식관리는 별도로 수행되어야 한다.

③ 아이디어 교환을 자극할 수 있도록 조직 내의 장벽을 없애야 한다.

④ 학습 목표를 명확히 하고 학습 포럼 등의 프로그램이 활성화되도록 지원해야 한다.

⑤ 자율적인 환경을 만들어 창의력을 개발하고 학습에 도움이 되는 환경을 조성해야 한다.

기출 2020년 3회

아래 글상자의 내용을 근거로 암묵지에 대한 설명만을 모두 고른 것으로 가장 옳은 것은?

┌ 보기 ┐
㉠ 구조적이며 유출성 지식이다.
㉡ 비구조적이며 고착성 지식이다.
㉢ 보다 이성적이며 기술적인 지식이다.
㉣ 매우 개인적이며 형식화가 어렵다.
㉤ 주관적, 인지적, 경험적 학습에 관한 영역에 존재한다.

① ㉠, ㉢, ㉣
② ㉠, ㉢, ㉤
③ ㉡, ㉣, ㉤
④ ㉠, ㉢, ㉣, ㉤
⑤ ㉡, ㉢, ㉣, ㉤

❮정답 ②, ③

(2) 지식경영 프로세스의 단계

① 지식의 창출

② 지식의 공유

③ 지식의 저장

④ 지식의 활용

(3) 노나카 이쿠지로의 지식변환모델(SECI) ✅자주출제

① 정의 : 인간은 인간의 지적창조활동을 암묵지와 형식지로 구분하고 암묵지와 형식지가 상호작용을 통하여 지적창조활동이 이루어진다.
  ㉠ 형식지 : 형식지(explicit knowledge)는 단어나 숫자로 표현할 수 있고 명시적이며 객관적 지식이다.
  ㉡ 암묵지 : 암묵지(tacit knowledge)는 감, 영감, 직감 등 기술적으로 설명하기 힘든 기술 · 노하우를 말한다.

② 지식 창조 과정 : 사회화→표출화→연결화→내면화의 4개의 과정을 거친다.
  ㉠ 사회화 : 암묵지를 고차원의 암묵지로 전환하는 지식창출과정이다.
  ㉡ 표출화 : 암묵지를 형식지로 전환하는 과정이다.
  ㉢ 연결화 : 분산된 형식지의 단편들을 수집분류 통합하여 새로운 형식지를 창조하는 과정이다.
  ㉣ 내면화 : 형식지를 다시 암묵지로 전환하는 과정이다.

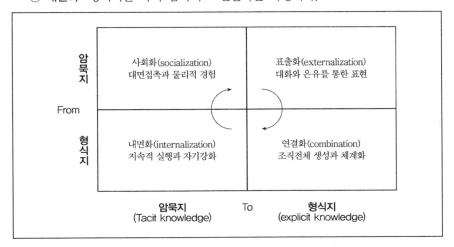

기출PLUS

기출 2020년 2회

기업에서의 지식경영의 중요성은 강조하고, SECI 모델(Socialization, Externalization, Combination, Internalization Model)을 제시한 연구자는?

① 노나카 이쿠지로(Ikujiro Nonaka)
② 빌 게이츠(Bill Gates)
③ 로버트 캐플런(Robert Kaplan)
④ 마이클 포터(Michael Porter)
⑤ 마이클 해머(Michael Hammer)

기출 2020년 3회

노나카(Nonaka)의 지식변환 유형에 대한 설명으로 옳지 않은 것은?

① 사회화 – 최초의 유형으로 개인 혹은 집단이 주로 경험을 공유함으로써 지식을 전수하고 창조한다.
② 사회화 – 암묵지에서 암묵지를 얻는 과정이다.
③ 외부화 – 개인이나 집단의 암묵지가 공유되거나 통합되어 그 위에 새로운 지가 만들어지는 프로세스이다.
④ 종합화 – 개인이나 집단이 각각의 형식지를 조합시켜 새로운 지를 창조하는 프로세스이다.
⑤ 내면화 – 형식지에서 형식지를 얻는 과정이다.

❮정답 ①, ⑤

노나카의 지식변환과정에 대한 설명으로 옳지 않은 것은?

① 지식변환은 지식획득, 공유, 표현, 결합, 전달하는 창조프로세스 매커니즘을 지칭한다.

② 지식변환은 암묵지와 형식지의 상호작용으로 원천이 되는 지와 변환되어 나온 결과물로서의 지의 축을 이루는 매트릭스로 표현된다.

③ 지식변환과정은 개인, 집단, 조직의 차원으로 나선형으로 회전하면서 공유되고 발전해 나가는 창조적 프로세스이다.

④ 사회화는 암묵지에서 암묵지로 변환하는 과정으로 주로 경험을 공유하면서 지식이 전수되고 창조가 일어난다.

⑤ 4가지 지식변환과정은 각기 독립적으로 진행되며 상호배타적으로 작용한다.

노나카 이쿠지로 교수가 제시한 지식변환 프로세스에서 암묵적 형태로 존재하는 지식을 형식화하여 수집 가능한 데이터로 생성시켜 공유가 가능하도록 만드는 과정을 일컫는 용어로 옳은 것은?

① 공동화(socialization)

② 지식화(intellectualization)

③ 외부화(externalization)

④ 내면화(internalization)

⑤ 연결화(combination)

❮정답 ⑤, ③

> **참고 조직문화가 중요한 이유**
>
> • 조직문화는 조직으로서의 독자성을 확립하게 해준다.
> • 조직문화를 알게 되면 종업원들은 기업의 역사와 현재의 접근방법을 이해하게 된다.
> • 구성원에게 조직에의 일체감을 마련해 주고, 조직에 몰입하게 만든다.
> • 조직문화는 종업원들에게 조직이 기대하는 행동지침을 제공하고, 그 행동을 촉진한다.
> • 조직문화는 종업원들로 하여금 경영철학과 가치관에 투입할 수 있게 한다.
> • 조직문화는 개인이익보다 더 큰 무엇에 대해 몰입을 유발하고 촉진한다.
> • 조직문화는 부단한 혁신과 전진을 기한다는 평가를 얻는다.
> • 조직문화는 조직 전체에 커다란 영향을 미치며 그 결과에 따라 조직의 성패가 좌우된다.

section 6 지식경영 정보기술과 지식관리 시스템

1. 지식경영 정보기술

(1) 지식경영 프로세스와 정보기술

지식경영 프로세스	주요 핵심 정보기술
창조 및 수집	저술도구, 인터페이스 도구, 자료수집 도구, 의사결정 도구, 모의실험, 데이터베이스 도구, 패턴매칭, 그룹웨어, 통제어휘, 그래픽도구 등
사용	인터페이스 도구, 시각화 도구, 의사결정 지원도구, 데이터베이스 도구, 패턴매칭, 그룹웨어, 하부구조, 웹 구조 등
수정	저술 도구, 의사결정 지원도구, 하부구조 등
저장	데이터베이스 도구, 목록도구, 통제어휘, 하부구조 등
공유	그룹웨어, 하부구조 등
전환	의사결정 지원도구, 모의실험, 데이터베이스 도구, 하부구조 등
접근	인터페이스 도구, 데이터베이스 도구, 패턴매칭, 그룹웨어, 통제어휘, 하부구조 등
처분	데이터베이스 도구, 하부구조 등

(2) 정보기술의 기능

① **그룹웨어** : 그룹웨어는 네트워크상에서 그룹 협업을 하게 하는 소프트웨어로, 먼 거리에 있는 구성원들 간에 협업을 증진시키고 지식근로자가 이동하는 데 드는 시간과 비용을 감소시킨다.

② **데이터베이스 도구** : 데이터베이스 도구는 조직업무에 관한 비즈니스 인텔리전스의 저장 및 검색 그리고 미래예측을 위한 기반을 형성한다.

③ **패턴매칭** : 패턴매칭은 인공지능 분야에서의 프로그램에 속하는 중요한 특징으로 지식경영의 많은 분야를 위한 기반을 제공한다.

2. 지식관리 시스템

(1) 지식관리 시스템

조직 내 지식자원의 가치를 극대화하기 위하여 통합적인 지식관리 프로세스를 지원하는 정보기술시스템이다. 지식관리시스템은 조직구성원의 지식자산에 대한 자세, 조직의 지식평가·보상체계, 지식공유 문화 등 조직차원의 인프라와 통신 네트워크, 하드웨어, 각종 소프트웨어 및 도구 등 정보기술 차원의 인프라를 기본 전제로 하고 있다.

(2) 지식관리 시스템의 기능

① **지적자산의 활용** : 인적자원이 개별적으로 보유하고 있는 지식은 비정형의 형태로 존재한다. 즉 기업 내 각 개인들은 자신의 지식을 각종 문서 등으로 보유하고 있으며, 이를 바탕으로 관련업무 담당자와 의사교환을 하고 이러한 활동을 기반으로 최종 판단을 하게 되는 것이다.

② **지식베이스의 활용** : 지식베이스 내에 저장되어 있는 지식은 물론 조직 내 다른 정보시스템 서버에 저장되어 있거나 외부 데이터베이스 또는 전문가의 머릿속에 있는 지식의 위치를 파악하고 원하는 지식을 검색하거나 전문가와 연결을 원할 때는 지식 맵을 이용하게 된다. 또한 지식관리시스템은 사용자들이 지식을 창출하여 입력하고, 조회, 편집 및 활용을 할 수 있는 여러 가지 기본기능들을 내포하고 있다.

기출PLUS

기출 2020년 3회

지식관리시스템은 지식이 시간의 흐름에 따라 역동적으로 개선되기 때문에 6단계의 사이클을 따르는데 이에 맞는 주기 단계가 가장 옳은 것은?

① 지식 생성-정제-포착-관리-저장-유포

② 지식 생성-정제-포착-저장-관리-유포

③ 지식 생성-정제-저장-관리-포착-유포

④ 지식 생성-포착-정제-저장-관리-유포

⑤ 지식 생성-포착-정제-관리-저장-유포

〈정답 ④

기출 2020년 2회

기업들이 지식관리시스템을 구축하는 이유에 대한 설명으로 가장 옳지 않은 것은?

① 기업들은 최선의 관행, 즉 베스트 프랙티스(best practice)를 공유할 수 있다.
② 기업들은 노하우 활용을 통해 제품과 서비스의 가치를 개선할 수 있다.
③ 기업들은 경쟁우위를 창출하기 위한 지식을 용이하게 활용할 수 있다.
④ 기업들은 경영혁신을 위한 적절한 지식을 적절히 포착할 수 있다.
⑤ 기업들은 기업과 기업간 협업을 줄이고, 독자 경영을 할 수 있다.

기출 2021년 제1회

유통업체에서 지식관리시스템 활용을 통해 얻을 수 있는 효과로 옳지 않은 것은?

① 동종 업계의 다양한 우수 사례를 공유할 수 있다.
② 지식을 획득하고, 이를 보다 효과적으로 활용함으로써 기업 성장에 도움을 받을 수 있다.
③ 중요한 지식을 활용해 기업 운영에 있어 경쟁력을 확보할 수 있다.
④ 지식 네트워크를 구축할 수 있고, 이를 통해 새로운 지식을 얻을 수 있다.
⑤ 의사결정을 위한 정보를 제공해주는 시스템으로 의사결정권이 있는 사용자가 빠르게 판단할 수 있게 돕는다.

〈정답 ⑤, ⑤

참고 지식 경영의 이점 ✓자주출제

① 지식경영은 사고의 자유로운 흐름을 촉진함으로서 혁신을 촉진한다.
② 지식경영은 상품과 서비스를 보다 신속하게 시장에 제공할 수 있게 지원함으로써 수입을 증가시키는 효과를 가져올 수 있다.
③ 지식경영은 종업원들의 지식에 대한 가치수준을 인식하고 보상함으로써 종업원들의 사기를 강화하게 한다.
④ 지식경영은 불필요한 과정을 제거함으로서 효율적인 운영을 통해 비용을 감소시킨다.

참고 e-비즈니스 구성요소

지원 요소	인적요소	판매자, 구매자, 관리자, 중개상
	공공정책	법률, 세금, 기술표준, 규제
	공급사슬	물류, 비즈니스 파트너
	마케팅과 광고	판촉(프로모션), 시장조사
기반 요소	메시지 전달 및 정보유통	전자메일, EDI, HTTP
	비즈니스 공동서비스	스마트카드/인증, 보안
	네트워크	인트라넷, 엑스트라넷, 무선인터넷, LAN, VAN
	멀티미디어 콘텐츠와 네트워크 출판	WWW, HTML, JAVA

참고 친화적인 모바일 웹사이트를 구축할 때의 고려사항

㉠ 해상도 및 비율을 모바일에 최적화된 이미지로 조정한다.
㉡ 텍스트보다는 직관적 아이콘이나 또는 동영상을 적절하게 사용한다.
㉢ 서비스의 주요 정보를 용이하게 찾을 수 있도록 배치한다.
㉣ 지리정보기술을 적절히 융합해서 활용한다.
㉤ 자바스크립트의 지나친 사용은 하지 말아야 한다.
㉥ 사업장, 위치, 연락처 등을 용이하게 찾을 수 있도록 배치한다.
㉦ 짧고 신선한 콘텐츠 및 단순한 디자인을 활용한다.

section 7 유통정보시스템

1. 유통정보시스템의 중요성

(1) 유통정보시스템이 유통구조에 미치는 영향

① 기업경영의 변화 : 전자거래의 활성화로 비용절감, 필요인원 감소 등 기업경영에 큰 변화가 나타났다.

② 기업경쟁력의 강화 : 제조와 운송 사이의 속도 증가, 비용 절감, 업무효율 향상 등으로 인하여 기업경쟁력이 강화된다.

③ 경로파워의 변화 : 유통정보의 획득으로 유통경로 파워가 제조업체에서 소매상으로 이동한다. 또한 공급자와 소비자의 직접적인 의사소통이 가능해져 중간상이 없어진다.

④ 도매상의 기능 약화 : 소매업의 대형화·다점포화로 인하여 도매상의 기능이 약화된다.

⑤ 진입장벽의 강화 : 시스템의 변경이나 경로구성원의 이탈이 어려워져 진입장벽이 강화되고 새로운 경쟁자의 진입이 어려워진다.

(2) 유통정보시스템이 유통경로에 미치는 영향

① 물류관리의 용이

② 재고관리의 용이

③ 머천다이징(상품화계획) 관리의 향상

④ 촉진관리의 용이

2. 유통정보시스템의 개념 및 설계

(1) 시스템의 정의

① 시스템이란 전체적으로 통일된 하나의 개체를 형성하면서 상호작용을 하는 구성 요소들의 집합체를 말한다.

② 하나 혹은 그 이상의 공동목표를 달성하기 위하여 투입물을 산출물로 전환시키는 체계적인 처리과정 내에서 상호작용하는 구성요소들의 유기적인 결합체를 의미한다.

기출 2019년 3회

유통정보시스템의 도입효과에 대한 설명으로 가장 옳지 않은 것은?

① 주문, 선적, 수취의 정확성을 꾀할 수 있다.

② 리드타임(lead time)이 대폭 증가하여 충분한 재고를 확보할 수 있다.

③ 기업 간에 전자연계를 통해 거래함으로써 서류작업을 대폭 축소시킬 수 있다.

④ 기업 간에 전자연계를 이용하면 서류업무에 따른 관리 인력을 축소시킬 수 있다.

⑤ 기업 간의 연계는 공급자로 하여금 수요자의 정확한 요구사항을 파악할 수 있게 해준다.

< 정답 ②

(2) 시스템의 분류

① **시스템 구성요소의 특성에 의한 분류** : 시스템의 하위시스템들이 사람으로 구성되어 있는 인간시스템, 사람의 간섭 없이 운영될 수 있는 순수한 기계시스템, 인간과 기계의 상호협력에 운영되는 인간–기계시스템 등이 있다.

② **시스템의 물리적 형태에 의한 분류** : 시스템이 물리적인 형태로 존재하는 물리적 시스템, 이념을 체계적으로 조직화하여 물리적인 형태 없이 존재하는 추상적 시스템이 있다.

③ **시스템의 환경과 상호작용에 의한 분류** : 다른 시스템과 연계되어 정보 등을 상호 교환하는 개방형 시스템, 시스템 내에서 모든 작용이 이루어지는 폐쇄형 시스템이 있다.

④ **시스템의 활동예측에 의한 분류** : 시스템 출력의 결과가 예측 가능한 불확실성이 없는 확정적 시스템, 시스템의 행태가 확률적으로만 예측 가능한 확률적 시스템이 있다.

(3) 정보시스템의 정의

① 정보시스템이란 특정 응용분야의 활동과 관련된 자료를 수집·분석·처리하여 의사결정자가 의사결정을 하는 데 필요로 하는 정보를 제공해 줄 수 있는 인간과 컴퓨터 시스템의 구성요소들로 이루어진 시스템을 의미한다.

② 정보시스템은 데이터와 데이터를 처리하는 절차를 입력받아 주어진 절차에 따라 데이터를 처리하며, 처리결과를 출력하는 입력→처리→출력의 과정을 가진 시스템이다.

③ 인적요소, 절차 및 여러 가지 유·무형 자원이 결합하여 조직에서 필요로 하는 정보를 수집하고 활용 목적에 맞게 변환시켜 정보를 원하는 부서나 적합한 사용자에게 적시에 분배하는 역할을 수행하는 인간과 기계의 통합적 시스템이다.

(4) 정보시스템의 특성

① 목표는 조직 전체의 목표에 부합되어야 한다.

② 인간과 컴퓨터 간의 시스템이다.

③ 의사결정을 지원해주는 포괄적인 개념이다.

④ 다양한 하위시스템으로 구성된 통합시스템이다.

(5) 정보시스템의 구성

① **하드웨어(Hardware)** : 입력장치, 처리장치, 출력장치

② **소프트웨어(Software)** : 컴퓨터 운영통제 시스템, 특정업무지원 응용소프트웨어

③ **데이터베이스(Database)** : 고객, 시장, 제품 등 경영활동에 필수적인 기초정보

④ **네트워크(Telecommunication & Network)** : 시스템 간, 고객과 기업 간을 연결

⑤ **인간(People)** : 시스템 관리·운영·유지하는 주체 및 시스템의 성패를 결정하는 주체

⑥ **절차(Procedure)** : 정보시스템을 활용하기 위한 정책과 규칙

(6) 정보시스템의 유형

① **정보기술별** : 하드웨어, 소프트웨어, 응용시스템, 통신시스템 등

② **관리영역별** : 생산정보시스템, 마케팅정보시스템, 재무정보시스템, 회계정보시스템, 인사 정보시스템 등

③ **경영활동별** : 거래처리시스템, 경영정보시스템, 중역정보시스템, 의사결정지원시스템, 전략정보시스템 등

(7) 기업경영과 정보시스템

① 정보시스템 능력이 기업에게 경쟁우위를 제공하는 이유
　㉠ **업무의 효율화 제고** : 정보시스템은 기업 내의 업무를 자동화, 정형화, 간소화시킴으로써 업무의 생산성을 제고한다.
　㉡ **계획, 실행, 관리업무의 일관성 유지** : 정보시스템은 지속적으로 계획과 실행을 모니터링 함으로써 일관된 정책의 실행을 가능하게 한다.
　㉢ **하위시스템의 조정 및 통합** : 기업목표를 달성하기 위한 하위시스템간의 중복이나 비효율을 조정 및 제거함으로써 자원의 효율적 배분을 가능하게 한다.

② 기업 내 정보시스템의 구성
　㉠ **재무정보시스템** : 자금조달과 재무자원의 운용 및 평가에 관한 정보를 제공함으로써 의사 결정을 지원하기 위한 시스템을 의미한다.
　㉡ **생산정보시스템** : 생산기능을 구성하는 생산기획·작업관리·공정의 운영과 통제, 그리고 생산실적 관리 등과 관련한 활동을 지원하는 정보시스템을 의미한다.
　㉢ **인사정보시스템** : 인적자원의 모집, 고용, 평가, 복지 등과 같은 종합적인 관리를 지원하는 시스템을 의미한다.

기출PLUS

기출 2019년 3회

David and Olson이 제시한 정보시스템을 구성하는 요소에 대한 설명으로 가장 올바르지 않은 것은?

① 하드웨어 – 물리적인 컴퓨터 기기 및 관련된 기기

② 사람 – 시스템 분석가, 프로그래머, 컴퓨터 운용요원, 데이터 준비요원, 정보시스템 관리요원, 데이터 관리자 등

③ 비용 – 정보시스템을 운영 유지하는데 소요되는 재무 자원

④ 데이터베이스 – 응용 소프트웨어에 의하여 생성되고 활용되는 모든 데이터들의 집합체

⑤ 소프트웨어 – 하드웨어의 동작과 작업을 지시하는 명령어의 모음인 프로그램 및 절차

〈정답 ③

ㄹ 마케팅정보시스템

- 마케팅의 기획, 관리 및 거래 처리와 관련한 자료를 처리하며, 마케팅과 관련한 의사 결정에 필요한 정보를 제공하는 정보시스템을 의미한다.
- 소매업과 가장 관련성이 깊은 정보시스템이다.
- 마케팅정보시스템의 구성
- 마케팅활동, 수집, 보고용 자료 등의 자료원
- 모아진 자료를 조직적으로 분류하고 보관하는 자료은행
- 자료를 분석하여 유용한 정보로 전환하는 모델은행
- 경영자가 필요한 정보를 전달하는 배포은행

ㅁ 회계정보시스템 : 기업의 회계정보를 관리하는 시스템으로 외상매출금 시스템, 외상매입금 시스템, 급여시스템 등으로 구성된다.

(8) 유통정보시스템의 개념

① 유통 : 생산자로부터 소비자에게 재화 및 서비스를 이전시키기 위해 장소, 시간 및 소유의 효용을 창조하는 모든 활동을 의미한다.

② 유통과정
   ㄱ 재화와 서비스가 생산자로부터 최종소비자에게 이르는 과정상에 개입되는 조직들 간의 거래관계를 설계하고 운영하는 것이다.
   ㄴ 유통기능(주문, 협상, 촉진, 물류, 금융, 결제, 정보, 소유권 등)의 흐름을 촉진시키는 활동이다.

③ 유통정보시스템 : 유통과정에서 발생하는 다양한 의사결정을 지원하기 위해 구축되는 정보시스템을 말한다.

3. 유통정보시스템의 유형

(1) 유통정보시스템의 내용

주문처리 시스템	고객의 조회에서부터 주문입력, 재고확인, 여신확인 및 주문확정까지의 정보를 처리하는 시스템
연계 시스템	유통정보시스템이 효율적으로 기능하여 유통활동의 효율성이 높아지도록 하위 시스템 사이를 연계시키는 시스템
대금관리 시스템	고객이 지불해야 하는 대금과 거래실적에 따른 여신한도 정보를 포함하는 시스템
실적관리 시스템	고객별 · 제품별 · 지역별 · 지점별 판매실적을 관리하는 시스템

(2) 의사결정지원시스템

① **의사결정지원시스템의 정의** : 의사결정지원시스템이란 기업경영에서 당면하는 여러 가지 의사결정 문제를 해결하기 위해 복수의 대안을 개발하고, 비교 및 평가하며, 최적안을 선택하는 의사결정과정을 지원하는 정보시스템을 말한다.

② **의사결정지원시스템의 등장배경** : 경영 관리자가 의사결정을 할 때 접하는 문제의 유형과 상황이 매우 다양하고 예측하기 어렵기 때문에 기업의 일상적 운영 및 관리통제를 목적으로 구축된 시스템들은 다양한 의사결정자의 요구를 충족시킬 수 없었다.

③ **의사결정지원시스템의 구성**

  ⊙ 데이터베이스시스템
   • 의사결정에 필요한 데이터를 저장·관리하고 이를 제공한다.
   • 데이터베이스에는 조직의 내부 데이터베이스, 외부 데이터베이스, 그리고 경영관리자의 개인 데이터베이스 등이 포함된다.

  ⓛ 모델베이스시스템
   • 모델베이스시스템은 의사결정에 필요한 다양한 모델들을 저장하고 있는 모델베이스와 이들을 관리하는 모델베이스관리시스템(MBMS : Model Base Management System)으로 구성된다.
   • 모델베이스관리시스템은 의사결정에 필요한 모델을 개발·수정·통제하는 기능을 제공함으로써 의사결정지원에 있어서 가장 핵심적인 역할을 수행한다.

  ⓒ 사용자 인터페이스기관
   • 데이터의 입력과 출력, 그리고 다양한 분석과정에서 일어나는 사용자와 시스템 간의 인터페이스 환경을 제공하는 시스템 모듈을 말한다.
   • 주로 메뉴방식이나 그래픽처리 형식을 이용하여 사용자가 이해하기 쉽고 사용하기 쉬운 대화기능을 제공하기 때문에 대화생성 관리시스템(DGMS : Dialogue Generation and – Management System)이라고도 한다.

  ⓔ 사용자
   • 의사결정지원시스템의 사용자는 주로 기업경영의 주요 의사결정을 담당하는 경영관리자들이다.
   • 사용자들은 당면한 의사결정에 가장 적절한 모델을 모델베이스로부터 선정하고, 필요한 데이터를 데이터베이스로부터 제공받거나 직접 입력한 다음, 대안들을 평가하고 분석하여 최적의 대안을 선택하는 의사결정과정을 수행한다.

④ **의사결정지원시스템의 특성**

  ⊙ 다양한 데이터의 원천
   • 경영관리자의 의사결정을 위해서는 조직 내부의 데이터뿐만 아니라 조직 외부의 데이터도 필요하며, 또한 조직의 정보시스템으로 제공되는 데이터도 필요할 수 있다.

기출PLUS

기출 2022년 제2회

의사결정시스템에 대한 설명으로 가장 옳지 않은 것은?

① 최고경영층은 주로 비구조적 의사결정에 대한 문제에 직면해 있고, 운영층은 주로 구조적 의사결정에 대한 문제에 직면해 있다.

② 의사결정지원시스템을 이용해 의사결정의 품질을 높이기 위해서는 의사결정지원시스템에서 활용하는 데이터의 품질을 개선해야 한다.

③ 의사결정지원시스템은 수요 예측 문제, 민감도 분석 등에 활용된다.

④ 운영층은 주로 의사결정지원시스템을 이용해 마케팅 계획 설계, 예산 수립 계획 등과 같은 업무를 수행한다.

⑤ 의사결정지원시스템의 의사결정 품질 개선을 위해 딥 러닝(deep learning)과 같은 고차원적 알고리즘(algorithm)이 활용된다.

〈정답 ④

• 다양한 원천으로부터 데이터를 획득하여 의사결정에 필요한 정보처리를 할 수 있도록 설계되어야 한다.

ⓛ 대화식 정보처리와 그래픽 디스플레이

• 의사결정지원시스템은 의사결정자와 상호 인터페이스를 통해 더 정확하고 합리적인 의사결정을 가능하게 함이 목적이므로 의사결정자와 시스템 간의 대화식 정보처리가 가능하도록 설계되어야 한다.

• 의사결정자가 쉽게 이해할 수 있도록 그래픽을 이용하여 정보처리결과를 보여주고 출력하는 기능을 보유해야 한다.

ⓒ 의사결정 환경의 변화를 반영할 수 있는 유연성

• 의사결정지원시스템은 의사결정이 이루어지는 동안에 발생 가능한 환경의 변화를 반영할 수 있도록 유연하게 설계되어야 한다.

• 새로운 데이터가 필요하거나, 분석모델의 구성요소들을 바꾸어야 하거나, 혹은 완전히 새로운 분석모델을 개발해야 할 경우 이를 즉각적으로 시스템에 반영하여 의사결정이 지체되지 않도록 해야 한다.

4. 유통정보시스템의 운영 환경적 특성

(1) 유통활동을 효율적으로 지원하기 위해 포함되어야 하는 업무

① 계획수립업무 : 시장조사, 제품기획, 판매예측, 가격결정, 채널계획(구성원 및 네트워크), 판촉계획 등

② 거래처리 업무 : 주문처리, 송장처리, 물류처리, 불만처리 등

③ 관리업무 : 판매성과, 물류성과, 소비자 분석, 경쟁자 분석, 수익성 분석 등

(2) 유통정보시스템의 구성

① 구매관리시스템 : 원자재의 구매정보, 구매선에 관련한 정보를 제공한다. - 재고관리시스템과 연계

② 주문처리시스템 : 고객의 조회, 주문입력, 재고확인, 여신체크 및 주문확정시까지의 정보를 제공한다. - 출하 / 재고관리시스템과 연계

③ 출하 / 재고관리시스템 : 주문을 분류하여 출하 지시서를 발급하고, 출하작업을 관리하는 정보와 갱신된 재고정보를 제공한다. - 주문처리 및 생산계획시스템과 연계

④ 실적관리시스템 : 판매실적과 광고 및 판촉실적 등 영업 전략의 핵심정보를 제공한다. - 수요예측시스템과 연계

⑤ 수요 예측시스템 : 수요를 예측하여 장단기 판매 전략에 필요한 정보를 제공한다. – 구매 및 생산시스템과 연계

⑥ 수배송 관리시스템 : 주문품의 수배송계획과 관련한 핵심정보를 제공한다. – 생산 및 출하 / 재고관리시스템과 연계

⑦ 대금관리시스템 : 고객이 지불할 대금과 거래실적에 따른 여신한도 정보를 제공한다. – 회계정보시스템과 연계

⑧ 연계시스템 : 효율성 제고를 위해 하위시스템 간의 연계를 돕는다.

(3) 정보시스템 기술의 도입을 통한 혜택

① 공급자와 소비자가 직접 의사소통을 하므로 유통채널이 단순해진다.

② 유통비용을 절감할 수 있다.

③ 서류작업 등 업무가 간단해진다.

④ 제조, 운송 사이클의 속도를 증가시킬 수 있다.

⑤ 유통 흐름을 촉진시킬 수 있다.

5. 유통정보시스템의 구성요소

(1) 하드웨어(Hardware)

하드웨어는 정보시스템을 구축하기 위해 필요한 물리적인 시설로서 컴퓨터와 통신 네트워크의 2가지로 구성된다.

① 컴퓨터 : 사용자로부터 데이터를 입력받아 처리하고 결과를 제공해 주는 핵심설비로서 정보를 읽어 들이는 입력장치와, 읽어들인 정보를 기억하는 기억장치, 기억장치로부터 명령을 취하여 실행하는 중앙처리장치 및 처리된 정보를 사용자에게 제공하는 출력장치로 구성된다.

② 통신 네트워크 : 다양한 유형의 정보(음성, 데이터, 이미지, 영상 등)를 사용자 간에 이동시키는 시설로서 통신회선, 전송장비(DCE, DTE 등)로 구성된다.

(2) 소프트웨어(Software)

소프트웨어는 하드웨어가 수행할 업무와 데이터들을 정의하기 위한 프로그램으로서 시스템소프트웨어와 응용 소프트웨어로 구분된다.

① 시스템 소프트웨어 : 컴퓨터 하드웨어 자원을 관리하고 처리활동을 지원하는 제반 프로그램(운영체제, 유틸리티 프로그램 등)을 의미한다.

② **응용 소프트웨어** : 운영체제하에서 작동되는 것으로 특정의 업무를 수행하기에 적합하게 개발된 프로그램을 의미한다.

(3) 휴먼웨어(Humanware)

휴먼웨어는 정보시스템이 변화하는 환경에 대응하여 효율적으로 작동할 수 있도록 정보시스템을 구축·관리 및 개선하는 주체인 사용자들을 의미한다.

(4) 데이터베이스(Database)

데이터베이스는 정보가 정보로서 제대로 활용될 수 있도록 관련 데이터를 물리적으로 저장해 놓은 집합체를 의미하며, 이를 효율적으로 관리하기 위한 체제가 데이터베이스 시스템이다.

① **기업의 외부 데이터** : 기업 내에서 관리할 수 없는 데이터로, 기업 외부환경에서 얻어지는 거시경제자료, 산업계의 동향, 국제정세 등에 관한 것이다.

    ㉠ **정치 관련 데이터** : 입법, 국제조약, 규제기관 등 법률과 제도관련 정보

    ㉡ **경제 관련 데이터** : 경제전망, 고용동향, 환율, 이자율 등에 관한 정보

    ㉢ **사회·문화 관련 데이터** : 종교, 문화 등에 관한 정보

    ㉣ **기술 관련 데이터** : 생산 기술, 정보통신 기술, 기타 새로운 기술 등에 관한 정보

    ㉤ **고객 관련 데이터** : 수요, 소비자심리, 구매성향, 만족도 등에 관한 정보

    ㉥ **경쟁자 관련 데이터** : 경쟁자의 상품에 관한 정보, 시장점유율, 비용구조 등에 관한 정보

② **기업의 내부 데이터** : 기업 내에서 기업 활동을 통해 일상적·정기적으로 수집 및 축적되는 매출실적, 재고동향, 고객서비스 등에 관한 데이터이다.

    ㉠ **고객서비스 관련 데이터** : 서비스 기록, 고객 불만 사례 등에 관한 정보

    ㉡ **상품 / 생산 관련 데이터** : 생산계획, 품질관리 기록, 생산비용 등에 관한정보

    ㉢ **조달물류 관련 데이터** : 원료, 자재 등 재고기록, 외상매입 기록, 입찰기록 등에 관한 정보

    ㉣ **판매 / 영업 관련 데이터** : 판매예측, 외상매출 기록, 주문·견적, 판매수당 등에 관한 정보

    ㉤ **판매물류 관련 데이터** : 재고, 출하, 창고관리 기록 등에 관한 정보

(5) 기업환경

① **내부 환경**(The Internal Environment) : 시스템을 활용하는 경영 관리자, 의사결정의 유형, 의사결정을 제한하는 기업의 목적 등을 지칭한다.

② **사용자환경(User Interface Systems)** : 유통정보시스템을 활용하는 사용자가 다루게 될 장비와 업무과정을 정의한다.

6. 유통정보시스템의 구축

(1) 기획단계

① 기존 기업정책의 기조유지
   - ㉠ 장기적 기업전략 및 정책의 확인
   - ㉡ 의사결정권자의 승인취득
   - ㉢ 당위성에 대한 전사적 홍보 및 교육

② 현업의 분석을 통한 문제점의 도출 및 목적의 명확화
   - ㉠ 시간대별, 부서별 업무 프로세스의 파악
   - ㉡ 사용하고 있는 장표들의 서식 및 내용의 조사
   - ㉢ 시간대별 데이터량의 파악

③ 목적에 부합하는 개발전략의 수립
   - ㉠ 인력과 설비 간의 역할분담
   - ㉡ 투자비용, 인력 및 개발기간의 견적
   - ㉢ 기대효과의 파악
   - ㉣ 개발전담팀의 구성

(2) 개발단계

① **시스템 기본설계** : 출력물 및 업무효율 중심의 설계이다.
   - ㉠ 장표·화면의 설계
   - ㉡ 코드(Code)의 정의
   - ㉢ 파일(File)의 설계
   - ㉣ 업무처리 프로세스의 설계

② **시스템 상세설계** : 기본설계에 따른 사양의 설계이다.
   - ㉠ 프로그램의 규정
   - ㉡ 처리조건의 설계
   - ㉢ 프로그램의 사양서 작성

③ **프로그램 개발** : 프로그램 사양서에 따른 개발이다.
   - ㉠ 코딩(Coding)

ⓛ 컴파일(Compile)

ⓒ 단체 테스트(Test)

(3) 적용단계

① 조직 구성원들의 적극적 참여를 유도하기 위한 단계적 적용

② 사용자를 위한 사용지침서(매뉴얼)의 개발

③ 문제점 도출 및 보완을 위한 개방적 의사전달 채널의 확보

④ 구성원들을 위한 교육·훈련 프로그램의 개발 및 실시

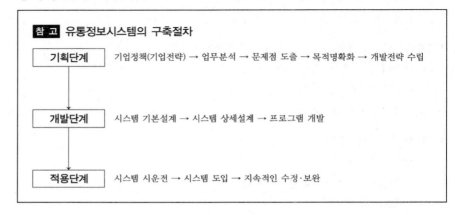

참고 유통정보시스템의 구축절차	
기획단계	기업정책(기업전략) → 업무분석 → 문제점 도출 → 목적명확화 → 개발전략 수립
개발단계	시스템 기본설계 → 시스템 상세설계 → 프로그램 개발
적용단계	시스템 시운전 → 시스템 도입 → 지속적인 수정·보완

기출 & 예상문제

01 정보 단위에 대한 설명으로 옳지 않은 것은?

① 기가바이트(GB)는 바이트(B) 보다 큰 단위이다.
② 테라바이트(TB)는 기가바이트(GB) 보다 큰 단위이다.
③ 테라바이트(TB)는 메가바이트(MB) 보다 큰 단위이다.
④ 메가바이트(MB)는 킬로바이트(KB) 보다 큰 단위이다.
⑤ 기가바이트(GB)는 페타바이트(PB) 보다 큰 단위이다.

> **TIPS!**
>
> 정보 단위
> ㉠ 바이트(Byte) : 1 바이트
> ㉡ 메가바이트(MB) : 10^6 바이트
> ㉢ 기가바이트(GB) : 10^9 바이트
> ㉣ 테라바이트(TB) : 10^{12} 바이트
> ㉤ 페타바이트(PB) : 1,024TB(또는 약 1백만 GB)

02 다음 중 자료에 관련한 내용들로 가장 거리가 먼 것을 고르면?

① 1차 자료는 어떤 목적을 달성하기 위하여 직접 수집하여 생성한 자료이다.
② 1차 자료는 2차 자료에 비하여 시간, 비용, 인력이 많이 든다.
③ 정보는 개인이나 조직의 의사결정에 이용됨으로써 개인이나 조직의 행동방향을 결정지어 준다.
④ 자료는 관찰이나 또는 측정 등을 통해 수집된 정보를 실제 문제해결에 도움이 될 수 있도록 해석하고 정리한 것이다.
⑤ 2차 자료에는 정부에서 발표하는 각종 통계자료, 이미 발표된 논문, 신문기사, 각종 기관이나 조사회사에서 발표되는 결과 등이 포함된다.

> **TIPS!**
>
> 정보(Information)란 관찰이나 측정을 통해 수집된 자료(Data)를 실제 문제해결에 도움이 될 수 있도록 해석하고 정리한 것이다.

Answer 01.⑤ 02.④

03 아래 글상자의 ( )안에 들어갈 내용을 순서대로 나열한 것으로 가장 옳은 것은?

	자료	정보	지식
구조화	(㉠)	단위필요	(㉡)
부가가치	(㉢)	중간	(㉣)
객관성	(㉤)	가공필요	(㉥)
의사결정	관련 없음	객관적 사용	주관적 사용

① ㉠ 어려움, ㉡ 쉬움, ㉢ 적음, ㉣ 많음, ㉤ 객관적, ㉥ 주관적
② ㉠ 쉬움, ㉡ 어려움, ㉢ 적음, ㉣ 많음, ㉤ 객관적, ㉥ 주관적
③ ㉠ 어려움, ㉡ 쉬움, ㉢ 많음, ㉣ 적음, ㉤ 주관적, ㉥ 객관적
④ ㉠ 쉬움, ㉡ 어려움, ㉢ 많음, ㉣ 적음, ㉤ 주관적, ㉥ 객관적
⑤ ㉠ 어려움, ㉡ 쉬움, ㉢ 적음, ㉣ 많음, ㉤ 주관적, ㉥ 객관적

TIPS!

	자료	정보	지식
구조화	쉬움	단위필요	어려움
부가가치	적음	중간	많음
객관성	객관적	가공필요	주관적
의사결정	관련 없음	객관적 사용	주관적 사용

04 빅데이터의 핵심 특성 3가지를 가장 바르게 제시한 것은?

① 가치, 가변성, 복잡성
② 규모, 속도, 다양성
③ 규모, 가치, 복잡성
④ 가치, 생성 속도, 가변성
⑤ 규모, 가치, 가변성

TIPS!

빅데이터의 핵심 특성 : 볼륨(Volume), 다양성(Variety), 속도(Velocity)

Answer 03.② 04.②

05 아래 글상자에서 공통적으로 설명하는 개념으로 가장 옳은 것은?

> - 공급사슬 네트워크의 복잡성을 설명하는 개념으로, 공급사슬 네트워크의 특정한 부분에서 하나의 이벤트가 발생하면, 공급사슬 네트워크의 다른 부분에서 예측하지 못했던 문제가 발생한다는 것을 설명해 준다.
> - 공급사슬 혼동 현상을 설명해주는 용어로, 아마존 강 유역 어딘가에서 나비가 날개를 펄럭이면, 수천 마일 떨어진 곳에서 허리케인이 만들어 질 수 있다는 개념이다.

① 파레토의 법칙(Pareto's principle) 　② 기하급수 기술(exponential technology)
③ 메트칼프의 법칙(Law of Metcalfe) 　④ 규모의 경제(economy of scale)
⑤ 나비효과(butterfly effect)

TIPS!
① 전체 결과의 80%가 전체 원인의 20%에서 일어나는 현상을 의미한다.
③ 네트워크의 규모가 증가하면 그 비용은 직선으로 증가하지만, 네트워크의 가치는 사용자수의 제곱에 비례한다는 법칙이다.
④ 기업의 생산 규모가 증가할 때 생산량의 증가가 노동, 자본 등 생산요소의 증가보다 더 크게 증가하는 경우를 말한다.

06 아래 글상자의 ㉠, ㉡에 해당되는 각각의 용어로 가장 옳은 것은?

> 　전통적인 경제학에서 기업의 생산활동은 ㉠이 주로 적용된다고 가정하고 있다. 정보화 사회에 들어서면서 컴퓨터산업을 포함한 정보통신 산업분야에서는 이러한 현상이 적용되지 않는다. 오히려 ㉡이 적용되고 있다. 브라이언아서 교수는 농업이나 자연자원을 많이 소모하는 대량생산 체제에서는 ㉠이 지배하고, 첨단기술의 개발과 지식중심의 생산 체제에서는 반대로 ㉡이 지배한다고 주장하였다.

① ㉠ 수확체증의 법칙, ㉡ 수확불변의 법칙 　② ㉠ 수확체증의 법칙, ㉡ 수확체감의 법칙
③ ㉠ 수확체감의 법칙, ㉡ 수확불변의 법칙 　④ ㉠ 수확체감의 법칙, ㉡ 수확체증의 법칙
⑤ ㉠ 수확불변의 법칙, ㉡ 수확체감의 법칙

TIPS!
㉠ 일정 크기의 토지에 노동력을 추가로 투입할 때, 수확량의 증가가 노동력의 증가를 따라가지 못하는 현상을 말한다.
㉡ 투입된 생산요소가 늘어나면 늘어날수록 산출량이 기하급수적으로 증가하는 현상을 말한다.

Answer 05.⑤ 06.④

07 파일처리시스템과 비교하여 데이터베이스시스템의 특징을 설명한 것으로 가장 옳지 않은 것은?

① 특정 응용프로그램을 활용해 개별 데이터를 생성하고 저장하므로 데이터를 독립적으로 관리할 수 있다.

② 조직 내 데이터의 공유를 통해 정보자원의 효율적 활용이 가능하다.

③ 데이터베이스에 접근하기 위해 인증을 거쳐야 하기에 불법적인 접근을 차단하여 보안관리가 용이하다.

④ 프로그램에 대한 데이터 의존성이 감소하게 됨으로써 데이터의 형식이나 필드의 위치가 변화해도 응용프로그램을 새로 작성할 필요가 없다.

⑤ 표준화된 데이터 질의어(SQL)를 이용하여 필요한 데이터에 쉽게 접근하고 정보를 생성할 수 있다.

> **TIPS!**
>
> ① 파일처리시스템은 파일 중심의 전통적인 데이터 처리 시스템으로 각 응용 프로그램이 개별적으로 자신의 데이터를 파일로 관리한다.

08 정보의 특성으로 옳지 않은 것은?

① 정확성   ② 완전성

③ 신뢰성   ④ 단순성

⑤ 복잡성

> **TIPS!**
>
> 정보의 특성
> ㉠ 정확성 : 정확한 자료에 근거하여 주관적 편견이 개입되지 않아야 한다.
> ㉡ 완전성 : 중요성이 높은 자료가 충분히 내포되어 있어야 한다.
> ㉢ 신뢰성 : 정보의 신뢰성은 데이터의 원천과 수집방법에 달려있다.
> ㉣ 관련성 : 의사결정자가 필요로 하는 정보를 선택하게 하는 매우 중요한 기준이다.
> ㉤ 경제성 : 필요한 정보를 산출하기 위한 비용과 정보이용에 따른 가치창출 사이에 균형을 유지하기 위해서는 경제성이 있어야 한다.
> ㉥ 단순성 : 의사결정자가 무엇이 중요한 정보인지를 결정하기 위해서는 단순해야 하고 지나치게 복잡해서는 안 된다.
> ㉦ 적시성 : 정보는 사용자가 필요로 하는 시간대에 전달되어야 한다.
> ㉧ 입증가능성 : 정보는 입증 가능해야 한다. 입증가능성은 같은 정보에 대해 다른 여러 정보원을 체크해 봄으로써 살펴볼 수 있다.
> ㉨ 접근성 : 정보를 획득하고 이해하거나 이용하는 데 쉽고 간단해야 한다.

Answer 07.① 08.⑤

09 디지털 시대의 경영환경 특징으로 가장 옳지 않은 것은?

① 무형의 자산보다 유형의 자산이 중시된다.
② 지식상품이 부상하고 개인의 창의력이 중시된다.
③ 정보의 전달 속도가 빨라 제품수명주기가 단축된다.
④ 기술발전 속도가 빠를 뿐만 아니라 사업 범위가 글로벌화되어 경쟁이 심화된다.
⑤ 기업 간 경쟁이 심화되어 예측이 어려워짐으로써 복잡계시스템으로서의 경영이 요구된다.

 **TIPS!**

① 유형의 자산보다 무형의 자산이 중시된다.

10 다음 의사결정모형에 관한 내용 중 만족모형에 관한 내용으로 바르지 않은 것은?

① 만족스런 대안발견을 추구한다.
② 주관적 합리성을 중시한다.
③ 현실세계를 복잡화시킨 모형이다.
④ 만족수준에 따른 대안선택의 최저기준을 설정한다.
⑤ 인간의 제한된 합리성에 주의를 환기시키면서 합리적 모형을 수정하는 모형이다.

TIPS!

만족모형
• 만족스런 대안발견을 추구한다.
• 현실세계를 단순화시킨 모형이다.
• 가치관 같은 주관적 합리성을 중시한다.
• 만족수준에 따른 대안선택의 최저기준을 설정한다.
• 인간의 제한된 합리성에 주의를 환기시키면서 합리적 모형을 수정하는 모형이다.

Answer 09.① 10.③

11 다음 중 정보사회의 특징으로 옳은 것은?

① 분권화   ② 동시화

③ 규격화   ④ 전문화

⑤ 집중화

TIPS!

정보사회의 특징… 탈 규격화(다양화), 탈 집중화(분산화), 탈 극대화, 분권화 등의 특징을 가지고 있다.

12 다음 중 괄호 안에 적합한 말은?

> (   )란 각각의 사실들이 지니고 있는 본래의 가치를 초월하여 새로운 부가가치를 지니는 방식으로 조직화된 사실들의 집합체이다.

① 자료   ② 지식

③ 정보   ④ 의사결정

⑤ 경제

TIPS!

① 인간이나 기계로 처리하는 데 적합하도록 형상화된 사상이나 개념의 표현으로 연구나 조사 등의 바탕이 되는 재료이다.

② 정보가 축적되어 체계화되고, 한층 더 농축된 상태로 원리적·통일적으로 조직되어 객관적 타당성을 요구할 수 있는 판단의 체계를 말한다.

④ 기업의 목표설정과 목표를 달성하기 위해 선택 가능한 여러 대안 가운데에서 하나를 합리적으로 선택하고, 결정하는 제반활동을 나타내는 것이다.

Answer 11.① 12.③

13 유통혁명시대의 특성변화로 잘못된 것은?

① 소비자 : 불특정 다수→특화된 소비자
② 관리핵심 : 개별기업 관리→공급체인 관리
③ 이익원 : 가치창출 능력→수익제고 능력
④ 경쟁우위 요소 : 비용, 품질→정보, 시간
⑤ 조직체계 : 독립적, 폐쇄적 조직→유연하고 개방적 팀조직

TIPS!
③ 수익제고 능력→가치창출 능력

14 유통업에 있어서의 정보혁명에 해당하지 않는 것은?

① IT기술의 발전
② RFID(Radio Frequency IDentification) 보급의 확대
③ 인터넷 사용자의 급증
④ 소수에 의한 정보 독점
⑤ 인터넷 환경의 발전

TIPS!
④는 정보화시대의 단점이다.

15 유통산업의 효율을 위해서 유통업자, 제조업자, 유통관련단체 간에 정보기술 및 정보통신 기술을 활용하는 것을 무엇이라 하는가?

① 유통정보화
② 유통계열화
③ 사무자동화
④ 공장자동화
⑤ 전자상거래

TIPS!
유통정보화… 유통산업중개자, 제조업자 또는 유통관련 단체 간에 정보기술 및 정보통신 기술을 활용하여 유통정보 또는 이와 관련된 정보를 교환하거나 처리, 전송 또는 보관하는 정보처리 활동을 행함으로써 유통산업의 효율화를 도모하는 것이다.

Answer 13.③ 14.④ 15.①

16 다음 설명에 관련된 의사결정 상황은?

> 의사결정에서의 결과에 대해 객관적인 확률이나 기타 여하한 지식에 의해서도 알 수 없는 상황이므로, 기업의 최고경영자에게는 가장 어려운 의사결정 상황이다

① 확실성 상황
② 위험 상황
③ 불확실성 상황
④ 상충 하의 상황
⑤ 비위험 하의 상황

TIPS!
불확실성에서의 의사결정은 의사결정에 필요한 정보들이 불확실하여 어떠한 상황이 발생할지 전혀 모르는 경우이다.

17 다음 중 정보화 사회에서의 문제점을 잘못 설명하고 있는 것은?

① 다수의 정보 독점에 따른 독재가 이루어진다.
② 문화지체의 현상이 발생하게 된다.
③ 정보 과잉의 현상이 나타나게 된다.
④ 프라이버시의 침해 문제가 발생하게 된다.
⑤ 정보의 격차로 인해 국제간의 불평등이 심화된다.

TIPS!
정보화 사회에서의 문제점은 다음과 같다.
• 정보과잉 현상
• 문화지체 현상
• 프라이버시 침해 문제
• 소수의 정보 독점에 의한 독재
• 정보격차로 인한 국제 간 불평등의 심화

Answer 16.③ 17.①

18 유통정보시스템에 관한 다음 설명 중 옳지 않은 것은?

① 경영정보시스템과 마케팅정보시스템을 포함하기 때문에 이들 간 연계가 필요하다.

② 경로구성원 간의 원활한 커뮤니케이션을 촉진시켜 경로성과를 향상시킨다.

③ 경로갈등을 해결하고 상호협력을 증진시키기 위해 필요하다.

④ 시스템 구축을 위해 POS, EDI, VAN, CALS 등의 제반시스템 도입이 필요하다.

⑤ 의사결정을 지원해주는 포괄적인 개념이다.

> 💡**TIPS!**
> ① 유통정보시스템은 기업의 유통과정에서 발생하는 다양한 의사결정을 지원하기 위해 구축되는 정보시스템으로, 경영정보시스템과 마케팅정보시스템의 하위 정보시스템이다.
> ※ 유통정보시스템의 구성
>   ㉠ 구매관리시스템(재고관리시스템과 연계)
>   ㉡ 주문처리시스템(출하/재고관리시스템과 연계)
>   ㉢ 출하/재고관리시스템(주문처리 및 생산계획시스템과 연계)
>   ㉣ 실적관리시스템(수요예측시스템과 연계)
>   ㉤ 수요예측시스템(구매 및 생산시스템과 연계)
>   ㉥ 수배송관리시스템(생산 및 출하/재고관리시스템과 연계)
>   ㉦ 대금관리시스템(회계정보시스템과 연계)
>   ㉧ 연계시스템

19 정보가 그 자체에 시간적 효용이 더해짐으로써 그 가치가 높아진다는 것은 정보의 특성 중 무엇에 해당한다고 볼 수 있는가?

① 관련성   ② 적시성

③ 완전성   ④ 신뢰성

⑤ 단순성

> 💡**TIPS!**
> 정보는 아무리 양질의 정보라도 필요한 시간에 이용자에게 제공되어야 한다. 즉 정보는 필요로 하는 시간에 제공될 때 비로소 그 진가를 발휘하게 되며, 이러한 정보의 적시적 공급은 유통경로의 관리에 있어서 경로 시스템의 효율을 높이고 경로 구성원들 간의 협력을 이끌어내는 관건이 된다.

Answer 18.① 19.②

20 다음 괄호 안에 적합한 말은?

> (   )(이)란 조직에 필요한 정보제공이나 업무처리를 수행하도록 정보기술을 응용해 놓은 실체이다.

① 소프트웨어
② Data
③ 정보시스템
④ 정보
⑤ 하드웨어

> **TIPS!**
> 정보시스템…조직 내에서 유용한 정보를 제공함으로써 일상적인 업무, 경영관리, 분석, 의사결정을 지원하는 인간과 기계의 통합시스템이다.

21 다음 중 데이터베이스 마케팅의 특징이 아닌 것은?

① 컴퓨터에 의한 고객 데이터베이스
② 일방적인 의사소통
③ 고객과 일대일 접촉
④ 쌍방적(기업과 소비자)인 의사소통
⑤ 우편, 전화 등 고객 개인별로 접근이 가능한 마케팅 매체나 경로를 이용

> **TIPS!**
> 데이터베이스 마케팅…우편, 전화 등 고객 개인별로 접근이 가능한 마케팅 매체나 경로를 이용하여 기업과 고객간에 쌍방적 의사소통을 가능케 하는 마케팅 접근방법이다.

22 지식관리에 대한 설명으로 옳지 않은 것은?

① 명시적 지식은 쉽게 체계화할 수 있는 특성이 있다.
② 암묵적 지식은 조직에서 명시적 지식보다 강력한 힘을 발휘하기도 한다.
③ 명시적 지식은 경쟁기업이 쉽게 모방하기 어려운 지식으로 경쟁우위 창출의 기반이 된다.
④ 암묵적 지식은 사람의 머릿속에 있는 지식으로 지적자본(intellectual capital)이라고도 한다.
⑤ 기업에서는 구성원의 지식공유를 활성화하기 위하여 인센티브(incentive)를 도입한다.

Answer 20.③ 21.② 22.③

23 유통업체에서 지식관리시스템 활용을 통해 얻을 수 있는 효과로 옳지 않은 것은?

① 동종 업계의 다양한 우수 사례를 공유할 수 있다.

② 지식을 획득하고, 이를 보다 효과적으로 활용함으로써 기업 성장에 도움을 받을 수 있다.

③ 중요한 지식을 활용해 기업 운영에 있어 경쟁력을 확보할 수 있다.

④ 지식 네트워크를 구축할 수 있고, 이를 통해 새로운 지식을 얻을 수 있다.

⑤ 의사결정을 위한 정보를 제공해주는 시스템으로 의사결정권이 있는 사용자가 빠르게 판단할 수 있게 돕는다.

24 다음 중 피터 드러커가 말한 지식근로자의 특징에 해당하지 않는 것은?

① 평생학습의 정신 ② 풍부한 지적 재산

③ 투철한 기업가의 정신 ④ 강한 창의성

⑤ 관료적 체제

Answer 23.⑤ 24.⑤

25 다음 중 지식기반 조직에 관한 설명들 중 옳지 않은 것은?

① 이러한 조직의 경우 지식 및 정보의 활용을 강조하는 조직을 말한다.

② 지식기반 조직의 경우 구성원들로 하여금 조직의 목표를 성취하는 데 있어 필요한 지식 및 기술을 찾아내 활용 가능하도록 보장한 조직이다.

③ 지식기반 조직에서 조직의 리더는 구성원 개개인의 역할이 발휘될 수 있도록 유도해야 한다.

④ 지식기반 조직은 하부 조직단위의 업무목표와 실적이 전체 조직의 목표로 환류될 수 있어야 한다.

⑤ 지식기반 조직은 필요한 정보와 지식 그리고 경험이 조직 내에서 공유될 수 있는 탄력적이고 개방적인 조직이어야 한다.

TIPS!

지식기반 조직의 경우 구성원들로 하여금 개인의 목표 및 조직의 목표를 성취하는 데 있어 필요한 지식 및 기술을 찾아내 활용 가능하도록 보장한 조직이다.

26 노나카의 SECI모델을 근거로 아래 글상자의 내용 중 외재화(externalization)의 사례를 모두 고른 것으로 가장 옳은 것은?

㉠ 실무를 통한 학습	㉡ 숙련된 기능공의 지식
㉢ 숙련된 기능공의 노하우의 문서화	㉣ 형식적 지식을 통합하는 논문 작성
㉤ 이전에 기록된 적이 없는 구체적 프로세스에 대한 매뉴얼 작성	

① ㉠, ㉡

② ㉡, ㉣

③ ㉢, ㉤

④ ㉠, ㉢, ㉤

⑤ ㉡, ㉣, ㉤

TIPS!

SECI

㉠ Socialization(사회화) : 암묵에서 암묵으로(tacit to tacit), 지식이 훈련, 지도, 모방, 관측 등에 의해 형성됨

㉡ Externalization(외재화) : 암묵에서 형식으로(tacit to explicit), 암묵적 지식이 문서, 설명서 등으로 정형화되어 조직에서 보다 용이하게 그 지식을 이용하는 것

㉢ Combination(조합화) : 형식에서 형식으로(explicit to explicit), 기존의 여러 가지 형식적 지식들을 조합하여 새로운 지식을 창출해 내는 것

㉣ Internalization(내부화) : 형식에서 암묵으로(explicit to tacit), 조직원들이 형식적 지식을 습득함으로서 그것이 조직의 자산이 되며 이러한 자산이 기존의 암묵적 지식을 수정 발전 시키는 것

Answer 25.② 26.③

27 의사결정 지원시스템에 대한 설명 중 가장 옳지 않은 것은?

① 의사결정 지원시스템은 인적자원과 지식기반, 소프트웨어와 하드웨어로 구성된다.

② 경영자가 최적의 선택을 할 수 있는 의사결정과정을 지원하는 시스템이다.

③ 의사결정 지원시스템은 유연성과 주관적 판단을 통해 문제에 대한 통찰력을 가진다.

④ 의사결정 지원시스템은 경영자의 판단력을 근본적으로 대체하지는 못한다.

⑤ 의사결정 지원시스템의 분석적인 모델로 예측모델, 시뮬레이션모델, 최적화모델 등이 있다.

TIPS!
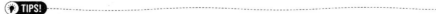

의사결정 지원시스템(DSS ; decision support system)은 전통적인 데이터 처리와 경영과학의 계량적 분석기법을 통합하여 의사결정자가 보다 손쉽고 정확하게, 그리고 신속하고 다양하게 문제를 해결할 수 있는 정보시스템 환경을 제공한다. 이러한 DSS는 의사결정이 이루어지는 동안에 발생 가능한 환경의 변화를 반영할 수 있도록 유연하게 설계되어야 한다. 또한, DSS는 다양한 원천의 데이터에 기초하여 정보를 처리하므로 객관적인 판단이 이루어진다.

28 다음 중 지식경영 관련 이론 분류에 속하지 않는 것은?

① 사회인지이론, 사회자본이론

② 자원의존이론, 지식기반이론

③ 사회기술이론

④ 시스템 이론

⑤ 유통지식이론

TIPS!

분류	관련 이론
사회이론	사회인지이론, 사회자본이론, 사회교환이론
전략이론	자원의존이론, 자원기반이론, 지식기반이론, 상호보완성이론, 상황이론
기타이론	사회기술이론, 시스템이론

Answer 27.③ 28.⑤

29 다음 괄호 안에 들어갈 용어로 적합한 것은?

> (㉠   )은/는 자신의 일을 끊임없이 개선, 개발, 혁신해 부가가치를 올리는 지식을 소유한 사람으로, 정보를 나름대로 해석하고 이를 활용해 부가가치를 창출해 낼 수 있는 노동자를 가리킨다. 기본적으로 자신의 부가가치를 높이기 위해 끊임없이 지식을 쌓고 개선하며 개발하고 혁신하는 사람이다.
> (㉡   )은/는 조직의 지식경영과 지식관리를 책임지는 사람으로 지식경영과 관리에 대한 학습을 장려하여 조직의 경쟁력을 근본적으로 늘리고 전략과 비전을 제시하는 임원 및 경영자이다.

① ㉠ 지식근로자, ㉡ 지식경영자   ② ㉠ 지식경영자, ㉡ 지식근로자
③ ㉠ 지식조직, ㉡ 지식근로자   ④ ㉠ 지식근로자, ㉡ 지식조직
⑤ ㉠ 지식경영, ㉡ 지식경영자

☀TIPS!

㉠ 지식근로자 : 자신의 일을 끊임없이 개선·개발·혁신해 부가가치를 올리는 지식을 소유한 사람으로, 정보를 나름대로 해석하고 이를 활용해 부가가치를 창출해 낼 수 있는 노동자를 가리킨다. 기본적으로 자신의 부가가치를 높이기 위해 끊임없이 지식을 쌓고 개선하며 개발하고 혁신하는 사람이다.
㉡ 지식경영자 : 조직의 지식경영과 지식관리를 책임지는 사람으로 지식경영과 관리에 대한 학습을 장려하여 조직의 경쟁력을 근본적으로 늘리고 전략과 비전을 제시하는 임원 및 경영자이다.

30 다음 보기 중 지식경영 프로세스를 올바르게 나열한 것은?

① 지식의 창출 → 지식의 공유 → 지식의 저장 → 지식의 활용
② 지식의 창출 → 지식의 저장 → 지식의 공유 → 지식의 활용
③ 지식의 공유 → 지식의 저장 → 지식의 활용 → 지식의 창출
④ 지식의 활용 → 지식의 공유 → 지식의 창출 → 지식의 저장
⑤ 지식의 저장 → 지식의 활용 → 지식의 창출 → 지식의 공유

☀TIPS!

지식경영 프로세스 … 지식의 창출 → 지식의 공유 → 지식의 저장 → 지식의 활용

Answer 29.① 30.①

31 다음 중 지식변환 양식의 과정이 바르게 나열된 것을 고르시오.

⊙ 사회화   ⓒ 외재화

ⓒ 내재화   ② 종합화

---

① ⊙→ⓒ→ⓒ→②   ② ⊙→②→ⓒ→ⓒ

③ ⊙→ⓒ→②→ⓒ   ④ ⊙→ⓒ→②→ⓒ

⑤ ⊙→ⓒ→ⓒ→②

TIPS!

지식의 변환과정… 사회화 → 외재화 → 종합화 → 내재화의 과정을 거친다.

32 다음 중 괄호 안에 들어갈 지식의 유형을 순서대로 나열한 것은?

(⊙)는 시험답안에 옮긴 지식처럼 언어나 기호로 표현될 수 있는 지식으로, 교과서에서 배우는 지식이 대표적이다. (ⓒ)는 기호로 표시되기가 어렵고 주로 사람이나 조직에 체화되어 있는 지식을 말한다.

---

① ⊙ 형식지, ⓒ 암묵지

② ⊙ 암묵지, ⓒ 사회화

③ ⊙ 형식지, ⓒ 내재화

④ ⊙ 암묵지, ⓒ 형식지

⑤ ⊙ 내재화, ⓒ 사회화

TIPS!

지식의 유형

⊙ 형식지는 시험답안에 옮긴 지식처럼 언어나 기호로 표현될 수 있는 지식으로, 교과서에서 배우는 지식이 대표적이다.

ⓒ 암묵지는 기호로 표시되기가 어렵고 주로 사람이나 조직에 체화되어 있는 지식을 말한다.

Answer   31.④   32.①

section 1 바코드의 개념 및 활용

1. 바코드와 유통정보화

(1) 바코드(Bar Code)의 정의

① 바코드는 다양한 폭을 가진 Bar(검은 막대)와 Space(흰 막대)의 배열 패턴으로 정보를 표현하는 부호 또는 부호체계이다.

② 숫자나 문자를 나타내는 Bar(검은 막대)와 Space(흰 막대)를 특정하게 배열하여 0과 1로 바꾸고, 이들을 조합하여 정보로 이용하게 된다.

③ 바코드로 정보를 표현하는 일과 표현된 정보를 해독하는 일은 바코드 장비를 통하여 가능하므로 바코드는 기계어라고 할 수 있다.

④ 정보를 바코드로 표현하는 것을 바코드의 심벌로지라고 하며, 이것에는 여러 가지 방법이 있다. 또한 바코드 심벌의 구조는 코드의 종류에 따라 다르다.

(2) 바코드의 역사

① 1916년 : 샌더스(C. Sanders)가 그의 가게에서 처음으로 실시함으로써 일반인에게 소개 되었으며 지급식 슈퍼마켓은 각각의 정찰화된 품목과 기계화된 계산대의 방식을 도입하게 되었다.

② 1940년대 말 : 1940년 말에 조-우드랜드(Joe-Woodland)와 버니 실버(Berny Silver)의 계산대에서 식료품의 가격을 자동으로 읽을 수 있게 하는 기술적 방법의 연구를 통해서 오늘 날과 동일한 형태의 바코드개발이 시작되었다.

③ 1950년대 말~1960년대 초 : 오늘날의 바코드와 유사한 여러 종류의 심벌이 제안되었다.

④ 1970년대

ⓐ 1970년 여름에는 '전체 식료품 생산 증명 코드'를 제안했으며 전체 생산품 코딩을 위한 미국 슈퍼마켓 특별위원회(U.S. Supermarket Ad Hoc Committee)가 형성되었고, 이 위원회에서는 1973년에 UPC(Universal Product Code) 심벌의 사용을 추천했다.

ⓑ 유럽에서도 1976년 12월 EAN코드와 심벌을 채택하게 되었다.

ⓒ 현재는 전 세계 약 90여 개국에서 국가표준으로 도입하고 있다.

⑤ 우리나라

   ㉠ 1988년 EAN에 정식으로 가입하여 KAN(Korean Article Number)코드를 취득하면서 본격적인 바코드 시스템 체계를 세우게 되었다.

   ㉡ 백화점 및 유통업계와 식료품 업계에서 업체코드를 부여받기 시작하면서 이들 업체의 POS(Point of Sales, 판매시점 관리) 시스템을 주축으로 계속 확산되고 있다.

(3) 바코드 시스템의 특징

① 데이터 입력의 간소화 : 바코드 스캐너가 직접 정보를 입력하므로 데이터 입력이 간소하다.

② 데이터 입력 시 에러율 감소 : 키보드를 사용하여 사람이 직접 입력할 때에는 그 사람의 숙련도에 따라 에러가 발생하지만 바코드는 각각의 문자가 자체적으로 검사할 수 있도록 고안되어 있으며 정확한 입력으로 인해 에러가 거의 발생하지 않는다.

③ 자료처리 시스템의 구성이 가능 : 바코드는 그 일정한 높이 중 95%가 훼손되더라도 데이터 입력에 지장을 주지 않으므로 사용자가 손쉽게 자료를 이용할 수 있다.

④ 다양한 프린터의 사용 : 바코드는 현재 이용되고 있는 모든 프린팅 기법을 사용할 수 있다.

⑤ 바코드의 구조 ✔자주출제

   ㉠ Quite Zone
     • 바코드의 시작과 끝에는 여백이 있는데 이 여백을 Quite Zone이라 한다.
     • 시작문자의 앞과 멈춤 문자의 뒤에 있는 공백부분을 가리킨다.
     • 바코드의 시작 및 끝을 명확하게 구현하기 위한 필수적인 요소이다.

   ㉡ Start / Stop Character
     • 시작문자는 심벌의 맨 앞부분에 기록된 문자로 데이터의 입력방향과 바코드의 종류를 바코드 스캐너에 알려주는 역할을 한다.
     • 멈춤 문자는 바코드의 심벌이 끝났다는 것을 알려주어 바코드 스캐너가 양쪽 어느 방향에서든지 데이터를 읽을 수 있도록 해준다.

   ㉢ Check Digit : 검사문자는 메시지가 정확하게 읽혔는지 검사하는 것으로 정보의 정확성이 요구되는 분야에 이용되고 있다.

   ㉣ Interpretation Line : 사람이 육안으로 식별 가능한 정보(숫자, 문자, 기호)가 있는 바코드의 윗부분 또는 아랫부분을 말한다.

기출PLUS

기출 2018년 2회

바코드와 관련된 설명으로 가장 옳지 않은 것은?

① 국내에서 사용되는 표준형 KAN 코드는 13자리로 바와 스페이스로 구성되어 있다.

② 국가식별, 상품품목, 제조업체, 체크디지트 순서로 구성되어 있다.

③ 효과적인 사용을 위해서는 코드번호에 따른 상품정보 등을 미리 등록해 둔다.

④ 주로 제조업자나 중간상에 의해 부착된다.

⑤ 생산시점에 바코드를 인쇄하는 것을 소스마킹이라고 한다.

기출 2020년 1회

바코드(Bar code)에 대한 설명으로 가장 옳지 않은 것은?

① 바코드는 바와 스페이스로 구성된다.

② 바코드는 상하좌우로 4곳에 코너 마크가 표시되어 있다.

③ 바코드는 판독기를 통해 바코드를 읽기 위해서는 바코드의 시작과 종료를 알려주기 위해 일정 공간의 여백을 둔다.

④ 바코드 시스템은 체계적인 재고관리를 지원해준다.

⑤ 바코드 시스템 구축은 RFID 시스템 구축과 비교해, 구축 비용이 많이 발생한다.

< 정답 ②, ⑤

ⓜ Bar / Space

• 바코드는 가장 간단한 넓고 좁은 바와 스페이스로 구성되어 있으며 이들 중 가장 좁은바 / 스페이스를 'X' 디멘전이라 부른다.

• 'X' 디멘전이 바코드의 구조상 가장 최소단위를 이루는 것이면 모듈이라고 한다.

• 좁은바 / 스페이스와 넓은바 / 스페이스는 1 : 2에서 1 : 3 정도의 비율이 필요하다. 표준적인 비율은 1 : 2.5이다.

ⓗ Intercharacter Gaps : 문자들 간의 스페이스(X 디멘전 크기)를 말한다.

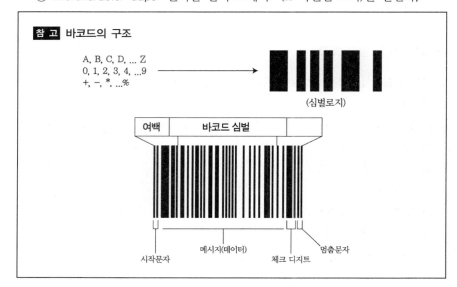

참고 바코드의 구조

2. 바코드와 국제표준

(1) 데이터의 표현방식에 따른 종류

① **불연속형(Discrete Type)**

ⓐ 각 문자들이 독립적으로 분리되어 있고, 문자들 사이에는 갭(Gap)이 존재하며, 각 문자가 바(Bar)로 시작해서 바(Bar)로 끝나는 바코드 심벌로지를 말한다.

ⓑ 해독이 될 경우에도 문자별로 다루어진다.

② **연속형(Continuous Type)**

ⓐ 불연속형 심벌로지와는 다르게 문자 사이의 갭(Gap)이 존재하지 않으며, 각 문자는 바(Bar)로 시작해 스페이스(Space)로 끝나는 바코드 심벌로지를 말한다.

ⓑ 다음 문자의 시작문자에 의해서 문자의 끝이 구별된다.

(2) 데이터의 배열방법에 따른 종류

① 1차원(선형) 바코드

ㄱ UPC(Universal Product Code)

- UPC는 식료품 관련협회인 Ad Hoc 위원회가 설립된 이래로 식료품과 잡화 등 유통제품에 부착하기 위한 연구결과로 산업부문 표준 심벌로 채택되었다.
- UPC는 12개의 캐릭터로 구성되어 숫자(0~9)만 표시가 가능하며 3가지 종류의 형이 있다.
  - Version A : 표준형으로 12자리를 표현한다.
  - Version E : 단축형으로 6자리를 표현한다.
  - Version D : 확대형으로 표준형보다 많은 데이터를 표현할 수 있다.
- UPC는 넘버 시스템 캐릭터 1자리, 5자리 제조업체 코드, 5자리 상품품목 코드, 1자리 검증숫자 등 합계 12자리 숫자로 구성되어 있다.

넘버시스템 캐릭터	제조업체 코드	상품품목 코드	검증숫자
N	P_1, P_2, P_3, P_4, P_5	I_1, I_2, I_3, I_4, I_5	C · D

ㄴ EAN(European Article Number) ✓자주출제

- 미국의 UPC 코드 제정 이후에 유럽의 12개국이 모여서 국제적인 공통 상품 코드를 1977년에 제정했는데 이것이 바로 EAN(European Article Number) 코드이다.
- EAN 코드는 UPC 코드보다 상위 레벨의 코드로 EAN 코드를 판독할 수 있는 판독기는 UPC 코드를 읽을 수 있으나 그 반대는 성립되지 않는다. WPC(World Product Code) 또는 IAN (International Article Number)이라고도 알려져 있으며, UPC와 같은 기호로 구성되어 있다.
- EAN 코드는 13개의 문자를 포함할 수 있는데 바코드로 표현하는 것이 12자리이고 맨 좌측의 문자는 수치로 표현되므로 UPC와 동일한 심벌길이인 95X를 갖는다.
- EAN 코드의 종류
  - EAN-13 : 13개의 문자를 포함하는 표준형
  - EAN-8 : 8개의 문자를 포함하는 단축형
- EAN은 알파벳은 사용하지 않고 숫자만으로 구성되며 코드체계는 다음과 같다.

Prefix	제조업체 코드	상품품목 코드	검증숫자
P_1, P_2, P_3	M_1, M_2, M_3, M_4	I_1, I_2, I_3, I_4, I_5	C · D

ㄷ Code 39(3 of 9)

- 1974년 미국의 Interface Mechanism(현재 Intermec사)의 데이비드 알리아스와 레이 스티븐에 의해 개발되었다.

- 43개의 문자(0~9, A~Z, 7개의 특수문자)와 하나의 시작, 끝 문자로 구성되어 있으며 각 문자는 9개의 요소로 이루어지고 그 중 세 개는 논리 값 '1'을 의미하며, 문자와 문자 사이의 갭은 코드 값을 포함하지 않는다. 현재 공업용을 비롯하여 가장 널리 사용되고 있으며 보통 바 5개가 한 문자에 해당되며 시작과 끝 문자는 반드시 ' * '이어야 한다.

ⓔ Coda bar(NW7, 2 of 7)

- Coda bar의 각 캐릭터는 두 개의 넓은 바를 지니고 있기에 2 of 7 코드라고도 한다.

- Coda bar로 표현 가능한 캐릭터는 숫자 0~9, 6가지 특수문자($, −, :, /, ., +)와 네 가지 시작과 끝 문자는(a / t, b / m, c / *, d / e)를 가지고 있으며 이 시작 / 끝 문자는 다른 종류의 데이터베이스에 대한 키로 사용이 가능하다.

ⓜ Interleaved 2 of 5

- 한 개의 숫자가 5개의 바와 5개의 스페이스를 교대로 조합시켜 이루어져 있으며 문자 사이의 갭을 없애 Industrial 코드에 비해 약 40%, Matrix 코드에 비해 약 10% 이상으로 길이를 줄일 수 있다.

- 문자의 수가 짝수여야 하므로 홀수 개의 문자가 들어왔을 경우 '0'이 맨 앞에 붙여지나 바코드 중 가장 짧은 것이 특징이다.

- 숫자 데이터 표현 시 많은 데이터를 짧게 코드화할 수 있고 자체 감사기능도 뛰어나므로 산업용 및 소매용으로 많이 사용된다.

ⓑ Code 93

- Code 93은 작은 심벌이 요구되는 곳에서 Code 39와 호환이 가능하도록 고안된 것이다.

- Code 93은 코드의 길이를 자유롭게 변동 가능하며, 최대 허용길이는 바코드 리더인 스캐너의 특성에 좌우된다.

ⓢ Code 128

- 전체 ASCII 128 문자를 모두 표현할 수 있는 연속형 심벌로지이며, 수치 데이터는 심벌 문자당 두 자리로 표현한다. 현재 UPC나 EAN 등 데이터의 고밀도 표현을 요하는 여러 분야에서 응용 및 사용되고 있다.

- 시작과 끝 문자, 변동 가능한 길이의 데이터, 바와 스페이스 모두에 대한 캐릭터 패리티, 체크문자, 함수문자 등으로 구성되어 있으며 인쇄가 보다 용이하여 각종 컴퓨터, 프린터에 적당하다.

- Code 128에는 문자집합 선택문자(A, B, C), 전이문자, 기능문자가 모두 특수문자로 존재하며, 한 개의 심벌 안에서 또는 한 개의 코드 부분집합에서 다른 코드의 부분집합으로 변화가 가능하다.

② 2차원 바코드 : 2차원(2D) 심벌로지는 양축(X 방향, Y 방향)으로 데이터를 배열시켜 평면화시킨 것으로서 기존의 1차원(1D) 바코드 심벌이 가지는 문제점인 데이터 표현의 제한성을 보완하기 위해 등장했다.

㉠ 2차원 바코드의 장점

• 하나의 심벌에 대용량의 데이터를 포함시킬 수 있다.

• 심벌이 오염되거나 훼손되어 데이터가 손상되더라도 오류를 검출하여 복원하는 능력이 탁월하다.

• 흑백 엘리먼트가 변에 구속되어 있지 않아 심벌 인쇄 및 판독이 쉽고 판독을 360° 다방향으로 할 수 있다.

• 한국어를 비롯한 모든 외국어 그리고 그래픽 정보까지 표현할 수 있다.

㉡ 2차원 바코드의 종류

• 다층형 바코드 : 1차원 바코드와 같이 개별적으로 인식될 수 있는 몇 개의 문자가 모여 수평방향으로 열(Row)을 구성하며 열안에는 1개 이상의 데이터 문자를 포함하고, 하나의 심벌 안에는 최소 2개 이상의 열을 포함하고 있다. PDF-417, Code 16K, Code 49, Codablock 등이 다층형 바코드에 속한다.

• 매트릭스형(Matrix Code) 바코드 : 정방형의 동일한 폭의 흑백 요소를 모자이크 식으로 배열하여 데이터를 구성하기 때문에 심벌은 체크무늬 형태를 띤다. 이 심벌을 판독하는 스캐너는 각 정방형의 요소가 검은지 흰지를 식별해 내고 이 흑백 요소를 데이터의 비트(Bit)로 삼아서 문자를 구성한다. 이런 단순 구조로 인해 다층형 심벌로지나 선형 심벌로지보다 더 쉽게 인쇄나 판독이 가능하다. Data Matrix, QR code, Maxi code, Codeone code 등이 매트릭스 코드에 속한다.

3. 공통상품코드와 상품코드체계

(1) KAN(Korean Article Number)의 개요

① 한국공통상품 코드로, 국제적인 상황에 맞추어 1988년 EAN에 가입함과 동시에 KAN 코드를 제정하게 되었다.

② KAN은 표준형 13자리와 단축형 8자리의 2가지가 있는데 표준형 코드의 구성은 제조국 코드 3자리, 제조원, 개발원코드 4자리, 상품코드 5자리, 체크문자 1자리로 구성된다. 우리나라의 경우 EAN으로부터 국가번호 코드로 '880'을 부여받았다.

③ 상품품목코드 5자리는 각 상품의 제조업체가 자유롭게 설정하여 관리하며, 체크문자 1자리는 스캐너에 의한 판독 시의 잘못을 검사하기 위한 것으로 사용된다.

④ KAN은 제품에 대한 어떠한 정보도 담고 있지 않으며 KAN을 구성하고 있는 개별 숫자들도 각각의 번호 자체에 어떤 의미도 담고 있지 않다. 다시 말해, KAN은 제품분류의 수단이 아니라 제품식별의 수단으로 사용된다.

(2) KAN의 체계

① 표준형(KAN-13) : 가장 일반적으로 사용되는 형태로 국가식별코드 3자리, 제조업체코드 4자리, 상품품목코드 5자리, 체크디지트 1자리 등 전체 13자리로 구성된 표준코드이다.

참고 KAN코드의 체계(표준형)

구성요소	내용
국가식별코드 (3자리)	• EAN에서 부여받은 국가코드이다. • 우리나라의 국가코드는 '880'이다.
제조업체코드 (4자리)	• 제조업체나 판매원에 부여하는 코드로 각 업체를 식별하는 코드이다. • 한국유통정보센터에서 국내 제조업체에 부여한다. • 공통 상품코드를 관장하는 코드지정기관이 일정한 기준에 의해 제조업체나 수입업자들에게 부여한다.
상품목록코드 (5자리)	각 상품의 제조업체가 개별상품에 자유롭게 부여하여 관리하는 코드이다.
체크디지트 (1자리)	• 하단에 표시된 숫자가 막대모양의 바코드로 올바르게 변환되었는지를 검증하는 숫자이다. • 스캐너에 의한 판독시의 잘못을 검사하기 위한 것이다.

---

② 단축형(KAN-8)

㉠ 국가식별코드 3자리, 단축형 제조업체코드 3자리, 단축형 상품품목코드 1자리, 체크디지트 1자리 등 전체 8자리로 구성된 코드이다.

㉡ KAN-8은 KAN-13 심벌을 인쇄하기에 충분하지 않은 포장면적을 갖는 작은 상품의 경우에만 사용된다.

(3) KAN 바코드 심벌의 특징

① 바코드 심벌은 직사각형의 연속된 하얗고 검은 수직평행 바로 구성되며, 사방에서 여백으로 둘러싸고 흰 바(모듈)는 흰색 바와 밝은 색 바를, 그리고 검은 바는 검은색 바와 어두운색 바를 의미한다.

② 7개 모듈이 조합되어 2개의 검은 바와 2개의 흰 바를 만들며 총 4개 바가 1개의 데이터 캐릭터를 나타낸다.

③ 심벌은 고정식 스캐너가 어느 방향에서나(Omni-Directionary) 판독할 수 있도록 디자인 되어 있고 핸드 스캐너나 펜 스캐너(Pen Scanner)는 양방향(Bi-Directionary)이나 일방향(Uni- Directionary)으로 판독할 수 있다.

(4) KAN의 활용분야

① **소비재 상품** : 현재 주로 식품분야에서 많이 활용되고 있으나 비식품분야인 위생용품, 화장품, 문구, 의류, 서적 등으로 확산되고 있다. 스포츠용품, 신발, 의약, 가전제품, 주방용품, 완구, 카메라, 안경, 시계, 보석, 액세서리 등 일반잡화, 신변용품에 이르기까지 전 소비재 상품에 활용되고 있다.

② **소매업 종합정보시스템** : 초기의 KAN 코드는 판매시점에서 데이터를 수집하고 이를 가공 · 활용하는 판매시점정보관리제도(POS)에서 활용되었으나, 이제는 협의의 POS 시스템에서 POR(매입관리시스템), POM(주문관리시스템) 등과 연계된 소매업 종합정보시스템으로 발전되고 있다.

③ **전자문서교환**(EDI : Electronic Data Interchange) **시스템** : KAN에 기초한 물류용 넘버링과 심벌마킹 시스템의 개발로 물류정보시스템(입하, 출하, 재고 등 제품의 이동정보 파악)의 구축이 용이해졌으며 거래 기업간의 주문, 물품송달, 대금청구 등을 기업의 컴퓨터와 컴퓨터 간에 전자적 메시지로 통신하는 전자문서교환(EDI : Electronic Data Interchange) 시스템이 확산됨에 따라 업계에 활용이 증대되고 있다.

④ **마케팅정보의 창출** : POS 데이터 가공에 의한 마케팅 정보의 창출 등도 KAN 코드의 중요한 활용분야 중의 하나가 되고 있다.

4. 상품코드의 종류

(1) 표준물류 바코드

① **정의** : 물건의 정보를 정보 발생시점에서 자동 판독하여 물건을 제어하고 상품관리 수준을 높이는데 필수불가결한 입력수단이다. KAN 코드가 POS시스템에 의한 단품관리를 목적으로 하기 때문에 물류용 바코드로는 적합하지 않아 KAN 코드를 기본으로 하여 낱개포장의 개수 등과 같은 포장내의 내용정보를 부가하여 고안된 것이 표준물류 바코드와 심벌이다.

참 고 물류식별코드가 의미하는 내용

물류식별코드	의미하는 내용
0	물류단위 내에 서로 다른 소비자 구매단위 상품이 혼합되어 있는 것을 표시
1~7	물류단위 내에 들어있는 상품 개수의 차이를 표시
8	유보(Reserved)
9	추가형(Add-on) 코드가 주 심벌 뒤에 부가되어 있는 것을 표시

② **표준물류코드의 체계**: 14자리로 구성되는 표준물류코드는 EAN-14라고 불리며, 그 체계는 다음과 같이 물류식별코드 1자리, 국가식별코드 3자리, 제조업체코드 4자리, 상품품목코드 5자리, 체크디지트 1자리 등으로 구성된다.

(2) ISBN과 ISSN

① ISBN(International Standard Book Number)

ⓐ 국제 간 서지정보와 서적유통업무의 효율성을 높이기 위해 만들어진 국제표준 도서번호이다.

ⓑ 10자리 숫자로 구성된 바코드 체계로서 출판된 국가, 발행자, 서명식별 번호와 체크디지트(Check Digit)로 구성된다.

ⓒ 우리나라의 국별 식별번호는 89이다.

참고 ISBN 코드체계			
89	M_1, M_2	I_1, I_2, I_3, I_4, I_5	C/D
국별번호	발행자 표시	서명식별번호	Check Digit

ISBN 코드의 EAN 변환(단행본 978, 정기간행물 977)

978	89	M_1, M_2	I_1, I_2, I_3, I_4, I_5	C/D
식별번호(prefix)	국별번호	발행자 표시	서명식별번호	Check Digit

② ISSN(International Standard Serial Number)

ⓐ 국제 간 모든 연속간행물에 국제적으로 표준화된 방법에 따라 부여된 국제표준 연속간행물 번호이다.

ⓑ 8자리 숫자로 구성된 바코드 체계로서 4자리씩 2개 군으로 구성되고 하이픈(-)으로 표시하여 구분한다.

(3) KAN과 ITF의 비교

① KAN

ⓐ 심벌구성에 있어서 KAN 코드가 7개 모듈로 하나의 캐릭터를 표시한다.

ⓑ 바의 폭이 1배부터 4배까지의 4종류가 있어 높은 인쇄정밀도가 요구된다.

② ITF : 인쇄 면적이 넓어지는 결점이 있으나 넓은바, 좁은바 2가지밖에 없어 비교적 조잡한 인쇄환경에서도 인쇄상 큰 문제가 없는 장점이 있다.

참고 KAN과 ITF의 비교		
구분	KAN	ITF
코드자리 수	표준 13자리, 단축 8자리	14자리
사용처	소비자 구매단위(낱개포장)	기업 간 거래단위(집합포장)
응용분야	POS 시스템, EOS 시스템	재고관리, 입출고관리, 선반관리, 분류 등
바의 종류	4종류	2종류

section 2 POS 시스템의 개념 및 활용

1. POS도입과 유통 네트워크

(1) POS시스템의 도입

POS 시스템은 기업 간 경쟁이 치열해지고 소비자의 구조적 변화에 의한 상품서비스의 다양화 등 시장 환경의 변화에 따라 소비자 동향에 대한 신속·정확한 파악의 필요성으로 소스마킹의 보급과 함께 많이 도입되고 있다.

(2) POS 시스템의 유통네트워크화

POS 시스템은 정보취득을 위해 단말기에 부착된 스캐너로 상품에 부착된 상품정보가 담긴 바코드를 읽는다. POS 시스템은 단말기에서 얻은 정보를 근거리통신망(LAN)이나 공중회선을 통해 호스트 컴퓨터로 전송해 제품의 전체적인 정보를 취득할 수 있기 때문에 유통업체에서는 어느 제품이 언제, 어디에서, 얼마나 팔리는가를 파악할 수 있다. 이러한 네트워크화를 통해 얻은 자료는 제품기획부터 마케팅 등에 활용하여 물 흐르듯이 유연하게 상황에 대응할 수 있다.

기출PLUS

기출 2020년 1회

판매시점정보관리시스템(POS)의 설명으로 가장 옳지 않은 것은?

① 물품을 판매한 시점에 정보를 수집한다.
② RFID 기술이 등장함에 따라 상용화되어 도입되기 시작한 시스템이다.
③ 상품이 얼마나 팔렸는가? 어떠한 상품이 팔렸는가? 등의 정보를 수집·저장한다.
④ 개인의 구매실적, 구매성향 등에 관한 정보를 수집·저장한다.
⑤ 업무 처리 속도 증진, 오타 및 오류 방지, 점포의 사무 단순화 등의 단순이익 효과를 얻을 수 있다.

기출 2020년 2회

자기의 수요를 예측하여 해당하는 양을 주문하고자 할 때, 수요정보의 처리과정에서 왜곡현상이 나타날 수 있다. 소비자에게 판매될 시점의 데이터를 실시간으로 수집할 수 있도록 기능을 지원하는 정보기술로 가장 옳은 것은?

① POS(Point Of Sales) 시스템
② IoT(Internet of Things)
③ BYOD(Bring Your Own Device)
④ ONO(Online and Offline)
⑤ JRE(Java Runtime Environment)

＜정답 ②, ①

2. POS 시스템의 개요 ✓자주출제

(1) POS(Point Of Sale)의 정의

POS란 판매시점관리, 즉 구매·판매·배송·재고활동에서 발생하는 각종 정보를 컴퓨터로 보내어 각 부문이 효과적으로 이용할 수 있는 정보로 가공하여 전달하는 정보관리로서, 종전의 금전등록기 기능에 컴퓨터의 단말기 기능을 추가하여 매장의 판매 시점에서 발생하는 정보를 입력하여 최종적으로 컴퓨터로 처리하는 매장정보 시스템이다.

(2) POS 시스템의 목적

POS 시스템은 POS 단말기와 단말기에 상품정보를 오류 없이 신속하게 입력하기 위한 식별방법인 바코드 시스템으로 구성되어 있으며 판매시점에서의 정보관리를 목적으로 하고 있다.

(3) POS 시스템의 개념설정 3단계

① POS 레지스터 단계 : POS를 레지스터(금전등록기 등) 기능에 자동판매 기능을 추가함으로써 인력을 절감하고 고도화·능률화시키는 단계이다.

② 점포관리단계 : 점포 내에서 발생하는 정보를 각종 단말기를 통해 모두 컴퓨터에 입력하게 되면 점포관리는 현저하게 편리성, 신속성, 정확성이 향상된다.

③ 운영관리단계 : 머천다이징 및 마케팅의 기본이 되는 정보입수와 크레디트 관리 및 그 전략적 활용이란 점에서 각 점포의 정보를 집중화하여 경영활동의 의사결정정보로 변환시킨다.

3. POS 시스템 구성기기 ✓자주출제

(1) POS 터미널

POS 터미널은 매장의 계산대마다 설치되어 있는 것으로 금전등록기의 기능 및 통신기능을 갖춘 컴퓨터 본체와 모니터, 그리고 스캐너로 구성되어 있다.

(2) 스캐너

스캐너는 상품에 인쇄된 바코드를 자동으로 판독하는 장치로, 고정스캐너와 핸디스캐너가 있다.

(3) 스토어 컨트롤러

스토어 컨트롤러는 매장의 호스트 컴퓨터로 대용량 PC나 미니컴퓨터가 사용되며, 여기에 상품 마스터 파일이 기록되어 있다.

4. POS시스템의 효과

(1) POS 시스템의 특징

① 단품관리
- ㉠ 상점에 진열되어 있는 각 상품의 판매 및 재고동향을 파악하는 체제로서 상품을 식별하기 위해 정보를 일정한 약속에 따라 코드화(Coding)한다.
- ㉡ 동일규격으로 대량생산되어 판매되는 가공식품 및 잡화 등에 사용되는 바코드와 의류품과 같이 각 상품을 단순히 규정하여 코딩하기 어려운 상품속성을 갖는 상품에 사용되는 OCR 코드가 있다.

② 자동판독
- ㉠ 상품의 포장용기에 표시되어 있는 심벌표시를 스캐너가 광학적인 장치에 의해서 자동적으로 판독하는 방식을 취한다.
- ㉡ POS 터미널에서 상품에 표시된 심벌이나 문자를 스캐너로 판독시키면 고객에게는 영수증이 즉시 발행되고, 점포에는 여러 가지 정보와 자료가 축적된다.

③ 판매시점에서의 정보입력 : POS 정보는 일괄처리방식으로 상품이 판독되어 레지스터를 통과함과 동시에 판매시점에서 입력된다. 즉, 종래의 레지스터에서는 상품정보가 수작업의 사후 처리방식으로 작성되었으나 POS시스템에서는 상품정보가 판매시점에서 즉시처리방식에 의해 작성된다.

④ 정보의 집중관리 : POS 터미널로부터 수집된 정보, 단품별 데이터, 고객정보, 가격 및 매출정보 등은 점포 내 혹은 본부의 컴퓨터에 보내져서 타 부문으로부터 보내어진 정보와 함께 집중적으로 처리되고 분석되어 각종 자료로 가공되어 전략적 의사결정정보로 활용된다.

(2) POS시스템의 효과 ✓자주출제

하드적 장점	소프트적 장점
• 계산원의 생산성 향상	• 품절방지
• 오타 방지	• 잘 안팔리는 상품의 신속한 퇴출과 배제
• 상품명이 기재된 영수증 발행	• 고수익 상품의 조기 파악
• 점포 사무작업의 간소화	• 신상품의 평가
• 가격표 부착작업의 감소	• 판촉에 대한 평가
• 계산원의 부정방지	• 적정한 매가관리
• 고객의 부정방지	

5. POS시스템 도입실무

(1) POS 시스템의 종류와 구성

① POS 시스템의 종류
- ㉠ 업태에 따른 구분 : 백화점용, 슈퍼마켓용, 전문점용, 음식점용으로 구분한다.
- ㉡ 업종에 따른 구분 : 식품 및 잡화형 POS, 의류품형 POS, 크레디트 카드형 및 PLU(Prise Lock Up) POS로 구분한다.
- ㉢ 기능에 따른 구분 : PC POS와 ROM-POS 및 가격을 기준으로 하여 High-end POS와 Low- end POS로 구분한다.

② POS 시스템의 구성
- ㉠ POS 시스템은 크게 본부시스템, 점포서버, POS 터미널로 구성된다.
- ㉡ 중소형 점포에서는 본부시스템과 점포시스템이 통합될 수 있어 이 경우에는 점포서버와 POS 터미널로 구성된다.
- ㉢ POS 터미널은 다시 본체, 영수증 프린트, 키보드, 고객용 표시장치, 조작원용 표시장치를 기본으로 해서 업종에 따라 핸드·고정 스캐너, 컬러모니터, 프린터가 부착된다.
- ㉣ 점포서버와 POS 터미널은 LAN이나 VAN으로 연결되고 있다.

(2) POS 시스템 도입실무

POS 시스템은 판매점에서 수집한 정보를 이용해 제품기획, 판매, 마케팅 등 다양한 분야에 활용할 수 있도록 해 준다. 특히 유통기업의 경우 생산과 유통과정 등의 계획을 통해 관련 업무의 경감과 효율적인 물류업무가 가능하도록 해 주므로 다양한 분야에서 도입하여 운영되고 있다.

section 3 POS 데이터의 분류 및 활용

1. POS데이터의 분류 및 활용

(1) POS데이터의 분류

① 상품 데이터와 고객 데이터

　　㉠ 상품 데이터 : 얼마나 많은 양의 상품이 판매되었는가에 관한 금액자료와, 구체적으로 어떤 상품이 얼마나 팔렸는가에 대한 단품자료로 구분해서 수집 및 분석한다.

　　㉡ 고객 데이터 : 어떤 집단에 속하는 고객인가에 대한 계층자료와 고객 개개인의 구매실적 및 구매성향 등에 관한 개인자료로 구분하여 수정·분석한다.

② 점포 데이터와 패널 데이터

　　㉠ 점포 데이터 : 점포 데이터는 특정 점포에서 팔린 품목, 수량, 가격 그리고 판매시점의 판촉 여부 등에 관한 자료이다.

　　㉡ 패널 데이터 : 패널 데이터는 각 가정단위로 구매한 품목의 수량, 가격 등에 대한 자료이다.

(2) POS데이터의 활용

① 상품정보관리

② 인력관리

③ 재고관리와 자동발주

④ 고객관리

2. POS 시스템을 통해 얻는 정보

① 연월일, 시간대별 데이터 : 연월일, 시간대 등

② 상품코드별 데이터 : 상품코드, 상품명 등

③ 판매실적 데이터 : 판매수량, 판매금액 등

④ 고객별 데이터 : ID, 고객속성 등

⑤ 상권과 점포 및 상품속성, 매장과 매체 및 판촉연출, 기타 : 경합 및 입지조건, 매장면적, 취급상품, 광고자, POP, 특매, 기상 등

기출 2022년 제1회

지역별 점포를 운영하고 있는 유통기업이 사용하는 판매시점관리를 지원하는 POS시스템에서 획득한 데이터의 관리 및 활용에 대한 설명으로 가장 옳지 않은 것은?

① 고객이 제품을 구매한 정보를 관리한다.

② 상품 판매동향을 분석하여 인기제품, 비인기제품을 파악할 수 있다.

③ 타 점포와의 상품 판매동향 비교·분석에 활용할 수 있다.

④ 개인의 구매실적, 구매성향 등에 관한 정보를 관리한다.

⑤ 기회손실(자점취급, 비취급)에 대한 분석은 어렵다.

< 정답 ⑤

⑥ 곤돌라별 데이터 : 점포, 선반위치 등

⑦ 담당자별 데이터 : 매입, 물류, 판매, 체크 담당자 등

⑧ POO와 POR 및 SA 데이터 : 발주, 매입, 재고조사, 계량 등

3. POS 데이터의 수집과 분석

(1) POS시스템으로 수집되는 데이터

데이터 구분	관리목적	데이터의 종류	데이터의 항목
기본 데이터	언제	연, 월, 일 데이터	시간별 데이터
	어디서	점별, 부문별 데이터	점별, 부문별 데이터
	무엇을	상품코드별 데이터	상품코드 / 데이터
	얼마나	판매실적 데이터	판매수량 / 매출액
	누가	고객별 데이터	고객속성
	어떻게	거래, 지불방법	영수증 분석
원인 데이터	왜	상권속성, 점포속성, 상품속성, 매장 연출, 판촉연출 등	경쟁상황, 입지조건, 매장면적, 취급 품목, 경합상황, 광고/POP, 특매행사 등
	어디서	매대별 데이터	점포 / 판매대
	누구에게서	담당자별 데이터	매입, 판매, 물류담당자, 계산원별 데이터
	기타	POS데이터, POR데이터, SA 데이터	발주, 매입, 재고조사 및 계량등

- 자료 : 안광호, 한상린 "유통원론", 학현사, 2005, P223 -

(2) POS 데이터의 분석내용

① 매출분석

② 고객정보 분석

③ 시계열분석

④ 상관관계분석

4. POS 정보의 활용

(1) POS 데이터의 활용단계

① POS로부터 수집 가능한 자료 활용(1단계) : 판매부진상품 솎아내기, 바겐세일 때 최저가격 설정, 판매약진품목 확대, 계산원관리

② POS자료 외 비교적 쉽게 얻을 수 있는 자료와 결합(2단계) : 판촉효과분석, 진열관리(양과 위치)

③ 상품정보와 관련된 타 시스템과 결합(3단계) : 발주, 재고관리(발주권고, 자동발주 CAO)

④ 고객정보와 결합하여 활용(4단계) : 에어리어 마케팅, 고객동향분석

⑤ 경영정보시스템으로 활용(5단계)

(2) POS 데이터 정보의 활용분야 ✔자주출제

활용분야		목적	필요한 가공·분석
상품정보 관리	상품구성 계획	부문별 매출, 매출 총이익 관리, 시간대별 매출관리 등	시간대별 매출분석 등
	상품구색 계획	PB 상품계획, 잘 팔리는 상품과 안 팔리는 상품관리, 신상품의 도입평가 등	PB 상품의 동향분석, ABCZ 분석, 신상품 추세분석 등
	진열관리	페이싱계획, 매장배치계획도	장바구니 분석, 매대(賣臺) 컬러 차트 분석, 프로노그램 분석 등
	발주재고 관리	발주권고, 자동보충발주, 판매량 예측 등	적정발주량 산출, 판매요인 분석 등
	판촉계획	적절한 판촉활동(매체, 라이핑, 기간), 적정매가 등	판촉효과분석, 매가 탄력성 분석, 판매단가·판매량 상관 분석 등
종업원관리		계산원관리, 자금계획의 자동화	계산원별 생산성 분석 등
고객관리		적절한 DM, 서비스 데스크, 지역 마케팅 등	구매빈도분석, 지역별 판매분석, 연령별 판매분석 등

기출 PLUS

기출 2020년 2회

POS(point of sales) 시스템으로부터 획득한 정보에 대한 설명으로 가장 옳지 않은 것은?

① 상품분류체계의 소분류까지 업태별, 지역별 판매금액 구성비

② 상품분류체계의 소분류를 기준으로 해당 단품의 월별 판매금액

③ 품목의 자재 조달, 제조, 유통 채널 이동 이력 관련 정보

④ 품목의 현재 재고정보

⑤ 제조사별 품목별 판매 순위

기출 2022년 1회

지역별 점포를 운영하고 있는 유통기업이 사용하는 판매시점관리를 지원하는 POS시스템에서 획득한 데이터의 관리 및 활용에 대한 설명으로 가장 옳지 않은 것은?

① 고객이 제품을 구매한 정보를 관리한다.

② 상품 판매동향을 분석하여 인기제품, 비인기제품을 파악할 수 있다.

③ 타 점포와의 상품 판매동향 비교·분석에 활용할 수 있다.

④ 개인의 구매실적, 구매성향 등에 관한 정보를 관리한다.

⑤ 기회손실(자점취급, 비취급)에 대한 분석은 어렵다.

◀정답 ③, ⑤

기출PLUS

기출 2022년 1회

RFID 태그에 대한 설명으로 가장 옳지 않은 것은?

① RFID 태그는 QR 코드에 비해 근거리 접촉으로 정보를 확보할 수 있다.
② RFID 태그는 동시 복수 인증이 가능하다.
③ 배터리를 내재한 RFID 태그는 그렇지 않은 태그에 비해 성능이 우월하다.
④ RFID 태그 가격이 지속적으로 하락하고 있어 기업의 유통 및 물류 부분에서의 활용 가능성이 높아지고 있다.
⑤ RFID 태그는 바코드와 비교할 때, 오염에 대한 내구성이 강하다.

기출 2022년 2회

RFID의 특징에 대한 설명으로 가장 옳지 않은 것은?

① 태그는 데이터를 저장하거나 읽어낼 수 있어야 한다.
② 태그는 인식 방향에 관계없이 ID 및 정보 인식이 가능해야 한다.
③ 태그는 직접 접촉을 하지 않아도 자료를 인식할 수 있어야 한다.
④ 태그는 많은 양의 데이터를 보내고, 받을 수 있어야 한다.
⑤ 수동형 태그는 능동형 태그에 비해 일반적으로 데이터를 보다 멀리까지 전송할 수 있다.

〈정답 ①, ⑤

5. RFID ✓자주출제

(1) RFID(무선주파수 식별법 : Radio Frequency IDentification) 시스템

① 바코드, 전파식별유선판독기 등의 인쇄상태나 결점 등을 보완하기 위해 개발되었다.

② 판독기에서 나오는 무선신호를 통해 상품에 부착된 태그를 식별하여 데이터를 호스트로 전송하는 시스템이다.

③ 판독기(Reader), 주파수(Frequency), 태그(Tag, 능동형/수동형)로 구성된다.

④ 특징

ㄱ 기존의 바코드만으로 작업이 이루어지지 않는 환경에 유용하다.

ㄴ 냉온, 습기, 먼지, 열 등의 열악한 환경에서도 판독률이 높다.

ㄷ 태그의 데이터 변경, 추가가 자유롭다.

ㄹ 일시에 다량의 태그를 판독할 수 있다.

⑤ RFID 구축의 구성 요소 : RFID 태그(Tag), RFID 판독기가 필요하다.

(2) RFID와 바코드의 차이

구분	RFID	바코드
정보량	수천 단어	수십 단어
인식방법	무선	광학식
인식거리	최대 100m	최대 수십cm
인식속도	최대 수백개	개별 스캐닝
관리레벨	개개상품(일련번호)	상품그룹
가격	태그 수백원	라벨인쇄 10원 미만

section 4 EDI의 개념 및 활용

1. EDI의 의의 ✓자주출제

(1) EDI(Electronic Data Interchange) 전자문서교환

거래업체 간 상호 합의된 전자문서 표준을 이용하여 인간의 조정을 최소화한 컴퓨터와 컴퓨터 간의 구조화된 데이터 전송을 의미한다.

(2) EDI의 구성요소

① 전자문서표준 : 공통언어인 국제전자문서표준은 UN, EDIFACT이다.

② EDI 소프트웨어 : 전자문서 변환기능, 거래업체 프로필관리, 타 응용 프로그램 간 인터페이스, 통신모듈, 전자문서관리, 데이터 입력모듈, 패스워드에 의한 보안 및 통제기능을 수행 할 수 있는 소프트웨어 개발이 필요하다.

③ 통신과 네트워크 : 전송매체는 전용회선, 공중전화망, 공중정보망, 패킷교환망, VAN 서비스 등이 있다.

(3) EDI의 목적

EDI는 단순히 종이서류를 추방하는 데 있는 것이 아니라, 상품 수주 및 발주에서의 착오를 줄여 물류업무의 효율화를 높이는 데 그 목적이 있다.

2. EDI의 이용효과

(1) EDI의 이용효과

① 거래처와의 협력관계 증진

② 인건비 및 사무처리비용 감소

③ 재고비용 및 기타비용 절감

④ 노동생산성 향상

⑤ 보다 질 좋은 정보이용

⑥ 고객에 대한 신속한 대응

⑦ 유통채널 개선

⑧ 국제 경쟁력 강화

⑨ EDI와 다른 시스템과의 통합

(2) EDI의 문제점

① 주문내용을 변경하는 데 유연성이 떨어진다.

② EDI 도입이 안 된 곳은 서류를 통해 의사소통해야 한다.

③ 여러 부서 사이의 많은 협조가 필요하다.

④ 전송되는 자료에 대한 보안문제가 대두된다.

기출 2022년 1회

아래 글상자의 내용이 설명하고 있는 ㉠에 들어갈 용어로 가장 옳은 것은?

┌ 보기 ┐

– 기업 간의 거래에 관한 데이터(각종 서류양식)를 표준화하여 컴퓨터통신망을 통해 거래 당사자의 컴퓨터 사이에서 직접 전송신호로 주고받도록 지원하는 기술로 최근 클라우드 컴퓨팅 (㉠) 서비스가 등장하였다.

– 클라우드 기반의 (㉠) 서비스 업체인 A사는 코로나19로 인해 온라인 쇼핑몰을 통한 주문량이 폭주하면서 그동안 수작업으로 진행하던 주문 수발주 업무의 실수가 많이 발생하고, 업무 담당자들은 재택 근무를 하면서 업무가 지연되거나 공백이 발생하는 경우가 많아 이런 문제를 보완하기 위해서 본 사의 서비스 도입 문의가 늘어나고 있다고 밝혔다.

① Beacon
② XML
③ O2O
④ EDI
⑤ SaaS

◀정답 ④

EDI 시스템의 사용 이점에 대한 설명으로 가장 옳지 않은 것은?

① 데이터의 입력에 소요되는 시간과 오류를 줄일 수 있다.
② 주문기입 오류로 인해 발생되는 문제점 및 지연을 없앰으로써 데이터 품질을 향상시킨다.
③ 문서 관련 업무를 자동화처리함으로써 직원들은 부가가치업무에 집중할 수 있고 중요한 비즈니스 데이터를 실시간으로 추적할 수 있다.
④ EDI는 세계 도처에 있는 거래당사자와 연계를 촉진시키는 공통의 비즈니스 언어를 제공하기 때문에 새로운 영역 및 시장에 진입을 원활하게 한다.
⑤ EDI는 전자기반 프로세스를 문서기반 프로세스로 대체함으로써 많은 비용을 절약하고 이산화탄소 배출량을 감소시켜 궁극적으로 기업의 사회적 책임을 이행하게 한다.

인터넷에 대한 설명으로 가장 옳지 않은 것은?

① 인터넷은 '정보의 바다'(sea of information)라고도 불리고 있다.
② 인터넷은 중심이 되는 호스트 컴퓨터를 통해 서비스를 제공하고 있다.
③ 인터넷은 컴퓨터 간의 네트워크 연결로 네트워크 위의 네트워크라고 볼 수 있다.
④ 인터넷은 단일 컴퓨터 상에서 이루어졌던 정보처리 업무의 한계를 극복하기 위한 시도에서 출발하였다.
⑤ 인터넷은 전 세계 수많은 컴퓨터들이 TCP/IP(Transmission Control Protocol/Internet Protocol)라는 통신규약으로 연결되어 있는 거대한 컴퓨터 통신망이다.

〈정답 ⑤, ②

3. VAN, Internet, CALS

(1) VAN(Value Added Network)

① VAN(부가가치통신망)의 개념
  ㉠ VAN의 정의 : 회선을 직접 보유하거나 통신사업자의 회선을 임차 또는 이용하여 단순한 전송기능 이상의 정보를 축적하거나 가공·변환처리를 통해 부가가치를 부여한 음성 또는 데이터 정보를 제공해주는 광범위한 복합서비스의 집합이며, 이 같은 사업자를 VAN 사업자라 한다.
  ㉡ VAN의 기능
  • 전송기능
  • 교환기능
  • 통신처리기능 : 접속·제어, 프로토콜·코드 변환, 속도·형식 변환, 미디어 변환, 전자사서함, 동시 다자간 통신, 지정시간 배달
  • 정보처리기능 : 각종 업무처리, 데이터베이스 관리, 고객관리
② VAN의 구성
  ㉠ VAN 센터의 호스트 컴퓨터를 중심으로 보면 네트워크 설비, 네트워크 어플리케이션, 시스템 운용으로 구성된다.
  ㉡ VAN을 통해 수행할 수 있는 구성영역은 금융기관시스템, 물류시스템, 도매시스템, POS 터미널, EOS 터미널, 스토어 터미널, 체인본부 터미널(EOS 터미널과 접속) 등이다.

(2) Internet(인터넷)

① 인터넷(Internet)
  ㉠ 인터넷의 정의 : Inter와 Network의 합성어로 운영체제에 관계없이 전 세계적으로 연결되어 있으며, 다른 네트워크의 임의의 사용자들과 통신할 수 있도록 TCP / IP 방식에 의해 여러 가지 서비스를 제공하는 모든 네트워크의 집합체를 말한다.
  ㉡ 인터넷의 특징
  • 개방성 : 인터넷은 개방된 표준 TCP/ IP를 사용함으로써 개방형 네트워크로 운영되고 있으며, 컴퓨터상에서 자유로운 정보교환이 가능하며, 이용자의 범위도 매우 넓다.
  • 직접성 : 인터넷의 환경적 변화는 그동안 특정 대상을 위주로 행하여 왔으나, 불특정 다수에 대한 정보의 발신과 수신이 가능해졌고, 심지어는 허가받지 않은 개인도 자유로이 상대방에게 직접정보를 발송할 수 있게 되었다.
  • 쌍방향성 : 상호대화식, 쌍방향 서비스가 가능하다는 것이다.

- 경제성 : 인터넷 사용을 위한 전화선, 전용회선 등의 회선 사용료 이외의 각종 정보는 거의 무료로 제공되기 때문에 비용을 절감할 수 있다.

② 인트라넷(Intranet)

㉠ 인트라넷의 정의 : 인터넷의 WWW(World Wide Web;웹) 기술을 그대로 사내 정보 시스템에 이용한 것으로, 기업체 및 연구소 등의 조직 내부의 모든 업무를 인터넷으로 처리할 수 있는 새로운 개념의 네트워크 환경을 말한다.

㉡ 인트라넷의 특징

- 개방형 표준 : 인트라넷은 IETF, W3C 등 공인기관에서 인터넷 공동체를 위해 개발한 개방된 비전용(Non-Proprietary) 표준에 기반하고 있으며, 어떤 특정 벤더에 종속되지 않는다.
- 낮은 교육비용 : 누구나 쉽게 웹을 쓸 수 있다. 웹 브라우저의 사용법을 알게 되기만 하면, 인터넷 상의 어떤 자료에라도 액세스하고 사용할 수 있다.
- 정보 및 애플리케이션에 대한 유니버설 액세스 : Netscape Navigator, Internet Explorer, Oracle Power Browser를 포함하는 모든 웹 브라우저를 이용하여 정보나 애플리케이션에 액세스할 수 있으므로 Windows, Macintosh, UNIX, Network Computer 등 모든 클라이언트로부터의 유니버설 액세스가 가능하다.
- 서비스 정보 시스템 : 각 개인들은 자신이 필요한 정보를 자신이 필요로 할 때 액세스할 수 있다. 정보를 찾고 컴파일하고 해석하기 위해 타인의 도움에 의지할 필요가 없다.
- 낮은 비용의 애플리케이션 전개 및 관리 : 수백 또는 수천에 이르는 데스크 탑에 대해 설치 또는 업그레이드를 해야 하는 클라이언트 / 서버 애플리케이션과 달리 인트라넷 애플리케이션은 보다 저렴하고 간단한 기술력에 근거하여 보통 몇 대의 서버에 설치되므로 전개 및 관리의 비용이 현격하게 줄어든다.

㉢ 인트라넷의 장점

- 소비자의 관점 : 소비자 지원이나 홍보를 위한 홈페이지를 통해 마케팅에 활용하거나 필요한 정보를 얻을 수 있으며, 언제 어디서든 허가된 경로를 통해 시스템에 접근할 수 있게 되어 글로벌 업무체계 구축과 재택근무도 가능해진다.
- 사용자 관점 : 클라이언트를 선택하지 않는다는 것이다. 사실상 웹 브라우저의 표준이라고 할 수 있는 Netscape는 UNIX, 윈도우즈, 매킨토시 등에서 똑같이 동작하고 조작방법도 같다. 이용자는 어느 컴퓨터를 사용하여도 똑같은 방법으로 정보를 볼 수 있으며, 텍스트 정보는 이미지 정보와 음성, 화상도 똑같이 재생할 수 있어 정보의 공유와 접근이 쉽다.
- 개발자 관점 : 기존의 시스템 환경을 이용하여 저렴하게 구현할 수 있으며, 강력한 서버의 성능을 이용할 수 있고, 클라이언트의 부하와 소프트웨어 분배 문제를 해결할 수 있다. 또한 기본 소프트웨어마다 소프트웨어를 개발하지 않고도 정보를 공유할 수 있는 환경을 실현하며, 하드웨어플랫폼이나 운영체계에 관계없이 표준화된 응용업무 개발환경을 제공하고, 개방형 아키텍처로서 확장성과 이식성이 뛰어나며, 손쉽게 인터넷에 연결할 수 있으며, 하이퍼텍스트 기반으로 멀티미디어 정보의 교환이 가능하다는 기술적 장점이 있다.

기출PLUS

기출 2019년 3회
인트라넷의 특징으로 가장 옳지 않은 것은?

① 어떠한 조직 내에 속해 있는 사설 네트워크이다.
② 조직의 정보와 컴퓨팅 자원을 구성원들 간에 서로 공유하도록 지원한다.
③ 개인별 사용자 ID와 암호를 부여하여 인증되지 않은 사용자로부터의 접근을 방지한다.
④ 고객이나 협력사, 공급사와 같은 회사 외부사람들에게 네트워크 접근을 허용한다.
⑤ 공중 인터넷에 접속할 때는 방화벽 서버를 통과한다.

〈정답 ④

아래 글상자의 괄호 안에 공통적으로 들어갈 알맞은 단어는?

┌ 보기 ┐

A몰은 PB 제품을 가진 대형 유통업체이다. 발주 및 재고정보를 제조업체들과 공유함으로서 적절한 재고관리를 가능하게 해주는 ( )을 구축하였다.
( )(으)로 구축된 A몰의 시스템은 재고정보 등 일부 비즈니스 정보들을 승인된 제조업체, 공급업체, 협력업체, 고객 또는 다른 비즈니스 업체들과 안전하게 정보를 공유할 수 있도록 지원한다.

① 인트라넷
② 인터넷
③ 통합프로토콜
④ 엑스트라넷
⑤ 이더넷

‹ 정답 ④

• 기업경영의 관점 : 사용자에게 동일한 인터페이스를 제공함으로써 조직의 표준화와 사무문서의 간소화가 가능하며, 조직 내 광범위한 네트워크가 인터넷 하에서 구축이 가능하므로 신속한 정보의 교환과 업무처리를 기대할 수 있어 스피드 경영을 실현하게 된다.

③ 엑스트라넷(Extranet) ✔자주출제

㉠ 엑스트라넷의 정의 : 인터넷 기술을 사용하여 기업과 고객, 공급업체 및 사업 파트너 등을 네트워크로 연결하여 정보를 공유하는 기업 간 정보시스템을 말한다.

㉡ 엑스트라넷의 특징

• EDI를 사용하여 대량의 데이터를 교환할 수 있다.
• 제품 카탈로그를 도매업자와 폐쇄적으로 공유할 수 있다.
• 다른 회사들과 공동 개발하거나, 교육 프로그램 등을 공동으로 사용할 수 있다.
• 한 회사에 의해 제공되는 접속서비스를 다른 회사들에게 제공할 수 있다.
• 공동 관심사에 관한 뉴스를 협력회사들과 폐쇄적으로 공유할 수 있다.

참고 인터넷, 인트라넷, 엑스트라넷의 비교

구분	인터넷	인트라넷	엑스트라넷
공개유무	공개적	비공개적	반공개적
사용자	제한없음	특정기업(조직) 소속원	고객, 사업상 파트너 등
인프라	사회적인 인프라	기업 내부적인 인프라	기업 외부적인 인프라
활용	• 정보검색 • 정보공유 • 선전, 광고 • 유즈넷	• 기업내 정보 및 자원공유 • 내부 의견교환 • 교육 / 훈련	• 수주 / 발주 • 제품 카탈로그 • 비공개 뉴스그룹 • 공동 프로젝트의 공동관리

(3) CALS(Commerce At Light Speed)

① CALS(광속상거래)란 각국의 국가정보통신망 초고속화 계획과 인터넷 사용의 확산과 더불어 광속과 같은 전자상거래와 기업 통합 및 가상기업이 가능해진 것을 말한다.

② 정보 유통의 혁명을 통해 제조업체의 생산·유통·거래 등 모든 과정을 컴퓨터 망으로 연결하여 자동화·정보화 환경을 구축하고자 하는 첨단 컴퓨터 시스템으로서 설계·개발·구매·생산·유통·물류에 이르기까지 표준화된 모든 정보를 기업 간·국가 간에 공유하도록 하는 정보화 시스템의 방법론이다.

③ 설계, 제조, 유통 과정, 보급, 조달 등 물류 지원 과정을 비즈니스 리엔지어링을 통해 조정하고, 동시 공학적 업무처리 과정으로 연계하여 정보를 디지털화하여 통합 데이터베이스에 저장하고 활용하는 것을 목적으로 한다.

④ CALS의 기대효과
   ㉠ 비용절감 효과
   ㉡ 조직 간의 정보공유 및 신속한 정보전달
   ㉢ 제품생산 소요시간의 단축
   ㉣ 산업정보화에 의한 국제경쟁력 강화
   ㉤ 21세기 정보화 사회로의 조기 진입

section 5 QR의 개념 및 활용

1. QR의 의의

(1) QR(Quick Response) ✔자주출제

① QR(신속대응)은 1980년대 중반 미국의 섬유산업에서 등장하였다. 정보기술을 이용하여 제품의 납기를 단축시키고 상품을 적시에 적량만큼 공급하기 위한 시스템으로 ECR(Efficient Consumer Response)의 모태가 되었다.

② 이러한 전자거래 체제의 구축으로 기업 간의 정보공유를 통한 신속·정확한 납품, 생산 및 유통기간의 단축, 재고의 감축, 반품로스의 감소 등을 실현하기 위한 산업정보화의 체계이다.

(2) QR시스템 구축에 필요한 요소

① 기업의 환경장비 요소 : GSI, EDI, POS 시스템, SCM(공급사슬관리), Roll ID (원료의 속성식별 라벨) 등이 도입되어야 한다.

② 경영자의 결단력 : 경쟁사의 정보를 공유할 수 있는 용기와 초기 투자비용에 대한 경영자의 결단력이 필요하다.

기출PLUS

기출 2018년 2회

신속반응(Quick Response) 시스템의 효과에 대한 설명으로 가장 옳지 않은 것은?

① 소매업자 측면에서는 수익증대와 고객서비스 개선효과를 누릴 수 있다.

② 제조업자 측면에서는 생산 및 수요예측이 용이하고 상품 품절을 방지할 수 있다.

③ 원자재로부터 최종 제품에 이르는 리드타임의 단축과 재고감소가 일어난다.

④ 안전재고가 늘어나 고객서비스가 높아진다.

⑤ 소매업자와 제조업자가 시장변화를 감지할 수 있다.

기출 2020년 3회

아래 글상자의 내용에 부합되는 용어로 가장 옳은 것은?

┌ 보기 ┐
- 시간기반 경쟁의 장점을 성취하기 위해 빠른 대응 시스템을 개발하는 것이다.
- 시스템의 프로세싱 시간이 빨라짐으로서 총 리드타임이 줄어든다는 효과를 내게 된다.
- 베네통의 경우 시장판매정보를 빠르게 피드백하는 유통시스템으로 신속한 대응을 달성하였다.
└─────┘

① RFID
② ECR
③ VMI
④ JIT
⑤ QR

< 정답 ④, ⑤

기출PLUS

기출 2020년 1회

QR(Quick Response)의 효과에 대한 설명으로 가장 옳지 않은 것은?

① 거래업체 간 정보 공유 체제가 구축된다.
② 제품 조달이 매우 빠른 속도로 이루어진다.
③ 고객 참여를 통한 제품 기획이 이루어진다.
④ 제품 공급체인의 효율성을 극대화할 수 있다.
⑤ 제품 재고를 창고에 저장해 미래 수요에 대비하는 데 도움을 제공한다.

기출 2020년 2회

유통업체의 QR 물류시스템(Quick Response Logistics Systems) 도입효과로 가장 옳지 않은 것은?

① 공급사슬에서 효과적인 재고관리를 가능하게 해준다.
② 공급사슬에서 상품의 흐름을 개선한다.
③ 공급사슬에서 정보공유를 통해 제조업체의 효과적인 제품 생산 활동을 지원한다.
④ 공급사슬에서 정보공유를 통해 유통업체의 효과적인 상품 판매를 지원한다.
⑤ 공급사슬에서 제조업의 원재료 공급방식이 풀(pull) 방식에서 푸시(push) 방식으로 개선되었다.

< 정답 ⑤, ⑤

2. QR의 효과 ✔자주출제

(1) QR은 정보기술과 참여기술의 활동을 통해 상품에 대한 소비자들의 반응에 신속히 대처하며 비용을 절감한다는 목표를 두고 있다.

(2) QR 시스템은 상품을 수령하는 데 따른 비용을 줄이고, 업체에서는 즉각적인 고객서비스를 할 수 있어 서비스의 질을 향상시킬 수 있고 업무의 효율성과 소비자의 만족을 극대화시킨다.

(3) QR이 추구하는 목적은 제품개발의 짧은 사이클화를 이룩하고, 소비자의 욕구에 신속대응 하는 정품을, 정량에, 적정가격으로, 적정장소로 유통 시키는 데 있다.

(4) QR은 원자재 조달과 생산 그리고 배송에서 누적 리드타임을 단축시키고 안전재고를 감소시키며, 예측오류를 감소시키는 효과가 있다. 또한 상품 로스율을 감소시킨다.

> **참고** ECR(Efficient Consumer Response)
>
> ECR은 QR의 모태가 되어 개발된 것으로서 미국 슈퍼마켓의 식료품 유통을 개선하기 위해 도입되었다. 주로 효율적인 상품구색 및 재고보충에 중점을 둔다.

3. QR의 성공요건

(1) 인적요소

① 유통채널 업체 간 상호 협력하는 파트너십 구축
② 경영자의 고객 중심 사고로의 전환
③ 소량 다품종 생산을 위한 종업원의 다기능화
④ 생산자, 소비자, 유통업자 등의 이익 공유

(2) 비인적요소

① 생산유통 단계에서의 효율화를 통한 낭비의 제거
② 전자문서교환(EDI), 공동상품코드에 의한 소스마킹, 정보 데이터베이스 등의 정보처리기술의 활용

section 6 발주시스템

1. 발주시스템

(1) 발주점법(정량발주방법)

재고량이 일정수준까지 내려가면 일정량을 주문하여 재고관리를 하는 방식을 말한다. 발주점법은 우선 발주점과 발주량을 결정하여야 한다. 발주점에 도착한 품목만을 자동적으로 발주하면 되기 때문에 관리하기가 매우 쉽고 초보자도 발주업무를 수행할 수 있다. 특징으로는 판매량이 일정한 상품이나 상품의 변질이 없고, 유행을 타지 않으며 항시 공급이 가능한 상품의 경우 이 방법을 쓴다.

(2) 정기발주법

일정한 주기를 미리 정해 놓고 그 시기가 오면 그때 따라 발주량을 계산하여 발주하는 방법으로 여기서는 발주량만 결정하면 된다. 특징으로는 유행성이 강한 상품과 생산이 정기적인 경우이다.

참 고 **정량발주방식과 정기발주방식의 비교** ✓자주출제

항목	발주점법(정량발주방식)	정기발주방식
소비금액	저가의 물품	고가의 물품
재고유지 수준	일정량 재고 유지	더 많은 안전재고 유지
수요예측	과거의 실적이 있으면 수요의 기준이 된다.	특히 필요하다.
발주시기	부정	일정하다.
수주량	고정되어야 한다.	변경가능
품목수	많아도 된다.	적을수록 좋다.
표준성	표준인 편이 좋다.	표준보다 전용부품이 좋다.

(3) Two-Bin 기법

두 개의 상자에 부품을 보관하여 필요 시 하나의 상자에서 계속 부품을 꺼내어 사용하다가 처음 상자가 바닥날 때까지 사용하고 나면, 발주를 시켜 바닥난 상자를 채우는 방식을 말한다. 통상적으로 조달기간 동안에는 나머지 상자에 남겨져 있는 부품으로 충당한다. 또한, 발주점법의 변형인 투-빈 시스템은 주로 저가품에 적용하는데, ABC의 C그룹에 적용되며, 재고수준을 계속 조사할 필요가 없다는 특징이 있다(ABC재고관리 C 그룹은 다수 저액품목으로 이루어지는 제품집단).

(4) 전자주문시스템 EOS(Electronic Ordering System)

EOS는 전자주문시스템 또는 자동발주시스템으로, POS 데이터를 기반으로 하여 제품의 부족분을 컴퓨터가 거래처에 자동으로 주문하면 신속하고 정확하게 해당점 포에 배달해 주는 시스템이다.

(5) APS(Advanced Planning and Scheduling)

① APS의 의의 : APS 시스템의 핵심은 즉시납기산정, 정시납품이다. ERP(Enterprise - Resource Planning)와 통합된 APS 시스템은 제조업체에게 고객의 요구(주문)에 대해 효과적인 생산계획과 관리능력을 부여한다.

② APS의 특징

　㉠ APS는 빠른 계산속도와 정확성을 보장한다.
　㉡ 고객에 대한 고품질의 서비스를 제공한다.
　㉢ APS를 통해 고객의 주문이나 잠재적인 요구를 계획할 수 있다.

③ APS의 효과

　㉠ 제조업체는 고객의 신규주문이나 주문변경이 미치는 영향을 즉시 파악할 수 있다.
　㉡ 현재상황과 정보를 고려하여 실현가능한 출하일자를 계산한다.
　㉢ 제조업체는 실제로 달성할 수 있는 출하일자를 고객에게 즉시 제기할 수 있는 능력을 가진다.
　㉣ 프로세스에서 불확실한 추측이 배제됨으로써 제조업체는 예전에 달성하지 못했던 정시납품을 할 수 있다.

(6) ATP(Available-To-Promise)

① ATP의 의의 : ATP는 Order-Fulfillment-System을 MIMI의 Finite Capacity - Scheduling Module에 직접 연결하며, Business의 실제와 목적을 기본으로 한 위임절차를 자동화하기 위하여 Rule-Base의 Expert System이 사용된다.

② ATP의 효과 : 계획된 재고와 할당되지 않은 Production Capacity를 찾음으로써 대부분의 고객요청을 거의 동시에 자동적으로 만족시킨다.

(7) CRP(Continuous Replenishment Planning ; 지속적 재고보충)

① CRP의 정의
- ㉠ 상품의 소비자수요에 기초하여 유통소매점에 공급하는 Pull 방식에 의한 상품보충방법이며, 거래선 간에 상품이 공급되는 모든 지점에 적용될 수 있는 개념이다.
- ㉡ 재고량, 유통채널 잔존 주문량, 예측 판매량, 재고 수준 등 공급업자와 소매업자의 정보공유로서 상품의 흐름을 통제하고 관리하는 것이다.

② CRP의 효과
- ㉠ 재고수준 및 운영비가 감소한다.
- ㉡ 상품의 보충주기 단축을 통한 다빈도 배송이 가능하다.
- ㉢ Supply Chain에서의 상품의 흐름을 향상 및 통합시킨다.
- ㉣ 소비자수요에 대한 반응이 증대한다.
- ㉤ 거래업체 간에 보다 나은 업무적 협조관계가 구축된다.

2. 공급자 주도형 재고관리

(1) VMI(Vendor Managed Inventory : 공급자 주도형 재고관리) ✅자주출제

① 개념 : VMI는 공급자인 제조업체와 도매업체가 소매업체를 대신해서 소매업의 재고관리를 직접하는 것을 말한다. 즉, 소매업에 의한 발주체제를 없애고 제조업과 도매업에서 소매업의 재고를 관리하는 것이다.

② 필요성 : 소매업 측에서 활용하는 자동보충발주가 제기능을 한다고 하더라도 제조업과 도매업에서는 그 재고가 없거나, 출하하기까지 필요 이상의 시간이 걸려 납기를 지키지 못하는 경우가 있다. 그렇게 되면 상품의 판매가 이루어지지 않게 되고 소매업체나 제조업체 모두 손해를 보게 된다.

③ 효용
- ㉠ 유통업체는 재고관리에 소모되는 인력, 시간 등 비용절감 효과를 기대할 수 있다.
- ㉡ 제조업체는 적정생산 및 납품을 통해 경쟁력을 유지할 수 있다.
- ㉢ 소매업 점포에서 상품의 품절이 감소되어 제품의 매출을 증가시킨다.
- ㉣ 컴퓨터의 발주처리비용이 불필요하고, 상품의 리드타임이 단축되어 재고비가 절감된다.
- ㉤ 소매업으로부터 제품 파이프라인을 거슬러 전송되는 단품별 매상정보를 제조업과 도매업 측에서 시장분석, 상품기획, 단품별 매상예측 등에 이용함으로써 과잉생산 및 과잉재고를 막을 수 있다.

기출PLUS

기출 2022년 1회

다음 사례에서 적용된 기법이 다른 하나는?

① 유통업체의 판매, 재고데이터가 제조업체로 전달되면 제조업체가 유통업체의 물류센터로 제품을 배송

② 전자기기의 모듈을 공장에서 생산한 뒤 선박으로 미국이나 유럽으로 보내고 현지에서 각국의 니즈에 맞게 조립

③ 기본적인 형태의 프린터를 생산한 후 해외주문이 오면 그 나라 언어가 기재된 외관을 조립하여 완성

④ 페인트 공장에서 페인트를 만드는 대신에 페인트 가게에서 고객의 요청에 맞게 페인트와 안료비율을 결정하여 최종 페인트로 완성

⑤ 고객들이 청바지 매장에서 신체치수를 맞춰놓고 가면, 일반 형태의 청바지를 고객치수에 맞게 바느질만 완성하여 제품을 완성시킴

기출 2022년 1회

공급자재고관리(VMI)의 목적으로 가장 옳지 않은 것은?

① 비즈니스 가치 증가
② 고객서비스 향상
③ 재고 정확성의 제고
④ 재고회전율 저하
⑤ 공급자와 구매자의 공급사슬 운영의 원활화

<정답 ①, ④

인스토어마킹(instore marking)과 소스마킹(source marking)에 대한 설명으로 가장 옳은 것은?

① 인스토어마킹은 부패하기 쉬운 농산물에 적용할 수 있다.

② 인스토어마킹을 통해 바코드를 붙이는데 있어, 바코드에는 국가식별코드, 제조업체코드, 상품품목코드, 체크 디지트로 정형화되어 있어, 유통업체가 자유롭게 설정 할 수 없기에 최근 인스토어마킹은 거의 이용되지 않고 있다.

③ 제조업체의 경우 인스토어마킹에 있어, 국제표준화 기구에서 정의한 공통표준코드를 이용한다.

④ 소스마킹은 유통업체 내의 가공센터에서 마킹할 수 있다.

⑤ 소스마킹은 상점 내에서 바코드 프린트를 이용해 바코드 라벨을 출력하기 때문에 추가적인 비용이 발생한다.

소스마킹과 인스토어마킹에 관련된 설명으로 가장 옳지 않은 것은?

① 인스토어마킹은 소분포장, 진열단계에서 마킹이 이루어진다.

② 소스마킹은 생산 및 제품 포장 단계에서 마킹이 이루어진다.

③ 소스마킹은 전 세계적으로 공통 사용이 가능하다.

④ 소스마킹은 과일이나 농산물에 주로 사용된다.

⑤ 인스토어마킹은 원칙적으로 소매업체가 자유롭게 표시한다.

〈 정답 ①, ④

(2) CMI(Co-Managed Inventory : 공동 재고관리)

① 개념 : 전반적인 업무처리의 구조는 VMI와 같은 Process이나, CMI의 경우에는 제조업체와 유통업체 상호 간 제품정보를 공유하고 공동으로 재고관리를 한다.

② VMI와 CMI의 차이 : VMI는 제조업체(공급자)가 발주확정 후 바로 유통업체로 상품배송이 이루어지는 것에 비하여, CMI는 제조업체가 발주확정을 하기 전에 발주권고를 유통업체에게 보내어 상호합의 후 발주확정이 이루어지는 처리를 말한다.

참고 소스마킹 및 인스토어마킹 비교 ✔자주출제

	소스마킹	인스토어 마킹
마킹 장소	생산, 포장단계(제조, 판매원)	가공, 진열단계(점포, 가공센터)
표시 내용	국가식별코드, 제조업체코드, 상품품목코드, 체크디지트	별도의 표준코드체계 설정 (소매업체 자유설정)
대상 상품	잡화, 가공식품 등 통상적으로 공장에서 제조되어지는 제품	생선, 정육, 청과 및 소스마킹이 되지 않는 가공식품 및 잡화류
활용 지역	세계적으로 공통으로 활용 가능	인스토어 마킹을 실시하는 해당 업체에서만 사용이 가능
비용면	제조업체에서 포장지에 직접 인쇄하는 것으로써 인쇄에 의한 추가비용이 거의 없다.	각각의 소매 점포에서 바코드 라벨을 한 장씩 발행해서 일일이 제품에 부착하는 것으로, 부착 작업을 전담할 인원이 필요하다.
포장 이미지	인쇄하기 때문에 모든 색상을 전부 사용할 수 있으므로, 포장지 전체 이미지를 손상하지 않는다.	라벨러 또는 컴퓨터에서 발행되므로 바코드의 색상이 백색 바탕에 흑색 bar만을 활용하여 포장이미지를 손상시킬 우려가 있다.
판독률	포장지에 직접적으로 인쇄되므로 오손이나 지워지는 등의 염려가 없으며, 판독오류도 거의 없지만 포장재, 인쇄방법, 인쇄 색에 따른 주의가 필요하다.	라벨을 제품에 붙이므로 라벨이 떨어질 경우가 있으며, 장기간 지나면 바코드의 흑색 bar가 퇴색되므로 판독 시 오독의 우려가 있다.

01 다음 중 표준물류 바코드의 활용상의 이점으로 잘못된 것은?

① 물류센터 내 실시간 재고파악을 통한 재고관리의 효율화
② 물류센터 내 검품, 거래처별·제품별 소팅(분류), 로케이션 관리의 자동화
③ 수주에서 납품까지의 리드타임 단축
④ 판매단위 중심의 EDI 거래 촉진
⑤ 생산에서 배송까지의 제품이동의 신속·정확화

> **TIPS!**
>
> 표준물류 바코드의 활용상의 이점은 다음과 같다.
> • 물류단위 중심의 EDI 거래 촉진
> • 수주에서 납품까지의 리드타임 단축
> • 생산에서 배송까지의 제품이동의 신속·정확화
> • 물류센터 내 실시간 재고파악을 통한 재고관리의 효율화
> • 물류센터 내 검품, 거래처별·제품별 소팅(분류), 로케이션 관리의 자동화

02 사물인터넷 유형을 올인원 사물인터넷과 애프터마켓형 사물인터넷으로 구분할 경우 보기 중 애프터마켓형 사물인터넷 제품으로 가장 옳은 것은?

① 스마트 TV
② 스마트 지갑
③ 스마트 냉장고
④ 스마트 워치(watch)
⑤ 크롬 캐스트(Chrome Cast)

> **TIPS!**
>
> 사물인터넷 유형
> ㉠ 올인원 사물인터넷 : 완제품의 형태로 스마트 지갑, 스마트 TV, 스마트 카, 스마트 워치, 스마트 안경 등이 있다.
> ㉡ 애프터마켓형 사물인터넷 : 반제품의 형태인 매개물 컨셉이며 크롬캐스트와 같은 동글 등이 있다.

Answer 01.④ 02.⑤

03 아래 글상자에서 설명하는 기술로 옳은 것은?

> ⊙ A사는 행정안전부와 협약을 통해 이 기술을 이용하여 긴급구조 활동에 지원하기로 하였으며, 재난 발생으로 고립된 지역에 의약품 키트를 긴급물품으로 지원하기로 하였다. 독일 제작업체와 합작해 도입한 '○○스카이 도어'이다.
>
> ⓛ B사는 2019년 4월 이것에 대해 미국 FAA로부터 사업허가를 승인받았다. 버지니아와 블랙스버그의 외곽 지역에서 이 기술을 이용하여 기업에서 가점으로 상품을 실어 나르는 상업 서비스를 개시할 수 있게 되었다. 이 승인은 2년간 유효하며, 조종사 1인당 동시에 가능한 조정대수는 최대 5대로 제한되고 위험물질은 실을 수 없다.

① GPS
② 드론
③ 핀테크
④ DASH
⑤ WING

TIPS!
① 미국에서 개발하고 관리하는 위성항법 시스템으로 세계 어느 곳에서든지 인공위성과 통신하여 자신의 위치를 정확히 알 수 있는 시스템이다.
② 실제 조종사가 직접 탑승하지 않고, 지상에서 사전 프로그램된 경로에 따라 자동 또는 반자동으로 날아가는 비행체다.
③ 금융(Finance)과 기술(Technology)의 합성어로, 모바일, 빅데이터, SNS 등의 첨단 정보 기술을 기반으로 한 금융서비스 및 산업의 변화를 통칭한다.
⑤ LG전자가 제조한 안드로이드 기반 패블릿 스마트폰이자 세계 최초의 스위블 스마트폰이다.

04 전자상거래를 이용하는 고객들이 기업에서 발송하는 광고성 메일에 대해 수신거부 의사를 전달하면, 고객들은 광고성 메일을 받지 않을 수 있는데 이를 적절하게 설명하는 용어로 옳은 것은?

① 옵트아웃(opt out)
② 옵트인(opt in)
③ 옵트오버(opt over)
④ 옵트오프(opt off)
⑤ 옵트온(opt on)

TIPS!
옵트아웃 … 정보 소유 당사자가 정보수집을 명시적으로 거부할 때에만 정보수집을 중단하는 블랙리스트 방식의 정보 수집 방식을 의미한다.
옵트인 … 당사자가 개인 데이터 수집을 허용하기 전까지 당사자의 데이터 수집을 금지하는 제도이다.

Answer 03.② 04.①

05 POS(Point of Sale)시스템의 구성기기 중 상품명, 가격, 구입처, 구입가격 등 상품에 관련된 모든 정보가 데이터베이스화되어 있으며, 자동으로 판매파일, 재고파일, 구매파일 등을 갱신하고 기록하여, 추후 각종 통계자료 작성 시에 사용 가능케 하는 기기로 가장 옳은 것은?

① POS 터미널
② 바코드 리더기
③ 바코드 스캐너
④ 본부 주 컴퓨터
⑤ 스토어 컨트롤러

06 바코드 기술과 RFID 기술에 대한 설명으로 옳지 않은 것은?

① 유통업체에서는 바코드 기술을 판매관리에 활용하고 있다.
② 바코드 기술은 핀테크 기술에 결합되어 다양한 모바일 앱에서 활용되고 있다.
③ 바코드 기술을 대체할 기술로는 RFID(Radio Frequency IDentification) 기술이 있다.
④ RFID 기술은 바코드에 비해 구축비용이 저렴하지만, 보안 취약성 때문에 활성화되고 있지 않다.
⑤ RFID 기술은 단품관리에 활용될 수 있다.

07 아래 글상자에서 설명하는 기술로 옳은 것은?

> 인간을 대신하여 수행할 수 있도록 단순 반복적인 업무를 알고리즘화하고 소프트웨어적으로 자동화하는 기술이다. 물리적 로봇이 아닌 소프트웨어 프로그램으로 사람이 하는 규칙기반(rule based) 업무를 기존의 IT 환경에서 동일하게 할 수 있도록 구현하는 것이다. 2014년 이후 글로벌 금융사를 중심으로 확산되었으며, 현재는 다양한 분야에서 일반화되는 추세이다.

① RPA(Robotic Process Automation)
② 비콘(Beacon)
③ 블루투스(Bluetooth)
④ OCR(Optical Character Reader)
⑤ 인공지능(Artificial Intelligence)

> **TIPS!**
> ② 블루투스4.0(BLE) 프로토콜 기반의 근거리 무선통신 장치로 최대 70m 이내의 장치들과 교신할 수 있다.
> ③ 휴대폰, 노트북, 이어폰/헤드폰 등의 휴대기기를 서로 연결해 정보를 교환하는 근거리 무선 기술 표준을 뜻한다.
> ④ 빛을 이용해 문자를 판독하는 장치로 종이에 인쇄되거나 손으로 쓴 문자, 기호, 마크 등에 빛을 비추어 그 반사 광선을 전기 신호로 바꾸어 컴퓨터에 입력하는 장치다.
> ⑤ 인간이 지닌 지적 능력의 일부 또는 전체, 혹은 그렇게 생각되는 능력을 인공적으로 구현한 것을 말한다.

08 QR(Quick Response) 도입으로 얻는 효과로 가장 옳지 않은 것은?

① 기업의 원자재 조달에서부터 상품이 소매점에 진열되기까지 총 리드타임 단축
② 낮은 수준의 재고와 대응시간의 감소가 서로 상충되어 프로세싱 시간 증가
③ 정확한 생산계획에 의한 생산관리로 낮은 수준의 재고 유지 가능
④ 전표 등을 EDI로 처리하여 정확성 및 신속성 향상
⑤ 기업 간 정보공유를 바탕으로 소비동향을 분석, 고객요구를 신속하게 반영하는 것이 가능

> **TIPS!**
> ② QR(Quick Response), 신속대응 시스템은 생산에서부터 판매에 이르기까지의 시장정보를 수집하여 시장상황의 변화에 즉각적으로 대응하는 시스템이다. 이는 제조업자와 공급업자 및 운송업자들이 긴밀한 협조관계를 유지하기 위한 시스템이다.

Answer 07.① 08.②

09 POS(Point of Sale) 시스템에 대한 설명으로 옳지 않은 것은?

① 유통업체에서는 POS 시스템을 도입함으로써 업무처리 속도를 개선하고, 업무에서의 오류를 줄일 수 있다.

② 유통업체에서는 POS 시스템의 데이터를 분석함으로써 중요한 의사결정에 활용할 수 있다.

③ 유통업체에서는 POS 시스템을 통해 얻은 시계열자료를 분석함으로써 판매 상품에 대한 추세 분석을 할 수 있다.

④ 유통업체에서는 POS 시스템을 도입해 특정 상품을 얼마나 판매하였는가에 대한 정보를 얻을 수 있다.

⑤ 고객의 프라이버시 보호를 위해 바코드로 입력된 정보와 고객 정보의 연계를 금지하고 있어 유통업체는 개인 고객의 구매내역을 파악할 수 없다.

⑤ POS의 판매화면에서 등록된 고객의 결제내역을 확인할 수 있다.

10 4차 산업혁명 시대에는 다양한 인공지능 알고리즘을 활용해 혁신적인 유통 솔루션이 개발되고 있다. 유통 솔루션 개발에 활용되는 다음의 알고리즘 중 딥러닝이 아닌 것은?

① CNN(Convolutional Neural Network)

② DBN(Deep Belief Network)

③ RNN(Recurrent Neural Network)

④ LSTM(Long Short–Term Memory)

⑤ GA(Genetic Algorithm)

⑤ 유전 알고리즘은 자연세계의 진화과정에 기초한 계산 모델로서 존 홀랜드에 의해서 1975년에 개발된 전역 최적화 기법으로, 최적화 문제를 해결하는 기법의 하나이다.

※ 딥러닝에는 심층 신경망(DNN), 컨볼루션 신경망(CNN), 순환 신경망(RNN), 제한 볼츠만 머신(RBM), 심층 신뢰 신경망(DBN), 심층 Q-네트워크(Deep Q-Networks) 등 다양한 형태의 수많은 인공신경망 알고리즘이 각각의 장단점을 가지고 활용되고 있다.

Answer 09.⑤ 10.⑤

11 A사는 기업활동에 관련된 내외부자료를 관리 영역별로 각기 수집·저장관리하고 있다. 관리되고 있는 자료를 한 곳에 모아 활용하기 위해서, 자료를 목적에 맞게 적당한 형태로 변환하거나 통합하는 과정을 거쳐야 한다. 수집된 자료를 표준화시키거나 변환하여 목표 저장소에 저장할 수 있도록 도와주는 기술로 가장 옳은 것은?

① ETL(Extract, Transform, Load)

② OLAP(Online Analytical Processing)

③ OLTP(Online Transaction Processing)

④ 정규화(Normalization)

⑤ 플레이크(Flake)

> **TIPS!**
> ① 다양한 원본에서 데이터를 수집하는 데 사용되는 데이터 파이프라인이다. 데이터 수집 후 비즈니스 규칙에 따라 데이터를 변환하고 데이터를 대상 데이터 저장소로 로드한다.
> ② 다차원적 정보를 관련자들이 공유해 빠르게 분석하는 과정을 뜻하며, 이 과정에서 사용되는 도구가 OLAP 툴이다.
> ③ 트랜잭션 지향 애플리케이션을 손쉽게 관리할 수 있도록 도와주는 정보 시스템의 한 계열로서, 일반적으로 데이터 기입 및 트랜잭션 처리를 위해 존재한다.
> ④ 관계형 데이터베이스의 설계에서 중복을 최소화하게 데이터를 구조화하는 프로세스를 의미한다.

12 GS1 표준 식별코드에 대한 설명으로 가장 옳지 않은 것은?

① 식별코드는 숫자나 문자(또는 둘의 조합)의 열로, 사람이나 사물을 식별하는데 활용

② 하나의 상품에 대한 GS1 표준 식별코드는 전 세계적으로 유일

③ A아이스크림(포도맛)에 오렌지맛을 신규상품으로 출시할 경우 고유 식별코드가 부여되어야 함

④ 상품의 체적정보 또는 총중량의 변화가 5% 이하인 경우 고유 식별코드를 부여하지 않음

⑤ 상품 홍보 또는 이벤트를 위해 특정기간을 정하여 판매하는 경우는 고유 식별코드를 부여하지 않음

> **TIPS!**
> ⑤ 상품의 홍보 또는 이벤트를 위해 특정기간 동안 판매하는 경우 상품마다 고유한 상품식별코드가 부여되어야 한다.

Answer 11.① 12.⑤

13 아래 글상자에서 설명하는 인터넷 서비스의 종류로 가장 옳은 것은?

> 네트워크상의 시스템 사용자가 자기 시스템의 자원에 접속하는 것처럼 원격지에 있는 다른 시스템에 접속할 수 있게 지원하는 서비스이다. 세계 어느 지역의 컴퓨터든지 그 컴퓨터가 인터넷에 연결만 되어 있으면 일정한 조건 충족시 시간이나 공간의 제약없이 접속할 수 있다.

① FTP(File Transfer Protocol)
② Gopher
③ Telnet
④ Usenet
⑤ E-Mail

TIPS!
③ 인터넷이나 로컬 영역 네트워크 연결에 쓰이는 네트워크 프로토콜이다.
① 인터넷 망으로 연결된 멀리 떨어져 있는 서버로 파일을 올리거나 가져오기 위해 필요한 일종의 프로토콜이다.
② 인터넷을 위해 고안된 문서 검색 프로토콜이다.
④ 인터넷을 이루는 한가지로, 주로 텍스트 형태의 기사들을 전 세계의 사용자들이 공개된 공간에서 주고 받아 토론할 수 있게 고안된 분산 네트워크이다.

14 RFID 도입에 따른 제조업자 측면에서의 이점으로 가장 옳지 않은 것은?

① 재고 가시성
② 노동 효율성
③ 제품 추적성
④ 주문 사이클 타임의 증가
⑤ 제조자원 이용률의 향상

TIPS!
④ 주문대기시간이 단축되고 전체적인 주문 사이클이 개선된다.

Answer 13.③ 14.④

15 아래 글상자에서 설명하는 유통정보시스템으로 가장 옳은 것은?

> 미국의 패션 어패럴 산업에서 공급망에서의 상품 흐름을 개선하기 위하여 판매업체와 제조업체 사이에서 제품에 대한 정보를 공유함으로써, 제조업체는 보다 효과적으로 원재료를 충원하여 제조하고, 유통함으로써 효율적인 생산과 공급체인 재고량을 최소화시키려는 시스템이다.

① QR(Quick Response)
② ECR(Efficient Consumer Response)
③ VMI(Vendor Management Inventory)
④ CPFR(Collaborative Planning, Forecasting and Replenishment)
⑤ e-프로큐어먼트(e-Procurement)

> **⊙ TIPS!**
> ① 원료공급업체로부터 소매유통에 이르기까지 전체의 유통경로를 정보기술(IT)로 연결하여 업무의 효율성과 소비자의 만족을 극대화하기 위한 시스템이다.

16 POS 시스템에 대한 설명으로 가장 옳지 않은 것은?

① POS 시스템은 유통업체에서 소비자의 상품구매 과정에서 활용되는 판매관리 시스템이다.
② POS 시스템으로부터 얻은 데이터는 유통업체에서 판매전략 수립에 활용된다.
③ POS 시스템에서 바코드의 정보를 인식하는 스캐너(scanner)는 출력장치이다.
④ POS 시스템은 시간별, 주기별, 계절별 상품의 판매 특성을 파악하는데 도움을 제공한다.
⑤ 제조업체는 유통업체로부터 협조를 얻어 POS 시스템으로부터 얻은 데이터를 공유할 수 있고, 이를 통해 제품 제조전략을 수립하는데 도움을 제공한다.

> **⊙ TIPS!**
> ③ POS 시스템에서 바코드의 정보를 인식하는 스캐너(scanner)는 입력장치이다.

Answer 15.① 16.③

17 유통업체가 POS(point of sales)시스템을 도입하여 얻을 수 있는 효과로 가장 옳지 않은 것은?

① 상품 계산을 위해 판매원이 상품정보를 등록하는 시간을 단축하여 고객대기시간 단축 가능

② 판매원의 수작업에 의한 입력 누락, 반복 입력 등과 같은 입력 오류 감소

③ 자동발주시스템(Electronic Order System : EOS)과 연계하여 주문관리, 재고관리, 판매관리의 정보를 통한 경영활동 효율성 확보

④ 신속한 고객 정보의 수집과 관리를 통해 합리적 판촉 전략 수립 및 고객 만족도 개선

⑤ 경쟁 유통업체의 제품 구성 및 판매 동향 분석을 통한 경쟁력 제고

> **TIPS!**
> ⑤ POS 시스템은 쉽게 제품, 상품, 서비스 판매와 관련된 정보를 그 물품이 판매되는 위치와 시간을 수집, 기록하는 시스템을 말하며, 물품에 붙어있는 바코드를 바코드 인식 스캐너 등 자동판독기로 읽어 제조사, 품명, 품목 등 각종 상품정보를 수집하고, 이를 기준으로 매출 동향을 파악할 수 있다.

18 EDI 시스템에 대한 설명으로 가장 옳지 않은 것은?

① EDI 시스템은 데이터를 효율적으로 교환하기 위해 전자 문서표준을 이용해 데이터를 교류하는 시스템이다.

② EDI 시스템은 기존 서류 작업에 비해 문서의 입력 오류를 줄여주는 장점이 있다.

③ EDI 시스템은 국제표준이 아닌, 기업간 상호 협의에 의해 만들어진 규칙을 따른다.

④ EDI 시스템은 종이 문서 없는 업무 환경을 구현해 주는 장점이 있다.

⑤ EDI 시스템은 응용프로그램, 네트워크 소프트웨어, 변환 소프트웨어 등으로 구성된다.

> **TIPS!**
> ③ 표준화된 상거래서식 또는 공공서식을 서로 합의된 표준에 따라 전자문서를 만들어 컴퓨터 및 통신을 매개로 상호 교환한다.

Answer 17.⑤ 18.③

19 QR코드의 장점으로 가장 옳지 않은 것은?

① 작은 공간에도 인쇄할 수 있다.

② 방향에 관계없는 인식능력이 있다.

③ 바코드에 비해 많은 용량의 정보를 저장할 수 있다.

④ 훼손에 강하며 훼손 시 데이터 복원력이 매우 좋다.

⑤ 문자나 그림 등의 이미지가 중첩된 경우에도 인식률이 매우 높다.

20 공급사슬관리를 위한 정보기술로 적절성이 가장 낮은 것은?

① VMI(Vendor Managed Inventory)

② RFID(Radio-Frequency Identification)

③ PBES(Private Branch Exchange Systems)

④ EDI(Electronic Data Interchange)

⑤ CDS(Cross Docking Systems)

Answer 19.⑤ 20.③

21 전자금융거래시 간편결제를 위한 QR코드 결제 표준에 대한 내용으로 가장 옳지 않은 것은?

① 고정형 QR 발급시 별도 위변조 방지 조치(특수필름부착, 잠금장치 설치 등)를 갖추어야 한다.

② 변동형 QR은 보안성 기준을 충족한 앱을 통해 발급하며 위변조 방지를 위해 1분 이내만 발급이 유지되도록 규정한다.

③ 자체 보안기능을 갖추어야 하며 민감한 개인·신용정보 포함을 금지하고 있다.

④ 고정형 QR은 소상공인 등이 QR코드를 발급·출력하여 가맹점에 붙여두고, 소비자가 모바일 앱으로 QR코드를 스캔하여 결제처리하는 방식이다.

⑤ 가맹점주는 가맹점 탈퇴·폐업 즉시 QR코드 파기 후 가맹점 관리자에게 신고해야 한다.

TIPS!

② 변동형 QR은 보안성 기준을 충족한 앱을 통해 발급하며 위변조 방지를 위해 3분 이내만 발급이 유지되도록 규정한다.

22 RFID 시스템의 구성요소에 관한 설명으로 가장 거리가 먼 것은?

① 무선 송수신용 안테나는 정의된 주파수와 프로토콜로 태그에 저장된 데이터를 교환하는 장치이다.

② RFID 리더는 태그로부터 수신된 데이터를 해독하는 장치이다.

③ IC Card는 RFID 태그 내를 구성하는 요소로 정보를 기억하는 중요한 부품이다.

④ 태그는 사물에 부착되어 사물을 인식할 수 있도록 필요한 정보를 저장하고 있는 장치이다.

⑤ 서반트 서버(Savant Server)는 리더에서 수신된 정보를 처리하는 일종의 미들웨어로 리더기와 연결되어 있다.

TIPS!

RFID 태그 내를 구성하는 요소로 정보를 기억하는 중요한 부품은 IC Chip이다.

Answer 21.② 22.③

23 RFID 시스템 구성요소인 리더에 관한 설명 중 가장 옳지 않은 것은?

① 주파수 발신을 제어하고 태그로부터 수신된 데이터를 해독함

② 용도에 따라 고정형과 휴대용으로 구분됨

③ 상품에 부착되며 데이터가 입력되는 IC칩이 내재됨

④ 안테나 및 RF회로, 변/복조기로 구성됨

⑤ 실시간 신호처리 모듈 및 프로토콜 프로세서 탑재

> **TIPS!** --
> 상품에 부착되며 데이터가 입력되는 IC칩이 내재되어 있는 것은 태그(tag)이다. 상품에 부착되는 태그는 IC칩과
> 안테나로 구성되는데 IC칩 안에 정보를 기록하고 안테나를 통해 리더와 교신하여 데이터를 무선으로 리더에 보
> 낸다. 이 정보는 태그가 부착된 대상을 식별하는데 이용된다. 태그는 배터리 내장 유무에 따라 능동형과 수동형
> 으로 구분된다.

24 EDI에 대한 아래의 설명 중에서 가장 옳지 않은 것을 고르면?

① 초기 고정비 투자는 많이 이루어져야 하나 장기적으로 거래비용과 업무처리비용을 줄이는 효과가 있다.

② 제조업체나 유통업체의 입장에서 장기적으로 판매비용과 구매비용을 줄일 수 있다.

③ EOS(electronic ordering system)나 유통 VAN(value-added network)을 이용한 전자수발주업무는 EDI로
 볼 수 없다.

④ 반복되는 거래를 계속하는 대기업의 경우에는 규모의 경제 효과를 가져올 수 있다.

⑤ 거래의 반복화라는 측면에서 보다 발달된 유통경로를 구성하는데 기여하였다.

> **TIPS!** --
> 자동주문시스템인 EOS(electronic ordering system)가 구축되기 위해서는 EDI가 구축되어야 한다. 또한 EDI가
> 구축되기 위해서는 유통 VAN(value-added network)이 있어야 한다.

Answer 23.③ 24.③

25 CAO(Computer Assistant Ordering)를 성공적으로 운영하기 위해서 필요한 요건으로 가장 거리가 먼 것은?

① 유통업체와 제조업체가 규격화된 표준문서를 사용하여야 한다.

② 유통업체와 제조업체간 데이터베이스가 다를 때도 EDI와 같은 통합 소프트웨어를 통한 데이터베이스의 변환은 요구되지 않는다.

③ 유통업체와 제조업체간 컴퓨터 소프트웨어나 하드웨어간 호환성이 결여될 때는 EDI문서를 표준화해야 한다.

④ 제조업체는 유통업체의 구매관리, 상품 정보를 참조하여 상품 보충계획을 파악하고 있어야 한다.

⑤ 유통업체는 제품의 생산과 관련된 정보, 물류관리, 판매 및 재고관리 수준을 파악하고 있어야 한다.

> **TIPS!**
> 유통업체와 제조업체 간 데이터베이스가 다른 경우에는 표준화된 EDI 같은 통합 소프트웨어를 통해 데이터베이스를 변환하여야 한다.

26 다음 중 SSCC의 기능으로 보기 어려운 것은?

① 운송업체의 효율적인 배송

② 수동화에 의한 효율적 입고와 배송

③ 배송단위에 대한 식별

④ 개별적인 배송단위에 대한 추적, 조회

⑤ 재고관리 시스템을 위한 정확한 입고 정보

> **TIPS!**
> SSCC의 기능은 다음과 같다.
> • 개별적인 배송단위에 대한 추적, 조회
> • 재고관리 시스템을 위한 정확한 입고 정보
> • 자동화에 의한 효율적 입고와 배송
> • 운송업체의 효율적인 배송
> • 배송단위에 대한 식별

Answer 25.② 26.②

27 우리나라 공통상품코드에 대한 설명으로 옳지 않은 것은?

① 백화점, 슈퍼마켓 등의 유통업체에서 판매되는 상품에 사용되는 코드이다.

② 제품에 대한 어떠한 정보도 담고 있지 않다.

③ EAN 코드체계를 따르고 있다.

④ 제품식별(Product Identification)의 수단이 아니라 제품분류(Product Classification)의 수단으로 사용한다.

⑤ 우리나라의 국가코드는 '880'이다

> **TIPS!**
>
> 우리나라 공통상품코드는 EAN의 코드체계에 따라 KAN 코드시스템을 사용하고 있으며, 제품분류의 수단이 아니라 제품식별의 수단으로 사용되고 있다.

28 소매업체가 POS(Point Of Sale) 데이터를 활용함으로써 얻게 되는 이점이 아닌 것은?

① 신제품의 개발과 광고의 성공 여부 파악
② 고객 감성동향의 파악
③ 신속 정확한 판매정보에 입각한 판매계획의 과학화
④ 품절방지와 재고수준의 적정화
⑤ 판매실적 데이터 분석

> **TIPS!**
>
> ② POS데이터는 점포데이터와 패널데이터가 있는데, 점포데이터(Store Data)는 특정 점포에서 팔린 품목, 수량, 가격 그리고 판매시점의 판촉 여부 등에 관한 자료이고, 패널데이터(Penel Data)는 각 가정단위로 구매한 품목, 수량, 가격 등에 관한 자료이다. 즉, POS데이터는 상품판매에 관한객관적인 자료이므로 고객의 감성동향과 같은 주관적인 자료는 얻을 수 없다.
>
> ※ POS 시스템의 효과… 계산원의 생산성 향상, 오타 방지, 상품명이 기재된 영수증 발행, 점포 사무작업의 간소화, 가격표의 부착작업의 감소, 계산원의 부정 방지, 고객의 부정 방지, 품절 방지, 잘 안 팔리는 상품의 신속한 퇴출과 배제, 고수익 상품의 조기 파악, 신상품의 평가, 판촉에 대한 평가, 적정한 매가관리 등을 들 수 있다.

Answer 27.④ 28.②

29 판매시점정보관리시스템(POS) 도입의 기본이 되며 유통정보화의 핵심이라고 할 수 있는 것은?

① 인터넷

② 인트라넷

③ E-Mail

④ 바코드

⑤ 엑스트라넷

 **TIPS!**

POS 시스템은 종합정보시스템을 구축하기 위한 시작이며, POS 단말기와 단말기에 상품정보를 오류 없이 신속하게 입력하기 위한 식별방법인 바코드 시스템으로 구성되어 있다.

30 다음 괄호 안에 적합한 말은 무엇인가?

( )란 판매시점관리, 즉 구매, 판매, 배송, 재고활동에서 발생하는 각종 정보를 컴퓨터로 보내어 각 부문이 효과적으로 이용할 수 있는 정보로 가공하여 전달하는 정보관리로서, 종전의 금전등록기 기능에 컴퓨터의 단말기 기능을 추가하여 매장의 판매시점에서 발생하는 정보를 입력하여 최종적으로 컴퓨터로 처리하는 매장정보 시스템을 말한다.

① POS

② VAN

③ LAN

④ 바코드

⑤ CALS

TIPS!

POS 시스템의 개념

㉠ POS(Point Of Sale)의 정의 : POS란 판매시점관리, 즉 구매·판매·배송·재고활동에서 발생하는 각종 정보를 컴퓨터로 보내어 각 부문이 효과적으로 이용할 수 있는 정보로 가공하여 전달하는 정보관리로서, 종전의 금전등록기 기능에 컴퓨터의 단말기 기능을 추가하여 매장의 판매시점에서 발생하는 정보를 입력하여 최종적으로 컴퓨터로 처리하는 매장 정보 시스템을 말한다.

㉡ POS 시스템의 목적 : POS 시스템은 POS 단말기와 단말기에 상품정보를 오류 없이 신속하게 입력하기 위한 식별방법인 바코드 시스템으로 구성되어 있으며 판매시점에서의 정보관리를 목적으로 하고 있다.

Answer 29.④ 30.①

31 다음 중 EDI (Electronic Data Interchange)에 관한 내용으로 보기 어려운 것은?

① 거래업체 간에 상호 합의된 전자문서표준을 이용하여 인간의 조정을 최소화한 컴퓨터의 컴퓨터간의 구조화된 데이터의 전송하는 방식이다.

② 기업의 업무효율을 높인다.

③ 소요시간이 단축되는 특징이 있다.

④ 정확하지만 많은 노동력이 필요하다.

⑤ 국내에서는 1987년에 대우자동차가 미국의 거래선인 GM사와 EDI거래를 시작하면서 처음 도입되었다.

> **TIPS!**
>
> EDI는 소요시간이 단축되고 정확하며 노동력을 절감할 수 있어 기업의 업무효율을 높이는데 기여할 수 있다.

32 POS 시스템을 통해 얻는 정보가 아닌 것은?

① 연월일, 시간대별 데이터 : 연월일, 시간대

② 상품코드별 데이터 : 상품코드, 상품명

③ 판매실적 데이터 : 판매수량, 판매금액

④ 중간상 데이터 : 마진율

⑤ 곤돌라별 데이터 : 점포, 선반위치

> **TIPS!**
>
> POS 시스템을 통해 얻는 정보
> ⊙ 연월일, 시간대별 데이터 : 연월일, 시간대
> ⓒ 상품코드별 데이터 : 상품코드, 상품명
> ⓒ 판매실적 데이터 : 판매수량, 판매금액
> ⓔ 고객별 데이터 : ID, 고객속성
> ⑩ 상권, 점포, 상품속성, 매장, 매체, 판촉연출, 기타 : 경합, 입지조건, 매장면적, 취급상품, 광고자, POP, 특매, 기상
> ⑪ 곤돌라별 데이터 : 점포, 선반위치
> ⊗ 담당자별 데이터 : 매입, 물류, 판매, 체크 담당자
> ⊙ POO, POR, SA 데이터 : 발주, 매입, 재고조사, 계량

Answer 31.④ 32.④

33 다음 보기의 특징을 가지고 있는 시스템은 무엇인가?

> ㉠ 기존의 바코드만으로 작업이 이루어지지 않는 환경에 유용하다.
> ㉡ 냉온, 습기, 먼지, 열 등의 열악한 환경에서도 판독률이 높다.
> ㉢ 태그의 데이터 변경, 추가가 자유롭다.
> ㉣ 일시에 다량의 태그를 판독할 수 있다.

① POS시스템
② 물류정보시스템
③ RFID시스템
④ 인사정보시스템
⑤ 바코드시스템

◉ TIPS!

RFID(무선주파수식별법 ; Radio Frequency IDentification) 시스템
㉠ 바코드, 전파식별유선판독기 등의 인쇄상태나 결점 등을 보완하기 위해 개발되었다.
㉡ 판독기에서 나오는 무선신호를 통해 상품에 부착된 태그를 식별하여 데이터를 호스트로 전송하는 시스템이다.
㉢ 판독기(Reader), 주파수(Frequency), 태그(Tag)로 구성된다.
㉣ 특징
• 기존의 바코드만으로 작업이 이루어지지 않는 환경에 유용하다.
• 냉온, 습기, 먼지, 열 등의 열악한 환경에서도 판독률이 높다.
• 태그의 데이터 변경, 추가가 자유롭다.
• 일시에 다량의 태그를 판독할 수 있다.
㉤ RFID 구축의 구성 요소 : RFID 태그(tag), RFID 판독기가 필요하다.

Answer 33.③

34 EDI의 이용효과가 아닌 것은?

① EDI와 다른 시스템과의 분리   ② 거래처와의 협력관계 증진

③ 인건비 및 사무처리비용 감소   ④ 노동생산성 향상

⑤ 국제 경쟁력 강화

> **TIPS!**
>
> EDI의 이용효과
> ㉠ 거래처와의 협력관계 증진
> ㉡ 인건비 및 사무처리비용 감소
> ㉢ 재고비용 및 기타비용 절감
> ㉣ 노동생산성 향상
> ㉤ 보다 질 좋은 정보이용
> ㉥ 고객에 대한 신속한 대응
> ㉦ 유통채널 개선
> ㉧ 국제 경쟁력 강화
> ㉨ EDI와 다른 시스템과의 통합

35 다음 내용이 설명하는 것은 무엇인가?

> 회선을 직접 보유하거나 통신사업자의 회선을 임차 또는 이용하여 단순한 전송기능 이상의 정보를 축적하거나 가공 · 변환처리를 통해 부가가치를 부여한 음성 또는 데이터 정보를 제공해주는 광범위한 복합서비스의 집합이다.

① VAN   ② LAN

③ VIM   ④ CALS

⑤ POS

> **TIPS!**
>
> VAN(부가가치통신망)의 개념… 회선을 직접 보유하거나 통신사업자의 회선을 임차 또는 이용하여 단순한 전송기능 이상의 정보를 축적하거나 가공, 변환처리를 통해 부가가치를 부여한 음성 또는 데이터 정보를 제공해주는 광범위한 복합서비스의 집합이며, 이 같은 사업자를 VAN 사업자라 한다.

Answer 34.① 35.①

36 다음 내용이 설명하는 것은 무엇인가?

> 정보 유통의 혁명을 통해 제조업체의 생산, 유통, 거래 등 모든 과정을 컴퓨터망으로 연결하여 자동화, 정보화 환경을 구축하고자 하는 첨단 컴퓨터 시스템으로서 설계, 개발, 구매, 생산, 유통, 물류에 이르기까지 표준화된 모든 정보를 기업 간, 국가 간에 공유하도록 하는 정보화 시스템의 방법론이다.

① CALS
② POS
③ VAN
④ LAN
⑤ EOS

TIPS!

CALS(Commerce At Light Speed)
㉠ CALS(광속상거래)란 각국의 국가정보통신망 초고속화 계획과 인터넷 사용의 확산과 더불어 광속과 같은 전자상거래와 기업 통합 및 가상기업이 가능해진 것을 말한다.
㉡ CALS란 정보 유통의 혁명을 통해 제조업체의 생산, 유통, 거래 등 모든 과정을 컴퓨터 망으로 연결하여 자동화, 정보화 환경을 구축하고자 하는 첨단 컴퓨터 시스템으로서 설계, 개발, 구매, 생산, 유통, 물류에 이르기까지 표준화된 모든 정보를 기업 간, 국가 간에 공유하도록 하는 정보화 시스템의 방법론이다.
㉢ 설계, 제조, 유통 과정, 보급, 조달 등 물류 지원 과정을 비즈니스 리엔지어링을 통해 조정하고, 동시공학적 업무처리 과정으로 연계하여 정보를 디지털화하여 통합 데이터 베이스에 저장하고 활용하는 것을 목적으로 한다.

Answer 36.①

37 다음은 정량발주방식과 정기발주방식의 비교표이다.(㉠)과 (㉡)에 들어갈 알맞은 말은?

항목	발주점법(정량발주방식)	정기발주방식
소비금액	(㉠)	(㉡)
재고유지 수준	일정량 재고 유지	더 많은 안전재고 유지
수요예측	과거의 실적이 있으면 수요의 기준이 된다.	특히 필요하다.
발주시기	부정	일정하다.
수주량	고정되어야 한다.	변경가능
품목 수	많아도 된다.	적을수록 좋다.
표준성	표준인 편이 좋다.	표준보다 전용부품이 좋다.

① ㉠ 저가의 물품, ㉡ 고가의 물품
② ㉠ 고가의 물품, ㉡ 저가의 물품
③ ㉠ 중가의 물품, ㉡ 저가의 물품
④ ㉠ 저가의 물품, ㉡ 중가의 물품
⑤ ㉠ 고가의 물품, ㉡ 중가의 물품

⚡ TIPS!

정량발주방식과 정기발주방식의 비교

항목	발주점법(정량발주방식)	정기발주방식
소비금액	저가의 물품	고가의 물품
재고유지 수준	일정량 재고 유지	더 많은 안전재고 유지
수요예측	과거의 실적이 있으면 수요의 기준이 된다.	특히 필요하다.
발주시기	부정	일정하다.
수주량	고정되어야 한다.	변경가능
품목수	많아도 된다.	적을수록 좋다.
표준성	표준인 편이 좋다.	표준보다 전용부품이 좋다.

Answer 37.①

38 VMI(Vendor Managed Inventory ; 공급자 주도형 재고관리)의 효용성과 거리가 먼 것은?

① 유통업체는 재고관리에 소모되는 인력, 시간 등 비용절감 효과를 기대할 수 있다.

② 제조업체는 적정생산 및 납품을 통해 경쟁력을 유지할 수 있다.

③ 소매업 점포에서 상품의 품절이 감소되어 제품의 매출을 증가시킨다.

④ 컴퓨터의 발주처리비용이 불필요하고, 상품의 리드타임이 단축되어 재고비가 절감된다.

⑤ 과잉생산, 과잉재고가 발생할 수 있다.

> **TIPS!**
> 소매업으로부터 제품 파이프라인을 거슬러 전송되는 단품별 매상정보를 조업과 도매업측에서 시장분석, 상품기획, 단품별 매상예측 등에 이용함으로써 과잉생산, 과잉재고를 막을 수 있다

Answer 38.⑤

기출PLUS

기출 2020년 2회

데이터 웨어하우스(Data Warehouse)의 특성으로 옳지 않은 것은?

① 데이터 웨어하우스 내의 데이터는 주제지향적으로 구성되어 있다.
② 데이터 웨어하우스 내의 데이터는 시간의 흐름에 따라 시계열적으로 저장된다.
③ 데이터 웨어하우스 내의 데이터는 거래 및 사건의 흐름에 따라 체계적으로 저장된다.
④ 데이터 웨어하우스는 다양한 정보시스템의 데이터의 통합관리를 지원해준다.
⑤ 데이터 웨어하우스는 데이터 마트(Data Mart)의 하위시스템으로 특정 이용자를 위해 디자인된 특화된 데이터베이스이다.

기출 2020년 3회

아래 글상자의 내용은 인먼(W. H. Inmon)이 정의한 데이터웨어하우징에 대한 개념이다. 괄호에 들어갈 수 있는 단어로 옳지 않은 것은?

┌ 보기 ┐
경영자의 의사결정을 지원하는 (   )이고, (   )이고, (   )이며, (   )인 데이터의 집합
└─────┘

① 통합적(integrated)
② 비휘발성(nonvolatile)
③ 주제 중심적(subject-oriented)
④ 일괄 분석처리 (batch-analytical processing)
⑤ 시간에 따라 변화적 (time-variant)

〈정답 ⑤, ④

section **1** 데이터 웨어하우징

1. 데이터 웨어하우징과 데이터 마이닝

(1) 데이터 웨어하우스 ✔자주출제

① 데이터 웨어하우스의 정의 : 정보검색을 목적으로 구축된 데이터베이스로, 여러 거래시스템으로부터 수집한 데이터를 데이터 검색, 요약 및 분석 등을 지원하기 위하여 정제하고 재구조화 한 것이다.

② 데이터 웨어하우스의 구축효과
  ㉠ 운영시스템을 보호한다.
  ㉡ 사용자 질의에 신속하게 응답할 수 있다.
  ㉢ 여러 시스템에 산재된 데이터들을 웨어하우스로 취합 및 통합하므로 사용자는 필요로 하는 데이터를 쉽게 가져다가 사용할 수 있다.
  ㉣ 데이터를 웨어하우스로 옮겨오기 전에 정제 및 검증과정을 거쳐야 하므로 사용자는 양질의 데이터를 사용할 수 있다.

③ 데이터 웨어하우스의 특징
  ㉠ 주제지향성(Subject Oriented) : 데이터 웨어하우스 내의 데이터는 일정한 주제별 구성을 필요로 한다.
  ㉡ 통합성(Integrated) : 데이터 웨어하우스 내의 데이터는 고도로 통합되어야만 한다.
  ㉢ 비휘발성(Non-volatile) : 데이터 웨어하우스는 두 가지 오퍼레이션(operation)을 갖는다. 하나는 데이터를 로딩(Loading)하는 것이고, 다른 하나는 데이터를 읽는 것, 즉 액세스 하는 것이다.
  ㉣ 시계열성(Time Variant) : 데이터 웨어하우스의 데이터는 일정한 시간동안의 데이터를 대변한다.

(2) 데이터 마트

① 데이터 마트의 정의 : 데이터를 유연하게 액세스 할 수 있도록 구축된 다차원 데이터베이스 관리 시스템으로써 다양한 방법으로 데이터를 분류할 수 있도록 하고 상세한 데이터 간의 관계를 동적으로 찾아서 매우 유연하게 데이터에 접근하도록 하는 정보시스템 구조이다.

② 데이터 마트와 데이터 웨어하우스의 차이점

구분	데이터 마트	데이터 웨어하우스
목표	특화된 분석지원	잠재적인 모든 유형의 질의에 대처
질의 유형	읽기 / 쓰기	읽기
응답속도	일관성, 신속성	질의 유형에 따라 가변적
자료구조	다차원적, 계층적	비정규화, 평면적
데이터량	대량, 상세	초대량, 매우 상세

(3) 데이터 웨어하우징

① 데이터 웨어하우징의 의미 : 기업정보를 최종사용자가 신속한 의사결정을 할 수 있도록 흩어져 있는 방대한 양의 데이터에 쉽게 접근하고 이를 활용할 수 있게 하는 기술을 말한다.

② 데이터 웨어하우징의 활용 : 상황변화에 따른 신속한 의사결정이 필요하고 대량의 운용 데이터가 발생하는 분야에서 과거 및 현재의 데이터 분석을 통해 시장변화와 미래예측까지도 가능 하다.

③ 데이터 웨어하우징의 구성 : 데이터 웨어하우징의 구성요소는 기존 데이터의 변환·추출·통합과정, 데이터 웨어하우스에 로딩 관리과정, 미들웨어, 사용자들의 액세스 과정으로 구성되어있다.

(4) 데이터 마이닝 ✅자주출제

① 데이터 마이닝의 의미 : 데이터 마이닝은 대용량의 데이터베이스로부터 과거에는 찾아내지 못했던 데이터 모델을 새로이 발견하여 실행 가능한 유용한 지식을 추출해내는 과정을 의미한다. 이렇게 찾아낸 지식은 의사결정에 매우 유용하게 이용된다.

② 데이터 마이닝 프로세스 : 데이터 추출→데이터 탐색→데이터 교정→모형화 단계→모형 평가

③ 데이터 마이닝 기법 : 전통적 통계기법인 연관규칙 분석이나, 순차적 패턴 분석 같은 군집 분석 등이 있으며, 의사결정나무 모형이나 전문가시스템 모형이 있고, 신경망과 같은 인공지능형이 있다.

기출 PLUS

기출 2021년 제3회
데이터마이닝에서 사용하는 기법과 그에 대한 설명으로 가장 옳지 않은 것은?

① 추정 – 연속형이나 수치형으로 그 결과를 규정, 알려지지 않은 변수들의 값을 추측하여 결정하는 기법
② 분류 – 범주형 자료이거나 이산형 자료일 때 주로 사용하며, 이미 정의된 집단으로 구분하여 분석하는 기법
③ 군집화 – 기존의 정의된 집단을 기준으로 구분하고 이와 유사한 자료를 모으고, 분석하는 기법
④ 유사통합 – 데이터로부터 규칙을 만들어내는 것으로 어떠한 것들이 함께 발생하는지에 대해 결정하는 기법
⑤ 예측 – 미래의 행동이나 미래 추정치의 예측에 따라 구분되는 것으로 분류나 추정과 유사기법

〈정답 ③

POINT OLAP와 OLTP

구분	내용
OLAP	OLAP(Online Analytical Processing)는 최종 사용자가 다차원 정보에 직접 접근하여 대화식으로 정보를 분석하고 의사결정에 활용하는 것을 말한다.
OLTP	OLTP(Online Transaction Processing)는 온라인 업무의 처리 형태로서 터미널에서 받은 메시지를 따라 호스트가 처리를 하고, 그 결과를 다시 터미널에 되돌려주는 방법을 말한다.

(5) 웹 마이닝(Web mining)

① 웹 마이닝의 의미 : 인터넷상에서 수집된 정보를 기존의 데이터 마이닝 방법으로 분석 통합하는 것을 의미한다. 웹상에서 존재하는 고객 신상정보, 구매기록, 장바구니 정보 등의 데이터를 대상으로 웹 데이터간의 상관관계를 밝혀내고, 웹 사용자의 의미 있는 접속행위 패턴을 발견하는 방법이다.

② 웹 마이닝의 구분 : 웹 마이닝은 웹콘텐츠마이닝, 웹구조마이닝, 웹사용마이닝 등으로 분류해 볼 수 있다.

③ 웹 마이닝의 분석대상 : 웹마이닝의 분석 대상인 로그파일은 Access log, Refferer log, Agent log, Error log 등이 있다.

POINT 패킷스니핑(Packet Sniffing)
해킹공격 시 네트워크에서 주고받는 패킷데이터에 담긴 사용자의 로그인 정보를 빼내는 방법으로, 이러한 방법을 응용하여 사용자 분석을 위한 패킷데이터에 담긴 방문자의 트랜잭션을 수집하여 분석함으로써 실시간 정보수집 및 분석이 가능하다.

2. 데이터 웨어하우징의 필요성과 특징

(1) 데이터 웨어하우징의 필요성

① 데이터 웨어하우스를 이용함으로써 고객들의 구매동향, 신제품에 대한 반응도, 제품별 수익률 등 세밀한 마케팅 정보를 얻을 수 있다.

② 데이터의 가치를 높이기 위해 데이터를 분석하여 회사의 의사결정자들에게 제공함으로써 정확한 의사결정을 할 수 있도록 한 것이 데이터 웨어하우스이다.

(2) 데이터 웨어하우징의 특징

① 주체 중심적 구조, 비 갱신성, 통합된 내용, 시간에 따라 변화되는 값의 유지 등

② 데이터 분석가들은 특정 고객을 위한 판매촉진방법의 기획부터 매출 증대를 위한 점포 내의 상품진열 등에 관한 의사결정을 위해 데이터 웨어하우스로부터 정보를 끌어내는 다양한 과정을 사용한다. 데이터 웨어하우징을 통해 상황변화에 따른 신속한 의사결정이 필요하고 대량의 운용 데이터가 발생하는 분야에서 과거 및 현재의 데이터 분석을 통해 시장변화와 미래예측까지도 가능하다.

---

section 2 고객충성도 프로그램

1. 고객충성도 프로그램의 개념과 필요성 ✓자주출제

(1) 고객충성도(Customer Loyalty Program)의 일반적 정의

고객충성도는 고객의 동일한 브랜드에 대한 재구매를 의미하는 순환작용이다. 즉, 지속적인 재구매의 의도와 심리적인 측면 충성도로서, 고객만족도보다는 좀 더 지속적이고 역동적인 개념이다.

(2) 고객만족도와의 관계

① **고객만족도의 의의** : 고객만족도는 생산품, 소비의 경험, 구매결정경험, 판매자, 상점, 제품이나 서비스에 대한 소비자의 태도, 사전 구매경험 등의 관점에서 본 고객의 기대에 대한 성취도를 의미한다.

② **고객충성도와의 관계** : 기존에는 고객만족도로 기업의 마케팅을 평가했으나 단순한 만족만으로는 마케팅의 효과측정이 불충분하여 고객충성도 개념이 등장하게 되었다.

(3) 고객충성도 프로그램

고객충성도 프로그램(고객충성도 전략 ; 고객유지 전략)은 일반적으로 제품 10개를 구입하면 추가로 1개를 더 주는 것을 의미한다. 즉, 고객의 상품구매 의욕을 높이고, 이로써 기업의 매출액을 증가시키는 고객유지 전략이다.

① **내용**
  ㉠ **최우수고객의 인식**
    • 의의 : 기업의 매출에 영향을 주는 구매빈도가 높은 몇몇의 우수고객을 인식하는 것이다. 이로써 이들을 대상으로 하는 개별적이고 현실적인 마케팅 전략이 고객충성도 프로그램인 것이다.
    • 대상 : 고급 대인 서비스업에 효과적이다.

기출 PLUS

기출 2020년 1회
고객충성도 프로그램에 대한 설명으로 가장 옳지 않은 것은?

① 충성도 프로그램으로는 마일리지 프로그램과 우수고객 우대 프로그램 등이 있다.
② 충성도에는 행동적 충성도와 태도적 충성도가 있다.
③ 충성도 프로그램은 단기적 측면보다는 장기적 측면에서 운영되어야 유통업체가 고객경쟁력을 확보할 수 있다.
④ 충성도 프로그램을 운영하는데 있어, 우수고객을 우대하는 것이 바람직하다.
⑤ 충성도 프로그램 운영에 있어 비금전적 혜택 보다는 금전적 혜택을 제공하는 것이 유통업체측면에서 보다 효율적이다.

< 정답 ⑤

• 고객 최우선 마케팅 : 대표적인 최우수고객 인식의 예로, 고객의 이익을 최우 선으로 하는 것이 고객 최우선 마케팅이다. 그러나 이 전략은 최우수고객 이 하의 고객에게 적용하는 데는 무리가 있으므로 현실적이지 못하다.

ⓛ 우수고객 보상프로그램의 적용

• 의의 : 대부분의 대기업들이 줄어드는 고객을 확보하기 위해 손쉽게 쓸 수 있 는 방법이 우수 고객 보상프로그램이다.

• 효과 : 단기적으로는 효과를 볼 수 있으나 장기적으로 보면 큰 효과가 없다. 경쟁업체가 따라 하기 쉽고 고객에게는 저렴한 마케팅 판촉으로 보일 수 있 다. 장기적으로 고객의 충성도를 높이는 방법은 신규고객 유치를 위해 가격을 인하하는 것과 다르지 않다.

• 마일리지 프로그램 : 고객충성도를 높이는 대표적인 방법으로, 마일리지가 축 적될수록 보상이 커지기 때문에 고객의 충성도를 높이는 데 아주 효과적인 방법이다.

ⓒ 품질향상 전략

• 고객충성도를 위해 가장 필요한 것이 고객만족도를 높이는 것이다.

• 고객만족도의 가장 기본적인 바탕이 되는 것이 제품의 품질향상이다.

• 품질의 향상은 기업이 장기적으로 고객을 유지하는 필수조건이다.

ⓔ 고객과의 협력관계 유지

• 가장 효과적인 고객유지 전략은 고객의 필요에 따라 맞춤서비스를 제공하는 것이다.

• 고객과 기업의 협력관계를 통해 고객은 받고 싶은 서비스를 회사에 전달하고, 회사는 고객의 구체적인 요구사항에 따라 서비스나 제품을 제공하는 맞춤서 비스이다.

• 고객은 회사의 서비스나 제품에 만족하게 되고 고객충성도가 높아진다.

• 각 고객으로부터 피드백을 받아 맞춤제품과 서비스를 제공한다.

ⓜ 구체적 방법 : 우수고객 마일리지 프로그램, 라운지 프로그램, 특수 그룹 또 는 직원의 사기 앙양 프로그램, 맞춤형 고객관계관리를 통한 선별적 마케팅

2. 고객충성도 프로그램을 위한 정보기술

(1) CRM 개요 ✔자주출제

① 개념 : CRM(고객관계관리 : Customer Relationship Management)은 선별된 고 객으로부터 수익을 창출하고 고객관리를 가능케 하는 고객관계 마케팅을 말한 다. 즉, 고객과 관련된 기업의 내·외부 자료를 분석, 통합하여 고객의 특성에 기초한 마케팅활동을 계획하고 지원, 평가하는 과정으로, 궁극적 목표를 고객 충성도 강화에 두고 있다.

② 목적 : CRM의 목적은 고객유지(Customer Re-tention)이다. 신규고객을 확보

하는 비용이 기존 고객을 유지하는 비용보다 평균적으로 5배가 더 들기 때문에 고객유지에 중점을 두는 전략이다.

③ 필요성 : 유통환경 변화에 따른 고객의 권한증대, 기업의 전략적 변화의 필요성, 점점 더 치열해지는 가격경쟁 등으로 기업이 지속적인 영업이익을 추구하기 위해서는 기존 고객을 유지하는 전략이 필요하다.

(2) 프로세스의 관점에 따른 CRM의 분류

① 분석적(analytical) CRM : 고객에 대한 자료를 추출하고 분석하여, 이 같은 정보를 마케팅, 서비스, 판매 등에 활용하는 것을 말한다. 분석적 CRM의 핵심기술은 웹 마이닝이다.

② 운영적(operational) CRM : 고객접점, 채널, 프론트 오피스와 백 오피스의 통합, 즉 수평적으로 통합된 업무의 운영과정을 자동화하는 것이다.

③ 협업적(collaborative) CRM : 분석적 CRM과 운영적 CRM의 통합을 의미하는 것으로, 고객과 기업 간의 상호작용을 촉진하기 위한 서비스, 즉 메일링, 전자 커뮤니티, 개인화된 인쇄 등 협업적 서비스의 적용이다.

(3) CRM의 활용방안

CRM을 활용하기 위해서는 고객통합 데이터베이스가 구축되어야 하며, 고객 특성을 분석하기 위한 데이터 마이닝 도구가 준비되어야 한다. CRM은 고객, 정보, 사내 프로세스, 전략, 조직 등 경영전반에 걸친 관리체계이며 이를 정보기술이 뒷받침하여 구성하는 것이다.

① 고객관계 측면
   ㉠ 기존의 고객데이터를 기반으로 하여, 기업에 이익이 되는 고객을 대상으로 관계를 지속할 수 있는 전략을 마련한다.
   ㉡ 고객의 장기적인 관계강화를 위한 고객관여도와 충성도를 높이는 전략을 강구한다.
   ㉢ 고객의 구매패턴을 파악하고, 적절한 구매시점을 발견해 구매정보를 제공한다.
   ㉣ 고객의 이탈을 방지하고 이탈고객을 회귀하기 위한 서비스전략이 필요하다.

② 업무 측면 : 마케팅 및 영업 전략을 강화하고, 한 차원 높은 고객서비스를 통해 고객만족을 꾀한다.

기출PLUS

기출 2023년 제3회

기업이 e-공급망 관리(e-SCM)를 통해 얻을 수 있는 효과로 가장 옳지 않은 것은?

① 고객의 욕구변화에 더욱 신속하게 대응하게 되고 고객만족도가 증가한다.
② 공급자와 구매자 간의 정보공유로 필요한 물량을 자동으로 보충해서 재고감축이 가능하다.
③ 거래 및 투자비용을 절감할 수 있다.
④ 공급망 자동화를 통해 전체 주문 이행 사이클 타임의 단축이 가능하다.
⑤ 구매자의 데이터를 분석하여 그들의 개별 니즈를 충족시킬 수 있는 표준화된 서비스 제공이 가능해졌다.

3. e-CRM

(1) e-CRM의 의미

기존 CRM에 인터넷이 결합된 것으로, e-CRM에서 인터넷은 고객정보를 수집하는 또 하나의 경로이면서 마케팅을 펼치는 수단이 된다. 또한 인터넷 기반의 정보시스템을 활용하여 고객관계관리를 강화함으로써 고객의 충성도를 높이고 긍정적으로 기업의 성장을 도모하는 것으로 정의할 수 있다.

(2) e-CRM의 도입으로 인한 효과

① 고객만족 수준 증가

② 기업 운영비용의 감소

③ 기업 영업수익의 증가

section 3 e-SCM

1. e-SCM 구축을 위한 기반기술

(1) e-SCM(e-Supply Chain Management, e-공급사슬관리)

웹을 활용하여 공급자, 유통 채널 소매업자, 고객과 관련된 물자, 정보, 자금 등의 흐름을 효율적이고 신속하게 관리하는 전략적 기법. 기존 공급사슬관리(SCM) 관련 기술들이 웹상에서도 기능을 수행할 수 있도록 하는 것이 바로 e-SCM의 개념이다. 공급자로부터 고객까지의 공급사슬상의 물자, 정보, 자금 등을 인터넷을 포함한 각종 디지털 기술을 활용하여 총체적인 관점에서 통합 관리함으로써 e-비지니스 수행과 관련된 공급자, 고객, 기업 내부의 다양한 욕구를 만족시키고 업무의 효율성을 극대화시킨다.

(2) e-SCM의 기대효과

① 수량 · 장소 · 시간변경으로 인한 사고의 예방

② 원자재 · 시간 · 인력 등에서의 낭비요인 제거

③ 실시간 조달

④ 거래 · 투자비용의 최소화

〈정답 ⑤

⑤ 고객에게 맞춤서비스 제공

⑥ 리드타임의 단축

⑦ 수평적 사업 기회의 확대

2. e-SCM 구축을 위한 정보시스템 ✓자주출제

(1) CRP(Continuous Replenishment Programs) 지속적 상품보충

지속적인 상품보충은 유통공급 망 내의 주문량에 근거한 상품의 판매 데이터를 근거로 하여 적절한 양을 항시 보충해주는 시스템으로, 경로구성원 간의 정보공유에 의해 공급자가 공급 시점과 양을 결정하는 방식이다.

(2) CAO(Computer Assisted Ordering) 자동발주시스템

자동발주시스템은 유통소매점포의 POS시스템을 기반으로 하여 재고가 소매 점포에서 설정한 기준치 이하로 떨어지면 자동으로 보충주문이 발생되도록 구축한 시스템이다.

(3) ERP(Enterprise Resource Planning) 전사적 자원관리

전사적 자원관리는 급변하는 경영환경의 변화와 정보기술의 변화에 대응하기 위해 최신의 정보 기술과 선진 프로세스를 결합하여 기업의 구조 및 업무처리방식에 혁신을 가져오고, 기업의 전체 정보시스템을 통합하기 위한 시스템이다. ERP시스템은 영업·생산·구매·회계·자재·인사 등 회사 내의 모든 업무를 정보기술자원을 활용하여 동시에 통합·처리하여 정보를 실시간적으로 공유할 수 있다.

(4) WMS(Warehouse Managemant System) 창고관리시스템

WMS는 실시간으로 전사적 입장에서 재고파악과 시장요구에 대응하기 위하여 효율적으로 창고활동을 관리하는 데 사용되는 창고관리 시스템이다.

(5) DPS(Digital Picking System)

DPS는 피킹할 물품을 컴퓨터와 디지털 표시기에 의해 작업 전표 없이 피킹 할 수 있는 시스템으로서, 다품종 소량, 다빈도 피킹 및 분배업무에 필수적인 시스템이다.

기출 PLUS

기출 2018년 2회

CAO(Computer Assistant Ordering)를 성공적으로 운영하기 위해서 필요한 조건으로 가장 옳지 않은 것은?

① 유통업체와 제조업체가 규격화된 표준문서를 사용하여야 한다.
② 유통업체와 제조업체 간 데이터베이스가 다를 때도 EDI와 같은 통합 소프트웨어를 통한 데이터베이스의 변환은 요구되지 않는다.
③ 유통업체와 제조업체 간 컴퓨터 소프트웨어나 하드웨어 간 호환성이 결여될 때는 EDI문서를 표준화해야 한다.
④ 제조업체는 유통업체의 구매관리, 상품 정보를 참조하여 상품 보충계획 수립을 파악하고 있어야 한다.
⑤ 유통업체는 제품의 생산과 관련된 정보, 물류관리, 판매 및 재고관리 수준을 파악하고 있어야 한다.

기출 2022년 1회

재무, 생산소요계획, 인적자원, 주문충족 등 기업의 전반적인 업무 프로세스를 통합·관리하여 정보를 공유함으로써 효율적인 업무처리가 가능하게 하는 경영기법으로 가장 옳은 것은?

① 리엔지니어링
② 식스시그마
③ 아웃소싱
④ 벤치마킹
⑤ 전사적자원관리

◀정답 ②, ⑤

SCOR모델의 성과측정요소에 대한 설명으로 가장 옳지 않은 것은?

① 성과측정 항목 중 대표적인 비용은 공급사슬관리비용, 상품판매비용 등이다.
② 내부적 관점은 고객의 측면, 외부적 관점은 기업측면에서의 성과측정 항목을 지칭한다.
③ 외부적 관점의 성과측정 항목으로는 유연성, 반응성, 신뢰성 등이 있다.
④ 공급사슬의 반응시간, 생산 유연성 등은 외부적 관점 중 유연성 측정항목의 요소이다.
⑤ 공급재고 일수, 현금순환 사이클 타임, 자산 회전 등은 자산에 대한 성과측정 항목의 요소이다.

공급사슬관리 성과측정을 위한 SCOR(supply chain operation reference) 모델은 아래 글상자의 내용과 같이 5가지의 기본관리 프로세스로 구성되어 지는데 이 중 ㉠에 해당되는 내용으로 가장 옳은 것은?

┌─ 보기 ─────────┐
│ 계획 - 조달 - (㉠) - 인도 - 반환 │
└──────────────┘

① 제품 반송과 관련된 프로세스
② 재화 및 용역을 조달하는 프로세스
③ 완성된 재화나 용역을 제공하는 프로세스
④ 조달된 재화 및 용역을 완성 단계로 변환하는 프로세스
⑤ 비즈니스 목표 달성을 위한 수요와 공급의 균형을 맞추는 프로세스

〈정답 ②, ④

3. e-SCM 구축 및 활용의 성과측정 ✔자주출제

SCOR(Supply Chain Operations Reference)은 SCC(Supply Chain Council)에 의해 정립된 공급 사슬 프로세스의 모든 범위와 단계를 포괄하는 참조 모델로 공급사슬의 회사 내부의 기능과 회사 간 공급사슬 파트너 사이의 의사소통을 위한 언어로써 공통의 공급사슬 경영 프로세스를 정의하고 "최상의 실행(Best Practices)", 수행 데이터 비교, 최적의 지원 IT를 적용하기 위한 표준이다. 이는 부문과 부문, 기업과 기업을 연결하는 공급사슬에 계획, 관리, 실행의 전체효과를 높이려는 사고로 실제로는 각각의 기업들이 제각기 다른 업무 프로세스나 업적/측정 지표를 갖고 있더라도 전체의 효율을 위해 SCM 공용 프로세스를 구현하는 것을 목적으로 한다. SCOR은 계획(Plan), 조달(Source), 제조(Make), 배송(Deliver), 반품(Return)의 다섯 가지 관리 프로세스를 가지며 아래의 주요 성과지표들을 공급사슬전체의 목적에 부합되도록 관리하기 위한 방안이다.

① 인도성과(Delivery Performance) : 고객이 요청한 기일(Customer Requested Date) 또는 이전에 충족된 주문의 비율이나 당초의 계획 혹은 약속한 기일, 또는 이전에 충족된 주문의 비율을 말한다.

② 충족률(Fill Rates) : 재고로 보유중인 상품이 고객에게 출하되는 경우에 적용되는 개념으로 재고를 보유한 상태에서 주문 접수 후 24시간 내에 출하된 주문의 비율을 말한다. 예측 또는 재고생산전략(Make-To-Stock)을 채택하고 있는 기업이 고객의 주문에 얼마나 신속하게 대응할 수 있는가를 측정한다.

③ 완전 주문충족(Perfect Order Fulfillment) : 기업의 인도성과를 가장 종합적으로 평가할 수 있는 지표로 고객에게 정시에, 완전한 수량으로, 손상 없이, 정확한 문서와 함께 인도되었는지 여부를 평가한다.

④ 주문충족 리드타임(Order Fulfillment Lead Times) : 상품이 주문생산(make-to-order) 될 때 사용되는 개념으로 고객주문을 충족시키기 위해 소요되는 평균 주문 리드타임이다. 주문생산전략을 채택하고 있는 기업이 고객주문에 얼마나 신속하게 대응할 수 있는가를 측정한다.

⑤ 공급사슬 대응시간(Supply Chain Response Time) : 시장의 변화에 대응할 수 있는 기업의 유연성과 대응성을 측정하는 지표로 시장의 심각한 수요변화에 전체 공급사슬이 대응하는데 소요되는 시간을 말한다.

⑥ 생산 유연성(Production Flexibility) : 수요 변화에 대응한 기업 내 생산설비의 유연성과 대응성을 측정한다.

⑦ 총 공급사슬 관리비용(Total Supply Chain Management Costs) : 공급 사슬을 운영하는데 소요되는 모든 비용의 합을 의미하며, 이 성과지표를 측정하는데 가장 어려운 점은 각 비용요소를 계산하기 위한 데이터를 수집하기가 쉽지 않다는데 있다.

⑧ 부가가치 생산성(Value-Added Productivity) : 상품 매출이라는 목표를 달성하기 위해 필요한 비용과 생산성 성과를 측정하는 지표로, 기업의 공급사슬 프로세스를 운영하기 위해 자원을 얼마나 효율적으로 관리하는지를 나타내는 지표이다.

⑨ 보상 및 반품 처리 비용(Warranty / Returns Processing Costs) : 상품의 전반적인 품질을 측정하고 고객으로부터의 반품을 처리하는데 소요되는 비용이다.

⑩ 현금화 사이클 타임(Cash-to-Cash Cycle Time) : 원자재를 위해 지불한 단위 금액이 기업으로 회수되기까지의 기간을 측정하는 지표로, 기업이 공급자 및 고객으로부터의 재무흐름을 얼마나 효율적으로 관리하고 있는지를 판단하는 주요 지표 중 하나이다.

⑪ 공급 재고일수(Inventory Days of Supply) : 상품을 생산해서 판매하기까지 소요되는 일수와 재고에 대한 투자가 상품의 판매로 전환되기까지의 시간을 의미한다.

⑫ 자산 회전율(Asset Turns) : 기업의 자산이 얼마나 효율적으로 활용되고 있는가를 측정한다.

section 4 e-Retailing 관리

1. e-Catalogue

(1) e-Catalogue 전자카탈로그

전자카탈로그는 상품에 대한 광고나 기업에 대한 홍보가 전자적 파일의 형태로 제작되어 홍보용 CD, 인터넷 홈페이지, 동영상, 플래시 애니메이션 등으로 만들어진 카탈로그를 말한다.

(2) e-Catalogue의 장점

① 저비용이다

② 인터넷을 통하여 상품의 검색이 가능하다.

③ 종이 카탈로그보다 수정이 용이하다.

④ 영상 음성 등 멀티미디어 활용이 가능하다.

⑤ 인터넷을 통하여 상품정보를 공유함으로 유통과 제조업체의 업무효율성을 높일 수 있다.

2. e-Marketplace

(1) e-Marketplace의 개요

① e-Marketplace의 개념
  ㉠ 기업 간의 전자상거래를 위한 인터넷상의 공간이다. 즉, 인터넷상에서 다수의 공급자와 수요자가 필요한 제품이나 서비스를 최적의 조건으로, 다양한 구매방식에 의해 비즈니스 거래를 하도록 유발하는 가상시장을 통칭한다.
  ㉡ 기존의 완제품을 사고파는 소비자 위주의 B2C에서 최종적인 소비자에게 공급되기 전 단계에서의 거래를 대상으로 한다.

② e-Marketplace의 특징
  ㉠ 더 나은 자재계획과 구매로 재고를 줄임으로써 공급체인에서 비롯되는 원가를 절감할 수 있다.
  ㉡ 원가가 절감되고 내부처리의 능률화를 기할 수 있어 판매수입 및 수익성이 증대된다.
  ㉢ 실시간 공동엔지니어링 설계 및 동시 엔지니어링을 통해 신제품 출하주기를 단축하고 제조 및 서비스하기에 적합한 설계를 가능하게 한다.

(2) e-Marketplace의 종류

① 수직적 e-Marketplace(Vertical Marketplace) : 특정 산업재나 시장, 특정분야의 특화된 서비스를 중심으로 한 e-Marketplace로, 특히 자동차부품, 화학부품, 전자부품, 소비재 등 수직 산업 안에서 구매자와 공급자의 상호작용을 자동화하는 데 중점을 둔다.

② 수평적 e-Marketplace(Horizontal Marketplace) : 서로 다른 산업 간에 동일한 기능이나 비즈니스를 중심으로 하는 e-Marketplace로, 주로 MRO 구매, 사무용품, 이익관리, 여행관리, 물류 및 복사서비스, 직원서비스 등이 그 예이다.

③ 상업적 e-Marketplace(Commerce Marketplace) : 제품이나 서비스의 공급자(금융기관 · 공공기관), 또는 사립단체(각종 협회나 단체)들이 가입자들에게 서비스를 제공하는 e-Marketplace를 말한다.

3. e-Procurement

(1) e-Procurement(전자구매 : 전자조달 시스템)

e-Procurement는 주문에서 인도에 이르는 전체 구매프로세스를 인터넷 환경 하에서 유기적으로 연계하고, 구매자와 판매자 간에 공조를 이루어 구매업무의 최적화를 도모하려는 전략적인 기법이다.

(2) e-Procurement의 장점

① 자사의 구매시스템과 기존 운영시스템 및 판매자 시스템과의 기능적 통합을 통하여 구매 업무의 효율성을 높일 수 있다.

② 구매프로세스의 개선으로 구매비용 절감과 납기의 단축 등 목표를 실현할 수 있다.

③ 구매활동의 전략적 역량 강화를 통하여 기업 전체 목표에 부응하는 전략적 구매업무를 수행 할 수 있다.

4. 데이터 거버넌스(Data Governance)

(1) 데이터 거버넌스의 개념

데이터 수집, 저장, 처리, 폐기 방법에 적용되는 내부 표준(데이터 정책)을 설정하는 것을 말하는데, 이를 통해 누가 어떤 종류의 데이터에 액세스할 수 있고, 어떤 종류의 데이터가 거버넌스 대상인지를 제어하게 된다.

(2) 데이터 거버넌스의 주요 활동

① 데이터 개인정보 보호 및 보안 : 민감한 데이터를 무단 액세스, 사용 또는 공개로부터 보호한다.

② 데이터 표준 및 정책 : 데이터 분류, 메타데이터, 데이터 사용에 대한 표준을 개발하고 시행한다.

③ 데이터 품질 관리 : 데이터의 정확성, 완전성, 일관성, 적시성을 보장한다.

④ 데이터 거버넌스 프레임워크 : 데이터 관리를 지원하는 정책, 절차 및 도구를 포함하는 포괄적인 데이터 거버넌스 프레임워크를 개발한다.

⑤ 데이터 소유권 및 책임 : 데이터 관리자와 데이터 관리자를 포함해 데이터 관리에 대한 역할과 책임을 정의한다.

⑥ 데이터 수명 주기 관리 : 보존 정책 및 데이터 아카이빙을 포함해 데이터 생성에서부터 폐기까지의 데이터를 관리한다.

(3) 데이터 거버넌스의 구성 요소

① 원칙(Principle) : 데이터를 유지 및 관리하기 위한 지침과 가이드, 품질기준, 보안, 변경관리 등을 말한다.

② 조직(Organization) : 데이터를 관리할 조직의 역할과 책임 및 데이터 관리자, 데이터베이스 관리자, 데이터 아키텍처 등을 말한다.

③ 프로세스(Process) : 데이터 관리를 위한 활동과 체계 및 작업절차, 모니터링 활동, 측정 활동 등을 말한다.

(4) 데이터 거버넌스의 체계

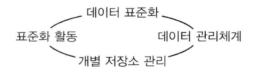

① 데이터 표준화
  ㉠ 데이터 표준화는 데이터 표준용어 설정, 명명 규칙 수립, Meta Data 구축, 데이터 사전 구축, 데이터 생명주기 관리 등의 업무로 구성된다.
  ㉡ 데이터 표준용어는 표준단어 사전, 표준 도메인 사전, 표준 코드 등으로 구성되며 사전 간 상호검증이 가능하도록 점검 프로세스를 포함해야 한다.
  ㉢ 명명 규칙(name rule)은 필요 시에 언어별(한글, 영어 등)로 작성되어 매핑 상태를 유지해야 된다.

② 표준화 활동
  ㉠ 데이터 거버넌스 체계를 구축한 후 표준 준수 여부를 주기적으로 점검하고 모니터링을 실시한다.
  ㉡ 거버넌스의 조직 내 안정성 장착을 위한 지속적인 변화 관리 및 주기적인 교육을 진행한다.
  ㉢ 지속적인 데이터 표준화 개선 활동을 통해 실용성을 높여야 한다.

③ 데이터 저장소 관리(Repository)

   ㉠ 메타데이터 및 표준데이터를 관리하기 위한 전사 차원의 저장소를 구성한다.

   ㉡ 저장소는 데이터관리체계 지원을 위한 워크 플로우 및 관리용 응용 소프트웨어를 지원하고 관리 대상 시스템과의 인터페이스를 통한 통제가 이뤄져야 한다.

   ㉢ 데이터 구조 변경에 따른 사전 영향 평가도 수행되어야 효율적으로 활용이 가능하다.

④ 데이터 관리체계

   ㉠ 데이터 정합성 및 활용의 효율성을 위해 표준데이터를 포함한 메타데이터와 데이터 사전의 관리 원칙을 수립한다.

   ㉡ 수립된 원칙에 기반해 항목별 상세한 프로세스를 만들고 관리와 운영을 위한 담당자 및 조직별 역할과 책임을 상세하게 준비한다.

   ㉢ 빅데이터의 경우, 데이터양의 급증으로 데이터의 생명주기 관리방안을 수립하지 않으면 데이터 가용성 및 관리비용 증가 문제에 직면하게 될 수 있다.

(5) 데이터 거버넌스의 이점

① 규제의 준수 : 개인정보 보호법 등의 규제에 대응해 데이터의 보호와 더불어 개인정보 보호도 강화할 수 있다.

② 위험의 감소 : 데이터의 무단 사용, 유출 및 손실 등의 리스크를 예방할 수 있다.

③ 데이터 품질의 향상 : 데이터의 품질이 높아지게 되면 데이터를 기반으로 하는 의사결정의 정확성 및 신뢰성이 높아짐과 동시에 그로 인한 비즈니스의 성과도 높일 수 있다.

④ 조직 내 데이터 활용의 증대 : 데이터를 안전하게 공유하며, 여러 분석 도구 및 기술 등을 활용해 데이터를 분석하고 동시에 활용할 수 있으므로 비즈니스 성과를 높이는데 큰 기여를 할 수 있다.

⑤ 데이터 관리 비용의 절감 : 데이터 품질의 향상으로 인해 재작업, 오류 수정 등에 들어가게 되는 비용이 줄어들며, 데이터의 보호 및 위험관리 비용에 대한 부담도 덜게 된다.

section 5 개인정보보호와 프라이버시

1. 개인정보보호 개념

(1) 개요

① 개인정보의 개념 : 살아있는 개인을 알아볼 수 있는 정보를 말한다.
㉠ 성명, 주민등록번호 및 영상 등을 통하여 개인을 알아볼 수 있는 정보
㉡ 해당 정보만으로는 특정 개인을 알아볼 수 없더라도 다른 정보와 쉽게 결합하여 알아볼 수 있는 정보 즉, 이 경우 쉽게 결합할 수 있는지의 여부는 다른 정보의 입수 가능성 등 개인을 알아보는 데 소요되는 시간, 비용, 기술 등을 합리적으로 고려하여야 한다.

(2) 개인정보의 종류

① 일반정보 : 성명, 주민등록번호, 주소 연락처 등
② 경제정보 : 소득, 재산 상황, 신용, 부채 등
③ 사회정보 : 학력, 성적, 병역, 직업, 자격 등
④ 통신정보 : 전자우편, 통화내용, 인터넷 IP 등
⑤ 민감정보 : 사상, 신념, 노동조합, 정당의 가입 탈퇴, 정치적 견해, 건강, 성생활 정보 등

(3) 개인정보 침해 및 피해의 유형

① 개인정보 침해의 유형
  ㉠ 수집 : 사용자의 동의가 없는 수집, 필요 이상의 과도한 수집 등
  ㉡ 저장 : 안전조치가 확보되지 않은 저장으로 인한 정보의 유출
  ㉢ 이용 : 고지의 범위를 벗어난 목적 외의 사용 및 제공
  ㉣ 파기 : 정당한 사유 없이 개인정보를 저장 및 파기
② 개인정보 피해의 유형
  ㉠ 명의 도용 : 명의 도용, 자격 도용, 대포통장 등
  ㉡ 불법 유통 : 스팸 발송업자, 영업점, 인터넷 유포 등
  ㉢ 스팸 피싱 : 유출된 정보들을 결합해 타겟 마케팅, 피싱 등에 활용
  ㉣ 금전 탈취 : 신분증 위조, 금융 범죄 등

◎ **사생활 침해** : SNS, blog 등 민감한 내용의 노출

③ **침해 및 피해의 원인**

㉠ 준법정신의 부족 또는 법에 대한 이해의 부족

㉡ 기업 등 개인정보처리자의 사회적 책임 부족

㉢ 개인정보 제공 주체의 문제의식 부족

㉣ 개인정보를 많이 보유하고 있으면 영업에 이익이 될 수 있을 것이라는 잘못된 인식

(4) 개인정보보호의 필요성

① **개인의 피해**

㉠ 보이스 피싱, 명의도용으로 인한 재산적 피해

㉡ 인격권의 침해에 의한 정신적 피해

㉢ SNS, blog 등에서 행해지는 사이버테러

㉣ 온라인 상에 개인정보가 한 번 유출될 경우 회수의 어려움

② **기업의 피해**

㉠ 소비자 단체 등의 불매운동에 따른 매출의 감소

㉡ 기업 이미지의 실추로 인한 잠재고객의 감소

㉢ 많은 피해자들에 의한 집단적 손해배상의 청구

㉣ 개인정보의 유출 규모가 클 경우 경영상의 지속이 어려워짐

③ **정부의 피해**

㉠ 국제적 이미지의 실추, 국가 브랜드의 하락

㉡ 정부에 대한 국민들의 신뢰도 하락

㉢ 전자정부 등의 사업 추진이 어려워짐

㉣ 기업에 비해 더더욱 높은 비난 가능성을 내포

참고 고객 개인정보보호

① 개요

㉠ 고객정보를 제3자에게 제공하거나 제공받은 목적 외의 용도로 활용해서는 안 된다.

㉡ 고객은 개인정보수집 이용 제공 등에 대해 동의 철회 및 정정 등을 요구할 수 있다.

㉢ SMS, 광고 전송 시에 전송자의 명칭을 표시하며, 수신 거부 등의 의사를 표현할 수 있게 해야 한다.

㉣ 오후 9시부터 아침 8시까지는 별도의 동의 없이 광고를 전송해서는 안 된다.

---

② 광고 전송에 따른 고객 개인정보보호

    ㉠ 번호 조합을 통해 얻은 전화번호 또는 당사자의 동의 없이 제3자에게 구입한 전화번호 등을 이용하여 무작위로 광고를 전송하여서는 안 된다.

    ㉡ 광고수신에 대한 동의를 구할 목적으로 사전 동의 없이 SMS, MMS를 전송하거나 음성전화를 거는 행위 역시 금지한다.

    ㉢ 광고 전송자는 광고 전송 이전에 유선 및 이동통신 이용자에게 향후 전송될 광고의 내용 및 전송매체(방법)에 대해 정확히 고지하고 이에 대한 수신자의 동의를 받아야 한다.

    ㉣ 하나의 사업자가 여러 종류의 서비스를 제공할 경우, 해당 사업자가 전송하는 모든 광고수신에 대해 포괄적으로 동의를 받는 것보다 유형별 서비스를 모두 고지하고 동의를 받는 것이 좋다.

    ㉤ 외부 업체와 마케팅 제휴를 할 경우에 자사 이용자에게 해당 내용을 정확히 고지하고 이용자가 원치 않을 경우 외부 업체 마케팅을 거부할 수 있도록 선택권을 부여하여야 한다.

    ㉥ 광고 내용, 전송매체(방법) 등에 대한 고지 방법은 수신자가 쉽게 확인하고 인지할 수 있는 방법이어야 한다.

    ㉦ 기존 거래관계가 있었거나 현재 거래관계가 지속 중인 이용자에게는 그 거래관계에서 취급했던 재화 및 서비스에 대한 광고에 한해 별도의 동의 절차 없이 보낼 수 있다.

    ㉧ 기존 거래관계의 유효기간을 특정화할 수는 없으나, 향후 문제 발생 시 이를 입증할 자료가 객관적으로 효력이 있는 것이어야 한다.

    ㉨ 광고 전송자는 매회 광고전송 시 수신자가 언제든지 손쉽게 무료로 수신동의철회 또는 수신거부를 할 수 있도록 방법을 제시하여야 한다. 또한, 수신자가 전달하는 수신동의철회 또는 수신거부의사는 해당 광고에만 적용되는 것이 아니라 그 전송자가 보내는 모든 광고에 다 적용되어야 하며, 전송자에게 다른 영업점이 있다면 그들과도 해당 내용을 공유하여 광고 재전송을 금지해야 한다.

    ㉩ 수신동의를 얻어 광고를 전송하였으나 수신자가 사후에 수신동의철회를 한 경우에는 수신동의 효력이 상실되었으므로 수신동의없는 광고 전송으로 인정된다.

    ㉪ 일반적인 광고전송에 대한 동의를 얻었을 경우 광고 전송이 허용되는 시간은 오전 8시 이후~오후 9시 이전이다. 만약, 이 시간 이후의 야간시간대(오후 9시 ~ 다음날 오전 8시)에 광고를 전송하고자 하는 자는 그에 대한 동의를 별도로 얻어야 한다.

2. 개인정보보호 정책

(1) OECD 개인정보 보호의 8원칙

① **수집 제한 원칙**(Collection Limitation Principle) : 개인 데이터 수집에 제한이 있어야 하며 그러한 데이터는 합법적이고 공정한 수단에 의해 얻어져야 하며, 적절한 경우 데이터 주체(정보주체)의 지식이나 동의를 얻어야 한다.

② **목적의 명확화 원칙**(Purpose Specification Principle) : 정보의 수집 이전 또는 수집 시점까지는 그 정보의 사용 목적을 알 수 있어야 하고, 목적의 변경이 있을 시엔 그것까지 명시되어야 한다.

③ **개방성 원칙**(Openness Principle) : 개인정보와 관련하여 제도 개선, 실무 및 정책에 대해 공개되어야 한다. 또한, 개인 데이터의 존재와 성격, 그리고 데이터 컨트롤러의 신원과 일반적인 거주지뿐만 아니라 사용의 주요 목적을 쉽게 파악할 수 있어야 한다.

④ **책임 원칙**(Accountability Principle) : 데이터 컨트롤러(개인정보처리자)는 위에 명시된 원칙에 영향을 주는 조치를 준수할 책임이 있다.

⑤ **개인 참여 원칙**(Individual Participation Principle) : 정보주체인 개인은 자신과 관련된 정보의 존재 확인, 열람 요구, 이의 제기 및 정정, 삭제, 보완 청구 권리가 있다.

⑥ **이용 제한 원칙**(Use Limitation Principle) : 개인정보는 데이터 주체의 동의, 법적 근거가 있는 경우를 제외하고, 명시된 것 이외의 목적으로 공개되거나, 이용 가능하게 되거나 기타 용도로 사용하지 않아야 한다.

⑦ **데이터 품질 원칙**(Data Qulity Principle) : 개인 데이터는 사용 목적과 관련이 있어야 하며, 이러한 목적을 위해 필요한 범위 내에서 정확하고 완전하며 최신 상태로 유지해야 한다.

⑧ **안전성 확보의 원칙**(Security Safeguards Priciple) : 개인 데이터는 데이터의 손실 또는 무단 액세스, 파괴, 사용, 수정 또는 공개와 같은 위험으로부터 합리적인 보안 보호 장치로 보호되어야 한다.

3. 개인정보보호 기술

(1) 비식별화(De-identification)

① 개념 : 정보의 일부 또는 전부를 삭제·대체 하거나 다른 정보와 쉽게 결합하지 못하도록 하여 특정 개인을 알아볼 수 없도록 하는 일련의 조치를 말한다.

② 개요

    ㉠ 정형데이터는 개인정보 비식별 조치 가이드라인의 대상 데이터이다.

    ㉡ 비식별화를 위해 개인이 식별 가능한 데이터를 삭제처리 하는 방법이 있다.

    ㉢ 성별, 생년월일, 국적, 고향, 거주지 등 개인 특성에 대한 정보는 비식별화 대상이다.

    ㉣ 혈액형, 신장, 몸무게, 허리둘레, 진료 내역 등 신체 특성에 대한 정보는 비식별화 대상이다.

> **참고** 비식별화의 대상
>
> ① 그 자체로 개인을 식별할 수 있는 정보(식별자)
>
>   ※ 하지만, 정보 수집 시 개인정보에 대한 자체 이용 및 제3자 제공 등의 활용에 대한 이용자 동의를 받았을 경우에는 비식별화 없이 활용이 가능하다.
>
> ② 다른 정보와 쉽게 결합하여 개인을 알아볼 수 있는 정보(준식별자)
>
>   보유하고 있는 개인정보의 분석을 위한 동의가 곤란한 경우에는 분석 목적을 달성할 수 있는 한도에서 비식별화 처리를 해야 한다.

(2) 비식별화의 적용 시기

빅데이터를 수집하거나 활용하는 모든 단계에서 개인정보가 식별되는 경우나 정보의 추가적인 가공을 통해 개인이 식별되는 경우에 적용되어야 한다.

① 개인정보 수집 및 저장 시

② 개인정보가 포함되어 있을 수 있는 데이터 활용 시

③ 다른 기관과의 정보 공유 시

④ 기관 내의 서로 다른 부서 간의 정보 공유 시

(3) 비식별화 적용의 상세 대상

① 식별자(Identifying)

    ㉠ 쉽게 개인을 식별할 수 있는 정보 : 이름, 전화번호, 주소, 생년월일, 사진 등

    ㉡ 고유 식별 정보 : 주민등록번호, 운전면허번호, 의료보험번호, 여권번호 등

ⓒ 생체정보 : 지문, 홍채, DNA 정보 등 (단, 생체정보의 경우, 식별자를 제거하면 정보도 제거된다.)

ⓔ 기관, 단체 등의 이용자 계정 : 등록번호, 계좌번호, 이메일 주소 등

ⓜ 기타 유일 식별번호 : 군번, 사업자등록번호 특성(별명), 식별 코드(아이디, 아이핀 값) 등

② 준 식별자(Quasi-identifying)

㉠ 개인 특성 : 성별, 생년, 생일, 나이, 국적, 고향, 거주지, 시군구명, 우편번호, 병역 여부, 결혼 여부, 종교, 취미, 동호회·클럽, 흡연 여부, 음주 여부, 채식 여부, 관심 사항 등

㉡ 신체 특성 : 혈액형, 신장, 몸무게, 허리둘레, 혈압, 눈동자 색깔, 신체검사 결과, 장애 유형, 장애등급, 병명, 상병코드, 투약 코드, 진료 내역 등

㉢ 신용 특성 : 세금납부액, 신용등급, 기부금, 건강보험료 납부액, 소득분위, 의료급여자 등

㉣ 경력특징 : 학교명, 학과명, 학년, 성적, 학력, 직업, 직종, (전·현) 직장명, 부서명, 직급, 자격증명, 경력 등

㉤ 전자적 특성 : PC 사양, 비밀번호, 비밀번호질문/답변, 쿠키 정보, 접속일시, 방문일시, 서비스 이용기록, 위치정보, 접속 로그, IP주소, MAC 주소, HDD Serial 번호, CPU ID, 원격 접속 여부, Proxy 설정 여부, VPN 설정 여부, USB Serial 번호, Mainboard serial 번호, UUID, OS 버전, 기기 제조사, 모델명, 단말기 ID, 네트워크 국가코드, SIMCard 정보 등

㉥ 가족 특성 : 배우자, 자녀, 부모, 형제 여부, 가족 정보, 법정대리인 정보 등

㉦ 위치 특성 : GPS 데이터, RFID 리더 접속기록, 특정 시점 센싱기록, 인터넷 접속, 핸드폰 사용기록 사진 등

(4) 개인정보 비식별화의 고려 사항

① 비식별화의 이력 관리 기능을 제공해야 한다.

② 개인정보를 파일에 정의된 개인정보 비식별화 기법을 적용하는 기능을 지원해야 한다.

③ 비식별화의 변환을 위한 적용 값의 관리 기능이 제공되어야 한다.

④ 개인정보 비식별화의 전환 후에 변환 값의 복원 또는 원본 대조용의 Key 값의 관리 기능이 제공되어야 한다.

⑤ 자동/반자동/수동 변환 등의 사용자 지정에 의한 변환 프로세스가 적용 가능한 기능이 제공되어야 한다.

⑥ 변환 후에 개인식별 변환에 따른 변환 검증을 확인하기 위한 변환 로그를 저장하는 기능이 제공되어야 한다.

4. 보안시스템

보안 감사는 외부의 공격이나 재해에 대한 기술, 정보시스템 요원, 직원 등의 대응을 점검하기 모의실험(simulation)을 수행한다.

5. 프라이버시 개념

(1) 개념

① 초기에는 대체로 자신의 개인적인 영역에 대한 타인의 침범으로부터 보호받는 권리 또는 이익(the right to be let alone)이라는 소극적인 뜻으로 사용되었다.

② 그러다가 최근에는 '자신의 사적인 일에 대한 원치 않는 공개를 통제할 수 있는 권리(the right to control unwanted publicity about one's personal affairs)' 내지 '자신에 대한 정보를 관리·통제할 수 있는 권리'라는 적극적인 개념으로 점차 확대되어 가고 있는 추세이다.

(2) 프라이버시권의 침해 유형

① 사적 공간 및 생활의 침범(intrusion) : 물리적으로 혼자 있는 상태(solitude)에 대한 부당한 침입을 의미한다.
  > **예** 주인 동의 없이 남의 집에 무단으로 들어가는 경우, 울타리 틈 사이로 남의 집안을 엿보거나 상대방 모르게 망원 렌즈를 사용하는 경우 등

② 사적인 일의 무단 공표(public disclosure of private facts) : 타인의 사생활에 관계되는 일을 공표하는 행위로서 공표한 사실이 합리적인 사람들에게는 매우 불쾌하고 공중에게는 정당한 관심의 대상이 되지 못하는 경우이다.

③ 공중에 오인시킬 공표(publishing Information thatt places someone in a false light) : 신문이나 TV 기사에 엉뚱한 사진을 곁들이거나 사진 설명을 잘못 붙인 경우도 여기에 해당한다.

④ 무단사용(appropriation) : 남의 성명이나 초상 등을 본인의 동의 없이 상업적 목적으로 사용한 경우이다.

(3) 프라이버시권의 성립 요건

① 알려진 내용이 일반인들에게 사생활에 대한 사실이나 사실처럼 받아들여질 우려가 있어야 한다.

② 통상의 사회적 관념, 인식, 관습으로 미루어 공개됨으로써 심리적 부담이나 불안을 갖게 될 수 있는 것이어야 한다.

③ 일반인에게는 아직 공개되지 않은 것으로 그 공개로 인해 당사자가 실제로 불쾌감이나 불안감을 가져야 한다.

④ 공개된 사적 사항이 피해자에 관한 것이라는 증명이 필요하다.

⑤ 공표된 개인적 사항의 진실성이나 공개자의 악의의 결여는 항변이 될 수 없으나 당사자의 사전 동의가 있는 경우에는 그렇지 않다.

6. 프라이버시 보호 정책

(1) 데이(Louis A. Day)교수가 주장한 프라이버시 보호의 필요성

① 인간만이 자기만의 비밀을 가질 수 있고 이 능력이야 말로 인간만이 갖고 있는 자율 능력의 기초가 되기 때문이다.

② 프라이버시는 다른 사람들로부터 불필요한 경멸이나 조롱을 막아 줄 수 있다.

③ 프라이버시를 통해 우리는 자신에 대한 평판을 통제할 수 있다.

④ 다른 사람과 일정한 거리를 둘 수 있게 되어 개체로서의 고유한 인격권을 향유할 수 있기 때문이다.

기출 & 예상문제

01 아래 글상자 내용은 기업이 사용하는 경영혁신 기법에 대한 설명이다. ( )안에 들어갈 용어로 가장 옳은 것은?

> ( )은(는) 기업이 통합된 데이터에 기반해 재무, 생산소요계획, 인적자원, 주문충족 등을 시스템으로 구축하여 관리하는 것을 말한다. 이 기법은 전반적인 기업의 업무 프로세스를 통합·관리하여 정보를 공유함으로써 효율적인 업무처리가 가능하게 한다.

① 리엔지니어링　　　　　　　　　　② 아웃소싱
③ 식스시그마　　　　　　　　　　　④ 전사적자원관리
⑤ 벤치마킹

> **TIPS!**
> ④ 경영, 인사, 재무, 생산 등 기업의 전반적 시스템을 하나로 통합함으로써 효율성을 극대화하는 경영 전략이다.
> ① 생산공정이나 업무의 프로세스를 근본적으로 새로운 개념으로 재설계하기 위한 것으로 기업의 핵심적 성과 (비용, 품질, 서비스, 신속성 등)에서 혁신적인 개선을 추구하고자 하는 것이다.
> ② 기업이나 조직에서 제품의 생산, 유통, 용역 등 업무의 일부분을 외부의 전문기관에 위탁하는 것을 말한다.
> ③ 기업에서 전략적으로 완벽에 가까운 제품이나 서비스를 개발하고 제공하려는 목적으로 정립한 품질경영 기법 또는 철학으로서, 기업 또는 조직 내의 다양한 문제를 구체적으로 정의하고 현재 수준을 계량화하고 평가한 다음 개선하고 이를 유지 관리하는 경영 기법이다.
> ⑤ 기업이 경쟁력을 제고하기 위해 다른 회사나 업계의 우수 사례를 배우고 참고하는 경영 기법을 말한다.

02 충성도 프로그램에 대한 설명으로 옳지 않은 것은?

① 유통업체에서 운영하는 충성도 프로그램은 고객들의 구매 충성도를 높이기 위해 운영되는 단발성 프로그램이다.
② 유통업체 고객의 충성도는 다양한데, 대표적인 충성도에는 행동적 충성도와 태도적 충성도가 있다.
③ 유통업체 고객의 행동적 충성도의 대표적인 사례로는 고객의 반복구매가 있다.
④ 유통업체 고객이 특정한 상품에 대해 애착을 형성하거나 우호적 감정을 갖는 것을 태도적 충성도라고 한다.
⑤ 유통업체에서 가지고 있는 충성도 강화 프로그램은 사전에 정해진 지침에 의해 운영된다.

> **TIPS!**
> ① 충성도가 높은 구매행동을 보상함으로써 지속적인 재구매를 유도하는 마케팅 기법으로 포인트 적립, 온라인 쿠폰 증정, 할인 이벤트 등 다양한 방법으로 재구매 의도를 높인다.

Answer 01.④ 02.①

03 유통업체들은 정보시스템 운영을 효율화하기 위해 ERP시스템을 도입하고 있는데 ERP 시스템의 발전순서를 나열한 것으로 옳은 것은?

> ㉠ ERP   ㉢ MRP
> ㉡ Extended ERP   ㉣ MRP Ⅱ

① ㉢ – ㉣ – ㉠ – ㉡   ② ㉢ – ㉠ – ㉣ – ㉡
③ ㉢ – ㉡ – ㉠ – ㉣   ④ ㉠ – ㉣ – ㉢ – ㉡
⑤ ㉠ – ㉡ – ㉢ – ㉣

> **TIPS!**
>
> ERP 발전과정
> ㉠ MRP 1(Material Requirement Planning) : 1970년대, 자재 소요량 관리, 재고 최소화 목표
> ㉡ MRP 2(Manufacturing Resource Planning) : 1980년대, 생산 자원 관리, 원가 절감
> ㉢ ERP(Enterprise Resource Planning) : 1990년대, 전사적 자원 관리, 경영 혁신
> ㉣ 확장형 ERP(Extended ERP) : 2000년대, 기업 간 최적화, Win-Win, 선진 정보화 기술 지원

04 유통업체와 제조업체들이 환경에 해로운 경영 활동을 하면서 마치 친환경 경영 활동을 하고 있는 것처럼 광고하는 경우를 설명하는 용어로 옳은 것은?

① 카본 트러스트(Carbon Trust)   ② 자원 발자국(Resource Footprint)
③ 허브 앤 스포크(Hub and Spoke)   ④ 그린워시(Greenwash)
⑤ 친환경 공급사슬(Greenness Supply Chain)

> **TIPS!**
>
> ④ 기업이 실제로는 환경에 위해되는 물질을 배출하면서 친환경적인 이미지 광고 등을 통해 '녹색' 이미지로 포장하는 것을 말한다.
> ① 영국 정부가 기후 변화 대응과 탄소 감축을 위해 설립한 비영리 기관으로 전 세계 기업, 공공기관 등을 대상으로 탄소·물·폐기물 등의 '환경발자국 인증' 사업을 한다.
> ② 광물 및 화석연료 등의 개발 및 소비로 인한 전 지구적 영향을 의미한다.
> ③ 각 지점에서 발생되는 물량들을 중심이 되는 한 거점(허브)에 집중시킨 후, 각각의 지점(스포크)으로 다시 분류하여 이동시키는 시스템을 의미한다.
> ⑤ 기업의 녹색 구매를 공급 사슬 수준에서 관리하는 일이다. 대부분의 대기업이 자발적으로 환경 문제에 관심을 보이는 것에 비해 영세한 다수의 중소기업은 환경 문제에 대응하기 어려우므로 공급 사슬 관리를 통해 환경 성과를 높이려고 하는 것이다.

Answer   03.①   04.④

05 e-SCM을 위해 도입해야 할 주요 정보기술로 가장 옳지 않은 것은?

① 의사결정을 지원해주기 위한 자료 탐색(data mining) 기술

② 내부 기능부서 간의 업무통합을 위한 전사적 자원관리(ERP) 시스템

③ 기업내부의 한정된 일반적인 업무활동에서 발생하는 거래자료를 처리하기 위한 거래처리시스템

④ 수집된 고객 및 거래데이터를 저장하기 위한 데이터웨어하우스(data warehouse)

⑤ 고객, 공급자 등의 거래 상대방과의 거래 처리 및 의사소통을 위한 인터넷 기반의 전자상거래(e-Commerce) 시스템

> **⚡TIPS!**
> ③ e-CRM시스템의 주 이용대상은 e-비즈니스 기업으로, 온라인상에서 e-Sales, e-Service, e-Marketing을 포함하는 고개관계관리를 지원함으로써 고객 사이클을 지원하여 고객 가치를 극대화하는 동시에 기업의 경영혁신을 전략적으로 지원한다.

06 아래 글상자 내용은 패턴 발견과 지식을 의사결정 및 지식 영역에 적용하기 위한 지능형 기술에 대한 설명이다. ( )안에 적합한 용어로 옳은 것은?

> (   )은/는 자연 언어 등의 애매함을 정량적으로 표현하기 위하여 1965년 미국 버클리대학교의 자데(L. A. Zadeh) 교수에 의해 도입되었다. 이는 불분명한 상태, 모호한 상태를 참 혹은 거짓의 이진 논리에서 벗어난 다치성으로 표현하는 논리 개념으로, 근사치나 주관적 값을 사용하는 규칙들을 생성함으로써 부정확함을 표현할 수 있는 규칙 기반기술(rule-based technology)이다.

① 신경망   ② 유전자 알고리즘
③ 퍼지 논리   ④ 동적계획법
⑤ 전문가시스템

> **⚡TIPS!**
> ③ 불분명한 상태, 모호한 상태를 참 혹은 거짓의 이진 논리에서 벗어난 다치성으로 표현하는 논리 개념이다.
> ① 현대적 의미에서는 인공 뉴런이나 노드로 구성된 인공 신경망을 의미한다.
> ② 자연세계의 진화과정에 기초한 계산 모델로서 존 홀랜드(John Holland)에 의해서 1975년에 개발된 전역 최적화 기법으로, 최적화 문제를 해결하는 기법의 하나이다.
> ④ 복잡한 문제를 간단한 여러 개의 문제로 나누어 푸는 방법을 말한다.
> ⑤ 특정 응용 분야 전문가의 지식 및 능력을 체계적으로 잘 조직하여 컴퓨터 시스템에 입력시켜 해당 분야의 비전문가라도 전문가에 상응하는 능력을 발휘할 수 있도록 쉽고도 빠르게 도움을 주는 시스템이다.

Answer 05.③ 06.③

07 아래 글상자의 ( )안에 공통적으로 들어갈 용어로 가장 옳은 것은?

> -( )는 창의성을 가지고 있는 소비자를 의미하며, 미국의 미래학자 앨빈 토플러가 제3의 물결이라는 저서에서 제시한 용어이다.
> -( )는 기업의 신상품 개발과 디자인, 판매 등의 활동에 적극적으로 개입하는 소비자를 의미한다.

① 파워 크리에이터(power creator)
② 크리슈머(cresumer)
③ 얼리어답터(early adopter)
④ 에고이스트(egoist)
⑤ 창의트레이너(kreativit)

TIPS!

② 크리슈머는 창조를 의미하는 크리에이티브(creative)와 소비자를 의미하는 컨슈머(consumer)를 조합한 단어다. 크리슈머 마케팅은 제품의 기능, 가치에 스토리를 담아 기존의 콘텐츠를 발전시켜 새로운 문화와 소비유행을 만들어 가는 마케팅 트렌드를 말한다. 음악·미술·문학 등 주로 창작 분야에서 디지털 기술을 보다 적극적으로 이용하여 제품의 판매와 유통에 영향을 미친다. 제품개발과 유통과정에 소비자가 직접 참여하는 프로슈머(Prosumer)보다 발전한 개념이다.

08 수집된 지식을 컴퓨터와 의사결정자가 동시에 이해할 수 있는 형태로 표현하기 위해 갖추어야 할 조건으로 가장 옳지 않은 것은?

① 추론의 효율성
② 저장의 복잡성
③ 표현의 정확성
④ 지식획득의 용이성
⑤ 목적달성에 부합되는 구조

TIPS!

② 저장의 간결성

Answer 07.② 08.②

09 아래 글상자의 ( ) 안에 들어갈 용어로 가장 옳은 것은?

> e-CRM은 단 한 명의 고객까지 세분화하여 고객의 개별화된 특성을 파악하고 이들 고객에게 맞춤 서비스를 제공하는 데 목적을 두고 구현한다. 이를 위해 다양한 정보를 수집하고 분석하여 활용하는데, 고객이 인터넷을 서핑하면서 만들어 내는 고객의 (   )는 고객의 성향을 파악할 수 있는 훌륭한 정보가 된다.

① 웹 로그(Web log)　　　　　　　　　　② 웹 서버(Web Server)
③ 웹 사이트(Web Site)　　　　　　　　　④ 웹 서비스(Web Service)
⑤ 웹 콘텐츠(Web Contents)

> **TIPS!**
> ① 특정 웹사이트에 방문한 사용자들이 언제, 어디서, 어떤 페이지를 방문했는지에 대한 정보를 기록한 파일이다. 이 파일을 기반으로 웹사이트의 에러나 방문자 수, 방문경로 등 사이트에 대한 다양한 분석과 통계가 가능해진다.
> ② HTTP를 통해 웹 브라우저에서 요청하는 HTML 문서나 오브젝트(이미지 파일 등)를 전송해주는 서비스 프로그램을 말한다.
> ③ 인터넷 프로토콜 기반의 네트워크에서 도메인 이름이나 IP 주소, 루트 경로만으로 이루어진 일반 URL을 통하여 보이는 웹 페이지(Web Page)들의 의미있는 묶음이다.
> ④ 네트워크 상에서 서로 다른 종류의 컴퓨터들 간에 상호작용을 하기 위한 소프트웨어 시스템이다.

10 아래 글상자의 괄호 안에 공통적으로 들어갈 용어로 가장 옳은 것은?

> • (   )은(는) 시간 경과에 의해 질이 떨어지거나 소실될 우려가 있는 자료를 장기 보존하는 것이다. 전산화된 자료라 해도 원본자료는 고유성을 띠며, 손실 시 대체가 불가능 하다.
> • (   ) 구축의 목적은 기록을 보존하는 것에서 나아가 다양한 기록정보 콘텐츠를 구축, 공유, 활용하기 위함이다.

① 디지털아카이브　　　　　　　　　　② 전자문서교환
③ 크롤링　　　　　　　　　　　　　　④ 클라우드저장소
⑤ 기기그리드

> **TIPS!**
> ① 인터넷에 디지털로 이루어진 거대한 문서 저장고이자 콘텐츠 아카이브다.
> ② 종이 문서를 사용하는 대신 전자적으로 두 기업 간에 비즈니스 정보를 교환하는 표준 형식이다.
> ③ 페이지를 그대로 가져와서 거기서 데이터를 추출해 내는 행위다.

Answer　09.① 10.①

11 e-비즈니스 모델별로 중점을 두어야할 e-CRM의 포인트에 관한 설명 중 가장 거리가 먼 것은?

① 서비스모델의 경우 서비스차별화나 서비스 이용 행태 정보제공을 고려한다.
② 상거래모델의 경우 유사커뮤니티에 대한 정보제공을 고려한다.
③ 정보제공모델의 경우 맞춤정보제공에 힘쓴다.
④ 커뮤니티 모델의 경우 회원관리도구 제공에 힘쓴다.
⑤ 복합모델의 경우 구성하는 개별모델에 적합한 요소를 찾아 적용시킨다.

TIPS!

e-CRM시스템은 고객의 행동에 대응하기 위해 e-판매(e-Sales), e-서비스(e-Service), e-판촉(e-Promotion) 부분으로 나누어 고객에 대한 지원을 수행한다.

㉠ e-판매 : 일반적인 CRM의 경우 대인판매, 전화판매 등의 방법으로 판매가 이루어지는 반면, e-CRM에서는 온라인을 중심으로 판매가 이루어진다. 이에 따라 e-CRM 시스템의 e-판매 부분에서는 전자상거래 (e-Commerce)시스템과 연동하여 고객에 대한 상품 또는 서비스의 판매 프로세스를 지원한다. 또한, 고객의 행동 자료를 수집하여 고객정보분석 부문에서 정보를 활용 가능하도록 지원한다.

㉡ e-서비스 : 고객은 상품 또는 서비스를 구매하기 이전에 기업의 상품 또는 서비스에 대한 질문을 하는 경우가 있으며, 상품 구매 후 질문을 하는 경우가 있다. 온라인상에서는 질문이 대부분 e-mail로 이루어지는 만큼 e-mail관리 소프트웨어가 필요할 것이며, 고객의 궁금한 사항과 불편 사항을 접수하여 향후 서비스 및 신제품 또는 업그레이드 제품 개발에 반영이 되도록 정보가 관리되어야 한다. 또한 많은 사이트에서는 현재 FAQ(Frequently Asked Questions)란을 운영하여 자주 질문이 이루어지는 사항에 대한 답을 제공하고 있다.

㉢ e-판촉 : 고객은 상품 또는 서비스를 구매하기 이전에 그에 해당하는 정보를 입수한다. 정보의 입수 방법은 e-mail, 잡지 등의 매체 또는 타인으로부터의 정보입수 등이 있다. 현재 많은 e-비즈니스 기업들은 이에 따라 온라인 광고, 오프라인 광고를 하고 있으며, 세분화된 고객에 대해서는 e-CRM시스템의 e-mail 마케팅 부분을 이용하여 판촉을 수행하고 있다. 예컨대, A제품을 구매한 고객에게는 A제품과 유사한 B제품을 추천하여 구매를 유도하고 있다.

Answer 11.②

12 아래 글상자에서 설명하고 있는 용어를 나열한 것으로 가장 옳은 것은?

> – ㉠는 유행에 관심이 많고 소비를 놀이처럼 즐기는 사람을 지칭하는 용어이다. 생산적인 소비자를 일컫는 프로
> 슈머(prosumer)에서 한 단계 진화하여 참여와 공유를 통해 개인의 만족과 집단의 가치를 향상시키는 능동적인
> 소비자를 말한다. 필립 코틀러(Philip Kotler)의 '사회구조가 복잡해지고 물질적으로 풍요로워질수록 소비자는
> 재미를 추구한다.'는 주장을 반영한 소비 형태이다.
> – ㉡는 에너지를 소비도 하지만 생산도 하는 사람을 지칭하는 용어이다. 스마트 그리드가 구축되면 일반 가정이
> 나 사무실에서도 소형 발전기, 태양광, 풍력 등을 이용한 신재생 에너지를 생산하고 사용한 후 여분을 거래할
> 수 있다.

① ㉠ 모디슈머, ㉡ 스마트너
② ㉠ 플레이슈머, ㉡ 스마트너
③ ㉠ 플레이슈머, ㉡ 에너지 프로슈머
④ ㉠ 트랜드슈머, ㉡ 에너지 프로슈머
⑤ ㉠ 트랜드슈머, ㉡ 스마트 프로슈머

TIPS!
㉠ 플레이슈머 : 다양한 경험이나 활동에 참여하면서 재미를 추구하는 소비자를 말한다.
㉡ 에너지 프로슈머 : 아파트 단지나 대학 빌딩, 산업단지 내 태양광설비 등을 통해 소비 전력을 직접 생산하는
이들을 일컫는 말이다.

13 데이터마이닝에서 사용하는 기법과 그에 대한 설명으로 가장 옳지 않은 것은?

① 추정 – 연속형이나 수치형으로 그 결과를 규정, 알려지지 않은 변수들의 값을 추측하여 결정하는 기법
② 분류 – 범주형 자료이거나 이산형 자료일 때 주로 사용하며, 이미 정의된 집단으로 구분하여 분석하는 기법
③ 군집화 – 기존의 정의된 집단을 기준으로 구분하고 이와 유사한 자료를 모으고, 분석하는 기법
④ 유사통합 – 데이터로부터 규칙을 만들어내는 것으로 어떠한 것들이 함께 발생하는지에 대해 결정하는 기법
⑤ 예측 – 미래의 행동이나 미래 추정치의 예측에 따라 구분되는 것으로 분류나 추정과 유사 기법

TIPS!
③ 군집화란 공통적인 특성을 가진 레코드들의 집합을 찾아내어 군집을 이루는 기술이다.

Answer 12.③ 13.③

14 아래 글상자에서 설명하는 용어로 가장 옳은 것은?

> – 끌어모음이라는 뜻과 꼬리표라는 의미의 합성어이다.
> – 특정 단어 앞에 '#'을 사용하여 그 단어와 관련된 내용물을 묶어 주는 기능이다.
> – SNS에서 마케팅을 위해 활발하게 이용된다.

① 스크롤링(Scrolling)　　　　　　② 롱테일의 법칙(Long Tail Theory)
③ 크롤링(Crawling)　　　　　　　④ 해시태그(Hashtag)
⑤ 둠스크롤링(Doomscrolling)

> **TIPS!**
> ④ 해시태그란 게시물의 분류와 검색을 용이하도록 만든 일종의 메타데이터다. 해시기호(#) 뒤에 단어나 문구를 띄어쓰기없이 붙여쓴다고 해시태그라는 이름이 붙었다.
> ① 화면보다 큰 콘텐츠를 수평 또는 수직으로 슬라이드시켜 표시하는 방법이다.
> ② 주목받지 못하는 다수가 핵심적인 소수보다 더 큰 가치를 창출하는 현상이다.
> ③ 웹 페이지를 그대로 가져와서 거기서 데이터를 추출해 내는 행위다.
> ⑤ 어두운 뉴스만 확인하는 습관을 말한다.

15 아래 글상자의 괄호 안에 공통적으로 들어갈 용어로 가장 옳은 것은?

> 　데이터 수집과 활용을 통해 데이터 경제를 가속화하기 위한 대책으로 2020년 정부가 발표한 디지털 뉴딜 사업에는 (　　　)에 대한 계획이 포함되어 있다. (　　　)은/는 우리나라의 유무형 자산이나 문화유산, 국가행정정보 등의 공공정보를 데이터화하여 수집·보관하고, 필요한 곳에 사용할 수 있도록 하는 것이다.

① 데이터 댐　　　　　　　　　　② 국가DW
③ 빅데이터프로젝트　　　　　　　④ 대한민국AI
⑤ 디지털 트윈

> **TIPS!**
> ① 데이터·네트워크·인공지능(D.N.A) 강화를 위한 14만개 공공데이터 개방으로 일종의 '댐'을 구축하는 사업이다.

Answer 14.④ 15.①

16 고객관리를 위해 인터넷 쇼핑몰을 운영하는 A사는 웹로그 분석을 실시하고 있다. 아래 글상자의 ( )안에 들어갈 용어로 가장 옳은 것은?

> 방문자가 웹 브라우저를 통해 웹사이트에 방문할 때 브라우저가 웹 서버에 파일을 요청한 기록을 시간과 IP 등의 정보와 함께 남기는데 이것을 (   )라고 한다. 이 로그는 웹사이트의 트래픽에 대한 가장 기초적인 정보를 제공하며 서버로부터 브라우저에 파일이 전송된 기록이므로 Transfer Log라고도 한다.

① 리퍼럴 로그(referrer log)
② 에이전트 로그(agent log)
③ 액세스 로그(access log)
④ 에러 로그(error log)
⑤ 호스트 로그(host log)

> **TIPS!**
> ③ 웹사이트에 접속했던 사람들이 각 파일들을 요청했던 실적을 기록해놓은 목록을 말한다.
> ① 경유지 사이트와 검색 엔진 키워드 등의 단서를 제공한다.
> ② 웹 브라우저의 이름, 버전, 운영 체계(OS), 화면 해상도 등의 정보를 제공한다.
> ④ 오류가 있었는지에 관한 정보를 제공한다.

17 유통업체의 관리문제를 해결하기 위해 활용되는 의사결정 지원시스템 모델 중 수학적 모형으로 작성하여 그 해를 구함으로써 최적의 의사결정을 도모하는 수리계획법의 예로 가장 옳지 않은 것은?

① 시뮬레이션(Simulation)
② 목표계획법(Goal Programming)
③ 선형계획법(Linear Programming)
④ 정수계획법(Integer Programming)
⑤ 비선형계획법(Non-Linear Programming)

> **TIPS!**
> ② 이익 최대화나 비용 최소화라는 단 하나의 목표 이외에 서로 상충되는 여러 개의 목표가 있는 경우의 수리계획법이다.
> ③ 최적화 문제의 일종으로 주어진 선형 조건들을 만족시키면서 선형인 목적 함수를 최적화하는 문제이다.
> ④ 선형계획법에서 정수해만을 인정하는 경우를 말한다.
> ⑤ 목적 함수의 제약조건 중 일부가 비선형인 최적화 문제를 해결하는 프로세스이다.

Answer 16.③ 17.①

18 다음 중 데이터 마트에 관한 설명으로 바르지 않은 것은?

① 특화된 분석지원을 목표로 한다.

② 응답속도는 일관성 및 신속성이다.

③ 자료구조는 다차원적이면서 계층적이다.

④ 질의 유형은 읽기이다.

⑤ 데이터량은 대량적이면서 상세하다.

> **TIPS!**
> ④ 데이터 마트의 질의 유형은 읽기/쓰기이다.

19 데이터 웨어하우스에 대한 내용으로 옳지 않은 것은?

① 잠재적인 전체 유형의 질의에 대처하는 것을 목표로 한다.

② 질의 유형은 읽기이다.

③ 자료구조는 비정규화, 평면적이다.

④ 데이터량은 초대량적이며, 아주 상세하다.

⑤ 응답속도는 일관적이다.

> **TIPS!**
> ⑤ 데이터 웨어하우스의 응답속도는 질의 유형에 따라 가변적이다.

Answer 18.④ 19.⑤

20 데이터 웨어하우스의 구축효과와 가장 거리가 먼 것은?

① 운영시스템을 보호한다.
② 사용자 질의에 신속하게 응답할 수 있다.
③ 여러 시스템에 산재된 데이터들을 웨어하우스로 취합. 통합하므로 사용자는 필요로 하는 데이터를 쉽게 가져다가 사용할 수 있다.
④ 특화된 분석지원이 목표이다.
⑤ 데이터를 웨어하우스로 옮겨오기 전에 정제 및 검증과정을 거쳐야 하므로 사용자는 양질의 데이터를 사용할 수 있다.

TIPS!
④ 특화된 분석자원이 목표인 것은 데이터 마트이다.

21 시장반응 프로세스(market responsive process)를 통한 공급사슬관리 전략의 설명으로 가장 옳지 않은 것은?

① 최소한의 재고로서 수요에 신속한 대응을 목적으로 함
② 제조 단계에서는 원활한 공급을 위해서 초과 버퍼 유지
③ 유행에 민감한 상품을 대상으로 적용 가능한 전략
④ 리드타임을 길게 설정해서 수요변동에 대응하는 전략
⑤ 고객의 요구가 있을 때, 충분한 상품 공급이 있어야 함

TIPS!
수요변동에 대응하기 위해서는 리드타임을 짧게 설정해야 한다.

Answer 20.④ 21.④

22 다음 빈칸에 올바르게 들어갈 말을 올바르게 나열한 것은?

> 웹을 활용하여 (㉠), 유통 채널 소매업자, 고객과 관련된 물자, 정보, 자금 등의 흐름을 효율적이고 신속하게 관리하는 전략적 기법. 기존 공급사슬관리(SCM) 관련 기술들이 웹상에서도 기능을 수행할 수 있도록 하는 것이 바로 e-SCM의 개념이다. 공급자로부터 고객까지의 공급사슬상의 물자, 정보, 자금 등을 인터넷을 포함한 각종 디지털 기술을 활용하여 총체적인 관점에서 통합 관리함으로써 e-비지니스 수행과 관련된 (㉡), 고객, 기업 내부의 다양한 욕구를 만족시키고 업무의 효율성을 극대화시킨다.

① ㉠ 공급자, ㉡ 공급자
② ㉠ 고객, ㉡ 공급자
③ ㉠ 공급자, ㉡ 기업
④ ㉠ 기업, ㉡ 공급자
⑤ ㉠ 기업, ㉡ 판매자

 TIPS!

e-SCM(e-Supply Chain Management, e-공급사슬관리) ⋯ 웹을 활용하여 공급자, 유통 채널 소매업자, 고객과 관련된 물자, 정보, 자금 등의 흐름을 효율적이고 신속하게 관리하는 전략적 기법. 기존 공급사슬관리(SCM) 관련 기술들이 웹상에서도 기능을 수행할 수 있도록 하는 것이 바로 e-SCM의 개념이다. 공급자로부터 고객까지의 공급사슬상의 물자, 정보, 자금 등을 인터넷을 포함한 각종 디지털 기술을 활용하여 총체적인 관점에서 통합 관리함으로써 e-비지니스 수행과 관련된 공급자, 고객, 기업 내부의 다양한 욕구를 만족시키고 업무의 효율성을 극대화시킨다.

Answer 22.①

04 전자상거래

section 1 전자상거래 운영

1. 전자상거래 프로세스

(1) 전자적 커뮤니케이션 단계(e-Communication)

① 구매자 또는 고객은 공급자의 사이트를 방문하여 다양한 제품정보를 얻고 전자적으로 상호 교류한다.

② 공급자가 광고, 카탈로그 등을 통해 자사의 제품과 서비스를 고객에게 알리면 고객은 필요한 제품정보를 수집하고 원하는 제품의 구매를 결정한다.

(2) 제품주문 단계(Ordering)

① 구매자 또는 고객이 전자적인 방법으로 제품 또는 서비스를 주문하는 단계로, 신청서식을 통해 사이트나 상점운영자에게 거래를 요청하는 단계이다.

② 운영자는 인증기관에 거래 요청자가 본인이고 신용할 만한 사람인지 가려줄 것을 요구한다. 인증기관은 인터넷 상점 운영자와 소비자의 정당성과 신용을 법적으로 보증해 주는 곳으로 국가의 관리를 받는다.

③ 전자적인 주문 처리를 위하여 설계되어진 서버를 전자상거래 시스템 또는 전자상거래 솔루션이라 부른다.

(3) 대금지불 단계(e-Payment)

① 인증기관의 소비자에 대한 신용인증이 떨어지면, 상점운영자는 소비자의 거래 요청을 승낙 한 뒤 대금을 지불할 것을 요구한다.

② 공급자가 제공한 제품 또는 서비스에 대한 대가를 전자적으로 지불하는 단계로, 구매자의 결제수단에는 무통장입금 방법이나 신용카드, 전자화폐, 인터넷뱅킹을 통한 자금이체, 그리고 소액지불을 위한 i-cash 등이 있다.

(4) 주문처리 및 배송 단계(Fulfillment)

① 대금이 결제된 후 상품을 구매자에게 제공하는 단계로, 물리적 제품과 디지털 제품에 따라 달라진다.

② 소프트웨어나 음악 등의 디지털 제품은 온라인상에서 주문처리가 종결된다. 또 물리적 제품은 배송업체를 통하여 소비자에게 전달된다.

(5) 사후 및 서비스 지원(Service and Support)

① 고객이 제품구매 후 서비스에 대한 추가적인 서비스 또는 지원(A / S, 교환 및 반품 등)을 해야 한다.

② 취향이나 기호를 면밀히 파악하여 새로운 제품개발 및 신규고객 창출에 활용해야 한다.

2. 물류 및 배송 관리

(1) 물류관리의 개요

① 개념 : 제조업체로부터 최종소비자에 이르기까지 제품 및 서비스의 흐름을 관리하는 것을 의미한다.

② 필요성
  ㉠ 전자상거래가 활성화되면서 급증한 상품배달수요 등 이에 따르는 물류부문의 역할이 커지고 있다.
  ㉡ 전자상거래의 급상승세는 기업의 물류시스템을 변화시킨다. 즉, 저렴한 가격의 직거래 방식으로 물류비용을 절감하는 것이 기업경쟁력의 핵심 요소이기 때문이다.

③ 전자상거래에서의 물류의 특징
  ㉠ 개인별 맞춤형 제품이 많아 다수의 소량주문이 많다.
  ㉡ 이용고객이 매우 다양하여 불확실한 상황에서의 시간단축이 요구된다.
  ㉢ 배달지역이 일정하지 않다.

(2) 물류시스템

① 정의 : 수요예측, 구매, 보관, 포장, 주문에 의한 배송, 반송과 환불, 재고처리에 이르는 전체적인 시스템을 말한다.

② 물류원칙
  ㉠ 적정수요예측의 원칙 : 수요를 작게 예측하여 물량을 적게 확보하면 나중에 추가 물량을 메우느라 배송기간이 길어지게 되고, 반대로 수요를 많게 예측하여 물량을 너무 많이 확보하면 시즌 이후 악성재고에 시달려야 한다. 정확하게 수요를 예측해야 창고비, 물류비 등을 절약하고 원가를 낮출 수 있다.

ⓒ 배송기간 최소화의 원칙 : 소포로 보내든지 아니면 자체물류시스템을 이용하거나 전문택배 회사를 아웃소싱하여 가능한 최소시간을 사용하여 소비자에게 물건을 배송하여야 한다. 어떤 형태의 배송을 선택하던 가장 시간이 짧은 시스템을 선택하여 고객이 기다리는 불편을 최소화해야 한다.

ⓒ 반송과 환불시스템의 원칙 : 온라인 쇼핑은 직접 실물을 보고 구입하는 것이 아니므로 실제로 상품을 받았을 때 반송하는 비율이 높다. 고객만족을 염두에 두어 상품의 반송과 환불이 원활히 이루어져야 하며, 이 때 고객은 그 사이트에 신뢰를 가지고 지속적인 구매가 가능하게 된다.

③ 고객 중심의 물류시스템
  ⓐ 당일 배달의 원칙으로 경쟁에 대처한다.
  ⓑ 고정비를 줄이기 위해 물류관리 대행업체를 이용한다.
  ⓒ 편의점, 슈퍼마켓, 주유소 등을 물류거점시설로 활용한다.
  ⓓ 소비자들이 배달기간, 배달조건, 물류업체들을 선택할 수 있게 한다.

POINT 〈전자상거래와 전통상거래의 물류특성 비교〉

구분	전자상거래의 물류	전통상거래의 물류
물류영역	• 물류센터 → 소비자 • 최종 배송점의 분산·광역화	• 물류센터 → 유통점 • 최종 배송점의 제한 → 집중화
배송물량	최소 1개 단위의 배송	최소 로트(lot) 단위의 배송
배송시간	• 최단시간 • 배송시간 선택 가능	비교적 여유 있는 배송시간
관리방식	• 가치지향적 관리체제 • 개별 고객주문정보	• 비용절감을 위한 관리체제 • 유통점의 판매정보(개별 주문 통합)

(3) 전자상거래의 배송

① 배송의 정의 : 공급자의 물류거점에서 최종 소비자에게 제품을 직접 인도하는 것을 말한다.

② 상품에 따른 배송
  ⓐ 무형제품의 전자적 배달
    • 소프트웨어, 잡지의 기사, 주식, 항공권 등을 말하며, 디지털 형태로 인터넷을 통하여 전달한다.
    • 인터넷을 통해서 배달되는 콘텐츠는 컴퓨터에 직접 입력되고, 서버에 저장되며, 독자가 웹 사이트에 몇 개의 간단한 검색어를 입력하면 독자의 컴퓨터 스크린에 직접 나타나게 되므로 유통비용이 절약된다.
  ⓑ 유형제품의 온라인 유통
    • 편리성, 제품비교의 용이성, 가격의 저렴성 등의 장점이 있다.

- 상점에 물리적인 제품을 진열하는 대신에 사진, 제품에 대한 자세한 설명, 가격 및 사이즈에 관한 정보를 담고 있는 전자 카탈로그를 준비한다.
- 택배 등의 방법으로 소비자에게 전달된다.

③ 배송의 특징

ㄱ 고객과 약속한 시간에 배송해야 하며, 24시간 무한직배시스템을 구축해야 한다.

ㄴ 주문, 생산, 배달이 거의 동시에 이루어지기 때문에 보관공간이 필요 없다. 따라서 물류비용을 줄일 수 있다.

ㄷ 제3자 물류 : 전문물류업체의 아웃소싱이 보편화됐다. 특히 인터넷 쇼핑업체와 물류업체의 전략적 제휴, 기업 간의 전자상거래 시 물류부문의 위탁은 원가절감은 물론 경쟁력 제고 등 부수적인 이익이 있다.

④ 택배정보시스템

ㄱ 개념 : 기업이나 개인 소비자의 요구에 맞추어 의뢰받은 소화물을 중량별 개당 운임에 의해 문전배송형태로 예약관리, 집화, 포장, 수송, 배달에 이르기까지의 전 과정을 운송인의 일관 책임하에 전국 익일 운송하려는 수송체계이다.

ㄴ 특징

- 소화물의 운송에 적합한 수송체계이다.
- 효율적 Door-to-Door 서비스의 지원을 목표로 하며, "Room to Room", "Desk to Desk" 단계에 이르기까지 점점 확대된 포괄서비스를 제공하는 추세이다.
- 수송서비스에 있어 혁신성을 가지고 있다.
- ITS(첨단교통체계), GPS(위성위치정보시스템) 기술을 이용한 화물자동차의 위치추적 서비스가 도입되는 추세이다.
- 소형차량으로 도시 내 권역별로 공동집배송체제를 유지하여 교통혼잡 등의 부작용을 최소화한다.

⑤ 전자상거래 강화를 위한 물류전략

ㄱ 물류시스템 기반의 구축

- 택배업체 내부는 ERP(Enterprise Resource Planning)시스템을 구축하여야 하며, 기업 간은 SCM(Supply Chain Management), 기업과 소비자 간에는 DCM(Delivery Chain - Management)이라 하는 배달체인관리로 물류업무의 비효율성을 제거하고 기업 내 정보인프라를 구축하여 반품서비스, 품질보증서비스, 배달추적서비스 등의 물류관리에 집중하여야 한다.
- 최근 택배업체들이 인터넷상에서 고객에게 화물이 전달되는 과정을 컴퓨터 화면으로 확인 할 수 있는 화물추적서비스를 제공하는 것도 하나의 예가 될 수 있다.

기출 2020년 3회

물류공동화의 효과로 가장 옳지 않은 것은?

① 수송물의 소량화
② 정보의 네트워크화
③ 차량 유동성 향상
④ 수·배송 효율 향상
⑤ 다빈도 소량배송에 의한 고객 서비스 확대

ⓛ 인터넷 쇼핑몰과의 제휴를 통한 아웃소싱의 증대

- 쇼핑몰에서 발생하는 물류의 전체를 택배업체가 수행하는 것이다.
- 단순한 배달뿐 아니라 재고관리를 위한 창고부터 위치추적서비스에 의한 배달상태 정보 및 정시배달까지 택배회사가 책임진다.
- 쇼핑몰과의 연계된 정보시스템을 통해 고객이 주문하면 바로 택배업체가 제조업체나 창고에서 바로 운송하여 창고 보관과정을 생략 또는 단축할 수 있는 직배송서비스를 구축함으로써 배송비용을 줄일 수 있다.

ⓒ **물류공동화** ✔자주출제

- 택배업체들이 물류창고시설을 공동으로 운영한다.
- 동종업체 또는 이종 연관 기업들이 전국적으로 또는 지역적으로 물류시설을 공동으로 설치하고 이용 관리함으로써 기업이 개별적으로 물류시설을 설치하거나 운영할 때보다 최소의 비용으로 최대의 이익을 획득할 수 있는 물류합리화 방법이다.
- 수도권 내 부족한 집배송센터 문제, 배송센터가 적은 중소업체를 위해서도 택배업체가 물류 기지를 공동으로 이용하는 것이 효율적이다.

ⓔ **물류표준화** : 포장·하역·보관·수송·정보 등 각각의 물류 기능 및 단계에서 사용되는 물동량 취급단위를 표준화 또는 규격화하고, 여기에 이용되는 기기·용기·설비 등의 강도나 재질 등을 통일시킨다.

ⓜ **배달비용의 다양화** : 배달 소요시간에 따라 비용도 차별화하고, 고객들이 자신에게 가장 적합한 서비스를 선택하도록 하는 것이다.

3. 전자결제

(1) 전자결제시스템의 개요

① **전자결제시스템의 정의** : 인터넷 상거래를 이용해 물품을 구입한 후, 쇼핑몰과 계약된 은행이나 카드회사의 온라인 결제를 통해서 대금이 지불되는 시스템을 말한다.

② **전자결제시스템의 장점**

ⓛ **편리성** : 기존의 결제시스템이 전화나 직접지불방식을 이용하고 있는 반면, 전자결제 시스템은 네트워크상에서 지불하거나 신용카드를 이용해서 손쉽게 처리할 수 있으며, 거래가 신속하게 이루어지므로 편리하다.

ⓒ **안전성** : 기존의 결제방식은 고객들이 상품 구매에 대한 대금 결제를 전화나 통신망을 이용해서 상대방에게 제공함으로써 개인의 프라이버시에 관한 정보가 유출되는 경우가 있었으나 전자결제시스템은 국제적인 보안 표준인 SET(Secure Electronic Transaction)를 적용하고 있다.

ⓒ 물리적·시간적 편이성 : 연 365일 24시간 거래가 형성되고, 판매자 입장에서 사업장을 늘리거나 증축할 필요가 없으며, 시간적·공간적 제한을 받지 않으므로 사업장 관리에 편리하다.

③ 전자결제시스템의 단점

㉠ 사용자의 무지 : 사용자가 어느 정도 전자상거래에 대한 이해가 필요하며, 여러 절차 때문에 기존의 상거래에 익숙한 사용자가 불편함을 느낄 수 있다.

㉡ 간접비용의 증대 : 판매자 입장에서 시스템의 유지 및 관리, 지불처리비용 등 결제에 따른 간접비용이 증가한다. 이로 인하여 제품의 가격이나 시스템 구축에 소요되는 비용이 증대될 수 있다.

㉢ 적용범위의 제한성 : 현재 인터넷 상거래에서 이용되는 보편적인 대금결제방식은 신용카드를 이용하는 방식인데, 이것은 카드 소지자만이 이용할 수 있으므로 신용카드를 사용할 수 없는 계층, 예를 들면 청소년이나 실업자는 이용할 수 없다.

(2) 전자결제시스템의 유형

① 전자화폐형 시스템

㉠ 개념 : 거래당사자 간에 직접 전자적인 현금정보가 교환되는 형태로, 구매자는 은행과 같은 금융회사로부터 자신의 계좌잔고나 신용을 기반으로 전자현금을 IC카드, 컴퓨터 등 전자 장치에 발급받아 대금을 지불하는 방식이다.

㉡ 기능 : 전자현금은 일상생활에서 사용되는 현금과 비슷하다는 측면에서 소액거래나 개인 물품 구입 및 서비스에 적합하다.

㉢ 특징

• 익명성 : 판매자는 고객의 신분을 알 수 없다.
• 확정성 : 거래가 확정되면 전자현금거래를 취소할 수 없다.
• 휴대가능성 : 은행에서 일정한 금액을 미리 인출하여 전자지갑 형태로 휴대할 수 있다.
• 양방향성 : 전자현금을 인출 혹은 지불하거나 예금할 수 있다.
• 유통성 : 일반에 널리 통용된다.
• 양도가능성 : 화폐가치의 이동이 가능하다.
• 범용성 : 다양한 용도로 광범위하게 사용될 수 있다.

㉣ 전자화폐의 종류

• IC카드형 : IC칩을 내장한 플라스틱 카드를 이용한 화폐로 휴대가 가능하고 안전성이 뛰어 나고 다른 카드와의 연계성이 좋으나 초기의 비용이 많이 든다. 종류로는 몬덱스(Mondex), 비자캐시(Visa Cash), 케이캐시(K-Cash)등이 이에 속한다.

• 네트워크형 : PC통신이나 인터넷 등 컴퓨터 네트워크에서 사용되는 전자화폐로, 네트워크를 통해 은행에서 자금을 인출하고, 물품구매 시 컴퓨터 파일형태로 구매대금을 지급 한다. 주로 전자상거래에 사용한다. 종류로는 이캐시(e-Cash), 넷빌(Net Bill), 넷캐시(Net Cash), 퍼스트버추얼(First Virtual), 사이버캐시(Cyber Cash) 등이 이에 속한다.

② 전자수표형 시스템

　㉠ 전자수표는 현실세계에서 사용하고 있는 종이로 된 수표를 그대로 인터넷상에서 구현한 것이다.

　㉡ 전자수표의 사용자는 은행에 신용계좌를 갖고 있는 사용자로서 제한된다.

　㉢ 전자수표의 발행자와 인수자의 신원에 대한 인증을 반드시 필요로 한다.

　㉣ 전자수표는 상당히 큰 액수의 거래, 기업 간의 상거래의 지불수단으로서 적합하다.

　㉤ 넷빌(Net Bill), 넷체크(Net Cheque), 이체크(e-Check) 등이 있다.

③ 신용카드형 시스템

　㉠ 장점 : 신용카드형 시스템은 신용카드사가 신분보증을 하므로 판매자가 안심하고 물건을 발송할 수 있으며 절차가 간단하므로 인터넷 상거래를 원활하게 해준다. 또한 신용카드는 비자나 마스터카드를 중심으로, 전세계적으로 광범위하게 사용되므로 인터넷 상거래 시 결제가 편리하다.

　㉡ 단점 : 특별한 보안시스템이 구축되지 않는 이상 결제의 안전을 보장할 수 없으며, 청소년이나 실업자와 같이 신용이 열악한 사람은 이용할 수 없다.

　㉢ 종류 : 퍼스트버추얼(FV ; First Virtual), 사이버캐시(Cyber Cash)등이 있다.

④ 전자자금 이체형 시스템

　㉠ 인터넷상의 가상은행은 최근 웹을 기반으로 생겨나고 있다. 가상은행이란 물리적인 지점, 본점을 운영하지 않고도 모든 것을 웹상에서 사용자와 연결함으로써 운영되는 은행을 말한다.

　㉡ 전자자금 이체형 시스템에는 SFNB의 Quick Pay 서비스가 있다. 지불대상과 금액만 입력하면 자금이체가 일어나게 되어 있는데, 미리 자금을 이체할 시간을 설정하여 지불을 예약하는 것도 가능하다.

　㉢ 전자자금 이체형 시스템은 금전적 가치를 이용자가 자신이 보유하고 있는 컴퓨터의 전자적 장치에 저장하는 것이 아니고, 시스템이 거래당사자의 계좌에서 수취인의 계좌로 금전적 가치를 이동시킨다.

기출 2018년 3회

카플란(Kaplan)과 노튼(Norton)이 제시한 균형성과표에 의한 성과측정 요소로 가장 거리가 먼 것은?

① 학습과 성장 관점
② 내부 비즈니스 프로세스 관점
③ 전사적 자원관리 관점
④ 재무적 관점
⑤ 고객 관점

< 정답 ③

참 고 카플란(Kaplan)과 노튼(Norton)이 제시한 균형성과표에 의한 성과측정 요소

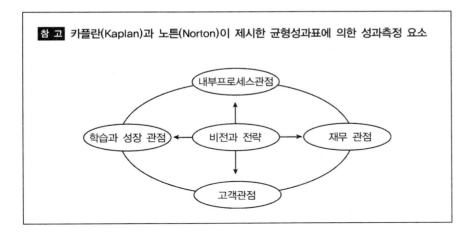

기출 & 예상문제

01 아래 글상자의 ( )안에 공통적으로 들어갈 공급사슬관리 개념으로 가장 옳은 것은?

> ㉠ ( )은(는) 조직들이 시장의 실질적인 수요를 예측함과 동시에 비용효과적인 방법으로 대응하는 전략이다.
> ㉡ ( )의 목표는 조직들이 최소 재고를 유지하면서, 정시배송을 통한 가장 높은 수준의 소비자 만족을 가능하게 하는 것이다.
> ㉢ ( )의 핵심은 단일 계획에 의한 실행으로 조직의 경영목표를 달성하기 위한 계획을 정립하고, 판매, 생산, 구매, 개발 등 조직 내의 모든 실행이 동기화되어야 한다.

① S&OP(Sales and Operations Planning)
② LTM(Lead Time Management)
③ VMI(Vendor Managed Inventory)
④ DF(Demand Fulfillment)
⑤ SF(Supply Fulfillment)

TIPS!
① 기업의 수요와 공급이 균형을 이루어 고객 만족과 수익성이 향상되도록 도와주는 업무 프로세스를 말한다.

02 전자서명이 갖추어야 할 특성으로 가장 옳지 않은 것은?

① 서명한 문서의 내용을 변경할 수 없어야 한다.
② 서명자가 자신이 서명한 사실을 부인할 수 없어야 한다.
③ 서명은 서명자 이외의 다른 사람이 생성할 수 없어야 한다.
④ 서명은 서명자의 의도에 따라 서명된 것임을 확인할 수 있어야 한다.
⑤ 하나의 문서의 서명을 다른 문서의 서명으로 사용할 수 있어야 한다.

TIPS!
⑤ 하나의 문서의 서명을 다른 문서의 서명으로 바꿀 수 없어야 한다.

Answer 01.① 02.⑤

03 전자시장(electronic market)에 대한 설명으로 가장 잘못된 것을 고른 것은?

① 온라인상에서 구매자와 판매자가 거래하는 가상의 시장

② 구매자와 판매자를 매칭하는 역할을 수행

③ 전자상거래 관련 규정 등과 같은 제도적 인프라가 제공되어야 시장이 활성화될 수 있다.

④ 전자결제 및 물류 인프라의 제공이 전자시장에서의 거래를 촉진할 수 있다.

⑤ 전자시장에서는 판매자로의 제품정보 쏠림 현상이 심화되는 경향이 있다.

 TIPS!

전자시장(electronic market)에서는 구매자에게 제품정보가 충분히 제공되므로 구매자로의 제품정보 쏠림 현상이 심화되는 경향이 있다.

04 전자상거래에서 거래되는 제품들의 가격인하 요인으로 가장 옳지 않은 것은?

① 신디케이트 판매

② 경쟁심화에 따른 가격유지의 어려움

③ 최저 가격 검색 가능

④ 인터넷 판매의 낮은 경비

⑤ 사이트의 시장점유율 우선의 가격 설정

 TIPS!

① 공동 판매 카르텔을 뜻한다. 판매소를 두고 공동으로 판매를 하는 가장 고도화된 카르텔의 형태로 가격상승 요인이다.

Answer 03.⑤ 04.①

05 전자상거래 용어에 대한 해설로 가장 옳은 것은?

① 온라인 쇼핑몰 – 컴퓨터 등과 정보통신 설비를 이용하여 재화 또는 용역을 거래할 수 있도록 설정된 가상의 영업장

② 모바일 앱 – 모바일 기기의 인터넷 기능을 통해 접속하는 각종 웹사이트 중 모바일 환경을 고려하여 설계된 모바일 전용 웹사이트

③ 모바일 웹 – 스마트폰, 스마트 패드 등 스마트 기기에 설치하여 사용할 수 있는 응용 프로그램

④ 종합몰 – 하나 혹은 주된 특정 카테고리의 상품군만을 구성하여 운영하는 온라인쇼핑몰

⑤ 전문몰 – 각종 상품군 카테고리를 다양하게 구성하여 여러 종류의 상품을 구매할 수 있는 온라인쇼핑몰

> **TIPS!**
> ② 모바일 앱은 스마트폰의 앱스토어(앱 장터)를 통해 다운로드 받는 모바일 어플리케이션의 약칭이다.
> ③ 모바일 웹은 데스크톱 PC용 웹사이트와 별개로 모바일 브라우저에서 이용자들이 편하게 이용할 수 있도록, PC용 웹사이트를 모바일 스크린 크기에 맞춰 줄여놓은 것을 뜻한다.
> ④ 종합몰은 각종 상품군 카테고리를 다양하게 구성하여 여러 종류의 상품을 구매할 수 있는 온라인쇼핑몰이다.
> ⑤ 전문몰은 하나 혹은 주된 특정 카테고리의 상품군만을 구성하여 운영하는 온라인쇼핑몰이다.

06 오늘날 공급사슬관리는 IT의 지원없이 작동할 수 없다. 공급사슬관리에 일어난 주요 변화로 옳지 않은 것은?

① 공급자 중심에서 고객중심으로 – 비용보다는 유연한 대응력 즉 민첩성이 핵심요인

② 풀(pull)관행에서 푸시(push)관행으로 – 생산 플로부터 소비자 주문 또는 구매를 근거로 하는 푸시관행으로 이동

③ 재고에서 정보로 – 실질 수요에 대한 더 나은 가시성 확보가 중요

④ 운송과 창고관리에서 엔드투엔드 파이프라인관리가 강조 – 가시성과 시간단축 중요

⑤ 기능에서 프로세스로 – 급변하는 환경에 다기능적이고 시장지향적인 프로세스에 초점

> **TIPS!**
> ② 소비자들의 요구 수준이 높아지고 다양해짐에 따라 이제는 밀기(push)방식보다는 끌기(pull)방식이 중요해졌다.

Answer 05.① 06.②

07 전자상거래를 하지만 기본적인 사업을 물리적 세계에서 행하는 조직의 형태에 가장 적합한 비즈니스 조직은 무엇인가?

① Click-and-Mortar Organization
② Virtual-and-Mortar Organization
③ Brick-and-Mortar Organization
④ Click-and-Virtual Organization
⑤ Brick-and-Virtual Organization

> **TIPS!**
> Click-and-Mortar Organization은 조직은 EC활동을 수행하고 현실세계에서 근본적으로 오프라인으로 작업한다. 즉 오프라인 작업과 온라인 작업을 병행한다.

08 대칭키 암호화 방식에 해당되지 않는 것은?

① IDEA(International Data Encryption Algorithm)
② SEED
③ DES(Data Encryption Standard)
④ RSA(Rivest Shamir Adleman)
⑤ RC4

> **TIPS!**
> 대칭키 암호(Symmetric key) … 암호문을 생성할 때 사용하는 키와 암호문으로부터 평문을 복원할 때 사용하는 키가 동일한 암호 시스템으로 일반적으로 알고 있는 암호 시스템이다.
> ④ 비대칭키 암호화 방식이다.

09 e-비즈니스 모델이 성공하기 위하여 기업들이 고려해야 할 주요사항들 중에서 가장 거리가 먼 것은?

① 차별화된 컨텐츠를 제공하여야 한다.
② 자금, 기술 등의 하드웨어적 자산을 기업의 핵심역량으로 강화해야 한다.
③ 지속적인 수익을 창출하도록 해야 한다.
④ 빠르게 기회를 선점하여야 한다.
⑤ 완벽한 비즈니스모델 구축보다는 빠른 가상공간 진입이 우선시 되어야 한다.

> **TIPS!**
> e-비즈니스 모델이 성공하기 위해서는 소프트웨어작인 측면을 강화해야 한다.

Answer 07.① 08.④ 09.②

10 디지털 서명에 관한 고려사항으로 가장 거리가 먼 것은?

① 공개키로 비밀키를 복원할 수 있어야 한다.

② 디지털 서명은 쉽고 바로 인식되어야만 한다.

③ 디지털 서명을 통하여 송신자가 누구인지 확인이 되어야 한다.

④ 디지털 서명에 대한 위조는 불가능하도록 구조화되어야 한다.

⑤ 송신자 외에 문서의 내용 및 서명의 변경, 삭제는 불가능하다.

TIPS!

디지털 서명에서는 공개키로 비밀키를 복원할 수 없도록 해야 한다.

11 아래 내용이 설명하는 것으로 적합한 것은?

'언제 어디에나 존재한다'는 뜻의 라틴어로써, 사용자가 컴퓨터 또는 네트워크를 의식하지 않고 장소에 상관없이 자유롭게 네트워크에 접속할 수 있는 환경을 말한다.

① LAN

② Internet

③ 유비쿼터스

④ EDI

⑤ CALS

TIPS!

유비쿼터스는 '언제 어디에나 존재한다'는 뜻의 라틴어로써, 사용자가 컴퓨터 또는 네트워크를 의식하지 않고 장소에 상관없이 자유롭게 네트워크에 접속할 수 있는 환경을 말한다.

12 전자상거래 시스템의 구축절차로 올바른 것은?

① 시스템 구축단계 → 전자계약의 체결단계 → 전자인증단계 → 전자결제단계 → 물류, 수송 및 배송 단계

② 시스템 구축단계 → 전자계약의 체결단계 → 전자결제단계 → 전자인증단계 → 물류, 수송 및 배송 단계

③ 전자계약의 체결단계 → 시스템 구축단계 → 전자인증단계 → 전자결제단계 → 물류, 수송 및 배송 단계

④ 시스템 구축단계 → 전자계약의 체결단계 → 전자인증단계 → 물류, 수송 및 배송단계 → 전자결 제단계

⑤ 물류, 수송 및 배송단계 → 전자계약의 체결단계 → 전자인증단계 → 전자결제단계 → 시스템구축 단계

> **TIPS!**
>
> 전자상거래 시스템의 구축절차 … 시스템 구축단계 → 전자계약의 체결단계 → 전자인증단계 → 전자결제단계 → 물류, 수송 및 배송단계

13 다음 중 전자상거래 프로세스를 순서대로 바르게 나열한 것을 고르면?

① 전자적 커뮤니케이션 단계 → 제품주문 단계 → 대금지불 단계 → 주문처리 및 배송 단계 → 사후 및 서비스 지원

② 전자적 커뮤니케이션 단계 → 대금지불 단계 → 제품주문 단계 → 주문처리 및 배송 단계 → 사후 및 서비스 지원

③ 전자적 커뮤니케이션 단계 → 제품주문 단계 → 주문처리 및 배송 단계 → 대금지불 단계 → 사후 및 서비스 지원

④ 전자적 커뮤니케이션 단계 → 대금지불 단계 → 주문처리 및 배송 단계 → 제품주문 단계 → 사후 및 서비스 지원

⑤ 전자적 커뮤니케이션 단계 → 주문처리 및 배송 단계 → 제품주문 단계 → 대금지불 단계 → 사후 및 서비스 지원

> **TIPS!**
>
> 전자상거래 프로세스 … 전자적 커뮤니케이션 단계 → 제품주문 단계 → 대금지불 단계 → 주문처리 및 배송 단계 → 사후 및 서비스 지원

14 다음 중 전자상거래 물류의 특성을 설명한 것으로 가장 옳지 않은 것은?

① 최종 배송점의 분산 및 광역화　　② 배송시간의 선택이 가능

③ 가치지향적인 관리체제　　④ 최소 로트단위의 배송

⑤ 개별 고객주문정보

> **TIPS!**
>
> ④는 전통상거래의 물류에 대한 설명이다.

Answer 12.① 13.① 14.④

유통혁신을 위한 정보자원관리

section **1** ERP 시스템(전사적 자원관리 ; Enterprise Resource Planning)

1. ERP 개념

① 회계, 인사, 구매, 판매, 수송, 배송, 제조, 물류 등 기업운영에 필요한 핵심정보를 처리하는 응용소프트웨어들이 유연하게 통합된 일종의 결집체를 말한다.

③ 즉, 인사·재무·생산·물류 등 기업의 전 부문에 걸쳐 독립적으로 운영되던 각종 관리시스템의 경영자원을 하나의 통합 시스템으로 재구축함으로써 생산성을 극대화하려는 경영혁신기법을 말한다.

2. ERP 요소 기술

ERP 시스템은 기업의 전체적인 비즈니스 모델에 정보 인프라를 제공하는 시스템인 만큼 규모적인 측면에서 매우 광대하며, 기술적으로는 기존의 정보시스템에 비해 많은 데이터를 더 빠른 시간 안에 효율적으로 처리 가능해야 한다. 이에 따라 ERP는 정보 인프라를 최적으로 지원하기 위하여 다음과 같은 정보시스템 기술을 수용하고 있다.

① 클라이언트/서버 시스템

　㉠ 과거의 정보시스템들은 일반적으로 중앙 집중형 환경으로 구축되었다.

　㉡ 사용자들이 사용하는 컴퓨터는 더미(dummy) 터미널에 불구하여 중앙의 주전산기로부터 정보를 읽어서 보여주는 역할만 하였고 모든 데이터는 주전산기 내에서 처리되었다.

　㉢ 하지만 컴퓨터의 발달과 함께 현재 사용자들이 사용하고 있는 클라이언트 컴퓨터는 기능이 강력해졌고, 터미널 이상의 기능을 발휘할 수 있게 되었다.

　㉣ 이에 따라 서버의 부하를 크게 줄여주며 자원을 효율적으로 운영하고 관리할 수 있는 시스템 방식으로 클라이언트/서버 방식이 채택되기 시작하였다.

　㉤ ERP 시스템은 규모면에서 매우 광대하고 업무처리량이 많은 만큼 한 개의 중앙시스템에서 모든 데이터를 처리하는 것이 불가능하다.

　㉥ 실제로 네트워크 기술의 급속한 발전과 활용기반확대에 힘입어 기업 전산환경이 클라이언트/서버 방식으로 재편되면서 ERP 시스템의 등장이 가능해진 것이다.

② 객체지향 기술

　㉠ ERP 시스템의 각 부문은 독립된 객체로서의 역할을 하도록 설계되어 있다.

　㉡ 즉, ERP 시스템은 수많은 객체로 구성되어 있으며 각 객체는 타 객체와 인터페이스 하여 시스템을 이룬다.

　㉢ ERP 시스템은 객체지향적으로 설계됨으로써 비즈니스 로직, 규칙, 소프트웨어들이 빠르고 손쉽게 재사용이 가능하며 새로운 부문의 추가도 용이하다.

　㉣ 시스템이 업그레이드 되거나 기능이 추가 또는 삭제되는 경우에도 객체지향적으로 설계된 시스템은 해당부문에 대한 교체 또는 업데이트만으로 변경이 가능하다.

③ 4세대 언어 개발 툴 CASE

　㉠ ERP 시스템은 기존의 프로그래밍 방식에서 벗어나 새로운 4세대 언어(4Generation: 4GL)와 CASE(Computer Aided Software Engineering) 도구에 의한 개발방식을 취하고 있다.

　㉡ 대표적인 4세대 언어는 Visual Basic, C++, Power builder, Delphi, Java 등이 있다.

　㉢ CASE란 고차원적인 기능으로 구성된 기업용 애플리케이션 개발을 위한 방법론 지원 도구이다.

④ 개방형 시스템 : 정보시스템 측면에서 보면 시스템 표준화를 통해 데이터의 일관성을 유지하고, 개방형 정보시스템으로 자율성과 유연성이 극대화되는 것은 물론, 클라이언트 서버 컴퓨팅 구현으로 시스템 성능이 최적화되며, GUI(Graphic User Interface)등 신기술을 이용하여 사용하기 쉬운 정보환경을 제공할 수 있다.

⑤ 데이터 웨어하우스

　㉠ ERP 시스템은 많은 데이터를 처리하고 있다.

　㉡ ERP 시스템에서 요구하는 데이터 처리 수준은 갈수록 증가되고 있다.

　㉢ 이에 따라 ERP 시스템은 고성능의 데이터 처리 및 저장 기술이 요구하게 되었다.

　㉣ 그러므로 ERP 시스템은 데이터웨어하우스를 채택하게 되었다.

　㉤ 데이터웨어하우스는 다양한 데이터를 분류, 분석, 가공해주는 기능을 제공해주고 있다.

⑥ 인터넷 기술

　㉠ 오늘날의 기업 정보 시스템은 백오피스 뿐만 아니라 프런트 오피스의 기능이 요구된다.

ⓛ 그러므로 웹 기술을 ERP 시스템에 적용시키는 것은 매우 중요한 기능이 되었다.

ⓒ 그러므로 현재 기업에서는 웹기술을 통해 현장에 나가지 않고도 가정에서 웹을 통해 업무처리를 할 수 있게 되었다.

ⓔ 이를 웹 기반 ERP 시스템(Wed-enabled ERP System)이라고 한다.

3. ERP 구축

하나의 시스템에 기업의 모든 데이터를 모아 관리하고, 이를 바탕으로 신속한 의사결정을 돕는 ERP 솔루션이 주목받고 있는 상황에서 ERP 시스템 구축의 필요성은 다음과 같다.

① 실시간 정보 처리 및 기능 간 통합 - 모든 조직의 업무 처리 과정에서 산출되는 각종 데이터가 ERP 솔루션 내 통합돼 촘촘하게 관리되고, 이를 실시간으로 공유할 수 있어 조직간 기능적 통합이 가능하다.

② 정보기술(IT)을 활용한 확장성 - 모든 데이터가 전산화되어 관리되기 때문에 축적된 데이터를 기반으로 추후 원하는 기능을 자유롭게 확장/추가해 단일 정보시스템이 갖는 이점을 가질 수 있다.

③ 비용 효율적 자원 관리 - 별도의 서버나 전산 부서를 구축할 필요 없어 별도의 IT 부서를 두기가 부담스러운 기업이 비용 효율적으로 정보를 관리할 수 있다.

④ 비즈니스 프로세스 재설계 효과 - ERP 솔루션에 미리 설계된 프로세스에 따라 업무를 처리하게 되므로, 미리 검증된 선진 프로세스를 자연스럽게 회사 업무에 적용할 수 있어 BPR(Business Process Reengineering, 업무 흐름 재설계) 효과를 누릴 수 있다.

⑤ 빠른 의사결정으로 외부 환경에 유연하게 대응 - 경영 의사결정에 핵심적인 기업 정보의 흐름을 한눈에 확인할 수 있고, 그 덕분에 정보의 단절로 인한 손실을 최소화해 빠르게 변화하는 외부 환경에 유연하게 대처할 수 있다.

4. 유통분야에서의 ERP 활용

① SET 상품(기획 상품) 관리 기능 - SET/기획상품에 대해 기초에서 손쉽게 설정하게 지원하며 재고 현황에서 SET 상품으로서의 재고와 SET을 풀었을 때의 구성품으로서의 재고를 모두 보여주게 관리하여 SET 재고에 대한 다양한 의사결정 지원이 가능하다.

② 외부 물류센터(3PL)와의 연동 - 주문처별 주문 내역에 대해 외부 물류센터와 데이터를 연동하여 출고요청 및 출고처리를 자동처리 후 출고 결과 값의 관리가 가능하다.

③ 구매품에 대한 실질 원가 관리의 기능 – 물품비 외의 창고료, 물류비, 배송비, 각종 수수료 등을 포함한 실질 원가를 품목별로 시스템에서 자동 관리 기능이 가능하다.

④ 바코드, PDA 등을 이용한 재고/실적 관리 – 바코드, PDA 등을 이용한 재고/실적 관리로 실시간 재고 파악 가능, 또한 바코드를 이용하여 추적관리가 가능하다.

기출PLUS

section 2 CRM 시스템 (자주 출제)

1. CRM 개념

① CRM은 고객들과의 관계를 효율적/효과적으로 관리하고자 하는 행동을 말한다.

② CRM은 고객상담 애플리케이션, 고객데이터베이스 등의 고객지원시스템을 기반으로 신규고객을 획득하고, 고객의 욕구 및 행동을 분석해서 개별 고객들의 특성에 맞춘 마케팅을 기획 및 실행함으로써 기존 고객도 유지하는 경영관리기법이다.

③ CRM은 고객에 대한 이해를 통해 그들의 니즈에 맞는 가치를 제공함으로써 기업조직의 수익을 창출하는 도구이다.

참고 CRM의 필요성

CRM은 고객데이터와 정보를 분석/통합하여 개별 고객의 특성에 기초한 마케팅 활동을 계획, 지원, 평가하는 과정으로서 고객과의 지속적 관계를 발전시켜 생애 가치를 극대화하려는 데 있다.

참고 CRM의 목적

① 지속적인 관계를 통한 고객관리
② 개별적인 고객에 대한 1:1 마케팅
③ 정보기술에 의한 관리
④ 전사적 차원에서의 관리

---

2. CRM 요소 기술

① 운영적 CRM : 데이터 웨어하우스(data warehouse)나 데이터 마트(data mart)와 같은 데이터 웨어하우징 환경의 주요한 요소들을 포함한다. 운영적 CRM은 다양한 고객접점에서 생성된 정보를 통합, 분류한다.

② 분석적 CRM : 다양한 데이터 마이닝(data mining) 도구를 사용하여, 운영적 CRM에 의해 생성된 데이터 웨어하우스나 데이터 마트 내의 자료를 추출하여 분석하고, 이를 기반으로 모델을 만든다.

③ 협업적 CRM : 분석적 CRM에서 얻은 결과를 대(對)고객 마케팅활동에 직접 활용하여 고객과 기업간의 상호작용을 촉진시키는 기능을 한다. 즉, 데이터베이스에 저장된 분석적 CRM의 결과를 활용하여 상품의 교차판매 (cross-selling)와 상승판매(up-selling)를 수행하거나, 고객과의 직접적인 커뮤니케이션을 통한 마케팅활동을 수행한다.

3. CRM 구축

① CRM의 구축을 위한 전제조건

ㄱ 고객 통합 데이터베이스의 구축 : 기업이 보유하고 있는 데이터를 웨어하우스 관점에 기초하여 통합한다.

ㄴ 고객특성을 분석하기 위한 마이닝 도구 : 구축된 고객통합 데이터베이스를 대상으로 마이닝 작업을 통해 고객특성을 분석한다.

ㄷ 마케팅 활동을 대비하기 위한 캠페인 도구 : 분류된 고객 개개인에 대한 특성을 바탕으로 해당 고객에 대한 적절한 캠페인 전략을 지원/관리하는 도구이다.

② CRM의 구축과정

ㄱ 데이터의 수집 : 기업의 내부자료와 외부자료를 수집하는 과정이다.

ㄴ 데이터의 정제 과정 : 데이터에 존재하는 이상치나 중복성을 제거한다.

ㄷ 데이터 웨어하우스 구축 : 지속적인 고객관리를 위해 필요하다.

ㄹ 고객 분석/데이터 마이닝 : 고객 선호도나 요구에 대한 분석을 바탕으로 고객행동을 예측하고 고객별 수익성, 가치성을 측정한다.

ㅁ 마케팅 채널과의 연계 : 분석된 결과를 가지고 영업부서나 고객서비스 부서 등에서 마케팅 활동의 자료로 활용한다.

ㅂ Feedback 정보 활용 : 마케팅 활동의 결과를 판단하여 의미있는 정보를 마케팅 자료로 활용하기 위해 피드백한다.

4. 유통분야에서의 CRM 활용

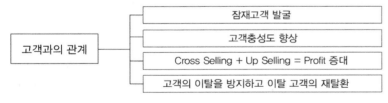

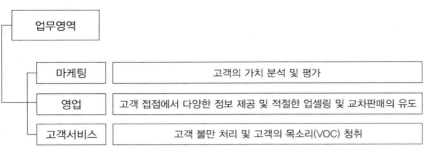

참고 CRM의 적용을 통해 수행성과를 개선할 수 있는 분야

① 고객이탈에 대한 조기경보시스템 운영
② 다양한 접점의 고객정보의 수집 및 분석
③ 영업 인력의 영업활동 및 관리의 자동화
④ 서비스 차별화를 위한 표적고객의 계층

참고 CRM 시스템을 구축하는 이유

• 고객과의 장기적인 관계 형성
• 거래 업무 효율화와 수익 증대
• 의사결정 향상을 위한 고객에 대한 이해 활성화
• 우수한 고객서비스 제공 및 확고한 경쟁우위 점유
• 기존 고객유지보다 신규 고객유치 활성화를 통한 비용의 절감

참고 고객관계관리(CRM)에 대한 접근방법

① 마케팅부서만이 아닌 전사적 관점에서 고객지향적인 전략적 마케팅활동을 수행한다.
② 데이터마이닝 기법을 활용해 고객행동에 내재돼 있는 욕구(needs)를 파악한다.
③ 고객과의 관계 강화를 지속적으로 모색하는 고객중심 비즈니스모델을 수립한다.
④ 표적고객에 대한 고객관계 강화에 집중하며 고객점유율의 향상에 중점을 둔다.

section 3 SCM(supply chain management) 시스템

1. SCM 개념

① 공급자로부터 기업 내 변환과정, 유통망을 거쳐 최종고객에 이르기까지의 자재, 서비스 및 정보의 흐름을 전체 시스템의 관점에서 관리하는 것을 말한다.

② 공급사슬 상에서 자재의 흐름을 효과적·효율적으로 관리하고 불확실성과 위험을 줄임으로써 재고수준, 리드타임 및 고객 서비스수준의 향상을 목적으로 한다.

2. SCM 요소 기술

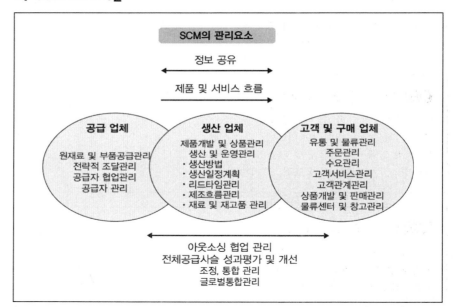

3. SCM 구축

① Cross-docking 시스템 구축 : 창고나 물류센터에서 수령한 상품을 창고에서 재고로 보관하는 것이 아니라 즉시 배송할 준비를 하는 물류시스템이다. 크로스 도킹은 배달된 상품을 수령하는 즉시 중간 저장단계가 거의 없거나 전혀 없이 배송지점으로 배송하는 것이다. 그러므로 물류센터에서의 크로스 도킹은 중간 단계가 매우 짧다는 것이 특징이다.

② 비용 구조 개선 및 파트너십 구축

③ 완벽한 IT 시스템 구축

4. 유통분야에서의 SCM 활용

① SCM이란 유통 경로상에 있는 기업들이 정보교환을 수단으로 협력 체계를 구축해 유통 효율성을 높이는 유통 기법이다. 이는 유통 주체들이 제각기 의사 결정을 하고 서로 독립적으로 활동하는 전통적인 유통 시스템이 불안정하고 비용이 많이 드는 문제점을 해결하기 위해 개발된 것이다.

② 세계 최대의 유통 업체인 월마트가 유수의 생활용품 메이커인 프록터 앤드 갬블에 판매 정보를 제공하며 SCM을 도입해 재고 감축과 유통·물류비용을 절감한 사례가 대표적이다. 월마트의 성공 이후 대다수의 유통·제조기업들이 SCM 시스템을 앞다투어 도입하고 있고, 식품 산업에서도 ECR(Efficient Consumer Response)이라는 개념으로 1990년대 초반부터 SCM이 도입되었다.

기출 & 예상문제

01 다음 중 각종 관리시스템의 경영자원을 하나의 통합 시스템으로 재구축함으로써 생산성을 극대화하는 것은?

① MRP 시스템
② CRM 시스템
③ PERT/CPM
④ ERP 시스템
⑤ PER

> **TIPS!**
>
> ERP 시스템(전사적 자원관리 ; Enterprise Resource Planning)은 인사 · 재무 · 생산 · 물류 등 기업의 전 부문에 걸쳐 독립적으로 운영되던 각종 관리시스템의 경영자원을 하나의 통합 시스템으로 재구축함으로써 생산성을 극대화하려는 경영혁신 기법이다.

02 다음 중 ERP 요소 기술로 바르지 않은 것은?

① 폐쇄형 시스템
② 객체지향 기술
③ 인터넷 기술
④ 클라이언트/서버 시스템
⑤ 4세대 언어 개발 툴 CASE

> **TIPS!**
>
> ERP 요소 기술에는 클라이언트/서버 시스템, 객체지향 기술, 4세대 언어 개발 툴 CASE, 개방형 시스템, 데이터 웨어하우스, 인터넷 기술 등이 있다.

03 다음 중 개별 고객들의 특성에 맞춘 마케팅을 기획 및 실행함으로써 기존 고객도 유지하는 경영관리기법은 무엇인가?

① SCM
② CPM
③ CRM
④ MRP
⑤ ERP

> **TIPS!**
>
> CRM(고객관계관리 ; Customer Relation Ship)은 고객지원시스템을 기반으로 신규고객을 획득하고, 고객의 욕구 및 행동을 분석해서 개별 고객들의 특성에 맞춘 마케팅을 기획 및 실행함으로써 기존 고객도 유지하는 경영관리기법을 말한다.

Answer 01.④ 02.① 03.③

04 고객 마케팅활동에 직접 활용하여 고객과 기업 간의 상호작용을 촉진시키는 기능을 하는 CRM 요소 기술은?

① ERP   ② 분석적 CRM
③ SCM   ④ 운영적 CRM
⑤ 협업적 CRM

TIPS!
협업적 CRM은 분석적 CRM에서 얻은 결과를 고객 마케팅활동에 직접 활용하여 고객과 기업간의 상호작용을 촉진시키는 기능을 한다.

05 다음 중 CRM 시스템을 구축하는 이유로 보기 가장 어려운 것은?

① 확고한 경쟁우위 점유
② 고객과의 단기적인 관계 형성
③ 거래 업무 효율화
④ 기존 고객유지보다 신규 고객유치 활성화를 통한 비용의 절감
⑤ 고객에 대한 이해 활성화

TIPS!
고객과의 장기적인 관계를 형성하기 위함이다.

06 물류센터에서 수령한 상품을 창고에서 재고로 보관하는 것이 아니라 즉시 배송할 준비를 하는 물류시스템은?

① CRM 형성   ② ERP 구축
③ 크로스도킹   ④ STP전략 수립
⑤ JIT의 낭비 감소

TIPS!
크로스도킹 시스템은 배달된 상품을 수령하는 즉시 중간 저장단계가 거의 없거나 전혀 없이 배송지점으로 배송하는 것을 특징으로 한다.

Answer 04.⑤ 05.② 06.③

chapter 06

신융합기술의 유통분야에서의 응용

section 1 신융합기술

1. 신융합 기술 개요

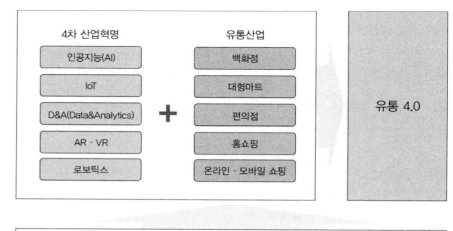

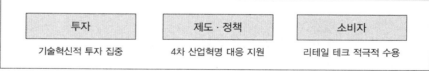

1990년대 말 인터넷과 전자상거래의 급속한 발달을 통해 상품거래의 시공간적 한계를 극복한 유통 3.0 시대를 넘어서, 세계시장의 통합과 AI, IoT, 빅데이터, VR/AR 등 4차 산업혁명 기술의 발전에 힘입어 유통산업 가치 창출의 원천이 단순한 '상품·서비스 거래 중개'에서 경쟁력과 수익의 원천이 되는 '생산·소비에 대한 지식과 정보'로 전환되는 '유통 4.0 시대'가 도래하였다. 기술, 인구, 정치, 경제 등 여러 가지 환경의 급변으로 인한 유통시장의 패러다임 쉬프트는 가속화되고 있으며 대표적으로 O2O 서비스, 제품 추적 기능, 빅데이터 기반 맞춤형 서비스 제공, 실감형 VR 스토어, 무인 쇼핑 등 리테일테크가 부상하고 있으며 신규 플랫폼 기반 유통 채널과 정보통신기반의 기업들의 유통산업 진출에 따라 큰 파장을 일으키고 있다.

2. 디지털 신기술 현황

① 인터넷의 보급과 함께 온라인 쇼핑이 일반화되었고, 이후 스마트폰의 출현과 함께 모바일 쇼핑이 확산되며 디지털 유통 시대에 진입하였다.

② 디지털 유통은 소비자가 물건을 구매하는 방식뿐만 아니라 판매자가 상품을 판매하는 방식에도 큰 변화를 가져왔는데 더이상 판매자와 소비자가 같은 공간에 있을 필요가 없어지면서 전 세계 어디서든 상품을 판매하거나 구매하는 형태로 변화하고 있다.

③ 디지털 유통과 퀵 커머스의 확산이 부른 유통물류 서비스에 미치는 주요 영향 및 변화

　㉠ 증가하는 배송 물량 : 온라인 쇼핑의 확산으로 인해 배송되는 상품 수가 급증하며, 이로 인해 물류시스템은 보다 효율적인 관리와 빠른 처리를 요구하고 있다.

　㉡ 단일 패키지 배송 증가 : 오프라인 매장에서 대량으로 상품을 구매하는 것이 아니라 온라인에서 소량 또는 개별 상품을 주문하는 소비 패턴이 늘어나면서 물류센터는 소량의 상품을 효율적으로 관리하고 배송할 수 있는 시스템을 필요로 한다.

　㉢ '라스트 마일' 배송 문제 : '라스트 마일' 배송, 즉 최종 소비자에게 상품을 배달하는 과정은 전체 배송과정 중에서도 비용과 시간이 가장 많이 소요되는 부분으로 증가하는 라스트 마일 배송량을 소화할 수 있는 시스템을 필요로 한다.

　㉣ 실시간 추적과 투명성 요구 : 소비자는 실시간으로 상품의 위치와 배송 상태를 확인하기를 희망하는데 이는 배송 정보를 실시간으로 업데이트하고 관리하는 복잡한 시스템을 필요로 한다.

　㉤ 환경 친화적인 물류의 중요성 증가 : 디지털 유통과 배송 활동의 증가는 환경에 대한 영향을 증가시켰고, 이로 인해 친환경적인 물류 솔루션의 도입은 필수 불가결한 요소로 변화하고 있다.

3. 신융합 핵심 기술

유통물류업계는 AI를 중심으로 첨단 기술을 활용하여 유통물류의 효율을 높이고 배송 시간을 단축하고 고객 만족도를 높이는 형태로 변화하고 있으며 이러한 유통물류 혁신을 가능케 하는 기술은 다음과 같다.

① AI 및 기계 학습의 활용 : 유통물류 분야에서 AI는 수요 예측, 라우팅 계획, 자동화된 창고 관리 등을 포함한 많은 영역에서 적용되며 로봇, 자율차, IoT 등 자동화 장비 제어 등이 있다.

② IoT의 적용 : IoT 기술은 유통물류 흐름의 투명성을 높이고, 효율성을 향상시키며, 재고관리를 개선하는 데 기여한다.

③ 로봇 및 자동화 기술의 적용 : 창고자동화는 유통물류의 효율을 향상시키는 데 큰 역할을 하고 있으며 로봇 피킹시스템, 자동화된 창고 관리 시스템 등이 해당한다.

④ 자율 주행차량의 활용 : 자율 주행차량은 특히 라스트 마일 배송에 대한 해결책을 제공하는데 이는 도시 지역에서의 배송 비용을 줄이고 효율성을 향상시키는 데 기여한다.

⑤ 지속가능한 물류 : 환경에 대한 증가된 관심으로 많은 기업들이 지속 가능한 유통물류에 대한 해결책을 찾고 있는데 이는 배송 과정에서의 탄소 발자국을 줄이고, 재사용이 가능한 포장재를 사용하며, 전기 트럭과 같은 친환경 차량을 사용하는 등을 통해 지속가능한 기반을 마련하고 있다.

4. 신용합기술에 따른 유통업체 비즈니스 모델 변화

① 신기술 도입을 통한 새로운 형태의 비즈니스 모델을 실험하는 유통기업도 있다. 호주의 마이어 백화점이 미국의 이베이(eBay)와 협업해 세계 최초의 VR 백화점을 구현했으며, 알리바바의 '바이플러스', 이케아의 'VR 애플리케이션' 등 기술투자도 적극적으로 이루어지고 있다. 최근 미국 최대 유기농 식료품 체인인 홀푸드마켓을 137억 달러(약 15조 5천억 원)에 인수한 ② 온라인 유통의 최강자인 아마존의 전략적 선택도 있다. 더 많은 시장 점유율과 함께 새로운 비즈니스에서 승리하기 위해서는 비즈니스 모델의 잠재적 위험과 보상의 적절한 평가를 통해 불확실성에 대비하여야 하며, 고객의 다양한 상품과 가격책정에 대한 기대를 충족시키면서 고객의 로열티를 지속시켜야 한다.

section 2 신용합기술의 개념 및 활용

1. 빅데이터와 애널리틱스의 개념 및 활용

(1) 빅데이터(Big Data)

① 등장 배경

　㉠ 디지털 정보량의 증가에 따라 대규모 데이터가 중대 이슈로 부각되며 등장한 용어로서, 기존의 관리 및 분석체계로는 감당할 수 없을 정도의 거대한 데이터의 집합을 지칭한다.

    ⓛ 과거 빅데이터는 천문, 항공, 우주 정보, 인간게놈 정보 등 특수분야에 한
      정됐으나, 정보통신기술의 발달에 따라 전 분야로 확산되었다.

    ⓒ 대규모 데이터와 관계된 기술 및 도구(수집, 저장, 검색, 공유, 분석, 시각
      화 등)도 포함한다.

② 개념 : 기존 데이터베이스 관리 도구의 데이터 수집, 저장, 관리, 분석의 역량을
  넘어서는 대량의 정형 또는 비정형 데이터세트 및 이러한 데이터로부터 가치를
  추출하고 결과를 분석하는 기술을 말한다.

(2) 애널리틱스(Analytics)

① 비즈니스의 당면 이슈를 기업 내·외부 데이터의 통계적·수학적인 분석을 이
  용하여 해결하는 의사결정 방법론을 말한다.

② 전략적, 전술적, 운영적 비즈니스 의사결정문제를 통계적·수학적, 데이터 프
  로그래밍, 전문적 지식 기반 데이터 분석 역량을 이용하여 해결하려는 강력한
  방법이다.

2. 인공지능(Artificial Intelligence)의 개념 및 활용

① 인간의 학습 능력, 추론 능력, 지각 능력, 자연어 이해 능력 등을 컴퓨터 프로
  그램으로 실현한 기술을 말한다.

② 오늘날에는 기억, 지각, 이해, 학습, 연상, 추론 등 인간의 지성을 필요로 하는
  행위를 기계를 통해 실현하고자 하는 학문 또는 기술의 총칭을 의미한다.

3. RFID와 사물인터넷의 개념 및 활용

(1) RFID(무선주파수 인식 ; Radio Frequency Identification)

① 전자기유도방식을 이용해 먼 거리에서 정보를 인식하는 기술을 말한다.

② 바코드는 짧은 거리에서 빛을 이용해 판독하는 대신 RFID는 전파를 이용하는
  기술이며 먼 거리에서도 읽을 수 있고 심지어 사이에 있는 물체를 통과해서 정
  보를 수신할 수 있다.

③ RFID는 RFID 수신기인 RFID 리더 그리고 물체에 부착해두는 RFID 태그로
  구성되어 있다.

④ 구성요소

　㉠ RFID 태그 : 각각의 고유 정보를 담고 있으며 정보를 기록하는 IC 칩과 리더에 데이터를 송신하는 안테나가 내장되어 있다.

　㉡ 안테나 : 데이터를 송수신하는 역할을 한다. 이는 다양한 형태의 크기로 제작이 가능하며 태그의 모양을 결정하는 중요한 요소이다.

　㉢ 리더 : 태그의 정보를 읽고 불러오는 것을 말한다. 용도에 따라 고정형, 이동형, 휴대형으로 구분된다.

　㉣ 서버 : 분산된 리더 시스템을 관리하는 역할을 한다.

⑤ 장점

　㉠ 반영구적인 사용이 가능하다.

　㉡ 대용량의 메모리 내장 이동 중 인식이 가능하다.

　㉢ 비접촉 인식이 가능(손을 사용하지 않고도 전자동으로 인식 및 확인하고, 집계하며, 분류, 추적, 발송 등)하다.

　㉣ 반복 및 재사용이 가능하다.

　㉤ 다수의 Tag/Label 정보를 동시에 인식이 가능하다.

　㉥ 데이터의 신뢰도가 높다.

　㉦ 공간에 대한 제약 없이 동작이 가능하다.

　㉧ 데이터의 변환(write) 및 저장이 용이하다.

　㉨ 창고 보관작업, 자산의 관리업무 등이 보다 신속하게 이루어진다.

　㉩ 작업 제어의 자동화를 제공한다.

　㉪ 운영비 및 생산비의 축소가 가능하다.

　㉫ 다른 자동화 인식 장치들과 비교하여 매우 적은 유지 보수비가 가능하다.

⑥ 단점

　㉠ 가격이 비싸다.

　㉡ 개인 프라이버시의 침해 가능성이 있다.

　㉢ 국가별 주파수가 서로 다르다.

　㉣ 전파의 적용 범위 및 대상이 한정된다.

　㉤ 모든 정보에 대한 유출 가능성이 있다.

(2) 사물인터넷(Internet of Things ; IoT)

① 유·무선 네트워크를 기반으로 모든 사물을 연결하여 사람과 사물(human to machine), 사물과 사물(machine to machine) 간에 정보를 상호 소통하는 지능형 정보기술(IT) 및 서비스를 말한다.

② 사물인터넷은 고도의 편재성(ubiquity)과 상호연결성을 기반으로 인간의 직접적인 개입 없이도 다양한 사물들(장치, 제품, 센서, 어플리케이션 등)을 연결하고 소통이 가능하다.

③ 사물인터넷은 사물과 사람이 거대 네트워크 속에서 상시 접속하고 상호작용하는 초연결사회(Hyper Connected Society) 또는 만능지능 인터넷 사회로 발전시키고 있다.

④ **사물인터넷의 핵심기술 4요소**

　㉠ 센서기술은 온도, 습도, 열, 가스, 위치, 속도 등의 물리량을 다양한 방법을 이용해 측정하는 기술로 사람을 대신하여 필요한 사물이나 장소에서 정보를 수집하여 실시간으로 전달, 공유하는 핵심기술이다.

　㉡ 네트워크 인프라 기술은 사물과 사람이 인터넷에 연결되도록 지원하는 기술로 와이파이(WiFi), 블루투스(Bluetooth), 4G/5G 등 유선과 무선으로 주고받는 모든 매체를 말한다.

　㉢ 서비스 인터페이스 기술은 사물인터넷으로 연결된 정보를 생성, 수집, 공유, 활용하는 역할을 담당한다.

　㉣ 보안기술은 네트워크, 서버 및 디바이스 및 센서 등 사물인터넷 구성요소에 해킹 및 악성코드로 인한 개인정보의 유출, 서비스거부 등을 방지하기 위한 기술이다.

⑤ **사물인터넷의 주요 응용 분야**

　㉠ 스마트 팩토리(Smart Factory) : 제조산업에 IoT을 결합하여 개별 공장의 설비(장비) 및 공정이 센서를 통한 네트워크로 연결되고, 생산 관련 모든 데이터 및 정보가 실시간으로 공유되어 생산 및 운영이 최적화된다.

　㉡ 스마트 홈(Smart Home) : 주거환경에 ICT를 융합하여 편리하게 주거환경을 관리할 수 있도록 유비쿼터스(ubiquitous) 환경과 이들 시스템이 구축된 주거환경을 말한다.

　㉢ 스마트 헬스(Smart Health) : 응용기기(모바일/스마트장치, 센서 등)를 통해 환자와 의료진에게 의료서비스에 대한 접근성을 향상시키는 공공 및 개인 의료체계를 구축하는 것을 말한다.

　㉣ 스마트 에너지(Smart Energy) : 사물인터넷을 활용한 에너지 공급-전달-활용의 에너지 시스템 간 상호 연계·통합을 통해 에너지 효율성 증대, 에너지 공유 및 거래서비스를 제공한다.

　㉤ 스마트 교통(Smart Transport) : 첨단 ICT를 인간, 자동차, 교통인프라에 통합함으로써 교통정보수집 및 제공, 교통체계의 운영 최적화 등을 주목적으로 한 지능형 교통시스템으로 사용자가 안전하고 편리하게 이용할 수 있도록 서로 다른 형태의 운송 및 교통체계를 관리하는 혁신적인 서비스를 제공한다.

    ⓗ 스마트 팜(Smart Farm) : 농림축수산물의 생산, 가공, 유통단계에서 정보통
신기술을 접목한 지능화된 농업시스템을 말한다.

4. 로보틱스와 자동화의 개념 및 활용

(1) 로보틱스(Robotics)의 개념

① 로보틱스는 기계 공학, 전기 공학, 컴퓨터 공학 등을 포함하는 공학 및 과학의
한 분야를 말한다.

② 로보틱스는 로봇을 설계, 제조하거나 로봇과 관련한 응용 분야를 다루는 일을
포함한다.

(1) 자동화 관련 개념

① IPA(지능형 프로세스 자동화 ; Intelligent Process Automation)

    ㉠ 여러 영역에서 인지적 의무와 의사결정 전술을 효율화하기 위해 인공지능
(AI)과 장치 획득 지식(ML)으로 구성된 첨단 기술의 소프트웨어를 말한다.

    ㉡ RPA의 규칙 기반 자동화 기능에 인공지능의 정교함과 머신러닝의 학습 기
능 및 근본적인 프로세스 재설계의 강력한 조합이며, 새로운 비즈니스 접근
방식이다.

    ㉢ 반복적이고 힘든 업무를 전산화해 더 빠르고 정확하며 통찰력 있는 의사결
정이 가능하다.

    ㉣ 반복적이고 노동 집약적인 작업에 인간의 개입을 줄여 비용을 절감할 수 있
는데, 이를 통해 품질 할당과 효율적인 운영이 가능하다.

② ETL(Extraction Transformation Loading)

    ㉠ 데이터의 추출(Extraction) · 변환(Transformation) · 적재(Loading)의 약자
로 비즈니스 인텔리전스(BI) 구현을 위한 기본 구성요소 가운데 하나인데,
ETL툴은 다양한 원천 데이터를 취합해 데이터를 추출하고 하나의 공통된
포맷으로 변환해 데이터웨어하우스(DW)나 데이터마트(DM) 등에 적재하는
과정을 지원하는 툴을 말한다.

    ㉡ 일련의 비즈니스 규칙을 적용하여 데이터를 정리하고 체계화함으로써 월간 보
고와 같은 구체적인 비즈니스 인텔리전스 요구 사항을 해결할 수 있게 한다.

③ RPA(로봇 프로세스 자동화 ; Robotic Process Automation)

    ㉠ 이전에 사람이 하던 반복적인 태스크를 소프트웨어 로봇이 대신하는 것을
말한다.

ⓛ 유통업체에서는 판매 시점 상품관리를 위한 데이터의 입력 및 작업 보고서에 대한 자동 입력을 위해서 이 기술을 활용하고 있다.

ⓒ 유통업체에서 일 단위 및 월 단위 업무 마감 처리를 자동화하기 위해서 이러한 기술을 활용하고 있다.

ⓔ 이러한 기술은 유통업체의 단순하고 반복적인 업무를 체계화해서 소프트웨어로 구현하여 일정한 규칙에 의해 자동화된 프로세스를 따라 업무를 수행하도록 되어 있다.

5. 블록체인과 핀테크의 개념 및 활용

(1) 블록체인(Block-Chain)

① P2P(Peer to Peer) 네트워크를 통해 관리되는 분산 데이터베이스의 한 형태로서, 거래 정보를 담은 장부를 중앙의 서버 한 곳에 저장하는 것이 아닌 블록체인 네트워크에 연결된 여러 컴퓨터에 저장 및 보관하는 기술로써 여러 분야에 활용이 가능한 기술을 말한다.

② 디지털 뉴딜의 일환으로 블록체인을 활용한 '유통/물류 이력 관리시스템'은 위변조가 불가하고 정보 공유가 용이하여 입고부터 가공, 포장, 판매에 이르는 과정을 소비자와 공유하는 것이 가능해졌다.

③ 블록체인의 특징

  ⓐ 분산성
- 신뢰된 제3자를 별도로 두지 않고 분산형 네트워크(P2P) 환경에서 거래가 가능하다.
- 중앙집중형의 시스템을 운영하고 유지보수 등 필요한 비용을 절감할 수 있다.

  ⓑ 투명성
- 모든 거래 기록을 공개적으로 접근이 가능하다.
- 거래 양성화 및 규제 비용 절감이 가능하다.

  ⓒ 확장성 : 소스가 공개되어 있어 네트워크에 참여하는 누구나 구축, 연결, 확장이 가능하다.

  ⓓ 안정성
- 분산형 네트워크 구조로 단일 실패점이 존재하지 않는다.
- 일부 참가 시스템에 오류 또는 성능 저하가 발생하여도 전체 네트워크에 미치는 영향도 미미하다.

  ⓔ 보안성 : 거래 내역의 장부는 네트워크 참여자 모두가 공동으로 소유하여 거래 데이터 조작 방지 및 무결성을 보장한다.

④ 블록체인의 장단점

㉠ 장점

• 가시성의 극대화 : 실시간으로 분산원장의 여러 노드에 대한 모니터링이 가능하여 투명성과 자기부인 방지가 가능하다.

• 거래속도의 향상 : 거래에 관련된 여러 인증과 증명에 제3자를 배제시킨 실시간 거래이므로 전체 시스템의 처리 속도의 향상이 가능하다.

• 비용의 감소 : 집중화된 중앙 서버와 시스템이 필요 없어 비용이 감소 및 해킹 리스크의 감소로 인해 보안 비용이 감소한다.

• 보안성의 향상 : 암호화된 데이터와 키값으로만 거래가 진행되므로 보안성이 향상되며, 블록은 최초 블록과 연결되어 있고 참여 노드가 분산되어 해킹이 불가능하므로 블록 안의 데이터 변조 및 탈취 등이 불가능하다.

㉡ 단점

• 처리비용의 낭비 : 참가한 모든 컴퓨터가 모든 자료를 다운 및 보관해야 하므로 기존 방법에 비해 비효율적이다.

• 익명성의 한계 : 현실에서 이체의 발생 및 확정을 해줘야 하는 입장에서는 익명성 거래를 허용하는 것이 사실상 불가능하며, 법률적인 문제를 가지고 있어 실명성 블록체인이 필요하다.

• 거래검증의 주체 : 거래검증 주체가 전 세계에 분포된 노드(컴퓨터)이며 익명의 검증인은 방대한 양의 컴퓨팅 파워를 이용해 거래를 증명해야 한다.

• 프라이버시의 노출 : 모든 사용자가 함께 거래 내역을 처리하고 검증하기를 하여 프라이버시 리스크가 존재하는데, 특히 기업의 내부정보나 영업기밀 등이 공유되는 것은 치명적일 수 있다.

• 확장성의 제한 : 현재 퍼블릭 블록체인으로 시장에서 처리되는 대량의 거래데이터 처리가 아직 불가능함에 따라 확장성의 한계가 있다.

(2) 핀테크(Fin-Tech)

① 금융업과 ICT의 융합으로 인해 기존 금융업에 ICT 기술이 적용되어 지능화되고 편리한 금융 서비스를 제공하는 것을 말한다. 즉, 핀테크는 금융(Finance)과 기술(Technology)의 합성어이며, 정확하게는 금융과 IT가 결합하여 새로운 금융 서비스를 모바일 · 인터넷 환경에서 창출할 수 있게 하는 기술을 의미한다.

② 예를 들어 온라인상에서 무료 또는 소액의 수수료를 받고 빠르고 편하게 결제 또는 송금할 수 있는 서비스인데, 일종의 공인인증서 또는 보안카드와 같은 불편함을 해결해준 것이 대표적인 핀테크 서비스이다.

③ 장점

   ⊙ **사용 용이성 및 간편성** : 결제를 할 때마다 보안카드 및 공인인증이 필요 없으며 동시에 중간 수수료도 없다. 또한, 결제 통신망을 거치지 않기 때문에 카드 단말기, 결제 회선, 회선 이용료가 필요 없다.

   ⓒ **경제성** : 대리점이 없는 대신 시중 은행보다 더 높은 금리를 주는 예금상품과 이자가 싼 대출 상품을 제공한다.

④ 단점

   ⊙ **취약한 보안성** : 금융 서비스는 보안이 굉장히 중요하다. 간편하고 편리하지만 공인인증서나 보안카드의 부재는 역시 보안성을 떨어뜨리게 된다. 따라서 핀테크 기업들은 각종 금융거래 보안사고가 발생하지 않도록 더 힘을 써야 한다.

   ⓒ **오프라인에 비해 떨어지는 신뢰성** : 대리점이 없기에 오프라인 은행이 친숙한 노년층에게는 접근성이 어려울뿐만 아니라, 기존의 오프라인 은행이 친숙한 사용자들에게는 핀테크는 오히려 반감을 들게 할 수 있다.

참고 마이 데이터(My Data)

① 개인 데이터의 관리와 활용 권한이 정보주체인 개인에게 있음을 강조하는, 개인 데이터 활용 체계의 새로운 패러다임을 말한다.

② 마이 데이터는 정보의 주체가 되는 개인이 본인의 데이터를 다룰 수 있어, 한 기업이 보유한 개인 데이터를 허락을 받고 다른 기업이나 개인 등의 제3자에게 공유하는 역할을 한다.

③ 금융소비자 개인의 금융정보(신용정보)를 통합 및 관리하여 주는 서비스이다.

④ 개인 데이터의 관리 및 활용 체계를 기관 중심에서 사람 중심으로 전환한 개념이다.

⑤ 개인 데이터를 생산하는 정보주체인 개인이 본인 데이터에 대한 권리를 가지고, 본인이 원하는 방식으로 관리하고 처리하는 패러다임이다.

참고 BYOD(Bring Your Own Device)

① 직원들이 선호하는 기기를 업무용과 개인용 모두에 사용할 수 있도록 허용하여 직원들이 개인 기기를 보다 효율적으로 사용하도록 장려하는 것을 말한다.

② 이를 통해 직원들은 재택근무, 이동 중 또는 휴가 중에도 업무를 수행할 수 있다.

③ BYOD 정책을 도입하면 회사 소유의 디바이스를 구매하고 유지 관리할 필요가 없어 비용도 절감할 수 있다.

④ 하지만, 직원의 개인 디바이스에서 민감한 기업 데이터에 액세스할 수 있기 때문에 조직의 보안이 위험에 처할 수 있다.

6. 클라우드 컴퓨팅의 개념 및 활용

(1) 클라우드 컴퓨팅의 개념 및 개요

① 2006년 9월 구글의 직원 크리스토프 비시글리아가 구글 CEO 에릭 슈미츠와의 회의에서 클라우드 컴퓨팅 개념을 처음으로 제안하였다.

② 클라우드 컴퓨팅은 언제 어디서나 내가 사용하던 환경 그대로 문서와 프로그램에 접근할 수 있고, 가족이나 회사 동료들과 집단 협업이 가능하게 하는 개념이다.

③ 인터넷을 기반으로 하는 것으로, 자신의 컴퓨터가 아닌 인터넷에 연결된 컴퓨팅 자원을 이용하는 것을 의미한다.

④ 컴퓨팅 자원으로는 네트워크, 데이터베이스, 서버, 스토리지, 애플리케이션 등이 있다.

⑤ 언제나 어디서나 어느 단말기로도 접근이 가능하며, 가상의 자원을 활용한다.

(2) 클라우드 컴퓨팅의 장단점

① 장점
　　㉠ 저비용 : 클라우드 네트워크는 고효율로 운영되기 때문에 높은 활용성과 상당한 비용이 절감된다.
　　㉡ 쉬운 사용성 : 제공되는 서비스의 형태에 따라서, 사용자는 자신의 서비스를 구현하기 위한 하드웨어 또는 소프트웨어 라이센스가 필요하지 않다.
　　㉢ 신뢰성 : 공급자는 사용자에게 매우 신뢰성 있는 클라우드 컴퓨팅 네트워크 규모, 로드 밸런싱(load balancing)과 패일 오버(fail-over)를 제공하며, 사용자가 직접 구성하는 것보다 더 신뢰성 있는 경우가 종종 발생된다.
　　㉣ 외주 운영 : 클라우드 서비스로 사용자가 자신의 사업을 관리할 때 사용자의 컴퓨팅 인프라는 공급자가 관리하는 것으로 사용자는 클라우드 서비스를 통해 IT 인력 비용을 감소할 수 있다.
　　㉤ 단순화된 운영 및 업그레이드 : 시스템이 가상 머신에 집중화되어 있기 때문에 사용자는 패치와 업그레이드가 쉬우므로 사용자는 항상 최신 버전의 소프트웨어에 접근이 가능하다.
　　㉥ 낮은 진입장벽 : 공급자의 시스템을 사용하는 것이므로 사용자는 초기에 기기를 구입할 필요가 없으므로 초기의 자본 지출은 크게 감소한다.

② 단점
　　㉠ 클라우드 컴퓨팅 자원은 인터넷에 연결되어 있기 때문에 해킹으로 사용자 개인정보가 유출될 수가 있다.

ⓒ 사용자 데이터가 물리적으로 어디에 위치해 있는지 특정을 짓기 어렵다.

ⓒ 클라우드 컴퓨팅의 특징은 개인정보는 반드시 자국 내에 위치한 서버에 보관해야 한다는 법과 충돌할 수 있다.

(3) 클라우드 컴퓨팅의 특징

① **확장성**: 자원의 확장 및 축소가 사용자가 원하는 시간에 빠르게 이루어진다.

② **가용성**: 물리적인 하드웨어의 고장이나 장애에도 사용자에게 할당된 자원은 사용이 가능하다.

③ **접근성**: 네트워크를 통해 접속이 가능하다.

④ **측정 가능성**: 사용자가 요청해서 사용한 리소스를 측정해서 과금한다.

⑤ **경제성**: 물리적인 하드웨어를 최대한 효율적으로 사용자에게 배분한다.

⑥ **보안성**: 사용자의 데이터와 컴퓨팅 자원을 안전하게 보호한다.

7. 가상현실과 메타버스의 개념 및 활용

(1) 가상현실(VR ; Virtual Reality)

① 가상현실의 영역

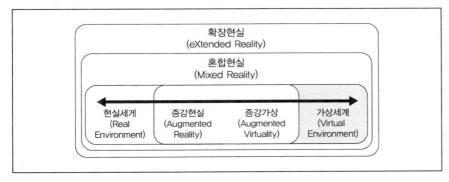

② 가상현실의 개요

㉠ 컴퓨터 등을 사용한 인공적인 기술로 만들어 낸 실제와 유사하지만 실제가 아닌 특정한 환경이나 상황 또는 그 기술 자체를 말한다.

㉡ 4차 산업혁명 시대를 맞아 인공지능(AI), 빅데이터, 사물인터넷(IoT), 드론, 자율주행 등과 함께 주목받고 있다.

㉢ 어느 특정 분야에 한정되지 않고 다양한 분야와 융합해 시너지를 내는 특징이 있어 거의 모든 분야에 활용할 수 있다.

ⓔ 가상현실의 요구 사항
- 임장감(Presence) : 가상 세계에 들어가 있는 것과 같은 느낌을 말한다.
- 몰입감(Immersion) : 가상 세계에 깊이 파고들거나 빠져드는 느낌을 말한다.
- 상호 작용(Interaction) : 가상 세계에 구성된 객체와의 정보 또는 의사 교환, 객체의 변화를 말한다.
- 자율성(Autonomy) : 가상 세계 내부의 에이전트 또는 객체의 자체 활동이나 이동이 가능한 것을 말한다.

(2) 메타버스(Metaverse)

① 현실의 나를 대리하는 아바타를 통해 일상 활동과 경제생활을 영위하는 3D 기반의 가상세계를 말한다.

② 메타버스를 배경으로 한 대표적인 영화 '매트릭스', '아바타', '레디 플레이어 원'에서는 현실에서 특수 기기를 착용하여 가상세계로 접속한 후 아바타를 통해 활동하는 모습이 등장하는데, 이들 영화는 메타버스 기술이 고도화된 시대를 비교적 잘 묘사하였다.

③ 메타버스의 특징 5C
ⓖ Canon(세계관) : 메타버스의 시공간은 설계자와 참여자들에 의해 채워지며 이를 확장해 나가는데, 메타버스의 주 이용층인 디지털 세대는 콘텐츠나 서비스를 설계자가 의도한 목적대로만 소비하는 수동적인 사용자가 아닌 같이 즐기고 경험할 수 있는 판을 깔고 해당 콘텐츠를 취향대로 소비하고 생산하고 확산까지 하는 능동적인 사용자이다.

ⓛ Creator(창작자) : 메타버스에서는 누구나(AI조차도) 콘텐츠의 창작자가 될 수 있는데, 메타버스는 3D 디지털 콘텐츠로 구성된 세상이며 해당 세계를 누구나 확장할 수 있기 때문에 참여자가 자발적으로 세계를 구축하는 창작자이자 동시에 이용자이다.

ⓒ Currency(디지털 통화) : 메타버스 안에서는 생산과 소비가 가능하고, 가치를 저장 및 교환하기 위한 디지털 화폐가 통용된다.

ⓔ Continuity(일상의 연장) : 메타버스는 일상의 연속성을 보장한다. 다시 말해, 메타버스에서 친구를 만나고, 쇼핑을 하고, 학교를 가고, 회사에서 회의 하는 등의 일상, 여가, 경제 활동이 단발성 행위나 일회성 체험에 그치고 않고 지속적인 인생 여정처럼 진행된다는 것이다

ⓜ Connectivity(연결) : 메타버스는 시공간을 연결하고, 서로 다른 메타버스 세계를 연결하고, 사람과 사람(아바타)을 연결하고, 현실과 가상을 연결한다. 시공간을 초월해 인류가 쌓은 지식을 공유하고 정보를 나눌 수 있으며, 그 결과 새로운 연결의 힘을 토대로 또 다른 세계를 창조하고 확장해 나갈 수 있다.

8. 스마트물류와 자율주행의 개념 및 활용

(1) 스마트 물류(Smart Logistics)

① IT 서비스와의 접목을 통해 물류의 모든 제반활동을 실시간으로 제어하고 관리·운영하기 위한 지능형 국제 통합물류체계를 말한다.

② 즉, 스마트물류는 인공지능(AI)과 빅데이터, 사물인터넷(IoT), 클라우드 등의 최신 IT기술로 물류를 자동화, 지능화하는 것을 말한다.

③ 특징

  ㉠ **자원의 절약** : 정밀한 측정이 가능해 물류 프로세스에서의 자원 낭비를 최소화할 수 있다.

  ㉡ **생산성의 향상** : 무인화 창고는 작업자의 동선을 최소화하여 유인화 창고 대비 생산성을 약 50%를 향상시킨다.

  ㉢ **물류시스템의 최적화**(제조+물류의 통합) : 기업의 생산, 조달 및 판매 시스템의 지능적 통합을 위한 기반을 마련한다. 즉, 정보 기술을 활용하여 물류 시스템과 관련된 데이터를 수집 및 분석하고, 유의미한 인사이트를 도출하여 최적의 물류 시스템을 구현할 수 있다.

  ㉣ **고객만족도의 향상** : 배송 시간은 단축하고, 잘못된 주문 처리에 따른 비용을 절감하여 고객 만족도도 향상된다.

  ㉤ **물류센터 인력난 해소에 도움** : 연말 세일은 물론, 쇼핑몰들도 블랙 프라이데이, 사이버 먼데이 프로모션 등을 진행함에 따라 주요 세일 시즌에는 주문이 폭주하며 끔찍한 배송 지연이 발생하곤 하는데, 이는 일시에 많은 주문량이 밀려들면 물류 센터의 제한된 인원만으로는 배송 처리 업무를 소화할 수 없기 때문이므로 일부 기업은 고객에게 약속한 배송 일정을 맞추기 위해 이 피크 시즌에 임시 인력을 추가로 고용해야 하는데, 스마트 물류 시스템을 구축하면 로봇 자동화를 통해 주문을 처리할 수 있어 인력난 해소에 도움이 된다.

  ㉥ **이익의 개선** : 스마트 물류는 기업의 물류비용을 절감하고 이익을 개선한다.

(2) 자율주행(autonomous driving)

① 운전자가 직접 조작하지 않아도 주행 환경을 인식해 위험을 판단하고 최적의 주행 경로를 계획해 스스로 운전하는 것을 말한다.

② **자율주행(자동차)의 장점**

　ⓐ **안전성** : 자동차 사고는 주로 운전자들의 실수에서 비롯되는데 사람은 졸음, 시력, 반응 시간 등 육체적인 한계를 지니고 있지만, 무인 자동차는 360도 시야를 가지고 있으며 레이더와 같은 특수 장비로 밤에도 시야를 잘 볼 수 있는 등 인간의 육체적 한계를 뛰어넘는 능력을 가지고 있어 사고가 날 확률을 감소시켜준다. 따라서 정확한 자율주행 시스템이 도입되면, 교통사고의 확률이 감소하고, 결론적으로 사망률까지도 낮출 수 있다. 또한 신체적 위험이 발생하였을 경우 긴급하게 차량을 안전구역으로 자동으로 이동하며, 의료지원을 받을 수 있도록 할 수 있어 안전성이 높다.

　ⓑ **시간의 절약** : 무인 자동차는 교통 혼잡을 해소해 운전할 필요가 없는 시간을 늘려준다. 또한, 무인 자동차는 주차 장소를 찾아주는 시간과 주차하는 시간을 줄여주며, 주행 시 운전자가 휴식을 취하거나 다른 업무를 처리하거나 게임, 영화 등 엔터테인먼트를 즐기는 등의 시간을 보다 효율적이게 사용할 수 있게 한다.

　ⓒ **편리성** : 자율주행 자동차가 스스로 알아서 운전 및 주차를 해 주기 때문에, 사람이 직접 운전할 필요가 없어 매우 편리하다. 이는 장애인이나 노약자들이 스스로 운전하는 것보다 더욱 안전한 이동을 보장해주게 되므로 그들의 이동 기회를 확대시킨다.

　ⓓ **친환경** : 자율주행 차량은 다른 자동차의 존재를 더 잘 감지하는데, 이는 다른 차량과 더 가깝게 유지하며 주행하는 것을 가능하게 만들어 공기저항을 줄여준다. 이렇게 공기저항을 줄임으로써 연료 소비량을 감소시켜주는 이점을 가진다.

③ **자율주행(자동차)의 단점**

　ⓐ **사고에 대한 책임** : 도로 위에서 주행하고 있는 차들 중에서 80% 이상이 무인 자동차이고, 이들이 모두 자율주행을 하는 상황에서, 만약 사고가 난다면 누구에게 책임을 물어야 하는지 현재 법률적으로 정해져 있지 않은 상태이다. 자율주행 자동차의 발전단계에 따라 책임의 무게는 변화할 것으로 보이며, 초기 단계에서는 운전자와 소프트웨어 개발사를 포함한 자동차 제조사가 공동책임을 지고, 이후 완전 자율주행 시대에 접어들면 자동차 제조사가 전적인 책임을 져야 한다는 것이 대체적인 견해이다.

　ⓑ **해킹에 대한 문제** : 자율주행 자동차는 GPS를 기반으로 주행을 하는데, 인터넷 접속이 가능해진다면 해킹이 가능해져, 해커들이 마음대로 타인의 자동차를 조종할 수 있는 위험이 있으며, 운전자의 습관과 취향, 선호도에 맞춰 인공지능이 스스로 학습하며 정보를 수집하기 때문에 사생활과 관련된 여러 개인정보가 저장되기 때문에 사생활 침해의 문제도 존재한다.

ⓒ **일자리의 감소** : 자동차 관련 업체 측의 일자리 손실뿐 아니라 운전직의 대규모 실업이 야기될 수 있는데, 예를 들어 운전보험과 운전학원의 존재가 불필요해져 보험사와 연수 교사 등 운전과 관련된 다양한 직업이 사라질 위험성이 존재한다.

01 디지털 유통과 퀵 커머스의 확산이 부른 유통물류 서비스에 미치는 주요 영향으로 가장 거리가 먼 것은?

① '라스트 마일' 배송 문제
② 환경 친화적인 물류의 중요성 증가
③ 단일 패키지 배송 증가
④ 실시간 추적과 투명성 요구
⑤ 감소하는 배송 물량

> **TIPS!**
> 증가하는 배송 물량으로 이는 온라인 쇼핑의 확산으로 인해 배송되는 상품 수가 급증하며, 이로 인해 물류시스템은 보다 효율적인 관리와 빠른 처리를 요구하고 있다.

02 다음 중 유통물류 혁신을 가능케 하는 기술로 가장 적절하지 않은 것은?

① IoT의 적용
② 자율 주행차량의 활용
③ AI 및 기계 학습의 활용
④ 지속 불가능한 물류
⑤ 로봇 및 자동화 기술의 적용

> **TIPS!**
> 지속가능한 물류이다. 환경에 대한 증가된 관심으로 많은 기업들이 지속 가능한 유통물류에 대한 해결책을 찾고 있는데 이는 배송 과정에서의 탄소 발자국을 줄이고, 재사용이 가능한 포장재를 사용하며, 전기 트럭과 같은 친환경 차량을 사용하는 등을 통해 지속가능한 기반을 마련하고 있다.

Answer 01.⑤ 02.④

03 다음 중 기존의 관리 및 분석체계로는 감당할 수 없을 정도의 거대한 데이터의 집합을 무엇이라고 하는가?

① 애널리틱스
② RFID
③ 빅데이터
④ SCM
⑤ 인공지능

 TIPS!

빅데이터는 기존 데이터베이스 관리 도구의 데이터 수집, 저장, 관리, 분석의 역량을 넘어서는 대량의 정형 또는 비정형 데이터세트 및 이러한 데이터로부터 가치를 추출하고 결과를 분석하는 기술이다.

04 다음 중 전략적, 전술적, 운영적 비즈니스 의사결정문제를 통계적·수학적, 데이터 프로그래밍, 전문적 지식 기반 데이터 분석 역량을 이용하여 해결하려는 방법은?

① 수직적마케팅 시스템
② 사물인터넷
③ 빅데이터
④ ERP 시스템
⑤ 애널리틱스

 TIPS!

애널리틱스는 전략적, 전술적, 운영적 비즈니스 의사결정문제를 통계적·수학적, 데이터 프로그래밍, 전문적 지식 기반 데이터 분석 역량을 이용하여 해결하려는 강력한 방법을 말한다.

Answer 03.③ 04.⑤

05 인간의 학습 능력, 추론 능력, 지각 능력, 자연어 이해 능력 등을 컴퓨터 프로그램으로 실현한 기술을 의미하는 것은?

① 뉴런공학
② 인공지능
③ 빅데이터
④ 애널리틱스
⑤ SCM

 TIPS!

인공지능은 인간의 학습 능력, 추론 능력, 지각 능력, 자연어 이해 능력 등을 컴퓨터 프로그램으로 실현한 기술을 말하는 것으로 기억, 지각, 이해, 학습, 연상, 추론 등 인간의 지성을 필요로 하는 행위를 기계를 통해 실현하고자 하는 학문 또는 기술의 총칭을 의미한다.

06 다음 중 RFID(무선주파수 인식)에 대한 내용으로 적절하지 않은 것은?

① 동일한 국가별 주파수
② 높은 데이터의 신뢰도
③ 비싼 가격
④ 반영구적인 사용이 가능
⑤ 생산비의 축소가 가능

TIPS!

RFID(무선주파수 인식)는 국가별 주파수가 서로 다르다.

Answer 05.② 06.①

07 IPA(지능형 프로세스 자동화)의 내용이 아닌 것은?

① 인공지능(AI)과 장치 획득 지식(ML)으로 구성된 첨단 기술의 소프트웨어이다.

② 더 빠르고 정확하며 통찰력 있는 의사결정이 가능하다.

③ 월간 보고와 같은 구체적인 비즈니스 인텔리전스 요구 사항을 해결할 수 있게 한다.

④ 반복적이고 노동 집약적인 작업에 인간의 개입을 줄여 비용을 절감할 수 있다.

⑤ 인공지능의 정교함과 머신러닝의 학습 기능 및 근본적인 프로세스 재설계의 강력한 조합이다.

 TIPS!

③은 ETL(Extraction Transformation Loading)에 대한 설명이다.

08 블록체인의 특징이 아닌 것은?

① 확장성

② 보안성

③ 안정성

④ 투명성

⑤ 중앙집중성

TIPS!

블록체인의 특징으로는 분산성, 투명성, 확장성, 안정성, 보안성 등이 있다.

PART

05 부록

최신 기출 키워드

최신 기출 키워드

✓ CST(Customer Spotting Technique) map
- 특정한 점포나 지점에 상품구매를 위해 방문한 고객을 무작위로 선택하여 거주지와 특성 등의 정보를 얻는 기법
- 상권 규모 파악, 경쟁 정도 측정, 고객 특성 조사 등이 가능

✓ DF(Demand Fulfillment)
고객의 수요가 발생하면 그에 대해 기업에서 납기와 관련된 정보를 제공하는 것

✓ LTM(Lead Time Management)
목표 조달 기간과 중간에 문제가 생길 경우를 대비한 기간을 고려하여 리드타임을 여유있게 잡아 조정이 가능하도록 하는 관리법

✓ MRO
- Maintenance(유지), Repair(보수), Operation(운영)의 약자
- 제품 생산에 필수적인 직접 원자재를 제외한 소모성 자재와 간접자재를 의미, 기업소모성자재 또는 기업운영자재라고도 함
- 생산 활동과는 직접적인 관련이 없으나 그것을 위한 생산시설의 유지와 보수 등에 필요한 모든 간접 재화와 서비스

✓ O2O(Online to Offline)와 O4O(Online for Offline)
- O2O : 온라인과 오프라인의 장점을 살려 둘을 마케팅활동, 스마트폰에서의 구매행위가 많은 비중을 차지하여 M2O(Mobile to Offline)이라고 불리기도 함
- O4O : 오프라인을 위한 온라인, 온라인 노하우를 바탕으로 오프라인 사업을 운영 · 확대해 나가는 것

✓ OCR(Optical Character Reader)
인쇄하거나 손으로 쓴 문자를 빛을 이용하여 판독하는 장치

✓ RFM
- 과거 구매내역으로 미래의 구매 행위를 예측하는 시장분석기법
- Recency(최근 구매/주문 시점), Frequency(특정 기간의 구매 빈도), Monetary Value(구매의 규모)를 바탕으로 고객군 분류 및 관리

✔ ROI

투자자본수익률, 기업의 순이익을 투자액으로 나누어 산출

✔ RPA(Robotic Process Automation)

- 로보틱 처리 자동화
- 사람이 컴퓨터로 하는 반복적인 업무를 로봇 소프트웨어를 통해 자동화하는 기술

✔ S&OP(Sales and Operations Planning)

조직이 시장의 실질적인 수요를 예측하고 그와 동시에 비용효과적인 방법으로 대응하는 전략

✔ VMI(Vendor Managed Inventory)

공급자 주도형 재고관리방법으로, 공급자인 제조업체와 도매업체가 소매업체를 대신하여 소매업의 재고관리를 직접하는 것

✔ 가격존과 가격라인

- 가격존(Price Zone) : 취급 가격의 범위, 최저가격부터 최고가격까지의 폭
- 가격라인(Price Line) : 중점을 두는 가격의 봉우리, 상품가격존 내 매가의 종류

✔ 건폐율과 용적률

- 건폐율 : 건축면적/대지면적
- 용적률 : 건축물의 연면적/대지면적 (산정 시, 지하층·지상층의 주차장 면적은 제외)

✔ 경영 환경 분석

- PEST(Policical, Economic, Social and Technological analysis, 거시환경분석) : 최근 Environment(환경적 요소)가 추가된 PESTE 분석으로 변화
- ETRIP(Economic, Trade, Raw Material, Industry, Political, 글로벌 거시환경 분석) : 위협요소와 기회요소를 분석
- STEEP(Social, Technological, Economic, Environmental/Ecological and Political analysis, 국내 거시환경 분석) : 환경적 요인을 포함한 분석

✔ 고객생애가치(CLV, Customer Lifetime Value)

한 고객이 한 기업의 고객으로 존재하는 전체 기간 동안 그 기업에 제공하는 이익(매출액X)의 합계

✓ 권리금

임차인이 점포임대차와 관련하여 누리게 될 이익에 대한 대가로, 관행적으로 인정은 되지만 법적 보장은 받기 힘들고, 임대차 계약 종료 후 임대인은 권리금 반환에 대한 의무가 없음

✓ 그로서란트(Grocerant)

Grocery(식재료)와 Restaurnat(음식점)의 합성어로, 구입한 식재료를 그 자리에서 먹을 수 있는 새로운 식문화 공간

✓ 그린워시(Greenwash)

유통업체와 제조업체들이 실제로는 환경에 해로운 경영 활동을 하면서, 마치 친환경 경영 활동을 하고 있는 것처럼 광고하는 것

✓ 단위가격표시제도(unit price system)

상품의 가격을 일정한 단위당 값으로 정하는 제도, '100g당 얼마'의 형태

✓ 대칭키 암호

• 암호화와 복호화와 암호키를 사용하는 알고리즘의 한 종류, 암호화키와 복호화키가 동일하게 사용되는 방식
• 일반적으로 사용되어 관용암호라고도 하고 비밀키 암호라고도 함
• 대표적인 방식 : 데이터 암호화 표준(DES), IDEA

✓ 데이터 댐

• 정부가 2020년에 확정 · 발표한 정책인 '한국판 뉴딜'의 10대 대표과제 중 하나
• 데이터 수집 · 가공 · 거래 · 활용기반을 강화하여 데이터 경제를 가속화하고, 5G 전국망을 통한 전 산업 5G와 AI 융합을 확산시키는 것

✓ 델파이기법

• 특정 문제를 예측 · 진단 · 결정함에 있어 의견의 일치를 볼 때까지 전문가 집단으로부터 반응을 체계적으로 도출하여 분석 · 종합하는 조사방법
• 시간과 비용이 많이 들지만, 이전 참고자료가 없거나 예측 불확실성이 큰 경우 유용

✓ 동선에 관한 인간의 심리

• 보증실현의 법칙 : 인간은 먼저 득을 얻게 되는 쪽을 택한다는 법칙, 길을 건널 때에 처음으로 만나는 횡단보도를 이용하려는 경향
• 안전중시의 법칙 : 본능적으로 모르는 길, 위험한 길, 다른 사람이 잘 이용하지 않는 길은 가지 않으려는 경향

- 집합의 법칙 : 대부분의 사람들은 군중 심리로 인해 다른 사람들이 모여 있는 곳에 모인다는 법칙, 사람들이 다니는 동선을 따라가려는 경향
- 최단거리 실현의 법칙 : 목적지에 최단거리로 가려는 경향, 안쪽 동선이라고 하는 뒷길 발생

✔ 둠스크롤링(Doomscrolling)

- 불행을 뜻하는 '둠(doom)'과 화면을 위아래로 움직이는 '스크롤링(scrolling)'의 합성어로, 암울한 뉴스만을 강박적으로 확인하는 행위를 뜻하는 신조어
- 코로나19 시대의 우울한 사회 분위기와 스마트폰 사용시간 증가 등의 새태를 반영하고 있어 2020년 뉴욕타임스와 파이낸셜타임스가 꼽은 올해의 단어에 포함됨

✔ 디지털 트윈(digital twin)

현실세계의 기계나 장비, 사물 등을 컴퓨터 속 가상세계에 구현한 것으로, 미리 여러 상황에 대한 모의실험을 하여 실제 발생할 수 있는 문제점을 파악하고 및 해결하기 위해 활용

✔ 디지털아카이브

- 시간 경과에 따라 질이 낮아지거나 소실될 수 있는 자료를 장기 보존하는 것으로, 기록 보존, 다양한 기록정보 콘텐츠 구축·공유·활용이 목적
- 원본자료는 고유성을 띠며, 손실 시 대체가 불가능

✔ 딥러닝 알고리즘

- CNN(Convolutional Neural Network) : 이미지 분석을 위한 패턴 찾기에 유용한 알고리즘
- DBN(Deep Belief Network) : 알고리즘에 따라 비지도 학습방법을 기반으로 하는 것
- RNN(Recurrent Neural Network) : 과거의 정보를 통해 현재와 미래의 입력에 대한 신경망의 성능을 개선하는 순환 신경망
- LSTM(Long Short Term Memory) : 이전의 관련 없는 정보는 지우고, 장기 기억해야 할 정보를 정하는 것

✔ 로봇 프로세스 자동화(RPA ; Robotic Process Automation)

단순반복적 업무에 소프트웨어를 적용해 자동화 하여 인간의 일을 대신 하도록 하는 기술

✔ 로지스틱스

원료준비, 생산, 보관, 판매까지의 과정에서 물적유통을 가장 효율적으로 수행하는 종합적 시스템

✔ 머천다이징

- 스크램블드 머천다이징(scrambled merchandising) : 수익을 위해 서로 전혀 상관이 없는 제품을 섞어서 판매하는 방법
- 크로스 머천다이징(cross merchandising) : 매장에서 서로 다른 종류의 제품을 서로 섞어서 배치하여 구색을 갖추려는 진열 방법

✔ 메트칼프의 법칙(Law of Metcalfe)

네트워크의 규모가 커짐에 따라 그 비용의 증가 규모는 줄어들지만, 네트워크의 가치는 기하급수적으로 증가한다는 법칙

✔ 범위의 경제

각 제품을 다른 기업이 각각 생산할 때보다 한 기업이 2종 이상의 제품을 함께 생산할 경우에 평균 비용이 적게 드는 현상

✔ 벤더

전산화된 물류체계를 갖추고 편의점이나 슈퍼마켓 등에 특화된 상품들을 공급하는 다품종 소량 도매업을 일컫는 용어

✔ 복합운송의 형태

- 버디백 시스템(Birdy Back System) : 육상＋항공운송
- 피기백 시스템(Piggy Back System) : 육상＋철도운송
- 피시백 시스템(Fishy Back System) : 육상＋해상운송
- 스카이쉽 시스템(Sky-Ship System) : 항공＋해상운송
- 트레인쉽 시스템(Train-Ship System) : 기차＋해상운송

✔ 비콘(Beacon)

- 블루투스 기반의 스마트폰 근거리 통신 기술, 단말기 설치 지점에서 최대 70m 이내에 특정 어플리케이션을 설치한 스마트폰 사용자에게 알림을 보내거나 무선 결제가 가능하도록 하는 기술
- 페어링 불필요, 저비용으로 위치 인식 가능, 비접촉식, 일대다 및 다대다 가능

✔ 빅데이터(Big Data)

- 기존 데이터보다 방대하여 기존의 방법으로는 수집ㆍ저장ㆍ분석 등이 어려운 정형ㆍ비정형 데이터
- 정형ㆍ반정형ㆍ비정형 데이터세트의 집적물, 그리고 이로부터 경제적 가치를 추출 및 분석할 수 있는 기술
- 빅데이터의 특징 : 크기(Volume), 다양성(Variety), 속도(Velocity) + 가치(Value)

✔ 상권실사의 원칙

가설검증의 원칙, 비교검토의 원칙, 수치화의 원칙, 예측습관의 원칙, 현장 우선의 원칙

✔ 상품 가격 결정 전략

- EDLP(every day low price) : 상시 저가전략으로 시장점유율 향상이 목적인 전략으로, 재고관리에 유용하며 가격 경쟁의 압박은 감소
- 로스리더(loss leader) 가격결정 : 더 많은 고객을 모으기 위한 목적으로, 원가 혹은 일반적인 판매가보다 훨씬 저렴한 가격으로 상품을 판매하는 전략
- 하이로우(High/Low) 프라이스 : EDLP 보다는 고가 전략을 유지하면서 상황에 따라 할인하여 저가로 판매하는 전략

✔ 상품회전율

- 제품에 투하된 자금의 회전속도, 즉 상품이 일정 기간동안 몇 번 당좌자산으로 전환하였는가를 나타내는 지표
- 공식
  - 상품회전율＝순매출액(매가)/평균재고액(매가)
  - 상품회전율＝매출액(원가)/평균재고액(원가)
  - 상품회전율＝매출수량/평균재고수량

✔ 새로운 소비자 형태

- 모디슈머 : 제조업체가 제시하는 방식 외 자신만의 방법으로 제품을 활용하는 체험적 소비자
- 에너지 프로슈머 : 에너지를 생산과 소비, 모두 하는 사람
- 크로스쇼퍼(cross shopper) : 온 · 오프라인을 넘나들며 제품을 검색하여 최적의 제품을 찾아내는 소비자
- 크리슈머(cresumer) : Creative와 Consumer의 합성어, 소비를 통해 자신의 개성을 표현하는 창조적인 소비자
- 트랜드슈머
  - 공항, 기차역 등에서 순간적인 소비를 행하는 소비자
  - 기본적인 것에 대한 요구보다는 새로운 것, 고급스러움을 추구하는 구매행위를 하는 소비자
- 프로슈머(prosumer)
  - Producer와 Consumer의 합성어로 앨빈 토플러의 '제3의 물결'에서 언급
  - 고객이 기업의 생산과정에 직접 참여하는 것으로, 기업이 경쟁력을 갖기 위해서는 소비자가 원하는 제품과 서비스를 생산해 내야 함
- 플레이슈머 : 유행에 관심이 많고 소비를 놀이처럼 즐기는 사람, 능동적 소비자

✔ 서비스 스케이프(service scape)

물리적 환경과 일치하는 개념, 자연적 · 사회적 환경과는 별개로 기업이 컨트롤 할 수 있는 인위적인 환경

✔ 소매점의 포지셔닝 전략

• More for More 전략 : 좋은 품질의 제품을 높은 비용으로 판매하는 전략
• More for the Same 전략 : 좋은 품질의 제품을 같은 가격으로 판매하는 전략
• More for Less 전략 : 좋은 품질의 제품을 저렴한 가격으로 판매하는 전략
• Same for Less 전략 : 품질이 비슷한 제품을 훨씬 저렴한 가격으로 판매하는 전략

✔ 소매포화지수와 시장성장잠재력

• 소매포화지수(IRS ; Index of Retail Saturation) : 지역 시장의 수요 잠재력을 총제적으로 측정할 수 있는 지표, 값이 클수록 수요>공급, 즉 시장포화도가 낮음→신규점포 개설할 시장기회 多
• 시장성장잠재력(MEP ; Market Expansion Potential) : 지역 시장이 미래에 신규수요를 창출할 수 있는 잠재력, 타 지역에서의 쇼핑 지출액을 근거로 추정되며, 값이 클수록 시장성장잠재력이 큼

✔ 쇼루밍

오프라인 매장에서 제품을 살펴본 후 실제 구매는 온라인 사이트를 통하는 쇼핑 행태

✔ 수확체감의 법칙

한 단위의 노동력 추가로 인해 늘어나는 한계생산량이 점차 줄어드는 현상

✔ 수확체증의 법칙

어떤 기업이 상품 생산을 위해 설비를 갖추고 생산을 시작하여 일정 규모 이상의 생산을 하게 되면 그 비용이 점차 줄고 수익이 커지는 현상

✔ 시계성 : 기점, 대상, 거리, 주제

• 억지로 찾거나 눈을 돌리지 않아도 점포가 통행인의 눈에 잘 보이는지 아닌지의 상태
• 4가지 관점 : 기점-어디에서 보이는지, 대상-무엇이 보이는지, 거리-어느 정도의 거리에서 보이는지, 주체-어떤 상태로 보이는지

✔ 시장진출 전략

• 신제품+신시장 : 다각화 전략
• 신제품+기존시장 : 제품개발
• 기존제품+신시장 : 시장개척
• 기존제품+기존시장 : 시장침투

✓ 식스시그마

- 품질혁신과 고객만족을 달성하기 위해 전사적으로 실행하는 기업경영 전략, 품질 혁신 운동
- 단계 : 정의(고객 요구사항 파악) → 측정(프로세스 측정 방법 결정) → 분석(결함의 발생원인 규명) → 개선(프로세스 개선안 및 문제 해결책 도출) → 관리(지속적 관리 실시)

✓ 신디케이트 판매

동일 시장 내의 여러 기업이 공동판매회사를 설립하여 일괄 판매하는 기업 독점의 한 형태

✓ 악성 프로그램

- 랜섬웨어 : 시스템을 잠그거나 데이터를 암호화하여 사용할 수 없도록 하고, 이를 인질로 금전을 요구하는 악성 프로그램
- 스파이웨어 : 사용자의 동의 없이 설치되어 광고나 마케팅용 정보를 수집하거나 개인 정보를 빼내는 악의적 프로그램
- 웜 : 네트워크에서 연속적인 복사 기능을 수행하여 자가 증식함으로써 기억장치를 소모하거나 저장된 데이터를 파괴하는 프로그램
- 트로이목마 : 겉으로는 해가 없어 보이지만 실제로는 바이러스 등 위험인자를 포함하고 있는 프로그램

✓ 오픈 프라이스

제조업자가 아닌 최종 판매업자가 실제 판매가격을 정하고 표시하는 제도로, 같은 제품도 판매점마다 가격이 다르게 책정될 수 있음

✓ 옴니채널(omni channel)

고객이 이용할 수 있는 모든 쇼핑채널의 특성을 결합하여 어떤 채널에서든 마치 한 매장을 이용하듯이 상품을 탐색, 구매할 수 있도록 하는 쇼핑환경

✓ 옵트인(opt in)과 옵트아웃(opt out)

- 옵트인 : 선택적 동의, 정보 주체의 동의를 받은 후 개인 정보를 처리하는 방식
- 옵트아웃 : 선택적 거부, 정보 주체가 거부의사를 밝히기 전까지 개인 정보를 이용하는 방식

✓ 울트라와이드밴드(Ultra Wide Band)

단거리 구간에서 낮은 전력으로 넓은 스펙트럼 주파수를 통해 많은 양의 디지털 데이터를 전송하기 위한 무선기술

✔ 웹로그 파일

- 리퍼럴 로그(referrer log) : 해당 웹사이트를 보기 위해 거쳐 온 페이지에 대한 기록
- 액세스 로그(access log) : 브라우저가 웹사이트에 파일을 요청한 기록, 시간, IP에 대한 정보에 대한 기록
- 에러 로그(error log) : 웹서버의 모든 에러와 접속실패에 대한 시간과 에러 내용에 대한 기록
- 에이전트 로그(agent log) : 사이트 방문자의 컴퓨터에 대한 정보로 웹사이트를 최적화할 수 있는 단서를 제공

✔ 유엔글로벌콤팩트(UNGC ; UN Global Compact)

- 기업의 사회적 책임에 대한 지지와 이행을 촉구하기 위해 만든 자발적 국제협약
- 4개 분야(핵심가치 : 인권, 노동, 환경, 반부패) 10대 원칙

✔ 점포 적정규모 산정 (구매력에 의한 방법)

적정면적 = (상권 내 흡인가능 세대 수×1세대당 월평균 상품구매지출)/우러 평당 매출목표

✔ 정크본드

- 리스크가 상대적으로 큰 기업들이 자금 조달을 목적으로 발행한 고수익 · 고위험 채권
- 신용도가 낮은 회사가 발행한 채권으로, 원리금 상환 불이행 위험이 크기 때문에 일반 채권금리에 가산금리를 더한 이자를 지급

✔ 지그비(ZigBee)

- 저속, 저비용, 저전력의 무선망을 위한 기술
- IEEE 802.15.4 표준 중 하나로, 전력소모를 최소화하면서 소량의 정보를 소통시키는 것이 특징

✔ 지리정보시스템(GIS ; Geographic Information System)

- 일반 지도와 같은 지형정보와 함께 지하시설물 등 관련 정보를 인공위성으로 수집, 컴퓨터로 작성해 검색, 분석할 수 있도록 한 복합적인 지리정보시스템
- gCRM을 실현하기 위한 기본적 틀 제공 가능, 지도 레이어로 중첩(overlay) 표현 가능, 주제도 작성, 데이터 및 공간조회, 버퍼링(Buffering) 등을 통해 효과적인 상권분석이 가능

✔ 지웨이브(Z-Wave)

- 가정 자동화(Home automation) 무선 전송 방식 표준
- 양방향 통신을 지원하는 무선 메시 기술을 사용하여 지그비에 비해 전력 효율이 우수

✔ 집합포장방법

• 밴드결속 : 종이, 플라스틱, 나일론, 금속밴드 등을 사용하여 수평 혹은 수직묶음으로 포장
• 테이핑 : 용기의 표면에 접착테이프 등을 사용하여 포장
• 슬리브 : 필름 등을 이용하여 수직 4면을 감싸는 방법
• 쉬링크 : 수축 필름의 열수축력을 이용하여 파렛트와 그 위의 포장화물을 집합포장하는 방법
• 스트레치 : 스트레치 필름의 접착성을 이용하기에 열처리 과정은 없으며, 주로 3갭 정도로 감아서 포장하는 방법

✔ 채찍(bullwhip) 효과

공급체인에서 최종 소비자(하류)로부터 공급자(상류)로 전달되는 정보가 지연·왜곡·확대되는 현상

✔ 친환경 공급사슬(Greenness Supply Chain)

기존의 공급사슬에 환경 친화적인 요소를 더해 전체 공급사슬 시스템을 재구축하는 활동

✔ 카본 트러스트(Carbon Trust)

저탄소 경제 목표를 실현하기 위해 2001년, 영국에서 설립한 기관

✔ 카테고리(category) 관리

유통업체와 제조업체가 특정 제품군(category)를 중심으로 소비자 수요를 창출하고자 협력하는 과정

✔ 카테고리 캡틴

소매업자가 특정 카테고리 내에서 선호하는 특정 공급업체

✔ 컴퓨터 데이터 용량 단위

비트(BIT) < 8bit=1바이트(B) < 1,024B=1킬로바이트(KB) < 1,024KB=1메가바이트(MB) < 1,024MB=1기가바이트(GB) < 1,024GB=1테라바이트(TB) < 1,024TB=1페타바이트(PB) < 1,024PB=1엑사바이트(EB) < 1,024EB=1제타바이트(ZB) < 1,024ZB=1요타바이트(YB)

✔ 크롤링

여러 컴퓨터에 분산 저장되어 있는 문서를 수집하여 검색 대상의 색인으로 포함시키는 기술

✔ 테넌트(Tenant) 관리

- 테넌트 : 상업시설의 일정 공간을 임대하는 계약을 체결하고, 해당 상업시설에 입점해서 영업을 하는 임차인
- 앵커 테넌트 : 상업시설의 주요 임차인, 많은 유동인구를 발생시키고 해당 상업시설 전반의 성격을 결정짓는 요소로 작용
- 마그넷 스토어(핵상점) : 쇼핑센터의 핵, 고객을 끌어들이는 기능

✔ 티센다각형(thiessen polygon)

- 소비자들이 거주지로부터 가장 근접한 쇼핑센터를 이용할 것이라 가정하는 최근접 상가 선택가설에 근거하여 상권을 설정하는 방법
- 티센다각형의 크기는 경쟁수준과 역의 관계를 가지며, 상권에 대한 기술적 · 예측적 도구의 활용이 가능

✔ 파레토 법칙과 롱테일 법칙

- 파레토 법칙(20-80 법칙) : 사회현상의 대부분(80%)은 소수(20%)로 인해 발생한다는 법칙, 상위 20%가 나머지 80%를 주도해 나간다는 것을 증명
- 롱테일의 법칙(Long Tail Theory) : 인터넷 등의 발달로 20:80의 집중현상에서 상대적으로 발생확률이나 발생량이 적은 부분(80)도 경제적인 의미가 생겼다는 것

✔ 퍼지 논리(fuzzy logic)

- 명확하지 않은 상황을 여러 근삿값으로 구분하는 논리
- 어떤 현상에 대한 확실하지 않은 상황을 표현 · 처리할 수 있는 비결정적인 확률 논리

✔ 풀브라우징

휴대전화에서도 PC 화면에서 보는 것과 같은 동일한 인터넷 화면을 제공하는 서비스

✔ 풀 전략과 푸시 전략

- 풀 전략(Pull Strategy) : 유통채널이 최종 소비자를 당기는 방식, 제조업자가 최종 구매자를 대상으로 광고 · 홍보 등 마케팅 활동을 하는 전략
- 푸시 전략(Push Strategy) : 유통채널을 통해 최종 소비자에게 들이대는 방식, 제조업자가 유통업자를 대상으로 판매 촉진 활동을 하는 전략

✔ 풀필먼트 서비스

물류 전문업체가 물건을 판매하려는 업체들의 위탁을 받아 배송과 보관, 포장, 배송, 재고관리, 교환 · 환불 서비스 등의 모든 과정을 담당하는 물류 일괄 대행 서비스

✔ 풍선효과(ballon)

풍선의 한 부분을 누르면 다른 부분이 튀어나오듯, 어느 한 부분의 문제를 해결하면 또 다른 부분에서 새로운 문제가 발생하는 현상

✔ 허브 앤 스포크(Hub and Spoke)

배송에 허브(hub), 즉 중심지 개념을 도입한 항공운송시스템

✔ 회귀분석

• 조작이나 활동의 데이터와 그에 대응하는 결과의 데이터의 조합을 여러 개 모아 예측 대상의 양(종속변수)에 대한 변동을, 조작이나 활동의 데이터 가운데 그 변동을 설명하는 요소로 생각되는 데이터(독립변수)로써 예측하기 위해 그 둘 사이의 관계를 규명하는 방법
• 변수간 상호관련성 여부, 관계의 크기와 유의도 파악 가능

✔ 효용

• 시간효용 : 보관을 통해 생산과 소비 사이의 시간적 제약을 벗어나게 해 주는 효용
• 장소효용 : 운송을 통해 생산지와 소비지 사이의 장소적, 즉 공간적 제약을 벗어나게 해 주는 효용
• 소유효용 : 생산자와 소비자 사이의 소유권 이전을 통해 발생하는 효용
• 형태효용 : 생산품을 적절히 분배하여 발생하는 효용

✔ 스마트 벤더(smart vendor)

고객이 주문한 상품 및 주문을 벤더에서 관리할 수 있도록 도와주는 애플리케이션

✔ PBES(Private Branch Exchange Systems)

회사 내에서 사용되는 사설 전화 네트워크

✔ 역 쇼루밍(Reverse showrooming)

구입하려는 물건에 대해 온라인에서 정보를 찾아 본 뒤에 오프라인 매장에 가서 직접 구매하는 것

✔ 리쇼어링(reshoring)

생산비와 인건비 절감 등을 이유로 해외로 생산시설을 옮긴 기업들이 다시 자국으로 돌아오는 현상

✔ 오프쇼어링(off-shoring)

경영 활동의 일부를 국내 기업에 맡기는 아웃소싱의 범위가 해외의 저비용 이점을 활용하기 위해 해외로 확대된 것

✔ 긱 이코노미(gig economy)

기업이나 사용자가 필요에 따라 임시로 계약을 맺고 노동력을 공급하고 대가를 지불하는 경제 형태

✔ CDS(Cross Docking Systems)

물류센터에서 상품이 입고될 때 재고 보관과정을 거치지 않고 배송지점으로 바로 보내는 시스템

✔ 지표(landmark)

어떠한 형태를 봄으로써 정의를 내릴 수 있는 건물이나 이정표 등을 가리키는데, 사람들이 그 지역의 상징으로 삼고 있는 대표적인 시설물

✔ 결절점(node)

관찰자가 그 속에 들어갈 수 있는 점이며, 그곳으로 향하든지 거기서 출발하든지 할 수 있는 도시 내부에 있는 주요 지점

✔ 구역(district)

다른 지역과 구별되는 공간적 범위

✔ 에지(edge)

가장자리라고도 하며, 이는 길에 포함되지 않은 모든 라인들을 말하며 벽, 해변, 끊어진 철길, 자투리 땅 등 연속적인 선상의 끊김이나 두 길 사이의 경계

✔ 디지타이제이션(digitization)

단순한 디지털화로 아날로그 또는 물리적인 데이터에서 디지털 데이터 형식으로 이전 또는 변환하는 기술적 과정

✔ 초지능화(hyper-intellectualization)

기업은 AI, 나노기술, 로봇공학 등 활용, 사람과 사물에 지능을 부여하여 고객에게 맞춤 콘텐츠를 제시함으로써 다양한 편익을 제공

✔ 디지털 컨버전스(digital convergence)

정보통신 기술을 기반으로 단위 기술들을 융합 또는 수렴 등을 통해 새로운 제품 또는 서비스 등을 창출

✔ 디지털 전환(digital transformation)

디지털 기술을 다양한 분야에 적용하여 산업에서 디지털화를 촉진

서원각 용어사전 시리즈

상식은 "용어사전"

용어사전으로 중요한 용어만 한눈에 보자

중요한 용어만 공부하자!

* **시사용어사전 1200**
  매일 접하는 각종 기사와 정보 속에서 현대인이
  놓치기 쉬운, 그러나 꼭 알아야 할 최신 시사상식
  을 쏙쏙 뽑아 이해하기 쉽도록 정리했다!

* **경제용어사전 1030**
  주요 경제용어는 거의 다 실었다! 경제가 쉬워지
  는 책, 경제용어사전!

* **부동산용어사전 1300**
  부동산에 대한 이해를 높이고 부동산의 개발과 활
  용, 투자 및 부동산 용어 학습에도 적극적으로 이
  용할 수 있는 부동산용어사전!

* 최신 관련 기사 수록
* 다양한 용어를 수록하여 1000개 이상의 용어 한눈에 파악
* 용어별 중요도 표시 및 꼼꼼한 용어 설명
* 파트별 TEST를 통해 실력점검